首都博物馆丛刊

VOL.21

2007年

首都博物馆 编

北京燕山出版社

图书在版编目（CIP）数据
首都博物馆丛刊.2007/首都博物馆编.—北京：北京燕山出版社，2007.10
ISBN 978-7-5402-0880-6

Ⅰ.首… Ⅱ.首… Ⅲ.首都博物馆—丛刊—2007
Ⅳ.G269.271-55

中国版本图书馆CIP数据核字（2007）第143494号

首都博物馆丛刊（2007年）

作者：首都博物馆编
主编：高凯军
编辑部主任：祁庆国
编辑：裴亚静 龚向军 王超 杨洋 杜莹
责任编辑：岩子 杨燕君 刘高 朱锴 杜翔
封面设计：祁庆国
出版发行：北京燕山出版社
社址：北京市灯市口大街100号
邮编：100006
电话传真：86-10-58301238（发行部）
86-10-65240430（总编室）
经销：各地新华书店
印刷：北京华联印刷有限公司
开本：850×1168 1/16
字数：700千字
印张：25.5印张
印数：001-1500册
版别：2007年10月北京第1版
印次：2007年10月北京第1次印刷
ISBN 978-7-5402-0880-6
定价：60.00元

首都博物馆丛刊

专题研究

考古文物

博物馆学

工程技术

附录

唐辽昌平乡里考

赵其昌

前言

昌平县在北京北，相距80华里处，原属河北省，20世纪50年代改属北京市，今又改为区。征引文献，多以县称，为指说方便计，仍叫它县。

唐辽时代，城市有坊，坊与里互称，坊也称里；城外有里，村里互称，里又称村。此考乡里，指城外乡村，城内坊里不计。有关城外乡里，文献记录绝少，仅墓志、刻石等略有所记，据刻石考察又涉及出土地点及城址变化，故对昌平城址变迁略作记述。

昌平自然环境优越，山水交融，气候温和，近年发现不少古代文化遗址，这些人类早期的物质文化遗存，反映着先民对自然环境认识与利用的不断深化，它是形成后世村乡聚居的基础，因也略作记述。

乡里是社会的基层组织。在我国历史长河中，国家、政权，包括一切公私生产、社会生活都从这里做起。它的分合兴衰，不仅显示着当时的历史环境，如战乱、灾荒或和平、稳定，也更蕴涵着或预示着一种蜕变或新生。历史走到今天，研究它递进的脚印，从基层做起，也许对社会进化大脚步的认识会更清楚一些。

一、昌平史前遗迹

昌平县西南为太行山北段，有天险居庸关。西面临山。北面往东是燕山余脉军都山，山前是平缓的坡地，昌平县正处于这黄土坡地上。县西面10余里处有泉水喷涌，即古虎眼泉与易荆水。东南面有汤山温泉，再东有芹城水、蔺沟水和温泉，中部有温榆河即古漯余水穿过。地方背风向阳，水流纵横，优良的地理条件自然是古代人类栖息之地。

县城西南10里处雪山村，1961年发现新石器时代晚期文化遗址，曾作正式发掘，出土有陶篮、陶钵和彩绘陶鬲等，被称为“雪山遗址”，是距今约5000年前人类活动的遗存。20世纪80年代初，河北省武安县农民在昌平县东8里南邵村取土烧砖，挖出石斧、石刀、陶纺轮等，经县文化馆发掘认为是新石器时代文化遗存，与雪山遗址时代大体相当（蒙定陵博物馆何宝善先生见告，谨谢）。

笔者1956年发掘明代万历皇帝定陵时，在填土中发现骨针一枚。陵墓填土是从陵西南10余里处取来，追踪到那里，看到的是方圆数里的大土坑，今名黄土塘，这里正处于县城西略北10余里处。看来，数千年前这里也是先民生活聚居处所之一，惜被明陵取土破坏。县城北，今十三陵水库南侧，有宝山一地，土山不高， 南临平原，山北紧临水库，山前曾发现零星陶片，从质地、纹饰看，也是一处先民聚落遗址。距今也在千年以上。军都山前这一大片广袤的土地，虽未作详细的考古调查。想来，古代人类聚落一定还有不少。

二、今昌平城

进入历史时期，随着农业生产的发展，人口增加，原始聚落分裂、演变，进而形成市井乡里。唐代百户为里，五里为乡，县是乡里的直接管理机构，县治的迁徙，也直接影响着村落的布局与组合。

今昌平是明代建成，历史背景与明代帝陵的建立和“土木之变”有关。《明实录·景泰附录》记：

景泰元年正月辛巳　　命于天寿山之南筑城，周二十里，以居长陵、献陵、景陵三卫官军，并移昌平县治于内。①

景泰二年十月已卯　　徙昌平县治并儒学仓库等衙门于长陵新筑土城之内。②

这里是明代昌平县城新筑的官方记录。景泰元年（1450）初筑，次年建成，县治及长、献、景陵三陵卫迁入。明代有卫、所之制，这里的“陵卫”是专为护陵而设，与之有别。

朱元璋建明朝，定都南京。四子朱棣即位，建元永乐，决定都城北迁。永乐五年（1407），皇后徐氏在南京病故，永乐七年灵柩北运，葬于昌平北面的天寿山下，此后这里形成明代帝陵区。太宗（后改谥成祖）朱棣帝后葬长陵，仁宗朱高炽帝后葬献陵，宣宗朱瞻基帝后葬景陵。此后帝后陆续埋葬，成为今日明十三陵区。陵制：陵各有监，即神宫监，是守陵太监办公用房，建在各陵附近；各有园，是种植菜蔬的园地，以供祭祀食用，分布在陵园各处；各有卫，是护卫陵寝、巡逻山场的部队，以人数众多，故不驻在陵园之内。各陵卫的人数不详，但长陵卫有记录。弘治十四年（1501）户科给事中蔚春等奏：“长陵一卫，原额七千八百余名，今止二千二百人，而差杂居多”，③ 一卫之数7 000多人，长、献、景三陵卫总数，即不满员也当在1万至2万人左右。终明之世，除崇祯的思陵无卫，其他陵卫也都驻于新筑的昌平城内，至今城内还有“长陵卫胡同”等名称留传下来。

正德十四年（1449）蒙古瓦剌部南侵，英宗朱祁镇亲征，在河北怀来土木堡被掳，史称“土木之变”，其弟朱祁钰即位，即景泰帝。这次明军大大失利，所以景泰帝刚一即位便以驻陵卫名义再建新城，显然有整顿防务之深意。同时，北京周围修筑的城池，仍有京南良乡县，京东三河县，东安县（今已撤销，并入永清，廊房）京西斋堂等城。

此次昌平筑城，从《明实录》结合其他文献可以明确三点：

第一，全部为长、献、景三陵卫军工所作，没用民工。

第二， 这里本有个永安城，原很简陋，此次是就旧址加固修筑。④

第三， 景泰以前的昌平城不在这里。

实际上，昌平县以军事地位重要，不仅设防筑城，又以供应皇家陵园诸项事务繁多，于正德元年（1506）又升为州，清朝沿之，迟至1914年才复为县。

后来城也屡有修筑，万历元年（1573）又在城南新筑一城，与之相连，只设南门。崇祯九年（1636）拆除旧城南墙，合新旧城为一，城周7里，东、西、南三门俱重门瓮城，内外各有层楼，瓮砖。清朝康熙年间又重筑旧城。这座完整的城墙一直保存至1949年北京解放。

1956年冬，昌平县号召抗旱，全县打井千眼，用城墙砖，拆除无偿归自己所用，一冬之间城砖大部拆除，孤立的城墙填土，日久夷为平地。北城墙拆除较晚，后房屋开发又拆除。城中北部原有鼓楼，歇山重簷，甚为壮观，1971年以防碍交通拆除、砖木用于近旁建百货公之用。至此，昌平旧迹，扫尽无遗。

三、唐代昌平城

唐代昌平在哪里？前面谈到，景泰二年县治迁入昌平新城，它从何处来？原治所是否唐代昌平？这些问题，有时文献记载含混不清，地下出土文物，特别是石刻文字，一针见血，显示得清清楚楚。

明十三陵大红门内往东不远处，有明帝祭陵时的更衣之所，称“时陟殿”，又叫拂尘殿或行宫。清代光绪年间，这里出土了一方唐代《宋俨墓志》。志记：

故云麾将军、守左金吾大将军、试鸿胪卿、上柱国宋公墓志铭。

建中四年岁次癸亥，四月丁未朔、二十七日癸酉，葬于幽州昌平县东北十里武安乡。⑤

志石中所记建中，是唐德宗李适年号，四年即公元783年。这一年宋俨葬于昌平县东北15里武安乡，这就明确了两个问题。

一是大红门内时陟殿所在是唐代昌平县的武安乡。

二是宋俨葬地时陟殿西南10里，即唐代的昌平县治所在。

时陟殿西南10余里处，今有村名“旧县”正是唐代县治无疑。实际上，景泰年间县治东迁新址，也正是从这里迁出的。其地正处今昌平与南口间公路南侧，遗址清楚。村名“旧县”，也自景泰年间迁县始。

唐代村乡探索，先确定县治位置十分重要，但要特别注意，文献也好、刻石也好，所注里程、方位,虽然具体、明确，但都系估计而言，如果具体丈量，则并不见得正确，仍需依靠遗物遗迹，结合文献以为判定标准才好。

四、唐代昌平乡里

（一）武安乡（今昌平北10里）

据唐代《宋俨慕志》记：宋氏建中四年（783）,葬于昌平县东北10里武安乡。是今明十三陵大红门内东侧，时陟殿址所在，属唐代武安乡无疑。按：唐凡百户为里，五里为一乡，这里只见乡名，不记村里名称。所属村里不明。

北京在唐代为幽州，是北方军事重镇。昌平西有居庸关，更属要冲，位置极为重要。武德元年（618）幽州设总营府，后改大总管、大都督等以总军事。州领蓟、良乡、潞、涿等周围8县，昌平是其一。后至天宝元年（742）改范阳郡，乾元元年复为幽州，领县十，昌平仍为辖县，志石记“幽州昌平县”，盖源于此。[6]

（二）海北乡　兴寿里　桃林里（县东30华里处）

1959年，昌平县“兴寿公社”姚村大队出土唐代“黄直墓志”。原为县文化科征集，后交北京市文物调查研究组，转首都博物馆收藏。志石记：

唐故雄武军捉主将、大中大夫，试殿中丞黄公墓志铭

府君讳直，字全直，江夏人也。

自咸通四年起家授定虏镇烽铺将，□□迄八年，迁纳降军防镇副将，至九年充招召大将。

咸通十三祀（872）十二月有五日，终于桃林里之私第、春秋五十有五。

乾符二年十月十一日迁窆于海北乡兴寿里之原。

按：《新唐书·兵志》记：唐初，兵之戌边者，大曰军，小曰守捉，曰城，曰镇。雄武军在蓟州，即今河北省蓟县界。职有守捉，故疑志石首题捉前夺“守”字。定虏镇烽铺将，军虽有铺，但此处疑铺为“副”之讹。纳降军在幽州城内，从职事看，黄直应是军职人员。

志石出土地所谓“兴寿公社”，是20世纪50年代的名称。实际公社所在地即兴寿村，姚村大队是公社的下属村。是临时建制。唐代村里互称，兴寿里即今天的兴寿村。在今昌平县东30华里处。村东3里处有桃林村，当是唐代桃林里。二村相近，都是唐村，千年来名称不改。两村相近，属海北乡，村、乡都可定位。

志石所记，乾符是唐僖宗李儇年号，二年即公元875年，窆字音“扁”，落葬之意。就是说，根据黄直落葬记录证实，兴寿，桃林二村及海北乡，距今至少有1300多年了，村落初建，当然还要更早些。

这里要特别提出，兴寿村辽代建有崇圣寺一座，寺存经幢与契丹文石刻，国内稀见，异常珍贵。它为这古村又增一抹光彩。今为县级文物保护单位。

（三）太尉乡　白浮(县西10华里)

昌平县南5里处有白浮村，1961年出土《唐曹府君墓志》[7]，志石记首题及葬时葬地如下：

唐故钜鹿曹府君夫人，清河郡张口祫祔墓志

大中元年二月七日，终于本镇雄武军界万全栅，身亡，享年六十有七。

夫人清河张氏，开成二年四月十九日，终于防御军，享年五十有一。

大中元年十月癸巳朔，十四日丙午，祫祔于昌平县东太尉乡白浮之原。[8]

志石出土地点明确，在今昌平县南10华里处，今仍名白浮村。地在旧县即唐昌平治所东10华里左右，与刻石所记方位里程均相符，唐代白浮村可以定位。

曹君与妻张氏均不记名。张氏开成二年（837）终于防御军，防御军在居庸关以北，曹府君大中元年（847）终于雄武军万全栅，雄武军在蓟州（今河北蓟县）[9]，是夫人先卒，待曹君去世后迁来合葬的。终地万全栅应是蓟州所属，与幽州不涉。位置不详。

白浮村属太尉乡，出土志石仍有记：

1958年昌平何家营东南洼出土《唐王恭墓志》，略记首题及葬时葬地如下：

唐故河东道汾州司马、试太子舍人、上柱国，王府君墓志铭并序。

唐君讳恭，字仙，其先太原人，因官弃业，家于北燕，今为昌平人。

以贞元廿年庚午，终于幽州之私第，享年七十有三。以永贞元年十月葬于幽州昌平县东15里太尉乡之北原。

志石又有铭曰：前临白石之山，后对司空之里。

这个何家营村在今昌平东10里，据志石，这里是唐代太尉乡北原。从曹府君墓地白浮村看两地相对位置，何家营地偏东北，白浮村位在西南，两地相距约15华里，这就说明至少在此范围内，均属太尉乡。

乡名太尉，其名有因。“安史之乱”后，北方军阀势力大增，军中常自立节度或留后，朝廷也只能忍耻承认。时昌平人朱滔军权在握，曾权知幽州卢龙节度、留后，又加检校司徒，滔姑子刘怦也是昌平人，为涿州太守，曾致书朱滔曰：

> 司徒位崇太尉，尊居宰相，恩宠冠藩臣之右，荣遇极矣。今昌平故里，朝廷改为太尉乡、司徒里，此亦大夫不朽之名也。[10]

据此可知，太尉乡、司徒里是朝廷命名，是为笼络朱滔而改称的。志记“前临白石山”，实有所指，白浮村有石山二，今名凤山，山下有龙潭，即元代大水利家郭守敬引水筑“白浮堰”以济通惠河者。又记“后对司空之里”，看来，葬地之北的何家营，才是朱滔的老家了。司徒、司空，名稍有异，都是荣崇，都指朱滔无疑。

（四）桃谷（峪）（昌平东新城）

隋代曾于营州（今朝阳）之境汝罗故城置辽西郡，以处粟末靺鞨降人。唐代武德元年（618）曰燕州，领三县，辽西、泸河、怀远。是年省泸河。六年（623）自营州迁于幽州城中。贞观元年（629）省怀远。开元二十五年（737）徙治幽州城北桃谷（峪）山。此时，这个燕州只剩一个辽西县了。[11]

徙治幽州城北的“桃谷”，即昌平的桃峪口村。谷（读“玉”音）即峪字，村在今昌平东36里处，东侧有桃峪口水库。叫桃峪口，是因北面紧邻山口为名。唐时少数民族内附，多以有围墙的城寨为居，桃峪两侧当时有土筑城墙，称新城（今有东、西二新城），实际上这个新城才是内附的粟末靺鞨人居处。

桃谷即今日桃谷口，另有文献可证。《太平寰宇记》燕州条记四至八到：

东至檀州80里，西（南）至幽州90里，西至幽州昌平县55里，北至大山50里，西南芹河50里。[12]

处于桃谷的燕州，四至八到的里程并不正确，但从位置看，东有檀州（今密云），西南是幽州（今北京）北面是大山，西南有芹河（芹城水）都是正确的。所谓幽州城北有桃谷即今桃峪新城无疑。

实际上，这个原迁于幽州寄治的燕州辽西，本在幽州蓟城西部，也即后来幽都县的前身。同书又记：

天宝元年改为归德郡，乾元元年复为燕州。领县一，无实土户，所领户出粟末靺鞨别种。[13]

靺鞨人迁桃谷是实，此处记乾元元年（758）复为燕州，原靺鞨人在蓟城西部建有廨署，建中二年（781）朱滔灭燕州，建幽都县。从此，幽州城内才有两县分治。东部是蓟县，西部是幽都县。幽都县使用的是燕州旧廨署。以至幽州城内西部留下燕州角(燕州廨署拐角)、辽西坊等名称。

（五）永宁村（昌平西北约80余里，今属北京市延庆县）

《唐敬延祚墓志》记：

府君讳延祚，字延祚，其先平阳人也。曾祖讳包，摄幽都县令。

以中和二年九月十八日终于昌平县界永宁村之私第，享年卅有六，以中和三年二月二十一日葬于蓟县界会川乡邓村里北原。[14]

延祚字延祚，在唐代名与字同一者屡见。敬氏先籍平阳，曾祖包曾摄幽都县令，所以落籍幽州。志记唐中和三年（883）葬蓟县界会川乡，葬地村、乡有考：幽州城东部为蓟县，会川乡邓村在县南略东处，距今永定门数里之地。见拙著《唐幽州村乡初探》。[15]

居庸关以北30余里处有永宁村（今为镇，属延庆县）。群山环绕，中间地势平坦宜居，村落范围广大，今属延庆县。明代洪武十二年（1379）曾设永宁卫，永乐十二年（1414）又设永宁县。居庸关为我国北方军事重镇，有重兵屯驻，历来属昌平，永宁村为居庸守关所属驻军要地，在唐时属昌平无疑。永宁与昌平中间相隔一道山梁，中间经德胜口有捷经可通。直线距离约60里。看来唐时昌平比今昌平辖区范围要大，至少西部如此。

（六）安集乡　怀居里（昌平西南，约65里，今属北京市海淀区）

1958年，北京市海淀区温泉白家疃出土《唐故陇西郡要氏夫人墓志铭》一石，志文有残缺，但葬时葬地年代清楚：

唐文德元年葬于昌平县安集乡怀居里。[16]

文德为唐德宗年号，仅有元年，即公元888年。据志文，今温泉白家疃（疃今常写作滩）即唐代的安集乡怀居里，村、乡均可定位。如从唐昌平（旧县）望怀居里，正当南北方同，怀居里在治所南约60里，在今昌平南略西约65里。唐代属昌平，今属海淀区。

安集乡另有记。《京畿冢墓遗文》载《唐高霞寓墓志》记：

唐故幽州节度押衙、金紫光禄大夫、检校大子宾客、摄妫、檀、义州刺史高霞寓墓志铭

大和七年遭疾归袝。

岁在摄提格二月三日，葬昌平县安集乡。[17]

大和为唐文宗李昂年号，七年即公元833年，摄提格为寅，即次年甲寅，公元834年二月三日入葬昌平县安集乡。前面要氏夫人墓志记葬地已说明京西温泉白家疃为怀居里属安集乡，则此安集乡仍在温泉一带亦可定位。要氏葬时在888年，高氏葬在834年，50余年中乡名未变。

志记高氏曾摄妫、檀、义诸州刺史。妫州为今延庆，檀州为今密云，义州之名不经见。《旧唐书·地理志》涿州条下有归义县。武德五年（618）于县置北义州，固安县属之。贞观元年州县同省。八年（634）复置，改属幽州。志所记义州当是北义州之简称。其地约在京西涿州附近。[18]

《旧唐书》又另有高霞寓传，记高为范阳人，唐时范阳有二，一为县，即今涿县，二为郡，幽州范阳郡即今北京。本传载高氏五世不异居，以孝闻乡里。诏表阙于门。看来姓名相同，不是一人。

（七）相公乡　显固村（昌平东南约60里）

《京畿冢墓遗文》载《郎氏墓志》题称《唐故中山郡郎氏夫人墓志铭》记：

父讳迁晟，马军大将、试太常卿，夫人则卿之第十一女，适清河郡张氏，字荣秀。夫人享年七十有三，大中元年十一月遭疾焉。十二月十日终于铜马坊之私第。

大中二年正月廿四日，卜葬于府城北昌平县东南相公乡显固村东南一里之原。[19]

据志石，夫人自姓郎，夫家姓张，可称张门郎氏。府城即幽州城，以设都督府故称府城。4世纪时前燕慕容雋曾都蓟城（唐幽州，今北京），有良马“赭白”，死后作铜象厢于城内东门，因有铜马门名，唐时设“铜马坊”源此，郎氏遂在铜马坊设宅。大中为唐宣宗李忱年号，二年即公元848年，入葬至今已逾千年。葬地在幽州城北昌平县东南相公乡显固村。方位明确，惟不计里程，村乡之名，又仅此一见，定位困难。

顾炎武《日知录》卷二四记：前代拜相必称公。乡以相公为名，如前所述太尉乡一样，当有来历。唐代昌平除朱滔之外，拜相称公者者尚有滔兄朱泚，也是当时割据一方的军阀，还曾潜位称帝。唐以同平章事为相，太尉、司徒、司空称公，朱泚曾任幽卢龙节度使、幽州长史，后又加拜同平章事，加检校司空，太尉，太子太师，又加拜中书令。朱泚拜相称公，虽不实政，然荣崇已极。相公乡之名当指朱泚，其来有自矣。

近年来对幽州古代村乡位置的探索可知，唐代幽州，城北的辖区，最远不过今天的清河镇。志石又特别提出“府城北”，这就似在显示，葬地距府城幽州要比属地昌平要近。清河镇正处于唐昌平县东南，相公乡显固村似可在今清河镇附近寻求。20多年前探索此村乡、曾怀疑它位于幽都县北，实误、当予纠正。[20]

（八）清水店（昌平西南约60里）

唐代为笼络少数民族而设羁縻州。羁縻是笼络的意思。贞观十八年（644）唐太宗东征高丽，得到东北少数民族的支援。十九年（645）于营州置羁縻州——带州，以处契丹乙失革部落。柰于营州都督。万岁通天元年迁于青州，神龙初年又柰于幽州都督。天宝时领县一，孤竹，寄治于昌平清水店，为州治。[21]

清水店，《昌平外志》作者昌平人氏麻兆庆认为地在今昌平西南数十里之太州务。理由是太、带同音，太州是带州，孤竹省音为务。村西有黑龙潭，店名清水。此清水店当是唐时契丹乙失革部所居地。所述有理，惟无实据。

我觉得另一处亦可考虑，即京北清河镇。从两《唐书》所记当时设置羁縻州的意图以及安置内附民族的习惯看，大多先择古城、古寨或有围墙的处所，这倒像是一个规律。京北清河镇有大口古城，又有清河之名。它更像是契丹乙失革部寄居的清水店。[22] 有关清河大口古城，后面还会谈到。

（九）辅化乡　□寇村

北京云居寺房山石经《佛说父母恩重经》一卷题记献经人：

幽州昌□县辅化乡□寇村弟子 郝忠孝男少清　少珍　少荣　少典　孙王小　妻楚氏

大和五年四月八日建造[23]。

大和为唐文宗李昂年号，五年为公元831年，四月八日为佛祖生日，被称为浴佛节，善男信女都在此日献经祈福。题记昌下字残缺，幽州辖县只有昌平相符，因是昌平无疑。惟寇前字缺，今昌平无音义相关者。辅化乡□寇村为新见。十分可喜。惟不知所在。

五、辽乡里

（一）唐代有兴寿、桃林村，属海北乡，时至辽代，兴寿、桃林仍然宛在，但乡属有变化。《昌平外志》有“灯幢记”载：

大辽国幽燕之北，虎县之东，龙门乡兴寿里，邑众杨宗金等，久弘善念，特建灯幢。

乾统五年乙酉岁，十一月乙未朔，庚戌日坤时建记。[24]

同书又有《尊胜陀罗尼□□幢》，幢记：

尊胜陀罗尼□□幢

乾统五年乙酉九月乙未朔，十四曰□□日辛时

昌平县桃林（余阙）[25]

唐辽时代，礼佛献供常结为“邑”“社”进行。此“邑众”当即兴寿村民。两幢同为辽乾统五年建。乾统为辽天祚帝耶律延禧年号，五年为公元1105年。据前唐代黄直志石记乾符二年（875）入葬，兴寿、桃林至辽乾统五年（1105）建幢兴寿，桃林，两村名称、位置，历120余年不变，惟乡属有变，唐代海北乡，辽代属龙门乡了。

文有“大辽国幽燕之北，虎县之东”句。辽都南京，即今北京，为幽燕之地，昌平地处南京之北，志记方位正确。惟“虎县”常涉争议。涉此句者，有的认为昌平北有虎峪山，虎县指虎峪山，有的则怀疑，昌平或一度曾改为虎县。实际上“虎县”即“虎眼”之误，虎眼即虎眼泉，《水经注》漯余水条记：

易荆水又东，左合虎眼泉，水出平川。[26]

易荆水即今昌平南沙河，虎眼泉在今昌平西南10余里、旧县南3里处，地名百泉庄，至今仍有泉水涌出。以方位论，兴寿、桃林也正在虎眼泉之东，方位方向均相符合。“虎县”与“虎眼”实字体相近而讹。类似的情况，史书多有出现。

《昌平外志》又记兴寿村有《元银山宝岩禅寺上下院修殿堂记》（补记）一文，记：寺曰宝岩，实亡辽寿昌间，满公禅师之开创。有元甲辰间，又得兴寿村众耆宿，服佛觉之道，上下殿一新之。

至元二年十一月住持传法沙门潜云道泽玄。[27]

银山宝岩寺在兴寿村北约20里处，辽金时代一直是宗教圣地，今仍有金代塔林。修殿堂记所记“元甲辰”是元大德八年，公元1304年。至元有二，前为世祖，此处至元当是顺帝至元二年，即公元1336年。[28]这就是说，唐代古村兴寿，从唐至辽至元代村中人众宗教活动不辍。

（二）坊市　南安窝村

北京西部海淀区古刹大觉寺，有辽代咸雍四年阳台山清水院《创造藏经记》碑，碑有记称：

燕京通天门外供御石匠曹辩镌造。燕京天王寺文英大德赐紫沙门志延撰。昌平坊市乡贡进士李克忠书。[29]

碑记雍四年，即公元1068年，距今已400余年。《旧唐书・食货上》记，在居邑者为坊，在田野者为村。说明“坊市”当是县内地区组织，犹如后世之“城关镇”今可视同村里。

碑中所记玉河县南安窝村名称，当是今日南安河村。村庄就在距大觉寺北不远处。玉河县为五代刘仁恭据守大安山时建，实是分割幽州蓟城北界昌平部分而属，看来南安窝原为昌平旧村，坊市也属唐时旧名。

（三）仁和乡　东道里

1956年，昌平县西城墙下出土辽代《史洵直墓志》记首题及葬年葬地如下：

大辽故左谏议大夫、开国子、食邑五百户、赐紫金鱼袋致仕史公墓志铭。

乾统四年五月廿四日终于昌平县之私第。

辽天庆四年葬于昌平县仁和乡东道里。[30]

辽天庆为天祚帝耶律延禧年号，四年即公元1114年，史氏入葬地为辽代仁和乡东道里，系明景泰时建昌平新城将墓地压于城下。以墓地在白浮村正北约5里处，白浮在唐代属太尉乡，墓地正处于唐太尉乡界西部，辽代仁和乡与唐代太尉乡时代前后相联，地域上下相叠，这就明白地显示：辽代仁和乡是唐代太尉乡回改的，辽代的东道里也应是唐代村。太尉乡本名应是仁和乡，朱滔得势期间，朝廷为笼络朱滔而改为太尉乡，村改司徒里。曾几何时，人死之后，太尉乡名也随之泯灭，又恢复仁和乡旧名。惟不知葬地何家营是否旧名。

《隆庆昌平州志》记有乡屯一节，有“仁和屯，在州南”之句。[31]州志所记各屯大多系元末明初所设。仁和之名，不论是乡是屯，由唐至辽，降及元明，终于流传下来了。

总结以上唐辽乡里列表如下

时代	乡名	村里	方位里程	来源	年代
唐	武安乡		昌平北10里，唐昌平东北10里	宋俨墓志	建中四年（783）
	海北乡	兴寿里	昌平东30里	黄直墓志	乾符二年（875）
		桃林里	昌平东33里		
	太尉乡	白浮里	昌平南10里	曹府君墓志	大中元年（847）
		司徒里	昌平东10里 唐昌平东15里	王恭墓志	贞元元年（785）
	安集乡	桃峪	昌平东36里	两《唐书》	开元二十五年（737）
		永宁村	昌平西北80里	敬延祚墓志	中和二年（824）
		怀居里	昌平西南65里	要氏墓志	文德元年（888）
			昌平西南65里	高霞寓墓志	大和八年（834）
	相公乡	显固村	昌平东南50里	郎氏墓志	大中二年（848）
		清水店	昌平西南60里	两《唐书》	天宝初年
	辅化乡	□寇村		石经题记	太和五年（831）
辽	仁和乡	兴寿	昌平东30里	灯幢记	乾统五年（1105）
		桃林	昌平东33里	经幢	乾统五年（1105）
		坊市	昌平县	创造像记	咸雍四年（1068）
		南安窝	昌平西南50里		
		东道里	昌平西里	史洵直墓志	天庆四年（1114）

六、小结

唐、辽时代昌平乡里整理既毕，有几个问题值得注意提出来讨论。

（一）昌平县唐辽时代的村里，旧有的和新出现的共10余个。只以唐代乡论，《太平寰宇记》载幽州昌平四乡。现在可知的乡，即武安、海北、太尉、安集、相公、辅化等至少6个，多出来两乡，是否可作这样理解？

太尉乡名，是朝廷为笼络朱滔而改，前已述及，史有明文可据，其乡界与辽代仁和乡有重合，从而可知，其原名应是仁和乡，朱滔死后，太尉乡名随之泯灭，仁和乡旧名又随之恢复。循此例，朱泚的相公乡也应是旧有乡名现改的，朱泚43岁而殁（参两《唐书》本传）改过的新名，估计也不会流传多久。原乡名称不得而知。不过，名称更改，乡位地点、范围不变，六乡之数还是确切无误。

《通志二十略》载：唐凡百户为一里，五里为一乡。[32]昌平由四乡骤增至六乡，乡以里计，里以户计，这就意味着人户也大大增加。此时的六乡昌平，算来该有30个村，3 000多户，每户以5口计总数在15 000口左右。所谓六乡，仅是就目前所知而言，实际乡数可能更多。乡里联系着人户，人口增长，是农业生产提高的重要标志，在封建社会中尤其如此。

这里倒可提出问题：由四乡变为六乡，对昌平来说，究竟又意味着什么？它是正常现象？还是一时起落？在以农业生产为基础的社会条件下原因何在？

把它放在更大一些的范围内观察比较，也许能看得略见清楚一些。

昌平时属幽州，幽州辖八县。《太平寰宇记》载各县乡数如下：

蓟县（辖幽州城内东部及城外东部）二十二乡

幽都（辖幽州城内西部及域外西部）十二乡

良乡（幽州南）十三乡

永清（幽州西南，今属河北省）十乡

安次（幽州东，今入河北）十六乡

武清（幽州东北，今属河北省）十乡

潞县（幽州东，今通州）十乡

昌平（幽州北）四乡[33]

八县中昌平之外，最少的也有十乡，而昌平今仅六乡，相差太多了。论条件，幽州东、西、南三面都是平原，水甘土厚，适宜农耕，昌平南东也是平原，水源丰富，与诸县相差无几，而乡里人口却悬殊如此，再用生产条件优劣相比衡量解释，已经不能自圆其说。也许要归于战乱之故，倒可信理服人了。

“安史之乱”以来，长期游牧于长城之外的草原民族、契丹、奚、同罗等，一旦进入居庸关，昌平首当其冲，烧杀之外，掳掠人口，抢劫物资，一日有警，乡民流亡10年不能恢复。从乡里的聚合增减中透出了信息，在一定程度上也应是当时情况的真实反映。战乱涉及民生，民生失序，使乡里变化也失常。不仅如此，还可看到，在县治的迁徙上，在幽州地区昌平属于变迁最多的县份之一，其原因实也在此。

（二）唐代有乡里改名的习惯，此风至五代及辽不辍，文献与出土刻石均有记录。如：

1.《旧唐书》张道源传载：道源并州祁人，年十五，父死居丧，以孝行称，县令郭湛改其所居为复礼乡至孝里。[34]

2.《旧唐书》孟诜传载：诜好方术，开元初，河南尹毕杨以诜有古人之风，改其所居为子平里。[35]

3.《旧唐书》刘子玄传载：子玄本名知儿，以史才知名。初知儿每云：若得受封，必以居巢为名。乡人以知儿兄弟6人进士及第，文学知名，改其乡里为高阳乡居巢里。[36]

以上有县改的，府改的，和乡人自改的。五代时，有冯道其人，他曾任四朝，相六帝，三入中书，在相30余年，享年71岁，这位长寿的老官僚，本传载他曾作《长乐自叙歌》，记他一生虚实官衔勋爵上百项，随着职务升迁，乡里名称三次更改。

4.《旧五代史》本传记，他老家是瀛州景城人，长兴二年（931）敕改景城县庄，来苏乡改为元辅乡，朝汉里改为孝行里；济南庄贯河南府洛阳县三州乡灵台里，天福五年（940）敕三州乡改为上相乡，灵台里改为中台里，八年（943）时守太尉兼侍中，又敕改上相乡为太尉乡，中台里改侍中里。乡里凡三改。[37]

5. 1956年，北京永定门外马家铺洋桥村出土赵德钧妻《种氏墓志》，志载：应历八年（958）葬燕京使相乡勋贤里。[38] 唐末时，常以宰相衔加节度使称“使相”，以为荣典。唐末五代赵德钧任卢龙节度使，降辽，封太师、中书令、北平王，中书令即宰相，虽不领政，荣誉已极。使相乡勋贤里之名当是专为赵氏而改的。为营葬而改乡里之名，历史上却也少见。

唐辽或稍后，朝廷、府、州、县乡，为乡里改名是政治时尚，也成为一种文化现象，但是它能流传多久呢？以唐代幽州地区而论，乡里名称成百上千，流传至今者仅见“礼贤”一例。战国时幽州为燕国境，传说昭王曾设黄金台，招贤纳士以图兴国，故乡名有金台、招贤、礼贤、燕下、归仁、归义等等。笔者考证唐时礼贤乡约在今北京德胜门一带，范围不小。而今却在京东南50里处出现，仍名礼贤镇，属大兴县。这显然是元代建大都城时集体迁走的，旧名不改。也可以说是燕昭王兴国初衷在历代后裔心中的显现吧。

七、附录　芹城、蔺沟 、大口（时代不明古村）

（一）芹城

芹城是古村，在今昌平东略北约40里处。今以监狱著称，常被写作“秦城”，不确。芹城得名甚早，《水经注》记：

湿余水又东南流，芹城水注之。

水出北山，南迳芹城。又东南流注湿余水。[39]

著者郦道光北魏时人，可知北魏时已有芹城。大典本《顺天府志》又记：

芹城在（昌平）县东40里蔺沟社。

《隋图经》云，昌平有芹城，盖谓是也。[40]

芹城北面是东西横亘的山脉，村坐落在山南平原上。有芹城水发源于村北山涧，蜿蜒入温榆河，今称沙河，即古湿余水。附近有温泉，原有城址，从零星遗物看，初建可到汉代前后，成村年代不详。[41] 估计当早于唐代。

所谓蔺沟也是古村。有桃谷水经蔺沟入芹城水，又著录于《隋图经》，可知隋时或已成村，惟无确证。不过，在昌平而言当是最早的村落之一。

有《芹城小志》一书，李因笃著。李是陕西富平人，字天生，“天生寓此而为志”，为一个村作志也是少见的。《日下旧闻考》多引用之。[42]

《析津志辑佚》记：

海子桥金水河北一带有象房。庚子年象房废，今养在芹城北处，有暖泉。[43]

这个豢养大象的芹城也是今昌平芹城。《析津志》是元人熊梦祥著，庚子年是大德四年，即公元1300年。至今芹城北面有个象房村，距今也有700多年历史了。

（二）大口　大口古城、大口店　清河镇

1953年，北京市文物调查研究组周耿先生，在京北清河镇发现一处古城遗址。地点在清河镇西南侧朱房村，曾作部分试掘，从出土器物及城址内涵判定，初筑当在东汉时期。估计是为军用戍守而筑。后体育大学取城墙土填操场，今已遗址无存。这一古城，文献有记载：《光绪昌平州志》引旧志记：

大口故城，在州东南五十里。[44]

旧志所记“大口故城”无疑是清河镇的这个朱房古城。引旧志记在州东南五十里的这个“州”当是指原唐昌平县旧址。方位、里程均符。

《析津志辑佚》记大兴县“古迹”列出：

大口店在京城西北四十里。旧有城，今为店。西有高丘鼎峙，曰三疙疸，车驾春秋往还，百官迎送于此。[45]

同书又记昌平山川：

大口　大驾时巡，千官异送至此。其迎驾迹如之。[46]

这两项所记，大口店、大口也是一地。即清河镇的朱房故城，所谓店，实指应是今清河镇。

昌平的居庸关，古称“上口”，是军事要塞。关南而下有“下口”亦称“夏口”，有城，今称“南口”，也属要塞，再南即“大口”，这个“大口古城”也应是整体防御体系的组成部分。所以建

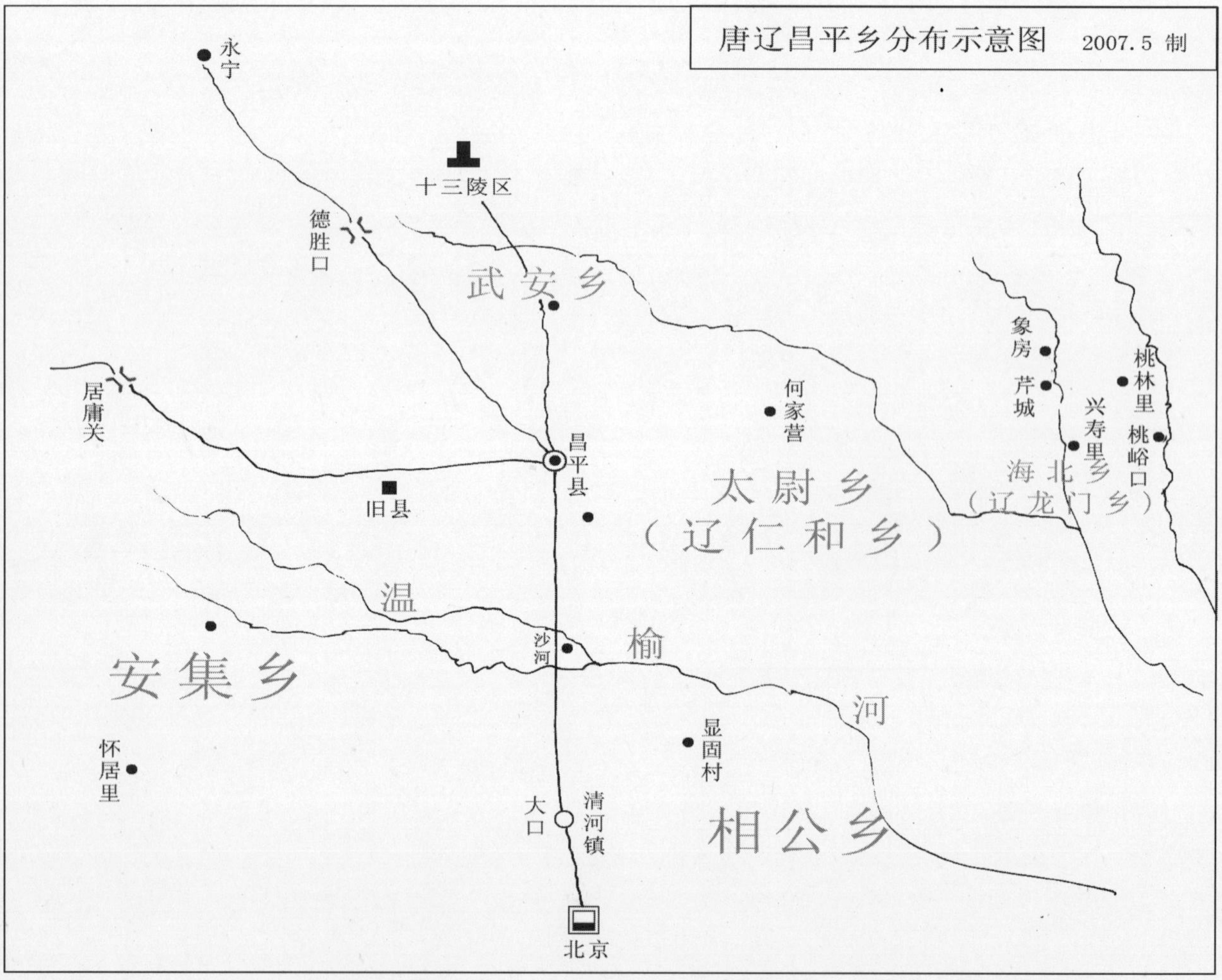

有军事戍城。南北联成一线，相与呼应。明代，这一线建有墩台，用于守望、运输、传递信息，从居庸关直抵京师甚为便捷。文献记景泰元年七月，即修筑昌平城的同时，“筑德胜门北双线铺及东直门外望京村墩台。”㊼ 这些墩台，直到1949年北京解放时还有存留。

这个清河镇有个特殊现象，它距北京很近，仅30余里，从历史记录看，它不直接属北京，却一直属昌平，这可能与军事防御布局有关。《析津志》记属大兴县，实际也是误记。所谓“三疙疸”也实有其处。即三个大土堆（市语三格答），实是三个汉墓，因堆土高大而名。解放后有破坏，曾进行了发掘清理，出土有陶器制品，系多室砖室，时代为东汉，这也应是当时守护幽州重镇的军事将领的墓葬，当时曾略作修葺，准备保留俟后开放，后以当地用砖拆毁。

从大口的经历看，大口、大口城，大口店，清河镇都应是一地。最初东汉筑城，自是防御性质，又是交通要道，又有军士驻守，人员往来频繁，自然逐渐有居民，店铺，逐渐形成镇店，以利商旅也属正常。上面讲到“百官送至此。大驾时巡，千官异送至此”，这是元朝事。以此推测，至少元朝这里该有居民人户，成村则应更早些。辽金时这里也是要津，南北往来频繁，成村镇或在此时。

关于大口，文献有异文。《日下旧闻考》京畿良乡条引《方舆纪要》记：

自良乡往易州涞水县，出龙门口，凡十五关口，有天门关口，又叫天津口，一名大口。宋嘉定六年，蒙古破金人瀛、莫等州，自大口逼中都之路。

又记：

元致和元年，上都诸王，梁王、王禅等，袭破居庸，游兵至大口；天历二年，明宗即位于和林北，南还，文宗迎之，发京师，明日至大口。所谓大口，皆天津口也。㊽

这里引《方舆纪要》所说三个大口都是天津口，显然有误。前一个大口在易州涞水。后两个才是京北清河镇的大口。

元致和元年（1328）王禅等破居庸，游兵至大口，是自上都和林南下，游兵才能到大口。天历二年（1329）则是明宗即位南还，文宗出京师北行迎驾，才至大口。这和前面所讲，元代迎送大驾在大口正相一致。而与易州涞水的大口则毫不相涉。

注释：

①② 赵其昌主编《明实录北京史料》第二册，第222页，第263页，北京古籍出版社1995年版。

③ 胡汉生著《明十三陵大观》陵卫条，第170页，中国青年出版社1992年版。

④（清）缪荃孙刘万源纂。赵其昌点校本《光绪昌平州志》土地记，第三上，第四七页，北京古籍出版社1989年版。

⑤（清）麻兆庆著 姜纬堂校理《昌平外志》卷四，第20页。宋志全文见第68页，北京燕山出版社1991年版。下同。

按：宋志全文《陶斋藏石记》与缪荃孙《艺风堂文集》均载。又，志石原藏北平周肇祥氏，今首都博物馆藏有拓片。

⑥《旧唐书·地理二》幽州大都督府条，中华书局标点本。下同。

⑦⑧ 北京文物工作队编《北京市出土墓志目录》第一编1964年版。

按：黄、曹二志石均为昌平县文化科征集，交北京市文物工作队，后转首都博物馆入藏。

⑨《新唐书·地理志一》幽州范阳郡昌平条下记：北十五里有军都陉，西北三十五里有纳款关，即居庸故关，其地有防御军，故夏阳川也。中华书局标点本。同书 蓟州渔阳郡条下记，有雄武军，故广汉川也。

⑩《新唐书·列传三七》刘怦传。

⑪《新唐书·地理一》幽州范阳郡幽都条。

⑫《太平寰宇记》卷七一燕州条。

⑬《新唐书·地理一》幽州范阳郡幽州条。

⑭ 罗振玉辑《京畿塚墓遗文》卷下，杜科院考古所图书馆藏本。下同。

按：《八琼室金石补正》记，此石出顺天大兴。首都博物馆藏有拓片。

⑮ 赵其昌《唐幽州村乡初探》载《中国考古学会第一次年会论文集》文物出版社1989年版。下同。

⑯ 北京市文物工作队编《北京市出土目录》第一编1964年。

⑰⑲《京畿冢墓遗文》卷下。
⑱《旧唐书·地理二》河北道涿州条。
⑳《唐幽州村乡初探》第二节，幽都县相公乡条。相公乡入幽都有误，应据此文改正。
㉑《旧唐书·地理二》营州都督府条。
㉒ 尹钧科无生提出同样看法。见所著《北京历代建制沿革》第二章第七节幽州范阳郡带州条。第114页，北京出版社1994年。
㉓ 北京图书馆编《房山石经题记汇编》第三部诸经题记第230页，书目文献出版社1987年8月版。
㉔《昌平外志》金石记，卷四，第71页。北京燕山出版社1991年10月版。
按：此文载陈述先生辑《全辽文》卷十，题为《造长明灯记》。第二八六页，中华书局1982年版。
㉕ 同㉔见。《昌平外志》金石记卷四，第71页。
㉖ 杨守敬纂疏熊会贞参疏《水经注疏》卷十四，第四页，漯余水。社科院图书馆藏。抄本。
㉗《昌平外志》金石记卷四，第73页。
㉘《昌平外志》金石记卷四，第73页文后有校理者按语，认为此至元为世祖至元。
按：此语实误。据文意，大德时修葺，后至元刻石记事，当属正常，如立石为世祖至元，必不能记大德事。
㉙ 碑文见《全辽文》《金石萃编》等。
按：北京市文物局所属大觉寺管理处孙荣芬、张蕴芬等著《大觉禅寺》一书，第一章第三节录碑文更详。北京出版社2006年版。
㉚ 石藏首都博物馆。
㉛《隆庆昌平州志》上海图书馆藏胶卷本，仅存4—8卷，系据天一阁藏本摄。
㉜ 郑樵著《通志·二十略》下册，职官略，第六，第1206页。中华书局1995年版。
㉝《太平寰宇记》卷六九。
㉞《旧唐书·列传一三七》忠义上，张道源传。
㉟《旧唐书·列传一四一》方伎、孟诜传。
㊱《旧唐书·列传五二》刘子玄传。
㊲《旧五代史·周本十七　列传六》冯道传。
㊳ 同注⑮。
㊴《水经注疏》漯余水条，第四页。
㊵ 大典本《顺天府志》昌平县古蹟条，第四一四页。北京大学出版社1983年版。
按：以该书系缪荃孙抄自《永乐大典》者，据原抄影印，故多称大典本。
㊶《昌平外志》卷一第20页，芹城列入魏村名。
㊷《光绪昌平州志》艺文录第二十一第四七三页。
㊸ 熊梦祥：《析津志辑佚》物产条兽之品第二三二页，北京古籍出版社1983年版。
㊹《光绪昌平州志》土地记第三上，第五四页。
按：《日下旧闻考》卷一三五，京畿昌平州二第二一七二页，记载略同。
㊺《析津志辑佚》属县大兴县、古迹条第246页。
㊻《析津志辑佚》昌平县、山川条第250页。
㊼《明实录北京史料》第二册第240页，景泰元年七月癸卯朔条。
㊽ 于敏中等：《日下旧闻考》卷一三三，京畿良乡条引《方舆纪要》第七册第二一四五页，北京古籍出版社1987年版。

观音菩萨在中国佛教中的地位和影响

黄春和

观音是印度佛教中的著名菩萨、中国佛教四大菩萨之一。在佛教各大菩萨中，她以慈悲著称，是佛教慈悲的化身。千百年来，她以慈悲的功用受到了印度、中国及东南亚各国佛教信徒的广泛崇信，被誉为“大慈大悲救苦救难观世音菩萨”。

一、观音菩萨来历与功用

（一）观音菩萨名号及含义

观音全称“观世音”，又称“观自在”、“观世自在”，是印度梵语的意译，意为“观照世间众生痛苦中称念观音名号的悲苦之声”。其中，“观”为观照之意，但它不同于一般的观察，而是以佛教的无漏（无烦恼）圆通大智来观照；“世音”是菩萨观照的对象、境界，这里的“世”并不单指人世，还包括六道，即阿修罗、天、人、畜生、饿鬼、地狱；“音”是六道众生遇难时念诵观音名号的悲切之声。一言以蔽之，“观世音”三字名号，就是菩萨以无漏圆通大智观照六道众生因痛苦而念诵其名号的声音，如果菩萨听到有人念其名号，就会立即寻声解救。观世音三字名号在佛经里多处有解释。《法华经·观世音菩萨普门品》记载：“观世音以何因缘名‘观世音’？佛告无尽意菩萨，善男子，若有无量百千亿众生受诸苦恼，闻是观世音菩萨，一心称名，“观世音”即时观其音声，皆得解脱。”可见，“观世音”这个名号实际蕴涵了菩萨大悲济世的思想和功德。

（二）观音菩萨来历

观音菩萨是佛教里的大菩萨，可是在佛典里并没有一个具体、真实的身世。关于她的来历，诸经众说纷纭。有的说她在过去无量劫前就已成佛，名叫“正法明如来”；有的说她原是古印度人信奉的一对孪生小马驹（又称双马神童），这对小马驹神通广大，专为人类造福，佛教密宗崇奉的马头观音就与此说法有关；有的说她是转轮圣王无诤念的大太子，与其弟尼摩共同发愿修行，修成正果后，成了阿弥陀佛的左胁侍；有的说她是莲花化生的，所以有“莲花之王”的称号；有的说她是公元前6世纪时古印度释迦牟尼佛的大弟子、大菩萨，经常随侍佛陀外出教化等。对以上说法，用佛教

"三世"（过去、现在、未来）的观点来看都是可信的，因为观音菩萨久远劫以前就已成佛，她为救度众生而于三界随类化现，自然要现不同身份，有不同身世。但是符合她现在济世身份主要有两种：一种是释迦牟尼佛的大弟子，住在南印度的补怛洛迦山；一种是西方极乐世界阿弥陀佛的胁侍菩萨，住在遥远的西方极乐世界。其中关于她的道场补怛洛迦山，《华严经·入法界品》里有一段生动描述：

"毗瑟胝罗居士告善财言，善男子！此去南方有山名补怛洛迦，彼有菩萨名观自在，汝诣彼问。……尔时善财童子，渐次南行，至于彼山，处处寻觅此大菩萨。见其西面岩谷之中，泉流萦映，树林芬郁，香草柔软，右旋布地。观自在菩萨于金刚石上，结跏趺坐，无量菩萨皆坐宝石，恭敬围绕，而为宣说大慈悲法，令其摄受一切众生。"

"补怛洛迦"是印度梵语音译，意译有"光明山"、"海岛山"等名。据记载，唐朝时我国高僧玄奘、西藏优婆塞（居士）寂光、月宫等人曾先后游历过此山，其中玄奘大师在《大唐西域记》中对此山的地形特点作了详细的描述。据玄奘大师描述，其位置在今天印度南部提纳弗利县境内，具体为西高止山南段，秣剌耶山以东的巴波那桑山。

（三）观音菩萨功用

观音菩萨的功用具体体现在两个方面：一方面为众生解救现世苦难。据《法华经》等经典记载，观音菩萨具备六根大圆通智，能变现三十二种化身，为众生解救"八难"、"十四无畏"等各种苦难。"六根大圆通智"是指六种感觉器官互通互用、圆融无碍的智慧，也就是说眼不仅能见色，还能闻声、嗅香、尝味、感触、知法，耳鼻舌身意亦然，皆各具其他感官的作用；"八难"即狮难、象难、火难、蛇难、水难、牢狱难、贼难、非人难等八种苦难；"十四无畏"即十四种不可思议的济世功德。由于观音菩萨具备"六根大圆通智"，所以能于纷繁复杂的大千世界，遍观十方之音，接济无边众生；众生苦难无边，观音的妙智力也无边。另一方面为众生解救来世苦难。据《阿弥陀经》、《无量寿经》等经典记载，众生临命终时，如果念诵阿弥陀佛的名号，阿弥陀佛将手捧莲台，率领二十五大菩萨前往接引。观音菩萨是二十五大菩萨的上首菩萨，是阿弥陀佛接引众生的重要助手。历史上流行的表现净土思想的艺术图画，如《西方三圣图》、《众圣来迎图》等，反映的就是观音菩萨辅助阿弥陀佛接引众生的题材。

历史上，观音菩萨正是以这样的慈悲功用受到了我国及亚洲许多国家人民的普遍崇信，其中她在我国汉藏民族及汉藏佛教中的影响尤其突出。

二、汉传佛教观音菩萨

汉传佛教指流行于中国中原地区，以汉语为传播载体，而且深受中原汉文化影响的佛教流派，公元前2年正式传入，至今有2000余年的历史。在汉传佛教中，观音菩萨具有悠久的传播历史、广泛的传播地域、广大的信仰人群体，对我国汉文化产生了深远影响；同时在我国汉文化影响下，也发生了深刻的变化，不仅在形貌上打上了汉民族审美烙印，而且在内在精神上也注入了汉文化思想，集中体现了中华民族传统道德观念和优良品质。

（一）历代观音菩萨信仰

公元前2年佛教正式传入中国，此后不久观音菩萨便从佛经里走进了我国社会，进入了人们的精神生活之中。据史料记载，东晋义熙四年（408年），太原郭宣被关在狱中，心念观音菩萨，遂被恩赦，出狱后便为观音菩萨造像。这是观音信仰及造像见于文献的最早记载。南北朝时期是观音信仰全面发展的重要时期，当时动荡不安的社会局面为观音信仰的普及提供条件，因为许多黎民百姓饱经战争创伤，流离失所，希望得到迅速的解救，观音菩萨寻声救苦的功用恰好满足了当时人们的愿望。这一时期民间出现了各种观音救苦灵验的书，如刘义庆的《宣验记》、王琰的《冥祥记》、傅亮的《观世音应验记》、张演的《续观世音应验记》、陆果的《系观音应验记》等。特别是敦煌莫高窟有一幅这一时期的壁画《法华经变图》，画中有犯人念观音名号而枷锁自落，死囚临刑念观音名号而刀杖折断的场景。这些都是当时观音信仰普及的历史见证，与《法华经》和《楞严经》宣传的观音济世功德和思想完全相符。南北朝以后，随着我国佛教的全面发展与兴盛，观音菩萨进一步深入人心，最终在唐朝时出现了她的独立道场——普陀山。观音道场的形成标志着观音信仰进入了一个全新时期，成为了此后观音信仰的中心和根基。唐代以后，中国佛教趋向世俗化发展，观音菩萨以普度众生的无边法力和伟大情怀受到了人们的普遍信奉，在明清时期甚至出现了“家家阿弥陀，户户观世音”的信仰盛况。

在汉传佛教历史上，观音菩萨也是以两种身份受到人们信奉：一种是《阿弥陀经》等宣称的辅助阿弥陀佛接引众生往生西方极乐世界的观音菩萨；一种是《法华经》、《楞严经》等宣称的寻声救苦的观音菩萨。前者居于阿弥陀佛的西方极乐世界，给人以来世利益，主要为净土信仰者敬奉；后者走出莲台，遍历下界，寻声救苦，随类化度，给人以现世利益，为世人普遍信奉，影响极为深远，是观音信仰的主要内容。

（二）观音菩萨道场——普陀山

观音菩萨道场位于我国浙江省舟山群岛中部海域，原名梅岑山，因观音菩萨多次在此显灵，人们认为这里就是观音道场，特别取佛经中观音道场“补怛洛迦”的音译名称，改梅岑山为普陀山。其面积约有12平方公里，岛形狭长，风景秀丽，历史上有“海上第一山”的美称。

观音道场形成于唐末五代时期，其形成与一位日本僧人有关。据记载，公元916年，日本僧人慧锷来华求法，学成归国前，到五台山请得一尊观音像，准备带回日本供奉。当他取道宁波，航行至梅岑山新罗礁时，顿时狂风大作，巨浪涛天，海面上涌现出许多铁莲花，拦住了他的去路。被困三日三夜后，他跪拜在观音圣像前祷告祈求，祷告之时，铁莲花逐渐消失。他从中感悟到观音不肯去日本的灵示，于是捧像登陆，在当地一位张姓渔民帮助下，在梅岑山潮音洞前建起了一所“不肯去观音院”，供奉观音圣像。观音道场便从此开基。

观音道场定基后，我国历代帝王为求观音菩萨保佑，纷纷赐予资财，扶持普陀山建设。宋太祖乾德五年（967年），赵匡胤派太监朝山进香。宋神宗时敕令建寺，并亲赐寺名“宝陀观音寺”。南宋绍兴元年（1131年）朝廷下令迁出岛上所有渔民，并将岛上原有佛教各派统归于禅宗门下，名为“佛地净土”。明清时期在两朝帝王大力扶持下，佛寺不断增建，到民国初年，形成3座大寺、88个庵院、128处茅蓬的宏大规模。

随着观音道场建设的不断扩大，其影响也与日俱增，到明清时期已成为中原乃至我国东南沿海国家和地区观音菩萨信仰的中心，成为我国著名的四大佛教名山之一。无数的善男信女将它视为真正的观音菩萨圣地，不远万里纷纷前往朝拜。特别是在每年农历二月十九日观音诞生日，六月十九日成道日，九月十九日涅槃日，朝拜的香客最多。

今天的普陀山仍拥有大小寺庙数十座，其中以普济寺、法雨寺和慧济寺三大古刹最为著名。朝山进香的善男信女终年不断，香火旺盛。它对社会的安定、和谐，以及我国对外友好交往发挥着重要的作用。

（三）观音菩萨性别

在汉传佛教寺庙里，我们看到的观音菩萨大都是女性形象，头戴花冠，衣着华丽，面目清秀，宛如我国古代侍女或贵妇人。可是在印度佛经里，观音却被称为“勇猛大丈夫”和“善男子”，在印度和中国的早期造像艺术中，观音的形象也都是长有胡须的男子相。因此很多人产生了一个同样的疑问：观音究竟是男性还是女性呢？

根据佛教的教理思想，菩萨是断除了烦恼，已经证得菩提涅槃的圣人，是法身大士，没有男性和女性的特性。但是，为了迎合世俗社会的观念，佛教从一开始就让菩萨们带上了世俗的性别。翻开佛经，我们经常可以看到称菩萨是“勇猛大丈夫”，在古印度的佛教艺术中，菩萨也多是带髭须的男子。而这一现象进入中国后又发生了变化，菩萨都由男性变成了女性。在各大菩萨中，观音是最为突出的代表。

观音菩萨作为女性化突出的代表，其女性化的原因是什么呢？这个问题一直众说纷纭，笔者认为主要有如下三个方面：

1. 佛经称观音具备圆通大智，能示现三十三种化身，救无边苦难，其变化身中就有多种女性身份。如《楞严经》记载：“若有女人好学出家，我于彼前见比丘尼身、女王身、国王夫人身、命妇身、大家童女身，而为说法。”《法华经·观世音菩萨普门品》也记载说：“观世音见比丘尼身、优婆夷（女居士）、长者、居士、宰官、婆罗门、妇女身、童男、童女身，而为说法。”这些记载为观音女性化提供了重要经典依据。

2. 观音一念即应、寻声救苦的济世功用体现了菩萨大慈大悲的伟大情怀，这种情怀与人间母亲对子女的关心与爱护极为相似。而中国传统文化特别注重情感思想，观音的大慈大悲情怀也正好契合中国传统思想文化。于是，当观音菩萨传入中国，进入中国人的精神生活后，中国人便将东方最纯洁、最美好的人间情感——母爱赋予观音菩萨，使观音菩萨既体现着佛教的慈悲思想，也寄托着中国人对母爱的眷念和崇敬之情。因此可以说，观音女性化与其自身特质契合我国传统文化。这是观音女性化重要的内在原因。

3. 观音女性化是佛教在我国传播过程中越来越多妇女信佛的结果。观音女性化开始于南北朝时期，当时我国佛教正处于全面发展阶段，信佛者日趋增多，不少女性也纷纷加入出家和在家信众的行列。大量女性进入佛门自然希望有一个与之性别相同的神祇，作为修行的目标。但是在众多的神祇中，几乎全是男性，没有女性，这种情况使大量女众信徒感到失望。因此，塑造一位女神以满足大量女性信佛要求，成了一时亟待解决的问题。观音以其慈悲的女性特征，善于变现女身的特长，自然成了塑造女神最合适的对象。这是观音女性化重要的外部原因。

历史上观音由男变女是逐步完成的。南北朝时期多从脸部与服饰上表现其女性特点，不少观音像仍保留着原来不着僧衣而裸露上身，蓄髭须、留长眉的形象特点。这些特点到隋唐时期便出现了“非男非女相”，即圆脸盘、柳叶眉、丹凤眼，樱桃小嘴、三曲姿势，外加蝌蚪形小髭。唐朝以后，观音形象就完全女性化了，头戴凤冠，长发垂肩或高盘，面形丰满端庄，秀眉凤眼，高鼻小嘴、体态丰腴，天衣横披，身佩璎珞珠宝，宛如一位高雅娴静的贵族妇女。随着观音形象的女性化，观音的称呼也女性化了，民间普遍称之为“观音娘娘”。

（四）观音菩萨家世

由上可见，观音菩萨女性化是其自身特征和我国传统文化使然。可是我国民间还为女性观音编造了新的家世。据记载，为女性观音立传，始于12世纪的北宋时期。河南宝丰县香山寺有一通《大悲观音菩萨得道远征果史话碑》，记载的便是最早的汉传观音家世，出自北宋文人蔡京之手。当时贬守汝县的翰林学士蒋之奇到香山寺游玩，看到了蔡京书写的碑文。后来，蒋之奇赴任杭州知府，便将观音新家世带到了杭州，并在杭州天竺寺刻石立碑，使得观音新家世很快在我国南方地区流传开来。此后700余年间，通过各种形式，观音家世传遍我国大江南北，成为了家喻户晓的故事，完全替代了印度佛教中观音的正统传记。观音家世在其传播过程中，还形成了不同的版本，其中最著名的是《香山宝卷》和《南海观音全传》。前者形成较早，后者形成于16世纪时。

根据新传记记载，相传在我国古代有个妙庄王，他有三个女儿，分别是大女儿妙颜、二女儿妙音和三女儿妙善。三女中，妙善最聪慧美丽，深得妙庄王欢喜。可是到妙善出嫁的年龄，父王要为她婚配，妙善却执意不从，由此惹恼了父王。妙庄王一怒之下，将妙善赶出了王宫。妙善出宫后，隐遁到附近的清秀庵出家修行。妙庄王得知女儿出家，有辱门风，更起怒火。他亲率兵马将捉拿妙善赴京，并当众斩首示众。此事很快传到了玉皇大帝那里，玉帝即命阎罗王救起妙善，让她还魂返阳。妙善得救后回到香山紫竹林修行。她乐善好施，普度众生，深得一方百姓敬信，并修成正果，号“香山仙长”。后来，妙庄王因迫害妙善遭到重病报应，久治不愈。御医告诉他需用亲生骨肉的手眼方可治愈。危急之中，妙庄王先后找来大女儿和二女儿求救，可她们都不肯献出自己的手眼。后来，妙善得知父病消息，不念旧怨，毫不犹豫地挖下自己的双眼，斩下双手，制成药丸，终于救活了父亲。妙庄王知道后，愧疚万分，为了感谢和纪念女儿的孝心和善心，专门请来工匠，塑造一尊“全手千眼”观音圣像，工匠听成了“千手千眼”，于是塑出了一尊千手千眼妙善像来。这个故事虽然是编造的，但对观音成为我国各阶层人民共同崇奉的女神起到了重要宣传作用。

（五）观音菩萨种类和形象

在佛教诸神中，观音的种类和形象可以说是最多的，也最为复杂。从组合上讲，有《法华经》记载的“三十三身观音”，《千光观自在菩萨秘密经》记载的“四十观音”、“二十五观音”、“八观自在”，《阿娑缚抄》记载的“二十八观音”，《诸尊真言义抄》记载的“十五观音”，密宗所奉“六观音”和“七观音”，天台宗所奉“六观音”，以及我国民间信奉的“三十三观音”、送子观音等，总计有百余种之多。观音菩萨的这些种类和形象体现了观音大悲济世的愿力和法力，同时也反映了人们对观音寄予的无限希望，反映了我国古人崇高的理想和道德追求。当然在这些观音组合中，有些是相互重叠的，有些是不常见的。所以我们一般只要了解一些常见并具有独立特性的观音就可以了。

1. 圣观音：圣观音又称正观音，是密宗所奉“六观音”之一，主司畜生道的救度。全身菩萨装束，花冠上安有化佛。左手当胸持莲蕾，表示一切本来自性清净；右手做出打开莲蕾的姿势，表示众生本来清净的自性一时被无明覆盖，而不得显现，整体形象端庄慈祥。

2. 千手千眼观音：千手千眼观音简称千手观音，是密宗所奉“六观音”之一，主司地狱道的救度。千手表示护持一切众生，千眼表示观照一切众生，整体象征观音大慈大悲、法力无边。常见形象为：除本具的两手两眼外，左右各有20只手，每只手上又各有一眼，两边共计有40只手和40只眼，以40乘以25有（即二十五种众生生存的环境，包括欲界、色界、无色界等）即成千手千眼（上）。

论中国传统节日的恢复

吴 瑾

一、中国传统节日及其蕴涵的中国传统文化

（一）古代中国传统节日的发展概况

传统节日是人们在长期的社会生活中相沿成习的庆祝或祭祀的日子，具有很强的民族性、历史性和传承性。从历史角度看，中国的传统节日大都发端于夏、商、周三代，并在以后的岁月中逐渐完善和最终定型。我国是一个多民族的国家，各民族都有自己的传统节日。下面我就通过介绍几个比较重要的传统节日，对中国的传统节日极其蕴涵的传统文化作一个初探。

农历五月初五，是中国民间的传统节日——端午节，它是我国夏季最主要的传统节日，也是中华民族古老的传统节日之一。由于古代“午”与“五”同音，所以端午节又称为端五、重五或重午。此外，端午节还有许多别称，如：浴兰节、女儿节、天中节等，从总体上说，各地的习俗是同多于异的。端午节到底源于何时一直是学术界争论的焦点，民间认为端午节起源于对屈原的纪念，虽然这只是个传说，但却和端午节的种种风俗结合得十分巧妙，反映了广大人民对于屈原的热爱与怀念之情。在这里我重点探讨一下端午节及中秋节的历史发展过程。

早在先秦时期，北方中原地区就把五月五日作为驱邪避瘟的日子，尽管当时南北风俗各异，但是五月五日作为一个“节日”已受到了人们的重视。战国时，人们也视五月五日为恶日。发展到秦汉时期，由于国家统一，端午节就在这种南北融合的基础上逐渐形成了，其庆祝活动在当时已是国家祭祀典礼之一。这时的节日活动出现了一些影响至今的节日习俗：汉时，在五月五日这一天人们用青、赤、黄、白、黑五彩丝合成细索，系于臂上，称为长命缕，续命缕、五色缕、朱索等。[①] 古代人认为这样可以避邪，直到今天在农村，端午节这天姑娘们还是习惯用五色丝扎成各种精致的物品，讨个吉利。我们现在延续的吃粽子的风俗也是在汉代形成的。汉末魏晋时，端午节的含义开始变得复杂化。随着魏晋南北朝时期的社会动荡与战乱，伟大的爱国主义者屈原在这几百年的岁月中，成为人们心中的英雄，也就是从这个时候开始，人们统一了以五月五日纪念屈原。与此同时，端午节另一项重要的风俗——龙舟竞渡逐渐发展起来。唐朝经济繁荣，人民生活相对稳定，再加上民间的风俗活动得到了官府的支持，因此从唐代开始，端午节龙舟竞渡已转化为纯粹游乐性质的节俗了，[②] 尤为鼎盛。

宋代的端午节，节物和活动十分丰富。《东京梦华录》中有这样的记载：“百索、艾花、银样、

鼓儿花、花巧画扇、香糖、果子、粽子、白团、紫苏、菖蒲、木瓜，并皆茸切，以香药相和，用梅红匣子盛裹。自五月一日及端午前一日，卖桃、柳、葵花、蒲叶、佛道艾，次日家家铺陈于门首，与粽子、五色水团、茶酒供养。又钉艾人于门上，士庶递相宴赏”[③]，粽子在此时也得到极大的发展，不仅品种甚多而且形制各异。

明清以来，端午节越来越繁盛。以龙舟竞渡为例，清乾隆二十九年（1736年），台湾开始举行龙舟竞渡。此外，划龙舟也先后传入邻国日本、越南以及英国等。

可是现在，端午节在我国内地并不是公共假日，除了南方局部地区的龙舟赛还依稀有一丝热闹的气氛之外，其他许多地方端午节其实早已是一个可有可无的节日，很多人对端午节的认识只剩下吃几个粽子了。

每年农历八月十五，是我国传统的中秋节，因为这一天恰逢秋季八月的中旬，故名中秋。中秋之夜，当人民仰望星空，明月当空。所谓“月到中秋分外明” 描写的正是这种美景。中国人自古就把月圆当作团圆的象征，并选择这一天作为家人团聚的日子。独在异乡的人们，也希望借这明镜般的皓月寄托自己对故乡、对亲人的思念之情。所以中秋节又被人们称为“团圆节”。

秦汉时，中秋之后的第二月，而早在周朝，古代帝王就有春分祭日、夏至祭地、秋分祭月、冬至祭天的习俗。在汉魏以后，祭月这种帝王的活动逐渐演化出民间的赏月活动。但是这时的赏月并不局限于具体的一天，所以也没有现在意义上的中秋节，不过这种赏月之风给中秋节的形成奠定了基础。

中秋节成为固定的传统节日，应该从隋唐开始。唐代中秋节的庆祝方式以赏月、拜月为特点，同时也举行一些群众性的娱乐活动，与后世流传的中秋节活动的内容不尽相同。之所以中秋节在当时受到如此的重视，我认为原因主要有以下两点：首先，美丽的月宫传说和赏月、拜月风俗巧妙地结合；其次，和帝王贵族及文人士大夫们的喜爱分不开。相传汉武帝曾建造“俯月台”用以赏月。[④] 除了这些贵族们，社会上的文人雅士们在这秋高气爽之夜大发诗兴，抒发个人情感，留下了许多脍炙人口的名作。唐代大诗人李白就喜欢对月独酌。“花间一壶酒，独酌无相亲，举杯邀明月，对影成三人。”[⑤]

宋代经济发达，政治也相对稳定，中秋节在当时依然是重要的节日之一。宋代中秋节的内容增加了放灯和吃月饼。赏月发展到宋代已经是最重要的节日活动。《东京梦华录》中记载：“中秋夜，贵家结饰台榭，民间争占酒楼玩月。”[⑥] 到了南宋，赏月之风更盛：中秋之夜“王孙公子，富家巨室，莫不登危楼，临轩玩月。” “大街买卖，直至五鼓，玩月游人，至晓不绝。”[⑦] 宋人赏月时往往还要举行拜月活动。所谓拜月，就是在庭院中焚香祭拜月神，说出自己的心愿，以求得保佑。[⑧] 经过了宋代的发展，中秋节的很多风俗蔚然成风。

从元代到明清，甚至到现在，中秋节基本上沿袭了唐宋时代的旧俗，只不过得到了进一步的丰富。蒙古族在汉化政策的影响下，过起了中秋节，甚至比汉族更加讲究奢侈和排场。明清时代吃月饼之风大兴，到了清代又称中秋节为“八月节”，这一天上至宫廷下至民间，家家各有宴会，以酬佳节，对节日庆祝活动的重视仅次于春节。

如今，中秋节仍是中国人民非常重视的民间节日。但是我个人认为节日的许多内涵已经逐渐被我们所忽视了。当然这其中不包括那些具有迷信色彩的旧风俗。试问那种中秋之夜，阖家团聚，一杯琼液，几盘月饼，坐在月光下赏月、赏菊、赏桂的情趣还有几户人家拥有？

（二）中国传统节日与中国传统文化的关系

在中国几千年的发展过程中，博大精深，源远流长的传统文化贯穿了整个古代社会的发展，其深厚和丰富的思想底蕴和内容，对人类社会文明的发展作出过巨大的贡献，产生过广泛而又深刻的影响。而所有保留至今的传统节日无一不是代代相传的文化资产，它们共同组成了中国传统文化中一部令人眼花缭乱、五彩缤纷的节日文化史册。同时传统节日作为中国传统文化的一个重要组成部分，也集中、深刻而全面地体现了中国传统文化的风采。

我们的传统节日，经历了几千年的风雨洗礼，和整个中国传统文化一起变化和成长。它形式多样、内容丰富，可以说在这一漫长的历史岁月中，中国传统节日文化的形成过程，就是中国传统文化积淀凝聚过程的一个缩影，更是中国人自古以来日常生活的精华，保留了中华民族传统文化中最精致的一面，其承载的文化内涵，无论是有形还是无形，都无一例外地体现着中国传统文化的特点，都是五千年文明史中某一段历程、某个片断的深化和折射，都堪称是无数前哲先圣巧思佳构的创造转化。[9] 就此而言，中国传统节日及其文化，实质上就是中华文化的一个高度浓缩。也可以这样说，在五年中华文明史上，传统节日在历代先民的精心呵护和传承之下最终形成一个贯穿春夏秋冬的"文化链"。[10] 与此同时，它们又肩负起凝聚民族感情，为传统文化的传承提供有效途径的历史使命。我们知道，中国的传统文化强调的是团圆安定，对历史的怀念，对真善美的向往，这些在追求合家团圆、普天同庆的气氛以及着力营造祥和、喜庆氛围的传统节日中，都得到了极为符合的表达和宣泄。

二、中国传统节日的现状及不被重视的原因

（一）传统节日的现状

传统节日发展到现在，已经失去了往日的"辉煌"。人们这种对于传统节日以及传统文化的认识不足，不能不说是一个遗憾，这些蕴涵着深厚文化的传统节日正在因为我们的忽视而逐渐走向衰落。

传统节日在流传过程中，拥有了很多积极向上的民俗活动，其中不乏全民共同参与的活动。但由于过去的几年中大多数城市禁止燃放烟花爆竹，节日里老百姓只好关起房门自娱自乐。春节或者贴贴春联拜拜年；游园、赏灯等活动越来越少，孩子们只有买盏花灯自个儿拎着；玩的地方太少，人们就吃顿好的来凑数。现在，尽管春节仍然是中国人最重要的节日，但是年味却越来越淡。不但过年的内容和形式都有不小的变化，就连人们内心那种憧憬与期盼也无从捡拾，很多人的长假都是在睡觉中渡过的。比起春节，其他传统节日就 显得萧条了。虽然我们依然会在元宵节吃元宵、端午节吃粽子，但是还有几家会亲手包元宵，反而是超市里的速冻食品成了抢手货。传统节日的文化内涵越来越枯萎，只剩下节日的形式、吃的外壳；人们参与的热情与日俱减，反而商业味却越来越浓。每到节日，商家就会按照"节日经济"的路子发笔大财。商场的降价大赛、饭店的折扣、KTV几乎爆满、度假村 订不到房间……我们不得不承认，只求热闹和经济已经成为传统节日的一个普遍现象。另一个不争的事实是，"洋节"越过越红火，更衬托出传统节日的冷清。

（二）传统节日不被重视的原因

通过思考和调查研究，我认为导致这种现象出现的原因主要有以下几点：

1. 传统文化在近代受到了冲击以及人们观念意识的改变。现在谈起中国传统文化，有人会用"封建"和"落后"来形容，甚至认为传统文化是中国落后的罪魁祸首，是现代化的阻碍。受此观念的影响，近代被毁坏的传统文化资源可以说是数不胜数。1911年"辛亥革命"之后，孙中山政府取消

了农历纪年而改为国际通行的公历纪年。同时，民国政府还想把中国的传统节日改为公历日期庆祝，甚至为此采取了很多极端的做法，例如卖年货就要把店铺砸烂。后来“五四运动”打倒孔家店的口号，把对传统文化的忽视，转变成一种特殊的行政干预，直到1929年废掉农历制度。“文化大革命”中，传统文化再次受到严重的抨击，开始“礼崩乐坏”，导致传统节日也丧失了可以生存的土壤。人们不敢再提儒家，不敢研究传统，那些流传许久的节日民俗离开了人们的生活。这些都对民众造成了一种心理阴影，很多中国的传统习俗被错误地理解成封建迷信。新中国成立后，国家建设向现代工业迈进，这是符合历史发展的客观规律的，但同时也使社会生产的主导形式不再是过去的农业生产，传统节日文化的社会基础也随之消失。在我看来，就文化本身而言并没有好坏之分，每一种文化和传统都有其不可替代的价值，它不应该因为现代化而被我们遗忘。我们看到，不论是我国的香港，还是受儒家文化影响的日本、韩国和新加坡，人们在欢天喜地过洋节的同时，他们的传统依然较好地保存着。而且在某种程度上，新加坡等国对清明、端午、中秋等中国传统节日的保护，比我们自己做得还要好。端午节被某国申请遗产保护就是一个很好的说明。这就说明传统文化是能够在现代社会中继续生存的，古老的传统节日也一样能够得以在这个发达的现代社会发扬光大。但这归根结底都要取决于人，如果人们决定抛弃传统，那它势必逐渐没落；如果传统得到人们的重视，那么它必然会在现代社会焕发新的光彩。

2. 西方价值观念和生活方式的冲击。随着我国对外开放的日渐深入，各种各样的异域文化也纷至沓来，“忽如一夜春风来”似的进入了我们的生活。不可否认，“洋节”的日渐升温在一定程度上显示了我国的日益繁荣，经济文化与世界逐渐接轨，我们应该以包容的心态对待。但是，传统节日的没落也的确令人痛心。越来越多的年轻人选择“洋节”，他们认为情人节、圣诞节的节日气氛浓，玩乐方式更多，而传统节日，除了吃，就不知道做什么了。从这一点可以看出，不仅仅是节日，很多传统文化在国内都受到冷落，甚至消失殆尽，仅存在于图书文献里面了。当外国人谈起他们对博大精深的中国传统文化无限向往的时候，我们好像感到很骄傲，但事实上，我们自己却在淡漠自己的文化。冰冻三尺非一日之寒，传统节日对年轻人的吸引力不够是不能回避的事实。但如何去改变这一点，如何让传统节日重新吸引广大民众参与其中才是我们要去思考和解决的问题。

3. 政府职能部门重视不够以及生活节奏的加快。通过我做的一个有关中国传统节日的社会调查可以看出，几乎所有的被调查者都可以列举出3—5个传统节日，也有90%以上的人们认为现在传统节日仍有一定的吸引力，但是苦于工作、学习的繁忙而没有时间去重视。对于现在的法定节假日安排，很多人也有相同的看法：就是应该恢复传统节日。目前我国的法定节假日有10个，分别是：新年、春节、国际劳动妇女节、植树节、国际劳动节、五四青年节、国际儿童节、中国人民解放军建军节、教师节、国庆节。其中只有春节属于传统文化节日。农历新年初一在纽约被定法定庆祝日；菲律宾宣布，春节这天，全国放假一天，与华人同乐。在香港，春节、清明节、端午节、中秋节和重阳节为五大传统节日，被规定为法定假日。我不明白这些传统节日有这么深厚的文化内涵，凝聚了中华民族的智慧，体现着中华文明的特点，为什么得不到我们的重视，难道它们的分量还比不过“五一”吗？对于一个国家来讲，我们是不是首先应该保护好自己民族的传统节日呢？

三、传统节日在当代的利用与保护

（一）中国传统节日的利用及意义

中国的传统节日五彩缤纷，文化内涵丰厚，保留了人类独特的文化记忆，对于中国传统文化的意义是不可否认的。它不仅仅是一个历史的载体，更为中国传统文化的继承和发扬提供了一种有效的途径。我们不能忘掉民族传统节日的文化，因为即使在现代化的今天，它们对我们仍然有着积极的作用。

首先，中国的传统节日点缀了中国人的生活。有句谚语是这样说的："懒人盼年，馋人盼节。"在物质文明相对不是很发达的过去，人们日出而作，日落而息，重复着单调的生活。也正是因为这样，各种一年一度的传统节日对于人们就像是一支支兴奋剂，使他们对生活有了一种向往，也就是有个奔头。看看以前的诗词，像"佳节清明桃李笑"、"千门万户曈曈日" 这种表现人们欢天喜地、共贺佳节的佳句数不胜数。著名的《清明上河图》，描写的正是宋代汴河两岸百姓欢庆清明佳节的真实情景。可以这样说，在漫漫的历史长河中，丰富多彩的传统节日在百姓的生活中占据了举足轻重的地位。

其次，中国的传统节庆文化还是一种非常重要的人文旅游资源。什么是旅游资源？凡能激发旅游者的旅游动机，为旅游业所利用，并由此产生经济、社会和环境效益的现象和事物，均称为旅游资源。[11] 这其中又分为自然旅游资源和人文旅游资源，传统节日作为一种文化现象，是人文旅游资源的一个重要组成部分。中国的传统节庆文化表现出来的种种特点也正符合人文旅游资源的要求：第一，独特性。中国传统节日文化是在中国这片土地上孕育生长的，并在漫长的完善过程中吸收了古人的宗教信仰、风俗习惯等成分，每一项民俗活动都有其特有的文化内涵。据报道，到中国旅游的西方人，有80%以上是为了来了解中国文化。[12] 因此，传统节日文化作为人文旅游资源所具有的独特性，恰好满足了旅游者追求新异的动机。第二，多样性。即使是同一个节日，各地的庆祝活动也有很大的差异。以春节为例，在北部地区，冬天寒风刺骨，滴水成冰，人们制作成漂亮的冰灯；而在南方，四季如春，花团锦簇的花市便成为了一个节日亮点。可见，传统节日文化的多样性是十分明显的，也正好适应了旅游者动机的多样性。第三，季节性。中国的传统节日贯穿四季，反映出很强的季节性。翻翻日历可以发现，大多数的节日都安排在农闲的时候，这无疑适合我国古代社会以农为本的社会体制。另一方面，许多节日的节庆活动是应季而生的。旅游者的旅游活动，恰恰也呈现出季节性的特点，将其与传统节日的季节性结合在一起，也可以积极地促进旅游业的发展，吸引旅游者的眼光。

综上所述，作为人文旅游资源，中国传统的节庆文化有很高的价值，也具有很广阔的开发潜力，它的旅游资源价值也一定会被越来越多的旅游者所认同和向往，从而吸引更多的国内外旅游者来欣赏游览我国丰富多彩的传统节庆文化。

除此之外，恢复和保护中国传统节日的同时也会引起人们对于其中蕴涵的民间、民俗文化的重视和研究，这些都具有很高的学术价值。

（二）如何保护传统节日

不可否认，传统节日在当代社会中仍然有着重要的作用。如今，传统节日的命运受到了越来越多人们的关注。呼唤民族文化复兴、呼吁保护民间文化遗产的声浪日渐高涨，继承和发扬传统节庆文化的契机正在形成之中。我们正可以利用这一有利时机，把要恢复传统节日的口号落实到具体的措施和行动中，很好地保护它们。

首先，作为政府及其相关部门，应对现有的传统节日进行清理和归纳，把传统节日作为传统文化的一部分进行立法保护，诸如元宵、清明、端午、中秋、重阳等这些历史悠久，且极富民族文化的传统节日，应该列入法定节假日，以法定节假日的形式进行保护和弘扬。虽然传统节日的主人不是政府，但政府在政治、经济、文化等很多方面有着无可替代的作用与影响。政府及其相关部门应当高度重视传统节日的保护、宣传、立法问题，并采取积极的措施。政府的高度重视，既是在时间上给予必要的保证，更重要的是在内容上积极引导，如果政府不断倡导、继承、创新节日的文化，传统节日自然会出现新气象，同时被赋予了新时代的元素。在这个过程中政府及其相关部门应该扮演一个扶植的角色。现在长假和“洋节”大多被商人贴上了“经济”的标签，成为了“吃喝节”、“购物节”。在这一点上政府应该启发商人，鼓励他们多做我们自己的节日，挖掘传统节日的文化内涵，并且能够以创新的精神发展传统节日文化，让更多的人乐于参与传统节日文化活动。

其次，我们要充分利用各种传媒来挖掘传统节日的文化内涵。其实，我国传统节日中蕴涵着丰富的人文精神和文化内涵，只要大力挖掘和宏扬，民族文化资源就会鲜活永恒。传媒作为一个很好的平台其优势就在于它们可以把传统节日文化中非文字的东西系统化，出现在电视、电台、报纸杂志甚至互联网上，使人们可以更直观地了解我们的传统文化。通过各种传媒，可以把即将消失的东西赶快抢救、拍摄，对还在传承的东西细心报道。形式可以采取请嘉宾来讲解，或到民间采风，去了解普通民众的生活和感情，从点到面鲜活地把传统节日及其传统文化的知识进行宣传。最后，作为我们年轻人要做的事情就是通过各种方式重新去认识我们的传统节日和传统文化，增强对自己民族传统文化的自觉保护意识。一些传统节日有些地方还存在，有的保存得还很好。我们不要盲目地抛弃传统，应该回过头往后，来看看历史留给我们的宝贵财富。特别是那些优秀的文化，我们更要怀着敬畏之心，高度重视民族民间文化的保护。同时年轻人也有责任承担起恢复和保护传统文化的重担。

在这一过程中，可能会出现的问题也是我们必须要重视的。第一，从目前的情况来讲，人们的生活水平提高了，但是传统节日的吸引力大大地降低。由于许多的节日都来源于农业文明，所以这种文化渊源和传统形式也使这些节日缺少了一些浪漫的色彩，这与富裕起来追求生活品位的现在中国人显得有一些不协调。第二，就目前而言，我国法定的节假日仅有春节假期与传统节日相重叠，其他的传统节日尚未列入法定假日之列。而一般国际旅游者的余暇时间，就更与我国传统节日有较大的出入。在立法规定传统节日为法定节假日的时候，还须考虑如何保证传统节日文化活动开展的问题。传统节日列为法定节假日，目的在于保护非物质文化遗产，而“保护”这种遗产的具体手段，又只能是以延续开展传统节日活动的形式，将节日的本来面目一代代地传承下去。倘若仅将传统节日法定化之后，不对节日文化进行研究，不开展与传统节日相关的活动，就毫无意义了。故政府部门一定做好综合的考虑，不能顾此失彼。第三，我们要看清传统节日文化中的糟粕。这里指的糟粕并不是对错之分，而是要看其是否可以适应这个社会的发展，是否有利于这个社会的发展，同时也不可以认为传统文化和现代化没有任何关联，不要顾此失彼，更不要邯郸学步。

注释：

① 许殿才：《中国文化通史》（秦汉卷），中共中央党校出版社2000年版，第645页。

② 赵东玉：《中华传统节庆文化研究》，人民出版社2002年版，第183页。
③ 孟元老：《东京梦华录》，山东友谊出版社2001年版，第81—82页。
④ 金鸣娟：《中国传统文化》，中国农业大学出版社2004年版，第172页。
⑤ 李白：《花间独酌》，转载自刘允声：《历代诗词佳句鉴赏》，北京出版社1990年版，第152页。
⑥ 孟元老：《东京梦华录》，山东友谊出版社2001年版，第87页。
⑦ 吴自牧：《梦梁录》，浙江人民出版社1980年版，第26—27页。
⑧ 徐吉军等：《中国风俗通史》（宋代卷），上海文艺出版社2001年版，第645页。
⑨ 赵东玉：《中华传统节庆文化研究》，人民出版社2002年版，第209页。
⑩ 赵东玉：《中华传统节庆文化研究》，人民出版社2002年版，第209页。
⑪ 苏勤：《旅游学概论》，高等教育出版社2001年版，第62页。
⑫ 李全："构筑旅游文化"，《中国教育报》1998年。

唐代名臣墓志史实述略

连劭名

四、契苾嵩墓志

全称《大唐故特进凉图公行道别驾契苾公墓志并序》

契苾嵩，字议节，唐初名将契苾何力之孙。契苾氏世为铁勒部酋长，传说中的自然神为祖先，墓志云："先祖海女之子，出于漠北口鸟德建山焉。"《旧唐书·铁勒传》云：

铁勒，本匈奴别种。自突厥强盛，铁勒诸部分散，众渐寡弱。至武德初，有薛延陀，契苾、迴纥、都播……散在碛本。

又据《旧唐书·契苾何力传》云：

契苾何力，其先铁勒部之酋长也。父葛，隋大业中继为莫贺咄特勤，以地逼吐谷浑，所居隘狭，又多瘴疠，遂入龟兹，居热海之上。特勤死，何力时年九岁，降号大俟利发。至贞观六年，随其母率众千余家诣沙州，奉表为附，太宗置其部落于甘、凉二州，何力至京，授左领军将军。

契苾何力降唐出于其母的建议，据《契苾嵩墓志》的记载：

祖何力，苍天不征，年幼偏露。母谓公曰：观汝志大，在此荒隅，非是养德，比闻大唐圣君，六合归之，四夷慕义，将汝归附，汝意如何？公跪而言曰：实有诚心，若至中华，死而不恨。将部落入朝，姑臧安置，后移京兆，望乃万年，授右领军卫将军。

其后契苾部落定居甘肃一带，如唐大历十三年《段承宗墓志》云：夫人姑臧县君契苾氏，皇云麾将军、守左威卫大将军、武威郡开国公崟之季女。

贞观十四年，高昌文泰反，契苾何力随唐兵出征，初立战功。《旧唐书·高昌传》云：

（高昌王鞠文泰反叛），太宗冀斯悔过，复下玺书，示以祸福，征之入朝，文泰称疾不至。太宗乃命吏部尚书侯君集为交河道大总管，率左屯卫大将军薛万均及突厥、契苾之众、步骑数万以击之。

（后鞠文泰发病死），其子智盛嗣立。既而名集兵奄至梅谷口，进趋田地城，将军契苾何力为前军，与之接战而退。

其后唐军进逼高昌都城，其王鞠智盛出城降。《旧唐书·契苾何力传》云："（贞观）十四年，为葱山道副大总管，讨平高昌。”《契苾嵩墓志》云：

高昌不宾，授口口岭道总管，破国虏王。尚临洮县主，封张掖郡公。燕领为将，班超酬西域亡侯，麟阁图形，公建忠诚之节。

贞观十九年，唐太宗发兵征高丽，契苾何力随军出征，负重伤，《旧唐书·契苾何力传》云：

太宗征辽东，以何力为前军总管，军次白崖城，为贼所围，被射中腰，疮重疾甚，太宗自为传药。

《资治通鉴》卷一百九十七云：

乙未，进军白岩城。丙申，右卫大将李思摩申弩矢，上亲为之吮血；将士闻之，莫不感动。乌骨城遣兵万余为白岩声援，将军契苾何力以劲骑人百声之，何力挺身陷阵，槊中其腰，尚辇奉御薛万备单骑往救之，拔何力于万众之中而还。何力气益愤，束疮而战，从骑奋击，遂破高丽兵。

其事亦见《契苾嵩墓志》：

高丽逆命，王师问罪，先锋直进，斩首数千，苦战被伤，通中者士。主上亲问，入帐传乐。

契苾何力受唐皇厚恩，及李世民死，痛不欲生，《旧唐书·契苾何力传》云：“太宗崩，何力欲杀身以殉，高宗谕而止之。”《契苾嵩墓志》云：

太宗晏驾，陵侧割耳，为下过礼，奉制追入，屯营检校。

唐高宗龙朔元年，契苾何力奉命率兵讨伐高丽，《旧唐书·契苾何力传》云：

龙朔元年，又为辽东道行军大总管。九月次于鸭绿水，其地即高丽之险阻。莫离之男生的精兵数万守之，众莫能济。何力始至，会冰大合，趣即渡兵，鼓噪而进，贼遂大溃，追奔数十里，斩首三万级。余众尽降，男生仅以身免。

《契苾嵩墓志》云：

龙朔元拥，诏为辽东道行军大总管，于时九月，水陆两军大会平壤。兵至鸭绿，波涛浩翰，无舟可济。恐失王期，仰天而口，具申忠志。寒风四起，流澌立合。军众才渡，冰随后销，高丽谓神。耿恭拜井，鲁扬麾戈，精诚所感，信非谬也。旋师录功，锡甲第一区，加凉国公，拜长子明朝散大夫太子舍人。

契苾明是契苾嵩之父，《旧唐书·契苾何力传》云：

明，左鹰杨卫大将军，兼贺兰都督，袭爵凉国公。

《契苾嵩墓志》所记契苾明的事迹略详于唐书本传，文云：

北蕃公子，归帝京而得名，南阳武侯，惧中华而不入。授公父明为都督，检校部落，南御鲜零，北防凶虏，征战不息，迁至右鹰卫大将军。

是知契苾明示为军事将领，率领本部族南征并战，为唐王朝立下汗马功劳。

契苾明之后，由契苾嵩之兄继承父位，领兵与北方民族交战，战败被擒，以身殉唐，《契苾嵩墓志》云：

授公兄□为都督。狼星□怒，群羊虏云，不夕即朝，时无可识，凶奴大下，公兄频胜，短兵接战，为虏所擒，荒外身亡，骸留不返，主上矜念，褒赠荣官。

其后部落由契苾嵩为都督，征吐蕃有功，入朝侍奉，《契苾嵩墓志》云：

部落有余，授公为都督，检校征战，累功迁至右领军卫大将军赤水军副特节，吐蕃频扰，领兵不干，轻入青海，破军斩将。叙录功绩，授公为特进。表请入朝侍奉。

此后因其子而获罪，流放南方，死于贬所，《契苾嵩墓志》云：

留子检校部落，轻兵陷阵，耿第□可同年，坐指白麾，谢艾方应可匹。为子骄逸，言误侍臣，众口非金石，浮被谪□□连州别驾。南观冬柳，愁伤叶乃寒生，北望春梅，叹恶花分半发。结气成疾，虐□□仍，自寿不长，还来服鸟，迁至道州别驾。两住炎中，连绵四载，望居坎北，放至山南，既济有文，终正则乱，其道穷也。开元十八年，岁次庚午六月辛未，死于任所，□洋从得，殁后难申，至金香来，无由再起。天命已毕，大数而归，二万七千，同盟而止。

“二万七千”应指契苾嵩在世的日数，知他死时约70余岁。

五、刘濬墓志

全称《大唐故十学士太子中舍人上柱国河间县开国男赠率更令刘府君墓志》，家臣等纂序，外孙王进撰铭。

刘濬是唐代名臣刘仁轨之子，墓志云：

公讳濬，字德深，汴州尉氏人也。后汉章帝子河间孝王开十九代孙，曹州使君之孙，尚书左丞相司空文献公之子。

“文献公”即刘仁轨。唐高宗显庆五年发兵征百济，刘仁轨建大功，《旧唐书·刘仁轨传》云：

显庆四年，出为青州刺史。五年，高宗征辽，令仁轨监统水军，以后期坐免，特令以白衣随军自效。时苏定方既平百济，留郎将刘仁愿于百济府城镇守。又以左卫中郎将王文度为熊津都督，安抚其余众。文度渡海病卒。百济为僧道琛、旧将福信率众复叛，立故王子扶余丰为王，引兵围仁愿于府城。诏仁轨检校带方州刺史，代文度统众，便道发新罗兵合势以救仁愿，转斗而前，仁轨军容整齐，所向皆下，道琛等乃释仁愿之围，退保任存城。

刘濬曾随父出征，据墓志云：

年十七，从文献公平百济，功授熊津都督府参军。

武则天时，刘仁轨任辅弼之臣，屡次进言，劝武氏以史为鉴，《旧唐书·刘仁轨传》云：

则天临朝，加授特进，复拜尚书左仆射，同中书门下之品，专知留守事。仁轨复上疏辞以衰老，请罢居守之任，因陈吕后祸败之事，以申规谏。则天使武承嗣齐尔书往京慰喻之曰：今日以皇帝谅音不言，眇身且代亲政，远劳劝戒，复表辞衰疾，怪望既多，徊徨失据。又云：吕后见嗤于后代，禄产贻祸于汉朝。引喻良深，愧慰交集。公忠贞之操，终始不渝，劲直之风，古今罕比。初闻此语，能不罔然，静而思之，是为龟镜，且端揆之任，仪刑百辟，况公先朝旧德，遐迩具瞻，愿以匡救为怀，无以慕年致请。寻进封郡公。

刘仁轨妻年老多病，刘濬夫妇侍母甚恭，以孝著称，甚得武则天与唐高宗的褒扬，事见墓志所载：

乃文献夫人老疾，公与夫人亲侍汤药，岂遑懈怠，年逾十年，日勤一日。天后台文献夫人曰：年老抱疾，几女在旁？对曰：妾有男及妇，殊胜于女。太后嘉之。及文献夫人死，公终礼谒见。高宗曰：常见皇后说：太夫人云卿夫妇俱能至孝。忠臣取于孝子，岂忘卿乎？公妇自朝，言及于内，誉闻家国，足为光荣。

刘濬事迹唐书记载极简，《旧唐书·刘仁轨传》云：

子濬，官至太子中舍人。垂拱二年，为酷吏所陷，被杀。妻子籍没。中宗即位，以仁轨春宫旧僚，追赠太尉。濬子冕，开元中，为秘书省少监，表请为仁轨立碑，谥曰文献。

墓志所载远较史传详细，文云：

累迁太子通事舍人、宫门郎、著作佐郎、祕书郎、尚书郎、祕书丞。朝选十学士，以公为诸儒最。……文明岁，敬业作乱，惟杨王师未捷，授公江佐五州简幕宣劳使，开恩信，制权宜，无不倒戈，有如破竹。因表言：敬业若不入海，即当自缢。飞奏不日，果如所料。虽孙膑□□，陈汤屈指，不足俦也。制曰：允膺八骏之荣，克定五湖之俗。遂加朝请大夫，兼赉马口金帛。

刘濬之死，当是因为反对武则天称帝，墓志云：

无何，丁文献忧，太后俾宗族之臣，崇吊问之礼，拟为改革，潜为禅纂，收率土之望，先大臣之家，既作威福，令表劝进，事若风从，功当隗始。公曰：忠臣守节，不附邪谋，死而后已，未敢闻命。便被密奏，长流岭南，终于广州，春秋四十有七。

刘濬妻李氏亦出身名门，墓志云：

夫人陇西李氏，绛郡公六代孙，故右卫将军杨休亡长姐。

及刘濬死，李氏前往岭南，护送丈夫灵柩还乡归葬，历尽千辛万苦；墓志云：

及公枉殁南荒，夫人携幼度岭，行哭徒跣，扶榇还乡，寒暑四年，江山万里，一朝而止，谁不嗟伏。

其后李氏隐居乡里，教子有言，以贤闻名，墓志云：

夫人亡舅太常崔公，夫人妹婿使君王公，皆当时贵杰，各与昆季谋议，遣子女供承，冀染清规，争求近习，其钦望如此。

太后自永昌之后，宽典行焉。如公数家，例还资荫，夫人诫其子曰：用荫足免征役，不可辄趁身名，汝祖父忠贞，亡身殉国，吾今食周粟，已媿明灵，汝傥事伪朝，如何拜扫！二子亲承训诲，甘守乡园。

永昌元年，武则天接受陈子昂的建议，推行宽缓的政策，即志文所云："太后自永昌之后，宽典行焉。"《资治通鉴》卷二百四云：

（永昌元年三月壬申）太后问正字陈子昂，当今为政之要。子昂退，上疏，以为宜缓刑崇德，息兵革，省赋，宗室各使自安。

唐中宗神龙元年，武则天退位，昭雪冤屈，《资治通鉴》卷二百七：

丙午，中宗即位。赦天下，惟张易之党不原。其为周兴等所枉者，咸令清雪，子女配没者皆免之。

李氏率子入都，诣阙上诉，墓志云：

神龙之初，中宗监国，诏国夜过，夫人夙兴，因率一子入都，修词诣阙。时有亲表愚昧，非笑是行，数日亡间，果有恩命，各授班秩，咸惊讶焉，其为识见也如彼。

唐玄宗开元十七年六月三日，李氏卒。病重时，皇帝曾屡加关注。李氏去世后，皇帝下诏，追赠刘濬太子率更令。墓志云：

属以往缠瘴厉，患渐膏肓，皇上特降金丹，亲颁药法，名医不绝，中使相望。生也有涯，命不可赎，以开元十七年六月三日死于道政里之私第，春秋七十有九。……至翌日，上令中使购绢布六百段，仍问卜葬之所。二子口奏，父母遗愿，并请归祔先茔。伏诏曲临，便允所请。制曰：故太子中舍人刘濬，俾荣弃奉之礼，宜加宠饰之命。可赠太子率更令。

以十八年五月十九日，合祔葬文献公陪乾陵旧茔西次，礼也。父子鄰兆，存亡事君，夫妻同穴，始终今义。

据墓志，刘濬有二子，嗣子祕书少监晃，次子祠部郎中昂。“晃”，唐书作“冕”，当是传写讹误。

六、高慈墓志

全称《大周故壮武将军行左豹韬卫郎将赠左玉钤卫将军高公墓志铭并序》。

高慈，字智捷。高丽贵族，随父降唐，后与契丹作战，军败被俘，于唐武则天万岁通天二年五月廿三日，与其父同时被害于磨米城南，卒年33岁。墓志云：

> 万岁通天元年五月奉敕差乂充泸河道讨击大使，公奉勒从行，缘破契丹功，授壮武将军行左豹韬卫翊府郎将，忝遗迹中权，立功外域，既等耿恭之寄，旋沾来歙之荣，寻以寇贼凭陵，昼夜攻逼，地孤援阔，根尽矢殚，视死犹生，志气弥励，父子俱陷，不屈贼庭，以万岁通天二年五月廿三日终于磨米城南，春秋卅有三。

《新唐书》卷四〈则天皇后本纪〉云：

> （万岁通天）元年五月壬子，契丹首领松漠都督李尽忠，归城州刺史孙万荣陷营州，杀都督赵文翙。乙丑，左鹰杨卫将军、曹仁师，右金吾卫大将军张玄遇，左威卫大将军李多祚，司农少卿麻仁节等击之。

高慈与其父奉勒出征，或与此役有关。墓志中还有高慈家世与高丽早期史事的记载，十分珍贵，文云：

> 先祖随朱蒙王平海东诸夷，建高丽国，已后代为公侯宰相，至后汉末，高丽与燕慕容战大败，国几将灭。廿代祖密当提戈独入，斩首尤多，因破燕军，重存本国。赐封为王，三让不受，因赐姓高，食邑三千户，仍赐金文铁券曰：宜令高密子孙，代代封侯，自非乌头白，鸭渌竭，承袭不绝。自高丽初立，至国破已来，七百八年，卅余代，代为公侯，将相不绝，忠为令德，勇乃义基，建社分茅，因生祚土，无隔遐裔，有道斯行，况乎地蕴三韩，人承八教，见危授命，转败为功。国赖其存，享七百之绵祚，家嗣其业，纂州之遥基。

“朱蒙王”即好大王，是高丽开国始祖。志文中明确记载高丽自建国至灭亡，共七百零八年。卅余代，极可珍贵。高丽亡于唐高宗总章元年（公元668），上推其建国之年当在西汉元帝永光年间（公元前47—39）。

墓志中记载高慈祖先的官职，极有参考价值，文云：

> 曾祖式，本蕃任莫离支，独知国政，位极枢要，职典机权，邦国是均，尊显莫二。祖量，本蕃任三品栅城都督位头大兄兼大相，少禀弓冶，长承基构，为方镇之领袖，实属城之准的。父文，本蕃任三品位头大兄兼将军。

文中所记职官与品级的对应关系很宝贵，“莫离支”，《新唐书》卷二百二十〈东夷传〉云：“（盖苏文）自为莫离支，专国，犹唐兵部高书，中书令职云。”“栅城都督”，《新唐书》卷二百二十〈东夷传〉云：“大城置傉萨一，比都督。”“位头大兄兼将军”，可参《泉男生墓志》：

“年廿三改任中里位头大兄，廿四兼授将军”（续首都博物馆丛刊第18期—下）。

参考文献：

①《二十五史》，上海古籍出版社1986年版。
② 司马先：《资治通鉴》，中华书局1956年版。

唐宋时期中国与朝鲜半岛的乐舞交流

龚　楠

中国大陆与朝鲜半岛同处亚洲东部，隔海相望，近在咫尺，因此，自古以来中国便与半岛上的国家有着密切的往来，而音乐、舞蹈艺术可谓两地文化交流中不容忽视的一部分内容，同时，也是我们深入了解中华文化丰富内涵，以及古代中国与朝鲜半岛国家关系的重要途径。因此，本文将从乐器、乐曲、舞蹈及乐舞伎人等方面入手，对唐宋两代中国与朝鲜半岛国家乐舞交流的情况进行叙述和分析，望就教于方家。

一

公元618年，李氏灭隋建立唐王朝，中国封建社会由此渐入隆盛时代。随着国家的统一，社会秩序日趋稳定，唐朝在经济、政治、文化等方面得到了很好的恢复与发展，逐步走向强盛。此时的朝鲜半岛，正处于其历史上的“三国时代”末期。半岛北部为高句丽所统治，南部则西属百济，东归新罗。660年和668年，在唐军的进攻下，百济、高句丽相继灭亡，新罗最终统一了朝鲜半岛浿水（今大同江）以南地区。

唐朝前期政治环境较为开明，经济力量不断壮大，在此基础上发展起来的唐代文化，以其独特的魅力吸引着周边国家，特别是东方邻国的目光；同时，它也广泛吸收大量外来文化，不断丰富和完善着自身。唐代中国和朝鲜半岛各国分别发展了灿烂的古代乐舞文化，随着双方交往的不断深入，音乐舞蹈的交流也日益繁盛起来。

在唐朝的宫廷燕乐中，无论是武德初年所用“九部乐”，还是贞观年间确定的“十部乐”，其中都有一部名为“高丽乐”。[①] 据《通典》卷一百四十六《四方乐》记载：“高丽乐，工人紫罗帽，饰以鸟羽，黄大袖，紫罗带，大口袴，赤皮靴，五色绦绳。舞者四人，椎髻于后，以绛抹额，饰以金珰。二人黄裙襦，赤黄袴，极长其袖，乌皮靴，双双并立而舞。乐用弹筝一，搊筝一，卧箜篌一，竖箜篌一，琵琶一，五弦琵琶一、义嘴笛一，笙一，箫一，小筚篥一，大筚篥一、桃皮筚篥一，腰鼓一，齐鼓一，担鼓一，贝一。”[②] 而《新唐书》卷二十一《礼乐十一》在乐器方面对琵琶有更为详细的描述：“以蛇皮为槽，厚寸余，有鳞甲，楸木为面，象牙为捍拨，画国王形。”[③] 这些乐器中的笙、笛、箫、筝等，是源自中国的传统乐器，汉代以前已在中国出现。而筚篥、竖箜篌等则是源于西域，先传入中国，再被引进朝鲜半岛的。高丽乐舞当时在中国流传相当普遍，不仅在唐宫廷中演出，而且在整个上流社会亦风行一时，甚至唐王朝的高官显贵中也有擅长高丽舞的。如《新唐书》卷一百零九《杨再思传》载："易之兄司礼少卿同休，请公卿宴其寺，酒酣，戏曰：'公面似高丽'，再思欣然，翦縠缀巾上，反披紫袍，为高丽舞，举动合节，满座鄙笑。"[④] 由此可见，杨再思对于高丽舞之服饰、动作应是极为熟悉的。另外，唐代文人对高丽舞也多有描述，最著名的当属李白的《高句丽》一诗："金花折风帽，白马小迟回。翩翩舞广袖，似鸟海东来。"[⑤] 值得注意的是，诗中"翩翩舞广袖"与《通典》所述"极长其袖"应是对两种不同舞蹈服装的描写，这大概可以证明当时的高丽舞也并非一种风格。

百济是公元前1世纪末在朝鲜半岛西南部兴起的国家，据《新唐书》卷二百二十载："百济，扶馀别种也，直京师东六千里而赢，滨海之阳，西界越州，南倭，北高丽，皆逾海乃至，其东，新罗也。"[⑥] 现存的历史文献中，记载有关百济音乐方面的史料甚为稀少，且出自不同史家之手，经过世代流传、整理，出现谬误、遗漏在所难免。但是通过这些仅存的史料，仍能略见当时中国与百济之间音乐交流的情况。百济乐虽然没有作为一个独立的乐部列于唐王朝的"九部乐"、"十部乐"中，但仍在唐宫廷中演出。《新唐书》卷二十二《礼乐十二》云："至唐，东夷乐有高丽、百济。"[⑦] 然而"中宗之代，工人死散。"[⑧] 这大概是由于当时正值武则天欲夺李唐政权，宫廷变乱不断，社会动荡不安所致。因此，直到唐玄宗开元年间，岐王范任太常卿时才"复奏置之"，但已"音伎多阙。舞二人，紫大袖裙襦，章甫冠，皮履。乐之存者，筝、笛、桃皮筚篥、箜篌、歌。"[⑨] 这在中国与朝鲜半岛国家的乐舞交流史上可谓一件憾事。

新罗位于朝鲜半岛东南部，由古代"三韩"之一的"辰韩"发展而来，于公元前57年建国。同高句丽和百济一样，新罗也十分重视吸收中国的先进文化。朝鲜半岛在"新罗统一时期"（668—918年）社会稳定，经济发展，国力强盛一时。同时，国家的统一也使新罗不仅可以从陆路到达唐王朝境内，更可由百济故地渡海入唐——交通的便利为唐罗间频繁的文化往来提供了优越条件。

《旧唐书》卷一百九十九（上）《新罗》载："贞观五年，遣使献女乐二人，皆鬓发美色。"[⑩] 另外，由朝鲜半岛王氏高丽王朝时期（918—1392年）的学者金富轼（1075—1151年）等人以汉文编写的《三国史记》亦记述了唐朝与新罗乐舞文化交流的情况。该书《新罗本纪第六》载："（文武王四年，即664年）三月……遣星川、丘日等二十八人于府城学唐乐。"[⑪]

除了人员的往来之外，在乐器创制方面新罗也受中国影响极大。"新罗乐，三竹、三弦、拍板、大鼓……三弦一玄琴，二加耶琴，三琵琶。三竹一大笒，二中笒，三小笒。"[⑫] 这其中最值得注意的是，流传至今且仍为朝鲜半岛人民所喜爱的传统乐器——伽倻琴（原作"加耶琴"），乃仿照中国乐器筝而制作。此琴之所以名"伽倻"，是由于其出自位于古代朝鲜半岛南部洛东江流域的伽倻国。据《三国史记》卷三十二《乐志》载："加耶琴亦法中国乐部筝而为之……虽与筝制度小异而大概似之。《（新）罗古记》云：'加耶国嘉实王见唐之乐器而造之。王以为诸国方言各异，声音岂可一哉。乃命省热县人于勒造十二曲。后于勒以其国将乱，携乐器投新罗真兴王，王受之。'"于勒到新罗后，真兴王曾命大奈麻注知、阶古和大舍万德三人从其学艺，得十一曲，后简约为五曲，又发展出"临河"与"嫩竹"二调，共一百八十五曲。[⑬] 由是，伽倻琴及琴曲便在朝鲜半岛广为流传。而"三竹亦模仿唐笛而为之者也。"[⑭]

再者，当时入唐学习汉文化的新罗人很多，他们在中国全面接触了唐代文化，乐舞艺术也是其中重要的一部分内容。例如新罗统一时代末期的汉文大诗人崔致远[⑮] 的诗作《大面》，便是对表演北齐兰陵王高长恭戴假面进行战斗的中国歌舞戏——《兰陵王入阵曲》的描写。诗文如下："黄金面色是其人，手抱珠鞭役鬼神。疾步徐移呈雅舞，宛如丹凤舞尧春。"该诗不仅被收入《全唐诗》，在《三国史记》卷三十二《乐志》中亦有所记载。

由此可见，唐代的中国与朝鲜半岛国家有着繁盛的乐舞交流。

二

9世纪后半期，唐王朝的统治走向末路，藩镇割据日益严重，各地方政权之间的战争愈演愈烈。天祐四年（907年），朱温篡唐称帝，建立后梁，由此，中国大陆地区进入五代十国时期，政权更替频繁，社会秩序混乱。与此同时，朝鲜半岛也正由统一走向分裂。900年，后百济在半岛南部崛起，901年，北方出现泰封国，918年，王建灭泰封，改国号为"高丽"，形成新罗、后百济、高丽三政权对峙的"后三国"局面。这一阶段，无论是中国还是朝鲜半岛国家，都处在社会动荡、战事不断的状态中，双方往来受挫，乐舞交流更是无从谈起。

935、936年，新罗、后百济先后归顺高丽，王建的高丽王朝重新统一浿水以南地区，朝鲜半岛的"后三国时代"结束。960年，赵匡胤建宋，结束了五代十国时的分裂割据局面。此后，中国与半岛国家逐渐恢复了各方面的往来，双方的乐舞交流亦翻开新的一页。

从总体来看，宋丽乐舞交流主要集中在北宋神宗、徽宗两朝，亦即高丽王朝文宗、睿宗时期。对于当时的交流情况，两国史书均多有记载，且内容十分丰富。

高丽文宗王徽（1046—1083年）曾多次遣使到宋朝请乐工入高丽传授乐舞技艺，同时也派本国艺人至宋朝学习。如徐兢《宣和奉使高丽图经》卷四十《乐律》载："熙宁中，王徽尝奏请乐工，诏往其国，数年乃还。后人使来，必赍货奉工伎为师。每遣就馆教之。"[16] 又如李焘《续资治通鉴长编》卷二百六十一"熙宁八年（1075年）三月丙午条"："江、淮发运司罗拯言，泉州商人傅旋持高丽礼宾省贴，乞借乐艺等人。上批已令教坊按试弟子十人，可借，呼第四部给色衣、装钱，作拯意奉诏前往。传习毕，早令还朝。"[17]关于宋朝时中国乐舞伎人到高丽传艺的情况，见于朝鲜半岛一方史料的是李氏朝鲜王朝时期（1392—1910年）由学者郑麟趾（1396—1478年）等编写的《高丽史》。该书卷七十一《乐志二·用俗乐节度》载："文宗二十七年（1072年，宋神宗熙宁五年）二月乙亥，教坊奏女弟子真卿等十三人所传《蹈沙行》歌舞，请用于燃灯会，制从之。"[18] "十一月辛亥，设八关会，御神凤楼观乐，教坊女弟子楚英奏新传《抛球乐》、《九张机》别伎，《抛球乐》弟子十三人，《九张机》弟子十人。"[19] 而双方的乐舞交流并不是单向的，高丽也曾派伶人到宋朝献艺。李焘《续资治通鉴长编》卷三百二十三"元丰五年（1082年）二月丁卯条"记载了宋神宗的一段话："蛮夷归附中国者固亦不少。如高丽其俗尚文，其国主颇识礼义，虽远在海外，尊事中朝，未尝少懈，朝廷赐予礼遇，皆在诸国之右。近日进伶人十数辈，且云夷乐无足取者，止欲润色国史尔。"[20] 另据《高丽史》卷九"文宗三十五年（1081年，宋神宗元丰四年）四月庚辰条"载："夏四月庚辰，遣礼部尚书崔思齐、吏部侍郎李子威如宋献方物，兼谢赐医药。"[21] 由此可以推知，这批伶人是元丰四年（1081年）随高丽使团一道入宋的。虽然当时高丽乐舞在艺术水平上与中原王朝相比也许还有差距，但作为对宋朝向高丽派遣乐工的回应，这也是宋丽两国乐舞交流的见证。

至宋徽宗赵佶在位时（1101—1125年），北宋政权可谓江河日下，国力也大不如前，然而宋丽两国的音乐舞蹈交流却在这一时期出现了新的高潮。这就是1114年和1116年，宋朝两度赐大晟乐[22]给高丽。《高丽史》一书对赐乐始末有详细记载，可见当时丽人对此之重视。另外，宋徽宗关于赐乐的两个诏书未见于《宋史》，而载于此书，这无疑弥补了中国方面史料的缺憾。

诏书一，高丽睿宗九年（1114年，宋徽宗政和四年）：

睿宗九年六月甲辰朔，安稷宗还自宋，徽宗诏曰：乐与天地同源，百年而后兴，功成而后作。自天王之泽竭，礼废乐坏，由周迄今，莫之能述。朕嗣承累圣基绪，永惟圣德休烈，继志述事，告阙成功。乃诏有司，以身为度，由度铸鼎作乐，荐之天地宗庙，羽物时应。夫今之乐犹古之乐，朕所不废。以雅正之声，播之今乐，肇布天下，以和民志。卿保有外服，慕义来同，有使至止，愿闻新声。嘉乃诚心，是用有锡。今因信使安稷宗回，俯赐卿新乐。[23]

诏书后还附有所赐乐器和图谱的清单。[24] 同年十一月丁卯，睿宗"亲祫于太庙，兼用宋新乐。"[25]"十一月壬申朔，宴诸王宰枢于含元殿，阅宋新乐。"[26]

诏书二，高丽睿宗十一年（1116年，宋徽宗政和六年）：

睿宗十一年六月乙丑，王字之还自宋，徽宗诏曰：三代以还，礼废乐毁。朕若稽古，述而明之。百年而兴，乃作大晟。千载之下，聿追先王。比律谐音，遂致羽物。雅正之音，但弥率土，以安宾客，以悦远人。逖惟尔邦，表兹东海。请命下吏，有使在庭。古之诸侯，教尊德盛，赏之以乐，肆颁轩簴，以作尔祉。夫移风易俗，莫若于此。往祇厥命，御于邦国。虽疆殊坏绝，同底大和，不其美欤！今赐大晟雅乐。[27]

是年"六月庚寅，王御会庆殿，召宰枢侍臣观大晟新乐。八月己卯制曰：'……今大宋皇帝特赐大晟乐文武舞，宜先荐宗庙，以及享宴。'十月戊辰，亲阅大晟乐于乾德殿。"[28]

由是，高丽朝的宫廷乐舞得到了巨大的发展与完善。至宋徽宗宣和六年（1124年）徐兢奉旨出使高丽时，其乐已分为两部："左曰唐乐，中国之音；右曰乡乐，盖夷音也。其中国之音，乐器皆中国之制，惟其乡乐有鼓板、笙竽、筚篥、箜篌、五弦琴、琵琶、筝笛，而形制差异。"[29] 除此之外，《宣和奉使高丽途经》卷四十中还有这样的记载："大乐司二百六十人，王所常用；次管弦坊一百七十人；次京市司三百余人，亦有柘枝、抛球之艺，其百戏数百人……"[30] 由此可见，高丽王朝的宫廷中不仅建立了拥有乐艺工伎千余人的音乐机构，而且各个机构有着级别高低的区分。到了《高丽史》成书之时，该书更将高丽的宫廷音乐细化为"唐乐"、"雅乐"、"乡乐"三部，其中"唐乐"即为唐代及唐以前传入的中国乐舞，"雅乐"即北宋时所赐之《大晟乐》，"乡乐"则是源自朝鲜半岛本土的音乐。而且值得庆幸的是，虽然大晟府和大晟乐随着1127年北宋政权的灭亡在中国消亡，但其乐器、乐谱、仪仗及雅乐的演奏形式等却在高丽得到了一定程度的保留和沿用。

另外，高丽王朝对宋代词乐亦有所吸收。词这种文学形式经过长期发展，至宋代而大盛，而且一般是和着音乐歌唱的。唱时所用的曲调称为"词牌"。《高丽史》卷七十一《乐志二》即收录了宋词70首，其中有许多中国词作常用的词牌，如《清平乐》、《水龙吟》、《西江月》、《临江仙》等，还有北宋词人柳永的名作《雨霖铃》。据专家考证，这70首词作实为北宋大晟府习用的歌词，其中有55首属于佚词，《高丽史》成书之前，在中国已无从查考，所以《高丽史·乐志二》无疑也为宋词的研究提供了弥足珍贵的资料和线索。[31]

三

由上述内容可知，唐宋时期中国与朝鲜半岛国家的乐舞交流，包括乐器、乐曲、歌词、舞蹈等，内容相当丰富，从中不难看出，这一时期两地间交流的特点，或说总趋势，是以乐舞文化的“东进”为主。[32] 这在乐器方面表现得尤为明显，不仅中原乐器不断传入半岛，而且在朝鲜半岛对箜篌、筚篥等西域乐器的引进过程中，中国起到了“中转站”的作用。同时，中国又把吸收了多种外来文化元素，并与中国本土文化融合的乐舞艺术东传至半岛。但不可否认的是，文化的交流从来都是双向的，没有半岛乐舞文化的传入，中国乐舞在其发展过程中便会缺少一种独具特色的“养分”。此外，中国文化与半岛文化为两个不同民族所创造，二者必然存在文化差异，因此，这两种文化之间才产生了相互吸引、借鉴的可能。但是，由于中国与半岛国家同处东方，在相似的地理环境和气候条件下共同生存，所以两地的文化又势必具有一定的相似性，这就使得双方在文化的交汇融合中没有发生激烈的碰撞和严重的“排异”反应，而是顺畅地相互“消化”与“吸收”。

此外，唐、宋两代中国与朝鲜半岛国家的乐舞文化交流相较而言，各自有其不同的特点。唐代由于政治环境相对清明、宽松，社会风气较为开放，同时，统治者也比较重视娱乐性音乐，所以燕乐得宠，发展得非常迅速。这一时期，唐代的宫廷燕乐在风格、形式等方面大量融合了域外乐舞的元素，其中便包括了对朝鲜半岛乐舞文化的借鉴与吸收。宋代则侧重于宫廷雅乐的对外传播。这主要是由于宋代理学的兴盛使得宫廷礼乐制度日趋完备，雅乐逐步代替燕乐成为了宫廷音乐的主流。因此，在宋朝与高丽王朝的文化往来中，宋朝的宫廷雅乐——《大晟乐》便作为一种“给赐”而传入高丽。

从双方交流的总体情况看，和平时期社会秩序稳定，人民的物质生活比较有保障，因此，乐舞艺术作为一种精神上的享受，才有机会、有条件蓬勃发展，进而在国家、地区间传播。相比之下，战乱则给乐舞艺术的发展和传播带来了较多的负面影响。在动荡不安的社会中，无论中国还是朝鲜半岛国家，乐舞艺术均难以进步、提高，反而还会大量散失。

唐宋时期中国与朝鲜半岛国家之所以有如此丰富的乐舞交流，究其原因，有以下几点：

第一，唐代文化在当时处于强势地位，是东亚文化的核心内容，具有强大的吸收力和辐射力。特别是“安史之乱”以前，唐王朝国势强盛，对统治具有足够的自信，所以在文化思想领域采取较为开明的政策。另外，疆域的扩展，民族间和国际间的各种经济贸易、文化艺术交流的发达，为中国本土乐舞文化扩大了借鉴、吸收新元素的范围。而唐代宫廷及社会各阶层中，大量中原以外乐舞的盛行，绝非唐文化自身空虚衰微之故，而是其强大发达，足以驾驭各种文化因素，达到丰富自身文化内涵，提高文化水平之效的表现。[33] 在这样一种文化交流的背景下，加上唐帝国雄厚的经济、政治实力，唐文化的强大生命力必定要向四周辐射，且波及范围极广。在这里，不能不提到唐都长安。当时的长安城可以说是一座国际性大都市，各国使节、富商巨贾、乐工舞伎等四方辐辏，云集汇聚，为各民族、各地区乐舞文化的交流提供了广阔的舞台。

第二，宋继盛唐，在中国文化发展史上是承上启下的重要一环，其文化气质由唐时的恢宏磅礴、激扬豪迈转为精致内省、柔和细腻。宋代文化是在广泛继承、总结并发展前代已有成果的基础上形成的，它既是历史积累的产物，又是宋人开拓创新的智慧结晶，[34] 呈现出“多姿多彩，底蕴丰富，新意迭出，思想深邃”的特点。[35] 中国封建社会由此而出现了又一个文化高峰。另外，从整体情况看，中华文化发展至宋代而更趋完备，并走向成熟，包括音乐舞蹈在内的多种文化艺术都形成了其自身特有的完整、规范的结构与形式，中华文化的辐射影响力进一步加强，因此，宋代的中国依然是东亚地区的文化中心，同时又有盛唐开创的宽广国际通道作为基础，对外文化交流也就更加频繁、昌盛了。

第三，从朝鲜半岛一方看：

1. 文化的交流源自生存和发展的需要。同中国大陆相比，朝鲜半岛面积小，人口少，这对于半岛上的民族及其国家的文化进步而言是个不利条件。因此，半岛文化想要发展就必须从其他文化中汲取营养，弥补自身的不足。

2. 唐宋时期，无论高句丽、百济、新罗，还是统一的高丽王朝，均世代接受中原王朝册封，在性质上是唐宋之属国。这种政治上的依附体现在文化领域中就是对“上国”文化的仰慕。以高丽王朝为例，它从建国之始，就把学习和移植中华文化定为基本的文化政策，呈现出一种全方位的吸收态势，[36]特别是将儒学视为“齐家治国”之学，大力倡导和传播，并作为其政治统治的思想基础。因此，对于体现了儒家礼乐制度的《大晟乐》极为重视，将其广泛应用于宫廷典礼、宗庙祭祀等重要场合。

3. 从地理位置上看，半岛三面临海，造成其本土文化自身便具有一定的开放性，对外来文化不会刻意排斥，而对当时处于世界领先地位的唐宋文化则更能迅速吸收，为己所用。

4. 在15世纪中期以前，半岛上通行的文字是汉字，这为唐宋时期大陆与半岛的文化交流排除了一个很大的障碍。

第四，朝鲜半岛北接中国大陆，西南与山东半岛隔海相望，中国与朝鲜半岛国家在空间距离上可谓近邻，这种优越的海陆位置，为双方以人员、物品为载体的文化交流提供了便利条件。

另外，唐宋时期中国与朝鲜半岛国家进行乐舞交流大致是通过战争与和平两种方式。如唐朝时高丽、百济乐就是作为一种“战利品”被带到中原的。《全唐诗》卷二十六李白《高句丽》一诗前便有小注云：“唐亦有高丽曲，李勣破高丽所进……”[37]而和平方式的交流则大多通过双方使团的互访以及给赐、进献等途径实现。相比之下，和平交流仍占主要地位。这种和平的乐舞文化交流，大多是通过海路上的交通往来。“唐朝通往朝鲜半岛的航线，主要是黄海道。即由今山东半岛及附近海岸入海，前往朝鲜半岛。由山东半岛北端的登州（治蓬莱，今山东蓬莱）出海北行，经大谢岛（南长山岛）、龟岛（砣矶岛）、歆岛（大钦岛）、乌湖岛，横渡渤海湾，至辽东半岛南端，再沿黄海北岸东航，转而入西朝鲜湾……”到了宋代，由于统治者鼓励海外贸易，加之中国造船技术的发达，使得海上丝绸之路迅速发展兴盛起来，中国东南沿海的许多城市成为重要的贸易港口，这无疑为宋丽间的文化交流提供了一条便利的途径。当时的海路主要有南北两条：“北路主干道是由山东半岛的登州出发，向东直航，横渡北部黄海，抵达朝鲜半岛西岸的瓮津。北路另一支道，是由密州板桥镇启程，出胶州湾，东渡黄海，直航朝鲜半岛西岸。……南路，从明州、泉州、杭州、广州都可至高丽。……循南路航线赴高丽，从明州出发，往东北航行，抵达朝鲜黑山岛，再往北行，经朝鲜半岛西海岸的众多岛屿，到达礼成江口。”徐兢一行出使高丽走的就是南路海道。[38]

总之，唐宋时期中国与朝鲜半岛国家的乐舞交流使双方的乐舞艺术都得到了丰富与发展。无论是唐代的乐舞中融合、借鉴了高丽乐，还是王氏高丽王朝对宋代大晟乐的完整吸收，都可谓是一种有益的文化创新。在这个创新的过程中，两地文化相互影响，共同进步，为整个东亚文化的繁荣作出了贡献，同时，也是两地不同民族之间友谊的象征，在文化发展史上具有很高的地位。

注释：

① 此据冯文慈《中外音乐交流史》，湖南教育出版社1998年版，第97页：中国史书自北魏正始时期（504—508年）以“高丽”称呼高句丽，后世沿用，因此，由高句丽传入中国的伎乐通常被称为“高丽乐”。
② 杜佑：《通典》卷一百四十六《四方乐》，浙江古籍出版社2000年版，第762页。
③ 《新唐书》卷二十一《礼乐十一》，中华书局1975年版，第2册，第470页。
④ 《新唐书》《新唐书》卷一百零九《杨再思传》，中华书局1975年版，第13册，第4099页。
⑤ 曹寅等编：《全唐诗》卷二十六《乐府》，中华书局2003年版，第2册，第373页。按：据耿铁华、倪军民主编《高句丽历史与文化》：吉林文史出版社，2000年版，第77页，注释③：“白马”疑应为“白舄”，即高句丽舞蹈中男女舞人所穿的白鞋。
⑥ 《新唐书》卷二百二十《东夷》，中华书局1975年版，第20册，第6198页。
⑦ 欧阳修、宋祁等：《新唐书》卷二十二《礼乐十二》，中华书局1975年版，第2册，第478页。
⑧ 《旧唐书》卷二十九《音乐二》，中华书局1975年版，第4册，第1070页。
⑨ 《旧唐书》卷二十九《音乐二》，中华书局1975年版，第4册，第1070页。
⑩ 《旧唐书》卷一百九十九（上）《新罗》，中华书局1975年版，第16册，第5335页。
⑪ 金富轼（朝鲜）：《三国史记》卷六《新罗本纪第六》，京城·朝鲜古典刊行会（日本）1931年影印本，第2册，第5—6页。
⑫ 金富轼（朝鲜）：《三国史记》卷三十二《乐志》，京城·朝鲜古典刊行会（日本）1931年影印本，第7册，第5页。
⑬ 金富轼（朝鲜）：《三国史记》卷三十二《乐志》，京城·朝鲜古典刊行会（日本）1931年影印本，第7册，第7—8页。
⑭ 金富轼（朝鲜）：《三国史记》卷三十二《乐志》，京城·朝鲜古典刊行会（日本）1931年影印本，第7册，第9页。
⑮ 崔致远（857—？），新罗时代文学家，少年来华求学，后在唐朝任职。归国后官至侍读兼翰林学士，晚年隐居。
⑯ 徐兢：《宣和奉使高丽图经》卷四十《乐律》，中华书局1985年版，第4册，第140页。
⑰ 李焘：《续资治通鉴长编》卷二百六十一·四，中华书局2004年版，第11册，第6360页。
⑱ 郑麟趾（朝鲜）：《高丽史》卷七十一《乐志二·用俗乐节度》，东京·日本国书刊行会（日本）1908年铅印本，第2册，第471页。
⑲ 郑麟趾（朝鲜）：《高丽史》卷七十一《乐志二·用俗乐节度》，东京·日本国书刊行会（日本）1908年铅印本，第2册，第471页。
⑳ 李焘：《续资治通鉴长编》卷三百二十三·十，中华书局2004年版，第13册，第7786页。
㉑ 郑麟趾（朝鲜）：《高丽史》卷九《文宗三》，东京·日本国书刊行会（日本）1908年铅印本，第1册，第138页
㉒ 参见谢桃坊：《〈高丽史·乐志〉所存宋词考辨》，《文学遗产》1993年第2期，第70页。北宋政府于徽宗崇宁四年（1105年）九月建立了专门的音乐机构——大晟府，其职能是制定新乐、颁布乐律、教习音乐、创制和整理曲谱、撰制歌词、操持乐令等。除掌管朝廷雅乐外，又兼管燕乐，直至宣和七年（1125年）十二月金兵入侵，国势危殆而罢去，共存在二十年。因此，由大晟府创制的宋代宫廷音乐亦得名“大晟乐”。
㉓ 郑麟趾（朝鲜）：《高丽史》卷七十《乐一》，东京·日本国书刊行会（日本）1908年铅印本，第2册，第450页。
㉔ 郑麟趾（朝鲜）：《高丽史》卷七十《乐一》，东京·日本国书刊行会（日本）1908年铅印本，第2册，第450页。所赐乐器及图谱包括：铁方响五架，石方响五架，琵琶四面，五弦二面，双弦四面，筝四面，箜篌四座，筚篥二十管，笛二十管，篪二十管，箫十面，匏笙十攒，埙四十枚，大鼓一面，杖鼓一面，拍板二串，共十六种乐器，还有曲谱十册，指诀图十册。按：清单中还包括各种乐器的附属物件若干，如桌、槌、架等，此处略。
㉕ 郑麟趾（朝鲜）：《高丽史》卷七十《乐一》，东京·日本国书刊行会（日本）1908年铅印本，第2册，第450—451页。
㉖ 郑麟趾（朝鲜）：《高丽史》卷十三《睿宗二》，东京·日本国书刊行会（日本）1908年铅印本，第1册，第200页。
㉗ 郑麟趾（朝鲜）：《高丽史》卷七十《乐一》，东京·日本国书刊行会（日本）1908年铅印本，第2册，第441页。
㉘ 郑麟趾（朝鲜）：《高丽史》卷七十《乐一》，东京·日本国书刊行会（日本）1908年铅印本，第2册，第444页。
㉙ 徐兢：《宣和奉使高丽图经》卷四十《乐律》，中华书局1985年版，第4册，第140页。
㉚ 徐兢：《宣和奉使高丽图经》卷四十《乐律》，中华书局1985年版，第4册，第140页。
㉛ 详见谢桃坊《〈高丽史·乐志〉所存宋词考辨》，《文学遗产》1993年第2期，第70、73页；冯文慈：《中外音乐交流史》，湖南教育出版社1998年版，第139—140页。
㉜ 参见宋强刚：《试论唐代文化繁荣的原因及唐代中外文化交流的特点》，《四川教育学院学报》1994年第2期，第55页。
㉝ 参见孙景琛、吴曼英：《中国历代舞姿》，上海文艺出版社1982年版，第96页。
㉞ 参见杨渭生：《两宋文化史研究》，杭州大学出版社1998年版，第3—5页。
㉟ 石训、朱保书主编：《中国宋代文化》，河南人民出版社2000年版，前言第2页。
㊱ 参见武斌：《中华文化海外传播史》，陕西人民出版社1998年版，第2卷，第814页。
㊲ 曹寅等编：《全唐诗》卷二十六《乐府》，中华书局2003年版，第2册，第373页。
㊳ 武斌：《中华文化海外传播史》，陕西人民出版社1998年版，第2卷，第815页。

参考文献：

著作：
① 耿铁华、倪军民主编《高句丽历史与文化》，吉林文史出版社2000年版。
② 谢弗（美）：《唐代的外来文明》，中国社会科学院出版社1995年版。
③ 赵文润：《隋唐文化史》，陕西师范大学出版社1992年版。
④ 蒋非非、王小甫：《中韩关系史》（古代卷），社会科学文献出版社1998年版。
⑤ 杨荫流：《中国古代音乐史稿》，人民音乐出版社1980年版。
⑥ 林谦三（日）：《东亚乐器考》，人民音乐出版社1962年版。
⑦ 中国舞蹈艺术研究会舞蹈史研究组编：《全唐诗中的乐舞资料》，人民音乐出版社1958年版。
⑧ 姚瀛艇：《宋代文化史》，河南大学出版社1992年版。
⑨ 石训、朱保书主编：《中国宋代文化》，河南人民出版社2000年版。
⑩ 冯文慈：《中外音乐交流史》，湖南教育出版社1998年版。
⑪ 杨渭生：《宋丽关系史研究》，杭州大学出版社1997年版；《两宋文化史研究》，杭州大学出版社1998年版。
⑫ 金秋：《古丝绸之路乐舞文化交流史》，上海音乐出版社2002年版。
⑬ 常任侠：《中国舞蹈史话》，上海文艺出版社1983年版。
⑭ 孙景琛、吴曼英：《中国历代舞姿》，上海文艺出版社1982年版。

论文：
① 阴法鲁：《漫谈唐代舞蹈中的几个舞种》，《舞蹈》1980年第1期。
② 石应宽：《唐代"十部乐"述略》，《音乐世界》1987年第2期。
③ 施任梅：《唐乐与中外文化交流》，《浙江学刊》，1993年第2期。
④ 宋强刚：《试论唐代文化繁荣的原因及唐代中外文化交流的特点》，《四川教育学院学报》1994年第2期。
⑤ 孙建民、顾宏义：《略论宋文化对高丽的影响》，《解放军外语学院学报》1996年第3期。
⑥ 吴熊和《〈高丽史·乐志〉中宋人词曲的传入时间与两国的文化交流》，《韩国研究》第一辑，杭州大学出版社1994年版。
⑦ 叶东、金建民：《〈仁志要录·高丽曲〉解译与考释》，《音乐艺术》1990年第3期。
⑧ 宋芳松（韩）：《中国正史中的朝鲜古代音乐史料》，《中国音乐》1990年第2期。
⑨ 方起东：《集安高句丽墓壁画中的舞乐》，《文物》1980年第7期。
⑩ 谢桃坊：《〈高丽史·乐志〉所存宋词考辨》，《文学遗产》1993年第2期。
⑪ 刘勇：《唐代到宋代音乐文化是衰退还是转型》，《音乐研究》1991年第1期。

浅谈两宋时期的义利并行思想及其对社会的影响

田辛酉

两宋时期，我国的社会经济不论是在农业、手工业还是工商业方面都取得了很大的进步，市场交易日趋活跃，商品经济不断发展。社会经济的不断繁荣刺激了社会思想领域的日趋活跃，各种新旧思想在这里碰撞、交融并得到了发展和丰富。在这一时期出现的与社会经济有关的思想碰撞主要有“义利并行”思想、“通商惠工”思想与传统的“克己复礼”、“重农抑商”思想等，其中的“义利并行”思想是很能够体现当时社会生活时代主题的思想，是对当时社会物质，经济生活的一种反映，同时也在一定程度上对中国传统儒家学说中的“重义轻利”思想产生了一定的挑战，是“重商主义”得以出现和存在的一个基础。所以，在此，本文将就两宋时期的“义利并行”思想的产生、发展以及它对社会生活、社会经济以及社会法制方面的影响作重点的阐述。

一、“义利并行”思想的提出

历史上，凡提及两宋之时，大多会以“积贫积弱”一词来概括这一朝代的总体实力和风貌。但是这样的一个政权，却能以其“贫弱之势”维持了300多年的统治，由此我们不得不相信，宋王朝的统治者在某一方面有着其过人之处。那么，我愿意将其归于宋代部分君主提倡思想自由和较为善用法度的统治行为。可以说，宋代是我国封建王朝中拥有懂得法律的帝王较多的一朝，或许，法律上的完善与思想学术界的自由是密不可分的，这也许与太祖太宗时期的“右文崇儒”政策有很大关系。所以，宋朝时期的思想领域似乎大有“百家争鸣”之势。这其中主要有注重巩固传统思想的包拯，司马光，苏轼等人，也有倡导改进发展传统思想的李觏，范仲淹，王安石，叶适，陈亮等，他们之间就改革与反改革，理学与反理学的问题相互反驳，相互交融，共同丰富着宋代的经济政治理论与思想学术领域。

而我在此篇文章中所要论及的“义利并行”思想就是在这样一个文化背景下被提出的。这一思想的较早提出者是北宋时期的著名思想家李觏。他在经济思想方面贡献颇多，体现了对传统观念进行变革的倾向。他不赞成儒家的“贵义而贱利”的传统思想，坚持“义利并行”。他认为人们求利言欲的行为只要符合“礼”即可。李觏提出：“孟子谓‘何必曰利’，激也。焉有仁义而不利者乎？其书数称汤武将以七十里，百里王天下，利岂小哉？孔子七十，所欲不逾矩，非无欲也。”[①] 他之所以批判当时社会上非常流行的笼统地反对讲“利”言“欲”的观点，就是因为他认为“义”与“利”并非对立。他的理由是：“利可言乎？曰：人非利不生，曷为不可言！欲可言乎？曰：欲者人之情，曷为不可言！言而不亦礼，是贪与淫，罪矣。不贪不淫而入曰不可言，无乃贼人之生，反人之情，世俗之不喜儒以此。”[②] 由此可见，他肯定了人性中“人欲”的存在，而“人欲”就往往是通过对“利”的追求得以满足的，人满足欲望的行为是无可厚非的，而关键是在于追求利益，满足已欲的“度”和实现“利”的方式方法。而这个“度”和方式方法的具体化限制就是“义”。“义”是利的标准和限制，而非它的对立面。所以，李觏在承认人类要求基本生活条件的合理性的同时，反对那种没有节制，利欲无度的贪淫行为。而李觏的“义利”思想进一步延伸到了社会经济领域，他要求官府放松官营禁榷，允许商人经营。在《富国策第十》中提出：“今日之官，亦莫如一切通商，管勿买卖，听其自为。”这在中国经济思想史上是颇具价值的。李觏全方位地要求改革时弊，注重社会实际，主张经世致用之学，其主张成为了北宋中期以后社会改革和学术创新的思想基础，也对后来的王安石新学产生了深远影响。

二、“义利并行”思想的实践与发展丰富

北宋时期，对传统儒学的更新改造成为了社会学界的一种潮流，这与当时的社会危机是分不开的。宋王朝建立不到百年，内忧外患激化着各种社会矛盾，改革声浪日益高涨，传统僵化的儒学思想也在某种程度上受到了强有力的冲击，以学术为政治改革服务的“致用”要求，促进了学术思想的活跃。如果说李觏提出了“义利并行”思想的理论，那么范仲淹和王安石就是以自己的行动——“庆历新政”和“熙宁变法”在一定程度上实践着这一理论并在实践中进行创新和继续丰富。

范仲淹的“庆历新政”主要集中于官制的改革，在改革的过程中，范仲淹决心改变北宋一直以来的“重资历，轻实干”的用官风气，一律以政绩和才能作为标准进行任用，厉行奖惩，以政绩作为对官员实施奖惩的标准。“臣僚有大功大善，则特加爵命”，“有高才异行多所荐论；或异略佳谋，为上信纳者，自有特恩改迁，非磨勘之可滞也。”[③] 这些都是范仲淹的政治思想。从这一方面看来，似乎感觉与“义利并行”的思想有一定的距离。但我认为，所谓“义利并行”实际上是提高了中国社会重“利”的地位。而所谓“利”，在物质方面是满足人需求之物，而将其抽象化为一种态度——世界观，则是一种重视实际，重视效果的作风。范仲淹的改革则正是一改宋代只重惯制、资历，而轻成绩的用人为官的作风，讲求从实际出发，从现实出发。将“利”的范畴扩大，从单纯的“私利”发展到利国利民的“公利”，强调为官之道不仅仅在于“礼”在于“道”更在于“利”，在于讲求实际效果。

而王安石的“熙宁变法”的主要目的就在于富国强兵，在于改变宋代一直以来“积贫积弱”的社会状况。在这场变法新运动中，王安石推行了许多法令，对于兴修农田水利，发展农业生产，抑制豪强兼并土地，减轻农民负担等，发挥了积极作用。

由于北宋时期政府的财政状况实在令人堪忧，所以，王安石的许多变法措施都在于如何提高国家财政收入。从这一角度来看，王安石的变法目的在一定程度上是满足“国欲”，这就需要以“利”来满足，他正是看到了“利”之重要，所以才以变法来图之。但是，王安石实际上是将利的地位提到了“义”之上。之所以这样说是因为，他不重视节用，而采取措施敛财于民。王安石认为：“自古治世，未尝以财不足为患，患在治财无其道。”[④] 这种思想被马端临称为“而以国服为之息”。[⑤] 这固然也曾使国库库存一时增多，但是由于不重视节俭，结果于国无补，民不堪命，这一做法是与传统的仁政爱民思想相悖的，是不尽“义”的，以致给人以“唯利是取”，“唯财是求”的印象，从而阻碍了新政的实施。

从王安石的变法精神，我们也可以看出：这一时期，在“义”与“利”的对比中，“利”的地位在社会上是被进一步提高的，尤其是在北宋王朝的士大夫阶层，以王安石为代表的改革派已经可以将“利”的理念运用到变法中去了，与李觏一样，王安石从人性上讲“人欲”，肯定了“人欲”的合理性，这是自汉代以来，儒学取得其独尊地位之后很少见的。

从前面的描述不难看出，在思想领域存在的争议主要是在于是否继续谨遵传统的思想道德观念，具体而言就是在于是否将“义”与“利”对立起来，是否将“义”至于“利”之上。这样的思想分歧继续发展成为“义利并行”与“义利分辨”思想之间的斗争。

以朱熹为代表的理学派核心的思想是“存天理，灭人欲”，礼即为天理，欲即为私欲。这一理论源于孔子的“克己复礼”的思想。朱熹更是将“人欲”与“天理”对立起来，提出“人之一心，天理存则人欲亡，人欲胜则天理灭。”[⑥] 这样的思想与李觏提出的“义利并行”思想是相悖的。他贬低“人欲”，认为“人欲”是被物质所蒙蔽而产生的恶念，而这样的思想发展到法制领域就是“以严为本而以宽济之”。其实，朱熹的所谓“灭人欲”在某种程度上就是在贬低社会中个人的存在和权利。在朱熹的思想中，虽然也承认人类生活中的饮食、婚姻之欲，但是，他强调在饮食上单单知道饥可食，渴可饮是不够的，而是要懂得当不当食，该不该饮。所谓“饮食之正”，便是在说“人欲”的满足皆要顺应“天理”，并以恢复“天理”为理由，将一个国家，一个民族整体的传统礼、德放在第一位，将个人的存在和利益置于次要地位。由此，他认为，即使在司法中“伤民之肌肤，残民之躯命”也是合乎义理的。其目的就在于“复礼”，这样的思想一方面促使更多的仁人志士为国家民族舍其身而取其义，如岳飞等英雄志士；但是另一方面，在司法领域中，由于贬低人性的思想在弥漫，致使重刑主义的出现，“明刑弼教”思想主导着司法界。

而与理学派针锋相对的就是这一时期以陈亮、叶适为代表的反理学派，包括了“永康之学”和“永嘉之学”。他们在当时同属“浙东事功之学”。其共同特点是倡言事功，主张致用。陈亮继承并发展了“义利双行，王霸并用”的思想。他提出：“禹无功，何以成六府？乾无利，何以具四德？”倡言功利。他又提出：“人生不能无欲”来主张言利。在法律思想领域，他注重事功，力图改革。南宋时期，受到理学的影响，人们普遍崇尚空谈，陈亮对这种现象感到十分的不满，指责他们对社会危机的麻木不仁，为当时的立法定制提供了新鲜的精神养料。他指出：“惟学者之君子，始惓惓于肉刑恶，何其用以之相反也；民不赖生，虽曰用肉刑，犹为无法也。”[⑦]

作为永嘉事功之学的集大成者——叶适极力批判传统的重义轻利思想，明确提出了自己的义利观。他认为不能把“道义”与“功利”截然地对立起来，只能肯定抽象的“道义”价值，因为，“道义”和“功利”是相互统一的，“道义”只能表现在实际的“功利”中。他试图在主张人应该“顺欲”与“无欲”之间各取所长而建立自己的人欲观。他说：“凡人心实而腹空，骨弱而志强，其有欲于物者是也，能使反之，则其无欲于物者亦势也。”[⑧] 可见，他一方面认为人体需要物欲，是自然之势，不能违背，而制定法制以节制，才能达到义利平衡的目的。这与李觏的思想是一脉相承的。但另一方面，他又提倡无欲，但他的无欲不是灭欲，而是要建立在实现基本的物欲之后，所以是不同于朱熹的思想的。他不仅反对道学家们空谈仁义道德，提倡实干精神，而且身体力行，热血报国。《宋史》本传称他："意志慷慨，雅以经济自负。"这其实是发展了"义利并行"的思想，认为"义"是"利"形式和实现的范围，只要不超过这一范围，行"利"是不为过的。叶适强调发展工商业，适应当时社会经济的发展，正如他所说"夫四民交致其用，而后治化兴，抑末厚本，非正论也。"⑨主张农工商并重，反对"重本抑末"。他还否定不许工商子弟为官的旧规，主张入仁无限制等等，在经济思想史上有着重要意义。更为重要的是，永嘉学派对"农本工商末"这一传统封建社会基本的经济概念作出了否定。叶适的思想在一定程度上破除了传统思想对人们的束缚，使人们的观念开始从重义轻利向义利并行转变，特别是他提出的立法应以民为本、应扶植工商业的主张，对当时及以后商品经济的繁荣以及民事法律的发展起到了积极的作用。在叶适之后，他的学生陈耆卿在所修《嘉定赤城志》卷三七《风俗门·重本业》中，采用绍圣三年（1096年）当地地方官郑至道所作《谕俗七篇》的内容，明确提出士农工商"此四者皆百姓之本业，自生民以来，未有能易之者也。"⑩这是中国历史上较早明确论述"四业皆本"的史料，在中国经济思想史上有着重要贡献。

三、"义利并行"思想对社会生活与民事立法的影响

一个社会的思想潮流的出现必然是由这个社会中经济领域的发展所引起的，而一旦这种思潮在社会中形成，便会深层次地影响着社会生活。

虽然宋代社会的主导思想仍然是旧有的儒学思想，特别是朱熹在对儒家学说发展的基础上提出了理学思想，主导着当时的社会潮流，但是，在中国封建社会的发展史上，在提到商品经济的发展时，最多提到的就是两宋时期了。将这向前比，则商品贸易、社会经济的活跃性要胜于唐代；而将此向后比，则比明清时期的"闭关自守"的贸易政策要开放。所以，人们认为宋代的商品经济是空前绝后繁荣的。这样的社会经济状况势必要对社会生活产生重要影响。尤其是在社会的中下层，在那些切实地体会着社会物质层次变革的普通民众当中，"义利并行"的思想似乎更容易得到传播，从而对生活有所影响。其中表现为以下几点：

（一）宋代人们对婚姻问题的务实态度

不重门第而重财富，不限制妇女离婚与再嫁，是两宋时期的一大特色。从这一点不难看出宋代人在婚姻问题上的务实态度，以及对"利"的不断追求。而这一行为是与传统儒家思想的"仁义"观所不符的，也是与传统思想中妇女的贞德观相违背的，但是这却是两宋特定的经济条件下所产生的特色社会风气。

（二）城市的繁荣和市镇的兴起

在中国古代城市的发展过程中，北宋是这段发展史上的一个转折点。在北宋以前，城市一般是"坊"、"市"分区而立的。但是到了北宋时期，城市中完全打破了"坊"与"市"的界限，以便于商店的设立和商业的发展。而且，商店的营业时间也不再受到限制了，出现了"夜市"和"晓市"。

市场中每天的交易量都很大，其中交易量最大的是金、银以及绢帛等。“每一交易，动即千万”[11]这些城市中的变化一方面可以认为是两宋时期商品经济发展繁荣而产生的后果，而另一方面也反映出市民、商人对商业活动中所产生的“利”的追求和为了适应这一追求而对旧有城市规格的改变。两宋时期市井文化和城市经商活动的活跃、繁荣可以在张择端的《清明上河图》中得到生动体现。

不仅是市民阶层在“义利并行”思想的影响下开始向着追求“利”的方面转变，就是宋代的统治者也不会放过任何可以实现自身利益的机会。

北宋时期，官府对盐、茶、酒之外的专卖物类进一步扩大，官商营销的方式、名目进一步增多。比如，矾是印染的媒剂，也是制造铜所需要的材料，所以，矾的生产一般都由官府垄断。这样的专卖制度使官府大获其利，但却影响了私营工商业的正常发展。

（三）宋代法律的调整与完善

宋朝的商品经济从唐之后有了很大的发展，不论是市场上的商品交易还是海外贸易、货币流通、城市繁华都是远非昔日可比的，加之宋代不抑制土地兼并且促进土地的买卖，带动了整个商品经济的发展，使得传统的重义轻利的义利观向着“义利并行”的方向发展，北宋李觏就曾提出：“人非利不生，曷为不可言？”甚至连最高统治者——皇帝，也要面对现实，讲求财利。宋神宗就曾下诏说：“政事之先，理财为急。”[12]这样的转变给予了商品经济以新的推动力。在这样的背景下，调整民事关系的法律规范也得到了新的发展和丰富。《宋刑统》中，调整民事法律关系的条款较之《唐律疏议》的内容明显增多了。如《户婚律》中增设“户绝资产门”规范道：“凡是身丧户绝者，其所有的部曲、客女、奴卑、店宅以及财产的分法和顺序是：近亲将财产转易或卖，用于营葬、功德事之处，其余资归其女，无女均入以资近亲；或女已嫁，分予合得资产：无亲戚，由官检校。”[13]还添加了“死商钱无门”、“典卖指当论竞物业门”，“婚田入务门”等等。上述内容都是宋代以前历代立法中所没有的，对于户绝财产的继承，死商财务的处理，婢奴私自典卖田宅，质举财物等行为的处罚，以及婚田争论的诉讼时限，质举财物的质举标准，遗失物的处理原则等也都作出了明确的规定。宋代的债法内容已经相当丰富了，已有契约、损害赔偿、无因管理、不当得利等原因所发生的债务均有明确的规定。其中，因为契约所产生的债务较前代较为发达了，广泛涉及租佃，租赁，买卖，典质，借贷等方面，朝廷官府对于契约的管理也有所加强了，这都为两宋时期的民事法律规范添注了新的色彩。《宋刑统》的新特点反映了封建社会私有制下商品经济的空前发展，以及渴望得到法律承认、调整的迫切性，集中地体现了两宋时期的社会价值观，它也是我国历史上罕有的对民商立法作出的贡献。

除此以外，同一时期，还出现了一系列专门的民事立法，共同反映了社会生活的发展要求和对私有权保护的重视。

两宋时期的“义利并行”思想与其说是社会思想界的一种新思想，倒不如说是人们对于“欲”与“利”的内心追求的体现和承认，是对“义”与“利”两种价值观的重新评价。这一点从现代意义上来看是正当的；从过去的意义上看是进步的；而从封建社会的价值判断标准来看却是反叛的。从马克思主义的历史唯物观来看，事物是因为矛盾的存在而发展的。而在这时期与之相抗衡的朱熹的理学思想，成为了宋代占据主导地位的主流思想。这也从一个侧面反映出了在当时社会思想领域中传统封建势力的无比强大。

注释：

① 李觏：《李觏集·原文》，中华书局1981年版，第108页。
② 李觏：《李觏集·原文》卷二十九，中华书局1981年版，第192页。
③ 转引自《四库全书》，上海古籍出版社1987年版，第472页。
④ 王安石：《王文公文集》卷一《上仁宗皇帝言事书》，上海人民出版社1974年版，第794页。
⑤ 马端临：《文献通考》卷二《市籴考一·均输市场和买》，商务印书馆1936年版，第193页。
⑥《四库全书》·子部·《朱子语类》卷十三，上海古籍出版社1987年版（原文电子版）SK301，3043，第9册第5页。
⑦ 转引自《四库全书》集部《晦庵集》卷三十六，上海古籍出版社社1987年版（电子版），SK409。
⑧ 叶适：《习学记言序目》卷十五《老子》，中华书局1977年版，第122页。
⑨《宋史》卷四百三十四《叶适传》，中华书局，第12894页。
⑩《习学记言序目》，中华书局1977年版，卷十九第423页。
⑪ 孟元老：《东京梦华录》卷二《东角楼街巷》，中华书局上海编辑所1962年版，第28页。
⑫《宋史·货食志》卷一八六，中华书局1977年版，第4549页。
⑬《宋刑统》卷第二十，中华书局1984年版，第197—198页。

参考文献：

著作：
①李觏：《李觏集·原文》，中华书局1981年版。
②王安石：《王文公文集》，上海人民出版社1974年版。
③马端临：《文献通考》商务印书馆1936年版。
④《四部备要》·子部·《朱子大全》，文十三中华书局。
⑤叶适：《习学记言序目》。
⑥《宋史》卷四百三十四《叶适传》，中华书局1977年版。
⑦孟元老：《东京梦华录》，中华书局上海编辑所1962年版。
⑧《宋刑统》，中华书局1981年版。

著作：
① 朱绍侯、张海鹏、齐涛主编：《中国古代史》下册，福建人民出版社1989年版。
② 薛梅卿主编：《宋刑统研究》，法律出版社1997年版。
③ 薛梅卿、张晓耕主编：《两宋法制通史》，法律出版社2002年版。
④ 曾宪义主编：《中国法制史》，北京大学出版社、高等教育出版社2000年版。
⑤ 张晋藩著：《中华法制文明的演进》，中国政法大学出版社1999年版。
⑥《孟子》，岳麓出版社2001年版。
⑦ 吴翊如点校：《宋刑统》，中华书局1984年版。
⑧ 中华文化通志编委会编：《中华文化通志》第一典《历史文化沿革》之《宋辽夏金元文化志》，上海人民出版社1998年版。
⑨ 姚瀛艇：《宋代文化史》，河南大学出版社1990年版。
⑩ 张其凡、陆勇强：《宋代历史文化研究》，人民出版社2000年版。
⑪ 李华瑞：《宋史论集》，河北大学出版社2001年版。
⑫ 漆侠、王天顺主编：《宋史研究论文集》，宁夏人民出版社1999年版。
⑬ 朱瑞熙：《宋代社会研究》，中州书画社1983年版。

论文：
① 李华瑞：《两宋改革的特点及其历史作用》原刊于《西北师大学报》第31卷第4期1994年。
② 汤勤福：《朱熹史学思想在宋代史学上的地位》摘自《宋史研究论文集》2001年版。
③ 汪圣铎：《宋代财政于商品经济发展》摘自《宋史研究论文集》1982年版。

浅析北宋冗官问题的成因

张　昊

北宋是我国封建社会发展的十分重要的时期，其上承隋、唐、五代，下启元、明，处在封建社会的转型时期，其中的许多问题颇值得我们深入探讨和研究。北宋的“冗官”历来为后世所诟病，被学界普遍认为是北宋积贫积弱的根源。下面我就自己在读史和学习中的一些心得和体验谈一谈本人对“冗官”问题的一些见解，借以抛砖引玉。

一、宋官僚机构膨胀的原因

（一）巩固君权的手段

唐末以来，“兵强则逐帅，帅强则叛上。”①的丑剧愈演愈烈。后唐明宗李嗣源、末帝李从珂、周太祖郭威都是由将帅拥立而称帝的。周世宗整顿禁军，汰弱留强，但未从任官制度上革除部将拥立的恶习。到了北宋初期，大将掌握重兵的弊端依然存在。

赵匡胤虽然已经夺取了后周政权，但是，南方的南汉、南唐、后蜀、南平、吴越、闽和北方的北汉，仍割据一方。后周境内的地方藩镇势力李筠和李重进，更是拭目以待，随时准备联合其他力量向北宋政权发动进攻，即便是已经投降北宋政权的后周朝臣遗老也向背难测。总之，北宋建国初期所面临的政治局面正如王夫之所概括的“推而代之者，不相事使之僚治也；统而驶焉者，素不知名之兆民也。所与共理，旦秦暮楚之宰辅也；所欲削平者，威望不加之故阙也，一旦岌岌熊立于其上，其肖不能终日之势。”②

赵匡胤在夺权之后，从改革任官制度入手，推行官、职、差遣分授制度。“官以寓禄秩，叙位著，职以待文学之选，而别为差遣以治内外之事。”③便是这一改革的主要内容。

赵匡胤以“杯酒释兵权”的方式收去石守信等人的军权，授予高官厚禄。对各地藩镇，则采取“稍夺其权，制其钱谷收其精兵，赐第京师。”④保留节度使官衔的策略，以削弱地方割据势力；对降王降将采用不杀不贬授官养之的政策。如灭南唐后，收后主李煜为“右千牛卫大将军，封违命侯，其子弟皆授诸卫将军。”北宋初期的这种政策确实对政局的稳定和中央集权的巩固起到了一定作用，但却不可避免地加重了人民的负担。也成为了滋生腐败的温床，更为北宋王朝的衰亡埋下了隐患。

北宋官制以职与官、差遣并列，主要有三馆兼职，馆职、诸殿职、诸阁职等。差遣，是北宋前期官员实际职权的总称。宋初统治者把官与实际职权分开授受的目的，一则可以夺取后周遗老的实际职权；二则可以把财、政、军大权不受官品、资历限制，授给皇帝所信赖的人，从任官制度上巩固中央集权，杜绝地方割据势力。

北宋官职的混乱与繁杂和官僚队伍的急剧膨胀，是以前历代封建王朝所远远不及的。查阅各种史籍的有关载录：东汉有官7 567人；隋代有官12 576人；唐代有官18 805人；北宋后期官数达48 075人，若依此，则说明宋代之官数已相当于东汉官数的 7 倍。纵观历史的发展，北宋官吏人数的急剧膨胀不仅是迎合了统治者的施政方针，这种现象的出现也有一定的必然性，有它深刻的社会根源。

（二）封建政治、经济发展的畸形寄生物

首先，宋代吏冗官滥是当时封建经济发展的一种寄生物，宋代官吏之冗，税役之重，皇室之奢糜是声名远播，但同时也要指出的是：宋代国力之强，民力之厚，经济之发达同样是人所共知的。宋代的农业、手工业、商业、交通运输业等的发展，为政府带来了巨额税收，使中国在经历了五代十国这样一个较长时间的动荡之后，又迅速暴富起来。

宋初岁收钱数约1 600万贯，宋太宗以为是唐代岁入钱的两倍；实际上比唐太宗大历十四年（779年）岁入钱的1 200万贯增长了25%，而北宋中期岁入钱数比大历末增长300%[⑤]。而正是封建经济发展基础上赋税岁入的不断增长，为当时官吏的日益奢侈的寄生生活提供了可能的条件。而王安石的熙宁变法时期更是比原来提高数十倍的吏禄支出。而且宋代地主较之汉唐更加贪婪，世风之所以愈下其实正是当时商品货币经济侵蚀自然经济的一种反映。北宋蓬勃兴起的，无孔不入的商品货币经济必然加倍刺激人们追求财富的贪欲，这在当时异常强固的自然经济的小土地所有者身上得到满足，便只能曲折地变转方向，同权利的诱惑结合，成为地主阶级买官、官场营私舞弊、争相入仕的动力。

其次，宋代官吏冗滥，是地主阶级在激烈的斗争倾轧中不断获得相对平衡的产物。宋人入仕之路，有恩荫荐举、科举、纳粟输缛等，反映了宋室贵族、知识分子、商人等各阶层参与政治的要求与渴望。

社会的多元化，必然导致政治的多元化，随之而来的便是统治阶级来源的多元化所导致的官吏人数的增长。其实这正是汉唐以来地主阶级内部各阶级利益角逐的结果。

再次，宋官冗滥也是秦汉以来各朝官制演化与综合的产物，西汉的王公制，唐三省六部制，在宋代都被采用。

宋廷为了扭转晚唐五代地方割据的倾向，采取了一系列加强中央集权的措施，而这些措施几乎都以分散和削弱各级官署官员职权为基础，原来在地方上握有重权的节度、团练、防御使和观察、留后、刺史等大员和职务，改为由中央直接“差遣”的权判知州、府、军事来处理；但节度使、刺史等官，仍旧保留，成为“遥领”之虚衔。原由州府长官一人负责的事务，改由一名知州（府）与一二名通判分理。州府长官增加了一倍至两倍。全国州府直隶朝廷的制度，事实上是行不通的。于是，在朝廷与州府之间，不得不另设“监司”——帅司（缩略安抚司）掌军旅、漕司（转运司）和仓司（提举常平等司）管财赋、宪司（提点刑狱公事）掌纠察狱讼，等等。这又平添大批官员，正如柳开所说：“事即依旧公事，人即加倍添人。”

朝中原处于宰辅地位的中书令、侍中、尚书令，多已不理朝政；一般也不判理本司事务，成为空衔。宰相之多，有时达三至四人。宰相之外，另设为数更多的执政官参知政事，地位与副相对等。其主持军事之权，则宰相亦不得干预。元丰改制以前，财权归三司使，号称“计相”。这就是说，为防止宰相个人专权，竟将其职事分割为十几个部分，因而也要添十几个宰执官。

诸司官吏虽数人同做一事，或者常常无事可做，“闲坐终日”，却都照例晋级升迁，而随着帝位的传递，官吏的品阶名色也愈益愈密。文散官从29阶升至37阶，武散官从31（阶）升至52阶，宫廷武职和各类殿侍卫仪官，更膨胀到无以复加的程度。

如果将宋代官制特色略加概括，大体上可以称为七多，一多有司重叠，二多品秩名色，三多官职分离，四多有职无权，五多有权不专，六多闲官虚衔，七多空衙废署。从十余名宰执官分享相权，诸司、寺、监、院等分理职事，到地方政权层次繁多，叠床架屋，其巨大的机构容量，是前所未有的；而且还可以继续扩充，而这种以“七多”为特征的官僚机构及其巨大容量，既是君主与臣僚争斗的需要所致，也是秦汉以来君主专制发展的必然趋势。

随着时代的兴替和时间的推移，中国这块土地上的人口，也在迅速繁衍着。如若不将官员的增多与户口的滋漫联系起来考察，上述几代官数增长状况的统计也许毫无意义。鉴于历代户口统计多不精确，宋代户籍中人口数隐漏又颇为严重，姑且仅将《通典》、《资治通鉴》、《宋会要》、《宋史》、《金史》《明实录》所载历朝户籍统计中的户数拈出，与官数统计略加比照。

汉桓帝永寿三年（157）的户籍统计是10 677 960户，隋炀帝大业二年（606）的户籍统计是8 907 536户；唐玄宗天宝十三年（754）的户籍统计——亦即唐代户籍统计的最高记录，是9 069 154户；宋英宗治平三年（1 066）的户籍统计是12 917 221户；宋徽宗大观末（1 110）年的户籍统计是20 882 258户；金章宗泰和七年（1207）的户籍统计是8 413 614户；南宋宁宗庆元以后的嘉定十一年（1 218）户籍统计是12 669 684户。

以东汉官数（7 567）与户籍（1 077 960）为基数略计，隋唐户籍统计都不及汉，而官数却增长了66%和149%。北宋户数比汉增96%，而官数增535%。南宋与金户数合计，比汉增97%，而官数却增1235%[⑥]。

二、宋代官吏冗滥的具体表现

（一）官僚机构严重重叠

宋代官员的冗滥，主要表现在以下三个方面。一是官僚机构重叠、臃肿，编制庞大。或一事而设两个甚至几个机构，如三省六部与九寺五监之间，在职能上互相交叉。无事而设官，即“治无事也，而创为空虚之名为之位，而赋之禄[⑦]”，如祠禄之官，名曰提举、提点、主管某宫观，但并无职掌，干拿俸禄；又如诸卫上将军、大将军、将军等环卫官，亦“皆空官无实”。二是员多阙少，“天下有定官无限员”[⑧]，严重超编。宋初官员较少，景德年间（1004—1007）为一万余员[⑨]，宝元年间（1038—1039）即增加到一万五千四百多员[⑩]。元佑三年（1088），则增加到三万四千多员[⑪]，“吏部一官阙，率常五七人守之”[⑫]。到政和三年（1113），更增至四万三千多员[⑬]，而宣和元年（1119），则猛增到五万一千多员[⑭]。宋室南迁之后，大批官员随之南下，官员人数所减不多，而疆域却减少了五分之二，就更加阙少员多。正如绍兴九年（1139）周必大所说：“至于元佑，则以阙计员，什蓰相倍，流弊及今，抑又甚焉。贯于都门，縻至于铨曹，守选人之殆过三千，率数十人而竞一阙，五六岁而俟一官。[⑮]”三是官员素质低下，骄横、贪婪、无能，于赵宋王朝及广大劳动人民，都有害无益。庆历三年（1043），欧阳修在一封奏章中曾说：“其州县官吏谀事，臣请试言京西一两处，则其他可知。郢州知州王昌运老病，腰脚行动不得，每日命二人扶出坐衙。三年之内，州政大坏。临替，得一经部员外郎刘依交代。其刘依亦是七十余岁，昏昧不堪。昨在滑州寄居，臣为通判，三四度看臣，每度问云：'中书有一个王参政，名甚'如此不知人事。陛下试思，如此等人，能为国家置兵贼乎？"[16]可见这些官员昏庸到何等程度。

（二）官员数目庞大

那么，造成宋代官员如此冗滥的主要原因究竟何在呢？宋代的入仕途径甚多，除科举取士之外，主要还有门荫补官、胥吏出职、进纳买官等。门荫补官，又称恩荫、荫补、任子等，是中高级臣僚及后妃、公主等奏请亲属补官的制度，实际上是世袭制的变种或残余。宋代门荫颇为盛行，具体又可分为圣节荫补、郊祀荫补、致仕荫补、遗表荫补、死事荫补、特恩荫补以及宗室授官等。胥吏出职亦称"流外出官"、"年劳补官"。如《朝野类要》卷三《年劳》条所云："内外百司吏职及诸州、监司吏人，皆有年劳补官法，俗谓出职是也，免铨试径注差遣。"进纳买官则是富室因赈济、备边、筑城、修河等进纳米粟或金钱而补授官职的制度。只要稍为比较一下上述四种入仕途径，就不难发现，造成宋代官冗的最主要原因，并不仅在于科举取士数量之大。宋代科举取士空前之多，人数竟多于明清。据葛胜仲《乞以学书上御府并藏辟雍札子》云："以大观三年（1109）岁终数纂，今已成书。总天下二十四路，教养大小学生以人计之，凡一十六万七千六百二十二；学舍楹计之，凡九万五千二百九十八，这钱缗计之，岁所入凡三百五万八千八百七十二，所用凡三十三万七千九百四十四；学田以计之，凡一十五万九百九十；房廊以楹计之，凡一十五万五千四百五十四"。其在校学生之多，校舍之广，经费之大，都是空前的。另外，还有不少书院及大量的私塾。学校、书院及私塾的发展，为广大的普通地主子弟提供了学习之所。这也是前代不可企及的。

造纸业、雕版印刷以及文化教育事业的发展，使宋代应举人数大量增加。宋太宗淳化三年（992），集于阙下，参加礼部考试的举人即达一万七千三百人，其参加诸州考试的举人之多，可想而知。此后，诸路举人更是成倍增加，据估计，全国举人盖常有数十万人。[17]

以上种种，既使广大普通地主通过科举进入仕途的强烈要求得以实现，又使赵宋王朝通过科举大量吸收地主阶级各阶层知识分子参加政权的需要成为可能。

总之，宋代科举取士所以空前之多，原因是错综复杂的，既有政治的，经济的，又有文化的；既有内部的，又有外部的；既有宋朝政府方面的，又有各地举人方面的。

据统计和推算，宋代科举取士共115 427人，平均每年361人，[18] 可谓多矣。而通过门荫、出职、进纳入仕的人数则更多。如门荫补官，虽然难以统计出精确的人数，但数量颇大是无疑的。庆历元年（1041），右正言孙沔疏云："今臣僚之家及皇帝、母后外族，皆得奏荐，略无定数，多至一二十人，少不下五七人。"[19] 庆历三年，范仲淹也说："假有任学士以上官经二十年者，则一家兄弟子孙出京官二十人，仍接次升朝，此滥进之极也"[20] 皇佑二年（1050），何郯上奏曰："总计员数，上自公卿，下至庶官子弟，以荫得官及他横恩，每三年为率，不千余人。"[21] 宋徽宗时，臣僚言："政和六年（1116），郊恩奏补约一千四百六十有奇。"[22] 南宋门荫更滥。绍兴七年（1137）十月辛丑，"中书舍人赵思诚入对，论任子之弊，以为每遇亲祠之岁，补官者约四千人，是十年之后增万二千员，科举取士不与焉。"隆兴元年（1163），臣僚亦言："三岁一郊，以父兄任官者，乃至数千人。"[23] 以上所说仅是郊祀荫补，若加上圣节、致仕、遗表荫补及宗室授官者，其数量必将更大。由此可以推断，宋代平均每年门荫补官者恐不下500人。

另外，胥吏出职者（指由吏提拔为官者），每年也为数不少。《泊宅编》卷十载：“元丰初，在京吏人，自中密下至诸司共二百九十一处，共五千一百四十人。”元佑三年（1088），御史中丞李常言：“今台省寺监人吏无虑二千四百余人，百司库务又二千三四百人。”[24]由此可见，仅中央政府的吏人即达五千多人。至于诸路监司、州县的吏人，则更多。据载，仅开封府吏额就有六七百人[25]。据《淳熙三山志》卷十三，福州胥吏有300多人，诸县胥吏（包括人吏、贴司）有50多人。据此推算，宋朝吏人当有十几万人。按照《流外补官法》，台省寺及开封府吏人，补正名或授敕留官之后，少则三五年，多则三十年可以出职，[26] 而州县吏人出职所需年限大概更长些。若干年平均30年出职推算，则每年出职者当有一二百人。

至于进纳买官人数，也颇为可观。如熙宁七年（1074），为赈济泾原环庆路，永兴军路及秦凤路，就赐试监主簿、斋郎、州教敕牒350道。绍熙五年（1194），临安、平江、建康、镇江四府受灾，即“命吏部每郡各给空名付身三十道”，劝谕富室纳粟买官。结果，大批富室通过进纳跻身官僚队伍。大观四年（1110），臣僚言：“近年以来出颁假将仕郎等告牒，比之往岁，不啻数十倍。……一假装仕郎其直止一千余。非特富商巨贾皆有入仕之门，但人有数百千轻货以转易三路，则千之入为有余。人人可以滥纡命服，以齿仕路，逐门致此流遍满天下，一州一县无处无之。已仕者约以千计，见在吏部以待注拟者不下三百人。”[27]

据此可知，仅仅门荫补官的人数即超过了科举取士，如果加上胥吏出职、进纳买官者，则超过科举取士更多。高官显宦的子弟，凭借其父祖的官职，“不限才愚尽居禄位，未襁褓，已列绅。”他们养尊处优，不学无术，只要到一定年龄，不经考试或只经过简单的铨试即可注官。因而，“俾之从政，徒只害民。”[28] 正如苏洵在《上皇帝十事书》中所说：“今之用人，最无谓者，其所谓任子乎？因其父兄之资以得大官而又任其子弟，子将复任其孙，孙又任其子，是不学而得者尝无穷也。夫得之也易，则失之也不惜。以不学人而居不甚惜之官，其视民如草芥也。”[29] 连宋太祖也说：“贵家子弟，惟知饮酒弹琵琶耳，安得知民间疾苦！”于是下诏：“凡以资荫出身者，皆先使之监当场务，未得亲民。”[30]百司胥吏，主行文书，积年寡过，例该出职。他们文化素质较差，而且大多贪赃枉法，使之任官，往往变本为厉。据《长编》卷一〇四载：天圣四年（1026）正月己亥，宋仁宗曾问：“比阅天下奏吏出职者，率多财官，何也？”王曾说：“士人入流，必顾廉耻；若流外，则畏谨者鲜。”“吏出职者，率多败官。”这正是宋朝的一种普遍现象。

至于富室巨商进纳买官，目的在于提高政治地位，进而攫取更多的财富。神宗时僚所说：“是皆毫猾兼并之徒，屠酤市贩之辈，惟利是谋，而一毫必竞，秦非士流，而一画不分。或假是手以就铨试，或偃居以俟残零。……为害之大，莫甚于此。[31]

三、北宋后期的冗官恶性膨胀加速了北宋的衰亡

北宋败亡其实与历史上大多数王朝的灭亡并无二致：“官腐”和“兵疲”。虽然北宋的统治者革除了五代以来的弊政、巩固了皇权，优待安抚知识分子，封建经济得到了发展，不可谓不用心良苦。但是，北宋王朝还是没有摆脱“其兴也勃焉，其亡也忽焉”的历史宿命。北宋王朝末期的政治统治极度腐败，君臣上下竭尽奢欲，沉醉于一片声色犬马、歌舞升平的“太平盛世”景象。阿谀奉承、平步青云的奸恶之徒比比皆是，买官鬻爵的现象十分普遍，加之官史结党营私，排斥异己，从而导致了官

吏人数的恶性膨胀和迅速腐化，而北宋军事上实则“强干弱支”的策略军队又在两线作战上疲于奔命，战斗力上受到了极大的削弱，在风起云涌的农民起义的打击下风雨飘摇，最终在外族的大举进攻中走向了崩溃。

综上所述，我以为“冗官”问题不是北宋的专利，而是整个封建社会各朝历代所面临的一个社会问题，是与封建制度的完善和封建经济的发展相适应的。虽有其落后腐朽的一面，却也是封建社会向前发展的必然趋势，有其深刻的政治根源和经济根源。统治者出于巩固自身权力和统治基础的需要推行出这样一套政策，它的实行给人民造成了的负担，给北宋政府的财政带来了的压力，这种政策的实施看似暂时缓和了阶级矛盾，巩固了封建统治。实际上，“冗官”就好像是一只顽固的寄生虫，在躯体健康时或许并不一定能看到病灶所在，而当肌体日见衰弱之时就演变成了心腹大患，本已孱弱不堪肌体被吸干了最后的一点养分，就不可避免地走向了死亡。而每当王朝末造，政治腐败，党争纷起的时候，官吏人数也随之恶性膨胀，更加速了王朝的衰亡。

注释：

① 张希清：《论宋代科举取士之多与冗官问题》，《北京大学学报》（哲社版）1987年第5期，第45页。
② 王晓薇：《宋仁宗朝缓解财政危机的失败》，《河北学刊》2001年第3期，第83页。
③ 白文固：《北宋文武官员恩因制度探究》，《史学月刊》2002年第3期，第24页。
④《续资治通鉴长编》卷二 建隆三年七月条，中华书局1986年版，第3册，第37页。
⑤ 郭正忠：《中国古代官僚机构的膨胀规律根源——兼析两宋官冗的社会背景》，《晋阳学刊》1987年第3期，第46页。
⑥《续资治通鉴长编》卷十七 开宝九年正月条。中华书局1986年版，第8册，第53页。
郭正忠：《中国古代官僚机构的膨胀规律根源——兼析两宋官冗的社会背景》，《晋阳学刊》1987年第3期，第46页。
⑦ 白文固：《北宋文武官员恩因制度探究》，《史学月刊》2002年第3期，第24页。
⑧《宋史》卷一七十《职官志》十，中华书局1997年版，第12册，第4077页 。
郭正忠：《中国古代官僚机构的膨胀规律根源——兼析两宋官冗的社会背景》，《晋阳学刊》1987年第3期，第46页。
⑨ 郭正忠：《中国古代官僚机构的膨胀规律根源——兼析两宋官冗的社会背景》，《晋阳学刊》1987年第3期，第45页。
⑩ 郭正忠：《中国古代官僚机构的膨胀规律根源——兼析两宋官冗的社会背景》，《晋阳学刊》1987年第3期，45页。
⑪ 《续资治通鉴长编》，卷四百一十七 ，元佑三年十一月乙丑，中华书局1986年版，第156册，第76页。
⑫ 王晓薇：《宋仁宗朝缓解财政危机的失败》，《河北学刊》，2001年，第3期，第83页。
⑬ 张希清：《论宋代科举取士之多与冗官问题》，《北京大学学报》1987年第5期，第47页。
⑭ 张希清：《论宋代科举取士之多与冗官问题》，《北京大学学报》1987年第5期，第45页。
⑮ 文畅平：《宋代冗官现象的形成及影响》，《衡阳师专学报》，1999年第4期，第63页。
⑯ 文畅平：《宋代冗官现象的形成及影响》，《衡阳师专学报》，1999年第4期，第63页。
⑰ 张希清：《论宋代科举取士之多与冗官问题》，《北京大学学报》，1987年第5期，第47页。
⑱ 张希清：《论宋代科举取士之多与冗官问题》，《北京大学学报》1987年第5期，第45页。
⑲ 《续资治通鉴长编》卷一百三十二，庆历元年五月甲子，中华书局1986年版，第432页。
⑳ 郭正忠：《中国古代官僚机构的膨胀规律根源——兼析两宋官冗的社会背景》，《晋阳学刊》1987年第3期，第46页。
㉑ 《续资治通鉴长编》卷一百六十九，庆历元年五月甲子，中华书局1986年版，第63册第91页。
㉒ 张希清：《论宋代科举取士之多与冗官问题》，《北京大学学报》，1987年第5期，第47页。
白文固：《北宋文武官员恩因制度探究》，《史学月刊》，2002年第3期，第24页。
㉓ 白文固：《北宋文武官员恩因制度探究》，《史学月刊》，2002年第3期，第24页。
㉔ 《续资治通鉴长编》卷四百一十九，元佑三年闰十二月庚戌，中华书局1986年版，第157册58页。
㉕ 郭正忠：《中国古代官僚机构的膨胀规律根源——兼析两宋官冗的社会背景》，《晋阳学刊》1987年第3期，第46页。
㉖ 白文固：《北宋文武官员恩因制度探究》，《史学月刊》，2002年第3期，第24页。
㉗ 《续资治通鉴长编》卷四百三十二，庆历元年五月甲子，中华书局1986年版，第161册，64页。
㉘ 张希清：《论宋代科举取士之多与冗官问题》，《北京大学学报》1987年第5期，第45页。
㉙ 白文固：《北宋文武官员恩因制度探究》，《史学月刊》，2002年第3期，第24页。
㉚ 郭正忠：《中国古代官僚机构的膨胀规律根源——兼析两宋官冗的社会背景》，《晋阳学刊》1987年第3期，第46页。
㉛ 张希清：《论宋代科举取士之多与冗官问题》，《北京大学学报》1987年第5期，第45页。

六字大明咒（六字真言）

孟 君

六字大明咒，又称“大明咒”、“六字真言”，简称“嘛呢”，即指观世音菩萨的“唵、嘛、呢、叭、咪、吽”六个字，据说是佛教秘密莲花部的“根本真言”，也就是莲花部母观世音菩萨的真实言教。藏传佛教把这六个字“唵、嘛、呢、叭、咪、吽”看做是最高的佛号，是藏传佛教中最常见、最尊崇的一句咒语，认为信徒们只要对此“唵、嘛、呢、叭、咪、吽”六个字“循环往复持诵思维，念念不忘”，就能消灾难，积功德，得解脱，最后达到成佛的目的。六字真言，是观世音总持心咒，“唵、嘛、呢、叭、咪、吽”是分别超度“天、人、阿修罗、畜生、饿鬼、地狱”等六道众生的，在我国西藏地区，几乎家喻户晓，无处不在，其音充耳可闻。

为了明了观世音菩萨的“六字大明咒”（六字真言）的含义，我们首先有必要了解一下藏传佛教的简要情况和观世音菩萨在西藏的重要地位。

藏传佛教，又称“喇嘛教”、“西藏佛教”，而藏族同胞称之为“桑结却鲁”（Sangs rgyas chos lugs），或“却”（Chos）、“登巴”（Bstan pa），意为“佛教”、“佛法”。藏传佛教是中国佛教的一个组成部分，是佛教在西藏的一种地方（表现）形式，它传播到西藏、青海、甘肃、四川、云南、内蒙古等省、自治区，也遍及印度、尼泊尔、斯里兰卡、不丹、蒙古等国家，近几十年来，又传播、发展到了西方世界社会中。

藏传佛教历史悠久，在其起源、兴盛和发展的过程中，形成了自己独有的特点，它有自己的传承、教义、修习次第、仪轨、制度等。它崇尚密宗，认为密宗是佛教的精髓。密宗教法源于印度，兴盛和发展在西藏，西藏佛教密宗发展了印度佛教密宗。因此，传统上西藏佛教密宗被称为“藏密”、“西密”，以区别于汉地佛教密宗和日本的“东密”。

公元7世纪，松赞干布（公元569—650年）统一青藏高原的各个部落，建立吐蕃王朝以后，正式确立观世音菩萨为本尊，而加以供养，诵念观世音“六字大明陀罗尼”，即“六字真言”，并且在其所著的《嘛呢全集》中作了比较详尽的论述，为以后信仰观世音菩萨，密法传播，奠定了坚实的基础。（《嘛呢全集》，传说是松赞干布所著，全书上、下两卷，书中内容涉及有关大悲观世音菩萨修行法、藏族历史和藏王遗教以及佛教中观思想等。它是一部藏族最早全面叙述观世音菩萨及其明咒“六字大明陀罗尼”的史书。）佛教的密法大规模传入西藏，始于公元8世纪的吐蕃王朝赞普赤松德赞（公元742—797年）的执政时期（公元755—797年），赤松德赞为抵制本教的势力，采取了一系列措施，他先派人去请印度的寂护（静命）论师，后又去邬仗那迎请密咒大师莲花生，接着又将无垢友请到吐蕃，此后印度学者佛密（觉密）、静藏、清净狮子、法称、净友、觉寂等人接踵而进入西藏，调伏魔障、翻译佛经、弘扬密法，译出了密宗的事部、行部、瑜伽部和无上瑜伽部等四部的注疏、经续，宁玛派的根本大法、最高法门“大圆满法”开始传入，促进了佛教的密法在西藏的发展。到了赞普赤祖德赞（通称“热巴坚、热巴巾、赤热巴坚”）统治时期（公元815—841年），佛教密法的传播与发展已经具有相当的规模，广译密典，逐渐趋向规范，并渐臻完善和系统化。

观世音菩萨象征一切如来大悲本性，以慈悲之眼照见一切有情，救度一切众生的十地菩萨，按照大乘佛教的观点，观世音的尊号称为“大悲菩萨”，以大慈大悲、救苦救难、济度众生而著称，据说遇难众生只要诵念其名号，“菩萨即时观其音声”，前往拯救解脱。据佛教经典《楞严经》中所述，观世音在无量恒河沙数劫前，就已经修成“六根大圆通智”，即“眼、耳、鼻、舌、身、意”互通，身体的任何部位都可以视物、听闻、嗅味、品尝、感觉、知法，圆通无碍。观世音菩萨是西方极乐世界的教主阿弥陀佛的左胁侍，大势至菩萨是阿弥陀佛的右胁侍，人们把阿弥陀佛与他的这两位菩萨弟子合称为“西方三圣”。观世音原为男相，大约从我国南北朝时期（公元420—589年）以来，尤其隋、唐时代（公元581—907年），在中国的寺院中，观世音菩萨的塑像由原来的男相开始（变）作女相。我国和日本佛教徒根据《法华经·观世音菩萨普门品》所记载，观音菩萨可以示现出三十三种身份，度济众生脱离苦难。又根据三十三种身份，绘制了三十三种不同形象的观世音菩萨像，又称“三十三体观音”和“三十三观音”，民间广为流传信奉。

另外还有“救八难观音”、“救八难度母”和“二十一度母”之说法。度母，全称“圣救度佛母”，又称“救度佛母”、“救度母”、“多罗母”、“多罗菩萨”、“多罗观音”、“救八难度母”，简称“度母”。度母，是藏传佛教女神名，藏文Sgrol-ma的音译，称作“卓玛”；汉文佛经中多称为“多罗菩萨”，乃为梵文Tara的音译。是观世音菩萨为救度人间众生的众多灾难而示现的化身，说修持者能消灾，增福，延寿，开慧，有求必应，命终往生极乐世界，是藏传佛教信徒最崇奉的菩萨之一。观音菩萨化身的救苦救难的本尊，化现为二十一相。传说观音菩萨的眼泪可变化为二十一位度母，身色、姿态、职能不一，其中最常见的是白度母和绿度母。

观世音的三十三种身份是：

1. 佛身	2. 辟支佛身	3. 声闻身	4. 梵王身	5. 帝释身
6. 自在天身	7. 大自在天身	8. 天大将军身	9. 毗沙门天身	10. 小王身
11. 长者身	12. 居士身	13. 宰官身	14. 婆罗门身	15. 比丘身
16. 比丘尼身	17. 优婆塞身	18. 优婆夷身	19. 长者妇女身	20. 居士妇女身
21. 宰官妇女身	22. 婆罗门妇女身	23. 童男身	24. 童女身	25. 天身
26. 龙身	27. 夜叉身	28. 干闼婆身	29. 阿修罗身	30. 迦楼罗身
31. 紧那罗身	32. 摩睺罗迦身	33. 执金刚神身		

三十三体观音是：

1. 杨柳观音	2. 龙头观音	3. 持经观音	4. 圆光观音	5. 游戏观音
6. 白衣观音	7. 卧莲观音	8. 泷见观音	9. 施乐观音	10. 鱼蓝观音
11. 德王观音	12. 水月观音	13. 一叶观音	14. 青颈观音	15. 威德观音
16. 延命观音	17. 众宝观音	18. 岩户观音	19. 能静观音	20. 阿缛观音
21. 阿摩观音	22. 叶衣观音	23. 琉璃观音	24. 多罗尊观音	25. 蛤蜊观音

26. 六时观音 27. 普悲观音 28. 马郎妇观音 29. 合掌观音 30. 一如观音
31. 不二观音 32. 持莲观音 33. 洒水观音

救八难观音是：

1. 救火难观音 2. 救空行观音 3. 救牢狱难观音 4. 救龙难观音
5. 救狮难观音 6. 救水难观音 7. 救象难观音 8. 救贼难观音

救八难度母是：

1. 救火难度母 2. 救非人难度母 3. 救牢狱难度母 4. 救蟒蛇难度母
5. 救狮难度母 6. 救水灾难度母 7. 救象难度母 8. 救盗贼难度母

密宗二十一度母是：

1. 金颜度母，又称“紫磨金色母” 2. 威猛白度母，又称“白秋郎月母”
3. 破敌度母 4. 解厄度母 5. 消苦度母 6. 消疫度母 7. 消毒度母
8. 救饥度母 9. 伏魔度母 10. 烈焰度母 11. 摧破魔军度母
13. 大寂静度母 14. 颦眉度母 15. 奋迅度母，又称“救度速勇度母”
16. 胜三界度母，又称“释梵天头天母” 17. 震撼三界度母
18. 供奉三宝度母 19. 顶髻尊胜度母 20. 哞音叱咤度母，又称“怛罗吽字母”
21. 明心哞音度母

藏族人民把观世音菩萨看作是藏族的先祖、雪域怙主（即西藏的保护神）。传说藏族的人种起源与观世音有关，说观世音菩萨化现的菩提心猴与圣度母化现的罗刹女结合，繁衍了藏族人；观世音菩萨又受释迦牟尼佛陀的委托，前往西藏去拯救藏族人民，并且保护西藏地域。观世音菩萨为使众生脱离六道轮回所发的心咒“六字大明咒”，被人们称作“六字真言”，藏传佛教把这六个字看作是经典的根源，最高的佛号，成为全体藏族人民的祈福禳灾、能积功德、拯救解脱、平安吉祥的口诀和寄托。

观世音菩萨的六字真言，乃观世音菩萨的心咒，即为“唵、嘛、呢、叭、咪、吽”六个字。六字真言的由来，一说是阿弥陀佛赞叹莲花手菩萨（观世音菩萨）之语，为一切福德智慧及诸行的根本；一说唵表示“佛部心”，嘛呢表示“宝部心”，叭咪表示“莲花部心”，吽表示“金刚部心”；一说依此六字能闭六道生死门，即唵字闭诸天，嘛字闭阿修罗，呢字闭人间，叭字闭畜生，咪字闭饿鬼，吽字闭地狱。观世音菩萨的六字真言，在西藏密宗宝典中，藏译《宝箧庄严经Za-ma-tog-bkod-pavi-mdo》（汉译本名为《大乘庄严宝王经》）和藏文《嘛呢宝训Ma-ni-bkva-vbum》里面有着详细的解释和论述，盛赞六字真言有不可思议的功德，西藏人最信，男女老幼无不念诵之。

〖唵〗表示“佛部心”，诵念这个字时，自己的身体要应于佛身，口要应于佛口，意要应于佛意，认为自己的身、口、意与佛的身、口、意成为一体，才能获得成就。

〖嘛、呢〗意为“如意宝”，表示“宝部心”，也称为“嘛呢宝”。据说此宝出自海龙王脑中，如果获得这个宝珠，入海能无宝不聚，上山能无珍不得，故又名为“聚宝”。

〖叭、咪〗意为“莲花”，表示“莲花部心”，比喻法性如莲花一样纯洁无暇。

〖吽〗表示“金刚部心”，是祈愿成就之意，必须依赖佛的力量，才能得到“正觉”，成就一切，普度众生，最后达到成佛的愿望与境界。

这里有一点需要提及的是，除了观世音菩萨的六字真言外，还有：

（一）观世音菩萨的六字陀罗尼，陀罗尼即“真言”，六字陀罗尼即是“六字章句陀罗尼”的简称，为请观世音菩萨消伏毒害陀罗尼咒经所说的陀罗尼，此真言不止六字，然其主要真言为六字，念此陀罗尼不仅能离六道之苦，复得六妙门使六根安定。

（二）文殊菩萨的六字真言，又作“六字文殊”、“文殊六字”，根据种种杂咒经记载，六字陀罗尼是“唵、缚、雞、淡、纳、莫”，诵此咒可灭一切罪，生一切善。

（三）佛陀对阿难所说的六字真言有三种：

1. 为救阿难之女难而说者，即《六字咒王经》及《摩登伽经》所说；

2. 为救阿难之病难而说者，即《圣六字增寿大明王陀罗尼经》所说；

3. 为以阿难为对告众之《圣六字大明王陀罗尼经》所说。

六字大明咒（六字真言），是佛教莲花部的“根本咒语”，经常诵念能证入无量法门，成就一切功德。法教规则是莲花部的根本修行次第法则，如果依此修行法则的发心方便、忏悔方便、修习方便、证入方便，则能迅速证得菩提心体相而得其用。“盖以声字之体，即是地、水、火、风、空五大，五大触而成音，合而有象，音象具足诠表物理，即是声字，故声字根源五大，五大根源一心，声字实相，即是一心实相，是以真言之用，能以一文而通彻法界，一义而贯摄诸法，能为十方三世一切整体，良以大菩提心无所不摄也。”① “唵、嘛、呢、叭、咪、吽”六字，集诸佛思想的主体，摄八万四千法蕴为一体之藏，观世音菩萨的心咒。六字总括五部佛心之意，具有五部的功效。从分别义讲，

“唵”摄于五智，

“嘛”遍于慈悲，

“呢”颠倒轮回，

“叭”方便智慧，

“咪”智慧自明，

“吽”如金刚不变。

从摄义上讲，六字摄为三字，从“唵”至“吽”之间的四字，即“嘛、呢、叭、咪”摄于“阿”字，“阿”摄于无生；六字摄于“唵、阿、吽”三字，“唵”表示出气，“阿”表示住，“吽”表示趋入。“唵”从“阿”字转成，“阿”字的意思是趋入本有菩提心，度迷妄河到达觉悟彼岸。因此，“唵”字表示瑜伽行者以习气不可得之身，“归命礼供如来智觉三身，而即证入本有菩提心也”；“嘛呢”意为“如意宝”，其义为消除一切污垢，具足一切功德，如同如意宝珠；“叭”表示第一义谛不可得；“咪”具有真如平等无分别和我不可得两个意思。“叭、咪”莲花之义，出于污泥而具净得，表示如来德相。“吽”由三字组成，分别代表空解脱门、无相解脱门、无作解脱门，一切诸障所不能入。

六字真言的全部意义是具足佛身、佛智的观世音观照，代表度脱六道众生，破除六种烦恼，修六般若行，获得六种佛身，生出六种智慧等。六字真言和内、外、密三者结合起来讲，根据大乘佛教显教解释，如六字真言与般若六度配合：

“唵”代表布施，

“嘛”代表戒律，

“呢”代表忍辱，
“叭”代表精进，
“咪”代表禅定，
“吽”代表智慧。
如果与净障结合：
“唵”表示无量众生事净身体之障，
“嘛”，表示慈无量净语障，
“呢”，表示悲无量净意障，
“叭”，表示喜无量净烦恼障，
“咪”，表示舍无量净习气障，
“吽”。表示法性无量净所知障。
根据密教解释，如六字真言与外部六佛结合：
“唵”代表天如来净坠天之苦，
“嘛”代表非天如来净非天争战之苦，
“呢”代表人如来净不变之苦，
“叭”代表畜生如来净使役畜生之苦，
“咪”代表饿鬼如来净饿鬼饥渴之苦，
“吽”代表地狱如来净地狱寒热之苦。
如六字真言与摧毁六父母、六空行、六烦恼结合：
“唵”代表一切种如大悲、佛母六真言母、一切佛空行，摧毁一切烦恼，
“嘛”代表毗卢遮那佛、佛眼母、佛空行，摧毁一切痴烦恼，
“呢”代表金刚萨埵、普贤佛母、空行金刚，摧毁一切嗔烦恼，
“叭”代表宝生佛、邬摩格佛母、宝空行，摧毁一切傲烦恼，
“咪”代表无量光佛、白衣佛母、莲花空行，摧毁一切贪烦恼，
“吽”代表不空羂索、誓言度母、羯摩空行，摧毁吝烦恼。
如六字真言与秘密六身六智结合：
“唵”代表法身，法界体性智，
“嘛”代表受用身，大圆镜智，
“呢”代表化身，平等性智，
“叭”代表本性身，妙观察智，
“咪”代表现证菩提身，成所作智，
“吽”代表金刚不变身，俱生智。

修持六字大明咒（六字真言）有多种方法，例如：修炼脉、修炼气、修炼明点，但是不管修持者采取哪一种修炼方法，修持者，第一，必须具有慈悲心、发菩提心、诚心、利益众生而修大悲身，以获得圆满菩提；第二，意修观世音本尊，须结跏趺坐于垫上，口诵“唵、嘛、呢、叭、咪、吽”六字真言，观修观世音本尊，使自己与本尊无二无别。佛教称“贪欲、嗔恚、愚痴”是毒害众生，产生烦恼的根本，众生常为“贪、嗔、痴”所缠绕而不能远离，获得解脱。六字大明咒（六字真言）是宇宙万有生命生发的根本音，所以，诵念六字真言，以增强身体的免疫力，作为防止疾患，治疗疾病，强身健身的法门。密宗认为，六字真言是一切如来的加持，堵截六道众生的生门而净除障覆。

"唵"能消除骄傲，断非天处（净天处），
"嘛"能灭忿怒，断非天之处（净非天之处），
"呢"能灭贪欲，断人处（净人处），
"叭"能灭痴，断恶趣之门（净恶趣之处），
"咪"能灭吝，断饿鬼之门（净饿鬼之处），
"吽"能灭嗔，断地狱之门（净地狱之处）。

佛教认为世界万物和人的身体，均由四大（地、水、火、风）组成，以此说明人身无常、不实、受苦。四大形成了人的身体，五大（地、水、火、风、空）造就了人身，六大（地、水、火、风、空、识）是构成世界一切物质现象的基本因素。"空"为现象生成的必要条件，"识"指众生的意识，为众生生存的基本条件。四大不调，导致各种疾病的发生。五大均等，则身体舒适，身体心所依，身乐则心乐。密宗把三毒（贪欲、嗔恚、愚痴）列为致病之因：从贪生水，从嗔生火，从痴生地，从嫉生风。如默念、或小声、或大声、或加强念诵六字真言，能消除以上四大不调而导致的各种疾病，使身体产生乐感。六字大明咒（六字真言）之音声，都是六道众生的共同音声，它能震动人体内部的气脉内脏，使其发出生命的潜能，变为超越惯有现象的作用，从而进入神妙的领域，乃至可以启发神通和高度智慧。因此，密宗以诵念六字大明陀罗尼作为防止疾病、治病健身的法门。

在我国藏传佛教地区，喇嘛庙的建筑物的檐枋的彩画上、天花板上、门框上、石板上、摩崖、石刻、椽头、瓦当以及各种大小宗教器皿、器具上，处处可以看到用梵文或藏文篆写的字母（蒙古地区有的用八思巴文）书写、雕刻、绘制的"唵、嘛、呢、叭、咪、吽"六字真言。另外相关的还有很多对象，譬如：嘛呢石、嘛呢堆、嘛呢幢、嘛呢杆、嘛呢幡、嘛呢旗、嘛呢轮、嘛呢桶（筒）等等。除了大量书写、雕刻、绘制外，信奉藏传佛教的僧侣、信徒和年老的牧民们，无不时刻或经常念诵这六个字，表现出人们从心底对佛祖和观音菩萨的虔诚与崇敬；在藏传佛教地区，常常可以看到一种小型的嘛呢轮，用金属打制的，上面刻有六字真言及雕饰图案，手柄也很精致，桶上缀有小索坠，可以加速它的旋转力。年老的男女信徒们右手转动嘛呢轮，左手持念珠，口中念颂不停，显现出对佛的虔诚、信仰的笃诚和对幸福的憧憬与向往。同时，在藏传佛教地区的喇嘛庙里，每年都举行一次重要的"嘛呢法会"，专为僧侣、信徒们祈颂观世音菩萨。

另外根据《造像量度经》的记载，按照藏族同胞的解释，六字真言的"唵、嘛、呢、叭、咪、

八思巴文《六字真言》

梵文《六字真言》

吽”这些咒语字母，最好使用梵文书写，特殊情况下也可用藏文或汉文代替，无论念诵者、听闻者、眼见者，或礼拜、供养、绕塔（顺时针右转），均能积功德、祛灾、消难，获得利益与殊胜。

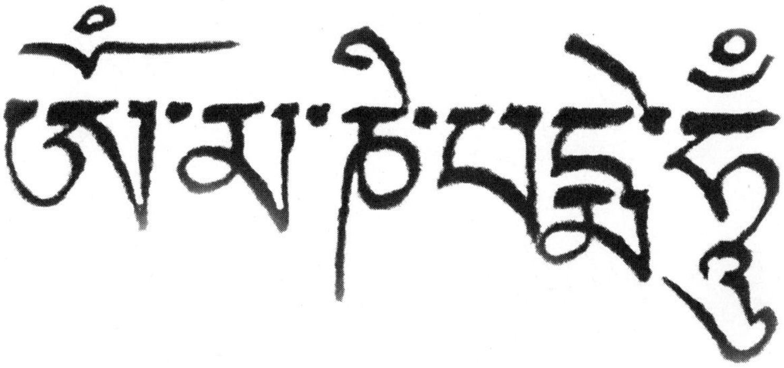

藏文《六字真言》

参考文献：

① 李翔烁：《西藏佛教略史》。
② 邱陵：《密宗秘法》北京工业大学出版社1990版。
③ 索南才让：《西藏密教史》中国社会科学出版社1998版。
④ 李冀诚：《藏传佛教》新华出版社1991版。
⑤ 慈怡：《佛光大辞典》北京图书馆出版社1989版。
⑥ 吴枫、宋一夫：《中华佛学词典》南海出版公司1998版。
⑦ 金申：《喇嘛庙—佛的世界》四川民族出版社1986年版。

浅谈赵孟頫

——用笔千古不易

谷中秀

宋末元初战乱频繁，百姓处于水深火热之中，书艺亦随国运而一落千丈。针对宋书尚意的飞扬跋扈，意造无法，忍气吞声生活在异族统治之下的元代士大夫们，不得不转向晋唐寻求另一种不激不历、安和冲虚的中和之美和有序之美。这时候的赵孟頫力挽狂澜，掀起一个师法晋唐的高潮，并提出了“用笔千古不易”，这一书法理论命题。

一、赵孟頫历史地位及影响

赵孟頫（1254—1322），字子昂，号松雪道人，谥文敏，吴兴（浙江湖州）人,宋室后裔。他精通诗文，熟谙音律，善于鉴定，尤其擅长书画，成为元代书坛画苑众望所归的领袖人物。赵孟頫对于传统的学习十分刻苦，元杨载《翰林学士赵公状》中记载：“公性善书，专以古人为法。篆则法《石鼓》、《诅楚》；隶则法梁鹄、钟繇；行则法逸少、献之，不杂以近体。”[①]他反复临习晋唐法帖，达到乱真的地步。赵孟頫学传统复古回归，转益多师，消化吸收，自成面貌；在各体之中，他成就最大的首推行草和小楷。在传世作品中以行草最多，对后世影响也比较深；小楷作品为历代所重，如他在38岁时所书《过秦论》，鲜于枢在卷后跋云：“子昂篆、隶、正、行、颠草俱为当代第一，小楷又为子昂诸书第一”[②]。赵孟頫一生沉浸古法之中，努力从古人书中吸取养分，尽管其始终保持着遒媚、秀逸的书风，但不同阶段亦有着自己的变化。那被后人称为“赵体”的各种书作，足以证明了他的个性所在，故绝非因循守旧者可比。赵孟頫书法在历史上的最大功绩是复兴晋法，他的影响之大在元、明、清三朝可谓无出其右，如胡汲仲谓“上下五百年，纵横一万里，举无此书”，[③]并不是一句夸张的评论。赵孟頫的书法，在元代影响了一代士人，形成了风格鲜明的赵派书家群；赵孟頫的书法还影响到了明、清两代。因此，赵孟頫作为承前启后、继往开来的大家，与他所领导的全面回归的古典主义书法潮流，在书法史上产生了极为深远的影响。赵孟頫所倡导的书风是对南宋衰靡书风的纠正，超越宋代直追晋唐，走入古出新之路具有积极的意义。成为一代高峰，自有他在书法史上的历史地位。

对于宋代的书风，他曾明确指出“芒角刷掠，求于椟韫川媚则蔑有矣”，[4]所以坚决地加以抵制；而竭力主张“学书须学古人，不然，虽秃笔成山，亦为俗笔。”[5]赵孟頫看到晋书的韵，正如宋书的意，都是属于书家主观的臆绪，其间虽有平淡、冲动之别，但因其主观性而难以被后人仿效却是共同的。因此，赵孟頫学晋人书，并不在于它的韵，而在于它的用笔，结体之法。从而形成了形晋而神唐的特色，也就是“化晋韵为唐法”。

值得特别指出的是，赵孟頫书法十分强调书法中用笔的重要意义。他在《兰亭十三跋》中说：“书法以用笔为上，而结字亦须用功。盖结字因时相传，用笔千古不易。”这一书法审美观，元以后成为书法史上的著名论断。他抓住了文人书法嬗变中“笔法”这一实质问题，终身不弃。其书法既深入传统内核，又因时而变，文质相生，故能形“丽”而不失内涵。

二、用笔千古不易

汉蔡邕《九势》几乎通篇都在讲“用笔”，讲如何通过用笔表现“力”和“丽”（下笔用力，肌肤之力），认为书法艺术的奥秘就在用笔之中，用笔是根本，“力”的追求在用笔的过程中得以实现，而“丽”之表象自然是附着于“力”、通过用笔而呈现出来。

对用笔的重要性和首要性的认识，在传为王羲之所作其他书论中，同样也可以见到：“夫书字贵平正安稳。先须用笔，有偃有仰，有欹有侧有斜，或大或小，或长或短……”（《书论》）[6]

在这里所要注重的是“先用笔”的思想，因为《书论》中结字、象形的主张都是以“用笔”为前提的。《书论》还创造性地提出了一些用笔的方法或原则，如“第一须存筋藏锋，灭迹隐端。”“存筋藏锋”是对蔡邕“令笔心常在点画中行”思想的继承和发展，而“灭迹隐端”的思想为后来的董其昌接受并进一步予以发挥，开辟出禅派书法“泯没棱痕”的新境界。这种新思想的生出与新境界的开辟，无不肇始于书法用笔为第一的主张。

以用笔为书法艺术根本的思想，贯穿于整个书史和书法美学思想史。唐张怀瓘在《玉堂禁经》中说：“夫书第一用笔，第二识势，第三裹束，三者兼备，然后为书，苟守一途，即为未得。”张怀瓘已经把“用笔”与“识势”、“裹束”对举，他所说的“用笔”，与蔡邕及传为钟繇、卫夫人与王羲之所作书论中关于用笔的思想，已不尽相同，然而以用笔为书法艺术最根本的表现特征的思想，却是基本一致的。

到了元代赵孟頫把用笔更是提到了最高层面，“用笔千古不易”就是他的经典论断。我认为赵孟頫所说的“用笔千古不易”，是要掌握书法用笔规律及法则，这条是永远不能改变的。不管什么书体我们首先要讲的是用笔，而用笔就是书法的核心问题，也是书法最本质的问题。元代的大书法家赵孟頫，是以善于继承两晋书法优良传统而著称的，他一生精研二王书法，希望从中找出带有规律性的东西，而且他也确实找到了。

“书法以用笔为上，而结字亦须用功。盖结字因时相传，用笔千古不易。右军字势，古法一变其雄秀之气，出于天然，故古今以为师法。齐梁间人，结字非不古而乏俊气，此又存乎其人，然古法中不可失也。”[7]

从这段论述中，可以得知，赵孟頫对古法的推崇，并非如郑杓云“偶写一字不成，须于众碑中求之，不可轻易率然而作，赵子昂所谓必求古人佳样是也。”[8]相反，赵孟頫是把古人法帖视作相对独立的系统，这就是他所说的“用笔千古不易”。至于“古法”，他认为是可能变也可以变的，“右军字势，古法一变”即是佐证。结字更是“因时相传”的，那“终不可失”的“古法”，大概就是“用笔”吧。他对用笔的理解，和张怀瓘诸人一样，把用笔与结字作分开解，“用笔”的外延已经明显地窄于《九势》和《笔阵图》中的规定，但赵氏推崇“用笔”的旨意却深得《兰亭》真髓，在思想上与《九势》、《笔阵图》等书论可谓一脉相承。他从“常”与“变”的角度考察用笔，视“用笔”为“千古不易”之“常”，明显地将用笔置于结字之上，把用笔作为书法艺术的根本。

三、综述

赵孟頫作为元代书坛托古改制、借古开今的领袖，其书法深深影响了元、明二朝的士人，一直到清。他作为承前启后、继往开来的大家，与他所领导的全面回归的古典主义书法潮流，在书法史上也产生了极为深远的影响。“用笔千古不易”这一书法审美观，元以后成为书法史上的著名论断。他抓住了书法最本质的核心问题“用笔”，终身不弃，又能因时而变，被后人称为“赵体”。

注释：

① 转引张同印编：《书法史稿》首师大内部教材，第53页。
② 转引黄惇：《中国书法史》元明卷，江苏教育出版社2001年版，第25 页。
③ 转引黄惇：《中国书法史》元明卷，江苏教育出版社2001年版，第29 页。
④ 转引徐建融、李维琨：《中国书法》，上海外语教育出版社1999年版，第94页。
⑤ 欧阳中石主编：《书论会要》，高等教育出版社1990年版，第7 页。
⑥ 赵孟頫《兰亭十三跋》，其第七跋，转引黄惇：《中国书法史》元明卷，江苏教育出版社2001年版，第140 页。
⑦ 转引萧元：《书法美学史》，湖南美术出版社1994年版，第281页。

明监察御史蒋钦与正德初奸党之狱

——读常熟新出明监察御史蒋钦墓志札记

任　昉

近读常熟1984年5月出土明正德二年（1507年）十二月二十一日《明故前文林郎南京陕西道监察御史蒋君（钦）墓志铭》（以下简称《蒋钦墓志》）[①]，发现其中披露的一些史实，对于深入了解著名谏臣蒋钦其人，颇有裨助。蒋钦卒官“南京陕西道监察御史”。据《明史·职官二》都察院附总督巡抚条：“十三道监察御史一百十人，正七品。”品位原本不高。蒋钦所以得名，全因正德初的所谓“奸党”之狱。因此，要了解蒋钦其人，首先必须了解正德初的“奸党”之狱。

关于正德初的“奸党”之狱，据《明史·武宗纪》及谷应泰《明史纪事本末》卷四三刘瑾用事条等书记载，大致经过为：宦官刘瑾、马永成、高凤、罗祥、魏彬、丘聚、谷大用、张永八人，因曾侍武宗于东宫，武宗继位，并以旧恩得幸，人称“八虎”、“八党”或“八阉”。他们日导武宗游宴后庭，纵情狗马、鹰兔、歌舞、角抵，荒疏政事，引起外朝众官不满。正德元年（1506年）十月，大学士刘健、谢迁、李东阳等谏，武宗不听。户部尚书韩文率郎中、主事、检讨、给事中、御史等多人亦先后谏，武宗亦不听。宦官王岳、范亨、徐智心嫉刘瑾等八人，支持外朝众官，岳、亨反被杀，智被箠几死。武宗以刘瑾掌司礼监，丘聚、谷大用提督东、西厂，张永督十二团营兼神机营，魏彬督三千营，各据要地。刘健、谢迁、李东阳见大势已去，乞休，允健、迁致仕，仍留东阳于内阁。十一月，罢韩文官。十二月，命锦衣卫官点阅京师及南京给事中、御史。正德二年（1507年）闰正月，杖京师给事中及南京给事中、御史等二十一人于阙下。二月，又收京师御史多人，或杖于午门，或枷于都察院。三月，刘瑾召群臣跪金水桥南，宣武宗敕，列“奸党”五十三人，榜示朝堂，或迫致仕，或斥为民，以为戒谕。是月，遂敕各镇守太监预刑名政事。按：明代设镇守太监，始于洪熙，遍于正统，盛于正德。正德时期镇守太监权力甚重，与其可以干预刑名政事不无关系[②]。可见该狱是武宗正德初刘瑾等宦官干政肇祸的重要事件[③]。

关于“奸党”53人，王世贞《弇山堂别集》卷九四《中官考五》记刘瑾宣武宗敕记载较为齐全，原文为：

> 朕以幼冲嗣位，惟赖廷臣辅弼，匡其不逮。岂意去岁，奸臣王岳、范亨、徐智，窃弄威福，颠倒是非，私与大学士刘健、谢迁，尚书韩文、杨守随、张敷华、林瀚，郎中李梦阳，主事王守仁、王纶、孙磐、黄昭，检讨刘瑞，给事中汤礼敬、陈霆、徐昂、陶谐、刘蒞、艾

洪、吕翀、任惠、李光瀚、戴铣、徐蕃、牧相、徐暹、张良弼、葛嵩、赵士贤，御史陈琳、贡安甫、史良佐、曹闵、王弘、任诺、李熙、王蕃、葛浩、陸昆、張鸣凤、萧乾元、姚学礼、黄昭道、蒋钦、薄彦徽、潘镗、王良臣、赵佑、何天衢、徐珏、杨璋、熊卓、朱廷声、刘玉，递相交通，彼此穿凿，曲意阿附，遂成党比。或伤残善类，以变上心；或变乱黑白，以骇众听。煽动浮言，行用颇僻。朕虽察审，尚务优容。后迹渐彰露，彼各反侧不安，因自陈俯遂其休致之情，若自偾则公谴谪之典。其敕内未罪者，吏部查令致仕，毋使恶稔，追悔难及。夫人臣以忠敬为本，不闻以阿附为荣。朕不明言暴白，群臣何以知悉？迩来朕一遵祖宗成宪，申明旧章，除宿弊，汰冗官，欲臻治理。尔文武群臣尚惟清白一心，恪恭乃职，必以光明正大为期，必以党比阿附为戒。且如张懋等，凡遇会奏论列，并无片言，随人符同，辄听诡计，列衔而行，朕皆尔释，以后毋蹈覆辙，自贻累辱。国有昭典，朕不轻贷。故谕。

其中提到五十七人，开始提到的王岳、范亨、徐智为宦官，最后提到的张懋为嗣封英国公[④]，不在“奸党”之列，可以排除，剩下的正合五十三人之数。此五十三人中，蒋钦排名为倒十一，地位在所谓“奸党”中并不靠前，但直至南明，追赠、追谥该狱蒙难诸臣，却均以蒋钦为代表。如：陈鼎《东林列传》卷一二《顾锡畴传》云：“（福王）弘光时……疏请……赠谥……正德谏臣蒋钦等忤奄诸臣”。《明史》卷六〇《礼志十四·凶礼三·赐谥条》云：“至福王时，始从工科给事中李清言，追谥……正德谏臣蒋钦等十四人。”清修《钦定续通志》卷一二一《谥略》称明万历以前非三品得谥者均为“异典”。蒋钦仅以正七品，屡获追赠、追谥，当然更属“异典”中之“异典”。究其缘故，应是因为，该狱蒙难诸臣，当时即以身殉者，仅蒋钦、戴铣二人，而蒋钦之死最早亦最为壮烈。

据《明史》卷一八八《蒋钦传》记载：“蒋钦，字子修，常熟人。弘治九年进士。授卫辉推官。征擢南京御史，数有论奏。正德元年，刘瑾逐大学士刘健、谢迁，钦偕同官薄彦徽等切谏。瑾大怒，逮下诏狱，廷杖为民。居三日，钦独具疏（劾刘瑾云云）……人，再杖三十，系狱。……越三日，复具疏（劾刘瑾云云）……人，复杖三十。……杖后三日，卒于狱，年四十九。”据本传系时，蒋钦受杖及卒，均在正德元年。蒋钦独自所上劾刘瑾二疏，清高宗《御选明臣奏议》卷一二亦收录，亦均系于正德元年。但均误[⑤]。据《蒋钦墓志》记载：“正德丙寅（元年）冬十二月，南京科道以言获罪，有名者悉械取至京师，子修与焉。明年丁卯春，狱未及成，宽恩宥死落职。同日受杖者二十三人，子修独身弱不支，越数日而殒絶。……（子修）生为天顺己卯（三年，1459年）七月三日，卒为正德丁卯（二年，1507年）闰正月十九日，得年四十有九。”该墓志为“赐进士出身奉议大夫工部员外郎致仕邑人钱仁夫”所撰。记述蒋钦受杖及卒经过，远较《明史》本传简略，原因为何，这里可以不去讨论。最重要的是，该墓志明确记载：蒋钦由南京任上押解进京在正德元年十二月，受杖而卒于正德二年闰正月十九日[⑥]。关于蒋钦正德元年十二月由南京任上押解进京，《明史》卷一九五《王守仁传》云：“正德元年冬，刘瑾逮南京给事中、御史戴铣等二十余人。”可为旁证。关于蒋钦正德二年闰正月十九日受杖而卒，同书《武宗纪》云：“闰（正）月庚戌，杖给事中艾洪、吕翀、刘菃及南京给事中戴铣、御史薄彦徽等二十一人于阙下。”[⑦] 亦可为旁证。不仅如此，庚戌为闰正月六日，加上“居三日”、“越三日”、“杖后三日”，再加上独具疏、复具疏二日和再受杖、三受杖二日，正为闰正月十九日。可见，在正德二年三月宣敕榜列“奸党”之前，蒋钦早就受杖而卒了。

此次21人受杖，仅戴铣与蒋钦同死，但2人情况不同。据《明史》卷一八八《戴铣传》云：“逮系诏狱，廷杖除名。铣创甚，遂卒。”显然，铣乃一杖而卒。铣与钦为同年进士，年龄应该相去不远，一杖而卒，当与身体不好有关。因为此次廷杖，是由素有公正仁义之称的牟斌具体执行。项笃寿《今献备遗》卷三〇《牟斌传》云：“牟斌字益之。正德初，掌锦衣镇抚。逆瑾窃政，逐方正大臣，言官刘蒞、戴铣等凡数十人，一时下诏狱。斌轻刑缓械，曲为申救。”崔铣《洹词》卷六《休集》二武士条记载略同。王世贞《弇州四部稿》卷七九《文部》锦衣志条云：“牟斌以指挥领镇抚有声。斌字益之，博学晓文义，为儒衣冠，其所理恒傅经而法。”《明史·刑法三》云：“世宗衔张鹤龄、延龄，奸人刘东山等乃诬二人毒魇咒诅。帝大怒，下诏狱，东山因株引素所不快者。卫使王佐探得其情，论以诬罔法反坐。佐乃枷东山等阙门外，不及旬悉死。人以佐比牟斌。牟斌者，弘治中指挥也。李梦阳论延龄兄弟不法事，下狱，斌傅轻比，得不死云。”此次廷杖，死者如此之少，当然应与牟斌“轻刑缓械”有关[⑧]。戴铣之死属于例外。至于蒋钦，则是有心求死。据前引《明史》钦本传云：

> 方钦属草时，灯下微闻鬼声。钦念：“疏上且掇奇祸，此殆先人之灵，欲吾寝此奏耳。”因整衣冠立曰：“果先人，盍厉声以告。”言未已，声出壁间，益凄怆。钦叹曰：“业已委身，义不得顾私，使缄默负国为先人羞，不孝孰甚！”复坐，奋笔曰：“死即死，此稿不可易也！”声遂止。

姚之骃《元明事类钞》卷二〇神鬼门鬼物类鬼声戢戢条引《献征录》云：

> 蒋钦为御史，偕同官13人劾逆瑾。属草灯下，闻鬼声戢戢，自念：“此鸣者，将非先人之灵，惧覆后嗣，欲泥吾事乎？”俄而声振四壁。钦叹曰：“使缄默负国，为先人羞，亦均于不孝矣！”因奋笔曰：“死即死耳，不可易也！”声遂止。

两者大致相同。可见蒋钦舍生取义，志在必死。在该狱蒙难诸臣中，也只有蒋钦一人愿意且敢于如此，自然算得上最为壮烈的了。

据研究：明代宦官肇祸，与仁宣时期内阁制度变化有关[⑨]。但实际上，明代宦官发家，多由君主信任东宫旧人所导致[⑩]。特别是明代前期，英宗时的王振等，武宗时的刘瑾等，均以曾侍东宫得幸。就刘瑾等而言，还得益于武宗昏暴。关于武宗昏暴，毛奇龄《武宗外纪》记之甚详，无须赘述。李慈铭称：“武宗昏暴，有明诸帝之仅见者，所谓彼狡童兮，几足与苍梧、郁林为匹。”[⑪]不仅如此，明代宦官干政肇祸，一般均在新帝继位数年之后，其间有一个酝酿及演变过程，而武宗继位之初，刘瑾等即已开始干政肇祸，亦为有明诸帝之仅见。外朝众官所以群起而攻之，盖源于此。蒋钦舍生取义，志在必死，亦盖源于此。《蒋钦墓志》谓钦自幼“唯喜观秦汉以来君臣事实，私窃论其成败得失”，而“每诵忠臣”辄“感激洒泪”；又谓钦临死，仅“遗书慰解老亲，嘱其子读书循理，善养祖父母，而不及家事。”铭曰：“死孰不畏？有不畏焉；以死邀名，小夫则然。志士仁人，灼见大体；揆义未安，生不若死。侃侃子脩，乃殒厥身；父有是子，君有是臣。不愧于人，不愧于天；堂堂白日，下照重泉。”这些情况和记载，使我们对蒋钦有心求死的时代背景和个人背景，都有了更为深入的了解。

关于蒋钦的资料，传世文献记载并不太多。前引《明史》钦本传主要记蒋钦在此次“奸党”之狱中的表现，其他殊少涉及。《明一统志》卷八苏州府人物条、《大清一统志》卷五六苏州府人物条以及《江南通志》卷一五三人物志忠节条虽然都有蒋钦小传，但都较《明史》更为简略。王颂蔚《明史考证捃逸·蒋钦传》引《献征录》谓钦曾享受祭葬之赐，所在亦曾奉命立祠祀之。《江南通志》卷三八舆地志祠墓条记“御史蒋钦墓在常熟县西山（应即《蒋钦墓志》出土地虞山北路桃源涧），墓上松皆北向”；又记“蒋忠烈祠在常熟县致道观，祀明御史蒋钦。”根据传世文献，我们对蒋钦的了解仅此而已[⑫]。而常熟新出墓志中，不仅有前揭《蒋钦墓志》，还有蒋钦亲撰弘治十六年（1503年）十二月二十七日《伯母刘孺人（素诚）墓志铭》[⑬]，以及钦父蒋洪焕亲撰弘治十八年（1505年）九月八日《敕封孺人冢妇（蒋钦妻）范氏圹志》[⑭]。这些墓志不仅记载了前述蒋钦的准确死亡时间以及蒋钦在此次“奸党”之狱中的表现，还记载了蒋钦的成长过程、仕宦经历及家族、婚姻、子孙等情况，为深入了解著名谏臣蒋钦其人，提供了十分珍贵的出土资料，值得我们重视。

明故前文林郎南京陕西道监察御史蒋君钦墓志铭

附：《蒋钦墓志》全文

[盖文]

前文林郎」南京陕西」道监察御」史蒋君墓

[志文]

明故前监察御史蒋君墓志铭

君蒋姓，钦讳，字则子脩。蒋故邑城世家，以科第起者，后先相望。曾祖诚斋。祖宜斋，承事郎，有」长者风。父洪焕，通经博古，老于场屋，抱经济才，而弗获一试。初为长洲刘廷贵赘壻，生子脩」长洲相城乡。幼岐嶷庄重，言动不苟，父母异之。自能言，即教以《历代蒙求》，对客通本朗诵，见」者惊骇。六岁就外傅，常课之余，兼读《十七史略》，通晓大义。十三失所怙，居丧有礼。从师受业，」揞揞诵习讲解，不与群儿驰逐嬉游，唯喜观秦汉以来君臣事实，私窃论其成败得失，真书」□宁□□其上。余家有旧本《古史通略》，子脩曾借读，其上皆有标题，此特其一耳。每诵忠臣」□□□□□□以感激洒泪。十九入补邑庠生，赴试南畿，驰声场屋，人以魁解望之。造物忌」名，□□□试，而愈自淬砺。终领弘治乙卯荐书，名在第十二。丙辰会试中正榜，名在第十九。」□《论语》文」廷试，赐同进士出身。丁巳十月，拘例选河南卫辉府推官，断狱平允，公衙清肃，苞苴无路从」入。分半俸养亲，月支余俸唯粟与麦，南人初食不下咽，子女尤为所苦，子脩率身先之，久乃」各安其常。再逾年，能声日起，抚巡大臣以行己不苟荐。满三年，赴部考称，援例请」封父母，遂得」封父如其官，赠母刘、封继母李并妻范皆孺人。明年行取考选，试职南京陕西道监察御史。」甫入道，即以言事罚俸半年。管龙江上下关，竹木抽分：取于商者，视常数递减之；积于官者，」视常数不加少。又复下关豪军占地为公馆。试职满一年，实授本道监察御史。劾吏、刑、兵三」部尚书不守旧法，而各疏其实。差往清理南畿内外屯田，又差清查后湖版籍，在在著声，人」□□□。正德丙寅冬十二月，南京科道以言获罪，有名者悉械取至京师，子脩与焉。明年丁」卯春，狱未及成，宽恩宥死落职。同日受杖者二十三人，子脩独身弱不支，越数日而殒绝。遗」书慰解老亲，嘱其子读书循理，善养祖父母，而不及家事。家人具深衣成殓，载柩还南。封君」服报服，节哀从礼。停柩故居，以其年冬十二月二十一日，葬虞山南祖茔西侧，启其先室范」孺人之兆以合窆。生为天顺己卯七月三日，卒为正德丁卯闰正月十九日，得年四十有九。」子男一：浚，邑庠生，娶钱氏。女三，刘圭、沈履其壻，继室储遗腹生者在襁褓。孙男：材。至是，封君」自具行实，遣浚谒余求铭。余家与蒋世姻，见子脩丱角如老成人，已自加敬不敢慢。在邑庠、」在场屋屡同砚席，见其抱负不小，当大有所成就。及见其取高第为美官，又见其成就若此，」是虽其赋于天者异于凡民，亦其贤父母教之有素也。昔曾子以事君不忠、莅官不敬为非」孝。子脩清慎自持，而以国事死，正曾子所谓孝也。然则为臣、为子之道，子脩盖两得之矣。铭」曰：」

死孰不畏？有不畏焉；以死邀名，小夫则然。志士仁人，灼见大体；揆义未安，生不若死。」侃侃子脩，乃殒厥身；父有是子，君有是臣。不愧于人，不愧于天；堂堂白日，下照重泉。」

赐进士出身奉议大夫工部员外郎致仕邑人钱仁夫譔

赐进士出身奉议大夫刑部员外郎邑人陈言书篆

（本文为作者“常熟新出明清墓志系列研究”课题成果的一部分，得到故宫博物院2006年度科研课题经费资助，谨此致谢！）

注 释：

① 中国文物研究所、常熟博物馆：《新中国出土墓志·江苏》[壹]文物出版社2006年版，上册第179页（图）、下册第135—136页（文）。

② 明代的镇守太监，直至世宗有感正德宦官之祸，才于嘉靖八年后革除。参阅：方志远：《明代的镇守中官制度》，《文史》第40辑，中华书局1994年版，第131—145页。

③ 关于刘瑾等宦官干政肇祸，另参：郑克晟、傅同钦：《明代大太监刘瑾》，《故宫博物院院刊》1980年第2期，第25—28、71页；方弘仁：《大宦官刘瑾的崛起》，《北方民族》1997年第2期，第95—102页。

④ 按：张懋为英国公张辅子，辅死嗣英国公。其人既反刘瑾，又不为外朝“奸党”所容。如《明史》卷一五四《张辅附子懋传》云：“武宗即位，与群小狎游，懋率文武大臣谏，其言皆切直。然性豪侈，又颇朘削军士，屡为言者所纠。”同书卷一八八《戴铣附徐暹传》云：“正德改元，因灾异上言七事，且请斥英国公张懋、尚书张升等。”故处理与外朝“奸党”不尽相同。

⑤ 孟森记蒋钦上疏时间亦不具体，大致亦根据《明史》系于正德元年末至正德二年三月间。见孟森：《明清史讲义》上，中华书局1981年版，第182页。白自东、任树民、雷振海见解大致相同。见白自东、任树民、雷振海：《论明代监察制度的演变与监察官员的地位和作用》，《西藏民族学院学报》1989年第1期，第22—28页。

⑥ 钱浚、周公太也已注意到蒋钦受杖而卒的时间，但称“与《明史》略异”和“与《明史》稍异”。见：钱浚、周公太：《前言》，前引《新中国出土墓志·江苏》[壹]上册第13页；又周公太：《常熟馆藏明代廉臣墓志研究》，《常熟文博》2007年第1期，第39页。

⑦ 按：《明史·武宗纪》记受杖为“二十一人”，前引《蒋钦墓志》记受杖为“二十三人”，人数不同。据《明史》卷三〇四《宦官·刘瑾传》云：“瑾既得志，遂以事革韩文职，而杖责请留健、迁者给事中吕翀、刘蒨及南京给事中戴铣等六人，御史薄彦徽等十五人。”6人加15人也正为21人。此处人数似乎应以《明史》记载为准。

⑧ 朱国祯《涌幢小品》卷一二《廷杖》云：“成化以前，凡廷杖者不去衣，用厚绵底衣，重毡叠帕，示辱而已，然犹卧床数月，而后得愈。正德初年，逆瑾用事，恶廷臣，始去衣，遂有杖死者。”故明代廷杖，后期死人甚多，武宗时以谏南巡为最甚。关于明代廷杖，参阅：杨炳功：《明代的廷杖及其实质》，《南都学坛》1987年第4期，第81—85页；曹国庆：《明代的廷杖》，《史学集刊》1990年第3期，第34—40页；关于武宗时谏南巡廷杖，参阅赵翼：《廿二史札记》卷三四正德中谏南巡受杖百官条，中国书店1987年版，第492—493页。

⑨ 吴缉华：《明仁宣时内阁制度之变与宦官僭越相权之祸》，《历史语言研究所集刊》第31本，1960年版，第381—403页。

⑩ 李渡：《明代皇权与宦官关系论略》，《中国史研究》1995年第3期，第80—84页。

⑪ 李慈铭：《越缦堂读书记》卷三清毛奇龄《武宗外纪》条，中华书局重印本2006年版，第360页。

⑫ 按：记蒋钦死事最详者，为：廖心一：《正德皇帝全传》第一部（明史纪实小说系列），现代出版社1998年版，第146—149页。此书虽为小说，但描述大致均有根据。

⑬ 前引《新中国出土墓志·江苏》[壹]上册第170页（图）、下册第126—127页（文）。

⑭ 前引《新中国出土墓志·江苏》[壹]上册第173页（图）、下册第129—130页（文）。

透过丘濬思想看明朝边防制度

阎 娟

有明一代，边患贯穿始终，是威胁其统治的重要因素之一。故而，明朝的边防问题在其政治史上占有极其重要的地位。本文结合明朝边防形势演进变化的实际情况，以重要边患之一的蒙古为例，对孝宗朝宰辅丘濬的边防思想进行了剖析，试图对明朝边防制度给予评议。

关于明朝的边防制度，前人已有诸多论述。明朝的边患被视为“三患”之一，是研究明代政治史、军事史的重要问题。无论是研究明史的通史之作，还是专门研究明朝军事边防的专著，都对明朝的边防制度作了详尽的论述。然而，以个人私著来审视时人对本朝经济军事的见解，并将之与明朝边防的实际情况相结合，从而论述明朝边防制度的著述，却相当少见。

“终明之世，蒙古势力一直是一种摆脱不了的威胁。而且这种长期的威胁影响到明代中国社会经济、财政、军事和政局的发展。”①

明朝从建国伊始，就未曾停止过与蒙古的征战。连年战争所带来的巨大开销渐渐使明朝的财政陷入绝境，也使得人民负担日益沉重。因此可以说，明朝和蒙古连年征战所带来的经济危机，亦是明朝灭亡的重要因素。

明孝宗朝礼部尚书、文渊阁大学士丘濬②，历仕景泰、天顺、成化、弘治四朝，参预机务，对当时政治、经济有着相当程度的了解。同时，他还博览群书、见闻广博，熟悉国家故典，以经济自负。《明名臣录》曰：“丘文庄公颖悟绝伦，无书不读……国朝大臣严于律己，理学之博，著述之富，无有出其右者。”并“以真德秀大学衍义于治国平天下条目未具，乃博采群书补之”，③名之曰《大学衍义补》。本文便希望通过对此书④中“治国平天下之要——驭夷狄”这一部分重点内容的展现，以及丘濬对名朝中前期边防形势及边防要事的认识，尝试分析明朝制度透过这一个切面，结合当时明朝社会政治经济制度之史实，由此论述明朝边防制度的得失以及丘濬关于明朝边防制度的思想对于当时以及其后的明朝边防形势所产生的影响。

一、再论明朝边防制度

1368年明朝建立，定都南京。在承继前朝的一些制度的基础上，明太祖朱元璋也着手进行了一系列的改革。在政治上提倡“政皆独断”，削弱地方权力，使军、政、司法三权分立；废除“丞相”，更置御史台为都察院等等。我们权且不论这些制度对以后的明朝发展究竟会起到何种影响，至少这些制度的建立在当时并不会有太大的反对声音或是立刻产生出严重的影响。但是，明朝的边防政策以及与其息息相关的民族政策，却是当时当世就必须要予以高度重视的问题，亦是之后的明朝历任帝王无法忽视、哽咽在喉之要事。

朱元璋利用元末农民起义之势，挥兵北伐，以“驱除鞑虏，恢复中华，立纲陈纪，救济斯民”为口号，最终推翻了由蒙古贵族统治的元朝，重新确立了汉族地主的统治地位。然而，在277年后，明朝又被以满族贵族为核心的清政权所取代。因此，在明朝将近300年的统治时期内，边防问题一直是一个心腹之患。相对于南方，北方边患更为严峻。万历以前，其主要来自于北部及西北部地区的各个蒙古部落；万历之后，则主要来自于东北的女真部落。

任何国家的边疆受到侵犯之时，若无法及时控制形势，遏制其发展，都很有可能直接或间接地动摇统治者的统治地位，甚至结束其统治。鉴于此，统治者必定会通过各种方式，制定与当时形势相应的策略来巩固边防，抵御外敌。而对于明朝，其民族边防政策在沿袭“内中国外夷狄”的传统观念的基础之上，也有了更进一步的发展。在政策的实施方面更为灵活，“恩威并施”，“怀之以德”，不独恃武力。以“威”为例：

1. 对边疆之外的少数民族积极防御。在北方主要针对蒙古进行守备，将整个北疆纳入战略防御体系，置都司和行都指挥使司。对于这两个机构的设置，史称“都司掌一方之军政，各率其卫所以隶于五府，而听命于兵部。”⑤行都司则由都司派出。此二司的设立遍布整个北边地区，地域相连，各自保卫本地区的边防。都司下设有卫所，实行“有事则战，无事则耕，暇时讲武”的军屯式管理，这样既避免了军队开销过大，减轻了百姓的负担，又在一定程度上可以保证军队在遇到战事时的粮草供应。

2. 对边疆之内震慑。明建立之初，便设立卫所，自京师达于郡县。北方的卫所由于归降的元军和其他少数民族的人数较多，因此将这些少数民族也纳入到卫所中，一方面扩大了军队的人数，另一方面也便于更好地管理和监视防范；而南方由于实行“以夷制夷”的土司制度，就在各个区域的军事、交通要道设立卫所，构成对土司的威慑。此即所谓之“威”。

首都博物馆藏长方柄“广宁中前千户所百户所印”铜印，背款刻“洪武三十五年十二月 日”、“礼部造”字样。《明史·兵志》中提到：“广宁中前千户所”属左军都督府的辽东都司，而千户所实行的即是战时出战，暇时“守御屯田群牧”的管理方式。而至于“德”，则主要表现在明廷对少数民族的招降及安抚两个方面。明建立之初，在对待元朝的问题上，就采取了招降的政策，朱元璋对元朝皇室、宗亲、重臣，不厌其烦地屡致书信劝降。至于安抚则是对于归降的少数民族给与种种优待，使其能诚心归附，并为有心归附之人提供良好的宣传效果。以蒙古为例：政治上，对归附的蒙古贵族量才擢用，封爵授官，对有才之人授以职位，但大多为指挥、千户、百户、镇抚等职，只拿俸禄而无实权；经济上，不仅对首领贵族封赏，对其随众、亲属亦按等级封赏；生活上，按照少数民族的生活习惯，选择合适的地区、处所安

广宁中前千户所百户所印

囊哈尔卫指挥使司印

排其生活起居。[6]首都博物馆藏长方柄“囊哈尔卫指挥使司印”铜印，背款刻“永乐十年十月　日”、“礼部造”字样。据《明史·兵志》记载：“囊哈尔卫” 属“羁縻卫所，为洪武、永乐年间边疆外部归附者，官其长，为都督、都指挥、指挥、千百户、镇抚等官，赐以敕书印记，设都司卫所”[7]。可见，该印章应为归降明朝、并被授予职位的蒙古贵族所用。

上面所举出的两枚印章，可以说是对明代边防制度的一种实物辅证，而这些针对边防及少数民族所制定的政策[8]，在明朝建立初期，确实起到了稳定边防的作用。这是因为这些政策的制定和实施，符合当时的形势，较为全面完备；同时也由于明朝初期的统治者，如“太祖”、“成祖”，较为勤勉、精明，新生的政权有其新鲜的活力。统治者强有力的统治，使得政策能够更好地推行实施，而完备的政策又是统治者用来进行防御、保护边防、安置归降人员的有力工具。正是这两方面的互相作用，才使得明初的边防形势没有大的患事。然而永乐之后，明朝的边防形势却逐渐地发生了变化，到了明朝中期，蒙古部族重新崛起并且力量不断壮大，甚至一度发生“土木堡之变”，震惊朝野。

可以看出，从明建国初期到明中叶，蒙古对于明朝边防的威胁从未改变，直到明蒙间‘封贡’关系形成，这种威胁才得以缓和。永乐元年到正统十四年（1402—1449），不到50年的时间，明朝北方的边防形势日益险恶，明初期辛苦确立的边防优势在这47年间被破坏殆尽，北方边防的空虚直接导致了“土木之变”的发生，边防形势如此快的发生转变，其原因何在？我们不妨以丘浚的边防思想作为切入点和引子，来进行分析。

二、丘浚边防思想之试析

作为景泰五年的进士，丘浚通过科举考试进入仕途，所接受的是传统的儒学的教育，熟知儒家典籍，因此其边防思想的理念宗旨亦大都延续儒家的经典命题。中国古代对华、夷的区分，有三个标准：地理区域、文明程度、族属。之所以要将华、夷加以辨别，其最主要的目的，是要以此标准，突出汉民族及其统治者的尊崇地位，让其他民族对于这种统治形式加以认同，并自觉遵从这种统治形式，从理论上维护汉民族作为统治阶级的正统性。而历朝历代的边防思想大都是建立在这种民族划分基础之上的，要保证华夏领土不被侵犯，维护汉族统治阶级对于中国华夏的统治，因此要严守边疆，制御夷狄。

（一）“安内”

这里所说的“安内”，不是就调整明朝内部的政治、经济政策而言，而是“安抚明朝统治边疆之内少数民族”之意。

丘浚认为对于华、夷之分辨，最理想的状态是按《禹贡》所划分之“五服”[9]加以区分，使“夷狄”居住在华夏以外的地方，便于管理和统治，是谓：“天地间有大界限，华处乎内，夷处乎外，各止其所。”然而，这毕竟是理想的状态，早在春秋之时，就已经有边外的少数民族进入到“华夏”所居之地，与汉族共处，而到了明朝统治时期其疆域内，更是有许多少数民族的聚居区，如西北、东北、四川、云南、贵州等地，这些少数民族进入华夏之地的原因不尽相同，其归附的时间亦长短不一，但是对于汉族统治者来讲，对于自己统治范围内的少数民族，依旧要严加防范，政策得当。对此，丘浚在书中有着详细的应对之策，新归附者，可以“因其俗而制之，顺其势而安之。彼之来也，为仇雠也，彼东者则处之于西陲，使其势不相及可也。彼之来也，为慕华也，在左者则处之于右地，使其卫吾边境可也。予之以爵位而不极其所欲，赐之以金帛而不循其所求，任之以偏裨而不付以独柄，如此则彼得以自安，而吾无后患矣。”[10]而对于久附之人，虽然其自先祖时期已经归附于我朝，但是也不能妄断其心不变“晋之刘石符姚，其先世入内地皆在汉魏之世，远者数百年矣，及其一旦纷起，犹借上世以号召其徒，此前代明鉴也。”[11] 在中国国力不强，遇有变故之时，这些久附华夏的少数民族，极有可能成为威胁统治的不安定因素，然而若轻率地将其居所、爵禄加以改变，也必然会引起恐慌，因此要谨慎对待，“必须以渐而为之，因事而处之，不使之群而居也，不使之专其位也，不时之联其职也，不使之统其类也，不使之临乎边也，不使之使其国也。所聚之处，一郡不许过百；所居之市，一县不许过十；所任之官，一署不许过二。如此消之以其渐，为之因其机，处之服其心，使彼不知不觉，则久久自然潜消而日化矣。”[12] 在丘浚看来，生活在华夏之地的少数民族，不论久附者，还是新附之人，都要加以防范，但是防范并不是指以严苛的政策来对待归附于华夏的外来民族，社会的发展（战争、落后民族对于先进文化的向往）必然会促使民族的融合与迁移，《五服》之说对于华、夷的划分，只是一种存在于理论中的理想状态。正如我们上面所说，明朝对于其统治范围内的少数民族所施行的政策，比前朝更加灵活，也更为宽容，不仅仅从政治、军事上对其进行约束，更从思想上进行教化，使其对华夏之先进文化产生认同感。

丘浚所说的防范，政治上：是以“夷狄”归附时间的长短来划分的，对象不同其所应取的政策亦不相同。尤其是对于久附之人，丘浚用晋之刘渊、符坚等趁乱世起兵之事为例说明。刘符等人，其先祖在汉魏时期率众归附华夏，经三朝历数百年，汉化程度已经很深，然而恰逢乱世之时，仍旧不忘其故俗，起兵乱华，为中国之祸害。可以说“久附”并不意味着无害，亦不能以其汉化的程度来判定其心不会改变。不能因为归附时间久远，就放松对其的警惕。丘浚之观点不可谓不全也。军事上：除了对于归附的少数民族贵族不委以重任，不使其掌握实权以及戍边的独立兵权，在任职一段时间之后进行将领的轮替等措施之外，还要注意尽量避免同夷狄共事，不应依靠夷狄的力量来达到平乱事、卫边防之目的：

“汉高祖四年，北貉燕人来致枭骑助汉。此中国借兵夷狄之始。”

“国初平定，凡蒙古色目人散处诸州者，多已更易姓名，杂处民间……久之故已相忘相化，而亦不易于别识之也。惟永乐以来，往往以降夷置之畿甸之间，始相群聚而用其酋长，时有征讨，起以从行，固亦赖其用矣。然而己巳之变[13]，虏犯近郊，其中亦有乘机易服，以劫掠平民，甚至乃有为虏向道者。此其已然之效，可为明鉴者也。

“自昔帝王用人不系世类，藩将之中，如汉之金日磾、唐之阿史那忠等，不可谓无人。然而为治之道，当循其常，从其多，不可以其一二而废其千百，以其偶然而遂不信其常然耳。……彼其感恩思报之心，忠君亲上之念，固未尝无，非惟无异言，亦无异梦，指天誓日，真如金石之固，生死不渝矣。一旦而有风尘之警，疆场之变，我之势方强，气方壮，根本方固，彼固不敢有异志，不幸而我弱彼强，我负彼胜，观成败，以为去留，此等之事，不能无也。”[14]

由此看来，丘浚对于疆域之内的少数民族的控制防范思想其主旨在于：在切断境内少数民族与边境之外本民族联系的基础上，谨慎而为之，尤其是在军事方面对于夷狄的任用更加要小心。可以说明朝中前期对于其统治范围内的少数民族的控制还是相当得当有力的，虽然在土木之变中，一些明朝军队中的蒙古族士兵曾经趁乱挑起一些祸事，但其规模和危害都远远小于边疆以外的夷狄对于明朝的侵犯，但是由于明朝统治之下的少数民族数量不在少数，并且有许多少数民族居住于边疆地区，如果放松对这部分人的监控和管理，一旦强虏犯境，这将是一个促使事态迅猛发展的一个极危险因素。因此亦成为边防政策中不可忽视的重要组成部分。

（二）“攘外”

首先丘濬认为不应主动出兵，深入夷狄之地不仅极为危险，且耗费民力。

“用兵之变，岂但大小强弱之间易置而已哉，生死兴亡在呼吸顷耳。其嗟跌也，不但不振而已，其为悔业，何可及哉！是以帝王之道，必出于万全，必先事而深思，不临事而后悔也。[15]设险以固军，训师以待寇，来则薄伐以遏其深入，去则攘斥而戒于远追……”[16]

可以看出他十分赞同太祖时期针对北方边防所制定的国策：“固守疆土，防其侵扰”，而对于成祖五次出兵蒙古一事对明朝国力的损耗，以及其对明朝边防所产生的不利影响，虽然没有明确地指陈，亦可以通过上面的语句推出其对于贸然出兵所持的反对态度。但明太祖朱元璋于洪武朝制定的积极防御政策，在明朝中叶已经不再适用，明朝与蒙古之间的关系已经发生了根本的转变，“土木之变”后，明朝完全丧失了对于蒙古部族的控制力，在同蒙古之间的关系中处于劣势，明朝已完全无力再对蒙古主动出兵，甚至连积极防御都已经谈不上，对此，根据当时的局势与边防形式，丘濬提出了七条备御夷狄之策[17]。

“一请选材识近臣，亲视边垒，精究利害，此策今日实可用之。我朝罢前代枢密院，而以兵事专署兵部。臣请兵部于尚书外，添设尚书一员，轮掌部事。每岁遣一员行边，赐以玺书……”

选用贤臣，使其查看戍边、粮草、守备将领、夷狄动向等等边疆之情况，在需要进行改动变更之处，同当地官员协商计划。如此可以更为有效地控制边防之形势，消患于未萌，遏夷狄之冲突与侵扰，亦可以加强朝中与边疆间的联络。

“其二曰再议兵屯者。自来北边分为三路，其所辖军马不甚整齐，及有一州兵马却属两路之处，又未晓本路将于何处控扼，合行重兵若干，又甚处只宜固守，合屯兵若干，及三路互相应援次第，需差近臣往彼密为经略，方可预定法制，临时不至差失。或事宜未动，亦当相度兵马，合那减于何处驻泊，使就刍粮，以省边费，庶免先自匮乏。”

“其三曰专于选将者。”

这就是要求知人善任，发挥其人所擅长之技能，不拘一格降人才。

“其四曰给予教战者。”

从边疆选出擅骑射者，加以训练后，命其为教授骑射的教师，如此“则人皆习弓矢，无不善射者矣。”

“其五曰训练义勇。”

这是说应该训练边防州县处的百姓，以备战时之需。

“其六曰修京城外城者。……今国家都燕，其去边池尤近，尤不可不留意焉者。己巳之变，虏骑直犯京师，虽我金城天池，如天难升，然而重城之外，百万人家，亦尝为之惊疑。……请如汉惠帝、唐明皇故事，筑为外城，包围城外居民，万一有儆，人心有所依赖，而不至于惊溃矣。”

“其七曰定讨伐之谋。”[18]

以上七条备御之策，从不同的角度对当今之边防政策提出修改建议，不仅仅借鉴宋之仲淹策略，亦结合前朝边防曾出现过的问题，以及当今国内之情况，比较切实可行。

“今日备边之地，东起辽东，西及陇蜀……洪武、永乐之盛，所守不过数处，然皆据其总会，扼其要害。人聚而力全，而虏之来有以待之，得以全力而制胜也。正统以后，分为堡寨日多。军卒之数，不减前日，而堡寨之设，日益加多，诚有如欧阳修所谓吾兵虽多，分之而寡，彼众虽寡，聚而为多者也。今兵不可添，而堡寨不可减。乞敕知边事大臣躬临边境，审视堡寨之设，若非要害，或虽要害，而兵力寡少，不足以守之处，革其稍缓者，而并归于最要害之地。如此，则城堡不虚设，而将卒皆有用矣。”⑲

“堡寨”在此代表的即明朝边防之“镇—镇戍制度”。镇戍制度产生于洪武末年，是针对卫所制度在军事上存在的缺陷⑳而进行的调整，在东北、华北和西北边境地区实行，其特点是：在沿边各战略要地建制军镇，以点制面，控制全线，以战区支撑的战略防御体系。在此丘浚不仅指出镇戍制度的优点之所在，亦同时说明当今镇戍制度所存在的缺点以及解决之道。

以上从出兵之意义、防备制御之策略、边防制度之得失三个方面来构架丘浚边防思想中对于边外夷狄的策略，从其书中挑选以这三个方面为主旨的引文加以论述，未能全面，却具有一定的代表性。丘浚的“攘外”政策思想的中心在于：防御。这也是明边防政策的核心，从前期的积极防御政策到后来的消极防御政策，都是与明朝国内社会政治、经济的情况、明朝边防形势，华、夷之间实力强弱等因素息息相关。

通过上述对于丘浚边防思想的引用和评述，我们可以看出，丘浚指出了一些明朝边防制度的弊端，并针对这些失误之处提出了改善策略。作为官场中人，能够清醒地、比较客观地指出明朝前期统治者的一些决策失误及其所造成的后果，可以说实属不易。通过对前朝重大边防事例的重现与分析，以当时明朝的社会现实为中心，结合他个人的意见，进行阐述评点，指出优劣得失，提出解决意见，可以说其思想有非常强的实用性。因此，一直到明朝末年，都不断有此书的刻本行世。在某种程度上，丘浚的边防思想在当时对于明朝中期的边防起到过一定的作用，孝宗作为明中叶最有作为的皇帝，对于《大学衍义补》一书十分重视，曾经命各有关司职部门学习这本书的内容，自然也包括掌管边防事务之司部。然而我们亦应看到，虽然丘浚的边防思想确实比较具有实用性，并且其针砭时弊的建议对策也比较得当，但是明朝的边防问题始终没有得到根本解决，丘浚思想中许多制御夷狄的策略也无法得到实施。究其原因：一方面是由于明朝内部统治存在严重问题，明朝中后期的统治者大多腐败无能，官僚集团内部党争严重；其二则是因为丘浚边防思想中存在着明显的缺陷。

三、丘浚边防思想无力改变明朝边防状况的原因

（一）社会政治因素

明朝社会走到中期之后，自明开国以来就不断加以巩固的皇权到此时更加膨胀，皇权延伸于行政、军事、司法、监察等国家权力机构的各个领域，尽其所能地操纵一切。这就导致皇权完全不受来自其他任何方面的制约，滥用权力，阻碍和干扰了政府系统的正常运转。对国家的治理好坏几乎完全在于皇帝的贤能还是腐败，若是有其他势力可以左右皇帝的看法意愿，就等于控制了大部分的朝政。而且，正统之后，宦官开始全面干政，其对于朝廷的影响也越来越大。

"数传之后，势成积重，始于王振，卒于魏忠贤。考其祸败，其去汉、唐何远哉。虽间有贤者，如怀恩、李芳、陈矩辈，然利一而害百也。"[21]

可见，此时朝臣的权力被大量分割，由此开始了与宦官之间的之间的争斗，而争斗的胜负的决定权实质操纵在皇帝手中，宦官之所以有如此大的权力亦是皇帝放任的结果。

除了上面所说的宦官与朝臣之争，其他还有南人北人之争、首辅之争等官僚集团内部的斗争，到万历时期，明代进入党争时期，一切皇权以外的权力之争，都逐渐纳入党争之中，通过党争表现出来。而且万历时期的党争，不是以事论彼此，而是主要以彼此论事，许多事情都基本保持了本派别判断事务的标准。

综上所述，明朝中后期由于皇权的至高地位所带来的恶劣影响开始显现，统治者为了巩固皇权放任官僚集团内部的党派之斗争，至晚明时期已经到了凡事都要论证一番的地步，各派为了自身的利益观点相互攻击，因此其对于朝政的建议往往从自身的党派利益出发，即便有一方的建议是比较公允和开明的，亦要视乎皇帝的抉择如何。所以在这种情况下，许多有识之士所提出的切实建议无法得以实施，也就不足为怪了。

（二）丘浚思想的局限性

明自永乐时期开创监军制度，创立之初仅设立宦官监军，到明朝中后期，文臣监军开始成为制约、补充宦官监军的重要部分，并且迅速发展完善，就其发挥的作用而言，这一时期文臣监军系统已经成为国家监军制度的主体。明代文臣监兵系统分为四个层次，即总督、巡抚、巡按及兵备道，这四个层次的文官监军同宦官监军一起，从各个方面将军队将帅置于其监管之下。

明太祖、明成祖均以武力取得天下，因此在明朝初年武官的地位自然崇高，为了巩固皇权，朱元璋、朱棣都曾采取过措施打击削弱武官的势力，朱元璋借"胡蓝之狱"诛戮功臣宿将"于是元功宿将相继尽矣……罕有存者。"[22]朱棣则创监军制度以此来削弱武官权力。至仁、宣两朝，采取与民休息之政策，此时文臣的地位更是迅速上升，远远高于武将。这是由于统治的内部斗争形态所决定的，统治者往往信任接受儒家思想教育的官僚文臣，而对于掌握兵权的武将持怀疑、猜忌的态度。到明中叶，武职军官的地位已经无法与文职监军的地位相提并论了。

从正德以来，军职冒滥，为世所轻。内部的各个部科，外部的监军、督、抚、叠相弹压，五军府如赘疣，弁帅如走卒。卫所的军士，虽一诸生可役使之。

由此可以看出，明朝武官地位极低，与文臣的地位完全不相对等。与同样以"文臣掌兵"的两宋相比，明朝的文武官员地位相差更为悬殊。北宋时期的文臣在遇有战事时只负责制定战略，而不参与领兵之事，而明朝在万历之后则经常由文臣领兵作战，有文帅的趋势。"以文抑武"之策略对内确保了皇权对于军权的有力控制，避免了武将拥兵割据，威胁皇权的可能性；然而明朝边防战事不断，在这种情况下，如此压制、轻贱武官的地位，使其没有实权，明朝又如何能取得战事的主动权呢？[23]当然，不是说所有文官都没有能力掌握好一个军队，然而在大多数情况下，带兵打仗的是武官，通晓兵法，熟谙如何用兵的人亦是武官，正所谓人各有所长，术业亦各有专攻。上阵之际，需得及时对敌人的情况、战争的形势作出反应，将无实权，制敌之策略、战术又不得章法，明朝中后期边患之甚，与此关系不可谓不大。

然而在丘浚边防思想中，笔者完全没有看到关于以上内容的论述，这与丘浚本身为文臣有极大的关系，因此他不会对于"尊文抑武"的政策提出异议，也正是由于这一缺点，他针对边防之患所提出的策略，虽然不乏实用，切中弊端之处，却始终存在着因其所处之位而带来的不可避免的局限性。

可见，从客观上讲，明朝社会在发展到中后期之时，对外面临着严峻的边防形势，强虏不断犯境，对明朝的统治造成威胁；另外其内部由于皇权的极度强化，党派之争又使得朝中各官僚集团为了争论而争论，而不去监管政策的改善与实施，朝中之事皆如此，又况乎边疆制度之变呢。主观上，丘濬的边防思想中虽不乏切中要点之说，然而由于其所处之地位，使其思想不可避免地存在认识上的片面之处，有空谈理论、文人谈兵之嫌。因此，丘濬之边防思想不能也不可能对明朝的边防形势起到明显的改善作用。

1644年明朝被农民起义推翻，近300年的统治结束，影响其灭亡的矛盾有三：统治阶级与被统治阶级之间的矛盾，民族矛盾以及统治阶级内部的矛盾。明朝至末年，经济崩溃、政治瘫痪、军队解体。整个社会陷入全面灭顶的危机之中，在社会危机无法调和的矛盾之下，明朝走向覆灭。

注释：

① 李洵：《下学集》，中国社会科学出版社1995年版，第3页。

② 丘濬（1420—1495）：字仲深，琼山（今海南）人。景泰五年进士，授编修。成化元年，用兵两广，濬奏记当时的大学士李贤，指陈形势。后任侍讲，参与修《英宗实录》。进侍讲学士、国子祭酒、礼部右侍郎。孝宗即位，擢礼部尚书，充修《宪宗实录》之首。弘治四年书成，加太子少保，旋命兼文渊阁大学士参预机务。著述丰富，主要著作有：《世史正纲》、《家礼仪节》、《朱子学的》、《大学衍义补》等。还参与编撰《寰宇通志》、《宋元纲目》等历史典籍。

③《明史》卷一百八十一《列传第六十九》，中华书局1974年版，第16册，第4808页。

④《大学衍义补》乃丘濬最用心力之作。宪宗时，丘便有意编纂此书。后执掌太学，使其有机会“暇日因采六经诸史，百氏之阙也，缮写适完”，自谓“竭平生之精力，始克成编。”于孝宗刚即位时献上，“上览之，甚喜”，并命礼部抄副本刊印。此书以记录孔子之言的《大学》为纲，在宋代学者朱熹的研究成果、以及真德秀所著的《大学衍义》基础上，从治理国家的实用角度出发，引经据典，贯穿古今，以历史史实作为借鉴之根据，并结合明朝的实际情况，使后世之人从中吸取教训。

⑤《明史》卷七十六《志第五十二·职官五》，中华书局1974年版，第6册，第1872页。

⑥ 参见张显清、林金树等著：《明代政治史》，2003版下册，第八章，广西师范大学出版社。

⑦《明史》卷九十《志第六十六·兵二》，中华书局1974年版，第8册，第2222页。

⑧ 这里所说的政策主要是政治军事方面的，并不是明朝民族边防政策的全部内容，其他还包括经济上的贡市和互市政策，以及教育与移民的教化政策。

⑨《大学衍义补》卷一百四十三《治国平天下之要—驭外藩》，上海古籍出版社1987年版文渊阁《四库全书》，第59册，第28页：“《禹贡》五服之制，曰甸服，曰侯服，曰绥服，曰要服，曰荒服，内而甸、侯二服，为华夏之地，外而要、荒二服，为夷狄之区，而绥服居乎其中，则介乎华夷之见也。”

⑩《大学衍义补》卷一百四十三《治国平天下之要—驭外藩》，上海古籍出版社1987年版文渊阁《四库全书》，第59册，第33—34页。

⑪ 同上。

⑫ 同上。

⑬ “己巳之变”即正统十四年的土木之变。

⑭《大学衍义补》卷一百四十四《治国平天下之要—驭外藩》，上海古籍出版社1987年版文渊阁《四库全书》，第60册，第3—4页、第15页。

⑮《大学衍义补》卷一百四十八《治国平天下之要—驭外藩》，上海古籍出版社1987年版文渊阁《四库全书》，第61册，第6页。

⑯《大学衍义补》卷一百四十八《治国平天下之要—驭外藩》，上海古籍出版社1987年版文渊阁《四库全书》，第61册，第19页。

⑰ 此七策出自于宋范仲淹上仁宗的和守攻备四策，丘濬谓此为备御夷狄的万世之方，将此于明朝状况相结合，重新释义这七策。

⑱《大学衍义补》卷一百四十九《治国平天下之要—驭外藩》，上海古籍出版社1987年版文渊阁《四库全书》，第61册，第29—34页。

⑲《大学衍义补》卷一百五十一《治国平天下之要—驭外藩》，上海古籍出版社1987年版文渊阁《四库全书》，第62册，第21—22页。

⑳ 卫所制度的缺陷：1卫所驻扎分散，在近万里的边防线上分布，无法应付蒙古骑兵的突袭，往往于仓促间应战，根本无力防御。2卫所军平时兵将分离，将无常兵，兵无常将，兵将不相习，在有战事时临时调拨，无法发挥出军队的真正实力。

㉑《明史》卷三百四十《列传第一百九十二·宦官一》，中华书局1974年版，第26册，第7766页。

㉒《明史》卷一百三十二《列传第二十》，中华书局1974年版，第13册，第3866页。

㉓ 李渡著《明代皇权政治研究》一书中曾引《续文献通考》中的一段话对此现象进行评价“盖明之中叶而后，其视武职直奴隶之，惟轻其任，故鄙其官，军政之不振，此其一端也。”

明清时期天主教传教士对中国天文影响初探

——以北京古观象台为例

刘 云

前 言

明清时期西方传教士来华的根本目的是传播宗教，他们为了能在中国长期居留并获准传教，往往费尽心机。通过学习中国语言文字、深入了解中国的民情风俗、竭力拉拢和投靠上层统治者直至皇帝、利用传播西方科学技术来笼络中国知识阶层等手段使自己融入中国，取得统治阶级的信任。对于传教士传播的科学技术，学术界有两种观点：一种认为传教士没有带来西方最先进的科技；另一种观点，同时也是本文作者认同的是，较中国而言传教士传播的科学技术是先进的，它客观上促进了中国古代科学技术的发展。本文仅从天文的角度对传教士的影响进行一些粗浅的探讨。

一、明清时期中西方天文发展的差异

中国漫长的封建社会历来以农立国，靠天吃饭，因而封建社会的人们崇拜上天，中国的皇帝自称为天之子，历朝历代的统治者都特别重视天文历法。中国曾有世界上最为古老的天文记载，在很长的历史阶段，中国的天文学都是世界上最先进的。但是，当西方资本主义兴起之后，为了远航导向的需要，欧洲的天文历算科学有了突飞猛进的发展，中国的天文科学渐渐落后。

中国古代科技从16世纪以后不可逆转地走向衰落，究其原因，自给自足的封建经济占统治地位限制了生产力的发展，使科技的发展缺乏足够的动力；封建统治者推行的“重农抑商”政策与后期失去广纳百川的博大胸襟而选择“闭关锁国”政策，进一步限制了中国古代科技的发展；中国古代以儒学为主的教育内容与越来越残酷的文化专制统治，使得中国古代社会对科技缺乏足够的重视和缺少足够的人才。归根结底，是由于中国古代日益腐朽的封建制度导致了中国古代科技在16世纪以后走向衰落。

明朝末年利玛窦来华时，他看到的是这番景象："这个国家只有少数几种测时的仪器，他们所有的这几种都是用水或火来进行测量的……但是所有这些都远不如我们的仪器完美，常常出错，测时不准确。""他们花费很多时间来确定日月食的时刻以及行星和别的星的质量，但他们的推论由于无数的错讹而失误。"①

清代是中国天文发展史上的一个非常特别的时期。从总体上看，中国传统意义上的古代天文学走向衰亡，从一门实用的为社会所需要的科学逐渐变为一种属于古代文化范畴的科学遗产，成为科学史研究的对象。西方传教士的到来，让国人接触到了以前从未有过的新鲜事物、新鲜理论，为国人开辟了新的视野。在中国新生长起来的建立在欧洲天文学基础上的天文学，逐渐与国际接轨，成为近代天文发展的一部分。

二、明末清初传教士来华及天主教在中国的传播

（一）欧洲社会的变革与传教士来华

15—16世纪的中国处在明朝，而同一历史时期的欧洲正经历着一场深刻而剧烈的社会变革。封建制度解体，欧洲先后建立了民族国家，资本主义生产关系在一些城市地区萌芽、发展，生产力和科学技术突飞猛进。天主教内部也孕育着深刻变化，最终爆发了一场轰轰烈烈的宗教改革运动，形成了基督教新教。地理大发现和东西方航路的开辟，激起了欧洲天主教向东方传教的热情。天主教会将一批又一批的传教士派遣到海外去传教。

作为新兴的资本主义国家，西班牙和葡萄牙积极地向海外进行殖民扩张，罗马教廷大力支持他们向海外传播天主教信仰。随着1554年葡萄牙人把澳门变为一个固定据点后，大批的传教士抵达澳门，澳门渐渐成为远东天主教传教中心。

（二）以教授科学技术为策略的宗教传播

最初，来华的传教士都认为西方文化远远高过中国文化，因此要求中国的天主教徒学习葡萄牙语，取葡萄牙名字，彻底割断与中国文化的联系。但耶稣会士范礼安主张，中国是一个有着悠久文化传统的文明国家，到中国去的传教士应入境随俗，必须精通汉语，能够用汉语与中国的士绅交往，启发他们了解并接受基督教的道理。

执行耶稣会的这种传教策略并将其发扬光大的，是意大利籍会士利玛窦。"适十六世纪中叶……自二百年圣教断绝于中国后，首来吾国传教者，即圣依纳爵之同志圣方济各沙勿略，继有以发其轫而奠定其基础者，则利玛窦Ricci也。"②

利玛窦来华后，他把从欧洲带来的一张地图以中文标注，名《山海舆地全图》，挂在客厅里面，并公开展示各种天文仪器，吸引了许多中国士绅前来参观，于是，利玛窦向来者讲解天主教程，刻印若干天主教要理书籍，分赠来客。为了更好地传播基督教，利玛窦逐渐改变自己的生活起居，逐渐"中国化"，并广泛结交政府官员、王公贵族和士大夫，寻找机会进京传教。

传教士来华的根本目的是传播宗教，而明朝末年的中国是一个被儒学滋养了2000多年，具有高度成熟文明的国家，从官方到民间，人们的观念、心态、行为方式，很少不被纳入儒学框架。因此对于天主教，整个社会抱着排斥的心态。传教士们为了能在中国长期居留并获准传教，他们一方面颂扬中

国文化，说明天主教教义与中国传统文化不相矛盾，另一方面通过努力地学习中国文化，深入了解中国的民情风俗、用西方的钟表、地图等先进科技产品吸引中国士大夫阶层注意，竭力拉拢和投靠上层统治者直至皇帝、利用传播西方科学技术来笼络中国知识阶层等手段使自己融入中国，取得统治阶级的信任。

中国长期以来是一个君主专制的封建国家，皇帝和朝廷对统治人民具有着绝对的神圣性。这些封建帝国因为拥有绝对权威而妄自尊大，以一种愚昧的优越感把自己视为天朝上邦，把其他的国家和民族一概贬为蛮夷。利玛窦评论这一点说："因为他们不知道地球的大小而又夜郎自大，所以中国人认为所有各国中只有中国值得称羡……这种无知使他们越骄傲，一旦真相大白，他们就越自卑。"[③]正是在这种思想背景下，利玛窦所携带来的小小的三棱镜、时钟和地图竟成为借以敲破中国森严的思想堡垒的法宝。利玛窦这样写道："我认为中国人有一种天真的脾气，一旦发现外国货质量更好，就喜欢外国的东西有甚于自己的东西。看来好像他们的骄傲是出于他们不知道有更好的东西以及他们发现自己优胜于他们四周的野蛮国家这一事实。"[④]利玛窦就是从这个弱点下手打开了中国对外紧紧关闭着的大门。

自明朝万历以后至清康熙时的100多年内，是西方科学知识传入我国的时期，传教士在传播西方先进的科学技术时客观上发展了中国古代的科学技术。来华的西方传教士不仅将大量的西学介绍到中国，同时他们向欧洲介绍了中国的文学、自然科学、中医学等等，充当了将中国古老文化传往欧洲的使者。明清时期传教士在数学、天文、历法、地理学、医学、著述等方面都作出了一定的贡献，他们所介绍的很多内容为中国过去完全不知道的，这对中国的科技发展产生了一定的影响。从天文方面来说，传教士进入中国之际，正是中国天文科学的饥渴时期。"明神宗时，西洋人利玛窦等入中国，精于天文、历算之学，发微阐奥，运算制器，前此未尝有也。"[⑤]康熙帝继明后期再次推动了引进西方科学的运动。康熙亲政后开创了天主教在华的"黄金时代"，比利时人南怀仁、葡萄牙人徐日升、德国人纪理安和戴进贤、斯洛文尼亚人刘松龄、法国人张诚、白晋与蒋友仁等均是这一时期在华的传教士。尽管传教士们的主要目的和任务是传播天主教教义，但在中西方两大文明相互隔绝的情况下，他们将西方一些先进的科学技术传入我国，在西学东渐的过程中扮演了十分重要的角色。

三、传教士的落脚点——钦天监与北京古观象台

观天和修历是明、清两代王朝利用西方科学知识和传教士最重要的领域，也是传教士最能发挥特长、展示其卓越才华的领域。

（一）钦天监

钦天监是我国封建社会官署之一，是朝廷专事天文工作的科学机构，掌管天文、气象、历法等，占候日月星辰之变与风云气色之异，直接管理古观象台的一切事物。在其存在的200年中，钦天监编纂过像《历象考成》、《历象考成后编》、《仪象考成》、《仪象考成续编》等大型天文图书，制造过大量的天文仪器，还延续了每日进行的天象观测。

康熙以后，直至道光年间，西洋传教士成为钦天监的主要负责人。"自是钦天监用西洋人，累进为监正、监副，相继不绝。"[⑥]"康熙八年……以南怀仁充汉监正……雍正三年，实授西人戴进贤监

正。”[7]“道光间……时监官以深习西法，不必复用西洋人，奏奉宣宗谕，停西洋人入监。”[8]来华的传教士大都通晓天文学，较中国人，他们具有技术上的优势，能在钦天监的正常工作和科学研究中发挥重要作用。自从来自德国的传教士汤若望第一次担任了钦天监的掌印官之后，钦天监就成了西方传教士大显身手的地方，也成了他们的“世袭领地”[9]。这些传教士制器观天，著书修历，为我国天文事业的发展作出了很大的贡献。

（二）北京古观象台

明末，西方传教士来华，由于历史上的多种因素和一些偶然条件，北京古观象台成为传教士们的最早落脚点，并以天文学为媒介，进一步促成了东西方的文化交往，其结果和长远影响是任何人均不能低估或忽视的。无论是中国所讲的“新学”（特别是天文学）或西方所谓的“汉学”，都和当年西方传教士们在华的文化交往活动有关，和明末清初的北京古观象台史有关。

图 1　北京古观象台外景

北京古观象台位于今建国门立交桥西南角，自明正统七年（公元1442）修建至1929年改为国立天文陈列馆停止天文观测为止，古观象台经历了明、清两朝，至今已有565年的历史。北京古观象台连续从事天文观测长达487年，是中外现存的在同一地点连续观测年代最久的天文台，是我国也是世界上使用年代最久、古代大型天文仪器数量最多而又保存最完整的历史文物。在我国封建社会最后的500年间，这里是中国天文事业的中心，使我国保持了不间断的天文观测记录，积累了大量的科学资料、数据，为人类的天文事业作出了巨大的贡献。这些资料对今后天文学史等研究工作，仍然具有重要的参考价值。

“正统七年（1442）二月壬子，造……观星台。”[10]观星台即今古观象台的前身，清代将其改称为观象台，隶属于钦天监。“观象台在城东南隅”[11]，是利用元大都东南角楼的旧址改建而成的。《明实录北京史料》还记有在观象台修建晷影堂的记录：“正统十一年（1446）五月丁丑钦天监奏：……乞将简仪修刻黄道等度数，其他基增高之，圭表漏壶如南京，盖晷影堂三间，以便窥测调品。从之。”[12]就这样，从正统七年至十一年（1442—1446），北京古观象台及其台下的附属建筑群就初具规模了。

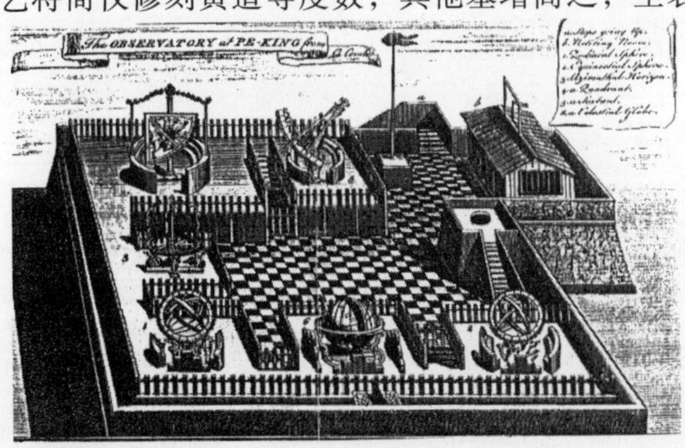

图 2　康熙年间北京古观象台的仪器分布

如今的北京古观象台包括台体和台下的四合院，四合院里中有紫微殿，东西有耳房和厢房，院落的东南角另有晷影堂。台体上的八件仪器至今仍然可以用于观测，其观测数据仍具有实际意义。从那些体型巨大，造型美观，雕刻精湛的天文仪器本身，还可以考察当时的冶金、铸造技术和工艺水平。这些仪器除刻画和精度采用了欧洲技术外，它们的工艺和某些仪器的造型均具有中国特色，体现了我国悠久的天文观测历史和精巧的仪器制造技术。

（三）传教士对古观象台观象仪器的监制

"太史郭公守敬言：历之本在于测验，而测验之器莫先仪表。"[13]各传教士在来华传播科学技术和制定历法的过程中都会或多或少地涉及天文仪器的制作。如今古观象台上安放着的清代制造的八件青铜古仪：玑衡抚辰仪、象限仪、天体仪、黄道经纬仪、地平经仪、地平经纬仪、纪限仪、赤道经纬仪，全部是由西方传教士设计并监制的。北京古观象台上这八大铜仪既是研究天文学史的重要文物，又是中西文化交流的见证，它们的设计和监制，便是由南怀仁、纪理安、戴进贤、刘松龄四位传教士完成的。

《清史稿》列传五十九中有这样的记载："时康熙八年……六月，南怀仁请改造观象台仪器，从之。"[14]南怀仁（Ferdinand Verbiest，1623—1688年），字敦白，比利时耶稣会士，1656年，"康熙初，入中国"[15]，曾任钦天监监副、监正。南怀仁是个有才华的人，他在天文、历法、制器、著述方面都很擅长。就职后南怀仁通过给康熙皇帝讲课，向中国传播了当时西方较为先进的科学和技术，充当了中西文化交流的使者与桥梁，在客观上促进了中国科学技术的发展。康熙八年至十二年（1669—1673）由南怀仁在原有仪器的基础上，设计督造了黄道经纬仪、赤道经纬仪、地平经仪、象限仪（即地平纬仪）、纪限仪、天体仪六件新仪器，于康熙十二年（1673）造成。

这六件仪器现存于北京古观象台上。

图3 象限仪

根据《清史稿》列传五十九中的记载，康熙五十四年（1715）德国耶稣会传教士纪理安，设计制造了地平经纬仪。纪理安（又译作纪利安或纪里安，Bernard-Kilian Stumpf，1655—1720），1694年7月来华，1711—1720年在钦天监负责治理历法。纪理安等人用了两年的时间为观象台制成了地平经纬仪。地平经纬仪是地平经仪和地平纬仪的合成，不仅使用起来更为方便，而且也可以避免两架仪器测量所带来的误差。地平经纬仪是北京古观象台上唯一一架采用西方文艺复兴时期法国式艺术装饰的天文仪器，其立柱、横梁及整体构造，完全没有中国传统的游云、升龙等象征皇权的装饰品，而是采用西式构造，用众多的部件组装而成。此时，北京古观象台上已经有七件清制大型天文观测仪器投入使用。

乾隆九年至乾隆十九年（1744—1754），传教士戴进贤、刘松龄前后共用10年的时间，为观象台制造了一架"三辰公晷仪"，后来几经修改铸成铜仪，并命名为"玑衡抚辰仪"。玑衡抚辰仪结构近古，而刻度从今，它遵循了中国浑仪的结构旧制，采用了南怀仁用过的刻度制、零件结构和制造技术。玑衡抚辰仪是中外科学家智慧的结晶、中国古代天文学发展史上的一件珍品，也是清代最后制造的一件大型观天仪器，至今仍陈列在北京古观象台上。至此，北京古现象台上就形成了现在我们所看到的陈列着八件清代制造的青铜天文仪器的总体格局。

图 4　古观象台台顶的六大仪器

四、传教士参与历法编修及其著述举要

（一）编修历法

“帝王之事，莫重于历。”[16] 封建中国是一个农业国，农业的收成关系着国家的命脉，因而天文观测产生的历法对指导农业生产有着非常重要的意义，修订历法便成为关乎国家社稷的大事。历代建朝都要重修历法，以确定本朝的正统地位。同时，历法也是封建社会中指导农业耕作、民事活动的重要依据。因此，每过一段时间，就要修订历法，以使之准确，来指导人们的社会生活。

在中国古代，日食和月食是检验一部历法精确与否的最重要的手段。日月食推算难，但验证不难，因为日月食是人人都能抬头仰观到的天象，交食若推算有误，一目了然。因此历法疏密，验在交食，凡见交食不准确，即说明历法不精密。崇祯二年五月乙酉朔（1629年6月21日）发生了日食，钦天监的官员用传统方法推算预报失误，而礼部侍郎徐光启用西方天文学方法推算的时间却与实测完全吻合。于是崇祯皇帝下令设立“历局”，由徐光启督修历法。徐光启认为，西方天文学的许多内容中国“古所未闻，惟西历有之。而舍此数法，则交食凌犯，终无密合之理。”[17] 所以改历“宜取其法参互考订，使与大统法会同归一。”[18] 他启用西方传教士修撰新历，由此开启了西方传教士在中国参与修历的先河。以精通天文历法而闻名中国的西方传教士，从此先后执掌修历近两个世纪。崇祯二年到崇祯七年（1629—1634），历局完成了长达130余卷的《崇祯历书》，《崇祯历书》建立于西方数学和天文学基础之上，同时吸收了中国传统的历法推算方法。“崇祯改历”成为以后历代朝廷吸收外来科技和文化以弥补自身不足的先例。

图 5　紫微殿内乾隆所题“观象授时”的匾额

崇祯十七年（1644），明朝灭亡，清朝建立。德国传教士汤若望改订《崇祯历书》为《西洋新法历书》呈献给多尔衮，多尔衮将其改称为《时宪历》颁行天下。清代，西方传教士继续参与朝廷的修历工作。据《清史稿》记载，“十七年，进康熙永年表，表推七政交食，为汤若望未竟之书，南怀仁续成之。”[19]南怀仁用长达10年的时间编定了《康熙永年历法》32卷，对康熙以后2000年的天文数据进行了准确的推算，为日后的天文观测提供了参考。康熙年间，清政府曾修订了明代末年徐光启、汤若望所编的《西洋新法历书》，定名为《历象考成》。乾隆二年（1737），以戴进贤为首的学者们编成10卷本的《历象考成新编》，一直使用到1911年清王朝灭亡时。《康熙永年历法》、《历象考成新编》等历书的编纂和修订，为我国的天文观测提供了参考和依据。

（二）著述

1601年利玛窦到北京后亲自用汉文撰写或与中国天文学者合译了一些天文学方面的著作，如《乾坤体义》、《经天该》等。传教士南怀仁在中国期间撰写了许多科学著作，如他与利类思、安文思合著的介绍西欧一些国家及其重要人物、民俗风情、主要产品以及距离中国远近的《西方纪要》，这本书弥补了利玛窦所著《山海舆地全图》和艾儒略所著《职方外纪》的缺点与不足；1671年，南怀仁出版了《坤舆全图》，第一次把世界分成东、西两个半球，介绍了南北极、地震、山岳、海水运动、潮汐、河流、世界七大奇观，以及各国的主要物产、珍禽异兽、水产及气象特点等；当北京古观象台的天文仪器制成之后，南怀仁写成《仪象志》14卷，又撰《仪象图》2卷，合称《新制灵台仪象志》。《灵台仪象志》中，南怀仁将这些天文仪器的结构、原理和制作方法、安装方法及其用法都绘制成图，作了非常详细的介绍。他还介绍了不少物理学、地理学方面的知识，以及伽利略的力学研究成果和当时西方的光学研究成果。这些书目的编写，开阔了人们的眼界，为中国人介绍了更广阔的世界。

五、天主教传教士对中国天文学的影响

对这些来华的天主教传教士而言，传教是目的，科学是手段。之所以要采用科学为手段，是因为“传道必先获华人之尊敬，以为最善之法莫若渐以学术收揽人心。”[20]即以学术为宗教神权服务。耶稣会所惯用的方法，一贯是通过这类手段首先博取上层阶级的青睐。自利玛窦来华，明清之际的耶稣会传教士前后来中国的，可考约近500人，他们的著述可考者有好几百种。他们传来一些“有用之学”（徐光启语），也确实博得了当时中国的一些优秀科学家如徐光启、李之藻等人的好感，亦即《明史》所说的“其国人东来者，大都聪明特达之士，专意行教，不求利禄。其所著书多华人所未道，故一时好异者咸尚之。而士大夫如徐光启辈，首好其说，且为润色其文词，故其教骤兴。”[21]正是得力于这批士大夫的帮助，耶稣会传教士才能够在中国立足。

明清时期来华的传教士们一方面抱有渴望了解中国的求知欲，一方面期望这一他们报效朝廷的出色工作来换取传播宗教的自由。实际上他们得到的传教自由是短暂的，但是却为西方人了解中国，也为中国人更好地了解自己的国家、了解世界起到了不容忽视的作用，对于促进中西方文化的交流，起到了文化交流的桥梁和中介的作用，对于沟通中西方文化，作出了不朽的贡献。徐光启在给皇帝奏疏中对传教士们的工作给予了高度评价：“译撰书表，制造仪器，算测交食躔度，讲教监局官生，数年呕心沥血，几于颖秃唇焦，功应首叙。”[22]

耶稣会士的主观意图在传播宗教，但客观上所起的中外文化交流的作用和输入西方知识的贡献则是不可抹杀的事实。他们所传来的西方科技大大丰富了当时中国学者的知识，开启了他们的眼界，特别是天文历算、舆地、水利和火器等几个重要方面涌现出一批专门著作，都具有划时代的意义。天文与算术知识的传入是对中国最重要的贡献。

天文学方面，格里高利历法的传入，即所谓西法新历或崇祯历法，从清初一直使用到近代。传教士还翻译了许多西方天文著作，制造了一些西方仪器。南怀仁设计督造了黄道经纬仪、赤道经纬仪、地平经仪、纪限仪、天体仪这六件仪器，替换了例如浑仪和简单的传统仪器。中国制造的天文学仪器的精密程度到达了一个空前的水平。相对于同一时期欧洲的仪器，传教士制造的仪器相对落后，但是在中国历史上是先进的。这些仪器的刻度远比古老的中国仪器更精细。传教士们还带来了固定螺丝钉和连接螺丝钉技术用于天文仪器的制作。可以说，在望远镜发明之前，传教士们运用了最先进的裸视技术。在传来所谓远西奇器之中，望远镜在天文观测上的使用，在中国科学认识史上也是值得一提的。总之，传教士引进的新事物促进了中国古代天文学的复活。

然而中国朝廷却始终把他们作为客卿来看待，严格限于只使用他们的技术，正如中国开明士大夫所真正感兴趣的，主要也仅限于向他们学习科学知识。西方传教士为中国天文学作出贡献的同时，也有着其自身的历史局限性。传教士在欧洲知识和技术的传播中扮演了重要角色，但是他们的活动目的和方法影响了欧洲科学技术引进的效果。他们不是科学技术的专业使者，他们离开欧洲，远离现代科学和科技发展的主流。他们的主要兴趣是如何能使中国人接受他们的宗教信念，一旦皇帝对历法感到满意，传教士就没有必要再去寻求更新的科学知识和更先进的技术。更不用说，他们要了解欧洲科学技术的突破也是不容易的。另外，西方的近代天文知识部分地传入中国，改变了中国的天文学方法，即西方的几何模型方法代替了传统的代数方法，而并未改变中国天文学的性质。中国天文学仍然是为皇权服务而以历算和星占为主的宫廷天文学，中国传统天文学的御用性大大阻碍了天文学的发展。传教士敲门砖性的科技活动不足以将中国科技引向近代欧洲那种探索性的研究。中国传统天文学的内容、方法和目标不会引发仪器的近代化。与文艺复兴以后的欧洲不同，科学和技术尚未纳入明清社会的主要知识建制而游离于科举制之外。传统科技适应了小农经济的延续，人们满足于自己的文化传统，只有很少的工匠们有机会了解传教士的技术。有些技术仅停留在书本描绘阶段，有些仪器只是御用品，外来的仪器技术很难走出钦天监和皇宫。

结论

对于入华的天主教传教士来说，其根本目的是传教，科学只是手段。传教士在传播西方先进的科学技术时客观上发展了中国古代的科学技术，成为文化传播的媒介。

虽然宗教问题一直是一个敏感话题，但单从宗教的角度讲，它也是一种文化，是需要交流的。我国古代社会的四大发明，为全世界的文明发展作出了重大的贡献，明清时期在日益腐朽的封建制度统治下，我国的科学技术逐渐落后，但对于西方先进的科学技术我们依然学习吸纳，引入新鲜血液。由此可见，只有不同文化间的相互交流和取长补短，整个社会、国家和世界才会和谐相处。同时我进一步认识到文化是可以跨越时空、跨越地域、跨越种族的，世界的科学文化是共通的，是需要相互交流和沟通的，是没有国界的，正所谓“同一个世界”。

注释：

① (意)利玛窦、(比)金尼阁，何高济、王遵仲、李申：《利玛窦中国札记》，广西师范大学出版社2001年版，第24页。
② 徐宗泽：《中国天主教传教史概论》，上海书局1990年版，第163—164页。
③ (意)利玛窦、(比)金尼阁，何高济、王遵仲、李申：《利玛窦中国札记》，广西师范大学出版社2001年版，第125页。
④ (意)利玛窦、(比)金尼阁，何高济、王遵仲、李申：《利玛窦中国札记》，广西师范大学出版社2001年版，第125页。
⑤《明史》，卷二十五，志第一，天文一，中华书局1974年版，第2册，第339页。
⑥《清史稿》，列传五十九，中华书局1977年版，第33册，第10025页。
⑦《清史稿》，志九十，中华书局1977年版，第11册，第3325页。
⑧《清史稿》，列传五十九，中华书局1977年版，第33册，第10025页。
⑨ 余三乐：《早期西方传教士与北京》，北京出版社2001年版，第223—224页。继汤若望执掌（1644—1666）之后，先后由比利时人南怀仁（1669—1688）和意大利人闵明我（1687—1707，1709—1711）执掌钦天监。然后钦天监连续由四位德国传教士执掌，他们是：庞嘉宾（1707—1709）、纪理安（1711—1720）、戴进贤（1720—1746）和刘松龄（1746—1774）。之后，又由葡萄牙籍的传教士傅作森（1774—1781）、高慎思（1781—1788）、安国宁（？—1796）、索德超（1793—1805）、汤士选（？—1808）、李拱辰（年代不详）、福多明我（1808—1823）等相继主持钦天监，直到最后一任的毕学源（1823—1826）。
⑩ 赵其昌：《明实录北京史料(二)》，北京古籍出版社1995年版，第117页。
⑪ 孙承泽：《天府广记》，北京古籍出版社1982年版，第381页。
⑫ 赵其昌：《明实录北京史料(二)》，北京古籍出版社1995年版，第164页。
⑬ 于敏中：《日下旧闻考》，北京古籍出版社1985年版，第722页。
⑭《清史稿》，列传五十九，中华书局1977年版，第33册，第10024页。
⑮《清史稿》，列传五十九，中华书局1977年版，第33册，第10024页。
⑯ 陈邦瞻：《元史纪事本末》，卷十七，中华书局1979年版，第139页。
⑰《明史》，卷三十一，志第七，历一，中华书局1974年版，第3册，第530页。
⑱《明史》，卷三十一，志第七，历一，中华书局1974年版，第3册，第530页。
⑲《清史稿》，列传五十九，中华书局1977年版，第33页，第10024年。
⑳ 费赖之著，冯承钧译：《入华耶稣会士列传》，商务印书馆1938年版，第42页。
㉑《明史》，卷三百二十六，列传第二百十四，外国七，"意大里亚传"，中华书局1974年版，第28册，第8461页。
㉒ 徐光启：《徐光启集》，中华书局1962年版，第427页。

参考文献：

① (意)利玛窦、(比)金尼阁著，何高济、王遵仲、李申译：《利玛窦中国札记》，广西师范大学出版社2001年版。
② 徐宗泽：《中国天主教传教史概论》，上海书局1990年版。
③ (清)张廷玉：《明史》，中华书局1974年版。
④ 赵尔巽：《清史稿》，中华书局1977年版。
⑤ 余三乐：《早期西方传教士与北京》，北京出版社2001年版。
⑥ 赵其昌：《明实录北京史料》，北京古籍出版社1995年版。
⑦ (清)孙承泽：《天府广记》，北京古籍出版社1982年版。
⑧ (清)于敏中：《日下旧闻考》，北京古籍出版社1985年版。
⑨ (明)陈邦瞻：《元史纪事本末》，中华书局1979年版。
⑩ 尚智丛：《传教士与西学东渐》，山西教育出版社2000年版。
⑪ 费赖之著，冯承钧译：《入华耶稣会士列传》，商务印书馆1938年版。
⑫ 徐光启：《徐光启集》，中华书局1962年版。
⑬ 曹增友：《传教士与中国科学》，宗教文化出版社1999年版。
⑭ 顾长声：《传教士与近代中国》，上海人民出版社2004年版。
⑮ 魏若望：《传教士·科学家·工程师·外交家南怀仁——鲁汶国际学术研讨会论文集》，社会科学文献出版社2001年版。
⑯ Jonathan Epence. The China Helpers: Western Advisers in China 1620—1960. The Bodley Head Press, 1969。
⑰ 北京天文馆、《天文馆研究》编辑部：《天文馆研究》，1996年第1—2期。
⑱ 何兆武、冯佐哲：《清代的西方传教士与中国文化》，故宫院刊，1983年第2期。
⑲ 曹维安：《基督教在中国》，《宗教》，1995年第5期。
⑳ (意)柯毅霖：《本土化：晚明来华耶稣会士的传教方法》，《宗教》，1999年第3期。
㉑ 吴强华：《从利玛窦的天主教儒学化理论看中西文化交流》，《宗教》，2003年第4期。
㉒ 崔石竹、肖军：《清代八架天文仪器修复工程始末》，《天文爱好者》，1997年第5期。
㉓ 崔石竹：《北京古观象台历史沿革和文物保护》，《天文爱好者》，1998年第3期。

清前期（1644—1734）制钱重量波动原因初探

王显国

一、前 言

我国已有2000多年使用铜钱的历史，清朝是使用传统铜钱的最后一个王朝，铸造技术和合金配比上均有所变化。中国币制自宋以来已开始发生变化，其代表是纸币的出现。在明代另一重要变化是银本位制的逐步形成，使传统的铜币逐渐退到辅币的地位。从此，在社会经济活动中，大宗交易多用银，而小宗交易仍使用铜币，政府也提倡使用白银。但是，清前期的中央货币政策很少涉及白银，其重点集中在铜钱上，如规定银钱比价、改变制钱的重量和成分等。

顺治四年始，清廷规定银钱比价为1:1 000（一两白银兑换1 000文铜钱）。但由于当时的政治、经济等因素的影响，银钱的市场比价总是偏离这个比值，导致了较为严重的私铸和私销（非法销毁铜钱铸造铜器）现象。清政府为了保持拟定的银钱比价，并防止私铸、私销，采取了随时增减钱重的措施。本文拟对清前期钱重的历次变化原因作一初步的探讨，从而对清初经济、财政的研究提供帮助。

二、清前期（1644—1734）制钱重量的变化情况

19世纪中叶前清制钱[①]的重量变化了八次，前七次都发生在雍正十二年以前（包括十二年）。本文重点论述这七次变化的原因。简介如下[②]：

1. 顺治元年（1644年），承明制，定钱重为每文一钱
2. 顺治二年（1645年），增重二分，每文一钱二分
3. 顺治八年（1651年），增重至一钱二分五厘
4. 顺治十四年（1657年），再增重至一钱四分
5. 康熙二十三年（1684年），减钱重为一钱
6. 康熙四十一年（1702年），恢复钱重为一钱四分

7. 雍正十二年（1734年），减钱重为一钱二分

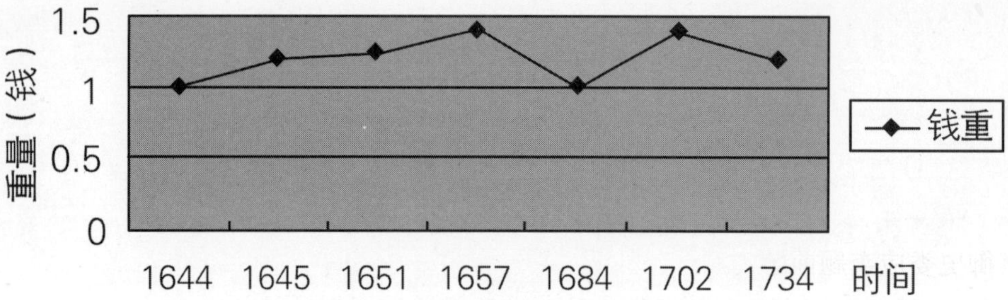

图 1　清前期制钱重量变化

三、钱重变化的原因

（一）第一至第四次变化（1644—1657）：从每文一钱连续增重至一钱四分

清初在短短的14年内，制钱连续增重了三次，从每文一钱增加到每文一钱四分。如此频繁地增加钱重与当时社会背景有着密切的联系。

首先，钱币的需求量小。1644年，满清定鼎北京时，全国各地的抗清斗争此起彼伏。南明小政权、李自成的大顺农民军、张献忠的大西农民军、郑成功等抗清割据势力控制了中国很大部分地域。前后20余年的战争和屠杀，使人口大为减少，致使到康熙十年时仍是“有可耕之田，而无耕田之民”。即使是居经济重心的江南、两湖、两广、浙闽等地，在康熙初年还是非常萧条，人口稀少，土地荒芜③。这时物质匮乏，商品交换也不多，对铜钱的需求量相对较少。

其次，流通中铜钱的数量过多。

自顺治二年始，各省、镇陆续开炉鼓铸钱币。先后有山西、陕西、密云、蓟、宣、大同、延绥、临清、盛京、江西、河南、福建、浙江、山东、湖广及荆州、常德和江宁三府铸局④。随后偶有增减。从表1可看出，北京户部的宝泉局在顺治四年时已年产钱币1亿文以上，顺治八年至十四年年产2亿文以上。再加上各省的铸钱，数量要远大于此。

表 1　《清实录》记载顺治、康熙、雍正三朝铸钱数字 ⑤

顺治元年	71 663 900文有奇	十一年	2 448 544 460（厘钱）
二年	443 751 760文有奇	十二年	2 413 878 080（厘钱）
三年	624 823 960文有奇	十三年	2 604 872 380（厘钱）
四年	1 333 384 794	十四年	2 340 870 816（厘钱）
五年	1 449 494 200有奇	十五年	140 173 990（厘钱）
六年	1 096 910 000有奇	十八年	291 584 600
七年	1 682 424 510有奇	康熙元年	297 896 380
八年	2 430 509 050有奇	二十三年	294 851 480
九年	2 097 632 850有奇	四十一年	238 065 800
十年	2 521 663 740（厘钱）	雍正十二年	685 390 000

清初时，宋明等朝的旧钱仍在使用。顺治三年户部就开始"申旧钱禁"，并要求旧钱输官。不久，又"通令天下，限三月期毕输，逾限行使，罪之。"[6]如果清初人们不是大量地使用旧钱，清廷实无必要这样禁旧钱，何况历代旧钱与新钱都是兼而行使，正如清学士徐乾学所说："自汉五铢以来，未尝废古而专用今。"同时，由于各省铸局铸钱质量不均，有些钱做工不精，而且钱重减轻，铸钱有利可图，私铸便得隙而入。当时人们甚至不易分清官铸钱和私铸钱。顺治九年七月十一日，户部尚书车克向顺治奏称，"炉座既减，而钱价愈贱，此皆废钱行使之故也。"他认为私钱的大量使用是钱贱之由。同年十月十七日，车克在给皇帝的题本中称："广西清史司案呈，奉本部送户科抄出福建道监察御史娄应奎题前事内开……故明钱概行禁止……刊刻告示，晓谕通国，不啻三令五申矣。谁知申饬一月之后，其搀杂如故也。每百之中，有搀三四十文不等者……"[7]可见，私钱的使用几乎占十分之三四。私铸之风引起了官府的重视，于是在顺治十四年定私铸律，规定"为首及匠人罪斩决，家产入官，为从及知情买使者绞决，总甲十家长知情不首者，照为从例治罪，不知情者，枷一月杖一百。告推审实，当官给赏银五十两。该管地方官知情任其私铸者斩监候，不知失察者，降三级调用。"[8]从这些酷刑里可以推测到当时私铸之盛，其私铸钱的数量不在少数。

如此看来，清初流通的钱币的数目应多于表1中的数据，并且每年在继续累加。何况当时还有其他政权如南明小政权等的铸币，以及另一重要的流通货币——白银。可见，清初的货币供应很充足。

其次，制钱本身的价值低。清初，政府采取纵民采矿冶炼，只是收取一定额度税的政策，采矿业得到发展[9]。如在盛京、福建、浙江等地均有开采。另外，明朝遗留下来的储存的红铜和锌也不在少数。因此，铜料的供应较为充分，用于铸币材料的价格不是很高，铸钱利润较大。在顺治十四年前的一段时间内，北京铸局的利润一度达10%—30%[10]。如户部侍郎郝杰于顺治十二年正月二十五日题报："看得宝泉局铸钱（顺治）十一年六月以前，系前任钱法侍郎臣王弘祚督理，计五个月，铸过制钱九千零十一万二千文，值银九万一百十二两，除铜本银五万一千八百八十五两，炉匠工料钱一千八百三十六万文，值银一万八千三百六十两，获息一万九千八百六十七两。"[11]这里的利润高达约28%。而且清政府将铸钱余息作为一项很重要的财政来源之一，由此说明铸造钱币的材料、工费不是很高，相应的其制钱的本身价值也不是很高。

再次，白银对制钱价格的影响。清初处于朝代更替之时，连年的战争使国内政治、经济环境很不稳定。由于白银本身的价值大，且其波动性也较铜钱小，人们乐于将白银窖藏起来，从而减少了市场上白银的流通量。同时，人们在日常生活中更倾向将铜钱出手，加快了铜钱的流通速度，相应地，制钱的价格降低了。另外，清廷禁用前朝旧钱，并要求将旧钱作废铜以低价卖与铸局，这是一种很严重的货币贬值；而本朝的制钱被人们普遍接受需要一个过程。因此，清初铜钱不太受欢迎。

在钱的数量相对大、价值低、需求小等因素的影响下，钱价较低。由下图2可知，1644—1660年间，在北京一两白银值制钱1 400文至1 900文（官定银钱比价为1:1 000）。在这诸多因素中，有些当时并未被人们所认识到，但有些是人们清楚地认识到的。顺治十四年户部接到上谕：

鼓铸之法，原以利国便民。今各省开炉太多，铸造不精，以致奸民乘机盗铸。钱愈多而愈贱，私钱公行，官钱壅滞，官民两受其病。欲使钱法无弊，莫若鼓铸归一。其各省铸炉一概停止，独令京局鼓铸。务比旧钱体质更加阔厚，每文重一钱四分，磨鑢精工，且兼有满汉字，俾私钱难于伪作……[12]

顺治认识到清制钱面临的困境，并认为其原因是：①开炉太多，钱多而贱。这里的钱贱指的是钱价低于官定比价1:1 000。②铸造不精，私铸多。实际上，不仅"奸民"私自造钱，而且钱局也有大量所谓"局私"钱出炉。这些看法显然也是正确的。十几年内连续增加钱重目的也正是要改变这种局面，此外减少铸炉、重申禁令也在于此。

（二）第五次变化：1684年减钱重为一钱

钱币的前四次变化，达到每文钱重一钱四分。而官定的银钱比价仍为1:1 000，即钱加重而对银的比价没有提高。于是钱价已由低逐渐转高，甚至出现了钱的实价高于名价[13]的奇特现象。

清朝经过一段时间的修养生息，采取了一系列促进农业发展的措施，如兴修水利、蠲免田赋、奖励垦荒及改革赋役制度等，经济得以慢慢复苏。到康熙中期，耕地面积和人口大幅度上升。耕地从顺治末（1661年）的五亿二千万亩上升到康熙中期（1685年）的五亿九千万亩；人口也由顺治八年（1652年）的一千九百万上升到康熙二十四年（1685年）的二千零三十四万[14]。其商业也开始繁荣起来，对铜币（一般情况下大宗买卖用白银，小宗用铜钱。百姓用铜钱的居多）的需求自然也相应增大。

清初铸钱原料的供给很充足，但这种局面并未维持很久。前面已提及，清初满清朝廷允许人民采矿，只是委任官员收税。另外还有其他各种铜、锌等铸币材料的来源，铸币材料比较充足。但随后，清政府因害怕矿丁“易聚难散”，到时会“聚众作乱”，常将矿山封起来（云南铜矿除外）。据《清史稿·食货志·矿政》：“清初鉴于明代竞言矿利，中使四出，暴政病民，于是听民采取，输税于官，皆有常率。若有碍禁山风水，民田庐墓，及聚众扰民，或岁歉谷踊，辄用封禁。”如，康熙年间曾派员监采山西应州、陕西临潼、山东莱州等矿，二十二年全部停止，并谕令“开矿无益地方，嗣后有请开采者，均不准行”[15]。由此可见，当时清廷对开矿的控制极其严格，致使国产铜料不足。而这时清廷采取“海禁”的政策，不能靠进口获得最重要的铸钱原料即红铜。因此清廷只能依靠国内原有的原料铸钱，主要是民间旧存的铜、锌，及各关、州县收买废旧铜器、小钱等。但这些废旧铜料毕竟有限，并很快出现供不应求的局面。如河南“有缺铜停炉之请。盖因先年怀庆有铜，就于本府附近收买足供鼓铸，是以铜多而息不缺。迄今数年收买已尽，势不得不取给于别府……”“今据藩司屡详谓怀属地方废铜废钱买办已尽，议分发各府银两官买解局，以供鼓铸。”[16]铜料的短缺导致了铜价的上涨，如顺治时铜（铸钱合金）价自每斤值银五分五厘至七分不等，[17]康熙三年部定铜价每斤六分五厘，[18]到康熙二十五年因“各省铜产不能充裕，价值渐昂”，铜价由每斤六分五厘增至一钱。[19]

由于铜价上涨，出现了铜钱价值高于名价现象，私销有利可图，于是出现了销毁铜钱铸造铜器以牟取暴利的所谓的“奸民”。从当时的禁令我们能看出清廷对销毁铜钱问题非常重视。康熙十二年（1672年）定私自销毁制钱之例“犯人与失察官皆照私铸例治罪”。同时，为了防止私销，清廷严禁铸造黄铜器，欲使私销无立足之地。康熙十八年重申禁令，“除铜锡并现用已成铜器不议外，其军器、乐器、镜子、盥盆、钮子、锁……等物，乃民间必用之物，五斤以下者许其造卖，此外铜器一概禁止。违者，官革职，旗人鞭一百枷一月，民人杖一百流三千里，所获铜入官……”[20]私销的结果也必然导致钱币的减少。

在上述多种因素的影响下，铜钱的价格逐渐上涨，到康熙二十三年时，一两白银仅能换钱800文上下，有些地方甚至更少。同年，吏部侍郎陈廷敬等提议减轻制钱的分量，恢复每文一钱的旧制。他认为“民间所不便者，莫甚于钱价昂贵。定制每钱一千值银一两，今每银一两仅得钱八九百文，皆由奸宄之徒毁钱作铜牟利所致。欲除毁钱之弊，求制钱之多，莫若铸稍轻之钱。毁钱为铜既无厚利，则其弊自绝。”[21]他的观点应是当时对此事看法的总结，并得到清政府的认可。于是1684年又将钱重减为每文一钱。

（三）第六次变化：1702年恢复钱重每文一钱四分

康熙二十三年（1684年）制钱的重量减为一钱后，钱价下跌，不久就达到了官定的银钱比价（1:1 000）。从图2可看出，北京在1691年左右就达到官定标准。但事情的发展超出了决策者的预期，银钱比价没有停留的1:1 000之官定比例上，而是继续下跌。其原因如下：

首先，私铸严重。钱重减轻，的确对私销不利，商人无利可图，自然就不再去毁钱为铜。单从这一方面看，是起到了很好的作用。但同时加重了私铸问题。实际上，自顺治初年始，一直存在着私铸问题。政府曾多次重申私铸禁令，对私铸者及其辖区内知情与不知情的官员都给予严惩。但每逢钱重减轻，有利可图；或做工不精，有机可乘；或兼而有之时，私铸就会盛行。康熙二十三年钱重大减，同时海禁解除后日本铜进口较多，铜料供应充足。虽有私铸禁令，但私铸之风仍大盛。康熙三十六年，清廷就认识到这一问题的严重性，并进一步加重处罚，要求内外各官将该管地方私铸及贩者自行缉获免论罪，否则从重处理[22]。然利之所在，人之所趋，禁令不可能从根本上解决这一问题。这一阶段的私铸情况仍很严重，很大程度上引起了钱价下跌。

其次，铜钱本身价值的降低。从每文一钱四分减为一钱，钱重减少了七分之二，其成本也相应要降低。此外，同样多的材料铸较轻钱币的数量显然要多。关于这一点，吏部侍郎陈廷敬说得很明白。他以北京的宝泉、宝源两局为例，当时（康熙二十三年前后）每年铸四十四万四千八百串（一串一千文），减重以后，可以增加十六万一千九百二十串，产量增加近四成。其他各省、府等的铸币也相应增加。这些也势必引起钱价的下跌。

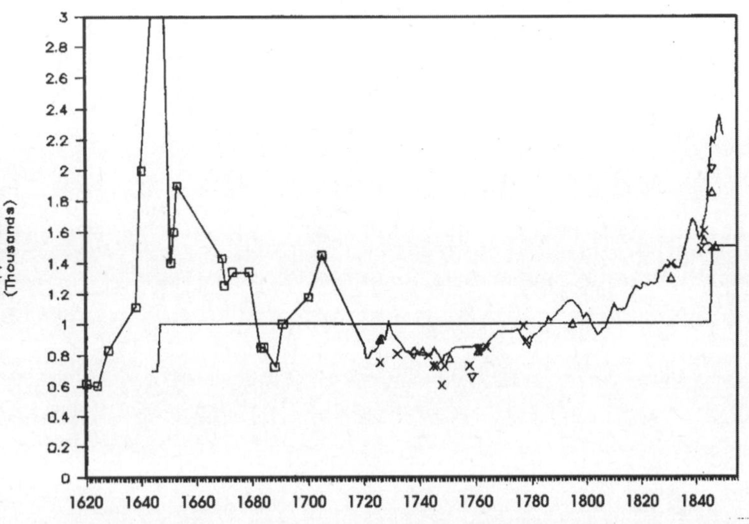

图2　1620—1857年，北京、宁津及西北等地区市场银钱比价（一两白银兑换铜钱数）

（注：直线表示官府规定银钱比价；波折线表示北京、宁津地区市场比价；□、△、▽、×分别表示北京、山西省、甘肃省、陕西省市场比价。）

引自Hans Ulrich Vogel的博士论文
Chinese Central Monetary Folicy and Yunnan Copper Mining（1644—1800）

从图2可看出，1684年后10年内钱价从800多文兑银一两下跌到1 200文一两，下跌了近一半。而且还在继续下跌，至1705年前后更跌至1 400文值银一两，将近下跌了一倍。据说有些地方在康熙三十六年时，一千文只能换得白银三钱二三分，即每两白银兑换3 000以上[23]。从钱价下跌程度上看，单是钱自身价值的降低不至如此，其中私铸起了很大作用。在这种情况下，清廷只好于康熙四十一年（1702年）再次将钱重增至一钱四分，并精工鼓铸，以使钱价回升。

（四）第七次变化：1734年，减钱重为一钱二分

1702年将钱重增至一钱四分，恢复顺治十四年的旧制。但随之出现了以下问题，于是在雍正十二

年（1734）又不得不将钱重减为一钱二分。

首先，出现铜荒。康熙二十三年（1684），海禁解除，铜料的来源发生了很大的变化，铸币材料主要来源演变为依靠进口的日本铜和开发的云南铜即滇铜。此后，日本铜和滇铜相继成为京、省各铸局的原料，但缺铜的现象不时出现。虽然洋铜的进口与滇铜的开发是同时的，但是洋铜大量进口的时期即康熙五十四年（1715）前，滇铜几乎没有什么发展。康熙五十年（1711）后日本国内铜的供给也日趋紧张，出口中国的红铜大幅度减少，而这时云南铜矿还未大量开采。[24]清廷只好采取收买旧铜的办法以充鼓铸。五十七年（1717），“准各省兼收旧铜”，雍正二年（1724），朝廷又实行收旧铜之令，雍正四年（1726），又开始收废旧铜器，禁造黄铜器。从这些制度可看出当时铜料的严重匮乏。雍正五年（1727），虽然拨滇铜200万斤供江苏、两湖采买，但各省还在以旧铜器抵旧欠钱粮，[25]说明铜料仍不充足。铜料的短缺势必造成铜价上涨，从而引起钱价的上升。

其次，银价的下跌。有清一朝钱价的高低以银来衡量，而白银本身的价值也在不断地变动。清初时，银产量较少，供给不足，银价较高。到了18世纪，进口的白银渐多，银价下跌，也相应引起钱价上涨。[26]

再次，清廷认为私销严重。当时多数人认为，朝廷年年铸钱，市面上的钱应该越来越多，钱价也应越来越低。但实际情况恰恰相反，流通中铜钱日少，钱价日昂。于是他们得出结论：钱价日昂是私销的结果。为了防止私销，雍正皇帝再次厉行铜禁。这次禁铜非同一般，只有三品以上官员才能使用黄铜器，“其余俱不得用黄铜器皿，定限三年，令将所有悉行报出，当官给价收买”，不久，又规定一品官才能使用黄铜器，其他人要将铜器交官，“有藏匿私用者，概以违禁论。”[27]同时，雍正将钱重从每文一钱四分降至一钱二分。他在雍正十二年（1734）的上谕中指出：钱重私销较多，而且铜价增加，工本费也愈来愈贵，若再这样行重钱，奸民必多私销；若行一钱二分钱，私销者无利可图，私铸也不易，权衡利弊比较适中。[28]可见，防止私销是这次减少钱重的主要目的之一。

我们看到，在铸钱原料短缺和白银价值上涨等原因的影响下，康熙末至雍正朝时的钱价较高，一两白银只值800文左右，偏离官定银钱比价较远。而当时认为私销是造成钱价高昂的主因，于是雍正十二年将钱重改为一钱二分。但这一次减重并没达到预期的目的，钱价仍在上涨，关于这一点不在本文讨论范围内，这里不再多说。

四、结论

顺治二年定钱重一钱二分时，规定银钱比价为七文钱准银一分（700文兑银一两）。因“民颇病钱贵”，故于四年改为钱1 000文准银一两，从此成为定制，到19世纪40年代再未变动（个别省份特殊情况例外）。虽然清廷多次发出政令，强制人民按官定银钱比价兑换，但由于上述种种原因，银钱市场比价总是偏离定制。从图2中还可看到，几乎每一次改变钱重都发生在市场银钱比价偏离官定比价较远的时候。因此，清初制钱重量波动的一个重要目的，就是通过随时增减钱重，使银钱的市场比价符合官定比价。同时，钱重私销盛行，钱轻私铸成风。清初六次钱重的变化，在很大程度上也是为了防止这个现象。但是，防止私铸、私销一方面是为保护统治阶级的铸钱特权、经济利益等外，另一较重要的方面也还是为平衡钱价。

当然，清前期制钱重量变化的原因还有很多，如人们对清铜钱的抵制、重钱的储存、钱的做工等等，这些都或多或少起着作用。文中谈到的私铸、私销问题也不是截然分开的，只是各个时期的侧重点不同。本文只是就各阶段引起钱重变化的一些重要因素进行讨论。

注释：

① 明、清两代按政府定制由官炉铸造的铜钱。
②《清朝文献通考》卷十三至十五《钱币一——三》，浙江古籍出版社1988年版，第4965—4990页。
③ 戴逸：《简明清史》，人民出版社1982年版，第1册，第296页。
④《清史稿》卷一百二十四《志九十九》，中华书局1977年版，第13册，第3641页。
⑤ 表中数字是《清实录》所载顺治、康熙、雍正三朝年铸币数字，而彭信威认为此数据应是北京宝泉局一局的数字。
⑥《清史稿》卷一百二十四《志九十九》，中华书局1977年版，第13册，第3642页。
⑦ 中国第一历史档案馆编：《清代档案史料丛编》，中华书局1981年版，第七辑，178页。
⑧《皇朝政典类纂》第八十八辑卷六十二《钱币五・钱法禁令》，文海出版社1982年版，第108页。
⑨《清史稿》卷一百二十四《食货五・矿政》，中华书局1977年版，第13册，第3664页。
⑩ Hans Ulrich Vogel:Chinese Central Monetary Policy and Yunnan Copper Mining , pp.17（未发表）。
⑪ 中国第一历史档案馆编：《清代档案史料丛编》，中华书局1981年版，第七辑，190页。
⑫《清朝文献通考》卷十三《钱币一》，浙江古籍出版社1988年版，第一册，第4968—4969页。
⑬ 彭信威：《中国货币史》，上海人民出版社1965年版，第820页。
⑭ 戴逸：《简明清史》，人民出版社1982年版，第一册，第323—325页。
⑮《清史稿》卷一百二十四《食货五・矿政》，中华书局1977年版，第13册，第3664页。
⑯ 中国第一历史档案馆编：《清代档案史料丛编》，中华书局1981年版，第七辑，第204—205页。
⑰ 中国第一历史档案馆编：《清代档案史料丛编》，中华书局1981年版，第七辑，第191页："顺治十年十二月终止，存库每斤七分，钱铜五十四万五千三百十一斤十四两七钱七分六厘五毫。存库每斤六分五厘，钱铜八十四万六千三百四十四斤六两七钱。存库每斤六分，钱铜二万一千二十七斤。存库每斤五分五厘，钱铜一千斤。存库铁铜一千七百九十四斤七两，不计价值。"
⑱《清朝文献通考》卷十四《钱币二》，浙江古籍出版社1988年版，第4971页。
⑲《清朝文献通考》卷十四《钱币二》，浙江古籍出版社1988年版，第4975页。
⑳《清国史》食货志七《钱法三》，中华书局1983年版，第三册，第909—910页。
㉑《清国史》食货志七《钱法三》，中华书局1983年版，第三册，第910—911页。
㉒《清国史》食货志七《钱法四》，中华书局1983年版，第三册，第913页。
㉓ 彭信威：《中国货币史》，上海人民出版社1965年版，第826页。
㉔ 严中平：《清代云南铜政考》，中华书局1957年版，第3页。
㉕《清朝文献通考》卷十五《钱币三》，浙江古籍出版社1988年版，第4986页。
㉖ 彭信威：《中国货币史》，上海人民出版社1965年版，第853—855页。
㉗《清朝文献通考》卷十五《钱币三》，浙江古籍出版社1988年版，第4984—4985页。
㉘《清国史》食货志七《钱法九》，中华书局1983年版，第三册，第924页。

试论中朝在壬午兵变时期的关系

杨　洋

自公元1392年朝鲜建国以来，500余年间中朝一直保持着封建藩属关系，朝鲜被中国视为最重要的藩属国，两国关系非常密切。虽然朝鲜视中国为上国，但中国不操纵也不干涉藩属国的内外事务，朝鲜具有受制与自主的双重性。直到1882年，朝鲜京城的旧式军队士兵5 000人，因粮饷久未发给，一再向政府哀求发饷，后政府决定先发放1个月的饷米，但发放时霉烂的陈米中掺有大量沙子，根本无法食用。从而民兵附和，大院君乘机鼓煽，遂发生壬午兵变。兵变民众闯入宫中，欲杀闵妃，又袭击了日本公使馆，并纵火焚烧。中国受朝鲜国王的请求出兵镇压兵变，外国势力也开始逐渐渗透朝鲜，兵变被镇压后中国政府为维持上国的地位开始逐渐介入朝鲜的内政、军事、外交等各方面事务，使朝鲜统治阶级对中国的感情变得复杂。壬午兵变发生后，中朝两国所面临的，不仅是宗藩关系的调整问题，还有当时各自国内的政治、经济和社会形势变化所产生的问题。此外国际形势的变化，尤其是东亚地区日本的崛起，向中朝宗藩关系和传统的东亚国际秩序发起了直接挑战，也不容忽视。因此，本文首先就壬午兵变后中国政府对朝鲜的政策进行分析；其次，论述朝鲜对清政府一系列政策的反应；最后，弄清所谓中国“干涉朝鲜内政”的实情，确认当时中朝关系的基本性质，以区别中朝与朝日、朝美等国间关系的异同。

一、壬午兵变后清政府对朝鲜的态度

自元朝以来，朝鲜就为中国的藩属国，但朝鲜的内政外交均为自主，中国不予干涉。朝鲜也曾发生过类于此次兵变的事件，但都由朝鲜政府自主解决，“往往旋起旋平，毋庸中国主持，”但此次兵变牵扯到日本的问题，“日本逼近朝鲜，久怀觊觎其积虑处心直欲以蚕食为鲸吞之计。”朝鲜为中国东三省的屏蔽，在各方面对中国都非常重要，所以清政府为抑制日本的势力进入朝鲜，决定出兵帮助朝鲜镇压兵变，并取得成功。

（一）应朝鲜政府之邀清政府出兵镇压兵变

壬午兵变发生后，正在家乡丁母忧的李鸿章，接到了署理直隶总督张树声转达的驻日公使黎庶昌关于朝鲜兵变和日本准备出兵平乱的消息，“今朝鲜内乱蜂起，而日兵适至，彼或先以问罪之师代为除乱之事，附日之人又乘机左右之，日之兵力虽仅千余，以平朝鲜乌合乱党，固自有余……即令丁提督汝昌先带两船东驶，借巡洋为名，确探日船到朝后如何举动、朝鲜乱党如何情形，立时驰报。”① 于是李鸿章派选丁汝昌和马建忠赴朝观变，进而再决定是否出兵朝鲜。

在津海关道周馥与朝鲜陪臣金允植等笔谈时，金允植希望中国可以出兵，并认为壬午兵变“非一时乱党所为，去年李载先、安骥泳谋逆，意欲先逐日本人；今闻逐使，事与相符。既与聚党逐使而蔽朝廷，不能禁则嗣后事不止此；若国内有事不能自定，日本借端干预要挟，局面终难挽回。乞中国饬派兵船几支，陆军千名，戒严以待。”② 而且此时朝鲜国王“势处万难之际，倘日本乘此机会或助国王以灭乱党或助乱党以废国王从此大权在握操纵自如。”③ 清政府为了防止日本出兵乘机控制朝鲜，进一步威胁中国的宗主国地位，决定支持经清政府正式册封的国王高宗，牵制日本对朝鲜的侵略，派军队赴朝鲜镇压兵变。8月20日，北洋水师提督丁汝昌、广东水师提督吴长庆率3 000多名清军抵达朝鲜镇压兵变。此时日本政府在没有朝鲜政府的允许下，以保护在朝鲜的日本商民为由，也派赴军队到达朝鲜，并达到1 500余人之多，这充分显示出日本对朝鲜的觊觎之心，想要趁朝鲜内乱之机，扶植政府中亲日派的势力，来控制朝鲜并以之为跳板，进而侵入中国。

李鸿章在派遣吴长庆去往朝鲜平乱的同时，还派遣马建忠在平乱后与朝鲜商谈通商事宜。但朝鲜的大臣金宏集与鱼允中认为“大院君在，恐无通商之理。”④ 因为大院君是保守派的代表，坚决抵制开国，且此事件实为“患在萧墙，酿祸已久，煽党甚众，惊非该国遽能自定。”⑤ 马建忠与吴长庆商定，将大院君逮捕并押送到天津，经李鸿章等人审问后，又被送往保定幽禁。后来吴长庆等人又应高宗之请，派兵围剿了起义士兵聚居地往十里和黎泰院，有170余军人被俘，其中10人被杀。壬午兵变遂告完全失败。

清政府出兵镇压朝鲜兵变是中国自元朝以来对朝鲜最为明显的军事干涉行动，也是清政府对朝鲜由适度引导到直接干涉的转折点。闵氏戚族的势力在清政府的支持下，重新掌握了国家政权。清政府出兵朝鲜“平乱”，但在镇压兵变之后没有撤兵，并介入了朝鲜的内政、外交等事务。这些违背了中国历来不干涉朝鲜内政外交的藩属政策，清政府想要让朝鲜执行对外开放，即实行既定的“以夷制夷”的对朝政策。早在光绪五年（1879年）时，直隶总督李鸿章曾密劝朝鲜与西方各国通商并与朝鲜使臣李裕元通信进行开导，要其“未雨绸缪，潜弭外患。”将来，日本如果“恃其诈力，惩治朝鲜”，西方各国为了防止自己在朝鲜的势力受到损害，则会联合出面阻止日本的侵占行动，使朝鲜避免被日本独霸。而且“朝鲜久隶外藩，实为东三省屏蔽，与琉球孤悬海外者形式迥殊，今日本既灭琉球，法国又据越南，沿海六省，中国已有鞭长莫及之势，我藩属之最亲切者，莫如朝鲜。日本胁令通商，复不允订税则，非先与美国定一妥善之约，则朝鲜势难孤立，各国要求终无已时。东方安危，大局所系。中朝局不必显为主张，而休戚相关，亦不可不随时维持，多方调护。”⑥ 中国接连丢失琉球与越南后，为维持宗主国的地位，所以对朝鲜特别看重，唯恐再失去朝鲜，宗主国的地位彻底消失。而且朝鲜在地理位置上也对中国起到保护的作用，这时的日本是中国在朝鲜问题上最大的威胁，所以中国这次对朝鲜兵变的镇压实际是为防止日本势力对朝鲜的借机渗透。

保全朝鲜是清政府对朝政策的基本出发点，但鸦片战争以来，中国内外交困，财政空虚，不可能按照传统宗藩关系原则去对朝鲜实施军事保护。清政府此时已对东亚的凶险前景有所察觉，也深知朝鲜半岛安危对中国的重要性，有其心而无其力，所以寄希望于通过外交手段来解决问题。这种手段即所谓的“以夷制夷”，引入均衡势力，通过让西方势力介入朝鲜半岛事务的途径，使朝鲜处于列强势力均衡下，从而防止其为任何一国所独占。

（二）《中朝商民水陆贸易章程》的签订

从1882年四五月的谈判，到8月的续谈与10月的签约，《中朝商民水陆贸易章程》的签订正好跨越了壬午兵变的这一时期。在1882年10月1日，清政府和朝鲜签订了意义重大的《中朝商民水陆贸易章程》，朝鲜希望借此根据当前形势发展对双方商务关系和一些相关礼制作出变更，中国则希望使传统的宗藩关系适应近代西方条约国际关系的要求。因而章程的签订，一定程度上是建立在中朝双方相互需求的基础之上。

《中朝商民水陆贸易章程》的序言里开宗明义地指出："朝鲜久列藩封，典礼所关，一切均有定制，毋庸更议——水陆贸易章程系中国优待属邦之意，不在各与国议题均沾中列。"⑦通过该章程重新向世界宣告中国对朝鲜的宗主权，从而使中朝宗藩关系在新的形势下重新合法化。不仅是用近代条约将过去只是礼仪与形式上的宗藩关系确立为实质性的宗藩关系，还在贸易方面作了很多适应性的调整，包括：互派商务官员驻扎对方通商口岸；允许商民自由通商；改变过去贡使来朝只能走陆路的制度，开海禁，增辟两国间海运航道；以关市取代边市，方便边民交易等等。李鸿章曾上折光绪皇帝说"窃维富强之要以整顿商务为一大端。朝鲜僻在东隅，贫弱已久，臣等前为代筹与美、英、德各国陆续议约，开埠通商，无非欲使日臻富盛，隐以备俄而抗日，导其风气既所以巩我藩篱。惟中国地大物博，与朝鲜尤为密迩，华货之可销与朝鲜者颇属不少，即该国参、布、皮纸亦为华人日用所需。若仍拘守旧章，不开海禁，则两国物产有无，不甚相通，徒使东西洋商船获倍收转运之利，殊属非计。"⑧

《中朝商民水陆贸易章程》冲破了两国相沿已久的贸易和外交旧制，开拓了港口和内地贸易，想要通过贸易的发展，使朝鲜经济逐渐强大起来，抵制西方国家与日本的侵略。章程并规定双方互派商务委员，处理通商后的贸易问题，加强了中朝两国的贸易和直接交涉。壬午兵变是清政府介入朝鲜事务的开端，但签订兵变之后的《中朝商民水陆贸易章程》并未赋予清政府多少干涉朝鲜内政的权力，只是着重强调重申中朝的宗藩关系，希望得到西方国家的普遍承认，因而"章程"与同期订立的美朝、英朝、德朝等通商条约仍有显著的不同，没有对朝鲜进行经济侵略或政治上的压制。

清政府与李鸿章对朝政策具有保守性和矛盾性，一方面，开始采用近代条约关系体制的部分观念和原则以适应中朝关系的变化，甚至允许朝鲜政府自主建立和发展对欧美及日本的近代外交通商关系；另一方面，却介入了朝鲜内政外交事务，迟迟不肯放弃传统的藩属朝贡关系。使晚清对朝政策出现一种既部分采用近代条约体制又坚持传统朝贡关系原则与体制的局面。

（三）清政府在朝鲜政策上的几点值得商榷之处

从出兵镇压壬午兵变至1883年中法战争爆发，吴长庆率三营回国，仍留三营驻朝，此后庆军长期驻扎朝鲜。清政府自1882年壬午兵变以来，出兵镇压士兵起义后，李鸿章为了让朝鲜开国，实现"以夷制夷"的政策，劫持在朝鲜内部尤其在保守阶级具有广泛影响力的国王生父大院君到中国。清政府本以为拘禁大院君，扶植闵党之后，朝鲜党争可以立息，开放政策可以实施。不料开化党中有亲华、亲日和亲俄三派。清军入朝，事实上是亲华一派得势，亲日派自然怨望，两派明争暗斗，反而激化了党争。也由于清政府介入朝鲜内政，客观上伤害了朝鲜的民族感情，导致了传统的中朝友好关系出现了日趋恶化的倾向。

二、朝鲜政府对清政府态度的逐渐转变

在中国的帮助下，朝鲜兵变得以平息，使得朝鲜统治阶级内部亲华派成为主流，各方面事物都依赖于中国。但此时的中国也正处于西方侵略者的包围之中，自顾不暇，逐渐使朝鲜统治阶级产生怀疑，开始向其他强大起来的国家靠拢。

（一）兵变后朝鲜政府开始在各方面依靠中国

平息兵变后，高宗与闵妃非常感激中国，对庆军六营奉命留驻汉城帮忙稳定政局也表示欢迎。此后不久，日本借口使馆被毁，人员被杀害，逼迫朝鲜签订《济物浦条约》，使朝鲜丧权过重，使高宗闵妃的亲华倾向明显增加。

1. 在经济上朝鲜对中国的依赖

朝鲜对中国在经济上的依赖主要表现在聘请中国官员在其贸易和关税两方面进行指导和管理。壬午兵变被镇压后的1882年9月12日，朝鲜王朝高宗政府派遣谢恩使兼陈奏使赵宁夏一行，到天津向当时实际上主管清政府对朝政策事务的直隶总督兼北洋大臣李鸿章提出有关内政外交改革的《善后事宜六条》，其中第六条的"扩商务"部分提出拟开放商埠并设立海关以开展对外经济贸易，要求清政府给予相关制度规程乃至人员方面的支持。李鸿章在9月17日的笔谈中提出应由朝鲜国王专门就此事向清政府提出咨文。同年11月12日，再次奉命使华的赵宁夏一行在天津向李鸿章提交了朝鲜国王高宗的咨文："窃小邦向不谙外务，而各国换约在前，一切交涉商办事件，茫然不知下手，烦请贵大臣酌量小邦应行事宜，代聘贤明练达之士，迨兹东来，随事指导。"[⑨]对此，李鸿章推荐了曾任驻天津领事的德国人穆麟德助朝鲜办理"交涉关税各事"，认为他"和平忠实，曾在中国海关襄事五年，谙练稽征事宜，熟悉汉文汉语。"[⑩]经过高宗政府正式聘用，穆麟德遂成为朝鲜近代海关的创始者与首任税务司，并曾先后担任统理交涉通商事务衙门协办，典圜局总办等职务。

2. 政治上朝鲜对中国的信任

在政治方面，李鸿章随后又提出"既延请西人，必须有中国委员通往联络钤制。"于是推荐马相伯同往朝鲜，对穆麟德进行"联络钤制"。马相伯的作用，主要还是体现在他所熟悉和擅长的外交通商领域。高宗也十分看重马相伯在外交事务方面的经验，任命他为正二品衔议政府赞议并兼任交涉通商事务衙门协办。而这个正二品衔议政府赞议职是为马相伯而专门设立的，属于一种破格的因人设官，在朝鲜王朝中属于政府大员，使他成为近代朝鲜所授官职最高的外国顾问，足以证明对他的重视和倚重。1882年12月26日，朝鲜高宗政府按照清政府的行政机构模式，在朝鲜设立统理军国事务衙门（简称内衙门），统理交涉通商事务衙门（简称外衙门）。衙门内的征榷司、掌交司、富教司、邮程司和近代外国语教育机构——同文学，都是根据马相伯的提议设立的。

就在正式任命马相伯的当天，朝鲜国王高宗在致清政府礼部咨文内称，与马相伯等"引见数次，已谙性度耿直，事务明达，悉如函内辞意，不徒嗣后会同应接有裕，亦惟目下经济赞画为多"，[⑪]表明当时朝鲜方面对马相伯的欢迎态度。根据马相伯本人的回忆，当初高宗对他十分信赖和倚重，他甚至可以经常会见到在高宗政府具有重要影响力的高宗妃闵氏，以至能够建议她将王世子送到国外留学。

3. 军事方面朝鲜倚重中国的支持

朝鲜在军队的管理上存在很大的弊端，壬午兵变后，“韩王惩前毖后，立意推新——尤注意练兵。遣近臣数辈请公（袁世凯）代治军旅，公勿许，时吴公移营下都监。十月，王亲造吴营求借公，拜为上将，吴公知公志，亦勿许。王再四言，非得请不去，自午至暮，吴公稍犹豫，公在外闻之，即草书遗吴公，吴公席间启视，据以谢王。王知不可夺，乃商请吴公，委公兼代练新军，夜分始散，公奉檄后，草创章制，编选壮丁，先立新建亲军，继立镇抚军。”⑫袁世凯采用湘、淮军的军制对朝鲜军队进行训练，朝鲜国王对于袁世凯在军队训练上所采取的一切措施极感满意，于是敦请袁世凯移居朝鲜的三军府居住，以便就近指挥和督练朝军。赵宁夏后又来到天津与李鸿章商讨自强之策。李鸿章告诉他：“御侮乃可保邦，练兵必先简器。”⑬ 李鸿章上书皇帝请求“拨协朝鲜炮弹片”：“往时朝鲜军械朴陋，仅用土枪，断难制胜，现欲觅购洋枪炸炮，贫瘠既苦无资，仓猝亦难济用。臣仰体朝廷字小之仁，不能不为设法筹划，开其风气，既所以固我藩篱，因饬拨机器局旧制十二磅开花铜炮十尊，配以开花子三千颗，木信三千六百枝，门火六千枝，炮药四千五百磅，炸药一千五百磅，又英来福兵枪一千杆，配以细洋药一万磅，大铜帽一百万顶，皮带、子带各千副，运送朝鲜，俾发练兵之用。”⑭

由于朝日《济物浦条约》规定日本有权驻军保卫使馆，为防止日本驻军威胁朝鲜，吴长庆所率六营淮军受命暂驻朝鲜。1882年11月李鸿章准备在1883年撤回三个营，“俟今年（光绪九年）春间，领吴长庆撤回三营，仍留三营俾资翼卫，俟倭兵一年期满撤尽，庆军乃酌量抽撤再案。”⑮ 但朝鲜国王认为兵变刚刚平息，西方国家仍然对朝鲜有很大的威胁，于是希望清政府先不要撤回所驻清军。朝鲜国王发来咨文：“敝邦自去年六月之变，缀旒，人心板荡；其得扶颠持危，式至今日，莫非我皇帝陛下绥靖全保之泽，暨中堂大人忧恤拯救之德，而亦惟钦差提督军门宣布圣武，奉行钧旨，以小邦患难恫瘝，乃心勘定辑抚。靡不用机，震如雷霆，膏如阴雨，镇如山岳，故恃而不恐，帖然无事矣。大阵札驻梢久，信义越益彰著。情志越益孚感，军民上下欢欣如家人，方赖其谕告之勤，藉其弹压之重，以永底于宁谧，第提督军门羁旅经岁，备尝劳苦，敝君臣恒用不安于心，今者启行，虽卜归期，一国大小，举怀危惧之思。目下军门之于敝邦，离一步不可，旷一日不可，若卫霍之势暂撤，撤桑之备或亏，安知无不靖之端乘间而生乎？”⑯ 在朝鲜国王的要求下，李鸿章决定暂缓撤回军队。

（二）朝鲜自主性的萌发

《中朝商民水陆贸易章程》希望根据形势发展对双边商务关系和一些相关礼制作出变更。这一时期的朝鲜王国已经作出了开国的决策，朝鲜缔结此章程也体现了一些自主性。

1. 朝鲜自主思想的萌发

面对各国列强不断对朝鲜进行经济渗透和军事压力，朝鲜不可能见国事危机日深而不为所动。随着对外部世界的了解与国家危机深重认识的增加，朝鲜的一小部分先进分子，有了对民族、国家概念的初步理解，并逐渐产生自主和自强的观念。《江华条约》之后，朝鲜主动加强了同清政府的联系，作出这种决策的，既有代表传统事大主义思想的保守派，也有主张效仿日本、维新自强的开化派。这说明在当时情况下，尽管朝鲜开始产生自主性观念，但仍然视传统的宗藩关系为可以借重和依靠的力量。与此同时，鸦片战争后的中国处处受制于西方各国，使朝鲜在依赖中国的同时，又为自保而不得不未雨绸缪，朝鲜的有识之士开始思考如何自主地生存下去。

2. 朝鲜发展贸易以求自强

朝鲜在经济上已决意开国，打开港口进行贸易，接受国外的先进技术。高宗和开化派将清政府请出来，作为压制国内保守派、反对派的“尚方宝剑”，向中国表示由于反对派的牵制和国内各种不同意见，希望可以借助中国的力量，使那些反对开国的人可以信服，从而支持统治者作出的开国的决定，并希望中国可以派驻官员来主持开国的事宜。这种用实用主义的观念对待宗藩关系，利用传统事大外交的思想，包藏在自主开国的观念之中。这种影响一直持续到甲午战争爆发之前，也成为清政府得以对朝鲜施加影响的重要原因。

3. 朝鲜逐渐与西方各国建交

在外交方面，1880年5月，美国海军叩关，要求通商，虽日本政府再三从中斡旋，但为朝鲜所坚拒，从史料所反映的情况看，直到1880年9月，朝鲜政府内部希望在传统中朝宗藩关系的架构下闭关自守的主张仍占据主导。这一时期，黄遵宪在赠给金宏集《朝鲜策略》中提出的为拒俄而“亲中国、结日本、联美国、以图自强” 的主张，使金宏集大受启发，认识到既然朝鲜的锁国制度已被打破，就不能再回避与欧美列强建交的现实问题。[17] 由于列强间存在利害冲突，朝鲜应充分加以利用，已制定适当的外交政策，金宏集于10月2日回国，将黄遵宪的《朝鲜策略》和自己写的《修信使记录》上呈国王高宗，此二书在朝鲜被广泛传阅，风靡一时，10月11日，高宗召集群臣问议，当天一致决定，“取对列强通交，柔远的方针，以适之。”从1880年10月起，朝鲜的外交政策发生了根本性的转变，决定接受清政府的斡旋，与西方各国通交，此为朝鲜自主意识确立的标志。

（三）朝鲜统治阶级逐渐对中国产生了离心的倾向

1884年中法战争爆发，割地赔款的结果使中国已经自身难保，处境十分艰难，导致了朝鲜统治阶级中产生了对中国不信任的思想。清政府的驻朝官员，对朝鲜上层逐渐产生的离心倾向逐步有所察觉。如当时驻防朝鲜的庆军营务处道员袁世凯，就曾向李鸿章具禀说：“朝鲜君臣为日人播弄，执迷不悟，每沁润于王，王亦深被其惑，欲离中国更思他途。”[18] 朝鲜统治阶层的一些人认为中国在与法国的战争中处于劣势，已经没有多余的兵力再来保护朝鲜。此时的俄国人觊觎朝鲜的不冻港已久，朝鲜认为中国不可能与俄国抗争，所以开始想要寻求更加强大的力量得以保护。在统治阶级中亲华派已不再是绝对的主流，只有金允植、尹泰骏、闵泳翊是坚定的亲华派，反对寻求别国的支持，但却被国王逐渐地疏远，意见不再被采纳。朝鲜的不满情绪，也自然要直接影响马相如的顾问工作。马相如在致金宏集函中详述当时朝鲜官绅对驻朝清军及他本人的故意排斥情绪，并慨叹自己“以客卿谋人家国事”之“多嫌”。[19] 在后来的回忆中亦称当年在朝鲜“贵而无位，高而无民”，“地位如此困难”。马相如还认为当时朝鲜朝野对驻朝清军乃至清政府的不满情绪，在相当程度上是起源于清政府顽固坚持传统朝贡关系的对朝政策。

由于在壬午兵变发生前，壬午兵变前的亲华派是以大院君李昰应为首，而亲日派是闵妃和她的戚族。可是在吴长庆率兵到朝鲜后，为了让朝鲜开国，清政府帮助了闵妃平乱，把大院君诱捕至保定拘押，大院君分散在官僚和百姓中的拥护者产生不满甚至怨恨。在之后的几年，中日在朝鲜互争雄长，这时闵妃一家都成为了亲华派。可是清政府的军机大臣和总理各国事务衙门却又主张释放大院君回朝鲜。大院君被清廷押禁了许多年，内心当然仇恨清室。闵妃和大院君是仇人，这时见清政府又要送大院君回朝，自然也对清政府产生不满。此时，在朝鲜统治阶级中最有权力的人物都对中国产生不满的情绪，致使中国所派到朝鲜的官员处境十分尴尬，中朝的友好关系出现了裂痕。

三、中朝宗藩关系与西方国际关系的异同

宗藩关系为东亚传统国际社会所独有，这种关系是以中华帝国为核心，以传统的儒家礼治规范和“华夷秩序”为基础，以君臣名分和封贡关系为表现形式。在东亚国家关系中，作为核心国的“中国主要关心的是周边国家承认其上国地位的精神价值，以怀柔朝贡国，维持与周边国家的睦邻友好关系。”中国曾经是东亚最先进的文化大国，中国以其先进的文化，使得周边国家因为向往其文化的发达而纷纷归顺，以致终于被教化，逐渐形成宗藩关系。中华帝国与周边藩属国的关系为君臣上下，是一种不平等的上下垂直型关系。藩属国对中华帝国采取以臣事君、以小事大的态度，并以封贡之礼来确立和维系。一方面藩属国视中国为上国，遵礼仪、纳贡献、受册封、奉正朔，以求中原王朝对其统治领域和王权的承认；另一方面，作为宗主国的中原王朝也不操纵或干涉藩属国的内外事务，以“王者不治夷狄，来者不拒，去者不追”的超然立场，处理自由度相对宽宏的双边关系。作为藩属国臣服地交换，宗主国对藩属国除给予丰厚的经济利益和文化交流的便利以外，也有保护扶持的义务。当藩属国受到外敌威胁或发生内乱时，宗主国有义务出兵保护或协助平乱。经过长期发展，封贡之[20]礼逐步定制化。到明清时期臻至完善、精致，发展成藩属的完整形态。所以说中朝间的宗藩关系是不平等的，朝鲜对中国的称臣，每年要向中国进贡来表示臣服，皇室的封号都要经过中国皇帝的册封和批准。

相对于东亚这种建立在文化向心力基础上的传统的宗藩关系而言，近代西方国际关系所奉行的是实力原则，近代西方国家间相互承认主权独立与平等，是一种平行型的国际关系。美国研究国际政治的学者弗雷德里克·舒曼认为，西方国际关系体系的基本特点在于：第一，相互承认对方为拥有国家主权的国家；第二，以国际法的原则处理相互关系；第三，根据实力均衡的政策来谋求本国生存。在近代西方国家与殖民地之间的关系中，西方国家以其强大的实力，根据自身的需要，在条约中订立不平等的条款，随心所欲地掠夺和支配殖民地，获得最大限度的政治与经济利益；殖民地毫无内政外交自主权可言。朝鲜与日、美等国签订的条约均奉行的是西方的条约体制。西方各国以其强大的经济和军事实力，强迫朝鲜打开大门，被迫纳入西方国家的体制中。

如果说封贡礼治是东亚宗藩关系的基轴，那么法制原则便是近代西方国家关系的核心，近代西方国际法原则贯穿在西方国家间的各种条约之中。如果将传统东亚国际关系体制称为封贡体制，近代西方国家关系体制便可称为条约体制。在东亚的宗藩关系中，既没有主权的观念，也没有国际法的原则，其产生的基础是不同于西方的东亚独特的政治文化，其中既不强调实力原则，也不谋求势力均衡。由于东亚与西方不同的历史发展，形成了不同的政治文化与社会环境，并产生出不同的国际关系理念。在不同的理念下，又形成了不同的国际关系形态。鸦片战争揭开了东亚社会在西力东渐下被迫走向近代化的序幕。从国际关系的意义上说，则是两种国际体系的遭遇与较量。1842年签订的《中英南京条约》，标志着东亚传统的以封贡体制为纽带的国际关系进入瓦解时期，开始向西方以条约关系为基础的国际体制转化。因此从1842年以后，东亚出现两种国际体制并存的二元构造，一方面西方列强以坚船利炮不断扩大条约关系的范围；另一方面传统宗藩关系尽管不断被侵蚀，却继续存在并作出调整以试图适应新的国际形势。《马关条约》签订后，规定朝鲜为独立国，以中华帝国为中心的传统东亚国际秩序至此彻底崩溃。

从“内外政令悉由自主”到出兵、驻兵，壬午兵变成为清政府对朝鲜政策的转折点。中朝逐渐改进传统的宗藩关系使其符合近代发展，具有历史性的进步，也促进了两国经贸的发展。在政策上的许多尝试与探索具有积极的历史意义。因为清政府是在朝鲜国王的请求后，才出兵，乃至派官员进入朝鲜政府，所以说中国干涉朝鲜内政不准确。但由于清政府在自利主义的支配下，顽固地坚持宗主国地位，驻兵朝鲜以及“平乱”后的一些措施，不但没能遏制住日本对朝鲜的侵略，还在某些方面损害了朝鲜的民族感情，给传统的中朝友好关系投下了阴影。

注释：

① 中国史学会：《张树声来往函牍（二）—往牍稿至总署》，《中日战争》（二），上海人民出版社与上海书店出版社2000年版，第215页（以下简称《中日战争》）。
②《总理各国事务衙门奏朝鲜乱党围攻日本使馆并劫王宫请派兵援护摺》，《中日战争》（一），第334页。
③ 中国第一历史档案馆编：《光绪朝朱批奏折第一一二辑》，中华书局1996年版，244页。
④ 王伯恭撰：《蜷庐随笔—光绪甲申朝鲜政变始末》，《中日战争》（二），第308页。
⑤《军机处奏请特派李鸿章率军赴朝鲜平乱片》，《中日战争》（一），第336页。
⑥《清史稿・属国一》，中华书局1977年版，第14600页。
⑦ 王彦威纂集、王亮编：《清季外交史料一》，书目文献出版社版1932年版，第540页。
⑧《北洋通商大臣李鸿章奏遵议朝鲜通商章程折》，《中日战争》（一），第370页。
⑨ 吉利，王舒羽编：《代朝鲜聘西士片》，《李鸿章全集》（3），时代文艺出版社1998年版，第1761页。
⑩《李鸿章全集》（3），第1760页。
⑪《朝鲜国王咨复马建常等襄理商务颇力来文》，《中日战争》（一），第378页。
⑫ 沈祖宪、吴恺生：《容庵弟子记》，《中日战争》（二），第249页。
⑬《拨协朝鲜炮弹片》，《李鸿章全集》（3），第1755页。
⑭ 同上。
⑮《中日战争》（一），第376页。
⑯《中日战争》（一），第377页。
⑰ 北京大学韩国研究中心编，《韩国学丛书》第九辑，黑龙江朝鲜民族出版社2002年版，第179页。
⑱《清季外交史料一》，第654页。
⑲ 马相伯著：《马相伯先生文集》，上海书店1990年版，第78页。
⑳ 北京大学韩国研究中心编，《韩国学丛书》第九辑，黑龙江朝鲜民族出版社2002年版，第180页。

参考文献：

① 中国史学会：《中日战争》（一），上海人民出版社与上海书店出版社。
② 中国史学会：《中日战争》（二），上海人民出版社与上海书店出版社。
③ 赵而巽：《清史稿》，中华书局1977年版。
④ 中国第一历史档案馆：《光绪朝朱批奏折》，中华书局1996年版。
⑤ 王彦威纂集、王亮编：《清季外交史料》书目文献出版社1932年版。
⑥ 宁波、杨嘉敏：《李鸿章全集》，时代文艺出版社1998年版。
⑦ 北京大学韩国研究中心编：《韩国学丛书》，黑龙江朝鲜民族出版社2002年版。
⑧ 马相伯：《马相伯先生文集》，上海书店1990年版。
⑨ 朝鲜民主主义人民共和国科学院历史所著，吉林省沿边朝鲜族自治州《朝鲜通史》翻译组译：《朝鲜通史》，吉林人民出版社1973年版。

梁启超近代民族主义思想的发展及形成

高德智

这一时期（1898—1903）梁启超对民族问题的思考更为深入系统，是他由传统的民族主义向近代民族思想转化的重要阶段。其变化发展主要体现在以下几个方面：

一、对满汉之间民族矛盾认识更为清楚，深刻揭露了满汉矛盾

他说满清入主中原后，“聚六州之铁铸成大错者一事，则严满汉之界是也。”他分析满清采取这种政策的原因，在于当权者见满人人少力薄，不能压服汉人，因而将满汉“殊而别之”。他进一步指出这种政策的危害“界限之见日深，生于其心，害于其政，发于其政，害于其事，终必有承大弊而受大创之时，殆于近年遂有刚毅辈造出‘汉人强满洲亡，汉人疲满洲肥’之十二字诀。”①

梁启超指出，中国自康熙以后日益腐败，“至今日为世界第一病国，则以当时困于满汉之界限之见，急于为满洲朝廷谋利益而未为中国国民谋进步也。”②梁启超对满清政府的民族歧视政策的分析可谓十分客观，而且合情合理。由此可见他对满汉矛盾已有了比较深刻的认识。在此基础上，梁启超“倡革命排满共和之论”，《清议报》“明目张胆以攻击政府”，号召讨满。直到1902年5月在给康有为的一封信中，他仍然坚持“今日民族主义最发达之时代，非有此精神，决不能立国……而所以唤起民族精神者，是不得不攻满洲。日本以讨幕为最适宜之主义，中国以讨满为最适宜之主义，弟子所见谓无以异此者。”③

但梁启超此时已不是一个狭隘的民族主义者，他攻击的主要对象是当政的满清贵族，而非所有的满族人民，这是他在1903年与革命派分道扬镳的根源。

二、对近代民族主义思想有了比较全面深入的了解，逐渐摆脱了中国传统民族主义思想的束缚

1901年 10月的《清议报》发表了梁启超的《国家思想变迁异同论》，这是他提出民族主义的最早的文字。文章中他对西方近代民族主义作了比较系统的介绍，并结合当时中国的情况，进行了颇为深入详细的阐述和分析。

他认为欧洲的民族主义萌芽于18世纪下半叶，兴盛于19世纪，“18、19世纪之交，民族主义飞跃之时代也”，到19世纪下半叶，民族帝国主义逐渐萌芽，并将“全盛于20世纪”，所以“今日之欧美，则民族主义与民族帝国主义相嬗之时代”。而此时的中国 “于所谓民族主义者，尤未胚胎焉”，面对帝国主义侵略的加剧，必须“速养成我所固有殖民组主义以抵制之，斯今我国民所当汲汲者也。”

从欧美各国发展的历史中，梁启超深切感受到民族主义的重要性。“自16世纪以来，欧洲所以发达，世界所以进步，皆由民族主义所磅礴冲击而成”，“今日欧洲之世界，一草一木，何莫非食民族主义之赐。”他盛赞民族主义为“世界最光明，最正大、公平之主义也。”④

1902年梁启超发表了著名的《新民说》，第一次对民族主义作了概念诠释。他说，民族主义是“各地同种族，同言语，同宗教，同习俗之人，相视如同胞，务独立自治，组织完备之政府，以谋公益而御他族是也。”⑤可见他的民族主义观已经突破了传统的“非我族类，其心必异”的束缚，发展为主张国内各民族平等相处，建立民族国家，共同抵御外族的近代民族主义思想。

三、如何实现民族主义以抵御帝国主义的侵略

在这个途径问题上梁启超也发生了180度的转变，从由上而下变为由下而上。

政变以前，梁启超一直将希望寄托于清政府，包括张之洞、李鸿章、陈宝箴以及主张变法的光绪皇帝。从他这一时期论述变法时提出的方案就可以看出来。他说：“变法之本，在育人才；人才之兴，在开学校；学校之立，在变科举；而一切要其大成，在变官制。”⑥ 1897年到长沙后，又说，兴民权固然重要，但“民权非可旦夕而成”，“欲兴民权，宜先兴绅权”；“绅权固当务之急，然他日办一切事，舍官莫属也……故开官智，又为万事之起点。”⑦ 此时他强调变官制，开官智，而不是民权，反映出他依靠国家政权发动改革的策略思想。直到变法失败逃到日本，他还没有放弃这一条道路，并明确阐述依靠皇上，实行救亡图存的策略思想：“今日议保全中国，惟有一策，曰尊皇而已。”还要求“人人心向此心，日日事此事，中国将赖之，四万万同胞将赖之。”⑧

但随着梁启超的思想上发生变化，在具体途径上转而求诸下。分析其原因，主要有以下几点：

（一）卢梭民权思想的影响

欧洲自文艺复兴以来，启蒙思想家纷纷倡导建立民族国家，其深层的思想基础就是天赋人权观念，及由此推演出的民主自由思想。卢梭是推动这一时期民族主义思潮的关键人物。依照契约论和人民主权的原则，一个民族应该是独立自主的。卢梭“以唤醒对感情的亲近和对城邦公民资格的尊崇，向人们提出了民族国家的公民身份问题。”梁启超在介绍卢梭学说时说人权是天赋的，人人有自主之权，人人平等。“国家者，由人民之合意结契约而成立者也，故人民当有无限之权，而政府不可不顺从民意。是即民族主义之原动力也。”在谈到自由时，梁启超认为这是近代欧洲立国的本原，民族国家的诞生就是争自由的结果。“一国之人，聚族而居，自立自治，不许他国若他族握其主权，并不许干涉其毫末之内治，侵夺其尺寸之土地，是本国人对外国所争得之自由也。”[9]

（二）国家有机体论的影响

梁启超认为，“国之有民，犹身之有四肢、五脏、筋脉、血轮也。未有四肢已断，五脏已瘵，筋脉已伤，血轮已固，而身犹能存者，亦未有其民愚陋、怯弱、涣散、混浊而国犹能立者。”[10] 换言之，只有当国民具备了民族国家的公民资格，才有希望建立起民族国家，他强调处在次“列强并立，弱肉强食，优胜劣败之时代，苟缺此资格，则决无以自立于天壤。”[11]

（三）所处环境的位移

政变之后，梁启超由爱国士绅、变法的核心人物，“沦为”流亡国外的通缉犯。清政府于1899年、1900年两次发出“上谕”，要各省督抚严密缉拿梁启超。1900年正月的上谕中说“……前因康有为、梁启超罪大恶极，迭经谕令海疆各督抚悬赏购缉……着南北洋、闽、浙、广东各督抚，仍行明白晓谕，不论何项人等，如有将康有为、梁启超缉获送官，严明实系盖逆犯正身，立即赏银十万两……如不愿领赏，愿得实在官阶，及各项升衔，亦必予以破格之赏。”[12] 一心为救国于危难而呕心沥血，却被所要救的政府通缉，这促使梁启超认识到腐朽的政府是挽救民族危机的严重阻力，于是提出了推翻清政府的革命口号，并把目光转向了下层群众。

在这些因素的共同作用下，梁启超的政治思想越来越激进，他把救国拒辱的希望寄托于广大人民的觉悟。

1899年2月，梁启超发表了《爱国论》，阐述民与国的关系。他说在欧洲，国民以国为己之国，以国权为己之权；而中国人“以国为君相之国，其事其权，其荣其耻，皆视为度外之事”，他认为，国籍民而成，国政就是“民自治其事”，“民权兴，则国权立。”[13] 不久，他进一步指出，“应以一国之民，治一国之事，定一国之法，谋一国之利，捍一国之患，”“其民不可得而侮，其国不可得而亡。”他把近代各国之间的竞争归结为“国民竞争”，呼吁“以国民之力，抵他人国民竞争之来侵略。”[14] 这标志着梁启超自下而上实现民族主义理论的确立。

梁启超进一步对如何实现自下而上促进近代民族主义的发展进行了思考，形成了以民权思想为政治理论基础的“新民理论”。

梁启超认为应“博考各国民族所以自立之道，汇择其长者而取之，以补我所未及。”在洋洋十万余言的《新民说》中，他列举了“我之所未及”的十六个方面，主要有公德、国家思想、进取冒险精神、权力思想、自由、自治、自尊、合群、毅力、义务思想等。[15] 他认为只要照此做下去，提高中国人的个人素质，就可以实现民族主义的目标。

对构成国家要素的国民的重视，是近代民族主义的突出标志。梁启超“新民思想”体现了他逐渐向近代的民族思想过渡的趋向。

四、民族思想的最终确立——1903年游美以后

1903年是梁启超的民族主义思想最终确立的一年。这一年，中国的思想界发生了标志性的转变。在留日学生和革命党人的推动下，排满思潮迅速兴起，成为时代的主流。而梁启超对国际、国内社会的变化进行冷静的分析后，结合在美洲考察的体会，和进一步的学习，再次放弃了反满的口号，“不复言种族革命”，进而提出了明确的“大民族主义”。梁启超的变化主要源于以下几点原因：

（一）由于革命派鼓吹的“排满思想”有强烈的种族复仇主义的倾向

这一年邹容的《革命军》、章炳麟的《驳康有为论革命书》、陈天华的《猛回头》和《警世钟》等先后出版，在推动革命思想的同时，也促进了反满思想的高涨，成为发动革命的重要舆论宣传内容，并带有强烈的种族主义色彩。

青年革命家邹容在《革命军》中说：“中国者，中国人之中国也，非贱满人所得而固有也。”[16]同盟会的《军政府宣言》公然宣称：今之满洲，本塞外东胡。后乘中国多事，长驱入关，灭我中国，“我汉人为亡国之民者二百六十年于斯”。[17]在1902年4月章炳麟等革命派就计划在崇祯皇帝吊死梅山这一天，组织“支那亡国二百四十三年纪念会”，借历史事件激起人们的反满热情，鼓吹种族革命。

在当时，此类将满族人民与满族权贵混为一谈，不承认满人也是中国人，也是中华民族成员的言论和宣传，在章太炎的著作中更是随处可见。他强调：“化有蚤晚而部族殊，性有文犷而戎夏殊。”这即是说，化晚而性犷之民，“虽合九贡之辩有口者，而不能予之华夏之名，”反对将满族列入中华民族。[18]他还说，如革命将“满洲之汗”赶回“黄龙之府”，“则固当与日本、暹罗同，视种人顺化归，斯受之而已矣。然主权未复，即不得举是为例。”[19]即主权未光复之前，不允许满汉融合；清政府被推翻后，视满人“与日本、暹罗同”，即将满人视为外人，而且在满族“醇化于我”之前，“吾视之将不得不如黑民，以待黑民者待蒙、回、藏人。”[20]公然坚持民族歧视政策。

这种宣传对留学生的影响尤为明显，将一大批热血青年的爱国主义热情导引向狭隘的民族情绪，进一步扩大了这种思想的影响。

1903年1月30日，是夏历癸卯年正月初二，留学日本的学生聚集到东京，举行新年恳亲会。在这次集会上，具有强烈革命思想的马君武、刘成禺公开喊出了排满革命的口号。把恳亲会变成了宣传革命排满的讲台，从此排满口号风靡学界。同年，全国又掀起了据俄运动，遭到清政府的压制后，留日学生将据俄义勇军改为“军国民教育会”，在制定的徽章上镌刻黄帝像，使用黄帝纪年，隐含排斥满人统治的“微言大义”，主张以鼓吹、起义、暗杀等手段进行排满革命。

在留学生办的报刊中，这种思想表现得更为明显。台湾学者张玉法对1903年的留学生报刊的反满文章有一个粗略统计：现存8期的《湖北学生界》有15%的诗文及论述与“反满”民族革命有关；共出12期的《游学译编》所载诗文纪事共162篇，其中鼓吹民族革命的约12篇；现存10期的《浙江潮》，载有重要论著188篇，其中鼓吹反满民族革命、激发民族思想的有65篇，占22.6%，《江苏》杂志共出12期，载文385篇，其中鼓吹反满民族革命、激发民族思想的117篇，占30.4%。[21]

这些刊物将留学生的运动与国内的学潮联系起来，对国内革命思想的高涨起了巨大的影响。

当然，这种反满思想的宣传也与反专制紧密联系，但革命派有意无意中混淆了满人与清朝专制政府的界限，所以其中的种族复仇主义倾向越来越明显。在《发起军国民教育会意见书》中明确指出，民族主义的含义为“祖、父世仇则报复之”。[22]由此可见一斑。

反满思想的高涨是梁启超所始料不及的。他意识到这种狭隘的种族主义必然会导致复仇主义，给早已体无完肤的中国带来更巨大的破坏性。于是对社会上的这些活动由最初的鼓励支持，逐渐改为抱怨和责难。他先委婉含蓄地劝学生不要因此而荒废学业，“自东京学生运动之义倡，义不能损满洲政府一分毫，而惟耽误自己功课。或鼓起志高，弃学而归，归而运动，运动无效，无效而沮丧，沮丧而堕落，问所赢几何，曰废学而已。”之后他又直接表达了他的担心：“一年以来东京学界之杂志，木杉杉辈起，突飞猛进，然迹其趣旨，似专以鼓气为唯一法门，此倾向日甚一日，其发论之大轶于常轨者，往往有焉。”[23]可见他对反满和民族问题开始了进一步的思考。

（二）在美洲的游历中受到国家学说的极大影响

1903年2月到12月，梁启超游历美洲，这其间他考察了美国和加拿大两国的政治、历史和社会状况。在美国，他亲身体会到现代工业对帝国主义扩张的影响，从罗斯福巡行全国时所发表的“欲进吾美于强盛之域，为我子孙百年大计，舍帝国主义未由也”的演讲中，梁氏进一步认识到帝国主义的殖民野心。旅美期间，梁氏对在日本就已经接触到的德国政治学家伯伦知利和波伦哈克的国家学说作了进一步的研究，发表了《论政治学大家伯伦知理》。

在《政治学大家伯伦知理》一文中，梁启超在介绍伯伦知理国家主义思想的同时，结合中国的现状，阐述了他对民族主义的理解，从而最终确立了近代民族主义思想。

在此之前，民族和国家对梁启超来说几乎是同一个东西，在他的文章里似乎可以彼此替换使用。而现在他随从伯伦知理，在民族和他通常将其意义等同于国家的国民两者之间，作了一重大的区别。他所说的民族是指一个生活在同一地域，又用以祖先沿袭而来的人类群体，他们不仅看来相似，而且具有共同的语言，共同的宗教、共同的习俗和共同的谋生方式。他所说的国民是指这样一群人，他们不仅是一个法人团体，而且还具有可以表达该团体自身意志和提出该团体自身权利的有机的和法人的人格。民族本身可以转变成国民，由此导致组成一个国家。但民族不能等同于国家。[24]（张灏《梁启超与中国思想的过渡》184—186）有时一个大民族可能分成数个国家，一个国家也可能有几个小民族联合而成。

显然梁启超认为后者更适合中国。中国要建立的新的国家必定是一个多民族国家。他认为中国从传统上就是由汉、满、蒙、回、藏等多民族组成的，而且在各民族融合的过程中，各民族的先进成分互相交流、吸收，从而推动华夏文明的不断发展壮大。经过数千年的融合，国土上的各民族相互征服，又日趋同化，已经具备了“民族共同之感情”，逐渐形成为一个大的中华民族。因此他提出“当于小民族主义之外，更提倡大民族主义。”他解释“小民族主义”是“汉族对于国内他族”，“大民族主义”是指“合国内本部属部之诸族以对于国外之诸族”。他认为在当前的中国应提倡“大民族主义”，合全国之力建立统一的国家，“今日吾国最急者……民族建国问题而已。”主张以国家之力抗拒外族，而不应在国内宣扬狭隘的种族主义斗争。[25]

“大民族主义”思想的提出，标志着梁启超终于冲出了中国传统民族主义观念的束缚，确立了以“民族国家”为中心，以反对帝国主义侵略为基调的近代民族主义观念，成为一个清醒的民族主义者。

在《申论种族革命与政治革命之得失》一文中，梁启超进一步澄清了种族革命与政治革命的区别。指出“政治革命者，革专制而成立宪之谓也，无论为君主立宪、为共和立宪，皆谓之政治革命。

苟不能得立宪，无论其朝廷及政府之基础，生若何变动，而或因仍君主专制，或变为共和专制，皆不得谓之政治革命。”“种族革命者，民间以武力而颠覆异族的中央政府之谓也。”这种比较科学合理的认识使他对反满有了更为理性的思考。他对革命派提出的反满口号也提出了尖锐的质疑：

首先，“排满”的宣传处在什么地位?

梁启超指出，“今政府与满洲有二位一体之关系”，在宣传时应明确“以其为满人而排之乎，抑以其为恶政府而排之乎？”排满是一种推翻专制政府的手段还是革命的一个目的？梁启超认为，如果为推翻恶政府而以排满为手段尚可以，但如果以排满为理论为目的则万万不可。因为祸国殃民的不是满人，而是落后的政治制度，是“恶政府”。因此“今日当以集全国之锋刃向于恶政府为第一义，而排满不过其战术之一支线，认偏师为正文大不可也。”

其次，排满对建国是否有意义及作用？梁启超认为当前最重要的是建立统一的国家，抵御外族的侵略，而排满既不能增强汉族的实力，也不能抵御列强的侵略，革命胜利之后更不能有助于巩固国家基础，梁启超认为，“两年来世论之趋向，殆由建国主义一变而为复仇主义”，“顾吾特不欲计建国主义一变而为复仇主义，倒置其轻重也。以谓此不健全之论为造成国民资格之一道魔障也。”[26]

小结

民族主义思想是近代思想史上的重要内容，梁启超的民族主义思想的形成过程在中国近代史上非常有代表性。他不同于康有为，虽然认识到中华民族同帝国主义之间的矛盾，但却因此而一味否认满汉矛盾；也不同于孙中山、章太炎等，为推翻清政府的专制统治而过分夸大满汉之间的矛盾，甚至不惜违背历史事实，虽然起到了激发广大人民群众参加革命的作用，却对整个中华民族的团结不利。辛亥革命后，孙中山也提出了“五族共和”，但要比梁启超晚了近10年。梁启超民族主义思想中，从产生、发展到最终确立，围绕反满问题发生了多次反复，但在不同时期有不同的原因，充分体现了其民族思想逐渐走向成熟的发展历程，同时也反映了中国社会主要矛盾的变化。同时我们也可以从中发现“在其起伏跌宕的多变生涯中，自有其少变与不变在，其中爱国诚心正是其万变所系之宗，”梁启超民族思想变化的根源正是由于他那颗忧国忧民的爱国之心（续首都博物馆丛刊第18期—下）！

注释：

① 梁启超：《中国积弱溯源论》，《饮冰室合集》文集之五，中华书局1989年版，第35页。
② 梁启超：《中国积弱溯源论》，《饮冰室合集》文集之五，中华书局1989年版，第36页。
③ 丁文江、赵丰田合编《梁启超年谱长编》，上海人民出版社1983年版，第286页。
④ 梁启超：《国家思想变迁异同论》，《梁启超选集》，上海人民出版社1984年版，第184—191页。
⑤ 梁启超：《新民说》，《饮冰室合集》专集之四，中华书局1989年版，第4页。
⑥ 梁启超：《论变法不知本原之害》，《饮冰室合集》文集之一，中华书局1989年版，第13页。
⑦ 梁启超：《论湖南应办之事》，《饮冰室合集》文集之三，中华书局1989年版，第41—45页。
⑧ 梁启超：《论保全中国非赖皇帝不可》，《梁启超选集》，上海人民出版社1984年版，第90页。
⑨ 梁启超：《新民说/论自由》，《饮冰室合集》专集之四，中华书局1989年版，第41页。
⑩ 梁启超：《新民说叙论》，《梁启超选集》，上海人民出版社1984年版，第206页。
⑪ 梁启超：《新民说》，《饮冰室合集》专集第三册，中华书局1989年版，第6页。
⑫ 丁文江、赵丰田合编《梁启超年谱长编》，上海人民出版社1983年版，第196页。

⑬ 梁启超：《爱国论》，《饮冰室合集》文集之三，中华书局1989年版，69—73页。
⑭ 梁启超：《论近世国民竞争之势及中国前途》，《饮冰室合集》文集之四，中华书局1989年版，第60页。
⑮ 梁启超：《新民说》，《饮冰室合集》专集第三册，中华书局1989年版，第7页。
⑯ 邹容：《革命军》，中华书局1858年版，第17页。
⑰ 《孙中山选集》，人民出版社1956年版，第78页。
⑱ 章太炎：《原人》，《訄书》重订本，《章太严全集》（三），上海人民出版社1984年版，第166页。
⑲ 章太炎：《中华民国解》，《章太炎全集》（四），上海人民出版社1984年版，第256页。
⑳ 章太炎：《中华民国解》，《章太炎全集》（四），上海人民出版社1984年版，第258页。
㉑ 张玉法：《清季革命团体》，台北1975 年版，转引自《癸卯年万岁》第50页。
㉒ 冯自由：《革命逸史》初集，中华书局1981年版，第109—111页，转引自《癸卯年万岁》第45页。
㉓ 梁启超：《答飞生》，《新民丛报》40、41合刊，1903年11月，转引自《癸卯年万岁》第53页。
㉔ 梁启超：《政治学大家伯伦知理之政治学说》，《饮冰室合集》文集之十四，中华书局1989年版，71—77页。
㉕ 参见梁启超：《政治学大家伯伦知理之政治学说》，《饮冰室合集》文集之十四，中华书局1989年版，第67—89页。
㉖ 梁启超：《申论种族革命与政治革命之得失》，《饮冰室合集》文集之十九，中华书局1989年版，第1—45页。

放下屠刀　立地成佛

——记偷袭珍珠港日本飞行机队总指挥官渊田美津雄

赵　迅

夏威夷群岛地处碧波万顷的太平洋中部，由大小132个岛屿、礁石和浅滩组成。1959年8月成为美国的一个州，州首府檀香山位于瓦胡岛上。我国伟大的革命先行者孙中山（1866—1925）先生，青年时代曾在这里求学和从事革命活动。瓦胡岛南沿有一处理想的军港和战略要地珍珠港，美国太平洋舰队司令部曾设于此地。“二战”中，这里震惊过世界。

1941年12月6日晚，美国海军基地的周末狂欢舞会曲终人散，人们意犹未尽，水兵们斜倚在椰树下，吉他声响处浅吟低唱着轻柔婉转的夏威夷情歌：“you are my sunshine，my only sunshine……”偎依在身旁的小情人婀娜多姿，如花解语。港湾内波平如镜，好一派温馨宁静的夜晚、浪漫旖旎的南国风光。夜阑人静玉漏频催，各自回去寻个好梦。

7日拂晓，人们睡意正浓。檀香山时间6时，183架日本飞机从230海里以外停泊的赤城号航空母舰上起飞，在风平浪静的太平洋洋面上向南方超低空飞行，从瓦胡岛西面直扑珍珠港。机种有水平轰炸机、俯冲轰炸机和鱼雷攻击机。7时57分到达珍珠港上空。当监视哨看清机翼上的“日章”徽记时，一切都晚了。此后的情景，只消看看米高梅公司摄制的纪实故事片《The Pearl Harbor》就司可以了，只是惨烈程度显然不足。9时整，日机171架（另说167架或173架）对珍珠港进行第二拨攻击，这次是从瓦胡岛东面进入的。

毫无戒备、猝不及防的美国太平洋舰队损失惨重：停泊在港内的8艘主力舰、3艘巡洋舰以及其他辅助舰艇40余艘被炸沉炸伤，基地的军用机场全被破坏，炸毁战机270多架，官兵伤亡3 400余人。亚利桑那（Arizona）号主力舰的甲板被1 760磅的重型炸弹击中，引爆了舰上的炸药库，全舰连同1 177名官兵在9分钟之内全部葬身海底，无一幸免。面对东倒西歪的医药橱柜、千疮百孔的收发报机，医护人员和报务人员一筹莫展，昨夜晚的缠绵悱恻、柔情蜜意一扫而空。

这次偷袭珍珠港的日军飞行机队总指挥官是海军中佐渊田美津雄（1901—1975）[①]。他出生于奈良县，1924年从海军兵学校毕业，1927年入海军练习航空队学习飞行，1938年晋升海军少佐，同年参加侵华战争，1940年任第三航空战队参谋，次年晋升海军中佐，任赤城号航母飞行队长、夏威夷攻击飞行机队总指挥官。由于他飞行技术超群、英勇善战，人称“空中之虎”。珍珠港之役，渊田亲自驾驶轰炸机，身先士卒。偷袭得手后，返航途中他迫不及待地向日本大本营发送出预先约定好的电报

“虎!虎!虎”！意为“我奇袭成功”。他的座机已倾泻掉所有的炸弹，显得轻盈如燕，从舷窗中看到东方微明，红日喷薄欲出。渊田志得意满地唱起了军歌：“見よ東海の空明ご旭日高く赫けげ……”一口气唱完《爱国进行曲》的最后一句：“ちげ日本の誇なれ”（我为日本而骄傲）。他心甘情愿地充当了日本法西斯的忠实鹰犬。这年他40岁。

日本大本营接到渊田的电报之后，一群大小战犯、嗜血者，为这虚幻的胜利而疯狂了。骑着青牛出涵谷关的老子说过：“天令其亡，必令其狂。”西方的希特勒（Adolf Hitler，1889—1945）、墨索里尼（Benito Mussolini，1883—1945）辈，也像《圣经》上说的那样：“上帝想要毁灭一个人，就先让他疯狂。”战争狂人就都相继疯狂起来，迎接自己的灭亡。

这次偷袭珍珠港，日军仅损失飞机29架，实属微不足道。而先期派往瓦胡岛的27艘潜艇，其战况和下落至今仍是个谜，只约略知道有4艘已经沉没或搁浅。此次战役不知是日方的战略失误还是贪得无厌、想把美方的石油立即据为己有，他们并未将美军的供油设施列入攻击计划，因而瓦胡岛的燃油储备和太平洋舰队的储油柜得以保全。如果日本人破坏了这些目标，则将使舰队的每一艘战舰都将无法行动，新的燃料供应只能依靠来自数千英里以外的加利福尼亚。时任太平洋舰队总司令的尼米兹（Chester William Nimitz，1885—1966）上将后来说：“在珍珠港事件爆发时，舰队的所有用油都储存在地面油柜内。我们大约有450万桶石油，直径5毫米的子弹就足以把它们毁掉。如果日本人毁了那些石油，那么战争就会再延长两年。”

1942年上半年，渊田多次经历战阵：拉包尔（Rabaul，西太平洋俾斯麦群岛中新不列颠岛上的城市）战役、印度洋方面作战、中途岛（Midway）战役等，他都亲自参加。6月份负伤住进医院。1943年伤愈，升任第一航空舰队参谋；次年晋升海军大佐，任联合舰队参谋、南方总军参谋；1945年日本投降后，渊田复员。

珍珠港事件历史渊源由来已久。

自第一次世界大战之后，美日矛盾不断加深。1937年“卢沟桥事变”，日本发动了全面侵华战争，严重地损害了英美在华的利益。1940年5月，美国总统罗斯福（Franklin Delano Roosevelt，1882—1945）命令结束年度例行演习的太平洋舰队留驻珍珠港而不返回美国西海岸以对日本实行威慑。11月，日本联合舰队司令、海军元帅山本五十六（1884—1943）提出摧毁美国太平洋舰队的建议。1941年8月1日，美国和荷兰宣布联合对日本实施全面石油禁运。这对日本的打击无疑是致命的，因为当时日本的石油储备只够军方使用1年多，对于能源极度匮乏的日本，意味着1年多以后将要不战自败。故此日本决心南侵，夺取南太平洋地区荷属东印度群岛的石油资源。为确保不受美国的阻碍，先以偷袭珍珠港、摧毁美国的封锁力量，并通过重创太平洋舰队以保护日本入侵东印度和东南亚等地区的海上通道，尤其是从苏门答腊和婆罗洲通向日本本土的油轮航线。1941年8月9日，日本大本营确定南进方针，8月中旬，日本参谋本部和军令部制定共同战略，提出袭击珍珠港的计划，并委托山本五十六具体执行。10月18日东条英机（1884—1948）组阁，次日即批准山本的南进计划。11月5日御前会议决定于12月对美、英、荷开战。11月18日，由南云忠一大佐在择捉岛集结各种舰艇32艘担负突击任务，20日由27艘潜艇组成先遣队，伪装巡逻出海，取道北太平洋驶向瓦胡岛。同时派出来栖三郎为代表，赴美假意和谈。12月1日，御前会议下了开战的最后决心。次日日本大本营下达攻击珍珠港的命令。

此时，美军的监听机构“魔术”（Magic），已能截获并破译出绝大多数日本用九七式打字机发出的“紫色”（Murasaki）密码外交电报，欧、亚洲一些盟国，以及北欧等中立国和国民党“军统”局电讯总台，都已成功破译了日本的军用电报，及时告知了罗斯福总统。袭击珍珠港的时间，锁定在12月7日拂晓。

罗斯福总统预感到日美在亚洲历经30年的争霸斗争，不可避免地必将酿成一场大规模的战争。这场战争来得越早对美国越有利。不过此时美利坚合众国的民众承平日久，和平主义思想严重，需要外力击一猛掌。上策是让日本先打第一枪，落一个不宣而战的恶名声，来栖三郎的真实目的也就不打自招了。权衡轻重，只得忍痛牺牲一部分太平洋舰队的武器装备和人员。为了免得伤筋动骨，预先把港内停泊的三艘航空母舰调离。

12月6日晚，罗斯福总统召集了高级幕僚齐集白宫，计有海军部长诺克斯（Frank knox，1874—1944）、海军作战部长斯塔克、陆军部长史汀生（Henry Lewis Stimson，1867—1950）、陆军参谋长马歇尔（George Catlett MarshalI，1880—1959）和总统特别助理霍普金斯（Harry Lloyd Hopkins，1890—1946），守候在电台前彻夜未眠。日本人如期偷袭成功，中了罗斯福总统的“苦肉计”，小小的珍珠港爆出了震惊世界的大新闻。8日，罗斯福总统在国会大厦发表了历史性的讲话和国情咨文，而后国会通过对日宣战。美国抢先在纳粹德国和日本法西斯全面征服欧亚大陆之前将其强大的国家机器转入了战时轨道。珍珠港的炸弹炸醒了和平主义迷梦中的美国人民，把美国从“孤立主义”中解脱出来，从而彻底地扭转了“二战”局面。

1943年，首先提出建议摧毁美国太平洋舰队、策划和具体执行偷袭珍珠港的山本五十六元帅，也是因为密码电报被破译而暴露了行踪，座机在所罗门群岛上空被击落而死，逃过了两年后远东国际法庭的审判。

渊田复员后被聘为省史实调查部部员，1948年转入占领军总司令部历史课。这期间他和奥宫正武合写《机动部队》一书，内容主要阐述太平洋战争后期南太平洋海战的历史。该书于1951年由日本出版协同出单行本，以后三次再版。他在调研战争史的同时，也在不断地反省自己。远东国际法庭对日本战犯、尤其是对珍珠港事件罪魁祸首东条英机的审判，对他震撼尤深。他自责、悔恨，终于找回了良知而幡然悔悟。渊田在良心的谴责下，皈依了耶稣基督，成为一名虔诚的基督徒。《五灯会元》（东山觉禅师）：“广额正是个杀人不眨眼的汉，飙下屠刀，立地成佛。”可为渊田的写照。以后他定居美国，成为职业牧师，遍历欧美诸国传经布道。他在宣讲福音的同时，现身说法，反对非正义的战争，呼吁世界和平。

珍珠港的硝烟早已散尽，美国人清理了战场，打捞了沉船，恢复了美丽军港的旧时模样，只把亚利桑那号的残体留在湛蓝的海水下，让人们铭记1945年12月8日罗斯福总统的慷慨陈词：“不论在不在（珍珠）港内，我们每个人都将永远记住这一时刻。”

1962年美国人用白色大理石修建了一座长60多米的马鞍形纪念堂，横跨在下沉海底的亚利桑那号胴体之上，它的旗杆连接在这艘主力舰的主桅上，上面飘扬着星条旗。每年12月7日，旗杆上还要轮流升起印有遇难官兵姓名的小旗以示悼念。纪念堂的名称就叫“Arizona Memorial”。

1966年12月7日珍珠港事件25周年纪念会上，渊田破例地被请去参加活动。旧地重游，不胜今昔。“从前种种譬如昨日死”，昔日的“空中之虎”，今已化身为和平之鸽。在刻有殉难者姓名的白色大理石墙前面，他表示负疚和忏悔，在致辞中说“想起自己当初是敌军将士，内心尤感沉重。”这年，他65岁，已到退隐之年，落叶归根，回到故里。1975年上帝召唤他，并为他敞开了天堂的大门。

1945年9月2日9时02分，日本向盟国递交了投降书，受降仪式是在停泊在东京湾的美国战列舰米苏里（Missouri）号上举行。战后改为后备役训练舰。原舰上的扩音器和由九个小型喇叭组成的扬声器，被时任北京大学校长胡适（189l—1962）向美国海军要来，悬挂在北京沙滩民主广场，学校有通知事项，通过它的播放，全校都可以听到，人们昵称它为“九头鸟”。米苏里号1984年被进行现代化改装后，于1986年重新服役。这艘曾经参与过“二战”、朝鲜战争和波斯湾战争的军舰，于1991年在海湾战争中发射完战斧式导弹之后，于1992年退役。最后一次航行，是1998年6月21日驶往珍珠港中央的福特岛，与亚利桑那号遥遥相望，同样被辟为永久性纪念馆。

亚利桑那号罹难于太平洋战争的开始，米苏里号则见证了这场血腥战争梦魇的终结。

“滚滚长江东逝水，浪花淘尽英雄；是非成败转头空。青山依旧在，几度夕阳红。”[杨慎（临江仙）上片]60年匆匆过去，当年的风云人物、将士英豪，俱都落英缤纷、风流云散：魑魅魍魉辈皆已死无葬地、尸不周全。晚生后辈们何不以史为鉴，蓦然猛省。冤冤相报造成哀鸿遍野、嗷嗷待哺；献出一颗赤子爱心，迎来的将是莺啼燕啭、姹紫嫣红。

当今世界亟需和平。持久的和平尽管姗姗来迟，最终还是会来到人间的。“倘若冬来，阳春不远。”雪莱（Percy Bysshe Shelley，1792—1822）在他的诗篇《西风颂》中如是说。

注释：

① 本文资料来源主要根据日本友人户村健先生提供的文字资料。户村先生现为日本早稻田大学老年班的学员。为了考察中日文化交流情况，常到北京实地勘察。其间，我请他帮助查找太平洋战争资料和渊田美津雄的情况。回国后，他在东京军地图书馆、档案馆查找后，寄给我一批材料。连同我在国内找到的资料草成此文，供对近代战争和太平洋战争有兴趣的读者参考。

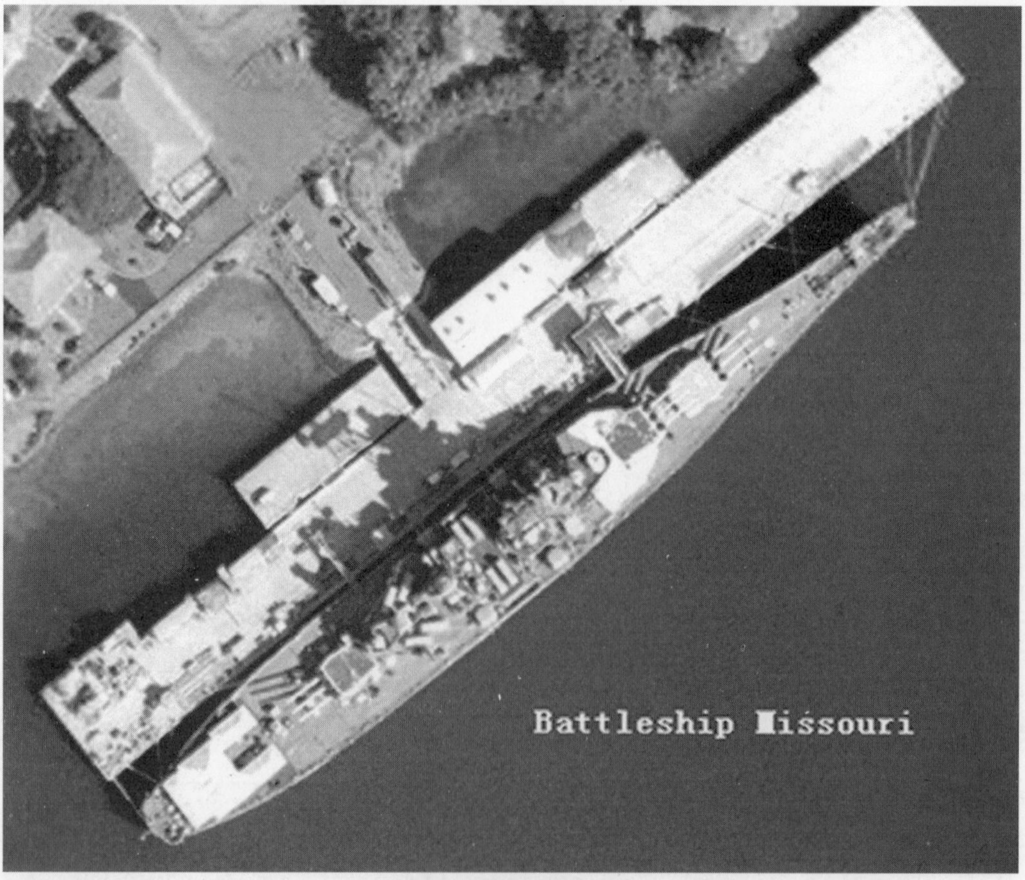

美国战列舰米苏里号

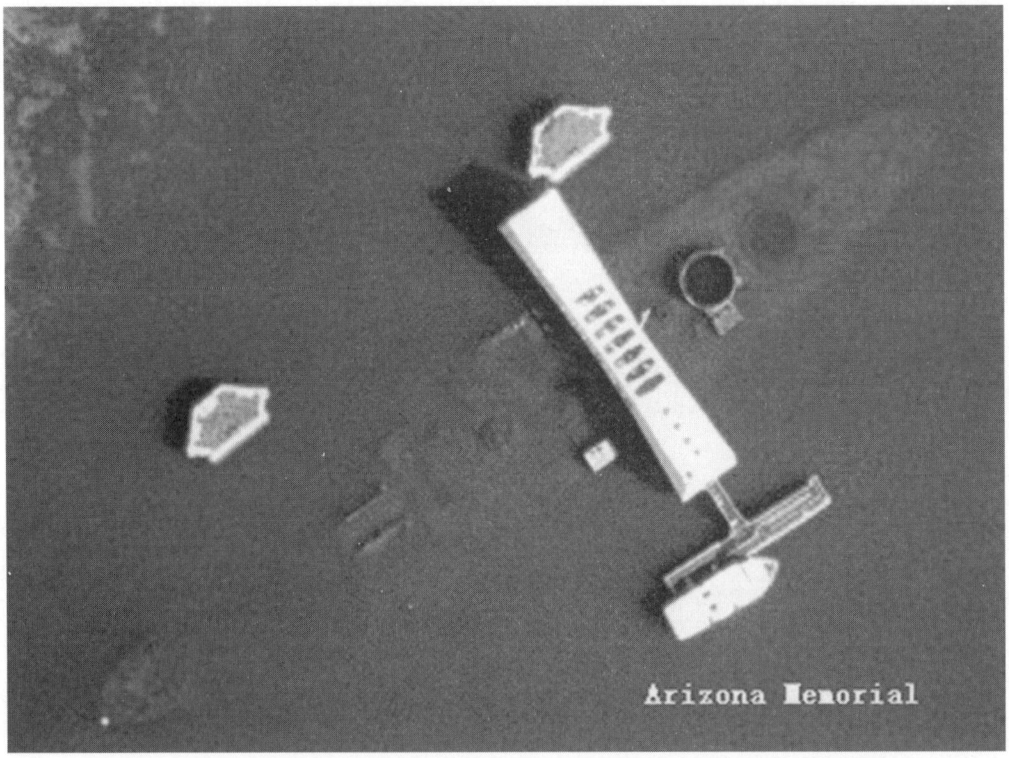

亚利桑那纪念馆（其下的阴影是沉入水底的亚利桑那号主力舰）

米苏里号战列舰和亚利桑那纪念馆位置图

略论美国西部开发中的铁路革命

刘 丞

本文所指美国之西部主要是指位于阿巴拉契亚山以西一直到太平洋地区。18世纪生活在这片荒芜的土地上的是印第安人原始部落，然而仅仅过了200多年，这里已经成为了世界上经济最发达的地区。究其原因，不能不归功于美国的西进运动。

美国真正意义上的西进运动，应该是从1812年的第二次英美战争开始的。因为根据英美《巴黎和约》中的规定，英国答应划归美国的那部分领土，总共也不过是82.8万平方英里，并且阿巴拉契亚山脉和密西西比河之间的领土还不在美国的有效管辖之下，而是在印第安人（甚至英国人）的掌握之中。但是在1812年英美第二次战争后，美国的领土从阿巴拉契亚山脉一直延伸到了太平洋沿岸，北部也推进到了五大湖。在这将近一个世纪的西进中，美国拥有了相当于其建国初十三个州面积总和7.5倍的领土，而“西部新建的州数正好等于东部州数的两倍。”① 所以美国著名边疆史学家特纳认为：“直到现在为止，一部美国史在很大程度上可以说是对于大西部的拓殖史。一个自由土地区域的存在，及其不断地收缩，以及美国定居地的向西推进，可以说明美国的发展。”② 这场轰轰烈烈的西进运动则推动了对美国发展同样重要的一场革命——交通革命。在西进运动推动交通革命的同时，如何更好地为西进服务也成为了交通革命的首要任务。

一、交通及铁路革命的背景

随着美国人口的西进，交通运输问题成为了摆在美国人民和政府面前的重大问题之一。在美国建国伊始，其交通运输的基础并不是很好，主要依靠的是几条南北走向的内陆河和沿海的一些运输线路，主要的交通工具是马车和帆船。而其早期的殖民地也是建在河道两旁或者是沿海的地方。正如这些早期的移民需要从海路和河道运输他们的货物一样，西进的移民们也需要从公路，河道和铁路去输送他们的产品。交通运输的不便明显地制约了美国的经济和政治的进步。例如，“在第二次英美战争期间，在大西洋沿岸购买一蒲式耳燕麦仅需30美分至40美分，而运到西部边疆却要卖到60美元；又如，直到1817年，从费城到匹兹堡的运费仍高达每100磅7美元至10美元；从巴尔的摩到俄亥俄中部地区，运送商品的马车要走一个月左右。”③

同时从1793年欧洲战争开始，各国对美国实行关税歧视。这样就迫使美国的贸易对象由国外转移到了国内。但是，美国人发现要从国内获取巨利还是有待于江河、道路的改善。而美国自身的经济发展则呈现出区域经济的特征。其东部沿海主要是外贸和海运；南方的主要作物是棉花；西部则主要生产粮食作物。如此看来，这三个独立的社会整体之间存在着对抗也互相依赖。而交通革命也就成为了使这三大地区均势互补不可缺少的因素。

由此美国掀起了一场轰轰烈烈的交通革命。美国的交通运输的改善主要是分三步进行的。① 公路交通的改善，主要是“税道”的修建。② 运河修建以及汽船的应用。③ 铁道的铺设。

二、铁路革命的前奏

（一）“税道”时代

“所谓‘税道’（turnpike），即收税的或收费的公路或大道，被称为‘Macadam’（碎石路）式道路，就是以碎石铺设的道路。”[④]在“税道”修建之前，美国的主要城市都是依靠简陋的道路连接起来的，“那些陆地上的航路，春季泥泞不堪，夏季灰尘飞扬，冬季盖满了厚雪，行走十分吃力和困难，经常还发生危险。”[⑤]而内地移民也常常聚居在河道旁边。他们所经过的小道，是一种“因为鹿和水牛在寻找饮水时所走出来的小道，变成了印第安猎人踏成的小路。”面对越来越多的移民涌入西部，小路已经不能胜任运输任务了，或者说它已经在阻碍西进的速度了。因此，从18世纪90年代开始美国修建“税道”来改善交通。第一条税道是连接兰开斯特和费城的碎石路，于1794年落成，长66英里，耗费465 000美元。“兰开斯特大路”为兰开斯特道路公司从征行车费中获得丰厚的利润，这导致了全国范围内掀起了修建“税道”的高潮。而主要的修建资金来自于私人资本。“1811年前后，拥有资本总额750万美元的137家公司取得了纽约州颁发的特许状。”[⑥]而在缺少私人资本的州，政府则用收买修路股票或直接拨款的方法进行资助。在以后的30年里，美国修了数千英里的路，但是大部分是在阿拉巴契亚山以东的大西洋沿岸修建的，没有办法解决东西部运输问题。与此同时，许多税道一经完成便无人看管。这样一来，税道的保养和维修又成为了其衰落的又一原因。由此随着税道高潮的逐步平息，运河、汽船时代到来了。

（二）运河、汽船时代

“据统计，在美国共有大大小小河流295条，其中可供航行的水路约为36 410英里，还不包括五大湖的2 670英里海岸线在内。在全部河流中，有145条、20 730英里可航行水路是在西部，而密西西比河及其支流就占了54条及13 912英里的可航水路，相当于全国可航行水路长度的52.7%。”[⑦]这充分说明了在西部修建运河的可能性。而1807年，蒸汽船的首航对运河更具有特殊的意义。交通工具的改善进一步燃起了人们对开发运河的兴趣。从此西部的交通革命进入了运河、汽船时代。在1818—1825年美国修建了美国历史上第一条连接东西部的人工河道——伊利运河。“伊利运河按照原订计划建成了共长363英里，每英里平均造价是两万元，全部费用共约700万元。”[⑧]这条连接东、西部的运河，大大地缩短了西进的路程，并且降低了运费。“从布法罗到纽约货运时间从20天减到6天，运费从每吨100美元减到10美元。”[⑨]伊利运河的巨大成功也激起全国各地修建运河的高潮。“据估计，1830年时美国的运河里数是1 270里，1840年是3 320里，1850年是3 700里。”[⑩]但是正如美国经济学家福克纳所说的那样“只要一看地图便可知道这些河流是从北部流向南部的，相反的人口通常是由东部移向西部；因此运输方面的真正需要乃是要从东部到西部而不是从北部到南部的便利。”[11]同时由于水流及季节的影响，运河终究是无法从根本上解决东西部的交通问题的。由此可见，铁路时代的来临就具有了重大的意义。由于铁路革命对美国西部开发的重大意义，我们在这里将其独立成章，以示强调。

三、美国的铁路革命

从19世纪50年代起，美国的交通革命进入了“铁路时代”。因为“在通往西部的道路上，横亘着阿巴拉契亚山脉，由东北向西南绵延2 300公里，这条山脉虽然并不算高，大约只有海拔1 000多米，但是它由许多褶曲山脉组成，所以道路极为曲折难走。”[12]面对越来越多的移民，仅仅依靠碎石路和汽船是不行的。而铁路却具有了绝对的优势，“它可以穿山越岭直达内地，而且速度快，载重多。”[13]美国近代第一条用蒸汽作动力的铁路，是1830年建成的从巴尔的摩到俄亥俄的一段只有13英里长的铁路。但是“到1880年美国已经建成的铁路达150 086公里，而当时整个欧洲铁路的总长度才169 000公里。”[14]如此大规模的铁路是怎样修建的呢？或者说修建这些铁路的资金来源是什么呢？“据估计，从1865年到1890年，包括给铁路公司的土地授权在内，联邦援助总计大约15亿到20亿美元，但这个数字也仅占全部铁路投资的10%—15%，而其余的资本则是由私人提供的。”[15]而吸引如此大量私人资本的正是美国提出的“内地改进”（internal improvement）政策，“主要是指与国民经济发展密切的交通运输业，包括税道、运河和铁路等公共工程。以国家名义给从事这类事业的企业以经济上补贴。”[16]这一政策最早是源于汉密尔顿的《关于制造业报告》。汉密尔顿在报告中提出了对国内企业进行经纪上的补贴，而实质上则起到了保护关税的作用。后来经由亨利·克莱提出了“美国体系”来把这一政策具体化、概括化。国家对交通运输的补贴从税道修建时就开始了。坎伯兰大道修建时美国财政部长阿尔伯特·加勒廷“倡议以出售公地所得的2 000万美元作为建筑费。”[17]这实际上就是经济补贴。到了铁路时代，这种补贴的主要形式为“（1）进口铁轨豁免关税；（2）以贷款形式出现的直接财政援助；（3）给铁路公司土地授予。”[18]其中对美国铁路建设作用最大的还是土地授予。“1850年9月20日国会通过了资助铁路法案，规定将伊利诺伊、密西西比和亚拉巴马境内的国有土地拨与各州，用以资助东起以利诺伊拉萨尔西至亚拉巴马莫比尔的铁路所有。后来，这个规定也被应用于其他铁路线。”[19]正是由于这一政策使得大量土地归属于了铁路公司“各铁路总共取得242 000平方英里的土地，即较之德、法两国的领土面积总和还要大。”[20]而占有如此大面积土地的铁路公司，也成为了广大拓荒者土地的主要来源，而争抢铁路土地又使得铁路土地的价格随之提高。“如伊利诺斯的铁路土地，1850年每英亩仅卖8美元，1860年就涨到20美元，1870年又提高到30美元。”[21]面对这样巨大的利润，西部铁路建设的开发资金也如移民一样汹涌而至了。“1860年时对铁路的投资（10亿美元）约等于对美国全部工业的投资”[22]由此美国的铁路网在顺境中张开了。“从1830年到1840年的10年间，美国铁路的总长度猛增到2 818英里，仅次于英国而跃居世界第二位。1850年，美国的铁路线已长达9 021英里，超过英国，成为世界上铁路线最长的国家。”[23]

由此，我们可以看出国家的干预对于美国交通运输的发展起着至关重要的作用。一方面，它刺激了资本的大量涌入，为铁路的修建提供了大量的资金。另一方面，它带来了大量的移民来开拓一片片的荒地，使得西部获得巨大的发展。加快了西进运动的进程。我们完全可以说美国铁路的修建是在

"国家领导下"进行的。

四、铁路革命的影响

美国铁路以前所未有的速度进行着大规模的建设，而这种扩张势必要对美国历史的发展给予巨大的影响。下面笔者将从三个方面分析其影响。

（一）政治方面

铁路的扩张对美国政治方面的影响最显著的莫过于其对南北战争的影响了。早在内战前，南方与北方就对西部铁路的建设投以了热切的关注。与南方相比，北方有其独特的优势，即北方与西部都是建立在同一种劳动制度之上的。凭借这一优势北方与西部建立了更为紧密的联系。在内战前，西部"它占了22个州中的11个（包括2个中立州），在当时北方占有22 503英里铁路线中，有12 489英里是建在西部，甚至超过了东北部铁路的长度。"[24]同时，横贯大陆的铁路线也是由纽约商人组成的"联合太平洋铁路公司"，和由萨克拉门托的商人组成的"中央太平洋铁路公司"共同承担修建的。这导致了西、北两方联合抵制南方。南方极力反对这一铁路的修建，甚至也反对"内地改进"政策。很明显，这主要出自于南方强烈的地区利益考虑。但是于南方有利的铁路修建，他是从来不反对的。"如1850年为修建伊利诺斯中部铁路的拨地法案他就没有反对，因为这条拟建的铁路线从芝加哥通往亚拉巴马的莫比尔（mobile），其走向是由北向南而不是由东向西，南部将受其惠。"[25]铁路的发展正如美国经济史家道格拉斯·诺斯所指出的，"不仅有效地建立了东北部与西部之间的联系，而且反映了19世纪50年代贸易的变化，给西部的经济结构以深远的影响。"[26]因为北部与西部铁路网的建设，西部这个昔日南部主要的贸易伙伴，已成为了北部的主要贸易伙伴。"据统计，直至19世纪30年代，西部输往南部的商品价值仍高于输往东北部的总值，到1839年西部输往北部的商品价值（710万美元），也只稍稍超过他输往南部的商品总值（550万美元），但还不是很明显。然而，到1860年，即内战爆发前夕，西部输往北部的商品已达10 760万美元，而输往南部的商品只有3 640万美元，前者是后者的3倍。"[27]这主要是由于西部与南部的运输线较少所导致的，"1850年时，在9 000里的铁路中，经过各蓄奴州地区的只有2 000里。连接北部与南部的芝加哥——新奥尔良铁路线，只是在1860年才修成的，而当时就已经有好几条铁路线把北部和西部联接起来，更不用说还有沿五大湖和伊利运河系统的水路了。"[28]在有了西部这个坚实盟友后，北部的实力大增。这是北方战胜南方的主要原因之一。南北战争后的美国更是真正成为了建立在同一劳动制度上的统一的国家了。美国的铁路时代在南北战争以后也进入了新一轮的高潮。由于一直以来美国铁路的修建各自为战，从而导致了铁路之间轨距的规格各不相同。面对东西部粮食的大量运输，统一全国的轨距成为新政府交通改革的首要之举。轨距的标准化有助于形成全国统一的铁路网络，也有助于国内统一市场的形成。

（二）经济方面

西部开发中最需要的就是移民了，他们不但是经济发展所必需的劳动力，同时也是美国进行领土扩张的基本要素。在美国人的心中，西部的中央是一个"内地大沙漠"，这阻碍了西进的步伐。"从1855年起，为了修筑横贯大陆的铁路，铁路公司开始在中部大草原从事测量工作，自那以后关于'内地大沙漠'的概念就不断被打破。人们发现，这个'中央大沙漠'和不能居住的空间，'并不像一般人所说的那样是一片沙漠——绝对不是一文不值的。这里的土壤同我们新英格兰的松林平原比较起来，算得上十分肥沃'。"[29]由此这一片土地，成为了美国本土扩张的一个新阵地。国内的移民源源不断地涌入其中。同时铁路公司也带来了大量国外的移民。如伊利诺埃铁路公司"为了出售土地集资修建铁路，在美国和欧洲大做广告，宣扬在伊利诺埃务农的种种好处。经过它的一番提倡活动，结果把几千移民吸引到了西部这一地区。"[30]铁路也随之成为了移民们主要的交通手段。铁路的沿线也就自然而然地形成了一系列的小城镇。美国人称其为"铁路城镇"[31]。这些城镇的数量也在随着铁路网的延伸而增多。由此可见铁路的建设对西部开发中的移民引入起了巨大的作用。

同时铁路的发展也促进了美国工业发展。从美国地图中我们可以发现美国主要的山脉是集中在西部的。由此可知西部丰富的矿藏和森林资源对于美国的工业发展是具有巨大作用的。那么铁路线向西部的延伸也自然使得西部成为美国主要的原料供应地。在铁路线加大了生产与资源的结合后，美国也进入了工业革命的新阶段。

美国农牧业的发展也在一定程度上受到了铁路的建设的影响。仅以畜牧业发展为例，在大草原"这里大部分地方年降雨量为8到15英寸，如果根据季节的变化，分散流动牧牛，这里就是很理想的草地。"[32]早在19世纪60年代末和70年代初，蒙大拿和怀俄明就已经开始发展牧牛业。1868年，D·W·戴维斯发明了冰冻冷藏车这为畜牧业的外销提供了便利的条件。随着联合太平洋铁路于1869年的完工，"畜牧王国"的黄金时代到来了。联合太平洋铁路的完工使得西部的畜牧业发展得以开拓全国市场，同时使得畜牧业的经营方式由个体分散走向了联合集中。以蒙大拿为例，"1862年，一位到过此地的观察者估计，该流域一位叫约翰·格兰特的牧场主，至少拥有4 000头牛。但他的牛群不久被一位叫康拉德·科尔斯的人购买，此人很快发展成为一位拥有9万头牛的大户，并控制了蒙大拿西部与东部的贸易，而他是1862年才徒步来到蒙大拿的新移民。"[33]这一切都不能否定铁路在其中起到的巨大作用。正是铁路的出现使得畜牧业运输成本降低了才带来了畜牧业进一步的发展。

同时，横贯大陆的铁路线也使得美国得以控制了远西部，也就是太平洋沿岸地区。这使得美国可以从"门户开放"的中国那里获取更多的利益，包括参与美国大部分铁路修建的华工。这些廉价的劳动力在美国最危险的地区修建铁路，用他们的鲜血来谱写美国铁路发展的历史。

（三）文化方面

铁路兴建的主要文化影响是对印第安人的影响。西进以前印第安人一直是西部真正的主人，他们在布满牛群的大平原上无忧地生活着。但正如法国社会学家让·波德里亚说的那样"铁路带来的'信息'，并非它运送的煤炭或旅客，而是一种世界观，一种新的结合状态……"[34]美国的铁路也带给了印第安人美国的"文明"，而横贯大陆的铁路线的修筑则成为了美国的白人文明与印第安文明最后的较量。"从60年代初起，一条条横贯大陆的铁路的修筑，像一把把利剑插入昔日的'印第安人之乡'，切去印第安人一片片世代相传的土地，因为这些铁路沿线两侧10英里之内一半的土地都由政府授给了铁路公司。据统计，到1867年为止，已有18 400万英亩公地被授给了铁路公司，约占全部公共土地（144 200万英亩）的13%，这些授地大都要穿过印第安人居住地。"[35]那么这一举动必将带来两种文明的激烈冲突。"据统计，在合众国建立的128年中，联邦军队共进行了114次战争，参加了8 600次左右的战斗和冲突，'其中大部分都是对印第安人的镇压'。"[36]与此同时，铁路的修建也"改变"了大平原地区印第安人的生活方式，在西迁之前，大平原地区是联邦政府给予印第安人的"保留地"，而以游牧为生的印第安人，野牛也是他们主要的生活来源。但是随着第一批移民的迁入，野牛成为来自天然的危害，它们经常袭击旅行者和移民们，但同时它也是人们食物的来源。因此，人们开始了捕杀野牛。“有了铁路使捕杀野牛更为方便，作为商业皮革源的牛皮销路甚好，因此也使装运牛皮更为方便。”㊲这样一来使得印第安人平静的生活被打破了。他们那种原始部落的生活方式遭到了“白人文明”的侵袭。“白人”用“先进”的武器驱赶着这片土地上最古老的居民。先进的文化替代落后的文化成为了“白人”的托辞。可真正发生的却是一个古老的民族被灭绝了，被一个宣扬自由、平等的民族灭绝了。这一切都是源自铁路的修建，源自美国人的那种扩张的欲望。

综上所述，美国铁路的大规模修建和铁路网的形成，是近代美国经济乃至整个近代美国历史发展的最基本条件之一。它是与美国工业化发展的进程、统一的国内市场形成等紧密联系在一起的。此文仅从铁路发展这一侧面窥探美国西部开发模式。个中观点也是参考了前人对于美国西部开发的研究而进行的归纳和总结。美国西部开发的模式是否对今日之中国有借鉴作用还是有待商榷的，但是要发展地区经济就要发展地区的交通无疑是正确无误的。只有便利的交通才能使地区的货品流向市场，存取资本。同时也可以将先进的文化带入到落后的地区来促进其发展。所以说，中国西部之开发，应实行交通为先的发展战略。

注释：

① 何顺果：《美国边疆史——西部开发模式研究》，北京大学出版社1992年版，第7页。
② 何顺果：《美国边疆史——西部开发模式研究》，北京大学出版社1992年版，第3页。
③ 何顺果：《美国边疆史——西部开发模式研究》，北京大学出版社1992年版，第164—165页。
④ 何顺果：《美国边疆史——西部开发模式研究》，北京大学出版社1992年版，第165页。
⑤ [美]福克纳：《美国经济史》上卷，商务印书馆1964年版，第341页。
⑥ 张友伦主编：第二卷《美国的独立和初步繁荣》，见刘绪贻等主编：《美国通史丛书》，人民出版社1993年版，第203页。
⑦ 何顺果：《美国边疆史——西部开发模式研究》，北京大学出版社1992年版，第108页。
⑧ [美]福克纳：《美国经济史》上卷，商务印书馆1964年版。第351页。
⑨ 张友伦主编：第二卷《美国的独立和初步繁荣》，见刘绪贻等主编：《美国通史丛书》，人民出版社1993年版，第204页。
⑩ [美]福克纳：《美国经济史》上卷，商务印书馆1964年版，第355页。
⑪ [美]福克纳：《美国经济史》上卷，商务印书馆1964年版，第340页。
⑫ 何顺果：《美国边疆史——西部开发模式研究》，北京大学出版社1992年版，第29页。
⑬ 何顺果：《美国边疆史——西部开发模式研究》，北京大学出版社1992年版，第168页。
⑭ 何顺果：《美国边疆史——西部开发模式研究》，北京大学出版社1992年版，第168页。
⑮ 何顺果：《美国边疆史——西部开发模式研究》，北京大学出版社1992年版，第173页。
⑯ 何顺果：《美国边疆史——西部开发模式研究》，北京大学出版社1992年版，第210—211页。
⑰ 何顺果：《美国史通论》，学林出版社2002年版，第126页。
⑱ 何顺果：《美国边疆史——西部开发模式研究》，北京大学出版社1992年版，第172页。
⑲ 张友伦主编：第二卷《美国的独立和初步繁荣》，见刘绪贻等主编：《美国通史丛书》，人民出版社1993年版，第207页。
⑳ [前苏]谢诺斯季扬诺夫：《美国近代史纲》，上册，生活·读书·新知三联书店1977年版，第523页。
㉑ 何顺果：《美国边疆史——西部开发模式研究》，北京大学出版社，1992年，第149页。
㉒ [前苏]谢诺斯季扬诺夫：《美国近代史纲》，上册，生活·读书·新知三联书店1977年版。第346页。
㉓ 刘绪贻等：《美国通史丛书》，人民出版社，第二卷《美国的独立和初步繁荣》，张友伦主编，1993年，第207页。
㉔ 何顺果：《美国边疆史——西部开发模式研究》，北京大学出版社1992年版，第235页。
㉕ 何顺果：《美国边疆史——西部开发模式研究》，北京大学出版社1992年版，第214页。
㉖ 何顺果：《美国边疆史——西部开发模式研究》，北京大学出版社1992年版，第231页。
㉗ 何顺果：《美国边疆史——西部开发模式研究》，北京大学出版社1992年版，第232页。
㉘ [前苏]谢诺斯季扬诺夫：《美国近代史纲》，上册，生活·读书·新知三联书店1977年版，第347页。
㉙ 何顺果：《美国边疆史——西部开发模式研究》，北京大学出版社1992年版，第96页。
㉚ [美]贝阿德·斯蒂尔：《美国西部开发纪实：1607—1890》，光明日报出版社1988年版，第99页。
㉛ “铁路城镇”，即“铁路土地公司建立的城镇”，参见何顺果的《美国边疆史——西部开发模式研究》，北京大学出版社1992年版，第305页（见注①）。

㉜ [美] 杰拉尔德·冈德森：《美国经济史新编》，商务印书馆1994年版，第499页。
㉝ 何顺果：《美国边疆史——西部开发模式研究》，北京大学出版社1992年版，第132页。
㉞ [法]让·波德里亚：《消费社会》，南京大学出版社2001年版，第132页。
㉟ 何顺果：《美国边疆史——西部开发模式研究》，北京大学出版社1992年版，第71—72页
㊱ 同上，第72—73页。
㊲ [美] 贝阿德·斯蒂尔：《美国西部开发纪实：1607—1890》，光明日报出版社1988年版，第183页。

浅析第一次英西海战中西班牙失败的原因

齐　峰

1588年发生了人类历史上第一次以火炮为主要武器的海战。爆发这场战争的根本原因在于英国在尼德兰的干涉、在西属美洲的抢劫。由于西班牙把墨西哥和秘鲁的黄金和白银源源不断地运回欧洲大陆，使得西班牙有了充足的财力来武装一支空前强大的军队，而西班牙军力的增强让岛国英格兰的统治者感到了前所未有的危机感。1567年，西班牙军队开往尼德兰镇压叛乱，伊丽莎白政府从自身安全的角度考虑，采取种种手段予以干涉。并且，随着英西冲突的加剧，英国开始有组织地打击西班牙的海外势力，并逐渐把冲突升级化，这一切使西班牙国王菲利普二世日益认识到首先征服英国的重要性。于是，在1588年菲利普二世决定派出有史以来最强大的无敌舰队远征英格兰。

西班牙无敌舰队共有各类船只130多艘，水兵8 000多人，步兵近1.5万名，总吨位达到了56 680吨，装有1 100多门大炮；英国在战争中参战190余艘各种类型的船只，总吨位在3万吨以上，共有水手、炮手共15 925人、大炮2 000门。战争的最后结果却让人很出乎意料，整体实力非常强大的西班牙无敌舰队被相对弱小的英格兰皇家海军给击败了，而且英国在这次战争中没有损失1只船，死亡人数几乎不到100，西班牙无敌舰队在这场海战中共损失63艘船只，伤亡近1.5万人。西班牙无敌舰队之所以失败，我认为有以下几点原因。

一、窘迫的财政状况

战争是一种耗费，一种浪费。拉伯雷说过：战争的筋腱是银两。战争就是一种国力，财力的较量。1571年有人在马德里估计，维持一支拥有帆桨战船200艘，圆船100艘和士兵500名的联合舰队，每年耗费达400万杜卡托之多。[①] 这些舰队是真正浮动的旅行城市——大口吞噬金钱和供应的物资。在1560年时，每年供应维持一艘帆桨战船耗资和制造一艘帆桨战船同样多，均为6 000杜卡托，这个数字以后继续增大。从1534年到1573年，海军的装备至少增加了两倍。一份供应一支在西西里停泊的舰队的食品（饼干、酒、咸肉、大米、油、食盐、大麦）的账单的金额竟高达将近50万杜卡托。[②] 因此，正规的舰队战争，是巨大的财力和人力的动员。如果没有强大的金钱支持，战争将很难取胜。

16世纪的西班牙随着来自美洲的贵金属的流入，使自己的财力大大增加了，本来可以指望这些金钱的注入和殖民地市场的扩大刺激经济的迅速发展。但是西班牙农业的落后，且农业被势力强大的养羊主同业工会——梅斯塔的羊群破坏，使得西班牙贫苦的农民买不起城市工业的制成品。由于农产品的短缺，那些从贵金属的流入获利的人并不愿意投资贸易，王室和贵族把大部分注意力投入到奢侈品上，致使西班牙本国工业发展缓慢。由于西班牙国内工业的落后和应付镇压尼德兰反叛与土耳其的战争，以及英国海盗对西班牙运银船不断地袭击，致使西班牙政府的财政逐渐难以满足战争的需要，政府必须依靠来自银行家的贷款才能维持战争的继续。但是来自银行家的贷款并不是很容易就得到，一份热那亚银行家尼古洛·格里马尔迪借给国王100万金币的合同有这样一个条款：只有西班牙运银船从秘鲁到达时才可以付给其中的30万，国王同时保证会用这次来自秘鲁的船只运来的金银来偿还部分借款。③ 从上个条款可以看出银行家的借贷又是依靠来自秘鲁的运银船作保障的。可当时西班牙的运银船时常被英国海盗掠夺，这使得西班牙的财政变得越来越紧张，如此的恶性循环，最后的解决办法只能是政府的破产。

此时的英国女王伊丽莎白清楚地认识到雄厚的经济基础是独立自主的外交政策的前提条件。伊丽莎白执政初期，英国经历了圈地运动使羊毛纺织业发展迅速。同时，政府采取对外开放的外交政策，引进人才、技术、资金全面发展英国工业，鼓励对外贸易和海外探险以扩大海外贸易市场。迅速发展的工业使得英国有了雄厚的经济基础，在发生战争的时候本国的商人们可以对政府提供很大的支持与帮助，这与西班牙政府的财政状况正好相反，在这次英西战争中，虽然王室面对战争的巨大花费而变得日益入不敷出，但是没有向外国借款，而是完全依靠国内财源。同时独立自主的贸易使得英国不仅不会在战争中被要挟，甚至可以依赖贸易关系来取得战场上所得不到的东西。如在1585年春英国就曾经试图用他们在与土耳其贸易的影响，沃尔辛厄姆在给英国驻君士坦丁堡使节哈伯的信中就有这样一个计划："我建议你在那里采取措施，说服大臣把专门用于阶段性地进攻波斯人的军队调出一部分对付西班牙以便把所提到的那位国王（指西班牙国王腓力二世）的危险企图和计划转离开基督教世界的这些地区。"④ 遗憾的是土耳其并没有派军舰去袭击，但是这件事很值得我们注意，通过它能让我们清晰地认识到独立自主的重要性，经济是战争的坚强后盾，在战争中总是依靠别国的贷款并不是一件好事，做事会显得被动，且处处受制于别人，而且谁也不能保证在战争中别的国家总是能及时地贷款给自己，如果他们贷款给你也总是会附加上许多条款，这使得自己的战略不能很好地完成，同时还会受到贷款国的要挟，使战争的胜负出现很多不确定因素，有可能导致战争的最后失败。

二、海军装备和海战思想的落后

在这场海战中，西班牙和英国的海军军舰及火炮数量相差不多。但是在军舰质量和火炮质量上英国远远胜过了无敌舰队的装备。有证据显示运用远程火炮海战的战术源于葡萄牙和西班牙。1500年葡萄牙国王给部署在印度洋的舰队司令的指示中，特别指出当遭遇敌舰的时候：你应该尽力避免与他们过分接近，只用你的大炮就能打得他们折戟沉沙，使得战争能在更安全的条件下进行，也减少了舰队船员的损失，葡萄牙海外舰队总是一线排开地迎击敌军，发射一次偏舷齐放后，调转方向，再进行下一轮炮轰。⑤ 但是西班牙人没能保住自己在海战中的技术优势。在1571年勒班多之战中，西班牙战胜了地中海上的另一海上霸主奥斯曼土耳其的海军,此次海战的胜利，不仅巩固了西班牙在地中海的势力范围，而且同时也让西班牙的统治者囿于地中海海战观念，固执地认为海战的模式就是传统的用船首的铁锚抓住敌舰，然后强行登上敌舰，同时舰载火炮近距离打击敌舰上的有生力量，然后再派出陆军士兵，像进行陆地战争一样登上敌舰进行决战。西班牙的战舰通常在甲板正面载有一门能发射50磅重炮弹的大炮，两侧各有两门能射10磅炮弹的轻炮，短而粗的射石炮在右边，再轻一些的在左边，上层甲板上装有一种极具破坏力穿透力的武器，使得主舷主炮在与敌人遭遇时，能完全吃重下压，直接射入敌舰。勒班多海战中，奥地利的唐·约翰（欧洲联军总司令）就向一位高级参谋询问开炮的最佳时机，那位高级参谋的回答是："近到让敌人的血液溅到你身上时再开炮，战舰相撞声和开炮声同时响起。"[⑥] 虽然西班牙在1580年吞并了葡萄牙，同时获有了葡萄牙海军的新式战舰，西班牙国王腓力二世也仿制了多艘葡萄牙式的大帆船，但是地中海传统海战的战法仍然深深地吸引着西班牙，为了适应这一战术的需要，也就决定了战舰的笨重的设计形式，使得战舰更像是一个浮动的堡垒，严重忽视了军舰的速度和灵活性。

同时期伊丽莎白的海军军舰的性能大大优于西班牙的军舰。当现代海军刚刚成立，他的建立者亨利八世就想到一个革命性的意见，在他的战舰上安装舷侧炮；并且逐渐用比较细长的战舰取代当时那些粗肥型不灵便的战舰。这样一些变换就有可能打一种新型的战争，这种新型的战争是由战舰的航行能力和战舰上的重炮所决定的，这一种新海战概念被英国的海军将领们很好地继承并发扬光大。伊丽莎白统治的前20年，海军建设同样被忽视，同样沿用了老一套的设计理念。1569年后，在女王和塞西尔的邀请下，霍金斯加入了英国海军的建设。霍金斯有多年的航海经验，视野开阔，他建设海军的目的不在于海峡的防御，而在于切断西班牙运输美洲白银的海上航线。如果这条航线被切断，西班牙的财政将陷于瘫痪。为此他把着眼点放在了加勒比海和亚速尔群岛。这样就必须有一支适于远航的舰队，鉴于以前建造军舰的经验，他试图改革船只的结构，来建造一种航速快，机动灵活，配备远程大炮的新式舰队，来代替传统的海军作战战术。1578年，塞西尔任命霍金斯为海军财务总管，在1585—1587年间，有16艘新船分别在查塔姆德特福德莱姆豪斯和伍利齐建造，其中包括彩虹号先锋号和皇家方舟号，加上1570—1583年间建造的9艘战舰，1570年共建造新船25艘，[⑦] 1588年，英国海军舰队的构成情况是：34艘王家舰队为核心，另外有64艘武装商船，33艘供应船，还有43条私人拥有的大舢板用于联络。这些技术先进、经验丰富的皇家舰队便组成了迎击西班牙无敌舰队的主力。

战争前西班牙军队指挥官们并没有认识到远程火炮的重要性，延续着传统的炮战战术，即舰载火炮主要使用来在两艘军舰接触后，用大炮大面积杀伤对方敌舰上的有生力量，这就意味着在海战中，火炮的射程并不是主要的考虑对象，而它在近战中的威力才是最主要的。近年来，考古学家在苏格兰爱尔兰附近水下发现了若干西班牙舰队的残骸，运输船拉特立尼达-瓦伦西亚号，武装商船罗萨的圣-玛利亚号，快速帆船吉罗娜号以及武装商船埃尔-大格里芬号，从这四艘船上留下的舰炮可以看到，当时西班牙舰队的火力不仅没有英国火炮的射程远，而且还没有英国火炮的射速快，从埃尔-格里芬号上修复的一门炮来看，西班牙总会把一门炮装满火药，让炮轰走在撞击和登船之前，但是西班牙舰队又不能迅速地重复装填和发射。考古学家发现，其主要问题是缺乏统一标准。西班牙的炮来自欧洲和西班牙帝国各地，由不同工厂制造，因此，西班牙的炮和炮弹根本不能匹配。在战斗时无敌舰队的人在装填炮弹前先检查每一枚炮弹，看它是否可以装进自己的炮里。在拉特立尼达-瓦伦西亚号的沉船上就发现了炮手用来测量炮弹直径的木尺。同时在埃尔-大格里芬号上打捞出来的大炮炮口偏离了中心，这样的炮根本就没有价值，[⑧] 在当时西班牙还认为，船长们只应该在船头放置重炮，就像单甲板平底船那样，而将轻炮放在侧舷，不要在小船上放大口径火炮，否则后坐力会让船身散架。这些原因导致西班牙舰队在与英格兰海军交战中，大大地处于下风。

伊丽莎白继位之初，作为英国军队武器供应地加莱的丧失，使得英国军队的装备极差。在塞西尔和托马斯-格雷沙姆的努力下，依靠外国进口，英国在1562年重新武装起来。由于伊丽莎白一直奉行着独立自主的政策，通过政府大力鼓励国内工业的发展，逐渐实现了武器的自给自足。塞西尔很早就认识到了矿冶业是发展武器生产的基础，但是文艺复兴时期的发明和技术进步已经把英国远远地抛在了后边，要在短时间内使矿冶业发生明显的变化，就必须引进外国先进生产技术。英国最早在1561年，与德意志企业家斯坦博格进行了一系列谈判，组建了一个湖区勘查和开采矿物的公司，公司由20名英国人和10名德国人组成。并在1566年在布里斯托尔附近发现了质量上乘的锌矿石，在坎伯兰寻找到了铜矿。在政府的特许下，1568年创建了皇家矿业公司和金属矿务公司。塞西尔、彭布洛克、诺福克等政府要员都是其中的大股东。同时在火药生产方面,政府采取了同样有效的政策。结果，英国武器生产技术大大改善，生产量猛增。在1588年,英国人凭着自己生产的武器，显示出来了强大的火力。致使西班牙的登舰战术不能实施。

三、将才的缺乏和士气的低落

随着科学技术的一天天发展，使得战争的进程变得非常不易预测，人逐渐成为战争中的主导因素之一，在战争过程中对指挥员和士兵的要求逐渐变大。在战争中指挥官哪怕出现一点的疏漏就有可能造成不可挽回的损失，所以指挥官必须会熟练运用各种战术，机智灵敏，可以在最短的时间应付突如其来的事态，凭借自己的经验和判断力很好地解决这些问题，抓住有利战机取得战争的胜利，随着先进技术在军队里的广泛应用，武器变得越来越复杂，客观上使得士兵的素质高低会直接影响到战争的胜负。

在英西战争中，西班牙原计划由天才的海军将领圣-克鲁斯侯爵（勒班多海战指挥预备队的老将）指挥海军行动，由驻扎在尼德兰的帕马公爵（当时军事家，也是勒班多海战的老兵）指挥陆军的行动。这两个将领，驰骋疆场几十年战功卓著，取得了很多战役的胜利，战争让他们具有丰富的作战经验，并深受菲利普国王的器重，在士兵中也具有崇高的地位与影响。但是远征前，圣-克鲁斯去世，这无疑对西班牙的海军远征造成了很坏的影响，很大地挫伤了远征队的士气。菲利普国王在国内根本找不出来一个可以和圣-克鲁斯名望地位才能相比的候选人。但是菲利普二世远征英国的决议已定，不可能因为失去圣-克鲁斯而取消，于是任命麦迪纳-撒多尼亚公爵指挥海军的行动。从战争的发展上我们可以看出来，麦迪纳并不是一位机智多谋富有战略眼光的指挥官，不善于捕捉有利战机。现代军事学家认为如果在英格兰舰队刚刚出港时麦迪纳从上风处发动进攻，就可能使这场英西战争的胜利者变成自己。可是麦迪纳并没有察觉到这个千载难逢的好机会，只是按照既定计划，沿英吉利海峡北上，同帕马公爵会师，帮助把集结在敦克尔克附近的军队运到英格兰，人们从他给马德里的报告中可以看出，他根本没有看出这次战机。而女王的海军艰苦耐心而又冒险地驶到他的上风处，对西班牙舰队进行了非常有效的攻击。

在参战的士兵方面，虽然西班牙的水兵在地中海大西洋航行中都很有经验，但是陆军士兵却占了这只舰队人数的大部分，远远高于水兵的人数。在这次海战中陆军士兵根本不能采用地中海战术接近敌舰，起不到任何作用，只会是水兵操纵军舰的麻烦，众多的陆军士兵大大地影响了舰队的机动性。

在英国指挥官方面，伊丽莎白女王任命霍金斯和德雷克作为舰队的正副司令。霍金斯早年就从事海上冒险活动，从小就在船上接受训练，22岁便开始到西班牙和加那利群岛从事海上贸易活动，后来被女王和塞西尔招入政府，在他从事海上贸易期间，积累了丰富的航海经验，并认识到了未来海战的模式。看到了火炮射程和船只适航性及速度的重要性。他的副手德雷克由于多年从事海盗活动更是以机敏多变、善于海战著称于世。正是他们对于战争的认识和战略眼光，及时地纠正了政府派分遣舰队在南部沿海一线分兵把守，准备全线迎击敌人的主张，阻止了进一步削弱女王海军的行为，为最终取得战争的胜利奠定了重要的基础。

作为英国最高的指挥官伊丽莎白女王对于战争，表现出来的行动也大大地鼓舞了英格兰军队的士气，女王对于战争并没有躲在战争的大后方，而是亲自来到了战争的前线，在蒂尔伯里阅兵，并发表了激动人心的演说，士兵们高声欢呼，军队的士气一下子起来了。

在水手方面，英国的对外贸易刺激了海运业的发展，政府鼓励远洋贸易，为海军培养了大批富有经验的水手。同时德雷克的环球航行和持续不断的海盗行为，也为英格兰海军训练了大批优秀的水手，最为重要的是在这次战争中英国的军舰上几乎没有一名陆军士兵，整个舰队全是由水兵所组成。相比西班牙海军，不仅减轻了水手的负担，而且英国军舰上的每个人都是战斗的一分子，不用像西班牙的陆军一样，只能在船上看着海战的进行而无能为力。

四、战前准备的不足

大军未动，粮草先行。战争的胜利比的就是战前准备，谁的战前准备充分，谁就握有更大的获胜筹码。

无敌舰队的计划最早在1583年提出，帕马提出的意见是征服英格兰需要一支至少34 000人组成的军队，要绝对保密，同时首先征服尼德兰，将为进攻英国提供很大的方便。⑨

1586年菲利普二世开始制订计划，并再一次征求克鲁斯和帕马的意见。克鲁斯认为征服部队应至少包括150艘帆船、6万人的军队、8个月的战争经费400万达克特；⑩在外交上克制英国；并要求对于袭击英格兰的准备要极其保密。而在1588年西班牙并没有足够的帆船和军队参加战争。在西班牙准备战争的时候英国也在积极备战，德雷克于1587年4月突然洗劫了西班牙的加的斯摧毁了37艘西班牙战舰和船只，其中1 000吨以上就有6艘。接着又袭击了西班牙的预先集结地里斯本，焚毁了西班牙大小船只24艘和大批战备物资，随后又转往圣文森特，毁灭了许多吨的制桶材料（当时所有的腌制品、酒和水都要用桶装，所以西把牙的这个损失是很严重的）。最后，德雷克率领舰船驶往亚速尔群岛，抢劫了一艘西班牙运银船——圣菲利普号，上面载有价值11.4万英镑的财宝和货物。德雷克的这次打击行动非常成功，烧焦了西班牙国王的胡子，推迟了无敌舰队的出发时间，而且由于大量的制桶材料遭到破坏，临时赶制的制桶材料并不过关，在随后的海战中盛着水的木桶由于没有干透，水不断从里面渗出来，水的缺失给西班牙并不顺利的远征又蒙上了一层阴影。

英国为了迎击西班牙的袭击作了很充足的准备。关于西班牙的备战情况，在1585年英国通过里斯本回来的英国商人得知了这一消息，这个消息迅速传到了女王那里，使得英国对于西班牙的袭击有充足的时间作准备。英国军队在家门口作战不必像西班牙那样为这场战争准备太多的后勤补给。同时英国通过合理的外交手段使自己在这场战争中总是处于主动地位。帕马在无敌舰队的初期计划里就提出要想击败英国就必须在攻击英国之前找到一个港口作为帕马和海军的会合点和补给站，而事实上英国的同盟者苏格兰和荷兰不可能为无敌舰队提供这样一个港口。在费尔南德斯—阿米斯托的《西班牙无敌舰队》中写道:“所缺乏的是在北方水域为无敌舰队准备一个安全港,如果计划中有这样一个港口,即使没有帕马的合作,无敌舰队的战略也有可能实现,后来由风暴引起的灾难也可能避免。”⑪ 在一场战争中真正的战斗时间很短,大多数时间都是用在战前准备上,战前准备是战争胜利的保证,在战争中谁的战前准备充分谁就很有可能获得战争的胜利。

五、风造成的危害

我国的军事家很早就提出了天时地利人和的概念,并把天时放在第一位。自然界的力量是巨大的,不仅能影响战争的进行,而且可以决定战争的胜负。

在1588年的英西海战中。大自然站在了英国一方,从战争的开始到结束,大风就像英格兰的战友一样,英格兰可以取得战争的胜利,风起到了很大帮助。1588年5月23日,无敌舰队还没碰到英国人就遇到风暴的袭击,并受到了重创,两艘1 000吨的军舰被风暴吹断了桅杆,无敌舰队不得不在拉克鲁尼亚港修整,到7月12日才重新起航。风暴严重影响了西班牙的士气,给本来就很紧张的后勤补给制造了更大的压力,同时也给了英国更多的准备时间。

1588年5月底在普茨茅斯的英国舰队接到命令:“准备迎击西班牙舰队,”但是,英国舰队一次次的企图都被强劲的西南风吹回来,英国不得不更改迎击计划。事实证明大风保护了英国舰队,否则英国舰队在海上会面临无敌舰队陷入的那种困境。

在无敌舰队准备撤回西班牙的时候大风又一次帮助了英国,在苏格兰和爱尔兰海岸上,恶劣的天气使无敌舰队遭到了灭顶之灾。1588年9月23日无敌舰队回到西班牙港口桑坦德出发地时130艘船损失大半。

英国民众认为大风就是上帝派来保护他们的,为纪念这次胜利而铸造的奖章上就有这样一句话:“上帝一挥神手,他们四处逃走。”⑫

六、结 论

一场战争的胜利是多方面因素所组成的,天时地利人和缺一不可,任何一个单独因素都不能使战争走向胜利。在1588年的英西战争中,英国依靠先进的技术,充分的战前准备,优秀的海军指挥,还有那么一点点运气而最终取得了战争的胜利。

注释:

① 费尔南.布罗代尔:《菲利普二世时代的地中海和地中海世界》,商务印书馆1996年版,第309页。
② 费尔南.布罗代尔:《菲利普二世时代的地中海和地中海世界》,商务印书馆1996年版,第309页。
③ 费尔南.布罗代尔:《菲利普二世时代的地中海和地中海世界》,商务印书馆1996年版,第496页。
④ 夏继果:《伊丽莎白一时英国外交政策研究》,商务印书馆1999年版,第203页。
⑤ 杰佛里-帕克/等:《剑桥战争史》,吉林人民出版社1999年版,第203页。

⑥ 杰佛里-帕克/等：《剑桥战争史》，吉林人民出版社1999年版，第198页。
⑦ 夏继果：《伊丽莎白一时英国外交政策研究》，商务印书馆1999年版，第212页。
⑧ 詹姆斯-P-德尔加多：《沉船》(Lost Warships)，北京图书馆出版社2004年版，第60页。
⑨ Felipe Fernandez . Armesto：《The Spanish Armada》，Oxford University Press1988，第8页。
⑩ Felipe Fernandez . Armesto：《The Spanish Armada》，Oxford University Press1988，第8页。
⑪ Felipe Fernandez . Armesto：《The Spanish Armada》，Oxford University Press1988，第268页。
⑫ 温斯顿：《丘吉尔》，新华出版社1983年版，第558页。

参考文献：

英文专著:
① Christopher Haigh：《Elizabeth I》，Longman1988。
② Felipe Fernandez . Armesto：《The Spanish Armada》，Oxford University Press1988。

中文专著:
① 夏继果：《伊丽莎白一时英国外交政策研究》，商务印书馆1999年版。
② J E . 尼尔：《女王伊丽莎白一世传》，商务印书馆1993年版。
③ 阎照祥：《英国史》，人民出版社2003年版。
④ 钱乘旦、许洁明：《英国通史》，上海社会科学院出版社2002年版。
⑤ 阿.莱.莫尔顿：《人民的英国史》，生活、读书、新知三联书店1976年版。
⑥ 肯尼思.O.摩根：《牛津英国通史》，商务印书馆1993年版。
⑦ 钱乘旦、陈晓律：《英国文化模式溯源》，上海社会科学院出版社 四川人民出版社2003年版。
⑧ 詹姆斯.P.德尔加多：《沉船》(Lost Warships)，北京图书馆出版社2004年版。
⑨ 杰佛里.帕克/等：《剑桥战争史》，吉林人民出版社1999年版。
⑩ 费尔南.布罗代尔：《菲利普二世时代的地中海和地中海世界》，商务印书馆1996年版。

首都博物馆馆藏敦煌吐鲁番文献经眼录

荣新江　王　素　余　欣

2002年1月27日，承蒙首都博物馆馆方，特别是叶渡先生的关照，我们曾对该馆藏部分敦煌写卷进行过初步鉴定，撰就分析报告，后修改为《首都博物馆馆藏敦煌吐鲁番文献经眼录》，刊《首都博物馆馆刊》第18辑[①]。2005年2月25日，我们又应邀对首博藏品的其他大部分敦煌写卷进行鉴定，谨将所得，依过目顺序，报告如下。因时间仓促，必有舛误，请多指正。

32.563

名称：妙法莲华经卷三

起：种种无量解皆令欢喜使得善利是诸众生

中有品题：妙法莲华经授记品第六

　　　　　妙法莲华经化城品第七

尾题：妙法莲华经卷第三

说明：黄麻纸，有乌丝栏，地脚部分有水渍印，轴为后加。纸高26cm，长51cm，每纸28行，每行17字，间有每纸29行者。首残尾全，品相、字体佳。卷背略有烟熏。

32.562

名称：大乘密严经卷下

首题：大乘密严经自识境界品第七

中有品题：大乘密严经卷下品第八

尾题：大乘密严经卷下

说明：黄麻纸，有乌丝栏，上半部分有水渍印，轴为后加。卷背多处裱补，贴有清末民国书商惯用苏州码签条，裱纸上有一朱文方印，似为“顾二郎”印。品相、书法一般。“愣”、“土”、“因”等字皆作唐代俗体。应属唐人写经无疑。

32.561

名称：大般若波罗蜜多经卷第一百一十四

首起：如乃只不思议界无二无二分故世尊云何以

尾题：大般若波罗蜜多经卷第一百一十四

说明：卷背有一行倒书“一百十四 十二袟四”，钤“顾二郎”印。未上潢，纸高27cm，天头3.6cm，每纸28行，每行17字，但多处明显是为了合乎这个规范，生硬凑足字数，以致字的间距上紧下松或上松下紧，纸质和字体皆有疑点。真伪存疑。

32.560

首题：旧杂譬喻经下

迄：是一人各各更往辄被厄害不能自前还相

说明：旧签“唐经 卅”。首全尾残。黄麻纸，卷背托裱，水渍很多，卷尾背面有“顾二郎”印。经文有涂改。“端正”的“正”字为武周新字，但“日”、“月”、“年”等并非如此。然仅凭武周新字判断抄写年代与真伪是有风险的。武周新字的使用极为复杂，不可一概而论 。[②]敦煌卷子中的使用情况，王三庆曾进行过较为全面的统计分析，得出的结论是“全体武后新字之写卷，其为武后时代者，约占50%±13%，即上限63%，下限37%。换言之，武后时代之写卷空不及半，而且亦非同时遵行。”[③]戴仁先生根据纸张的物质形态方面加以比较，断定有三分之二武周新字写本实属吐蕃占领敦煌时期，较之王三庆的统计值更低 。[④]况且写经的抄写不同于世俗文书，即便抄于武周时期，也可能照录底本，而不一定改为新字，所以武周新字是不足以作为依据。真伪存疑。

32.565

名称：妙法莲华经卷二

起：世尊知我心拔邪说涅槃我悉除（下残）

迄：如是等人则能信解汝当为说妙法华经

说明：首尾皆残，未上潢，卷背有苏州码及“顾二郎”印。

32.564

名称：思益梵天所问经卷二

起：无垢众生着垢如来于此而起大悲一

尾题：思益梵天所问经卷第二

题记：景龙二年四月二日弟子孙达子为父母所写经

说明：白麻纸，首残尾全，未上潢。“慢”、“戒”、“恼”、“算”等皆作俗体。经文每行乌丝栏上下空一字左右。题记字体与经文相同。题记内容不类唐人体例，疑为后人添写。

32.556

名称：大般涅槃经卷十

起：赞叹三宝果不佛言善男子

迄：偈义尔时文殊师利法王之子复

说明：首尾皆残，品相较差，字体带隶意，书法秀美。经文内容，经比对，为《大般涅槃经》卷十。

36.522

名称：大般涅槃经卷八

首题：大般涅槃经卷第八

尾题：大般涅槃经卷第八

说明：首尾全，上潢，卷首黄纸托裱，卷背骑缝盖一“刘”字篆字阳文小圆印。书法佳，纸上潢。“叶”、“逃”、“槃”不似唐人习用字体。

32.543

名称：无量寿宗要经

说明：藏文写经，计抄五件，应为吐蕃时（786—848年）写经，敦煌卷子中常见，数量极多。卷背有红纸今人题签“长裁丈二尺首尾全，□仁兄先生惠存。乡愚弟周□□谨赠。”签中姓名系故意挖去。卷背有苏州码及“顾二郎”印。

32.520

名称：佛经残片册子

说明：装裱成册页，共18叶，26件佛经残片。首页裱纸钤有“子孙保之”、“昭尘室藏”朱文篆字方印。

Y51

名称：佛说无常经

首题：佛说无常经

尾题：佛说无常经

题记：大宋开宝四年二月八日散此随年无常三稽经四十卷。施主奉宣往西天取经僧永进，因为病重，发愿书写。所有功德，先愿皇王万岁，郡主千秋，国泰人安，时丰岁稔。然愿夫人贵寿福乐百年，管内僧俗并皆乐业。法界有情，俱成佛道。

说明：国家图书馆善本部藏BD15387（新1587号，1992年入藏）也是《佛说无常经》，并有僧永进题记，文字基本相同，但个别文字此有彼无，或彼有此无[⑤]。

卷背有苏州码及签题“佛说无常经亦名三稽经”，下钤“顾二郎”印。

Y61

名称：八菩萨四弘誓咒经卷四

首题：八菩萨四弘誓咒经卷四

说明：有周肇祥辛卯年（1951）跋，言此卷为“江西德化李木斋家残余之物”，后钤“无畏”、“周肇祥”印。按，此为密教经典，《历代三宝记》、《众经目录》、《诸阿阇梨真言密教部类总录》等佛教经录有著录，然无传世本，已公布的其他敦煌文献收集品中亦未见，殊可宝也。

周肇祥富收藏，其所得敦煌吐鲁番文献常有精品，部分收藏在今中国国家博物馆，故宫博物院也藏有不少。例如国博藏《大般若波罗蜜多经》卷第廿八，首题和尾题均钤朱文篆字方印“报恩寺藏经印”，尾题后又钤“三界寺藏经”长方墨印，卷首尾均钤“周肇祥曾护持”朱文篆字方印，卷首有一跋，落款为“丁丑立夏无畏居士周肇祥跋”，钤“无畏”印，形制与本卷同[⑥]。关于周氏著述和收藏的其他情况，详参史树青《〈琉璃厂杂记〉序》[⑦]。

1328

名称：孝经

起：子曰教民亲爱莫善于孝

迄：死生之义备矣孝子之事亲终 矣

题记：太康四年岁在癸卯五月十六日张儁写。

说明：首部下钤“木斋审定”，尾部下钤“德化李氏凡将阁珍藏”，均为李盛铎藏书印。接裱纸上，有“可园宝藏”、“第一品”等印，为张荫北藏书印。本卷叶渡先生《西晋写本〈孝经〉残卷初探》有专论[8]，饶宗颐先生、王素也有专题论文涉及[9]。

32.1729

名称：金刚仙论卷七

尾题：金刚仙论卷第七

说明：尾有张玮甲申年（1944）、壬辰年（1952）所写跋文各一则，言此卷原为张勋伯（张广建）所藏。甲申年跋有资于考证此卷来历及时人对敦煌文献的看法，兹抄录如下：

> 自清末敦煌发见石室唐人写经，传世者以万计。然完好者少，而残损者多。其具经名、更署书名及年月者加少焉。有之者，皆以奇货市诸海外，而前甘肃巡按合肥张勋帛将军所得为尤美。予则物色历年，迄不得一精品。此卷首缺而尾全，乃启元伯世讲所蓄，贾人以董文敏公墨迹易得者，固倍其价之，以备一格。虽未能十分惬意，然在恒见经生书中，此固在应居地玄之位，而未可忽视也。昭陵石刻，十九漫漶，唐贤用笔运墨之法，即此亦见一班。正不必钟绍亲真迹，始足为临池之助也。况楮素亦千数百年前物，并足珍耶！
>
> 甲申夏日固始张玮识金刚仙论卷七残卷后，时寄居朱宅厅事。

关于张广建藏品及其与许承尧、孔宪廷旧藏之间的关系，可参荣新江《海外敦煌吐鲁番文献知见录》[10]、《敦煌藏经洞文物的早期流散》[11]，余欣《许承尧旧藏敦煌文献的调查与研究》[12]。

32.1358

名称：般若波罗蜜放光经卷二十四

首题：般若波罗蜜放光经

尾题：般若波罗蜜放光经卷第廿四

说明：纸背缝钤有“瓜沙州大王印”，4.3cm×3.3cm。该印常见于敦煌写经[13]。卷首尾有“陈垣”印。又卷首有一纸陈垣跋，写于北京平民中学用笺上，文曰：“《般若波罗蜜放光经》，在频迦大藏经帙般若部第一种，名《放光般若经》，廿卷。两者，于阗国三藏无罗叉译。卷十六年沤愁品第七十、种树品第七十一、菩萨行品第七十二、当得真善知识品第七十三。今卷可作卷廿四，与频迦本分类不等。”据刘乃和等著《陈垣年谱配图长编》，陈垣曾于1921年9曰创办北京平民中学（今北京第41中前身）[14]，此跋或即写于此后不久。

32.1330

名称：妙法莲华经卷三

首题：妙法莲华经药草喻品第五

尾题：妙法莲华经卷第三

说明：卷以木盒盛之，盒上黄色签云："敦皇石室唐人写《妙法莲华经药草喻品》"，下钤"养龕"篆文朱印。上潢，品、字皆佳。首页纸缝钤"绍兴周氏鉴藏"，尾有"周肇祥曾护持"，后一印又见中国国家博物馆藏《大智度论释》卷尾[15]。

32.1329

名称：佛说天皇梵摩经卷十

首题：佛说天皇梵摩经卷第拾

尾题：佛说天皇梵摩经卷第拾

说明：装裱，签题："唐索通造佛说天皇梵摩经卷第十，凡十三接。"皮纸，纸质较硬，纸高29.5cm。共13段经文，每段经文前有彩色佛像，画像尺幅26cm×15cm，佛像造型相同。经文字体较大，不论文字或图画都极鲜见于敦煌写本。又尾有题记："夫妙像庄严，佛法无量无尽，若比丘、比丘尼、优婆塞、优婆夷及一切凡夫众生，受持诵读之者，诸般苦恼，得大解脱，永离羁障，皆成正觉。长庆三年四月佛弟子索通造。"字体与经文同，后有"周肇祥曾护持"印。按，长庆三年为公元823年，敦煌地区自786年至848年在吐蕃统治下，不用唐朝年号，此题记明显为伪作。

32.1324

名称：佛说药师经

首题：佛说灌顶章句拔除过□□死经

尾题：佛说药师经

题记：壬辰岁七月七日，清信弟子张/顺盈因为奉使于阗/大国，遂乃发心写请《药师经》，奉为道/路和宁，两国/君王寿同山岳，玉叶金枝，润而不凋。顺盈/延年资益，获愿清吉消灾，持诵此经，永为/供养。

说明：装裱，签题："药师经一卷。此卷后有张顺盈使于阗国题记。"下钤"顾二郎"印。后有何遂1951年跋，提及英人斯坦因、法人伯希和，言此卷得自李盛铎殁后散出，有"麐嘉馆印"。略云："德化李木斋盛铎，方任学部侍郎，邃于考古，自拣尤精者，而以余卷储之京师图书馆，即今中央图书馆也。此卷归李氏者20余年，抗倭战前，李氏殁后售出。李氏曾有'麐嘉馆印'四字朱文印章，每用以钤心赏之图籍，可征其对于此卷之重视。"并断为麟嘉四年（壬辰，392年）物。然检视未见李氏印，其断为麟嘉四年，亦决不可能。由敦煌文书可知，自吐蕃统治结束以后，于阗和沙州间往来始于901年，于敦煌人而言，此即S.4359v曲子词《谒金门·开于阗》所谓"开于阗"[16]。归义军节度使曹议金于长兴二年（931）开始称大王[17]，此年前后一段时间，敦煌、于阗间使节往来极为频繁。故卷中两国君王当指曹议金和于阗王李圣天，壬辰岁应是932年。

又，故宫博物院藏新21 123、新21 124两幅敦煌残画，亦有何遂题跋，均声称原为李盛铎旧藏[18]。

32.761

名称：妙法莲华经卷五

起：无量百千万亿劫或有见佛或不见者以此

迄：多罗善貌三菩提心佛说是诸菩萨摩诃经

说明：首尾残，中有品题"妙法莲华经分别功德品第十七"。

32.1309

本号共两残片。

1. 名称：祭十四娘文

录文：（前残）十四娘之灵，惟灵□□

暮遣，早悟三明，所闻法

语，一览无遗，将谓且住，

作世何期，二蛇来追，已（后缺）

说明：文中字句，敦煌所出祭文、邈真赞中习见。“十四娘”乃敦煌常见人名，此文充斥佛经词汇，结合另一佛典论释残片来看，未必是实用祭文，亦有可能是僧人所抄之祭文范本。

2. 名称：佛典论释

起：问曰用教为经不取理者以何文论

迄：答曰依于七善仙云知法十

说明：内容未能确切比对，亦有可能为禅宗典籍。

32.582

名称：金光明最胜王经卷一

尾题：金光明最胜王经卷第一

说明：首残尾全，中有品题“金光明最胜王经如来授量品第二”，背裱一残经，字不可辨。尾有难字音义。S.4268《金光明最胜王经》卷第一，文后亦附音义，末有题款“长安三年岁次癸卯十月己未朔四月壬戌玄藏法师义净奉制于长安西明寺新译并缀文正字”。此外，中村不折旧藏中亦有一卷《金光明最胜王经》卷第一，除每行所含字数不同外，其末尾题款和文后音义字全同[19]。只是仓促之间未能仔细比勘三者是否同一底本之抄本，录此备考。

32.580

名称：妙法莲华经卷六

首题：妙法莲华经法师功德品第九

尾题：妙法莲华经卷第六

说明：黄纸，较薄。

32.581

名称：佛本行集经卷四

起：佛本行集经受决定记品下卷之四

迄：优陀那偈所说偈言

题记：贞观二年唐文英写。

说明：写经无尾题，但隔四行书写题记，极少见于敦煌写本。上海图书馆藏卷103号《佛说无量寿宗要经》题“贞观五年冬唐文英写”，池田温疑为伪题 。此卷题记亦应是伪题[20]。 按唐文英名，常见于敦煌吐蕃时所写《无量寿宗要经》题记，非贞观时人[21]。

32.584
名称：妙法莲华经卷七
起：鸠滕荼若饿鬼等伺求其短
中有品题：妙法莲华经庄严王本事品第二十七
尾题：妙法莲华经卷第七
说明：未上潢，卷背有“叔□”收藏印。

32.585
名称：妙法莲华经卷三
首题：妙法莲华经化城喻品第七
尾题：妙法莲华经卷第三

32.587
名称：金刚般若波罗蜜经
起：须菩提于意云何菩萨庄严
尾题：金刚般若波罗蜜经
说明：纸高23cm，每纸27行，天头、地脚仅留1cm，写经文字很松。

32.583
名称：金光明最胜王经卷二
起：用部显现故说为无常应身者从无始来相
尾题：金光明最胜王经卷第二
题记：沙弥还真诵。
说明：首残尾全，卷尾有难字注音。题记字体与经文有别。天头有霉印。

32.589
名称：妙法莲华经卷二
首题：妙法莲华经信解品第四
尾题：妙法莲华经卷第二
题记：开元四年（716）九月十二日沙门慧洪藏。
说明：题记疑伪。

32.588
名称：妙法莲华经卷六
首题：妙法莲华经妙音菩萨品第廿四
迄：菩萨现种种身处处为
说明：未上潢，字大且拙。

32.586

名称：妙法莲华经卷四

首题：妙法莲华经授学无学记品第九

迄：随顺是师学，得见恒沙佛。

说明：卷首残，未上潢，书写不工，一行往往未满。

32.590

名称：妙法莲华经卷三

首题：妙法莲华经授记品第六

迄：号多摩罗栴檀之香

说明：纸较薄，未上潢。字带隶意。

32.592

名称：金刚般若波罗蜜经卷二

起：提音甚多世尊何以故是福德即非福德性

迄：是故须菩提诸菩萨摩诃萨应如

32.591

名称：八大人觉经

首题：八大人觉经

起：为佛弟子常于昼夜谦念八大人觉

迄：速登正觉永断生死常住快乐

尾题：八大人觉经

说明：仅一纸。历代经录有著录，然今已佚，已公布的其他敦煌文献收集品中亦未见。

31.3.331

名称：佛名经

说明：存一纸，佛名上有彩绘佛像，共二十，尺幅30cm×29cm。后有龚心钊题记，言此残片系戊辰（1928）夏日易自武林洪君承德。又有乙丑年（1925）夏五月褚德彝（1871—1942）题记，略云："千佛经图像，谭瓶斋尝以重值购长卷为王湘倚八十寿，然第于朱上钩金耳。此幅丹画……　"又有乙丑（1925）五月适庐（邹安）跋云：

唐画佛像并有着色，莫高窟所藏亦不多见。此袁寒云以易余虎头将军王印者。莫高窟，余见长洲叶鞠裳先生二帧最别致，友人王静安曾为考订。余印入《艺术丛编》第四集，闻入蒋氏后已入美洲，今在彼国博物院中，纸墨与此相合。此页得后，以示静安，允向沈寐叟索题。叟求让甚坚，设词取回。辛酉携里絅高学士又拟博易，议未受。今因洪君得北宋宝塔印本及陀罗尼经多品，遂并归之。乙丑五月适庐。

按，文中提及袁寒云（克文）、叶鞠裳（昌炽）、王静安（国维）、沈寐叟（曾植）等名家，敦煌文物在当时学界、收藏界的流通情况可见一斑。其中所谓叶鞠裳的二帧佛像，即今收藏于美国华盛顿的弗利尔美术馆(Freer Gallery of Art)的宋乾德六年曹延清供养《水月观音像》、于阗公主供养《地藏菩萨像》两幅绢画[22]。

龚心钊即龚钊，字怀希，又作怀西，斋号瞻麓，安徽合肥人，龚氏乃当地世家大族。龚钊19岁中举人，26岁中进士，是清代最后一任科举考官。其父龚照瑗，曾任上海道台，出使英、法、美、比大臣。兄心铭，著名收藏家、实业家。龚钊自己亦好收藏，乃沪上著名鉴藏家。龚钊旧藏，亦见于上海图书馆，皆为精品。上图067《华严经》卷卅三。卷末题记："开皇十七年四月一日，清信优婆夷袁敬姿减辍身口，敬造此经一部，永充供养。愿从今已去，灾障殄除，福庆臻集，国界永宁，万民安泰。七世久远，一切先灵，并愿离苦获安，游神净国，无诸鄣累，三界六道，怨亲平等，普共含生，同升佛果。"卷首背有一"记"字，该件曾经装裱，重装麂皮包首题签："隋开皇女尼袁敬姿写华严经"，下钤"龚钊"白文方印。引首题签："隋女尼写华严经"，下有双行小字："许君得自甘肃，癸酉除夕归瞻麓斋。"下另题签"隋开皇十七年丁巳写华严经第卅三卷"，并横写小字"十二纸"。上图068《盂兰盆经赞述·温室经疏》，为二经合卷。《盂兰盆经赞述》居前，四纸，首题："盂兰盆经赞述 沙门慧净法师制"，尾题："盂兰盆经赞述"。经文中"经曰"、"述曰"前均有朱笔标志。《温室经疏》居后，首题："温室经疏一卷 慧净法师制"，尾题："温室经疏一卷"。卷末有题记1行："岁次癸卯四月五日，沙门海德写记并堪定。"其中末三字为朱笔书写。本件曾经装裱，重装麂皮包首题签："唐沙门海德写经卷"。卷首高丽签题："唐沙门海德写经赞述卷"。小字署"甲戌钊"。卷后有合肥龚钊甲戌年（1934）跋语，言该卷为歙县许际唐于民国初年官甘肃时所得，置于黄朴存处，龚钊则由于黄的中介而获取该卷。末钤"怀西翰墨"朱白方印。

32.578
名称：大般若波罗蜜多经卷五六六
首题：大般若经第六会序、大般若波罗蜜多经卷五百六十六
尾题：大般若波罗蜜多经卷第五百六十六
说明：第一纸最后一行空未写字，又中间一纸空五行，后一纸28行全空。背有有苏州码子，"顾二郎"印。写经真伪存疑。

32.566
名称：妙法莲华经卷一
起：梵音深妙令人乐闻各于世界讲说正法
中有品题：妙法莲华经方便品第二
尾题：妙法莲华经卷第一
说明：有苏州码子，"顾二郎"印。

32.575
名称：维摩诘所说经卷中
首题：文殊师利问疾品第五
迄：其中八千天子皆发阿耨多羅三藐三菩提心
说明：首页背面今人题"维摩诘经中卷 全 五六七八"。

32.572
名称：大般若波罗蜜多经卷三〇五

起：复次善见一切有情施设言说若有色若无

迄：知彼诸有情类所有大心无去

说明：首页背面有苏州码子，“顾二郎”印。

32.567

名称：妙法莲华经卷四

起：中亦复第一而皆护持助宣佛法亦于未来

迄：间解无上士调御丈夫天人师佛世尊憍昙

说明：首页背面有“顾二郎”印。纸缝有半印痕，不识。又题“正一”。

32.579

名称：大般若波罗蜜多经卷五一

首题：初分辨大乘品第十五之一

尾题：大般若波罗蜜多经卷第五十一

说明：首题下有许承尧印三方：“歙許芚父遊隴所得”、“疑盦”、“许承尧”。尾有“南皮张/□府珍/藏金石/书画印”。硬黄纸，字不佳。

32.568

名称：金刚般若波罗蜜经

尾题：金刚般若波罗蜜经

说明：首页背面有今人题“金刚经全”。

32.576

名称：妙法莲华经卷四

首题：妙法莲华经五百弟子授记品第八四

迄：共赞叹其功德尔时世尊欲重宣此义

说明：首页背面存原题名“妙法莲华经卷第四”。尾部背面有“顾二郎”印。

32.577

名称：佛说解百生怨家经

首题：佛说百生怨家陀罗尼经

尾题：佛说解百生怨家经

说明：仅一纸。后有“陈訚”、“疑盦”印。此经当为归义军时期敦煌流行的疑伪经，其经名亦见于英藏S.4489《金刚经》题记，该卷年代可考订为同光三年（925）五月十三日[23]。

按，陈訚，字季侃，小名阿迦，浙江诸暨枫桥人，光绪二十八年在（1902）中举人，不久任京师大学堂教习，1917年11月，出任甘肃皋兰道员，1920年12月，升任暂护甘肃省省长，1921年10月免职。任职期间，着力购求敦煌写卷，约得善四百卷，后散出，部分入藏上海博物馆、上海图书馆、国家图书馆、浙江博物馆、浙江图书馆、杭州灵隐寺[24]。藏卷常有《燉煌石室藏经记》跋文，见于上图078《太玄真一本际经》卷二、上图79《大佛顶如来密因修证了义诸菩萨万行首楞严经》卷六、上博23《佛说佛名经》、浙敦025《摩呵般若波罗蜜多经》卷二五、浙敦027《大智度论》卷九十、浙敦193《妙法莲华经》卷四，内容大同小异，而以国图BD14528《大方广佛华严经》卷卅二最为完整，亦为敦煌学学术史之重要材料，兹录其文如下：

清光绪庚子，甘肃敦煌县砂碛中发见石室。室有碑记，封闭于宋太祖太平兴国初元，距今千余岁。以所藏历代写经考之，最古者近2 000年。所藏上至西晋，下迄朱梁，纸书、绢画、袈裟、彝器，粲然具备。唐写佛经为独多，晋魏六朝稍希有矣。纸皆成卷，束以绢带，完好如新。诚天壤间环宝也，吾国官民不知爱惜。丁未岁，法国文学博士伯希和自新疆驰诣石室，贿守藏道士，检去精品数巨箧，英人、日人继之，咸大获而归。追端陶斋赴欧考察宪政，于伦敦见之，归而访求，则石室已空，仅于处士家搜得3 000卷，藏庋北平图书馆，今不知尚存否？余度陇时，购求唐人精写者，已极难得，而著有年代及晋魏人书，则非以巨价求之巨室，不可得也。苏子瞻云："纸寿一千年。"今已突破先例。盖燉煌流沙堆积如阜，高燥逾恒；苟石室永闭，再更千百年，犹当完好。一入人手，则百十年间可沦灰以尽。证之今日藏经已希如星凤，其后可知。犹忆在陇时，朋辈与余竞购者，所藏皆已散亡，余亦何能永保？但求爱护有人，千百年珍物不致损毁吾人之手。风雨如晦，鸡鸣不已，得者宝诸！癸未春月

前护陇使者诸暨陈季侃记[25]

32.574
名称：维摩诘所说经卷上
首题：方便品第二
起：有犯禁之名十善是菩萨净土菩萨成佛时
迄：纯熟决定大乘诸有所作能善思

32.571
名称：妙法莲华经卷七
起：山秽恶（下残）
迄：华德菩萨得法□□□

32.569
名称：金光明最胜王经卷五
起：一切世间殊妙香闻时悉知其所在
迄：若有众生无救护长夜轮回受众苦

32.573
名称：大般涅槃经卷三五
起：也若未来者云何名常何故佛说一切众生
迄：大悲及三念处首愣严等八万亿诸三昧门

32.570

名称：大般涅槃经卷四〇
起：缘瞿昙世间小儿
迄：如世人说一切出家精勤持戒

以上共计48件

注释：

① 余欣、王素、荣新江：《首都博物馆藏敦煌吐鲁番文献经眼录》，《首都博物馆馆刊》第18辑，燕山出版社2004年版，第166—174页。

② 参看：常盘大定：《武周新字の一研究》，《东方学报》第6册（东京），1936年，第5—42页；董作宾、王恒余：《唐武后改字考》，《史语所集刊》第34条，1963年，第447—476页；施安昌：《从院藏拓本探讨武则天造字》，《故宫博物院院刊》1984年，第84—90页；施安昌：《武周新字"圀"制定的时间——兼谈新字通行时的例外》，《故宫博物院院刊》1991年第1期，第60—64页；王三庆：《论武后新字的创制与兴废——兼论文字的正俗问题》，《成大中文学报》第13期，2005年，第95—120页。

③ 王三庆《敦煌写卷中武后新字之调查研究》，《汉学研究》第4卷第2期，1986年，第440页。

④ ean-pierre drège,"Les caract è res de l' imp é ratrice Wu Zetian dans les manuscrits de Dunhuang et Turfan" , Bulletin de l' Ecole fran g aise d' Extr ê me-Orient , 73 , 1984 , pp.339—354.

⑤ 见国家图书馆善本部编：《中国国家图书馆藏敦煌遗书精品选》，2000年版，第58页，图91。

⑥ 见杨文和主编：《中国历史博物馆藏法书大观》第11卷《晋唐写经·晋唐文书》，东京：柳原书店1999年版第116—117页，写经No.47；第218—219页，插图No.21说明。

⑦ 史树青《书画鉴真》，燕山出版社1996年版，第398—401页。

⑧ 叶渡：《西晋写本〈孝经〉残卷初探》，《首都博物馆文集》第7辑，燕山出版社1992年版，第1—8页。

⑨ 饶宗颐：《索纨写本〈道德经〉残卷再论》，《首都博物馆丛刊》第17期，燕山出版社2003年版，第1—3页；王素：《西晋索纨写〈道德经〉残卷续论——兼谈西晋张侨写〈孝经〉残卷》，同上书，第3—11页。

⑩ 荣新江：《海外敦煌吐鲁番文献知见录》，江西人民出版社1996年版，第213—214页。

⑪ 荣新江：《敦煌藏经洞文物的早期流散》，《敦煌文献论集——纪念敦煌藏经洞发现一百周年国际学术研讨会论文集》，辽宁人民出版社2001年版，第3—4页。

⑫ 余欣：《许承尧旧藏敦煌文献的调查与研究》，提交"日本学·敦煌学·汉文训读の新展开"国际学术会议论文，札幌：北海道大学，2004年9月1日—4日。修订本载《敦煌学·日本学——石塚晴通教授退职纪念会论文集》，上海辞书出版社2005年版，第150—192页。

⑬ 参考《敦煌学大辞典》，上海辞书出版社1998年版，289页；森安孝夫：《河西归义军节度使の朱印とその编年》，《内陆アヅァ言语の研究》XV，2000年，第120页；王艳明：《瓜沙州大王印考》，《敦煌学辑刊》2000年第2期，第41—53页。

⑭ 刘乃和等：《陈垣年谱配图长编》辽海出版社2000年版，第105页。

⑮ 中国历史博物馆：《中国历史博物馆藏法书大观》第11卷，第216页，写经No.39。

⑯ 张广达、荣新江：《于阗史丛考》，上海书店1993年版，第112—113页。

⑰ 荣新江：《归义军史研究——唐宋时代敦煌历史考索》，上海古籍出版社1996年版，第103—104页。

⑱ 孟嗣徽：《故宫收藏的敦煌吐鲁番遗画》，国家图书馆善本特藏部敦煌吐鲁番学资料研究中心编《敦煌学国际研讨会论文集》，北京图书馆出版社2005年版，第278—279页。

⑲ 矶部彰编集：《台东区立书道博物馆藏中村不折旧藏禹域墨书集成》（文部科学省科学研究费特定领域研究"东アヅァ出版文化の研究"研究成果）卷中，东京，2005年版，图版077，第46—49页。

⑳ 池田温：《中国古代写本识语集录》，东京大学出版会1990年版，第182页，No.498。

㉑ 参见池田温：《中国古代写本识语集录》，第391页。

㉒ 荣新江：《敦煌学新论》，甘肃教育出版社2002年版，第78—84页。

㉓ 参看荣新江、余欣：《沙州归义军朝野系年录》，饶宗颐先生主编"补资治通鉴史料长编稿系列"之一，待增补修订后，将由台北新文丰出版公司刊行。

㉔ 参看荣新江撰"陈闾旧藏"辞条，《敦煌学大辞典》，第795—796页；姚培锋：《绍兴人与敦煌学》，《敦煌学辑刊》2003年第1期，第130—132页；前揭余欣：《许承尧旧藏敦煌文献的调查与研究》。

㉕ 中国国家图书馆：《中国国家图书馆藏敦煌遗书精品选》，图版9B，第8页。

千古名砚润华章

葛建军

砚为文房用具之一，被称为“文房四宝”之首，集书法、绘画、雕刻诸艺术为一体。砚，浓缩了中国各个朝代文化、经济乃至审美意识的各种信息。加之由于其质地坚固，传百世而不朽，是历代文人作为珍玩藏品之首选，古砚台由实用品升华为艺术品。

砚，是从原始社会的研磨器具发展而来，为研制色料的工具，又称砚台、砚田、墨池、墨海、墨盘。自古以来，制砚的用材种类丰富多样，极为广泛，有玉、银、铜、铁、陶、瓷、石、漆、瓦、水晶、象牙、竹、木等几十种。

首都博物馆馆藏砚在材质、形制、雕刻、纹样、铭文及流传有序等方面都极具代表性。此次书房珍玩展精选名砚虽然仅有20余方，但基本展示了名砚的文物价值、工艺水平、艺术风貌、文化内涵等各个方面。

一

砚台，不仅仅是研墨器，用于书写和绘画，还用于案头陈设，艺术欣赏，并作为高雅珍贵的礼品，赠送亲朋好友，历代文人墨客对砚都格外垂青，它已成为中华民族文化的有机组成部分。就如日本前首相藤山爱一郎所赞美的，从每一方古砚中都可体会到中国悠久的历史与文化。

砚的历史，根据考古发现，可追朔到5 000年前。1980年，我国考古工作者在陕西临潼姜寨遗迹发掘出一套绘画工具，其中就有一块石砚。砚上面有石盖，掀开石盖，砚石凹处有一支石质磨棒。姜寨遗迹属仰韶文化初期的一处母系氏族村落，距今已有5 000多年了。1975年考古学家在湖北省云梦县睡虎地秦墓中发现了一方石砚，砚及研墨石都是就鹅卵石的原形稍略加工一下而制成的，在砚石面上有使用过的痕迹和墨迹。这是迄今我国发现最早的书写砚。

1978年，山东临沂汉墓出土了一套完整的盒砚，这套彩绘盒砚，包括砚石、研石和砚盒三部分。砚石是一块经过仔细加工的长方形石板，长16厘米、宽6厘米、厚0.2厘米，砚面上还残留着墨迹。这是汉代的一件实用研墨器，距今已有2 000多年了。当时的墨尚不成形，需用砚石在砚上压墨磨成墨汁，东汉以后，才抛开砚石，自成一体。

我国的砚台历史不仅悠远，且历经各代形成其不同造型风格。砚台在汉代使用已经较为普遍。从传世和出土的汉代砚看，以陶、石为主，另有漆、木等质地的砚。西汉时期的砚，多为圆形扁石，一面磨平，另附一块小砚石。西汉末年至东汉时期，石砚呈圆形且多带有三足，也有龟形，雕作朴实无华，已成为相当完美的艺术品。魏晋时期，石砚、陶砚继续流行，同时出现了瓷砚。瓷砚的形状有圆形、长方形。石砚则为方形或长方形，多有四足。隋唐时期，陶砚的发展达到了全盛时期，瓷砚盛行，石砚已开始讲究石材，这种要求很特殊，石质不能太粗糙，粗糙如锉，费墨伤笔，墨也研不细；也不能选用过于光滑，光滑如玉便不发墨。好的研石质坚固、润泽、细腻，手摸砚面就同摸在婴儿的皮肤上，娇嫩、光滑、细洁；研磨时发墨如油；墨与研之间如有吸力；用手握砚石或轻轻地呵气，砚上立即湿润；扣之木声，石以木声为上，金声瓦声为下。有名的端石、歙石、洮河石等都有这些难得的优点，因此被开采制砚。隋唐时的砚形多呈箕形状，形同簸箕，即风字砚，前窄后宽，墨池前低后翘，后部下有两足。据说日本至今还沿袭这种造型风格。宋代普遍使用石砚，对石质砚材的选择更加严格，如纹采、色泽、手感、声音等。形式不但追求多样，并讲究雕饰的完美。瓷砚的烧制种类增多，陶砚仍然流行。砚的造型以长方形“抄手砚”为特色，其厚度比一般的砚厚出二至三倍。抄手的特点是：将砚的底部掏空，两边为墙足，可用手抄底托起，着地平稳。既减轻了本身的重量，又便于转移和携带。宋苏易简《文房四谱》：“四宝研为首，笔墨兼纸，皆可随时收索，可终身与俱者，唯砚而已。”除此，也常见随形砚和椭圆形砚。文人墨客，品评砚台之风兴盛，对砚情有独钟，藏砚、赏砚成为风气，赏砚，一是欣赏质地；二是欣赏做工；三是欣赏铭记。元代石砚较为流行，砚的造型重适用，不重纹饰，风格浑朴自然较为粗犷。明代砚除了继承唐宋风格外，讲求自然美，而且追求砚的质地、雕刻工艺及装潢设计，工艺风格简练朴实。文人雅士赏砚藏砚之风盛过宋代，致使砚的实用性降低，工艺性增强。清代砚更为讲究，在材质品种、雕刻技艺、纹饰内容等方面，异彩纷呈，制作达到了历史最高水平。各类精工制作的砚台，已成为一种集书法、绘画、雕刻以及髹漆等多种技艺于一体的工艺美术品。

二

砚的材质虽然多达几十种，然而最普遍、最实用的还是石砚。石砚又有端石砚、洮河石砚、歙砚、澄泥砚、鲁砚等。唐代著名书法家柳公权在《论研》中记述：“蓄砚以青州为第一，绛州次之。后始重端、歙、临洮，及好事者用未央宫铜雀台瓦，然皆不及瑞，而歙次之。”于是史书上便将“端、歙、临洮”，合称为“三大名砚”。清代末期，又将山西绛州的澄泥砚，与端、歙、临洮砚，合称“中国四大名砚”。在四大名砚中，端砚最上乘，名声最大，它有“群砚之首”、“天下第一砚”、“文房四宝的宝中之宝”美誉。端砚产于广东肇庆市东郊的端溪，据《石隐砚谈》记载：“始于唐武德（唐高祖李渊年号）之世。”因肇庆在古时属端州，端砚因此而得名，亦名端溪砚。其质坚实细腻，滋润娇嫩，“温润如玉，扣之无声，缩墨不腐”，纹理优美，磨墨无声，发墨而不坏笔，是砚中珍品。端石砚开采非常艰苦，唐李贺用“端州砚工巧如神，踏天磨刀割紫云”，刘禹锡以“端州石砚人间重” 的诗句来赞美端石的名贵，颂扬了端州石工采石的高超技艺。端砚在古时，被列为贡品，朝廷设有“砚官”督办砚务禁止民间采制。

端砚以紫色为主调，另有灰色、青黑色、青色和绿色等。清代端石砚的典型特征是器型丰富，雕刻清新、秀逸，以精细见长，重于正反两面的雕饰，所雕各式图形，千姿百态，达到了巧、妙、绝的境地。雕工极为精湛，特别是那些随形而作，雕工不多的砚，往往奇峭清新，令人叹为观止。书房展中有六方清代端石砚，端石绵绵瓜瓞砚，长 17.8厘米、宽12.7厘米。石色黑中泛紫，取石的天然形态雕琢成瓜形飞蝶状。蝴蝶身在砚的中间，六腿四须刻工洗练，刀法传神，像是上下飞动的蝴蝶。蝶眼巧用石眼，多了几分灵气。左右两翅琢为砚堂，光滑平坦，“蕉叶白”、“胭脂晕”辉映其上。上部瓜蔓藤绕，层次分明，深浅凹凸的雕刻手法，使藤蔓与瓜果之间有了空间感，形成砚池。砚上刻有四方收藏印：“曾在李鹿山处”、“曾在吟香别馆”、“北阡”、“梅溪家藏”。砚背瓜叶藤蔓清晰明朗，刻有 “绵绵瓜瓞砚为吴门顾女史所制经三阅月始成感其功之精而心之苦也因书以识李云龙”的铭文。顾女史即清代初年苏州著名女制砚家顾二娘，制砚得其夫传授，非端溪老坑石弗肯琢雕。整个砚圆阔肥润，制作独具匠心，有顾女史琢砚的突出特点。

端石九眼方砚，所谓石眼就是天然生成在砚石上有如眼睛一样的“石核”。是端石独有的特色，具有较高的欣赏价值。端石以有眼为贵，宋唐彦猷《砚录》“端石有眼者最贵，谓之鸲鹆眼，石纹精美，如木有节。……士人以眼多少为价重轻。……”有佳眼的端石，石质幼嫩、细腻。从古至今，大多数端石爱好者都争相藏之。该砚长9.1厘米，宽8厘米。石色泛青，雕制朴素无华，砚背有九眼，其中八眼作圆柱状，高低错落取之自然，在如此之小的端石上天然生成九眼，可称石之上品，十分难得。

端石灵芝长方砚，长15.7厘米、宽13厘米。长方形，以白端石制成。白端石产于广东肇庆七星岩。色纯白，宜研朱。砚池巧作灵芝状，池内残存朱砂墨渍，构思新奇，琢刻精细，白中泛红，古雅可爱。

端石瓜蝶砚，长27.5厘米，宽18.2厘米。砚石质细密滋润，且有天然花纹，端石有天然花纹者更为端砚之珍品，如白中带有淡青或淡紫色的“鱼脑冻”，成片的白色中略带嫩青的“蕉叶白”等。该砚就有蕉叶白，金银线，依石雕成瓜蝶状，极具立体感，中为淌池。砚背为片片硕大瓜叶，寓意“子子孙，永绵绵。”

端石荷叶砚，长16.3厘米、宽14.7厘米。此砚选用端州大西洞佳品，石色黑中泛紫。砚身随形雕琢成两片翻卷的荷叶，筋脉清晰，砚堂深凹，在翻卷的荷叶下面，精雕一小蟹，蟹爪夹住一根苇草，悠然自得。注水研磨，如临河塘野趣，造型生动有趣，荷与蟹搭配，还寓有“和谐”之意。砚背有清乾隆年间进士袁太守所书铭文。

端石云蝠砚，长18.9厘米、宽18厘米。砚作随形不规矩形，石质细腻温润，有蕉白火捺。砚面上半部以浅浮雕手法勾出云蝠海水，受墨处平坦光滑，被翻卷的云气所包围。砚背雕刻精细，以“丹凤朝阳”为题材，并巧妙地利用石色变化雕出树木枝干、花鸟。这六方端石砚各有千秋，可说是集我馆端石砚之精华。

歙砚产于江西省婺源县与安徽省歙县交界的龙尾山一带，又称砚山，这里出产的砚台称为“龙尾砚”。据宋人洪适《歙砚说》记载：“龙尾山在婺源县长城里。唐开元中叶氏得其地，偿取石为砚。”又记：“龙尾石多产于水中，故极温润。性本坚密，叩之其声清越，宛若玉振，与他石不同。” 其质地致密，纹斑绮丽，温润如油，拥有苏轼所描述的“涩不流笔，滑不抱笔，瓜肤而縠里，金声而玉德”等其他砚材难以同时具备的优点而独具特色。始采于唐代开元年间（713—741年），于南唐时期兴盛起来，南唐后主李煜酷爱龙尾砚，曾称“龙尾山砚、澄心堂纸、李廷珪墨”“三者为天下冠”，并派专门的砚务官制作官砚。歙砚的石品很多，主要分为罗纹类、眉子、眉纹类及金星和金晕类。文房展中主要展示了歙砚的两个品种，“罗纹砚其纹如罗丝精细，其色青莹，其理坚密。刷丝罗纹砚银色刷丝如发之密。”如此次展览中的唐代歙石凤池砚，长27.6厘米，宽9.4厘米。又名箕形砚，此砚形是唐砚的基本形式，所谓箕形砚，即一端圆（或方），一端平而阔，形如一簸箕，故而得名，其足有单足、双足、梯形足，又因其像“凤”字，名凤字砚。据米芾《砚史》载，此形砚台晋代就有：“……上圆下方……又如凤字两足者，独此甚多，所谓凤凰池也，盖以上并晋制。”在唐代很流行，这与唐代的写字习惯有关，人们席地而坐，凭借矮几读书写字，这种形制砚没有砚膛与墨池的区分，膛池相连，前深后浅，可多聚墨，也便于掭笔。此砚为标准的凤字砚，形制规整，砚池与砚膛相连，后浅前深。砚背上部呈半圆凸起着地，形似一簸箕，砚底有两足。选用上等水波罗纹歙石，石纹看上去像波动的水面以一起一伏，实际用手抚摸平滑润泽，恰似“风乍起，吹皱一池春水。”歙石是板岩结构，不易雕饰，如此硕大，石纹理又非常美丽，雕刻之浑朴的唐代歙石凤池砚实不多见。歙砚中的眉子砚，“纹若甲痕，如人画眉，遍地成对。”金星石，是石中含金色的纹理，它是由石中所含的硫化铁所形成的，有金色大小斑点，在光线照耀下犹如天空星斗闪闪发光，金星久研磨而不褪，且越磨越亮，是歙砚中的佳品。宋代大书法家黄庭坚赞其为“日光灿灿飞金星，碧云色夺端州紫”，在古代大多作为贡品，进贡朝廷。书房展中清代歙石金星随形砚，长18.9厘米、宽13厘米。取歙石中的金星石为材料，砚石中融有点点金色矿物质，随形雕琢，手法自然朴实，主要突出石质之美。我们还选用了一方明代歙石长方砚，长22.3厘米、宽14.8厘米。长方形，抄手式，石质坚密，润泽，砚体面阔，周边凸起，左右上三条边浅雕带钩纹饰，刀工洗练，造型古朴敦厚，具有典型的明代风格，讲究自然美，砚膛色青且有大片花晕。堪称明代歙砚佳品。砚背有明代万历年间汪伯玉作铭并叙，内容阐述了世人对歙、端砚石的不同看法和认识等。另一方清代歙石黄鱼子砚，长14.8厘米、宽9厘米。砚石呈土黄色，黄地中有墨色斑点，极似鱼子，故名“鱼子石”，石质坚硬，边角打磨圆滑，宜研彩墨。此砚墨池雕有5只小鹅戏水。砚背有后人摹刻的元代书法家鲜于枢草书“鹅戏”二字。这四方是我馆藏歙砚的代表作。

洮河石砚产于甘肃古洮州（今甘肃临潭县）境内的悬岩深溪之中。非常难得，是珍贵的砚材之一。宋赵希鹄《洞天清录集·古砚辨》中说；“除端歙二石外，唯洮河绿石北方最贵重。绿如蓝，润如玉，发墨不减端溪下岩。然石在临洮大河深水之底，非人力所致，得之为无价之宝。”洮河石质地细密，莹洁如玉，石纹如丝，有似浪滚云涌，有似卷云缥缈。因洮河石长年在水中，其石肤理缜润，蓄墨不易干沽，贮墨不变质，发墨而不损墨，呵气即湿。洮河石唐代始制砚，宋代已闻名于世，并跻身四大名砚之列，素为历代文人书家的赞赏和喜爱，视为珍品。洮石有绿洮、红洮两种，以绿洮为贵。红洮石为土红色，石质坚润，纯净、色泽雅丽；绿洮石石色青蓝，旧称“鹦哥绿”、鸭头绿”，历代文人称赞其石色瑰丽，有如禽鸟头上的绿色羽毛，对其推崇备至。唐宋时曾作为贡品进奉朝廷。洮河石砚历代都流传下来甚少，书房珍玩展中展示了一方明代洮河石长方砚，长15.8厘米、宽9.1厘米。长方形，此砚石色淡绿，绿中泛黄，石质细腻润泽，为洮河石上品。造型古朴浑厚，砚身的四周雕刻有浮雕的游龙戏水纹饰，栩栩如生，其雕工质朴，清晰感强。这方砚的珍贵之处有三：

1. 它是名贵的砚石；

2. 流传有序，先是被清代著名大学士纪晓岚收藏过，并被其鉴定为宋代“绿端”，在砚上刻有“端溪绿石上品晓岚”铭文。绿端砚是端砚中较为名贵的一种，开坑采石始于宋，石色青绿微带土黄，其佳者为翠绿色，纯净无暇，晶莹油润，在端石中不多见，传世也很少。纪晓岚称绿端为“绿琼”，与“紫玉”媲美，给予了很高的评价。在宋代，绿端石砚就作为珍贵礼物，用来馈赠。后流传到北京市文物管理处收藏；

3. 此砚在“文革”中被康生利用职权，窃为已有，经其鉴定为“洮河石”，并在砚堂上亲书一段文字，“纪晓岚自名为识砚者，还刊行《归云砚谱》，其实他对砚连基本常识也没有，他把洮河石当作绿端，把青州红丝叫作红端，他不知端石为何物，更不必说识别古砚了。康生1970年2月。”“文革”结束后，此砚归还首都博物馆。在我馆收藏的过程中，几经历代专家的鉴定确认为明代洮河石砚，是我馆砚台藏品中的精品。

在“四大名砚”中，唯独澄泥砚不是石料制作的，它产于山西绛州（今新绛县），以汾河水中常年所贮沉泥，风干后经特殊焙烧工艺再烧炼而成。由于泥料可塑性大，因而它具有独特的雕塑风格，讲究精雕细刻，图案和造型古朴大方，质地细而不涸，坚而不燥，易发墨，贮墨、贮水均耐久。始于唐，风行于唐宋时期，宋佚名《砚谱·诸州砚》：“虢州澄泥，唐人品砚以为第一，今人罕用。”又宋张垍《贾氏谈录》：“绛县人善制澄泥，缝绢袋至汾水中，逾年而取之，陶之为砚，水不涸。”澄泥砚的颜色以鳝鱼黄、蟹壳青和玫瑰紫为主。澄泥砚极为稀少，一直被视为奇珍。此次展品中有一方北京市大兴区出土的明代澄泥卧牛形砚，长12厘米、宽7.3厘米。砚琢成卧牛形，简洁流畅，栩栩如生。牛身辟作砚膛，为赭红色，砚色红中有黄，非常精致美观，令人爱不释手。澄泥砚既稀少，上品更为难求，展品清代澄泥石函砚，即为澄泥砚中的上品。长9.9厘米、宽9.3厘米。质地细腻润泽，随形，浑厚古朴，不雕不饰，古朴天然。砚底篆“石函”二字。砚侧左右分刻“秋盦珍藏”、“小蓬莱所得金石文字”、“阮元为小松九兄题”等铭文。砚匣红木整挖，砚函平卧其中，周边刻有历代文人墨客的观款。砚盖上有黄易作画《小蓬莱阁》，景致简明，意境清寂，上题七言小诗一首。秋盦即清乾隆年间大书法家、金石家黄易。阮元是乾隆时礼仁阁大学士。清代澄泥砚追求刻工的豪华，特别是皇室之物更是如此。如展品清代澄泥仿汉石渠阁瓦砚，长9厘米、宽5.1厘米。砚作瓦状形，砚上侧隶书“仿汉石渠阁瓦砚”七字；砚膛上方刻有乾隆皇帝手写的铭文；下钤印一方“朗润”。砚色呈鳝皮黄，高雅华贵。砚匣为硬木整挖而成；砚盖上嵌一对白玉寿桃，典型的清代宫廷做工，是一件小巧精致的皇宫御用品。

首博的《文房珍玩精品展》砚区除了展出上述四大名砚外，有名的砚台还有山东的“鲁砚”、吉林的“松花石砚”。山东诸石制成的砚，通称鲁砚，同是砚林中之名品。青州砚为鲁砚之冠，其中又以红丝砚最佳，宋苏易简《砚谱》谓砚有40余品，以青州红丝石为第一，端州斧柯山石为第二，歙州龙尾石为第三。红丝石最早开采于唐中和年间，在历史上大都由民间自行开采，储量有限，传品甚罕。唐宋时，曾以红丝石、端石、歙石、洮河石为四大名砚，后因红丝石停采不出，所以仅存三大名砚。该砚石产于山东益都黑山之中，色彩艳丽，或红或黄，黄者多呈红色丝纹，红者丝黄，故名。红丝石特有的纹理千姿百态，其状不一，有的似云水，似月晕；有的似花卉、似鸟兽；似人物；似山峰；有的中间夹杂石英，像断而不裂的冰纹；有的具有绿色的石眼或金色的条带，以及闪闪发光的紫筋…… 其质地比较软，资质润美，易于发墨。展品中的红丝石砚，长16.3厘米，宽12.5厘米。选用优良的红丝石，红黄相间，天然成趣。砚呈长方形，做书卷式，造型独特，具有清初期工艺特色。砚侧有“读易楼珍藏”款；砚身及砚底隶书陶渊明“归去来辞”全文，署款“施用宝”，即清代翰林施用冰所刻。

松花江石砚是用产于我国东北长白山脚下松花江流域，本名“乌拉玉”，又名“松花玉”的松花江石制成的。《格致镜源》一书云：“松花石砚温润如玉，绀绿无瑕，质坚而细，色嫩而纯，滑不拒墨，涩不滞笔，砚之神妙尽备。”中国书法协会主席舒同题词：“松花江石砚与端砚齐辉。”文物鉴赏家傅大卣称颂它：“洮河无此润，端溪无此坚。”日本书法家则把它誉为“东方至宝”。用松花石制砚始于清康熙，《康熙帝御制文集》中说道绀碧色的松花石远胜于绿端石，又因松花江为清代发祥之地，故松花石砚为清皇室所珍视，康熙帝封其为“御砚”，其硬度较高，光滑有余，润泽不足，宜研朱墨，所以多用于御批或朱批。随之在设计、雕刻、装饰方面臻于完美，康熙、雍正、乾隆等皇帝对松花石砚评价甚高，除了御用，还用来赏赐部分词臣，把松花石砚当作联络汉人、笼络群臣的媒介，词臣们以能够得到皇帝御赐的松花砚为隆遇，奉为至宝，吟诗作赋以谢圣恩，这就起到了推广松花砚、宣传清代文治和光宗耀祖的多重作用，把松花砚的功用发挥到极致。当年琢御砚都由宫内府造办处承办，采料控制很严，又因松花石产出地处清始祖发祥之地，为保护祖陵，清廷封禁了松花石的产地——长白山，不再开采，加之此砚多为宫廷御用，所以松花石砚流于民间甚少，极为珍贵。此次展览中展出了两方清代松花江石砚，一方桃形葫芦砚，长11厘米、宽9厘米。砚身、砚盒以两种不同颜色的松花江石琢成。砚身石色绀绿，雕刻成桃形。砚堂平坦，用浅雕法琢出葫芦状砚池。砚背刻有“乾隆年制”。砚盒的制作更为精巧，讲究，充分利用了黄色松花江石质颜色深浅变化，琢成桃枝、桃叶和双蝙蝠纹饰，将砚盖与砚盒合二为一时，恰好构成了一幅“福”、“禄”、“寿”图。另一方松花江石长方砚，长10厘米、宽5.7厘米。砚身、砚盒以两种不同颜色的松花江石琢成。砚身石色绀绿，形作长方形淌池状，墨池内雕“游龙戏水”；砚盒由黄色带有花纹的石料做成，搭配古朴和谐。

此外，这次展览中还有玉砚、菊花石砚、陶砚、瓦当砚等，这些品种的传世品都非常稀少，因此也都弥足珍贵。

菊花石砚产于湖南浏阳，是用浏阳河底具有菊花状纹饰的天然动物化石制成的，又称“菊花砚”、“浏阳石砚”。清以前未见著录，清同治光绪时期谭嗣同有《菊花石秋影砚铭》。砚式多为随形，是当时湖南地方官作为贡品，进献清廷的。菊花石砚以其独特的观赏性，因材施艺的雕刻手法，博得文人和名士喜爱而珍藏。此次展出的这方清道光年间浏阳菊花石随形砚，长20厘米、宽15.5厘米。深灰色，随形，砚和墨池呈椭圆形，墨池旁凿有一小洞与之相通，在左上方留有完整一朵菊花和十数个乳突，砚右上方刻有大云纹，云纹上留有两朵残菊，花瓣只有四五片，似白娥趴伏在那里。使整方砚在粗犷中又具玲珑剔透之感，造型洗练、古拙，又十分突出菊花石花纹的特有风韵。因其石质细滑不易发墨，它的观赏价值高于使用价值。

陶砚起源于汉代，是用很细的陶土烧制而成的，其实用性较石砚要差。魏晋时期，陶砚较为流行，以圆形为主，砚面为圆盘状，子母口，亦有子口器物。砚下有足，三、四、六足不等。唐代陶砚继续流行，其制作工艺达到了极盛。宋代以后普遍使用石砚、瓷砚，陶砚已不流行，所以陶砚在砚的家族中已较难一见。这次展览中我们选用了一件元代陶箕形砚，长12厘米、宽10.8厘米。此砚属澄泥砚，砚呈黑色，形制仿宋箕形砚，砚背刻有隶书“云中玉泉老人”铭文。玉泉老人即元代名臣、政治家耶律楚材。另一方长乐未央瓦当砚，径15.5厘米。瓦当为中国古代建筑檐头筒瓦前端的遮挡，瓦当最初为半圆形，后演变为圆形。以古代建筑物上的瓦制作为砚，多使用的是秦汉宫殿殿瓦，如阿房宫瓦、未央宫瓦、万岁工瓦、铜雀台瓦等，也称砚瓦。这种宫殿瓦所取的土质特别细腻，近于澄泥，砚质坚而泽，贮水几日不枯。烧制工艺极为精湛，不易渗水，改为砚台，极为适合。“未央宫瓦，亦注水经久不涸，好事者以为砚”，约始于唐代。清代好古之风盛行，砖瓦砚受到文人的推崇，广泛搜集秦汉时的砖瓦，改制为砚，此砚即是用汉代瓦当所制。砚背篆书“长乐未央”四字，属未央宫遗物。字体布局疏朗，倚让适度，与汉代玺印艺术有异曲同工之妙，是瓦当砚中的佳品。

文房珍玩展中还有两方玉制砚，玉砚的制作始于汉代，发墨不如石砚，多作为研磨坚硬的朱砂之用，观赏重于实用。汉《西京杂记》中载：“以玉为砚，亦取其不冰。”明代青玉鹅式砚，长11.2厘米、宽7.6厘米。玉色青白中泛绿，鹅作曲颈回首状。以鹅的腹部巧为砚堂，颈部为砚池，用阴刻线表现鹅丰满的羽毛，砚底为鹅的双掌。清代翡翠桃式砚，长11厘米、宽9厘米。以翡翠雕琢成桃状，桃果做砚面，桃叶巧作砚池，池中还残留有朱色墨渍，玉色灰白中夹有大片绿斑，似欲熟的碧桃。雕工不多，巧夺天工，是一件精美的玉石雕刻工艺品。

首都博物馆《书房珍玩精品展》共展出了22方砚，在挑选这些展品时，我们既注重了质地、造型、工艺、宫作、文人砚等，又注重了其珍贵性，可说是名砚荟萃，让观众一饱眼福，是充分欣赏材质的自然美与手工工艺美相结合的艺术珍品。

清代的御赐养老银牌与千叟宴

——兼论康乾盛世的成就影响

柳　彤

一

首都博物馆银器藏品中有三块养老牌，以下用银牌A、银牌B、银牌C表示（见图1、图2、图3）。

从形制上看基本一致，银牌A长13.7厘米，宽8.4厘米；银牌B长13.8厘米，宽8.5厘米；银牌C长13.8厘米，宽8.3厘米。银牌分上下两部分，上部为一如意云头状，下部为椭圆形状，约占全器的2/3长。云头顶部及云两端向下弯卷处各有一小孔，应是缀系之孔。三块银牌有图案的一面相同，均为椭圆开光四周雕刻海水江崖和双龙戏珠纹饰，其中银牌A在开光内刻“御赐养老”阳文，另一面刻“乾隆五十年千叟宴”及“重十两”阴文字款；银牌B和银牌C在开光内均刻“太上皇帝御赐养老”阳文，而另一面刻“丙辰年”、“皇极殿千叟宴”、“重十两”阴文字款。

三块银牌中银牌B为（北京）海淀区树村大队出土，其他两块都为传世之物。银牌A因有“乾隆五十年”字样，其时间已确定，史料中也记载了这件事：“五十年春正月辛亥朔，上以五十年国庆，颁诏覃恩有差。丙辰，举行千叟宴礼，宴亲王以下三千人于乾清宫，赏赉有差。”①

那么银牌B和银牌C究竟指的是清代哪个皇帝在哪一年举办的千叟宴呢？查文物大账，上面记载年代为“嘉庆”，那么这一断代是否正确？根据又是什么呢？我认为这两块银牌的年代定为“嘉庆”是正确的。可以由以下几方面进行分析论证。

首先，从清代举办“千叟宴”的时间和地点看：有历史常识的人都知道只有清代举办过“千叟宴”。据《清史稿》记载，清代共举办过四次“千叟宴”，康熙朝和乾隆朝各二次，“第一次是在康熙五十二年（1713），康熙帝六十大寿后七日和九日，在畅春圆，宴请六十五岁以上的文武大臣、官员护军、兵丁、闲散人等，两天共两千多人参加。第二次是在康熙六十一年（1722）春节期间，在乾清宫前举行，参加人员为一千余人，从此才定名为‘千叟宴’。第三次是在乾隆五十年（1785）正月初六，也是在乾清宫前举行，参加者为六十岁以上，有关人员三千多名。第四次是嘉庆元年（1796）正月初四，在皇极殿举行了有三千零五十六名老人参加的‘千叟宴’。”②

由此可以判断带有“皇极殿”字款的银牌当是嘉庆元年——即第四次“千叟宴”举办的时间和地点。

其次，银牌上所谓“丙辰年”是否就是嘉庆元年？查《中国历史年代简表》第一百九十九页，上面标注：清 1796丙辰 清仁宗颙琰 嘉庆元年。

再次，为什么乾隆朝举办的“千叟宴”要定为嘉庆元年呢？这就与银牌上所刻“太上皇帝”相关了。《清史稿》记：“嘉庆元年丙辰春正月戊辰朔，举行内禅，上侍高宗偏礼于堂子、奉先殿、寿皇殿。高宗御太和殿，授玺。上即位，尊高宗太上皇帝，训正。颁诏天下，赐宴宗藩。庚戌，立皇后喜塔拉氏。宁寿宫举行千叟宴，太上皇帝莅焉。……”③ 这段记载清楚地表明乾隆皇帝即高宗在这一年元旦退位，并于太和殿亲授颙琰皇帝宝玺，乾隆被尊为“太上皇帝”。四日，为庆祝“纪元周甲”，特在宁寿宫皇极殿举行“千叟宴”。

综上分析银牌B和银牌C的时间确为嘉庆元年。在我们编辑的由北京出版社2004年4月出版的《文物精粹大系·金银器卷》清代部分中选用了银牌C，但是它的年代被定为清康熙时期，并在词条中注解成 “银牌是康熙十五年（1676）所制”。查《中国历史年代简表》第一百九十三页，可知注释者是将银牌上的“丙辰年”当作康熙十五年了。但这一年康熙才二十几岁根本不可能举办如此大规模的寿宴。显然它的断代和注解都是错误的，在此予以特别更正，并衷心地向广大读者致歉。

通过上面的分析，可以清楚地知道“御赐养老”银牌是专为“千叟宴”制作的，主要用于颁赏之物。当年得此赏牌的老人们无不倍感荣尚，并以此光宗耀祖，世代流传。那么“千叟宴”究竟是一种什么样的礼宴呢?

二、

“千叟宴”是清代宫廷筵宴的一种，但与其他宫廷筵宴相比“千叟宴”是举办次数最少的。它源自为皇帝举行的寿宴，清史上也称“千秋宴”。《清史稿》中这样记载“千秋宴 为康熙五十二年创典，设畅春圆。凡直省现官、致仕汉员暨士庶等，年六十五以上至九十者咸与。遣子孙，宗室执爵授饮，分给食品，谕毋起立，以示优崇。”④ “千叟宴”的正式命名则是在康熙六十一年“六十一年壬寅正月戊子，召八旗文武大臣年六十五以上者六百八十人，已退者咸与赐宴……越三日，宴汉官年六十五以上三百四十人亦如之。上赋诗，诸臣属和，题曰千叟宴诗。”⑤

“千叟宴”虽然举办的次数少，但每次都是场面宏大，人员众多，耗费惊人，可谓盛事空前。史载康熙五十二年“召直省现官士庶年六十五以上者，赐宴于畅春圆，皇子视食，宗室子执爵授饮。扶掖八十以上老人至前，亲视饮酒。……是日，九十以上者三十三人，八十以上者五百三十八人。各赐白金。……甲辰，宴八旗官员，兵丁，闲散于畅春圆，视食授饮，视饮赐金同前。是日，九十以上者七人，八十以上者一百九十二人。”⑥

康熙 “六十一年壬寅正月戊子，召八旗文武大臣年六十五以上者六百八十人，已退者咸与赐宴，宗室授爵劝饮。越三日，宴汉官年六十五以上三百四十人亦如之。”

乾隆五十年“上以五十年国庆……丙辰，举千叟宴礼”⑦，“设宴乾清宫，自王、公讫内、外文、武大臣及致仕大臣、官员、绅士、兵卒、耆农、工商与夫外藩王、公、台吉、回部、番部土官、土舍、朝鲜陪臣，齿逾六十者，凡三千余人。其大臣七十以上，余九十以上者，子孙得扶掖入宴。年最高者，如百五岁司业衔郭钟岳等，得随一品大臣同趋黼座，亲与赐觞。宴罢，颁赏珍物有差。”⑧宴会上联句赋诗，共得诗3 429首。乾隆《乙巳千叟宴》诗中有“追恩侍陛髫垂日，讶至当轩手赐年”之句。

“嘉庆初元再举，设宴皇极殿，与宴者三千五十六人，邀赏者五千人。”⑨

“太上皇帝莅焉。九十以上者，召至御座，赐卮酒如故事。”⑩在这次的宴会上有被乾隆皇帝称为“百岁寿民”的106岁老人熊国沛和100岁老人邱成龙，他们被赏予六品顶戴，同时90岁以上的老人被赏予七品顶戴，老人们还被赏赐如意、寿杖、朝珠、貂皮、文玩、银牌等。宴会共赋诗3 497首。乾隆丙辰《初御皇极殿开千叟宴》诗注有“便因皇极初临日，重举乾清旧宴年”之句。

从上面诸多史料中反映的数据可看出“千叟宴”在当时是何等的铺张排场。那么为什么康乾时期要举办“千叟宴”？又为什么只有康乾时期才举办过“千叟宴”呢？

三

清代的皇帝中，在位时间最长的当属康熙和乾隆了。康熙8岁即位，69岁卒，在位60年余；乾隆虽然25岁才即位，但在位时间也达60年之久，如若不是尊崇其祖父，不敢冒越，想必在位时间要到其离世之日了。“千叟宴”的举办或在两位皇帝60以上寿辰，或在他们在位满60年后，由此看来，长寿和在位时间足够长是举办这样大规模宫廷筵宴的必备条件，除此之外，发展的经济、稳定的社会、人口的激增、雄厚的国家财政储备以及城镇的繁荣和大一统局面的实现，则是帝王们寿诞时大摆盛宴，普天同庆的坚实基础。“康乾时的千叟宴的举行，反映了当时封建国家的太平富裕和朝野各族君民文武的团结。”⑪

毋庸置疑“康乾盛世”是举办“千叟宴”的时代大背景，同时也是其得以举办的真正原因。清史研究者这样定义“康乾盛世，严格地说是从康熙二十三年（1684），到嘉庆四年（1799），也就是说从17世纪晚期到18世纪末这一个世纪又几十年的时间。它是清代268年历史最辉煌的时期，也是中国古代最后一个盛世。”⑫

第一，盛世带给中国一个持续百年的政治安定和社会稳定的局面。“离乱人，不如太平犬。”是我们祖宗几千年辛酸血泪的心声。回顾历史，中国的过去总是战乱、灾荒、瘟疫以至国家分裂的时候多，国家统一安定的时候少，汉初文景之治40年，其间伴有吴楚七国之乱；唐代的贞观之治与开元盛世也随着安史之乱，在“渔阳鼙鼓动地来，惊破霓裳羽衣舞”中戛然停止，前后也不过六十几年；即便是北宋时期的统一也仅限于中原地区而已；明初太祖、成祖时的强盛以及“洪（熙）宣（德）之治”其后的英宗时就发生了“土木之变”，连皇帝都被瓦剌蒙古掠走，其时大明帝国建国也就80年出头。所以说从康熙平定三藩，统一台湾开始，天下承平百年之久的康雍乾时代实为中国古代几千年历史所仅见。

大一统是中国古代政治家追求的最高理想，也是中华民族的情节。清代康、雍、乾时期，终于实现了稳定的国家大一统局面，奠定了今天中国的版图。并且，在康乾盛世真正实现了对边疆地区长久稳定而有效的政治管辖和军事控制，使内地的汉族和边疆地区的少数民族以经济文化纽带联系在一起成为唇齿相依，血肉相连的一个整体，这是以往任何朝代都无法望其项背的。基于此才会有历次“千叟宴”上广邀“外藩王、公、台吉、回部、番部土官、土舍、朝鲜陪臣”等边疆及邻国耆老士民的盛况。

第二，盛世使中国人口突破3亿，达到历史上的最高峰。据统计：乾隆六年（1741）人口总数是1.434 1亿余人，乾隆二十七年（1762）首次突破2亿，到乾隆五十五年（1790）又突破3亿。在半个世纪里人口总数翻了一番，这在中国人口史上是空前的，中国今天人口的基数以及在整个世界人口格局中所占的地位是康乾时代最后奠定的。

在农业人口占全部人口绝大多数，农业作为决定国家命脉的支柱产业的古代，人口数量历来被看作国家兴旺富庶的最重要的标志。在康乾时代，两三亿人口是当时那个农业社会可以承载的，从积极的方面说，那100余年间，人口持续快速增长无疑是将盛世推向巅峰的主要推动力之一。国家以10亿亩上下的耕地养活30%左右的世界人口，并能长期保持国家安定和社会稳定，不能不说是康乾盛世超越千古的一大成就。

由此看来，康乾时的“千叟宴” 能屡邀60以上耆老数千人也就并不为奇了。古人云“人生七十古来稀”，100多年间，在医学技术尚不发达的清代，国家能有那么多的高寿老人存在，也证明了当时的社会是稳定繁荣的。

第三，盛世使商品经济得到发展、繁荣，城镇大规模出现，促进了国家财政积累，户部库银储备雄厚。有数据显示“盛世巅峰期户部银库所存白银常年在六七千万两上下”。[13]

清朝的国家财政收入大致分为两部分，固定收入即全国的赋税收入；非固定收入即临时性财政收入。清朝全国的赋税基本由四部分组成：地丁银、盐课银、关税银、杂赋银。而这些税收的征解和储存是由户部进行管理的。户部存银数的消长，是全国经济财政状况好坏的一个最重要的指标。康、雍、乾、嘉四朝户部存银数量变化趋势如图所示。[14]

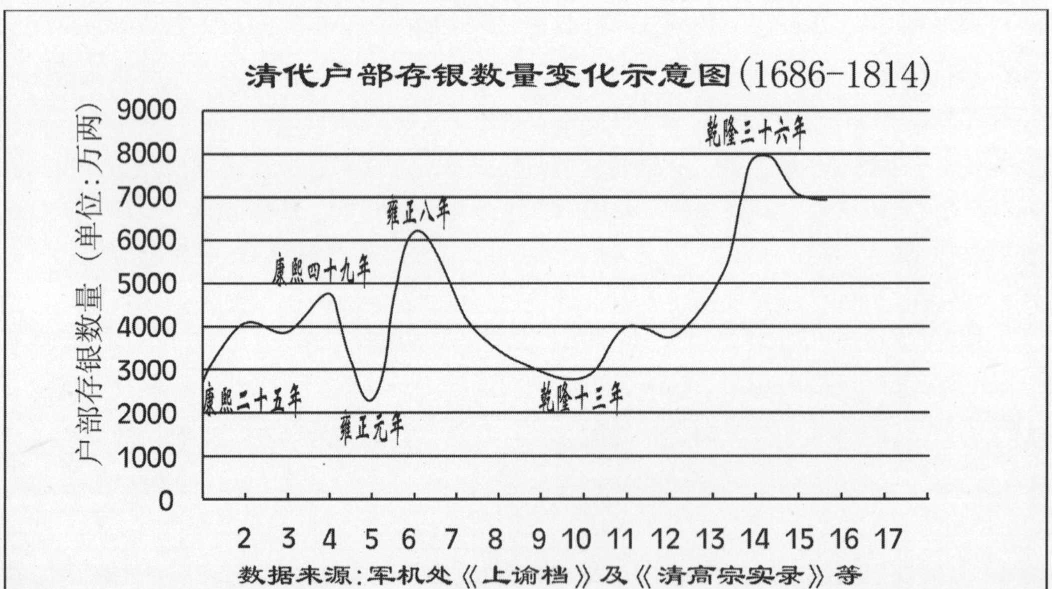

图中反映出这一时期清政府的财政储备始终比较充裕，白银储量曲线虽呈波状变化。史载在康熙四十七年（1708）和五十八年（1719）户部存银都曾突破4 700万两，达到康熙朝最高峰。乾隆一朝，承继康雍半个世纪社会经济的发展，国家财力达到极盛，中央政府白银储备，自乾隆三十年（1765）以后，一般都保持在6 000万—8 000万两。乾隆三十六年（1771）达到清代户部存银最高记录为7 894万两。[15]乾隆曾说“方今帑藏充盈，户部核计已至七千三百余万。每念天地生财只有此数，自当宏敷渥泽，俾之流通，而国用原有常经，毋庸更言樽节。”[16]反映了国力大增的盛世景象。

不难想象，雄厚的财政储备，加之稳定发展的社会经济，从积极的方面保证了清廷在基础建设上修渠治河、放粮赈灾；在文化上建圆修史；在政治军事上“西师”“南巡”。但同时也于侧面助长了帝王显贵们的享乐需求。“千叟宴”不过是这种穷极奢华尽显富足的一个微例，也是帝王们粉饰太平的一种表现。

第四，盛世使帝王们好大喜功、纵情享乐的秉性得以尽情发挥，更在晚年时为自己取得的功绩陶醉其中不能自拔。康乾盛世经济发展、财力雄厚，为大的文化工程项目建设，如纂修《四库全书》和修筑大型园林如圆明园、热河避暑行宫等提供了充分的物质条件。

康熙皇帝在历史上堪称英主，一生文治武功，勤勉治国，但这并不妨碍他纵情享乐。无论他走到哪里，周围都簇拥着无数的嫔妃、侍女。康乾二帝都曾屡次巡幸江南，一路领略山河胜景，醉听丝竹弹唱、吴侬软语，品尽山珍海味、佳肴美馐，甚至还想把江南的一切都搬到京城去，真可谓“谁道江南风景佳，移天缩地入君怀。”⑰ 面对国富民安的景象，康熙晚年举办“千叟宴”在一定意义上讲是有其张显功德，笼络人心的目的的。不过他的务实之风无处不在。他曾对赴宴的老人们说：“古来以养老尊贤为先，使人人知孝知悌，则风俗厚矣。尔耆老当以此意告之乡里。昨日大雨，田野霑足。尔等速回，无误农时。”⑱

与务实的康熙皇帝不同，乾隆帝晚年对自己在政治上取得的功绩更是陶醉不已。70寿辰时作《古稀说》，总结在位期间“前代所以亡国者，曰强藩，曰外患，曰权臣，曰外戚，曰女谒，曰宦寺，曰奸臣，曰佞幸，今皆无一仿佛者⑲”，自得之情溢于言表。

乾隆晚年的每次重大寿辰庆典都竭尽铺张奢华，而各地也兴师动众，进京献贡，贡车、人担、驼负、轿驾者多不胜数，进京路上一片“篝火相望，铃铎动地，鞭声震野。”乾隆四十九年（1784）喜得玄孙，为五世同堂赋诗“曾以古稀数六帝，何期今复抱元孙。”同时，规模空前的《四库全书》历时10年纂修成功，无限欣喜的老皇帝于五十年正月在乾清宫举行了有3 000满、汉文武老臣参加的“千叟宴”，这也是弘历效法其祖父的一贯作风，但在声势上更浩大，尤其是最后一次在皇极殿举行的“千叟宴”，因适逢各地喜庆丰收，又将归政给嘉庆，当时参宴老臣达5 000余人，成为盛传一时的庆典。乾隆帝在一片颂扬声中，获得了极大的心理满足。

一块养老银牌中蕴藏了无比丰富的历史内容，通过对它的分析、研究使后人了解了一个时代的辉煌。其实在盛世的背后亦埋藏了诸多的隐患：人口过剩、腐败滋生、骄奢成风……

种种迹象都暗示着：大清帝国，盛世巅峰开始走下坡路，帝王将相已踏上落花流水的穷途末路。“鉴前世之兴衰，考当今之得失”（司马光语），这正是我们今天肩负的重任。

图 1　银牌A　正

图 1　银牌A　背

图 2　银牌B　正

图 2　银牌B 背

图 3　银牌C　正

图 3　银牌C 背

注释：

①《清史稿》卷十四《高宗本纪五》，中华书局1976年版，第三册，第567页。
② 萧正文：《故宫丛谈》，科学普及出版社1994年版，第92页。
③《清史稿》卷十五《仁宗本纪》，中华书局1976年版，第三册，第530页。
④《清史稿》卷八十八《志六十三·礼七》，中华书局1976年版，第十册，第2628页。
⑤《清史稿》卷八《圣祖本纪三》，中华书局1976年版，第三册，第303页。
⑥《清史稿》卷八《圣祖本纪三》，中华书局1976年版，第三册，第303页。
⑦《清史稿》卷十四《高宗本纪五》，中华书局1976年版，第三册，第530页。
⑧《清史稿》卷八十八《志六十三·礼七》，中华书局1976年版，第十册，第2628页。
⑨《清史稿》卷八十八《志六十三·礼七》，中华书局1976年版，第十册，第2628页。
⑩《清史稿》卷十五《仁宗本纪》，中华书局1976年版，第三册，第530页。
⑪ 李言主编：《大清王朝2》，中国长安出版社2003年版第449页。
⑫ 郭成康等著：《康乾盛世历史报告》书中郭成康《康乾盛世的成就与隐患》，中国言实出版社2002年版，第1页。
⑬ 同⑫第7页。数据来自中国第一历史档案馆藏《乾隆上谕档》。
⑭ 郭成康等著：《康乾盛世历史报告》书中陈桦《清代财政与社会经济发展》，中国言实出版社2002年版，第110页。
⑮ 同⑭第112页。
⑯ 转引自林乾、句华著：《精神放逐的年代》，中国青年出版1998年版，第222页。
⑰ 晚清文人王闿运诗作，转引自林乾、句华著：《精神放逐的年代》，中国青年出版社1998版，第211页。
⑱《清史稿》卷八《圣祖本纪三》，中华书局1976年版，第三册，第303页。
⑲《乾隆御制文二集》卷6，转引自林乾、句华著《精神放逐的年代》，中国青年出版社1998年版，第224页。

从“百越文物展”中的几件文物谈中国战汉时期的铜器髹漆工艺

李　健

2006年3月至6月，中国国家博物馆与广西壮族自治区博物馆联合举办了“瓯骆遗萃——广西百越文化文物精品展”。来自全国的观众有幸在首都北京一睹历年来广西地区出土的东周秦汉时期的大量文物精品，亲身领略中华大家庭中祖国南疆地区古代劳动人民创造的辉煌文明与灿烂文化。

在蔚为大观的广西文物精品中，贵县罗泊湾汉墓出土的几件文物珍品尤其引人注目，它们是：漆绘提梁铜筒、漆绘铜盆、漆绘铜壶。这三件文物的装饰手法独特，器表的纹饰图案均由彩漆描绘而成，且绘画笔法娴熟、线条流畅，具有极佳的艺术效果。值得一提的是，我国战汉时期的绘画作品，由于所依附之丝帛等有机材质历经千年难以留存的原因而极少面世，绘于漆器表面用于装饰目的的图案、图像便成为一窥当时绘画艺术发展状况的难得资料。广西贵县罗泊湾汉墓出土的以人物故事为主题纹饰的漆绘铜器，正是国内了解与研究早期人物绘画的珍贵素材。从这个意义上看，在早期画作存世寥寥的今天，这几件文物勘称弥珍。本文将借对以上三件文物的介绍，浅谈战国秦汉时期铜器髹漆工艺的发展状况、产生背景及功能用途，并对目前髹漆铜器存世稀少的原因试以分析。

一、广西贵县罗泊湾一号汉墓及该墓出土的髹漆铜器

贵县（现称贵港市）位于广西壮族自治区东南部，据历史文献记载，先秦时期这里是百越族群中西瓯部族的聚居地区。秦统一岭南后，在此设桂林、南海、象三郡，贵县属桂林郡，是郡治布山县的所在地。秦亡以后，赵佗割据岭南，建立南越国，这里仍属桂林郡布山县。公元前111年，汉武帝平定南越，在岭南调整郡县，改桂林郡为郁林郡，布山还是郁林郡郡治。作为当时地方一级政权的政治中心，这里经济繁荣，人口稠密，留下大批墓葬。1976年，罗泊湾一号汉墓的发现与发掘，大大丰富了广西汉代物质文化的研究内容。据该墓的发掘报告分析，这座墓的时代为西汉初期，上限到秦末，下限不会晚于文景时期，在岭南地区来说，属赵佗称王的南越国时期；从墓葬形制、结构和规模，以及出土随葬品中有大批属于典型的五岭以北地区的产品（包括本文提及的三件漆绘铜器）等情况推

断，罗泊湾一号墓的墓主应是中原人，并很可能是当时地方政权机构即南越国桂林郡的某任最高官吏[①]。在该墓随葬的大量珍贵文物中，几件漆绘铜器是难得的艺术珍品：

（一）漆绘提梁铜筒（图1）。形似竹筒，直腹，有盖，圈足。盖顶上有环钮，上腹部有一对铺首衔环耳，系有活动提梁。器身分两节，仿竹节形。器表绘漆画，每节又分为两段，每段自成一个完整画面，画的内容有人物、禽兽、花木、云气。盖面绘勾连云纹，足部绘菱形纹。

（二）漆绘铜盆（图2）。平口，宽唇外折，直腹，圜底。上腹部有四枚两两对称的铺首衔环。口沿和腹壁内、外均绘有精美漆画。口沿上饰菱形图案。腹内壁绘龙、鱼和卷云，两条相互追逐的巨龙构成画面的主体部分，龙的口中含珠，珠恰是两个铺首背面的铆钉，另两枚铆钉则描成柿蒂形花朵，填补空间。腹外壁所绘为一组人物叙事画，画面以四个铺首间隔，分为四组。

（三）漆绘铜壶（图3）。有盖，平口，短颈，圆腹，圈足。盖面隆起，有三只S形立钮。肩部有一对衔环铺首。器表绘有彩漆图案，颈部是蝉形垂叶纹，腹部是勾云纹。

此外，该墓中出土的铜钫（图4）、蒜头壶等青铜器，器表亦可见髹漆痕迹[②]，由于当年使用造成的磨损或地下埋藏过程中的侵蚀，表面漆绘现已基本不存。

以上几件文物虽出自边地，但从器物造型、纹饰风格和绘画技法等方面均不难看出，却系典型汉代早期中原式青铜容器。尤其是其中反映人物、动物和神兽题材的漆绘图案，与中原地区（本文中皆指五岭以北、包括荆楚地区在内的广义上的中原概念）发现的战国秦汉时期的绘画图像资料，风格近似甚至如出一辙。如提梁铜筒和铜盆上所绘人物，其画风笔意明显继承了楚国漆器人物绘画的传统，与湖北荆门包山2号墓出土的迎宾图漆奁（图5）、长沙黄土岭出土的战国彩绘漆奁（图6）上的人物图像一脉相承，更与同时期的长沙马王堆汉墓出土的T形帛画（图7）及导引图（图8）、西安红庙坡出土的彩绘铜镜（图9）、洛阳八里台汉墓壁画（图10）上的人物绘画风格有异曲同工之妙。结合发掘报告对罗泊湾一号汉墓出土的部分随葬文物的来源族属的分析与认定[③]，这三件珍贵的漆绘铜器，亦应是自五岭以北的中原地区带入或传入，因制作精良和等级高贵而随墓主人入葬的。它们虽出土于今天的广西腹地，却是反映汉初中原地区铜器髹漆工艺发展水平的珍贵实物。

二、从目前国内髹漆铜器的出土、馆藏情况，分析战汉时期铜器髹漆工艺的发展状况

中国是世界漆器手工业的起源地。闻名于世的古代漆器，是中国古代劳动人民的重要创造之一。中国的漆器制造有着悠久的历史，据已有的考古材料可知，中国古代先民早在新石器时代就已发明了漆器：1973年在浙江余姚河姆渡新石器时代遗址的考古发掘中，出土了漆碗等漆器。从历史文献的记载中也可知我国用漆时间很早，例如《韩非子·十过》中记有：虞舜“作为食器，斩山木而财之，削锯修之迹，流漆墨其上……禹作祭器，墨染其外，而朱绘其内。”可见在远古时代，华夏先民已经能制作漆器并掌握漆器彩绘工艺了。

进入文明社会以后，中国漆器工艺持续发展。至战国秦汉时期，漆器无论是从器类与数量，还是胎骨、造型、制作工艺、装饰纹样等方面看，都远远超过了前代，这一时期是中国古代漆器工艺史上的繁荣发展时期。从考古发现看，漆器是战国秦汉时期墓葬、遗址出土文物中常见的品种之一。考古发现的战国秦汉漆器，其胎质有木、夹纻（麻布）、竹、陶、皮、角、铜等多种，其中多以木胎和夹

纻胎为大宗，而其他以竹、陶、皮、角、铜等为胎的漆制品，数量相对较少。本文论及的铜器髹漆工艺即是以青铜器为胎、表面髹漆或漆绘的一种较为特殊的漆器制作技艺。经髹漆或漆绘的青铜器可称为铜胎漆器或髹漆（漆绘）铜器。考古发现的战国秦汉时期的铜胎漆器数量相对稀少，除前文提到的贵县罗泊湾汉墓出土的几件外，以下就其他髹漆铜器的出土或馆藏情况作一简要介绍。

（一）1978年湖北随县曾侯乙墓出土带座铜人3件及双榫铜人3件（图11），分别为曾侯乙编钟钟架下层、中层的支柱。铜人表面涂黑漆，襟边朱绘花瓣纹，下裙绘花瓣纹和折叠纹。同出的悬挂下层编钟的虎状挂钩亦髹漆为饰（图12）。该墓葬年代为战国早期[④]。

（二）1958年河南信阳长台关2号楚墓出土铜镜两枚，镜背均绘有彩漆。一枚径12.4厘米，厚0.1厘米，镜背以朱漆为地，朱地上绘黑、银灰、黄三色盘结在一起的凤纹；另一枚径13.8厘米，厚0.2厘米，镜背有朱色绘制的对称云纹。两枚铜镜的时代为战国中期，现藏国家博物馆[⑤]。

（三）1986年湖北荆门包山1号墓出土漆绘三色凤纹铜镜一枚，直径19.7厘米，厚0.2厘米，镜背以金、黄、红三色漆绘凤凰图案。墓葬年代为战国中期。该镜现藏湖北省博物馆[⑥]。

战国时期的漆绘铜镜，在河南南部、湖北、湖南等地区还有较多发现（如图13）。除以上之外，不再一一介绍。

（四）河北省平山县发掘的属战国晚期的中山国六号墓，出土银首人俑铜灯一件，人俑服饰上的卷云纹填以黑、红漆，与银质人首、黑宝石目珠相映衬，色彩极为绚丽[⑦]。

（五）广东肇庆北岭战国晚期墓出土一件铜尊，表面细线纹饰错银，未错银的粗线则填以朱漆，出土时颜色尚鲜艳。同墓所出的三足盘，内亦涂有一层很厚的漆[⑧]。

（六）保利艺术博物馆藏战国漆绘云纹铁足铜鼎、漆绘勾连云纹铜壶各一对。铜鼎的盖及腹部用酱红和橘黄两色漆绘云纹。铜壶则通体用朱漆勾绘，其中肩部绘蕉叶纹，上腹部及圈足均绘勾连云纹[⑨]。

（七）保利艺术博物馆馆藏西汉早期漆绘三凤纹铜盆、双龙双凤纹铜盆（图14）和漆绘铜盒（图15）各一件。两件铜盆的形制与广西贵县罗泊湾汉墓出土的漆绘铜盆近似。其中三凤纹盆的腹壁内、外侧分别漆绘菱形勾连云纹，盆内底部绘有极为生动的三凤纹饰；双龙双凤纹铜盆亦在腹壁内、外侧和内底部用朱、黑、棕、黄四色彩漆描绘，色彩更显绚丽。漆绘铜盒更为精妙，该盒由盖、器两相扣合，盖和器身上均饰红色漆绘图案，盖面上漆绘龙纹、云气纹，盖的外壁绘人物、鹤、鱼、狗、兽、花枝等图案，该图案的内容、风格、布局与广西贵县罗泊湾1号汉墓出土的提梁漆绘提筒几乎一模一样，仿佛出自一人之笔[⑩]。

（八）1973年山西浑源毕村一号汉墓出土漆绘铜盆一件。铜盆上腹绘龙、龟、鱼等嬉戏图案，内底为龙戏水图，地纹为云纹。现藏大同市博物馆[⑪]。

（九）山西平朔出土西汉晚期雁鱼铜灯一件（图16）。铜灯整体作鸿雁回首衔鱼伫立状，雁、鱼身施绿、红、白色彩漆，并以墨线勾出翎羽、鳞片，造型、色彩生动逼真。该铜灯现藏中国国家博物馆。

从目前已积累的考古资料和实物资料分析，对我国战汉时期青铜器髹漆工艺的发展状况与水平，似能得出以下结论：

1. 目前发现的战汉时期的髹漆青铜器虽数量不多，但从国内南北地区均有零星发现的情况看，青铜器髹漆工艺发展至一定程度后，其应用已不再是某局部地区、某种文化独有的现象。最迟至西汉时期，青铜器髹漆工艺已在南北各地普遍流行，或者至少可以说，髹漆青铜器作为当时深受人们喜爱的一种商品，其流传、流通的地域范围是相当广泛的。

2. 从目前的考古资料看，以天然漆为原料用于表面装饰的现象，在至今已发现的战国以前的青铜器上较为罕见，仅有河南罗山蟒张天湖商代晚期墓地中出土的髹漆铜鼎、铜卣[12]及河南淅川和尚岭春秋楚墓出土的在表面花纹中填有黑漆的铜鼎[13]等少数几例。但自战国至西汉，运用天然漆对青铜器表面进行色彩、图案装饰的情况明显增多。从实物看，战国时期的铜胎漆器，发现数量相对稀少，出土地点比较集中（多在荆楚地区），工艺技法略显粗拙，除漆绘铜镜外其他器类的髹饰形式尚不统一；而西汉早期的髹漆青铜器，发现数量明显增多，出土地域范围广泛，髹饰器类及各自装饰技法形式统一（多见于盘、盆、壶、盒、筒等盛器），且纹样题材广泛生动，图案色彩绚丽烂漫，绘画笔法简练娴熟，线条优美流畅，可证当时的铜器髹漆技术已相当成熟。可以推断，战国以后，青铜器髹漆工艺开始流行并得到迅速发展，而西汉早期，当是铜器髹漆技术的成熟与繁荣期。

3. 该工艺的发源地可能在战国时期的荆楚地区。首先，战汉时期的髹漆铜器，其出土发现地点以在荆楚地区为多，尤其是战国时期的髹漆铜器，出土地点基本都集中在楚文化的地域范围或辐射范围内。其次，从文化特征看，目前发现的属时代较晚的西汉早期髹漆铜器，其装饰纹样风格明显带有楚国漆器的艺术底蕴与内涵，尤其是人物绘画中所见造型、服饰、场景布局，可在战国楚人绘画遗物中找到源头。而且，漆绘图案中经常出现的朱雀（或称凤鸟）形象，又是楚人艺术创作中最为常用的母题之一。西汉早期髹漆铜器的装饰技法、风格对楚文化传统的继承发扬，使我们清晰地看到铜器髹漆工艺的渊源及其发展脉络（参见表1）。再次，荆楚地区特有的自然地理条件是这一工艺产生的前提。由于墓葬分布地区及葬俗的不同而造成地下埋藏条件的差异，使我们今天能够见到的战国漆器实物大都出自南方楚墓，历史与自然的造化成就了楚国漆器这朵绚丽多彩的艺术奇葩。漆器艺术在楚文化中占据如此重要地位绝非偶然——楚地自古拥有丰富的生漆资源，楚人占有的位于今天湖北西部、陕西南部和四川东部一带地区，至今仍是重要的生漆产地。同时，楚国地处长江中下游地区，与黄河流域一带相比较，气候温暖湿润，在一年的大多数时间内都比较适于漆器制造，而不必像黄河流域那样在漆器生产时较多地依赖于“荫室”。可见，得天独厚的自然资源和环境优势成为楚国漆器独树一帜的基础。在如此背景下，髹漆铜器作为一种特殊的漆制品，在荆楚地区率先出现是合乎情理的。可以想见，即使到了汉代，由于地缘优势的影响，加之传统漆器制造业的深厚积淀，髹漆铜器的主要产地应仍不出荆楚地区。

表1　铜器髹漆工艺发展进程分期阶段表

时代	发展阶段	发展状况
战国	产生、发展期	在楚国地区产生并发展，奠定了后世繁荣的基础；其他地区亦有出现，但目前发现较少。从漆绘纹样看，多以装饰性的图形类图案为主，如勾云纹、菱形纹等；图像类图案方面，动物题材纹饰以凤鸟纹为常见，人物题材纹饰在髹漆铜器上尚未发现
秦	发展期	秦朝国祚短暂，年代确定的秦代墓葬数量不多，时代明确的秦代髹漆铜器更为稀少，湖北云梦秦墓曾出土髹漆铜盒、铜匜。从云梦秦墓出土的木胎漆器看，漆绘纹饰比楚国漆器有所发展，题材纹样更加丰富，出现了牛、马、雉、鱼等动物形象[14]（图17），据此推断铜器髹漆工艺应同样处于发展、上升阶段
西汉早期	兴盛繁荣期	制作水平达到前所未有的高度；除荆楚之外，在其他地区亦普及，流传范围较广；除装饰性的云气纹、菱形纹外，漆绘图案多以人物、动物、龙凤神兽等为主题纹饰
西汉中期以后	衰落、消亡期	逐渐消逝。铜扣漆器更为流行，最终取而代之

4. 西汉早期铜器的生产经营方式有官营和私营两种，其中官营分中央和地方两级（地方又有诸侯国与郡县之分），私营则既有富商经营也有地方诸侯参与[15]。由于缺乏刻勒铭文的髹漆铜器的面世，西汉早期的髹漆铜器以何种生产经营方式制作并流通尚不能确知，但从发现数量和所出土的墓葬级别来看，髹漆青铜器在当时属生活奢侈品，应是某些贵族王侯或富商巨贾日常喜用的生活器具，其使用和流通的范围仅局限于上层社会中。从此情况看，西汉早期髹漆铜器为官营制作的可能性较大。另外，贵县罗泊湾汉墓出土的漆绘提梁铜筒与保利艺术博物馆所藏漆绘铜盒上的人物漆画，除图案大小和用漆颜色（一黑一朱）稍异外，二者的绘画风格、人物场景、格局布置近乎完全一致。此现象或可简单理解为两幅漆画为一地所出甚至属某一位漆工的作品，或能够从一个侧面反映汉初官营髹漆铜器生产的整饬严谨。

三、铜器髹漆工艺出现和兴盛的原因、背景

中国的漆器工艺历史悠久。战国至西汉时期，是我国漆器工艺发展史上突飞猛进的第一个飞跃期。王世襄先生曾指出："就我国漆工艺的发展而言，历史上第一次的突飞猛进、兴衰繁荣，出现在战国时期，且经久不衰，一直延续到西汉[16]。"战国秦汉时期的漆器，其产量之多、品种之备、制作之精，分布之广，都远远超过了前代，这一点已被大量考古资料所证实。战国秦汉之世，髹漆技术的应用渗透到了贵族阶层甚至平民百姓生活的方方面面，甚至达到了竹、木、皮革、麻布、丝织品等用具"凡器皆髹饰"的地步，在这种背景下，髹漆工艺也不可避免地被借鉴和应用于青铜器的表面装饰。除铜器外，当时人们还制造髹漆陶器，即用彩漆来装饰陶器的表面，使之美观华丽。凡此种种，皆说明髹漆技术在当时的成熟与流行程度。

古代青铜器作为"明贵贱"、"辨等列"的象征，是商周社会重要的礼仪用具。战国秦汉之世，随着社会生产力的发展，铁器、漆器、瓷器等制品越来越多地融入社会生产、生活的各个领域，青铜器的发展已近末路。此一时期，青铜器的礼制属性日渐淡化，实用性质相对凸显，越来越多的青铜制品如生活容器、铜镜、铜灯、玺印、带钩等逐渐进入到下层贵族、新兴地主、富商大贾乃至普通平民的日常生活中。伴随着青铜制品的生活化、实用化、商品化，人们在青铜用具上的审美视角亦发生改变，对其装饰纹样风格的崇尚由以往的庄重、奇谲转为世俗、华美。同时，随着青铜器铸造工艺的日趋衰退和简化，在青铜器表面纹饰的处理上，传统的铸花工艺越来越少地被采用，无纹饰的素面青铜器逐渐增多。在青铜器铸造技术日益简化的趋势下，为了达到华美的装饰效果，漆绘和细线錾刻工艺应运而生。尤其是装饰华美、色彩艳丽的铜器髹漆（漆绘）技艺，既与漆器工艺空前发达时代的技术背景和审美情趣相一致，又技法精练，工艺流程简化，能够适应当时规模化生产和流通的需要，因而受到普遍欢迎，在一定范围内发展迅速。

总之，漆器工艺的进步和铜器制作的衰落，最终促成了铜器髹漆技法在战国秦汉之际的产生并流行，这是生产力发展和人们审美情趣转变的主、客观因素相互作用的结果。

四、铜器髹漆工艺的功能属性

由于不同种类漆器之间胎骨材质的区分，髹漆工艺施用的目的、功能亦有区别。在中国古代，对漆器的胎骨进行表面髹漆有两个基本目的：实用与装饰。其中实用目的是指漆器经过表面髹饰后，与未经髹饰前相比具备了防腐、坚固、耐用的特点。一般意义上理解的漆器多指以竹、木、夹纻等为胎，表面髹漆的器物。在竹木漆器的制作过程中，髹漆是最为重要、关键的工序环节，竹、木、夹纻等胎骨只有经髹饰后，方能实现漆器的基本使用功能。竹木或麻布的表面粗糙，在其表面髹漆，胎骨与漆层既能紧密结合，所髹漆层又恰能起到防水、防腐的作用使器物使用寿命延长，两者相得益彰，故战国秦汉之世，竹木和夹纻胎漆器大量盛行，且多作为盛放酒食的酒具或食具。但铜胎漆器作为一种特殊的漆制品，情况却大不相同，由于胎骨材质为金属，本身即具有耐腐蚀、不惧水火的物理特性，因此在其表面髹漆，除为装饰目的外，并无其他实用意义。从铜胎漆器与竹木漆器髹漆工艺技法的差别，即可看出两者对实用与装饰两大功能取舍的不同。一般竹木胎漆器制作中的髹漆工序大致可分两个阶段，即打底上漆与彩绘，前者目的在于保护胎骨，使之坚固耐用，后者则只为修饰——可谓实用性与装饰性兼顾。而多数铜胎漆器的制作则省略了打底上漆的环节，直接在光素的器表以彩漆勾勒、描绘装饰性图案，同时大量留白，使器物表面呈现金属光泽与彩漆交相辉映的华丽效果。究其原因，当是青铜器本身就坚固耐用，无上漆打底以防水、防腐之必要，而且青铜器价格昂贵，表面金色光泽既能显示身份，又有极好装饰效果的缘故，如若周身打底上漆，岂不画蛇添足。

本文顺便提及铜器髹漆工艺的金属防锈理论。有学者认为，铜器髹漆工艺的出现，表明古人已将天然漆的使用扩展到了一个新的领域，即金属防锈。此说值得商榷。从出土髹漆铜器的实物看，有漆膜保护的青铜器表面（漆绘纹饰剥落处），锈蚀程度确实比较轻微甚至根本不生锈，天然漆对古代青铜器表面的保护、防锈效果在今天看来是客观存在的。但从当时的工艺技法看，战国秦汉时期对青铜器表面的髹饰，通常都不经木胎漆器制作中必不可少的周身打底、上漆环节，而单纯运用单线勾勒的方法直接在铜器的部分表面施以漆绘，由于这种髹漆方法会在青铜器表面留下大量空白，因此不可能达到对青铜器整体表面进行彻底防锈保护的效果——从这个角度分析，在铜器表面髹漆以达防锈目的并非古人的本意初衷。如前所述，青铜器髹漆工艺的运用，其目的主要是为了达到某种装饰效果，使铜器表面单一的亮黄色变得绚丽多彩。

五、从产生背景、物理特性、墓葬埋藏条件等分析目前我国铜胎漆器发现较少的原因

前文已经提及铜胎漆器的发现在研究中国早期绘画中的重要意义，但当前学界对铜胎漆器和铜器髹漆工艺的研究仍显不足，其原因有二：一是迄今出土的战国秦汉时期的髹漆铜器数量不多，仅有零星发现，资料的缺乏造成人们的认识受限——这是客观上的因素；二是学界对青铜器的研究重点仍偏倚于三代铜器，对战国、秦、汉青铜器的重视程度相对不够——这是主观上的因素。主观因素的影响

将随着人们研究的深入和认识的提高逐步消除，而客观因素的存在却始终是制约相关研究深入的一大缺憾。为何我国出土发现的战汉时期髹漆铜器的数量如此稀少？本文将从以下几个方面试加分析。

首先，时代背景局限了青铜器制作与装饰技术的继续发展。伴随生产力的发展和社会结构的改变，中国青铜器发展到战国秦汉时期已日趋衰微。青铜生产工艺在某些方面（如新兴器型和线刻、漆绘工艺的出现等）虽有进一步发展，但由于青铜器的礼制属性逐渐淡化，传统意义上“明贵践、辨等列”的青铜礼器已退出历史舞台，这些青铜新工艺的出现不过是漫长的中国青铜器发展进程中的最后余辉。在礼制和实用的层面，铁器、木胎或夹纻胎漆器以及在后世得到极大发展的陶瓷制品，逐渐取代青铜器成为社会生产、生活的主体。在发展与变革的大背景下，铜器髹漆工艺虽然应运而生并有一席发展之地，但终究难抵迅速被淘汰之历史趋势。铜器髹漆工艺产生、发展的时间和空间是有限甚至是微不足道的，华美的髹漆铜器毕竟只是古代物质文明发展进程中的惊鸿一瞥。

其次，与竹木、夹纻胎漆器相比，铜胎漆器虽然坚固耐用，但同时也存在表面漆膜与铜器表层结合不紧密的缺点。青铜器表面光亮光滑，附着力较差，大量髹漆青铜器在使用过程中难免发生表面漆膜剥落的情况，因此今天所能见到的铜胎漆器中的完美者寥寥无几。木胎漆器的髹饰，必经打底上漆和表面漆绘两道基本工序，而多数铜胎漆器则省去了前者，直接在铜器表面施以漆绘。漆绘技法分单线勾勒与表面平涂两种，在铜器上漆绘尤以单线勾勒为主。这种以单线条为主的装饰图案，在青铜器表面的覆盖面积较小，即组成图案的漆膜与铜器本身的接触面积很小。加之两者结合的紧密度又远不及竹木、麻布材质牢固，因此在长期使用过程中容易出现漆绘纹饰脱落现象。如前文提到广西贵县罗泊湾一号汉墓出土的一件铜钫，其颈部外壁隐约可见有残存的墨漆三角垂叶纹；同墓另有一件铜扁壶的表面原髹黑漆，出土时亦已剥落。从同墓出土的漆绘提梁铜筒、铜盆、铜壶的表面漆绘图案均大体无损的情况分析，该铜钫、铜扁壶表面的漆绘纹饰很可能在当年使用过程中即已剥脱殆尽。埋藏条件如此之好的墓葬中尚能够觅窥此类铜器表面髹漆的蛛丝马迹，而在中国其他广大地区（尤其北方）墓葬中出土的锈迹斑驳的青铜器中，即使有属同类者，恐怕也很难被人发现了。

最后要提到的是墓葬的埋藏条件因素。楚墓及楚地秦、汉初墓葬的特殊埋藏条件，对于保存漆器、竹木器、简牍、纺织品甚至尸体等有机文物的有效作用已经有目共睹，其原因不外乎墓葬良好的密闭性，使地下文物处于稳定的缺氧环境中[17]。此类密闭性较好的墓葬一般具有如下特点：即人为的深埋、青白膏泥封护以及天然形成的墓坑积水等。其中楚人以吸水性极强的青白膏泥封护棺椁的特殊葬俗是成就这一条件的前提之一。在密闭情况较好的墓葬中出土的青铜器，锈蚀程度轻微甚至基本不生锈，表面经髹漆的铜器也能完好保存。广西贵县罗泊湾汉墓中漆绘铜器的出土，就是这一情况的例证。而在广大北方地区，地下水位较低，墓葬填土中的含水量不高，当地又未形成以膏泥封护棺椁的葬俗，因此很难形成封闭的保存环境，墓葬中的有机类文物也就难以存留至今，甚至青铜器等金属类文物也锈蚀严重，即使有髹漆铜器随葬，由于表面腐蚀程度较深，所髹漆层也早已无迹可寻了。因此，大批墓葬埋藏条件不佳而造成的地下文物损失，也是髹漆铜器面世稀少的原因之一。

六、综 述

髹漆铜器是战汉漆器中比较特殊的品种之一，它的出现一方面反映了当时制漆、髹漆工艺的进步繁荣，另一方面也体现了中国青铜器发展的式微。出于种种原因，目前出土发现的髹漆铜器数量有

图 1

图 2

图 3

图 4

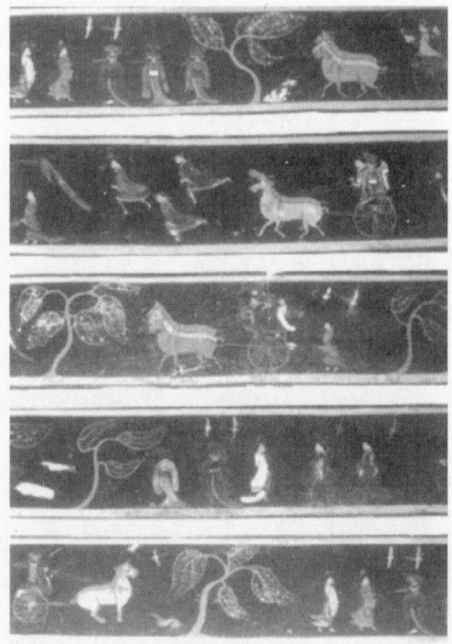

图 5

图 6

图 7

图 8

图 9

图 10

图 11

图 12

图 13

图 14

图 15

图 16

图 17

限，但这不仅丝毫没有影响它在古代物质文明发展史、古代美术史上的辉煌地位，而且已让今人对其折射出来的伟大艺术魅力刮目相看。随着中国考古事业的发展，相信更多令世人瞩目的髹漆铜器将继续面世，而对此类文物及铜器髹漆这一古老传统工艺的研究也将不断深入。

注释：

① 广西壮族自治区博物馆：《广西贵县罗泊湾汉墓》，文物出版社1988年版，第87—91页。
② 广西壮族自治区博物馆：《广西贵县罗泊湾汉墓》，文物出版社1988年版，第34—36页。
③ 即该墓中的Ⅱ式铜鼎、铜钫、铜匜、铜勺、蒜头扁壶、铜壶、铜盆、铜盘等，为战国晚期至西汉早期中原地区常见器物。参见《广西贵县罗泊湾汉墓》，文物出版社1988年版，第88页。
④ 湖北省博物馆：《曾侯乙墓》，文物出版社1989年版，第78—84页。
⑤ 河南省文物研究所：《信阳楚墓》，文物出版社1986年版，第111—112页。
⑥ 湖北省荆沙铁路考古队：《包山楚墓》，文物出版社1991年版，第36—37页。
⑦ 巫鸿：《谈几件中山国器物的造型与装饰》，《文物》1979年第5期，第46页。
⑧《广东肇庆市北岭松山古墓发掘简报》，《文物》1974年第11期，第70页。
⑨ 高崇文：《漆绘云纹铁足鼎》、《漆绘勾连云纹壶》，《保利藏金（续）》，岭南美术出版社2001年版，第177—181页、第200—205页。
⑩ 高崇文：《漆绘凤纹盆》、《漆绘奁盒》，《保利藏金》，岭南美术出版社1999年版，第309—318页。
⑪ 《山西浑源毕村西汉木椁墓》，《文物》1980年第6期，第47页。
⑫ 《罗山天湖商周墓地》，《考古学报》1986年第2期，第153页。
⑬ 《淅川和尚岭春秋楚墓的发掘》，《华夏考古》1992年第3期，第114页。
⑭ 左德承：《云梦睡虎地出土秦汉漆器图录》，湖北美术出版社1986年版，第109页。
⑮ 吴小平：《汉代青铜容器的考古学研究》，岳麓书社2005年版，第282页。
⑯ 王世襄：《中国古代漆工艺》，《中国美术全集·工艺美术编8》，文物出版社1989年版，第5页。
⑰ 后德俊：《墓室的密封性与文物保存状态》，《江汉考古》1984年第2期，第89页。

从馆藏唐卡谈西藏唐卡艺术

徐瑞萍

在馆藏绘画文物中，一种富有藏族文化特色的画种——唐卡，逐渐显露出它的艺术魅力，并以鲜明的民族特点、浓郁的宗教色彩、独特的艺术风格，受到人们的喜爱和重视，并在展览中显示出不可替代的作用。

唐卡，也叫唐嘎，藏语音译，是指绘画装裱后悬挂起来供奉的宗教卷轴画。因它的艺术形式、绘画方法、表现内容都十分独特，逐渐形成一种富有藏族文化特色的艺术门类，被藏族人民视为珍宝。

唐卡兴起于唐代的吐蕃王朝，随着这一时期的佛教传入西藏，与佛教有关的文化如佛经、绘画、寺院建筑等也相应发展，唐卡便是其中的一部分。相传西藏的第一幅唐卡是吐蕃王松赞干布（617—650）用自己的鼻血画就的护法女神白拉姆，从那以后，唐卡一直流传至今。它的特点是装饰性强，携带方便，很适合佛教传布的需要。对于藏传佛教僧尼们来说，唐卡乃是修行中必不可少的用具，尤其是以游牧生活为主的藏民，一幅唐卡便成为随身携带的佛堂。无论走到哪里，只要把唐卡悬挂起来，无论其大小，佛陀祖师的光芒栩栩生辉。对于活着的人来说，是为了祈祷、礼拜和观想，获得功德；对于故去的亲人，也要请一幅唐卡，以保佑他们的在天之灵。唐卡大小不一，小的仅有巴掌大，而大的唐卡可达几十甚至上百平方米，它们大多珍藏在寺院中，在节日和大法会时，则要举行壮观的晒佛仪式，人们载歌载舞，场面隆重而盛大。

制作唐卡的材料很广泛，既有纸张、布帛、丝绢之类，也有画在皮革上的，尤以羊皮唐卡居多。从表现技法的角度出发，可将唐卡划分为两大类，即“国唐”（丝绢织绣）与“止唐”（纸本或绢本彩绘）。每件唐卡其工艺，质地和装潢都是经过精细加工而成。下面以馆藏的各种唐卡为代表谈谈其制作工艺及艺术风格。

馆藏唐卡，由于客观原因收藏不多，年代大多为清代。还有数十件为现代，其绘画内容为佛、菩萨、度母、明王、护法等各种佛像，形式分为单幅画像与多幅画像，品种及技法丰富多彩。

一、题材与构图

对于一幅唐卡，不管做工、风格如何，它的主要目的，在于表现一个具体的封建题材、表达一个完整的宗教理念。所以，它反映的题材内容十分丰富，有反映藏传佛教、佛神的宗教教义，也有记载的历史事件、人物传记的，还有民间传说，风土人情，神话故事，建筑布局等等。其中以佛像画和高僧传记画最为普遍，还有少数描绘西藏天文历法和藏医藏药，甚至有的还细致地描绘了法器及用藏文或梵文书写的咒语箴言，拥有神秘深奥意义的字母，经过精心组合，构成美丽的画面，受到人们极大的尊崇。唐卡绘制的内容，无所不包，聚集起来可谓是一部西藏社会综合的历史文化大辞典。

对于唐卡繁缛的画面，其构图形式十分丰富，采用中心构图法。以主要人物为中心，分为上中下三部分，各代表天、地与地下。在唐卡中心部位，一般绘上本尊造像，这是修行者根据不同的法门，选择相应的佛、菩萨、佛母或护法，作为供养膜拜的对象。上部即为空界，亦称圣界，一般绘有诸佛菩萨；下部为地界，也称凡界，一般绘护法神，他们保佑信徒驱妖镇邪，同时四周还要绘制莲座、光背、祥云、花蔓以及其他装饰纹样，从而使画面主次分明、构图饱满。使每一幅唐卡的画面，在气魄上既有磅礴的动势，又无杂乱之感，而且严谨中又有变化。画法主要以工笔重彩与白描为主，运笔粗细顿挫有变化，有的线条粗犷有力，有的圆润流畅，刚柔相济，均能达到传神动人的效果。这种西藏特有的绘画艺术，带有浓郁的宗教色彩，并在长期发展过程中形成自己特有的民族风格。

如馆藏《长寿佛》（见图1）唐卡，构图以长寿佛为中心，占画面统治地位，周围人物布置均衡。上部绘四尊佛，下部绘绿度母、金刚手、白度母。长寿佛头戴花冠，耳际僧带上扬，配大耳环，面相慈祥，仪态端庄，身佩链珠和臂钏、腕钏，双手相叠于脐前，结禅定印。手中托长寿宝瓶，瓶中有吉祥草，结跏趺端坐于宝座上，宝座四周绘有白象、狮子、摩羯鱼等。金笔画身光，金光四射，色彩晕染柔和，层次丰富，衣裙描绘精细，动感极强。

唐卡《十一面观音菩萨像》（见图2），即大悲普照观音，其现像立姿、十一面、八臂。头分五层，下三层相同，每层白、红、绿三面，为寂静面、慈面、嗔面，意为教化三界，便有九面，第四层为暴笑面，以示威严，最上化佛为阿弥陀佛。八臂手，主臂于胸前合掌，左上手拈莲花，第二手持弓矢，下手持净瓶，右上手拈念珠，第二手持法轮，下手结与愿印。观音菩萨上方画一佛二弟子、不动佛、祖师、文殊菩萨、长寿佛，下方绘金刚手，玛哈噶拉，上师像。

另一件唐卡《四臂观音菩萨像》（见图3），一面四臂，身白如月，头戴花冠，眉目端庄秀美，以菩萨慧眼凝视众生。中间两手合掌于胸前，捧摩尼宝珠，上两手分别持莲花、念珠与耳际齐。胸前佩戴项圈、珠串，双臂、手腕带钏饰，双足跏趺坐于莲花月轮之上。身着五彩天衣，衣裙宽大，上面饰有花纹，圆形背光涂金。色彩艳丽，画工精美。在观音菩萨上方画阿弥陀佛、不动佛、七世达赖。下方画文殊菩萨、金刚手。

这两件唐卡中绘制的主要人物为观音菩萨，据说凡遇难众生念其名号，菩萨即时观其声音前往拯救，因其变化无方，故相状颇多。画面采用中心构图法，周围饰以鲜花，曼草，并以身光，头光及手组成图案，使观音菩萨救苦救难、大慈大悲的形象更加突出，给人以宁静优美之感。

除这种中心构图形式以外，它还可以把一种故事或故事情节集中于一个画面，不受历史时间的限制，将历史事件，人物传记，完整地表现出来。

如唐卡《宗喀巴像》，宗喀巴（1357—1419）是藏传佛教格鲁派的创始人，7岁出家，佛学造诣精深，提倡恪守戒律，锐意改革，创立新派。唐卡中宗喀巴头戴黄色桃形通人冠，表示严守戒律，右手结说法印，左手结予愿印，掌中各牵一茎莲花，花开左右肩上，莲花上分别置经箧和宝剑。四周画其生平事迹，形象特征十分明显，构图完整，画面统一。

二、质地与种类

唐卡的种类依其所使用材料来区分，大致可分为织锦唐卡，刺绣唐卡，贴花唐卡、缂丝唐卡、版印唐卡、笔绘唐卡等。

如《绿度母》（见图4）唐卡，系用“贴花”技法，将不同颜色彩缎，剪裁成人物和图形，粘贴在织物上，拼镶而成，特点简洁明快，立体感较强。绿度母身体呈青色，头戴五叶花冠，身饰各种缨络珠宝，着各色天衣，右手向外结施愿印，并持乌巴拉花，左手置胸前，亦持乌巴拉花，两腿结跏趺坐于莲花座上，右腿伸于座下，脚踩一朵莲花，左腿单盘卷曲。唐卡前面覆盖黄色丝绢，画面四边围有红色和黄色的贴面，藏语称之为“彩虹”，下幅中央有一块竖长方形的锦缎，叫作“敦嘎”。整件唐卡色彩艳丽华美，工艺精湛，并将“贴花”的技法完美的表现出来。用贴花技法制作的唐卡还有黄度母、红度母、文殊菩萨,药师佛等。

织锦唐卡：以绸缎为地，用各色丝线为纬，利用经、纬线来回穿梭，间错提花织造出丰富的形象和图案。

缂丝唐卡：采用“通经断纬”的方式织成，而且颜色正反两面相同，特点如雕镂一般，风格独特，富有立体装饰效果。

这些丝绢织绣唐卡，质地紧密而厚实，花纹精致，甚至有的还将珠宝玉石用金丝缀于其间，珠联璧合，灿烂夺目。色彩绚丽缤纷，富有立体感与质感，将其悬挂起来，微风拂来，动感极强。栩栩如生的佛像仿佛即将显身或就在现场，使人们宛如置身于天界仙境中，将神话与现代和谐统一起来。

唐卡品种多种多样，除上面所介绍的丝绢织绣唐卡，即“国唐”以外，还有一种用颜料绘制的唐卡叫“止唐”。

人们主要是依据画面背景时所用颜料的不同来区分“止唐”的种类，它分为彩唐、金唐、朱红唐、黑唐等品种。

彩唐，即用各种颜料绘成背景的唐卡，这类作品最为常见。馆藏唐卡中除彩唐外，还有其他种类。

《尊胜佛母像》（见图5）唐卡，为“金唐”，是一种用金色颜料绘制的唐卡。尊胜佛母，三面八臂，正面为笑面，左一面为忿怒面，右一面为寂静面，每面额上各生一眼，佛母头戴花冠，挽高髻，身着天衣，结跏趺坐于莲花宝座上，主臂两手置胸前，托金刚杵和索子，右手上则托阿弥陀佛，中手持箭，下手作与愿印，左手臂上扬，中手持弓，下手托宝瓶，周围绘制100尊小佛，所有佛像部分均为涂金底色，线描勾勒人物形象，不染色，画面璀璨夺目，高贵典雅，色彩辉煌，使之表现出一种神圣的气氛。

《长寿佛像》唐卡，为“朱红唐”，是一种用朱红色颜料画背景的唐卡，它满目是鲜艳的朱红色，颜色浓重而热烈。在朱红底色上，金笔白描出长寿佛，仅发髻、发缕染成黑色，突出金色线条的优美华丽。除中间1尊长寿佛像外，四周整齐排列着200尊小佛。朱红色对于表现美好、庄严的形象，突出宏大、隆重的场面，是非常适宜的，满足了藏民族的审美观念：喜用浓烈而艳丽的特色。

《六臂大黑天像》唐卡，此件为“黑唐”，是一种用墨色颜料画背景的唐卡，黑唐以深暗浓重的黑色为底色，以金色线描为主，突出线条和金色，使形象显得非常醒目、突出。黑唐一般多绘护法神、金刚一类镇妖降魔的内容。此件唐卡以大黑天驱除邪魔为题材，用金色线描绘出六臂大黑天，主臂在胸前持钺刀和骷髅碗，上两手分别持骷髅珠和三叉戟，下两手持皮鼓、索子。大黑天须发描金，身光为火焰形。画面上方绘宗喀巴和他的两大弟子，合称“师徒三尊”，周围描绘各种护法神。形象生动逼真，画面威严庄重，色彩对比强烈，烘托出一种诡谲、恐怖的氛围，起到很好的视觉效果。

除此之外，还有印刷唐卡，将先画好的图像刻成雕版，用墨线朱砂作颜料，印在丝绢上，然后着色，还有就是满幅套色印刷。

唐卡以色彩绚丽著称，并在施色方面有独特的讲究，重彩底色分为红、黑、蓝、金、银五种。红唐卡一般绘制佛本生故事；黑唐卡绘制护法神、金刚一类的内容，并施金线；蓝唐卡则多绘欢喜佛、胜乐金刚一类的题材，有吉祥喜庆之意；金、银唐卡，色彩辉煌，画面高贵，代表多种颜色，画师巧妙的把红、绿、青、蓝、金、黑，各色并列使用，画面色彩绚丽，对比强烈，给人一种震撼感，具有浓郁的雪域风格。

三、制作与装潢

唐卡的制作也很烦琐，它至今犹存的最大秘密就在于因循守旧，人们因为坚守传统，而成为宗教记忆的复制者。比如繁多的仪轨中一成不变的手印，长长的经卷中一字不改的箴言，唐卡制作程序中的一丝不苟的尺度或比例等。而《造像度量经》更是对唐卡的内容，着色，尺寸，都作了明确规定，要求制作的每一程序都应遵循宗教仪轨。

绘制唐卡前，艺僧或画匠均要卜择吉日，焚香祷告，然后才一面诵经，一面备料。首先要根据画面大小来选择尺寸合适的画布，将其固定、绷紧，然后把白垩粉掺进骨胶，调成糊状，均匀地刷涂在棉白布上，使布面细孔被填塞，干后再用贝壳或圆石磨光，使之平整并易于着色。以平整、均匀、不透光为标准，薄了，颜色要浸透；厚了，将来卷匝时会有脱落和裂纹。画布用细绳绷在竹框或木框上，然后开始绘制，可分为起稿、涂底色、分色晕染、勾线、描金、整理等步骤。画师在绘制唐卡时，抱着对宗教的信仰和虔诚，在画布上尽情地挥洒，把技艺发挥到极致。将佛的庄严、菩萨的清秀、度母的丰盈、护法神的威猛，刻画得淋漓尽致，充分显示出其艺术才华。绘画唐卡使用的颜料也非常考究，如石黄、石青、石绿、赭石、朱砂、铅粉等等，经干磨或水磨成粉备用，全为矿植物质原料，色泽艳丽，经年不退。绘画时，颜料中要调进骨胶和少许牛胆汁以防腐。作为彩绘重要环节的“金描”必须使用金汁，而金汁则是由大量金箔和金片制成。其他颜色的颜料，也大都是由天然矿石研磨而出。

唐卡绘制好以后，要去框装裱，在画面四边缝裱丝绢，叫“贡夏”，其尺寸大小固定不变，并镶以各色绸缎，与画面色调和谐相配。唐卡背面裱衬物只裱糊“贡夏”部分，不裱糊画面部分。唐卡前面还要有一幅面盖盖住整个唐卡，可选择质地柔软的丝绢，颜色用黄色、红色、蓝色、绿色等，既可交替缝合而起，也可就用一种颜色。上下两端贯以木轴，经喇嘛念经后便可悬挂供奉。由于唐卡带有浓厚的宗教色彩，与佛教仪式有很大关系，所以在收藏时也需要由下而上卷起，否则会被视为亵渎神明。

四、艺术风格

藏族是中国一个具有悠久历史的民族，其文化是中华民族文化遗产的重要组成部分，而唐卡为藏族文化中一种著名的艺术表现形式，可当之无愧地称作艺术瑰宝。随着藏传佛教的广泛流传，唐卡的需求量日益增大，其绘画技艺更加成熟，因传承和地域的不同，唐卡所呈现的艺术特色也各不相同。这里既有受汉地文化的影响，也有吸取尼伯尔、印度等异域之艺术精华。

这些风格各异的唐卡，一方面发扬更新原有的艺术特色，另一方面通过吸收融合各地先进技艺，力求将唐卡的绘画艺术与色彩的协调完美的表现出来。使唐卡成为藏族文化中著名的艺术佳品，具有鲜明的民族特色。在雪域高原的广阔天地间，螺号齐鸣，梵钟同响，描绘着庄严法相的唐卡悬挂于寺庙殿堂之中。它寄托了信徒对佛祖无可比拟的情感，凝聚了藏民的虔诚信念。

人们在欣赏唐卡那精美的制作及繁复的绘画内容时，无不被其深深震撼。直到今天，唐卡所呈现的艺术魅力，以及其具有的较高的艺术价值和收藏价值，随着时间的推移，越来越受到人们的关注，并具有较高的艺术价值和收藏价值。

图 1

图 2

图 3

图 4

图 5

参考文献：

① 王家鹏：《清代宫廷与藏传佛教文化》，紫禁城出版社1992年版。
② 黄春和：《藏传佛像艺术鉴赏》，华文出版社2004年版。
③《北京文物精粹大戏—佛造像卷（下）》，北京出版社2004年版。

花鸟画中的梅花题材

倪 葭

花鸟画中的“四君子”题材指的是梅、兰、竹、菊。潘天寿先生认为“盖梅兰竹菊等，为植物中之清品，不可假丹铅以求形似；须以文人之灵趣，学养，品格，注之于笔端，随意写出，以表现作者高尚纯洁之感情思想，一如《三百篇》之草木鸟兽，《离骚》之美人芳草者然。故世称为四君子。”[①]从中似可窥到“四君子”名称的由来。

作为“四君子”之一的梅花题材，据《芥子园画传》记载“唐人以写花卉名者多矣，尚未有专以写梅称者。于锡有《雪梅野雉图》，乃用于翎毛上。梁广作《四季花图》，而梅又杂于海棠荷菊间。李约史称善画梅，其名亦不大著。至五代滕昌祐徐熙画梅，皆勾勒着色。徐崇嗣独出己意，不用描写，以丹粉点染，为没骨画。陈常变其法，以飞白写梗，用色点花。崔白专用水墨。李正臣不作桃李浮艳，一意写梅，深得水边林下之致，顾独擅专长。释仲仁以墨渍作梅，释惠洪又用皂子胶，写于生绡扇上，照之俨然梅影，后人因之盛作墨梅。米元章、晁补之、汤叔雅、萧鹏搏、张德琪、俱专工写梅。独扬补之不用墨渍，创以圈法，铁梢丁橛，清淡胜于傅粉，嗣之者徐禹功、赵子固、王元章、吴仲圭、汤仲正、释仁济。仁济自谓用心四十年，作花圈始圆耳。外此则茅汝元、丁野堂、周密、沈雪坡、赵天泽、谢佑之，为宋、元间写梅著名者。汝元世称专家，佑之但傅色浓厚，学赵昌而不臻其妙也。明代诸公尤多善此。未分厥派，各擅一长，不暇标举。唐、宋以来，画梅之派有四：惟勾勒着色者最先，其法创于于锡，至滕昌祐而推广之，徐熙始极其妙也。用色点染者为没骨画，创于徐崇嗣，继之者代不乏人，至陈常又一变其法。点墨者，创于崔白。演其法于释仲仁、米、晁诸君，相效成风，极一时之盛。圈白花头，不用着色，创于扬补之、吴仲圭、王元章推其法，真横绝一世。考画梅之法，其源流亦不外乎是矣。”[②]

由此可知，唐代虽画花卉者众多，但没有专以写梅者，梅花多作为花鸟画的背景或众花卉其中之一。宋徽宗时期的《宣和画谱》将花鸟画赋予了深意“花之于牡丹芍药，禽之于鸾凤孔翠，必使之富贵，而松竹梅菊，鸥鹭雁鹜，必见之幽闲，至于鹤之轩昂，鹰隼之击搏，杨柳梧桐之扶疏风流，乔松古柏之岁寒磊落，展张于图绘，有以兴起人之意者，率能夺造化而移精神，遐想若登临览物之有得也。”[③]这种理念成为其后花鸟画家们所遵循的创作理念。明代宋濂认为“夫梅负孤高伟特之操而乃溷之于凡禽俗卉间，可不谓之一厄也哉！”[④]认为梅花题材是高于其他花鸟题材的，直至释仲仁及其传派创墨梅，他才认为“拔梅于泥涂之辱”[⑤]成为飘然不群的高雅题材。

首先我们需要理清梅花题材成为独立的绘画题材并衍生出种种流派、画法的线索。

画梅流派

根据《芥子园画传》的记载我们知道“画梅之派有四”：勾勒着色；以色点染；以墨点画；圈白花头。

（一）勾勒着色派

据明代宋濂《论画梅》记载：“唐人鲜有画梅者，至五代滕胜华妃写《梅花白鹅图》，而宋赵士雷继之，又作《梅汀落雁图》。自时厥后，丘庆馀、徐熙辈，或俪以山茶，或杂以双禽，皆傅五彩，当时观者，辄称为逼真。”[⑥]此派将梅花等同于其他花卉，作为花鸟画的背景使用，以写生为基础，笔墨工致，色彩饱满。

唐代的于锡、梁广最早画梅，勾勒着色法创于于锡，据《宣和画谱》记载他“有《牡丹双鸡》、《雪梅双雉》二图。鸡，家禽，故作牡丹；雉，野禽，故作雪梅；莫不有理焉。”[⑦]于锡以画翎毛著名，家鸡以牡丹衬托，野雉用梅花衬托，梅花只是用于衬托野雉的环境参照物。梁广以写真为能“工花鸟，善赋彩，笔迹不及边鸾。”[⑧]他所作的《四季花图》梅花杂于海棠荷菊之间。

至五代滕昌祐、丘庆馀、徐熙等人画梅。“滕昌祐字胜华，本吴郡人也，后游西川，因为蜀人。以文学从事，初不婚宦，志趣高洁，脱略时态，卜筑于幽闲之地，栽花竹杞菊以观植物之荣悴，而寓意焉。久而得其形似于笔端，遂画花鸟蝉蝶，更工动物，触类而长，盖未尝专于师资也。……大抵昌祐乃隐者也，只托此游世耳。”[⑨]据《宣和画谱》记载他有《梅花鹅图》、《梅花图》。滕昌祐属于文人画家，没有专门的师资，他师造化，属于“应物象形、随类赋彩”，他在花鸟画中寄托了他优游于世的精神世界。

滕昌祐的弟子丘庆馀“善画，花竹翎毛等物最工，而兼长于草虫。凡设色者逼于动植，至于草虫，独以墨之深浅映发，亦极形似之妙。风韵高雅，为世所推。初师滕昌祐，及晚年遂过之。人谓其得意处，不减徐熙也。”[⑩]据《宣和画谱》记载他有《梅花戴胜图》。

徐熙是金陵人，为江南显族。“落墨为格，杂彩副之，迹与色不相隐映也”[⑪]苏轼题徐熙《杏花图》的诗句中写道：“江左风流王谢家，尽携书画到天涯。却因梅雨丹青暗，洗出徐熙落墨花。”徐熙是先以墨定出花卉的枝叶蕊萼，以墨渲染出高低深浅阴阳向背，然后敷色。以墨为主，色彩作辅助，笔墨与色彩浑然一体。徐熙的画是处于勾勒着色向以色点染（没骨派）过渡的关键。

北宋宗室赵士雷，“以丹青驰誉于时。作雁鹜鸥鹭，溪塘汀渚，有诗人思致；至其绝胜佳处，往往形容之所不及。又作花竹，多在于风雪荒寒之中，盖胸次洗尽绮纨之习，故幽寻雅趣，落笔便与画工背驰。”[⑫]据《宣和画谱》记载有《寒江梅雪图》、《梅汀落雁图》。

北宋徽宗赵佶的《腊梅山禽图》就是对宋代院体画最好的说明，画面中一枝蜡梅，树梢数朵梅花悄然绽放，两只山禽安静地在一枝梅枝上歇息，梅树下一丛山花。画中笔墨工细，设色雅致。

南宋光、宁朝画院的待诏马远出身于绘画世家，他的山水画构图多偏于一角。明曹昭形容马远的构图方式为“或峭峰直上而不见其顶，或绝壁直下而不见其脚。或近山参天而远山则低，或孤舟泛月而一人独坐，此边角之景也。”[⑬]马远的《梅石溪凫图》取山脚近景，画中一角山岩矗立，在陡拔的石壁上梅花盛放，山脚下一泓清水，水中野凫戏水。近景山岩用小斧劈皴，重墨点苔。中景水岸用晕染之笔，营造前后虚实的空间感。梅枝用方折之笔写出，笔法老辣，枝条虬曲，梅花用白粉点出，一派生机，与戏水野凫相映成趣。画面简洁明快，趣意横生。马远之子马麟的《层叠冰绡图》，梅枝曲折游动，虬劲有力，梅花的花瓣用细笔勾勒出，用淡绿染出萼片和花瓣的底部，再用白粉晕染出花瓣。

明代早期的边景昭，字文进，福建沙县人。博学能文，尤精花果翎毛。他继承宋画院工笔重彩的传统。《雪梅双鹤图》画两只丹顶鹤，占据画面主要部分，双鹤神态体态舒展，生动自然。以翠竹和傲雪白梅为背景。梅干及花朵细致精确，笔墨潇洒，是较典型的明代院体派风格。

总之，勾勒着色派出现最早，笔墨工致，画多敷色，以写真为最高目的。

（二）以色点染派(没骨派)

以色点染派(没骨派)是界于工笔和写意二者之间，较工笔更为自由的绘画表现类型。

北宋的徐崇嗣在继承徐熙“落墨花”的绘画技巧基础上,糅合黄氏（黄荃）画法,创立了一种新的绘画方法——“没骨法”。宋代郭若虚的《图画见闻志》,卷六《近事》篇中,记载“徐崇嗣画没骨图,以其无笔墨骨气而名之,但取其浓丽生态以定品。”⑭《图绘宝鉴》认为徐崇嗣“画花鸟，绰有祖风，又出新意，不用描写，止以丹粉点染而成，号没骨图，以其无笔墨骨气而名之，始于崇嗣也。”

元代王冕“字元章，号煮石山农，工墨梅，又以胭脂作没骨体。（此红梅之始）燕京贵人争求之，尝以一幅张壁间。”⑮

元代道士邹复雷《春消息图》长卷，绘老梅一株，梅花盛放，画家以粗笔浓淡墨写梅干，古拙苍劲，淡墨点梅花，疏密有致。

明代唐寅的《墨梅图》以意笔画老梅一枝，疏影横斜，花繁枝茂。花用没骨法，墨色莹润。

（三）以墨点画（墨梅派）

墨梅派有的画史著述认为是宋代陈常改变没骨画法，创以色点花，崔白创点墨梅花。释仲仁完善了此种画法，成为一时之盛。也有的画史著述认为以墨点写创于华光。

宋代陈常对没骨画进行改进，以飞白笔作树石，折枝花以逸笔一抹为枝，以色乱点花，有清逸意。

宋代崔白创点墨梅花，“所画无不精绝，落笔运思集成，不假于绳尺，曲直方圆，皆中法度。”⑯据《宣和画谱》记载他有《梅竹寒禽图》。

宋释仲仁，以墨渍画梅。释仲仁，会稽人，住衡州花光山，自号华光长老，酷爱梅，写梅有奇趣。明代徐沁著《明画录》其中论述墨梅派“古来画梅者率皆傅彩写生，自北宋华光僧仲仁始，以墨晕创为别趣。”⑰《华光梅谱》云：“墨梅始自华光，仁老之所酷爱。其方丈植梅数本，每花时，辄移床其下，吟咏终日，莫知其意。偶月夜未寝，见窗间疏影横斜，萧然可爱，遂以笔规其状，因此好写，得其三昧。”⑱元代汤垕《古今画鉴》中评“花光长老以墨晕作梅如花影，然别成一家，政所谓写意者也。”⑲

宋释觉范用皂子胶写梅于生绢扇上，灯光月光之下，或横或斜像梅影一样真切。此种画面效果大概类似于梅花的剪影。

（四）圈白花头

扬无咎，字补之，号逃禅老人。他的梅花以双勾线条圈出花瓣，后人称为“圈梅法”。铁梢丁橛，清淡胜于敷粉。扬补之不仅在当时得到推崇而且创造了折枝梅“扬补之尝游临江城中，作折枝梅于乐工矮墙，至今士大夫多往观之，江西人得补之一幅梅，价不下百十金”[20]他的梅花“疏枝冷蕊，清意逼人。”他的《四梅花图》，画卷分四段，画梅花未开、欲开、盛开、将残的变化过程。梅枝虬曲生动，偶见飞白，花朵以尖细的笔法圈出，秀美清逸，构图疏朗自然。

汤正仲，扬补之之甥，字叔雅，号间庵，据《图绘宝鉴》记载，他有《南枝雪霁图》，此雪梅之始也。

元四家之一的吴镇，字仲圭，号梅花道人、梅沙弥。他的《墨梅图》画梅树，老干嫩枝，其上绽开数朵梅花。老干苍劲，新枝柔韧。

元代王冕的梅花，一变宋人稀疏冷倚之风，而变为繁花密蕊，给人以生意盎然蓬勃向上之感。他根据前人及自己画梅的创作经验，撰著《梅谱》一书。他的传世之作《墨梅图》，梅枝横斜，枝繁花茂，密而有序。其圈花的技法，以淡墨圈点梅花，一笔两顿挫，比扬无咎一笔三顿挫更简洁。

明代初期的陈录继承王冕画法。陈录，字宪章，能诗、善画，尤工墨梅与松、竹、兰、蕙，笔意儒雅。他的《梅花图》与王冕的《墨梅图》采取相同的构图方式，梅枝倒垂，梅花繁密，千条万玉。与陈宪章并称的王谦也是王冕传派的画梅名家。

明代胡宗蕴也继承王冕画法，他的《墨梅图卷》中梅花枝条呈曲线造型，墨笔写枝，线条流畅；花朵以淡墨圈出，千枝万蕊，一派生机。

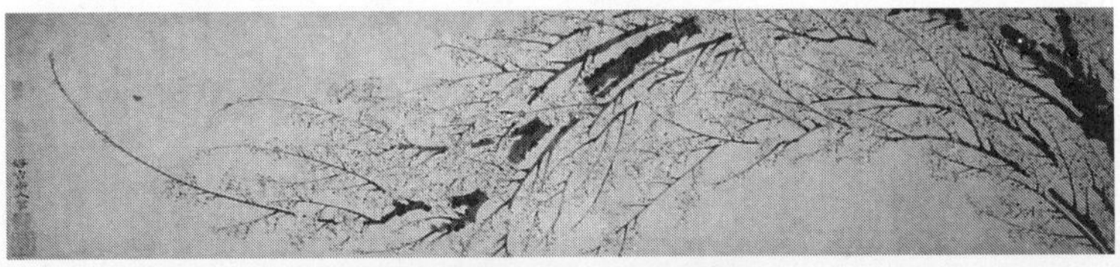

明 胡宗蕴 墨梅图卷

明代的徐渭，字文长，别号青藤道士。他的《四时花卉图》长卷以墨笔画雪梅。采取留白加淡墨渲染的办法，烘托雪落梅枝的感觉，梅枝以焦墨渴笔写出，花头用笔圈出，笔墨奔放，墨色淋漓。他的另一幅作品《蕉石图》中，梅花作为背景出现。

清代四僧中的石涛、朱耷，“扬州八怪”中金农、汪士慎、罗聘、高翔、李方膺都善画梅花，他们多借梅花表现自己的个性和创作理念。

当然文中分析的各流派并不是绝对的，他们之间有时是互相借鉴的关系,如徐熙的落墨花是处于勾勒着色向以色点染(没骨派)过渡的关键。同时画家、画作的面目多样。如王冕的梅花既有以墨点染的墨梅；又有圈花法的梅花；还创造了以胭脂点画的没骨红梅。一幅作品中会有多种方法进行创作，如采用水墨点写加色彩点写，或点写加圈花的方式。

对于画派的界定也并不统一，有的美术著述,如《墨梅人名录》是将纯以墨色画梅的以墨点染和圈白花头的两派全部归入墨梅派。

梅花题材的德性

要解答梅花题材受画家偏爱的原因，首先要明白它们的特殊之处。梅具有不同其他植物的自然属性。梅花，性耐寒，早春开花。但是，只从它们的自然属性方面分析还不足以解释文人墨客偏爱梅花的原因。梅花题材获得偏爱是由于它和人类的社会生活发生了联系，人类在漫长的历史进程中在其中赋予了别样的深意。离开人类生活，它们很难讲到美与不美。以梅为主题的绘画作品中带有人的情感特色。在梅中包含有浓厚的道德含义。梅最初作为绘画的表现对象，也许其中没有包含有道德情感。但是随着文学与绘画的接近，文人墨客们在梅花题材中加载了越来越多的深意。

梅，性耐寒，在雪中开放，可喻人之坚贞，开放在初春，常被当作春的使者。梅花作为审美对象，它的道德含义很浓。如王安石的“墙角数枝梅， 凌寒独自开。”陆游的 “无意苦争春，一任群芳妒。零落成泥碾作尘，只有香如故。”等等。诗词不单纯描写梅花的自然特征而是突出它的德性。

《古今画鉴》评论“画梅谓之写梅，画竹谓之写竹，画兰谓之写竹，何哉？盖花卉之至清，画者当以意写之，初不在形似耳。陈去非诗云：意足不求颜色似，前身相马九方皋。其斯之谓欤？”㉑元代吴太素的《松斋梅谱》中《述梅妙理》中论述道“写梅作诗，其趣一也。故古人云：画为无声诗，诗为有声画。是以画之得意，尤诗之得句，有喜乐忧愁而得之者，有感慨愤怒得之者，此皆一时之兴耳。画有十三科，独梅不在其列，为其有出尘之标格，非庸俗所能知也。所以喜乐而得之者枝清而癯，花闲而媚；忧愁而得之者，则枝疏而槁，花惨而寒；有感慨而得之者，枝曲而劲，花逸而迈；愤怒而得之者，枝古而怪，花狂而状。此岂与画类耶？古诗有意嫩山无色，心忙水不清，此之谓也。凡欲作画，须寄情物外，意在笔先，正所谓足于内形于外矣。”㉒分析了不同状态的梅所代表的不同情绪与内涵。清代扬州八怪中的李方膺曾写道“予性爱梅，即无梅之可见而所见无非梅，日月星辰梅也；山河川岳亦梅也；硕德宏才梅也；歌童舞女亦梅也；……知我者梅也，罪我者亦梅也。”李方膺把梅看作是真、善、美的象征，他期待的是一个梅花的理想世界。他在《墨梅图册》中题道“天生懒骨多如我，画到梅花便不同，最爱新条长且直，不知曲屈相春风。”如果从梅花的自然属性上去解释，恐怕是解释不通的，梅是李方膺内心世界、真情实感的流露。又如石涛在《梅竹图》上的题诗：“古花如见古遗民，谁道花枝照古人？阅尽六朝惟隐逸，支离残腊倍精神。天青地白容疏放，水涌山空任屈伸。拟欲将诗寄明月，尽驱怀抱入清新。”在图画中曲折地融入了自己的遗民情结。

可以说社会的、理性的、历史的东西累积沉淀为一种个体的、感性的、直观的东西，所以出现大量的吟咏梅、兰、竹、菊的德性的诗词和很多梅花题材的绘画创作，梅花题材的花鸟画作品在漫长的历史进程中和人类的社会生活发生了联系，被人类在其中赋予了别样的深意。自然美的社会性是隐蔽复杂的通过艺术作品（如绘画）反映出来的。很多梅花题材的绘画创作对个人来说是经过吟咏诗词，观看画作，长期教育过程的结果。

而且梅花所以被文人喜爱，反复描写，还同它便于发挥笔墨工具的特有效能有关。用毛笔描绘这些物象，能收到形神兼备的效果，也能体现笔墨本身所具有的书法审美价值。

梅花题材自出现以来，画家众多，本人由于能力有限，分析的并不全面，望大家批评指正。

注释：

① 潘天寿：《中国绘画史》，上海人民美术出版社1983年版，第148—149页。
② 王槩：《芥子园画传画梅浅说》“画法源流”，俞剑华，《中国古代画论类编》，人民美术出版社2003年版，第1134页。
③ 岳仁译注：《宣和画谱》，卷十五，湖南美术出版社2004年版，第310页。
④ 宋濂：《景濂论画梅》，俞剑华，《中国古代画论类编》，人民美术出版社2003年版，第1073页。
⑤ 同上。
⑥ 同上。
⑦ 岳仁译注：《宣和画谱》卷十五，湖南美术出版社2004年版，第318页。
⑧ 张彦远：《历代名画记》，何志明、潘运吉编著，《唐五代画论》，湖南美术出版社2004年版，第247页。
⑨ 岳仁译注：《宣和画谱》卷十六，湖南美术出版社2004年版，第338页。
⑩ 岳仁译注：《宣和画谱》卷十七，湖南美术出版社2004年版，第354页。

⑪ 郭若虚：《图画见闻志》，米田水译注《图画见闻志·画继》，湖南美术出版社2004年版，第152页。
⑫ 岳仁译注：《宣和画谱》卷十六，湖南美术出版社2004年版，第346页。
⑬ 转引自 李福顺：《中国美术史》下卷，辽宁美术出版社，2000年版，第97页。
⑭ 郭若虚：《图画见闻志》，王伯敏、任道斌主编，《画学集成》，河北美术出版社2002年版，第380页。
⑮ 童翼驹：《墨梅人名录》，中华书局1985年版，第11页。
⑯ 岳仁译注：《宣和画谱》卷十七，湖南美术出版社2004年版，第372页。
⑰ 徐沁：《明画录》，墨梅、潘运吉编著，《明代画论》，湖南美术出版社2002年版，第371页。
⑱ 释仲仁：《华光梅谱》，王伯敏、任道斌主编，《画学集成》，河北美术出版社2002年版，第388页。
⑲ 汤垕：《古今画鉴》，王伯敏、任道斌主编，《画学集成》，河北美术出版社2002年版，第706页。
⑳ 童翼驹：《墨梅人名录》，中华书局1985年版，第9页。
㉑ 汤垕：《古今画鉴》，王伯敏、任道斌主编，《画学集成》，河北美术出版社2002年版，第712页。
㉒ 吴太素：《松斋梅谱》，王伯敏、任道斌主编，《画学集成》，河北美术出版社2002年版，第726页。

试论汉代博局纹镜的流变

陈 静

汉代是制镜艺术辉煌灿烂的鼎盛时期，铸镜业空前繁荣。当时，上至中央政府、下至郡国地方，铜镜成为有汉一代最具时代特色的手工业之一。铜镜，不但在汉王朝本土备受重视，其影响流布已经远远超出朝鲜半岛、日本列岛和印度支那半岛（越南）等地的“汉文化圈”，扩及西伯利亚、中亚等地，使得汉代铜镜从一个侧面再现了2000年前后，辉煌灿烂的“汉文化”对世界的影响，汉代的铜镜与罗马的油灯，成为公元2000年前后生长在世界东西方上的两枝璀璨的文化奇葩。同时，汉代铜镜带有明显的时代印记，其纹饰以奇禽异兽、神仙意境、封建礼制的历史故事和反映贵族阶级崇尚的生活方式，如车骑、狩猎、宴乐、杂戏等为题材进行创作，神仙方术、阴阳五行、谶纬学说的盛行也是汉代铜镜装饰艺术的主要题材。然而，最能彰显汉代铜镜文化艺术精髓的精品一系，首推博局纹镜（也称规矩纹镜或TLV镜）。这类铜镜背上饰有类似六博博局的T、L、V花纹各4个，常与那些刻画入微、生动逼真且极富动感的四神、瑞兽、禽鸟、羽人、蟾蜍、八鸟等动物纹、云纹、几何纹配置成独具特色的主题纹饰，在钮座内圈及外圈或近缘处配有铭文，镜缘纹饰多为辐射纹、水波纹、流云纹或缠枝叶纹缘，叶纹婉转华美。整个镜子通体髹黑漆，构图瑰丽新颖，布局繁缛精致，线条细腻严谨，铭文寓意丰富，“当观其文读其纹”时，即会品味到使人目不暇接的神秘感。因此，当这种饰有特殊纹饰图案的青铜镜一经出现，即刻就引起了国内外广大学者的极大兴趣。由于激起过多的对博局纹镜的关注和讨论，有关博局纹镜（TLV镜/规矩镜）的渊源问题，一直都是学术界和美术史学者众说纷纭的问题。

由于博局纹铜镜具有深厚的文化内涵和丰富的美术史意蕴。因此，相关的研究将会为我们追寻汉代社会思想意识和审美观念提供重要的线索。

从考古发掘资料来看，最早流行的有蟠螭博局纹镜、草叶博局纹镜、简式蟠螭草叶博局纹镜、四神博局纹镜（四灵规矩镜、六博四灵镜）、五灵博局纹镜、简化博局纹镜、禽兽博局纹镜、八禽鸟博局纹镜（对鸟纹博局镜）、四蛇博局纹镜、龙凤博局纹镜、云纹博局纹镜、几何博局纹镜等。博局纹镜的年代序列多数比较明确，但有镜型的年代分歧较大或过于笼统，现就以汉代长安和洛阳两京地区出土的博局纹镜为例，谈谈几个重要镜型的年代问题。

一、草叶博局纹镜的年代

草叶纹镜是出现最早的汉镜之一，已经完全淘汰了战国时期流行的地纹的衬托。它流行于西汉早期后段至西汉中期，年代最早的草叶纹镜上的铭文多为“见日之光，天下大阳”，但未见有T、L、V博局纹饰。因此，西汉早、中期出现的草叶博局纹镜是（即博局纹配草叶纹）草叶纹镜的一个新品种。如《陕西眉县常兴汉墓发掘报告》报道的1面“日光”博局蟠螭草叶纹镜，其时代为西汉初至文景时期。[①] 还有《岐山县帖家河村出土的汉代铜器》报道的1面“日出”规矩草叶纹镜，其时代亦在西汉中期。此镜型纹饰内容丰富，草叶纹有单层、双层和三层。两京地区出土的博局纹镜最早发现在西汉中期，并且，是以主题纹饰出现在流行于西汉早、中期的草叶纹镜上。例如，在长安地区就发现1面为蟠螭纹和草叶纹合为一体的简式博局蟠螭连叠草叶纹镜（如图 1，即标本1991XYL M82：12）。[②] 在其纹饰布局中只见V形纹，不见T、L形纹，也没有铭文，双层草叶纹（即麦穗图案）十分规整，与博局纹结合在一起的纹饰布局，可以追踪到汉代社会人们崇尚的“天圆地方”的天地观念。镜上饰有和谐对称的十六连弧纹缘，不仅具有几何形态的美，还可以显示出铸镜的技术提高和工匠们的想象力、创造力，充分体现汉镜在铸造工艺和纹饰艺术上突破了传统的战国镜。同一时期，洛阳地区也出土了1面集“日光”铭文、博局纹和草叶纹为一体的日光博局对称连叠草叶纹镜（如图2，即标本LYSG M1），[③] 它体现西汉前期时，官铸或官方监制的铜镜对纹饰有较严格的规范要求，从中可见“草叶纹”在审美和寓意上得到官方和社会的认可。草叶纹是在铜镜纹饰上最早明确的反映“天圆地方”的镜种之一，而博局纹也具有同样的寓意，因此，博局纹最早出现在铜镜上时，首先就与草叶纹结合在一起，来表达汉人的审美情趣、社会风俗和信仰崇拜。对于汉代两京地区之间的比较来说，出现在东汉洛阳的博局草叶纹镜上的纹饰较西汉长安出土的更具有特色。

图 1　简式博局蟠螭草叶纹镜

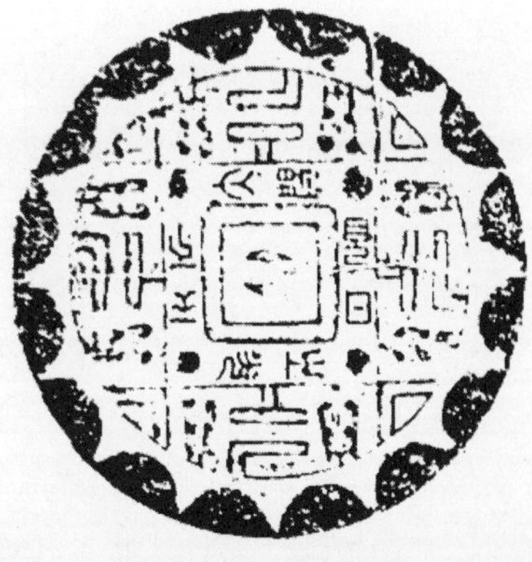

图 2　日光博局对称连叠草叶纹镜

其他地区的，如旅顺博物馆就辑录了1面“日光”单层草叶博局纹镜，其时代为西汉早、中期之际。还有，1963年湖南长沙牛角塘林业设计院18号墓出土1面双层草叶博局纹镜，时代也在西汉早、中期。而在洛阳地区，带有日光铭文的双层草叶博局纹镜最早出现在西汉中期（如图 3，即标本SXT M17）。[④]

因此，蟠螭博局纹镜、草叶博局纹镜和简式博局蟠螭连叠草叶纹镜出现的时间，应略晚于西汉早、中期的蟠螭纹镜和草叶纹镜。由此，日本学者中山次郎在1918年《古代支那镜鉴沿革》一文中认为："规矩纹是西汉中、后期草叶纹镜、叶纹镜的草叶纹变化的产物。"此外还有人提出规矩纹是由纯地纹兽纹镜之兽纹演变而成。梁上椿则认为："是由山字镜的"山"字、细地纹镜之细纹及蟠螭纹等变化而来。其发展序列是规矩蟠螭→规矩草叶→规矩四神。"但是，他的演变说遭到日本学者铃木博司等人的反对，他们认为："方格与T、L、V组合的模式早在战国后期（包括西汉前半期）铜镜中就已经完整地出现，圆形、方形与T、L、V组合的圆形不是先前某种铜镜纹饰变化的结果，而是独立存在，因此，也被镜子采用。"[5] 因此，从草叶博局纹镜可以看到汉初四叶螭纹镜、战国晚期的四叶凤纹镜演变关系。

图3 日光博局对称连叠草叶纹镜

二、四神博局纹镜的年代

四神博局纹镜是博局纹镜类中出现较早，流行时间最长，且地域最广的镜型。虽然，在（改为"有了"）前人研究的基础，四神博局纹镜的流行年代基本明确，但是由于四神博局纹镜是博局纹镜的最为重要的镜型，代表着博局纹镜纹饰内涵的精髓，故在此着重讨论其时代及纹饰演变的过程。

两京地区最早出土的四神博局纹镜均在西汉晚期。长安地区出土的四神博局纹镜流行时间在西汉晚期至东汉中期都有流行。一般流行在西汉晚期的有两种形式：第一种，半圆钮，圆钮座，座外双线方格，如标本1997TKF M14：5（图4）；[6] 第二种，半圆钮，柿蒂纹钮座，座外双线方格，如标本1956东十里 M1：1（图5）、[7] 标本1996XDT M110：25（图6）。[8] 新莽时期，也有二种：第一种，为半圆钮，圆钮座，座外双线方格，如标本1997XXQ M2：2（图7）、[9] 标本1956户 M2：1（图8）[10] 第二种，为半圆钮，柿蒂纹钮座，座外双线方格，如标本1954贺 M1：1（图9）。[11] 东汉早期均为半圆钮，圆钮座，座外双线方格。由此可以看出，长安地区带圆钮座纹饰的四神博局纹镜和带柿蒂纹钮座的四神博局纹镜的有着相一致的发展过程。在洛阳地区，四神博局纹镜也是从西汉晚期至东汉中期流行，从钮座纹饰发展看洛阳与长安有着相似的发展过程和流行年代。同类镜型也见于其他地区，如湖南长沙伍家岭211号墓，就出土1面"中国大宁"四神博局纹镜，其纹饰全部是复线构图，与蟠螭博局纹镜很接近，但是此镜已是柿蒂纹钮座，纹饰内容丰富逼真，其年代也在西汉晚期。故西汉晚期的四神博局纹镜开始亦采用复线构图，线条清晰。新莽至东汉时期，博局纹配置的四方八极之间，青龙、白虎、朱雀和玄武布局生动新颖，羽人作游戏状，禽兽、凤鸟栩栩如生，极具流动的变化感，如同为四神纹，但各神兽的造型、神态各有不同，同为博局纹，有的为窄凹面线条，有的为宽面线条，余间还饰有的千变万化的云气纹，像是一幅神仙乐图，具有艺术感染力。同时期，禽兽博局纹镜、云气博局纹镜也有发展，但纹饰图典基本类同于四神博局纹镜，只是将四神图案换为禽兽和云气纹。到了东汉中期及稍后，博局纹饰变的简单，纹饰线条粗犷。总之，四神博局纹镜编织着汉代人们的崇尚的神仙故事，以此来表达内心向往的和谐宇宙观。

图 4　四神博局纹镜

图 5　尚方四神博局纹镜

图 6　四神博局纹镜

图 7　作佳竟四神博局纹镜

图 8　四神博局纹镜

图 9　杜氏作竟四神博局纹镜

三、有关简式（简化）博局纹镜的问题

简式博局纹镜，在过去一直习惯地被称为“简化博局纹镜”。由于此类型的博局纹镜的镜背上，通常饰有T、L、V博局纹中的一种或二种符号的组合图案。比如，或仅饰T形纹博局纹，或饰T形纹与L形纹组合的博局图案，或只饰有V形博局纹图案。所以，常常被学者们称为“简化博局纹镜”。

但是，在本论文里被定名为简式博局纹镜。理由如下：

首先，它不是T、L、V博局纹镜的简化形式，也不是在东汉中、后期，博局纹镜开始走向衰落时才出现的一种代替它的、简化的博局纹镜镜型，也不像有些学者在谈到简化博局纹镜时，总认为它制作简单、粗糙，是博局纹镜衰落时表现的一种由繁到简的退化现象，即“简化”。因为，通过对两京地区出土的博局纹镜进行的系统类型学研究后，发现此类博局纹镜（即简式博局纹镜）早在西汉中期及西汉晚期墓就已经出现，并且，一直延续到东汉中、后期墓葬中都有出土。最有力的证明实物就是，在中国历史博物馆馆藏铜镜中有1面始建国二年简式禽兽博局纹镜，从其铭文：“唯始建国二年新家尊，诏书数下大多恩。……更作辟雍治校官，五谷成熟天下大安。有知之士得蒙恩，宜官秩，葆子孙。”中的“始建国”（即王莽年号，为公元10年），可知此镜属新莽时期。（图 10）这是自汉代有铭铜镜出现以来，第一次出现带有纪年铭的铜镜，而这面始建国二年简式禽兽博局纹镜中仅饰有博局纹中的T和V两种形纹。说明了博局纹饰的使用，在铜镜最初时也可以并不完整地完全照搬，也会根据其纹饰布局的要求，选择博局纹其中的一种或两种纹饰来作为装饰图案。并且，这面简式的博局纹镜上的动物纹饰形态逼真，具有流畅的动感，且其他伴兽纹饰也雕刻入微，生动活泼。配上通体的黑漆古，将整个铜镜装扮得凝重华贵，体现了当时铜镜铸造技术的最高水平。

其次，它不是完整的博局纹镜纹饰的退化，或只和一些简单的纹饰（如云纹、几何纹等）相配置的纹饰风格。因为，此镜型是由不完整的博局纹组合图案作为镜子的主题纹饰，与其他辅助纹饰相配置在一起的简式博局纹镜。它最早出现的时代是在西汉早、中期，最早出现的镜型是与蟠螭纹、草叶纹相结合的简式蟠螭博局纹镜、简式草叶博局纹镜。

最后，它的流行年代不是在博局纹镜衰落时，而是它自己本身就有的一个从早到晚的流行序列。持同样观点的，还见于杨平先生在《陕西出土汉镜研究》中的论述，他通过对陕西出土的诸型博局纹镜的分析得出：“简化博局纹镜在西汉初就已出现于陕西一带，在东汉时期墓葬中仍有出土，这说明其（即简式博局纹镜）在西汉中期至东汉早期有一段空缺，尚待新资料的发现予以填补。 杨平先生所说的从西汉中期至东汉早期，这段简式博局纹镜流行的空缺时段，随着新资料的不断涌现，在长安、洛阳两京地区及其他地区都有新发现。以下是有关简式博局纹镜出土报道的情况：

（一）西汉中、晚期出土的简式博局纹镜

长安地区，1991年西北医疗设备厂福利区范南村就出土了1面蟠螭连叠草叶博局纹镜（图 1，标本1991XYL M82：12），从其墓葬形制及随葬品的标准器物来看，时代应属于西汉中期偏晚阶段。还有《安康地区出土的古代铜镜》中报道的1面“毋忘”（简式）草叶博局纹镜，博局纹为T形纹的一部分，铭文为：“太上见王，长毋见忘。”其时代定在西汉晚期。⑬

洛阳地区，出土的简化四神博局纹镜（即标本SG M3006：3），⑭ 其墓葬形制为双穹隆顶土坑

墓，从随葬品的标准器物及出土的西汉五铢钱看，时代为西汉晚期。

（二）新莽时期出土的简式博局纹镜

新莽时期出土的简式博局纹镜无论是数量还是型式品种都为最多。长安地区的（八乳）简式博局纹镜（标本秦咸 M1：1），仅有T、L博局纹镜。还有《陕西扶风县官务汉墓清理发掘简报》报道的1面简式云纹博局纹镜，博局纹仅有T形纹。时代也在新莽时期。[15]

在其他地区，如阜阳地区出土4面简式博局纹镜：1面为新有善铜（简式）禽兽规矩镜、1面汉有善铜（简式）禽兽规矩镜、1面汉有明镜（简式）禽兽规矩镜、1面（简式）桼言四神规矩镜，其主题纹饰均缺省L、V形纹，时代都在新莽时期。

图 10　始建国二年禽兽简化博局镜

图 11　新莽时期驾蜚龙神兽博局镜

在中国历史博物馆馆藏铜镜中也有1面始建国二年简式禽兽博局纹镜，从其铭文：“唯始建国二年新家尊，诏书数下大多恩。……更作辟雍治校官，五谷成熟天下大安。有知之士得蒙恩，宜官秩，葆子孙。”中的“始建国”（即王莽年号，为公元10年），可知此镜属新莽时期。（图10）[16]《三槐堂藏镜》中收录1面驾蜚龙（简式）神兽博局镜，（图11）其铭文为典型的悬针篆书体。王愔《文字志》曰：“悬针，小篆体也。细末线直如针，故曰‘悬针’。”始建国二年（公元10年），王莽第三次货币改制，钱文书法尚非典型悬针篆，天凤元年（公元14年），实行第四次货币改制，铸行“货布”、“货泉”时，悬针篆书体才正式成型。地黄四年（公元23年），新莽覆灭，悬针篆逐渐消失，故此镜和一些典型悬针篆的新莽镜一样，时代应为公元14年或稍晚的9年之间（即新莽晚期至东汉早期之际）。[17]《中国铜镜图典》中收录新莽时期的简式博局纹镜共3面：其中1面为禽兽简化博局纹镜，其镜缘饰有3面“大泉五十”的纹样。[18] 1面为四神钱纹简化博局镜，（图12）博局纹仅有T、L形纹而无V形纹，四方八极内青龙与白虎各配“大泉五十”钱纹一枚，铭文中有：“汉有善铜出丹阳……　左龙右虎备四旁。”[19] 还有1面新兴几何纹简化博局镜，（图13）仅饰有T形博局纹，其铭文为：“新兴辟雍建明堂，然于举土列侯王，将军令尹民户行，诸王万舍在北方，乐未央。”[20]

图 12　四神钱纹简化博局镜

图 13　新兴几何纹简化博局镜

（三）东汉早期简式博局纹镜

洛阳地区出土的东汉早期简式博局纹镜如：（简式）云纹博局纹镜标本1954FH M23：1，仅有T形博局纹。[21] 还有（简式）几何博局纹镜，标本SG M25：15、标本M338－57LGS 铁M7001：56（图 14、图 15）[22]

图 14　几何博局纹镜

图 15　几何博局纹镜

（四）东汉中期出土的简式博局纹镜

仅有T形博局纹，如标本2000YZY M9：24、标本白 五 M72：30。[23] 洛阳地区出土的如：（简式）几何博局纹镜（标本SG M1007：1）[24]、（简式）八禽鸟博局纹镜（标本LGS M9014：1），仅有T、L博局纹镜[25]，还有2面（简式）八禽鸟博局纹镜（即标本418－58LGS M7047：47、标本421－58LGS M7053：47）[26]。以上述出土的3面八禽鸟简式博局纹镜，从它们的墓葬形制及随葬品看，时代均在东汉中期。

湖南地区东汉中期见于报道的有3面，1面为四鸟简化博局镜（图16），博局纹仅有T形纹[27]。1面为八鸟简化博局镜，（图17）[28] 还有1面几何纹简化博局镜（图 18），它们的博局纹均仅有T形纹的一部分及L形纹[29] 。另外，还有1面云纹简化博局镜，仅有T形纹的一部分，此类镜的图案与博局纹已经相差甚远了，但是从此镜可以看出博局纹的演化趋势。

图 16　四鸟简化博局镜

图 17　八鸟简化博局镜

（五）东汉晚期简式博局纹镜

长安地区出土的，如标本1995烟厂 M5：1；洛阳地区出土的，如（简式）几何博局纹镜（标本SG M20：1）、（简式）博局纹镜（标本LGS M7011：2）[30] 。

广州地区东汉晚期出土的有3面，1面为四神禽兽简化博局镜，（图 19）[31] 1面为四鸟简化博局镜，（图20）均仅有T、V形博局纹[32] 。还出土1面八鸟简化博局镜（图21），博局纹仅有V形纹。[33]

图 18　几何纹简化博局镜

图 19　四神禽兽简化博局镜

图 20 四鸟简化博局镜

图 21 八鸟简化博局镜

以上是有关简式博局纹镜的流行时代及流行型式的报道情况，从中可以看到，简式博局纹镜不仅在两京地区较为流行，而且在全国范围内均有发现。由此，我认为简式博局纹镜也像博局纹镜一样，也具有自身的一个流行序列，同样也像博局纹镜一样，最先与蟠螭纹、草叶纹相组合成蟠螭博局纹镜、草叶博局纹镜、日光简式博局蟠螭草叶纹镜，然后与青龙、白虎、朱雀、玄武等四灵兽组合成简式四神博局纹镜，也有与飞禽、瑞兽等动物图案配置在一起的简式禽兽博局纹镜，最后，便是与象征神仙世界的云纹、几何纹等图案构造出简式云纹博局纹镜、简式几何纹博局纹镜，来表达当时汉代社会中，人民在内心渴望的一种神仙生活。在这一点上，简式博局纹镜与博局纹镜有着相同的内涵和寓意。

还有一点需要指出的是，博局纹镜与简式博局纹镜两者之间，究竟是何者最先出现？还是博局纹在西汉早期使用时并不是十分完整地用在铜镜装饰上面呢？由于简式博局纹镜通常使用博局纹中的T形纹，作为主题纹饰与其他辅助纹饰相组合，从这一点看，这是否和六博游戏中常使用“T”来做骰子，以便决定由谁来行棋有关呢？在此希望更多的学者参与讨论和研究。

注释：

① 刘军社、刘怀君：《陕西眉县常兴汉墓发掘报告》，《文博》1989年1期。
② 程林泉、韩国河：《长安汉镜》，陕西人民出版社2002年版，第64—65页。
③ 朱亮：《洛阳西汉石椁墓》，《考古》1984年9期。
④ 洛阳博物馆：《洛阳出土铜镜》文物出版社1988年版，第2—3页、黑白图版5。.
⑤ 孔祥星、刘一曼：《中国古代铜镜》，文物出版社1984年版，第80页。
⑥ 程林泉、韩国河：《长安汉镜》，陕西人民出版社2002年版，第131—135页。
⑦ 陕西省文物管理委员会：《陕西省出土铜镜》，文物出版社1959年版，第51页、图版47。
⑧ 程林泉、韩国河：《长安汉镜》，陕西人民出版社2002年版，第134—135页。
⑨ 程林泉、韩国河：《长安汉镜》，陕西人民出版社 2002年版，第132页。
⑩ 陕西省文物管理委员会：《陕西省出土铜镜》，文物出版社1959年版，第53页、图版43。
⑪ 陕西省文物管理委员会：《陕西省出土铜镜》，文物出版社1959年版，第59、图版49。
⑫ 杨平：《陕西出土汉镜研究》，《文博》1993年5期。
⑬ 徐信印、徐生力：《安康地区出土的古代铜镜》《文物》1991年5期。
⑭ 中国科学院考古研究所洛阳发掘队：《洛阳西郊汉墓发掘报告》，《考古学报》1963年2期。
⑮ 周原博物馆：《陕西扶风县官务汉墓清理发掘简报》，《考古与文物》2001年5期。
⑯ 中国青铜器全集编辑委员会：《中国青铜器全集·铜镜》，文物出版社1998年版。

⑰ 王纲怀：《三槐堂藏镜》，文物出版社2004年版，第125页。
⑱ 孔祥星、刘一曼：《中国铜镜图典》，文物出版社1992年版，第314页。
⑲ 孔祥星、刘一曼：《中国铜镜图典》，文物出版社 1992年版，第315页。
⑳ 孔祥星、刘一曼：《中国铜镜图典》，文物出版社1992年版，第323页。
㉑ 洛阳市文物管理委员会：《洛阳出土古镜》文物出版社1959年版，第43页。续8。
㉒ 洛阳区考古发掘队：《洛阳烧沟汉墓》，科学出版社1959年版，第167—168页。
中国科学院考古研究所洛阳发掘队：《洛阳西郊汉墓发掘报告》，《考古学报》1963年2期。
㉓ 程林泉、韩国河：《长安汉镜》，陕西人民出版社2002年版，第136—137页。
陕西省考古研究所：《白鹿原汉墓》，三秦出版社2003年版，第187—188页。
㉔ 洛阳区考古发掘队：《洛阳烧沟汉墓》，科学出版社1959年版，第168页。
㉕ 中国科学院考古研究所洛阳发掘队：《洛阳西郊汉墓发掘报告》，《考古学报》1963年2期。
㉖ 中国科学院考古研究所洛阳发掘队：《洛阳西郊汉墓发掘报告》，《考古学报》1963年2期。
㉗ 孔祥星、刘一曼：《中国铜镜图典》，文物出版社1992年版，第318页。
㉘ 孔祥星、刘一曼：《中国铜镜图典》，文物出版社1992年版，第320页。
㉙ 孔祥星、刘一曼：《中国铜镜图典》，文物出版社1992年版，第324页。
㉚ 陕西省考古研究所：《陕西卷烟材料厂汉墓发掘简报》，《考古与文物》1997年1期。洛阳区考古发掘队：《洛阳烧沟汉墓》第167—168页，科学出版社，1959年。中国科学院考古研究所洛阳发掘队：《洛阳西郊汉墓发掘报告》，《考古学报》1963年2期。
㉛ 孔祥星、刘一曼：《中国铜镜图典》，文物出版社1992年版，第316页。
㉜ 孔祥星、刘一曼：《中国铜镜图典》，文物出版社1992年版，第319页。
㉝ 孔祥星、刘一曼：《中国铜镜图典》，文物出版社1992年版，第321页。

馆藏《六臂大黑天》唐卡内容浅谈与修复

傅 萌

首都博物馆馆藏有一幅《六臂大黑天》唐卡，色调典雅，画工精美。这件唐卡是赴墨西哥外展中的一件展品，我承接了这件唐卡的修复任务，并对唐卡内容作了一些粗浅的研究。

此幅唐卡主尊为六臂大黑天。大黑天，梵名玛哈嘎拉，又译为摩诃迦罗，本是婆罗门教湿婆的变身，因他曾发誓说“如果因恻隐慈悲而软弱无力，则用武力护法”，所以其面目狰狞可怖。后为佛教吸收而成为佛教的护法，特别是在密宗中大黑天是护法神之首，专司战斗、福德、厨房、冢间等职①。

图1　六臂大黑天

大黑天共有70多种变相，通常有二臂、四臂、六臂和白色等形象。二臂大黑天常见形象为左手捧骷髅碗，右手持钺刀，萨迦派二臂大黑天又名刑罚主大黑天②，特点是在双肘间架一梃杖。四臂大黑天通常主臂持钺刀、骷髅碗，余二臂分别持剑、戟或长矛。白玛哈嘎拉是藏传佛教的财神之一，所以常见背光镶嵌奇珍异宝，一面六臂，主臂双手拿象征财富的如意宝和盛满珠宝的碗，其余四手持钺刀、皮鼓和戟、钩。另外在唐卡中我们还可以见到宝帐护法、绿玛哈嘎拉、鸦头玛哈嘎拉等大黑天的变化形象。

此幅大黑天呈现六臂，是最常见和最圆满的一种形象（图1）。图中大黑天怒目竖发，头戴骷髅冠，头顶有一尊毗卢遮那佛。身披白象皮，腰系虎皮裙，脖颈、手臂缠绕毒蛇，象征降服的龙王和夜叉。六臂分别持骷髅串、三叉戟、皮鼓、绳索、钺刀和鲜血骷髅碗，脚踏象头财神，站立于莲座上。象头财神，藏名毗那夜迦，相传为大自在天之子，非常凶暴，后来被大黑天降服。图中白象手里拿着萝卜和骷髅碗，向大黑天贡献方物。

图2　瑞玛帝魔女

大黑天左手是瑞玛帝魔女（图2）③。瑞玛帝，又名热玛蒂魔女④，是吉祥天女的变化身。相传11世纪初的密宗大师热罗多吉扎曾见“护

图 3　婆罗门身勇保护法

法吉祥天母带着许多黑罗刹女兵来到了他的身边，对他说：'我来自木来顶湖，名叫凶煞魔女瑞玛帝。我曾经帮助过你，现在和今后也会形影不离地跟随你、帮助你，希望不要忘记供养。'"图中瑞玛帝魔女左手捧骷髅碗，右手持剑，肚脐间有日形装饰，头顶有孔雀羽毛，坐于骡背上的垂首人皮鞍上，鞍上系经书和皮囊，骡子臀部有一只眼，传说为箭伤所化。瑞玛帝魔女与吉祥天女的区别在于吉祥天女右手持杖，而瑞玛帝持剑。

大黑天右手为婆罗门身勇保护法（图3）。婆罗门与刹帝利、吠舍、首陀罗是印度四个种姓，婆罗门地位最高，是祭司贵族。《妙法莲花经》有"应以婆罗门身得度者，即现婆罗门身而为说法"句[⑤]，是指观世音菩萨现婆罗门身为婆罗门众生说法，使他们明白佛法。婆罗门身勇保护法则是指现婆罗门身的大黑天。图中护法为一老者形象，印度婆罗门装扮，左手持骷髅碗扶于膝上，右手持胫骨笛，半跪于人身上，与其他人身不同的是，这个人身曲发，表现其印度人种。

图 4　师徒三尊

唐卡天界绘有师徒三尊，即宗喀巴与其上首弟子贾曹杰、克珠杰（图4）。宗喀巴(公元1357—1419年)，原名罗桑扎巴，自幼出家受戒，广拜各师学习显密教法，著有《菩提道次第广论》和《密宗道次第广论》等多部著作，创立了严守戒律的格鲁派，藏人视他为文殊菩萨的化身。其弟子贾曹杰（公元1364—1432年）在宗喀巴死后接替他为甘丹寺住持，再后又为克珠杰（公元1385—1438年）接任，克珠杰后来被格鲁派所追认为第一世班禅额尔德尼。图中宗喀巴头戴通人冠，身着三衣，双手结转法轮印，左右手皆持莲花，右手花上有智慧剑，左手花上有般若经，双足结跏趺坐于莲花台上。宗喀巴右手为贾曹杰，头戴班智达帽，左手为克珠杰，头戴通人冠，二人手持经书侍于两旁[⑥]。

图 5　空行母之一

图 6　空行母之二

天界两侧为空行母（图5、图6）。空行母是一种介乎天人之间的女性护法，她帮助修行者与佛国建立联系，可于空中飞行，故名空行母[⑦]。在密宗中是代表智慧与慈悲的女神。其形貌多变，通常可分为人形与兽面空行母两大类。图中两位人形空行母三目二臂，头戴骷髅冠，项饰璎珞，腰缠青蛇，右手皆持人皮鼓，左手各持绳索和骷髅碗，脚踏人身，站立于莲台上。

地界中央为白玛哈嘎拉（图7）。白玛哈嘎拉是大黑天的另一种形象，是富贵的象征。图中玛哈嘎拉一面六臂，主臂分别持如意宝和珠宝，其余四臂分别拿钺刀、三叉戟、人皮鼓和钩。身披锦袍，足踏白象。

白玛哈嘎拉左右两位护法的名号值得考证。右手护法骑狗，赤身裸体，左手捧骷髅碗，右手持钺

图7 白玛哈嘎拉

图8 塞拉巴拉

图9 扎欠那保

刀，梵名“塞拉巴拉”，也读作“恰拉哇拉”，意为护国天[8]（图8）。对比故宫梵华楼二室护国护法[9]与故宫藏《六臂勇保护法像》中的护国护法[10]（图11），形象也颇类似，其坐骑似狗似熊，不同称谓而已。梵华楼记载其名为“Kve-dra-pva-la”，读音与梵名译音“塞拉巴拉”相似，我认为二者为同一护法。

白玛哈嘎拉左手护法身着锦袍皮靴骑于马上，左手捧骷髅碗，右手持旌旗三叉戟，梵名“扎欠那保”[11]（图9）。故宫梵华楼二室大黑雄威护法[12]与故宫藏《六臂勇保护法像》中大黑雄威护法[13]形象与之相似（图11），梵华楼大黑雄威护法手持长矛，其藏名记载为“Dra-kshad”，音译与“扎欠那保”近似，可视为同一护法。地界这两位护法均为世间护法，是大黑天的伴神。

图10 “嗡”“啊”“吽”种子字

这件唐卡背后共有13处文字，1处为汉字“地”，另外12处为藏文经咒，其中右下方1处，其余皆对应正面画像，为“嗡”、“啊”、“吽”等种子字（图10）。唐卡在制作完成后，通常要先拿到寺院请活佛开光加持，加持后的唐卡，由画师在背面标注密语经咒，使之具有开光、避邪和吉祥美好之意。背面有经咒说明唐卡可能已经过高僧开光。

唐卡根据其制作材料分为丝绢制作的“国唐”和颜料绘制的“止唐”，“止唐”又依据画背景所用的颜料分为“彩唐”、“金唐”、“朱红唐”、“黑唐”和版印“止唐”。《六臂大黑天》唐卡属于“止唐”中的“黑唐”。其画布选用黄色棉质帆布，通幅以黑色为地，主体用金色勾线，突出线条和金色，部分着白、红、青、绿、黄等色，线条谨严而流畅，色彩对比和谐典雅，画面威严庄重，其风格与故宫藏乾隆五十一年（公元1786年）中正殿画佛达喇嘛扎克巴多尔济进献的黑唐《吉祥天女像》风格相似。[14]

图11 故宫藏《六臂勇保护法像》

唐卡中的六臂大黑天、骑狗护法的形象与故宫梵华楼二室的六臂勇保护法和护国护法形象也极为相似。据记载，梵华楼唐卡绘于乾隆三十九年（公元1774年）[15]。再参考故宫藏《六臂勇保护法像》（图11）[16]，其中大黑天与大黑雄威护法的形象也颇近似，故宫藏品后有汉、满、蒙、藏四体文字款识，汉文为："乾隆四十四年（公元1779年）五月初一日，钦命章嘉胡土克图认看供奉利益画像六臂勇保护法。"[17] 与我馆《六臂大黑天》明显不同的是，故宫的唐卡是彩唐，设色艳丽；我馆唐卡则属于黑唐，用金粉勾线，突出线条。但从形象、画风来看属于同一时代，基本可以定为乾隆年间绘制。

这件《六臂大黑天》唐卡传承自格鲁派。首先，唐卡天界绘有格鲁派创始人宗喀巴及其两位弟子。其次，这件唐卡的主尊为六臂大黑天，护法中有白玛哈嘎拉和吉祥天女化身瑞玛帝魔女，他们都是格鲁派非常重视的护法神，他们的同时出现也说明唐卡可能出自格鲁派。

唐卡作为宗教艺术品，除了绘画有特定模式外，装裱也是有严格要求的。缝裱唐卡的织物应用棉布、丝绢和锦缎。标准的西藏唐卡在下幅中央应缝有一块织锦，画面上缝有一块丝绢面盖，天头上方还有两条类似汉地书画上"惊燕"的彩带，藏名为"鸟嘴"。与汉地书画装裱不同的是，唐卡一般不在画心部分裱衬，或者裱衬后留有茬口以便看到画面背后的文字[18]。一般缝裱织物尺寸也有规定：下幅长度应是画面的二分之一，上幅长度应为画面的四分之一。仅有一条缎边时，宽度应为侧幅的四分之一。

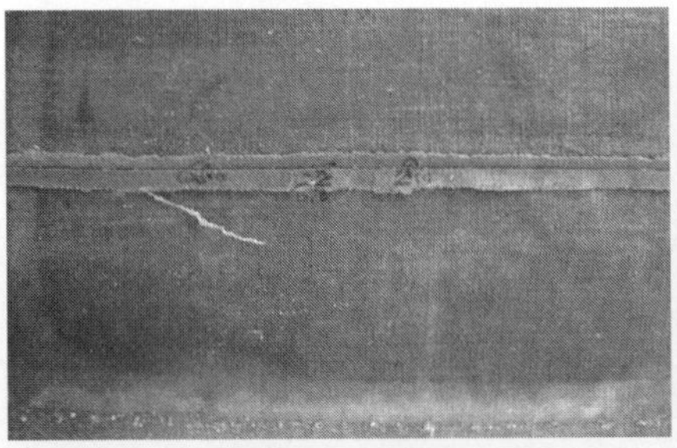

图12　裱纸下的藏文经咒图

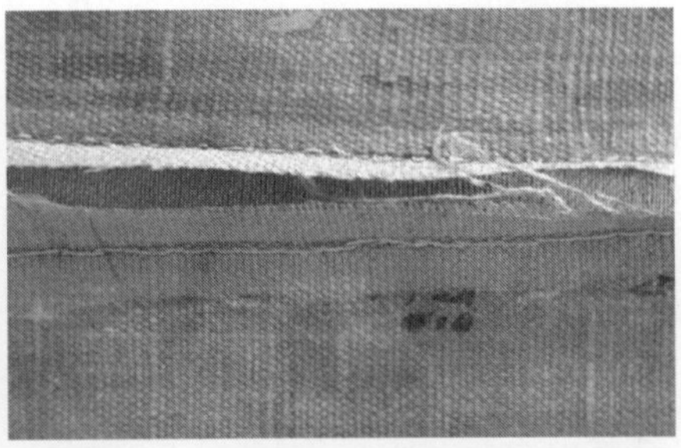

图13　孔眼针迹和断开的缝线

馆藏《六臂大黑天》唐卡的装裱有明显不合要求之处。首先唐卡的画布拼合时，要用细密的针脚精心缝合在一起后再绘画，拼缝不影响画面的视觉效果。此幅唐卡画心的接缝处画面有多处错位，拼缝只从背面用纸条裱糊，揭开背后裱纸，可见裱纸下的画布上有藏文（图12），拼缝有原来缝合的孔眼针迹和断开的缝线（图13），但缝线已不起连接作用，完全靠糨糊贴在裱纸上连接。这幅唐卡画心的高为57厘米，宽为40厘米，缝裱的天头高21.4厘米，地头余高20—21.6厘米，侧幅宽6.4—6.8厘米，缎边宽0.8厘米，各部分比例与应有比例完全不符。由以上现象分析，此幅唐卡现有的装裱为二次装裱且不合规制，可以拆开重新缝裱。

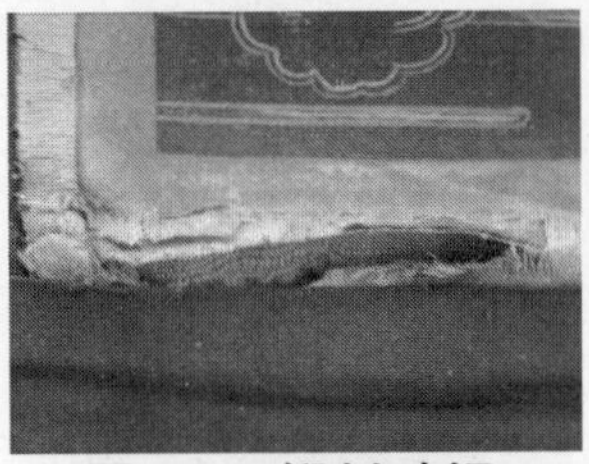

图14　缎料破损

《六臂大黑天》唐卡修复前画心遍布灰尘，折痕严重，画面凹凸不平整，局部有裂隙和脱色。画心由两块棉布拼合而成，拼缝处画面上下拼对不齐，造成画面错位，拼缝背面用一条宣纸粘贴。画心周围两道红、黄丝带藏语称为"彩虹"，此幅仅有黄色缎边，缎料磨损严重（图14），局部仅余纬线，经线几乎全部磨损脱落。唐卡中画面四边缝裱的织物藏语称为"贡夏"，天杆称为"卡薪"或"贡薪"，地杆称为"唐薪"或"止薪"。此幅唐卡的缝裱织物污渍（图15）、褪色严重，侧边有破损，下边有部分缺失，余下部分可见撕裂痕迹（图16）。地杆缺失，天杆为半片竹竿。无面盖和挂绳。

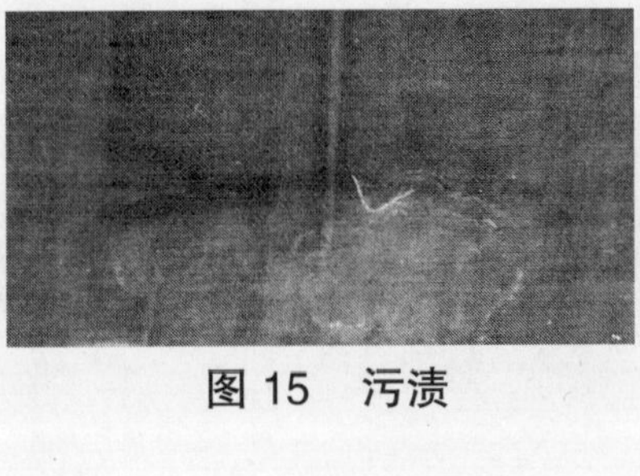

图15　污渍

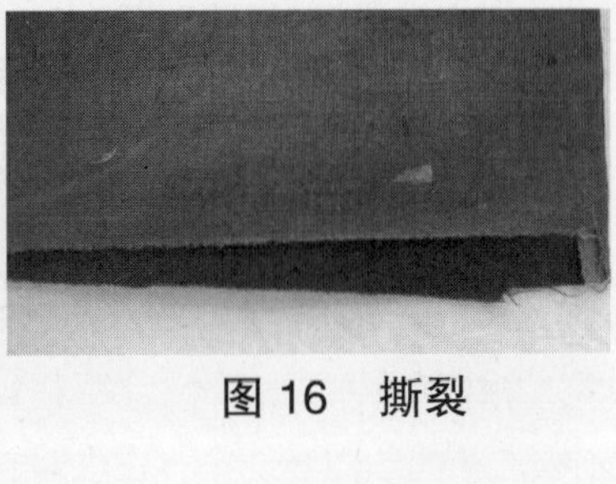

图16　撕裂

根据这幅唐卡现有状况，我决

定先将唐卡的画心与裱布拆开分别清洗。拆线过程中我们测量了各处针距：

	缎边（连接画心）	裱布（连接缎边）	裱布（里、面缝合）
针距（厘米）	0.5	0.3—0.5	0.6—0.8
针角（厘米）	0.5	0.7—0.8	0.6—0.8

观察各处缝线可以分析出整个唐卡的装裱顺序：首先将裱布里、面缝在一起，再将装饰黄色缎边固定在画面四周，裱面与缎边用绗缝针的方式缝合，最后将裱背与画心背面缭合。背面裱布与画心缝合时，为了减少对画布的伤害，缭缝线大部分是缭在缎边与画心的缝线上，靠缝合线受力。

图 17　画面拼合前后对比之一

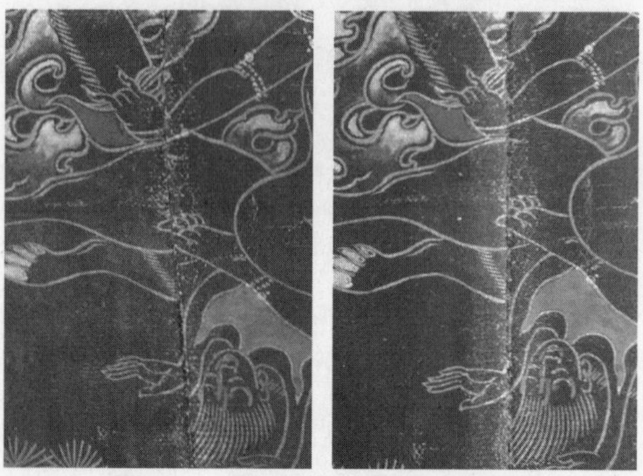

图 18　画面拼合前后对比之二

依次将唐卡各部分拆开，并分别进行脱色试验。试验证明唐卡所用的颜料和裱布染料色牢度好，并不脱色。

首先清理画心，计划将画心按照传统洗画工艺进行清洗。将画心正面向上平铺在衬绢上，用温热湿毛巾闷在表面回潮片刻，用排笔隔毛巾清洗，可见毛巾明显变黄，清洗毛巾，反复数次直至毛巾不再变色，说明正面已洗净。再按照同法清洗画心背面，清洗过程中可以明显看到画面和背面墨迹逐渐清晰。背面经过回潮后可以将原裱纸揭下，裱纸下面有3处藏文。用毛刷将糨糊洗去，两片画布自然打开。

在适宜的潮湿条件下整平画布，再控制干燥。检查拼缝处的残留缝线和针迹，可以判断原来画心是用倒针针法缝合的，重新缝合时也采用原针法。缝合过程中发现拼接的画布较短，就此可以看出，在此唐卡绘制前，拼接画布时拼条绷得过紧，绘画和初次装裱虽未受影响，二次装裱时拆开缝线，画布在不受力的情况下收缩成原状，在拼对时又未加以展开，导致画面错位。此次拼接画布时，特别注意使画面内容整齐，两端缝线受力较大，同时控制画布干燥，在干燥过程中调整其长度和平整度（图17、图18）。为不遮盖藏文，这次没有在画布背后再贴裱纸。

画心破损处（图19）用花青色宣纸衬于画布背后，选用花青、藤黄、赭石加墨调合后画出底色，再用冷金、藤黄加赭石勾线，所勾线条以对称部分的线条为依据。宣纸背后用藤黄加赭石作画布颜色（图20）。

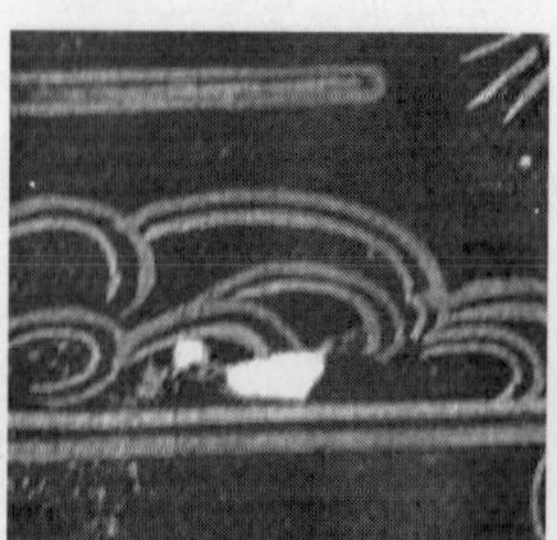

图 19　画心破损

图 20　修补全色

原有缎边磨损严重，缝线处糟朽不宜再用，因此选用相同组织的淡黄色软缎，试验后选用冻黄、黄棕和湖蓝色染料在30℃水温下浸染5分钟，纯碱固色。染色后的缎料调整好经纬线方向，刷薄糨糊晾干后直裁，用装绲条镶边方法固定在画心四周。

现有裱布用料虽然不符合唐卡装裱规矩，但由于裱布与画心同时出库，也属于馆藏文物，并且也非近代装裱，所以此次清理决定使用原有布料。

裱布里、面拆开后分别测量内框、外框尺寸，再用pH值为7的中性清洗剂清洗，蒸馏水漂洗干净，铺在平整台面上，按照测量数据调整尺寸和经纬线方向后控制干燥。裱布破损处用白色纯棉布染色，经过反复试验后选用湖蓝和冻黄色染料在30℃水温下浸染10分钟，纯碱固色。染后的棉布裁剪成适合形状用糨糊贴补在破损背面。由于裱布地头缺损，所以将上下位置交换以保持地头比天头长的形式。

按照原有缝裱顺序先将裱布面、里按原针迹缝合，再将裱布与缎边、画心缝合，与画心固定时大部分缭线依然缭在缎边的缝线上以减少对画布的伤害。按照天杆、地杆的宽窄尺寸缝出穿孔部位并装配天杆、地杆、挂绳。面盖选用市场现有最薄的花绫缝制完成。

在整个修复过程中，有几处染色值得注意。一是画心全色：唐卡所用的黑色底色泛青泛黄，因此修补画布时选用花青色宣纸，并在黑墨中加花青、藤黄和赭石，画一层颜色后，加一层薄薄的藤黄后再覆一层淡墨，使青色、黄色从墨色下泛出。一是棉布染色：裱布本为花青色，因有陈年污渍而泛黄，在染色过程中，先用蓝色染料染出花青色，再用极少量冻黄浸布料数秒取出达到做旧效果。还有一处缎边的染色，缎料原本为鲜艳的明黄色，因陈年污渍、褪色使颜色灰暗，所以先选用冻黄作为底色，染出的颜色较明黄浅，再加棕色和少许蓝色作旧。

因为这件唐卡的缝裱织物随画心同时出库，未能按照唐卡应有形式予以更换，在修复中留有一些遗憾。

图21，图22为修复前后情况，在此件文物修复和文章撰写过程中，我得到了社会科学院王亚蓉老师、故宫博物院纪秀云老师、我馆保管部叶渡老师、黄春和老师的热情帮助，在此表示衷心的感谢！

图 21　修复前

图 22　修复后

注释：

① 琼那 · 热布旺典：《唐卡中的金刚、空行、护法》，陕西师范大学出版社2007年版，第196页。
② 李翎：《大黑天图像样式考》，《敦煌学辑刊》2007年第1期，第125页。
③ 热 · 益西森格著，多识 · 洛桑图丹琼排译：《大威德之光——密宗大师热罗多吉扎奇异一生》，[2007-06-08]．http://www.mybuddhist.com/BuddDatabase/iBook/Sutra/Book I/I_015.htm。
④ 久美却吉多杰编著，曲甘 · 完玛多杰译：《藏传佛教神明大全》，青海民族出版社2004年版，第647页。
⑤《妙法莲华经 · 观世音菩萨普门品》，［2007-06-08］.http://baike.baidu.com/view/16034.htm。
⑥ 唐景福：《藏传佛教格鲁派史略》，甘肃人民出版社2006年版，第11页。
⑦ 琼那 · 热布旺典：《唐卡中的金刚、空行、护法》，陕西师范大学出版社2007年版，第112页。
⑧ 金申：《喇嘛庙——佛的世界》，四川民族出版社1992年版，第127页。
⑨⑫⑮⑰ 王家鹏：《梵华楼护法神唐卡辨析》，《故宫博物院院刊》2000年第6期，第59页，第64页。
⑩⑬ 故宫博物院编：《清宫藏传佛教文物》，紫禁城出版社1998年版，第80页。
⑪ 尕藏编译：《藏传佛画度量经》，青海人民出版社1992年版，第202页。
⑭《北京文物精粹大系》编委会、北京市文物局编：《北京文物精粹大系 · 佛造像卷（下）》，北京出版社2004年版，第32页。
⑯ 图11摘自故宫博物院编：《清宫藏传佛教文物》，紫禁城出版社1998年版，第80页图版26。
⑱ 扎雅 · 诺丹西绕著，谢继胜译：《西藏宗教艺术》，西藏人民出版社1989年版，第98页。

金代白瓷碗的修复及体会

孙海燕 吕淑玲 赵立辉 冯 艳

"文物作为人类活动的成果，具有多重价值。首先，它反映着特定历史环境、历史条件，形成历史价值；其次，它还可以作为艺术品，供人们欣赏，被赋予审美价值。"①文物保护修复工作的目的就是通过一系列物理或者化学方法延长文物的寿命，充分发挥文物的教育功能和研究功能，使其能够更好地服务于社会、服务于人类。文物保护修复技术包括物理技术、化学技术、环境科学技术，以及各相关学科或交叉学科的综合技术。在文物保护修复过程中，需要涉及研究修复理念、修复原则、修复材料及科学修复方法等问题。通过借鉴和学习国内外先进的文物保护技术与修复经验，可逐步提高并完善我们的技术水平。陶瓷器物是中国文物的重要组成部分，我国生产陶瓷的历史悠久，品种繁多。针对陶瓷的修复技术和方法也多种多样，这就需要修复人员不断地探索和积累经验，精益求精。本文结合我们对一件金代白瓷碗的修复过程，探讨了瓷器的修复方法，并总结出几点修复经验和体会。

一、前期研究与修复方案的制订

对文物进行修复前，无论何种文物，都应当对其本身有充分而全面的了解，尽可能认清其历史背景、制作工艺、结构组成、埋藏环境、病变原因及状况。只有在对文物进行充分了解的基础上，才能制订详细可行的修复计划。我们首先对修复对象进行了观察，对器物进行了尺寸测量、称重、拍照及文字记录。该器物是一件金代白瓷碗，其上口径为13.1 厘米，通高为5.1厘米，底足直径为4.8厘米，重量为150克。原器物已破损，但送来前已黏结完整，黏结痕迹明显，接缝处黏结剂已发黄，残缺部位用石膏补全（见图1）。该器物现状不仅有碍美观，而且达不到展览陈列的目的，因此委托我馆重新黏结修复完整。

我们依据器物现状结合委托单位的要求，制订了文物修复方案。鉴于该文物的黏结较粗糙，我们决定在不损伤文物的前提下，对其拆分后重新黏结并修复。主要步骤包括加温拆分、清洗、环氧树脂黏结、补缺、打磨平整和作色施釉等。

二、修复方案的实施

按照上面制定的修复原则和修复步骤，我们对该文物进行了修复，具体过程如下：

（一）拆分与清洗

当完成器物的前期研究与测量工作后，开始进入清洗阶段。由于这件白瓷碗送来之前已黏结故必须进行拆分后再清洗。将器物置于容器中加温处理，并用丙酮浸泡20—30分钟后，黏结处黏结剂溶解，原黏结位置开裂，残片脱落。经过拆分处理后，白瓷碗共拆得14片，6处石膏补缺。目前常用的清洗方法主要有机械方法和化学方法。实际工作中选择哪种方法一般先经过分析，然后选择小面积部位进行预清洗试验，再根据试验结果确定合适的方法。机械方法对文物损伤较小，具有较高的安全性，同时又易于操作，是既安全又有效的方法。我们经过仔细分析，并结合预清洗的结果，选用了机械方法进行清洗。首先，用棉签蘸清水粗洗灰尘、污物。然后，用手术刀清除残留在器物断面的胶痕、石膏痕，并用丙酮清洗干净；对于渗入到裂缝里面较难清除的胶痕，用加热的手术刀尖部轻轻挑出。最后，用手术刀把残片边缘一些松动的残胶和石膏剔除。

（二）拼对与黏结

清洗完毕，根据器物的形状、纹饰、颜色及前期的图片记录进行试拼对。在相对应的瓷片上做好记号，以方便黏结工作的进行。

黏结过程按事先设计的方案进行，选用二合一的双组分环氧树脂胶作为黏结剂。这种黏结剂的优点是无色透明，固化时间适中。黏结从底部开始，逐渐向上推进，并照顾到相邻关系。将胶涂在瓷片断面中心部位，避免涂得过多，及时擦净溢出的多余胶液。黏合后用力挤压瓷片，并用热溶胶进行固定，以防止瓷片错位及黏结缝不严实，从而将黏结误差降至最低。

（三）补缺和打磨

器物黏结完毕并完全固化牢固后，进入补缺打磨步骤。选用云石胶（树脂＋固化剂）进行残缺部位的补配。对于经过黏结整合后瓷片之间仍留有的细缝和残缺部分，我们采用树脂并加上适当的填充物调匀后进行补缝。修补处干燥后，用砂纸打磨。打磨过程中注意控制手劲和打磨方向，通过均匀用力，反复多次，打磨出器物的大致轮廓。用手触摸接缝处，感觉光滑无阻挡，与原器物浑然一体。

（四）作色作旧

作色是古瓷修复中较难又较关键的工序。经过分析后，我们选用了丙烯酸漆防釉涂料。作色前反复观察白瓷碗的釉色，在调色器皿中调配所需颜色，边调配边与器物颜色进行对照，并在另一瓷片上作新旧颜色对比。等色彩效果达到满意后，再用喷笔均匀上色。这件白瓷碗作色时出现多次上色后颜料发生变色的现象，为此我们进行了反复多次作色。最后进行作旧处理，遮盖新修痕迹和光泽，使其达到与原器物整体一致的釉色效果。

三、修复效果

经过以上工序修复后，白瓷碗基本达到了预期的修复目的。与修复前相比，器物的外形更加完整，瓷片黏结牢固，无明显痕迹；器物釉色统一，补色与原色没有明显差异。总体而言，经修复后的器物已适于展览陈列（见图2）。

四、修复金代白瓷碗的经验体会

（一）时刻遵循“不改变文物原状”和“修旧如旧”的基本原则

文物的保护和修复必须要客观而全面地了解器物的历史背景、原始形态及保存现状，并在此基础上进行保护与修复。对于器物形态、表面纹饰、具有研究及欣赏价值的历史痕迹等都不能毫无根据地凭个人想象进行增添或改变。在这次修复过程中，我们借鉴了意大利“布朗迪（Brandi）修复理论”中的修复原则和修复方法。布朗迪修复理论的三大精髓是尊重历史、尊重艺术、尊重科学。虽然中意两国的文物修复原则和修复方法略有不同，但是二者有“异曲同工”之处。两国都注重在保持文物原有历史特征、艺术风格和科学价值的前提下，尽可能延长文物寿命，以充分发挥文物的教育功能和研究功能。文物的不可再生性决定了它的唯一性，我们文物保护工作就是要遵循《文物保护法》中的规定，为我们国家和世界保存文化瑰宝，使其延续生存下去。在白瓷碗的修复过程中，实施每个步骤和每种修复方法前，我们都事先考虑到将要施行的步骤和方法是否有违于以上修复原则。只有在符合基本原则的前提下，该步骤和方法才付诸于实施；反之，则被取消。正因为严格遵循这些修复原则，才保证了我们对该器物的修复取得成功，既提高了文物的艺术价值，达到展出要求，又不改变文物现状，损伤文物。

（二）掌握陶瓷的发展历史及时代特征

古陶瓷修复者不仅要掌握好各方面的修复技术，还应当对整个陶瓷史、各时代、各窑口陶瓷器造型风格和工艺特征甚至其历史背景、工艺背景都要有基本的了解，这样在修复古陶瓷时才能避免出现差错。我们的修复对象是白瓷，据《中国古陶瓷图典》记载“白瓷为胎和釉均为白色的瓷器。白瓷要求胎、釉含杂质比青瓷更少，其中铁的氧化物只占1%，或不含铁。以氧化焰烧成，胎体白，釉层纯净而透明。”[②]白瓷的生产工艺形成于隋代，并一直发展至宋朝达到技术成熟，特别是在金人统治地区有“尚白”之说，因此白瓷器物得到广泛青睐和应用，从而推进了白瓷烧制技术的发展。从这件器物的外部特征来判断，笔者认为类似金代定窑生产的六格碗，在修复时我们也参考了部分金代白瓷的时代特征。由于“北宋和金代白瓷是用氧化焰烧成，釉色白中泛黄。”[③]在作色过程中，我们针对器物本身底色，同时注意金代白瓷这种特点，多次作颜色对比试验直至达到较满意的效果。

（三）建立详细完善的文物修复档案

文物修复过程中要建立详实的修复档案，这样有利于修复人员随时查阅和回顾修复情况，并为后人提供参考。首先，随着时间的推移，最初所用修补材料会出现老化脆弱的现象，黏结材料失去最初的作用，需要进行重新修复，而文物档案中的记录是制订再修复方案的基础。其次，由于科学技术发展水平的限制，当前对文物的保护修复方案未必就是最佳方案，随着科技的发展，后人可能吸取我们的经验教训，在原有修复记录的基础上，制订出比现在更行之有效的方案。因此在修复白瓷碗的过程中，我们本着实事求是的原则，从最初的尺寸测量、现状记录，到修复中每一个步骤所使用的修复方法、修复材料都一一详细记录入档，并且配有每个步骤中的器物现状图片记录，以科学而严谨的工作态度做好文物修复的档案记录。正因如此，使我们的修复效率和准确度都得到了极大的提高。

（四）有选择地使用修复材料，注重技术水平的提高

1. 修复古瓷器，一般多选用环氧树脂作黏结剂。环氧树脂胶黏剂种类较多，它是以环氧树脂为主体，加入一定量的固化添加剂组合而成。固化后线型环氧树脂交联成体型结构，有较高的黏结强度和良好的耐酸碱性等优点。随着科学技术的发展，会有更多的高分子材料用于文物的修复，我们可以通过对比试验有选择地利用那些具有高黏结性、耐老化、耐腐蚀、在室温条件下方便操作的材料。

2. 对瓷器残缺部位可采用石膏补配、树脂补配、瓷片补配、环氧树脂补配等，视器物损坏的程度选择适用的方法。

3. 打磨是一项枯燥但又相当重要的瓷器修复工序，往往因为打磨不到位，造成作色时凹凸不平，从而导致前功尽弃。这件白瓷碗口沿呈花口状，碗内壁以六条突起的竖直线将碗分成六个格局，故在残缺部位要根据原有图案补全所缺的图案，尽量做到自然逼真。

4. 作色是古瓷修复中较难又较关键的工序。瓷器种类繁多，器物颜色千姿百态，所以必须调配的颜色与器物一致才能取得较好效果。而颜色的调配往往需要修复者有一定的鉴赏水平和调色能力。作色时必须仔细观察器物原有基本色彩，调配好所需颜料，运用喷笔与手工相结合的工艺作色，使器物在釉色、纹饰上能融于一体，达到视觉上的统一。在该器物的修复过程中，我们也发现了器物上色后的多次变色现象。由于文物归还时间所限，对造成这种现象的原因还没有进行深入研究。

五、结束语

通过对该器物的修复，我们不但较好地完成了修复任务，而且进一步积累了陶瓷的修复经验，可为同类文物的修复提供借鉴。在该文物修复过程中出现的新问题也激励我们在以后的修复工作中更加努力，细心观察修复过程中发生的各种现象，提高修复技术，为文物保护事业作出新的贡献。

图 1　修复前器物照片

图 2　修复后器物照片

注释

① 吴茳：《陶质文物修复中的几点认识》，《敦煌研究》2000年第1期，第153页。
② 冯先铭主编：《中国古陶瓷图典》，文物出版社1998年版，第124页。
③ 李辉柄：《白瓷的出现及其发展》，《中国古代白瓷国际学术研讨会论文集》上海书画出版社2005年版，第43页。

首都博物馆展陈文物保存环境的初步分析

邵 芳　黄 洁　何海平

文物是一定历史时期的产物，民族的财富，是不可再生的。对博物馆来说，文物保存的好坏，既取决于文物本身的材质，更取决于文物保存的环境。从物质形态角度出发，文物是由各种材料组成的，其存在的寿命与文物存放环境对其作用过程有关。影响文物保存环境的因素涉及范围广泛，除了人为毁坏外，还有空气的温湿度、光线、灰尘、生物、空气污染物（包括颗粒物）等环境因素，文物保护所关心的就是这些因素对文物的影响程度以及如何防止劣变的产生。首都博物馆迁入新馆一年有余，为加强文物的预防性保护，准确掌握博物馆内环境质量情况，我们实施了温度、相对湿度、空气质量的监测，并据此采取了一系列的保护措施。

一、环境对文物的影响

影响文物保存的环境因素主要有三类：温度和相对湿度、光线、污染气体（包括颗粒物）。

（一）温度、相对湿度

保存环境的诸因素中，最基本的对文物影响较大且最不稳定的因素是空气的温、湿度，因此在文物保存环境的研究中，温、湿度的监测也就成为最基本的工作，任何材料所组成的文物都有它最适宜的温度和湿度范围，它们既有独立的影响又有相互关联所起的复合影响。

在博物馆内温度作为一个单一因素对文物材料性能的影响并不很明显，但由于环境条件中存在着光、氧等因素，文物材料会发生一定的化学反应，温度升高，化学反应速度成倍增加，材料劣变加速[①]。通过对数据的分析发现，温度比较容易控制，通过空调设备一般都可以调控到文物保存所需的范围。湿度则不然，由于受温度、外界环境空气湿度、空调等因素影响，湿度变化比较复杂，难以控制在适宜范围之内。空气中湿度一般用相对湿度来度量，相对湿度对有机质文物的影响表现为当空气中相对湿度较高时，有机质文物可以吸收水分并产生水解、增重等反应，当空气相对湿度较低时，有机质文物可以释放水分而产生变形、干裂。高温高湿环境下还容易导致微生物腐蚀。相对湿度对无机质文物材料的影响，分为金属类和非金属类，高湿的环境对金属类文物保存是非常不利的，极易产生锈蚀；对非金属类如陶瓷等，温湿度的变化导致釉质失去光泽。

（二）光辐射

光辐射与空气温、湿度因素一样，是影响文物保存中基本的因素。光对文物材料的危害主要表现在光的热效应加速有关化学反应速度和产生光化学反应。光作用于文物表面使材质劣变，它几乎对所有有机质材料文物都具破坏作用。光辐射中对文物危害较大的是紫外线，不过，现在展厅、展柜中的照明一般都进行了紫外线滤除。然而可见光部分对文物的危害同样不可忽视，因为可见光的总能量很大，它对文物同样具有损伤，特别对于那些易变化、易褪色的材料。而且可见光对文物的损害是逐渐累积而成的，短时间的强光辐射与长时间的弱光辐射造成的危害是等量的[②]，但若滤除可见光的有害成分会导致文物外表颜色失真，因此只能采取降低照度和减少曝光时间。

（三）污染气体（含颗粒物）

空气在自然界的主要组成是大体不变的，但随着人类活动的频繁，特别是工业废气、汽车尾气的排放，空气中的有害成分增加，从而加速了对文物的侵蚀和破坏。对文物材料有害的污染物则主要是具有酸性或氧化性的有害气体和微粒。例如：对文物危害最大的是粉尘（颗粒污染物）和以二氧化硫为主要成分产生的酸雨；其次是在大气中由多种条件作用而发生变化的产物如光化学烟雾、臭氧；含硫化合物、含氮化合物、卤化物、有机化合物最终产物是酸性极强的酸及化合物，对文物的腐蚀性也极强。

粉尘（颗粒污染物）：又称灰尘，其组成十分复杂，而且变动较大，含有硫酸盐、硝酸盐、氯化物等十几种化合物以及有机物等成分，有的还含有酵母菌、细菌、病毒等微生物。大部分粉尘来自于排放，一般大于10μm的污染物受重力作用很快能够沉降下来，在大气中滞留的时间很短，不会扩散到很远的地方。而小于10μm的污染物（称飘尘）它能长期飘浮在大气中，能进入各个角落，直到黏附在物体表面为止，因此这种近乎胶体的飘尘才是影响文物保存的重要因素之一。它对文物的危害主要表现在：

1. 飘尘的黏附性，使它与文物材料表面黏结比较牢固，清除这种表面污垢必须非常小心，否则会对文物材料表面造成机械性损害。

2. 飘尘的化学成分相当复杂，有的含有重金属离子，有的含有硫酸盐等腐蚀性强的物质。

3. 生物的真菌、孢子会附着在飘尘上，成为真菌传播的媒介，进而成为真菌繁殖的滋生地，也就是说，微生物对文物的侵蚀往往通过粉尘来完成[③]。

酸性气体：主要是SO_2和NO_2，在空气中能与氧气、水分子反应，最终产物是酸性极强的酸，对各种材质的文物都具危害。

酸雨：指大气中二氧化硫（SO_2）和氮氧化物（NOx）在大气颗粒物中所含的Fe、Cu、Mg等金属氧化物的催化下，SO_2和NO分别氧化生成SO_3和NO_2，溶于雨雪中生成H_2SO_3、H_2SO_4、HNO_2和HNO_3，使降水呈现酸性[④]。目前我国大气SO_2污染比NOx严重，酸雨普遍是硫酸型的，对室外石质文物危害较大。

臭氧：汽车尾气排放的CO、NOx、碳氢化合物，它们在阳光及合适的气象条件下就可以生成臭氧，臭氧是已知的强氧化剂之一，臭氧可以把SO_2氧化成SO_3，NO_2氧化成N_2O_5或HNO_3。臭氧对文物材料具有较强的侵蚀作用，可以破坏所有的有机质材料的文物。

光化学烟雾：由汽车尾气排放出的碳氢化合物和碳氧化合物在阳光辐射下发生光化学反应生成的

二次污染物。反应产物主要是臭氧、醛类、过氧乙酰基硝酸酯，其中过氧乙酰基硝酸酯（PAN）是腐蚀性和毒性较大的污染物，因此对文物的危害是不言而喻的。

甲醛：来自工业废气排放和汽车尾气受紫外线照射后引起复杂的光化学反应的产物；在刨花板、密度板、涂料、油漆、黏合剂等生产过程中，为达到防腐、防蛀和快干等目的，常向这些材料中添加甲醛，在纺织工业生产时也添加甲醛，因此新装修的居室地板、家具、塑料贴面、纺织品装饰材料等都会散发出甲醛[⑤]。甲醛为强还原剂，在空气中很容易氧化成甲酸，对文物的危害极大。

苯、甲苯、二甲苯：都是易挥发的液体，是生产香料、染料、合成纤维、油漆、黏合剂等的原料，也用汽油和其他燃料的添加剂[⑥]。新装修的居室都会散发出。

氨：主要来源于自然界或人为的分解过程。

总有机挥发物（TVOC）：来源于汽车尾气的排放、装修材料中的散发和防霉杀虫剂在一定条件下的散发。

二、首都博物馆内的环境监测与控制

（一）温度、相对湿度的检测与结果分析

博物馆内温度、相对湿度控制有两个标准：低标准是指排除主要危险因素，当与相对湿度有关时，主要危险是高湿度而导致的化学老化反应以及霉菌生长等，低湿度导致文物的碎裂等问题。高标准的相对湿度控制意味着博物馆内全年每天24小时都具有恒定的相对湿度[⑦]。目前首都博物馆以高标准的相对湿度控制为目标，最大限度降低对文物造成的损害。

温度、相对湿度控制的含义就是人为采取一些措施，如机械性或非机械性的方法，使温度、相对湿度的变化趋于稳定。首博新馆在展厅和一些展柜采用机械性控制方法，即中央空调系统调节展厅温度、相对湿度，采用恒温恒湿系统控制书法、绘画厅等一些重要展柜内的温度、相对湿度，坡平柜采用非机械性调节方法即使用调湿剂，如圆形展厅的二、三、六层的坡平柜。

1. 检测方法

采用VAISALA HMT331 41/45便携式温湿度变送器测量各个的展厅相对湿度和温度，在展柜内选择了43个点，用OREGON SCIENTIFIC温湿度计测量展柜内的温度和相对湿度。

2. 检测结果

温湿度检测结果见表1。

表 1　10月至12月份展厅温湿度波动情况汇总表

位置	项目	10月			11月			12月		
		最高	最低	幅度	最高	最低	幅度	最高	最低	幅度
通史厅	T(℃)	26.8	21.0	5.8	23.0	18.9	4.1	20.5	18.5	2.0
	RH(%)	55.2	25.8	29.4	59.5	35.1	24.4	52.8	23.8	29.0
城建厅	T(℃)	26.4	21.0	5.4	23.3	17.5	5.8	20.9	19.1	1.8
	RH(%)	57.3	43.2	14.1	64.2	37.6	26.6	61.1	24.4	36.7
佛像厅	T(℃)	26.2	21.1	5.1	23.1	18.7	4.4	21.3	18.9	2.4
	RH(%)	57.4	34.2	23.2	55.8	30.6	25.2	47.9	19.8	28.1
瓷器厅	T(℃)	26.4	20.6	5.8	23.0	18.5	4.5	24.3	18.8	5.5
	RH(%)	58.3	38.1	20.2	56.6	34.4	22.2	49.5	19.7	29.8
戏楼	T(℃)	26.6	20.4	6.2	23.6	18.4	5.2	23.1	18.9	4.2
	RH(%)	52.8	28.7	24.1	44.1	23.3	20.8	40.9	18.0	22.9

表1 10月至12月份展厅温湿度波动情况汇总表（续表）

位置	项目	10月			11月			12月		
		最高	最低	幅度	最高	最低	幅度	最高	最低	幅度
民俗厅	T(℃)	32.7	20.0	12.7	23.4	18.1	5.3	23.8	17.4	6.4
	RH(%)	51.0	22.6	28.4	39.3	17.3	22.0	28.1	12.6	15.5
绘画厅	T(℃)	25.4	19.5	5.9	22.6	18.2	4.4	19.6	17.7	1.9
	RH(%)	53.9	29.2	24.7	53.6	20.8	32.8	55.3	13.6	41.7
书法厅	T(℃)	25.2	20.2	5.0	23.8	18.5	5.3	20.8	18.5	2.3
	RH(%)	53.1	40.7	12.4	50.4	28.3	22.1	63.4	21.1	42.3
青铜厅	T(℃)	25.6	20.6	5.0	24.1	18.5	5.6	22.4	18.8	3.6
	RH(%)	54.4	34.0	20.4	55.4	25.4	30.0	43.0	21.5	21.5
玉器厅	T(℃)	26.4	21.0	5.4	23.2	18.2	5.0	49.6	18.0	31.6
	RH(%)	65.2	32.6	32.6	58.4	4.4	54.0	60.6	16.6	44.0
书房文玩	T(℃)	26.1	20.7	5.4	22.5	18.0	4.5	20.5	18.0	2.5
	RH(%)	71.1	41.4	29.7	67.4	26.5	40.9	62.1	27.6	34.5

3. 各展厅及礼仪大厅的2006年10月至12月检测结果分析

礼仪大厅温度18.9℃—22.9℃，相对湿度13.7%—41.7%之间。由于礼仪大厅门厅较多，空气与馆外相通，所以温湿度受外界气候影响较大。

绘画厅温度17.7℃—25.4℃，相对湿度13.6%—55.3%；书法厅温度18.5℃—25.2℃，相对湿度21.1%—53.1%；青铜厅温度18.8℃—25.6℃，相对湿度21.5%—55.4%；玉器厅温度18.0℃—26.4℃，相对湿度16.6%—65.2%，最低值4.4%；书房文玩厅温度18.0℃—26.1℃，相对湿度27.6%—71.1%；北京通史厅温度18.5℃—26.8℃，相对湿度23.8%—59.5%；城建厅温度17.5℃—26.4℃，相对湿度24.4%—64.2%；戏楼温度18.4℃—26.6℃，相对湿度18.0%—52.8%；瓷器厅温度18.5℃—26.4℃，相对湿度19.7%—58.3%；佛像厅温度18.7℃—26.2℃，相对湿度19.8%—57.4%；民俗厅温度17.4℃—32.7℃，相对湿度12.6%—51.0%。各展厅的相对湿度波动较大，24小时最大变化达到34.1%。

4. 展柜内检测结果及分析

绘画厅立柜内放置了7个温湿度计，坡平柜内放置9个温湿计。由于绘画厅立柜内是使用24小时连续运转的恒温恒湿空调系统控制的，它的温湿度变化受空调系统影响，因而受展厅的温湿度变化的影响较小。坡平柜温度和相对湿度比较稳定，波动较小。（见图1）

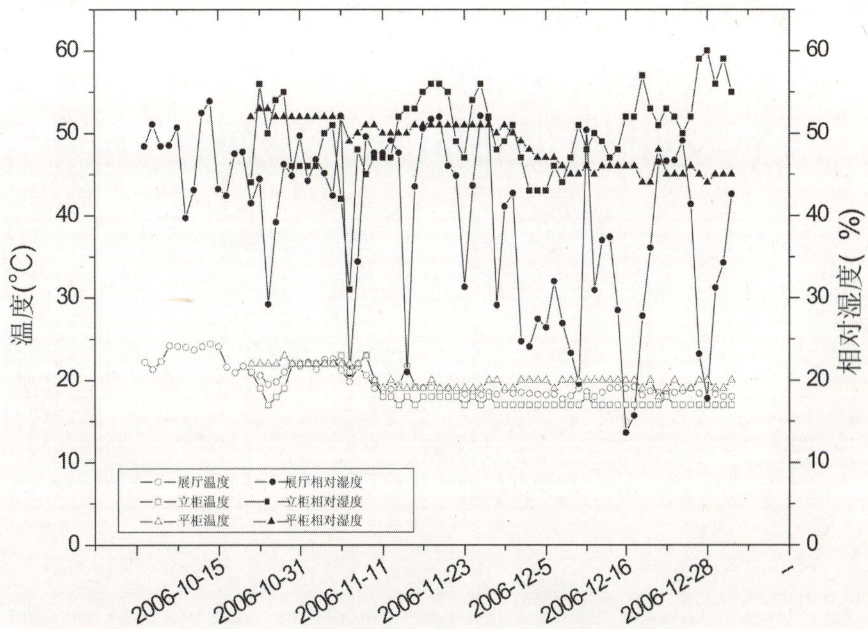

图1 绘画展厅、立柜、平柜温湿度变化

书法厅立柜内放置4个、坡平柜内放置6个温湿度计。立柜内的温湿度是与二层绘画厅一样，由24小时连续运转的恒温恒湿空调系统控制的。

书房文玩厅立柜内放置1个、中心独立柜内放置2个、坡平柜内放置8个温湿度计。立柜、中心独立柜由于没有独立的恒温恒湿系统控制，它们的温湿度变化随展厅内的温湿度变化而变化。立柜内的温湿度基本达到文物保护的要求；但独立柜内日温度变化幅度为2℃—3℃，相对湿度变化幅度为5%—9%，可能因为灯光发热或散热性差，下午的温度升高，从而导致相对湿度降低，特别放置竹、木器文物的独立柜均不能达到文物保护的要求。而坡平柜放置调湿剂，由于其空间小，气密性好，所以温湿度变化不大，控制得相当好，但调湿剂要定期更换以保证其效果。（见图2、图3）

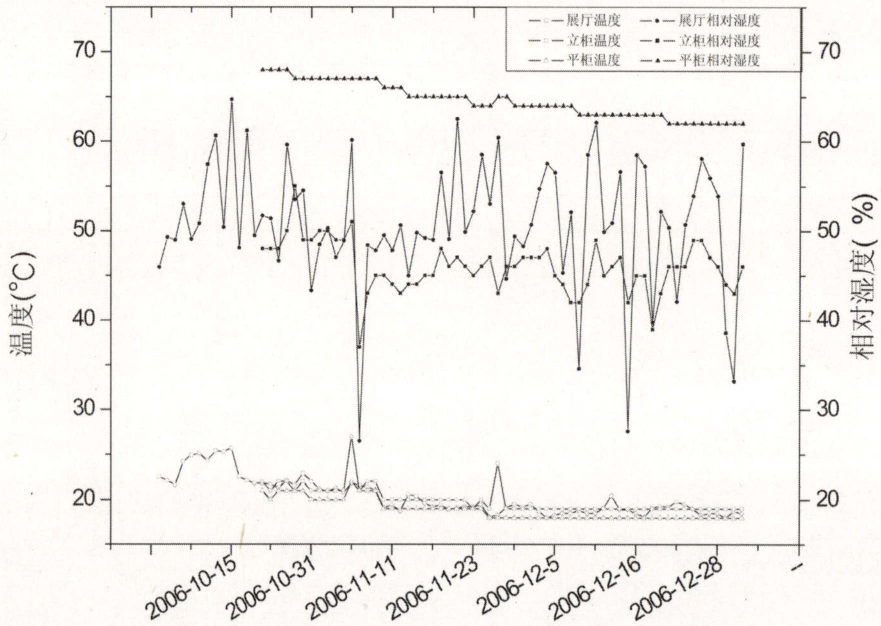

图 2　文玩书房厅展厅、立柜、平柜温湿度变化

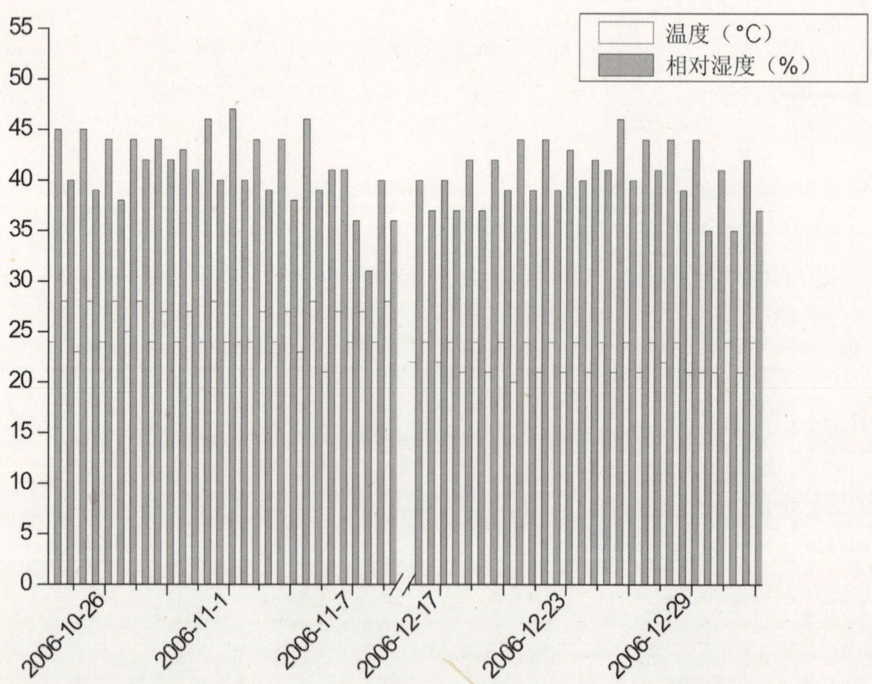

图 3　书房文玩厅独立柜10—12月日上、下午温湿度变化

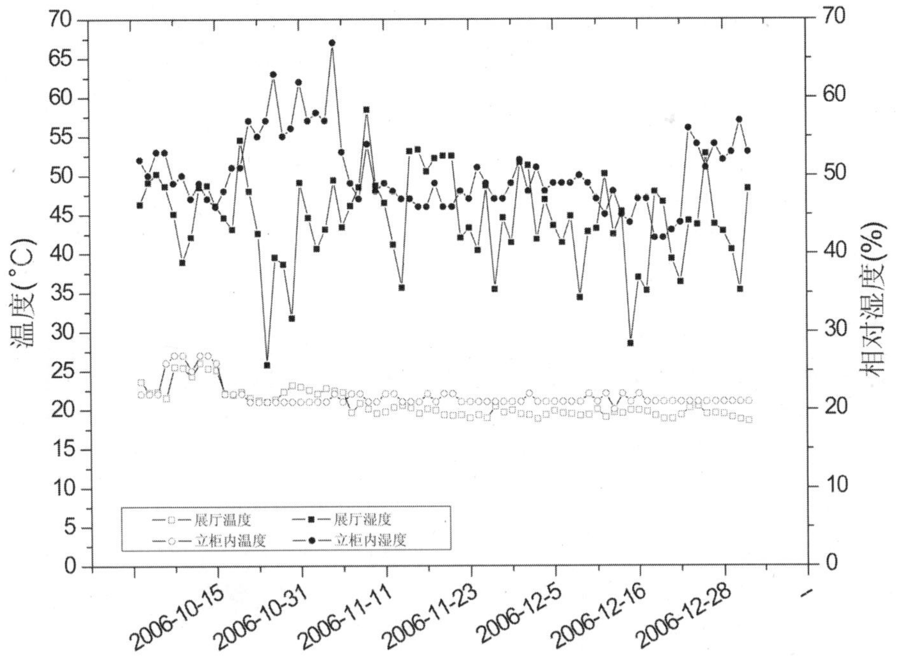

图 4　通史展厅、展柜内温湿度变化

通史厅立柜内放置4个温湿度计。柜内采用恒温恒湿空调系统控制，其温湿度变化受空调系统影响，因而受展厅的温湿度变化的影响较小。（见图4）

戏楼的戏服立柜内放置1个温湿度计，柜内使用24小时连续运转的恒温恒湿空调系统控制，受展厅内温湿度变化的影响较小。

五层民俗的婚礼厅立柜内放置1个温湿度计，受展厅的温湿度变化的影响较大。

（二）光照度检测

1. 检测方法

采用Testo 545型光照水平便携仪，对所有展厅内的光照水平进行了检测。

2. 检测结果

检测结果见表2。

表 2　展厅的光照水平检测结果表

编号	位置	照度/lx
1	绘画厅	66—126
2	书法厅	20—130
3	青铜厅	101—113
4	玉器厅	42—185
5	书房文玩厅	55—235
6	通史厅	147—321
7	城建厅	176—235
8	戏楼	24—96
9	佛像厅	103—231
10	瓷器厅	151—178
11	民俗厅	96—308

3. 结果分析

根据国际博物馆学会推荐的文物保存照明要求：对光非常敏感的文物（如丝织品）照度＜50lx，年累计照度＜120000 lx · h；对光不敏感的文物（如银饰）照度＜200lx，避免太阳光直射[8]。绘画厅、书法厅、民俗厅放置丝织品的展柜照度均超出标准。

（三）气体污染物（包括颗粒物）检测与结果分析

首博新馆地处交通繁忙、车流量大的西长安街延长线上，周边没有大的工厂排放气体，所以主要污染气体的来源是汽车尾气的排放。为此我们主要对展厅的可吸入颗粒物、有害气体SO_2 、NO_2、O_3、NH_3 、甲醛、苯、甲苯、二甲苯、TVOC（总有机挥发物）进行了检测。检测结果分述如下。

1. 可吸入颗粒物检测

（1）检测方法

采用Digital Dust Indicator P-5型便携式可吸入颗粒物检测仪对各个展厅每周一次的检测。

（2）检测结果

检测结果见表3及图5。

表 3　展厅的可吸入颗粒物检测结果表

时间 \ 地点		通史厅	城建厅	佛像厅	陶瓷厅	戏楼	民俗厅	绘画厅	书法厅	青铜厅	玉器厅	书房文玩	礼仪大厅	室外
2006. 10	最高值	0.098	0.084	0.070	0.028	0.056	0.098	0.098	0.042	0.056	0.042	0.056	0.154	0.210
	最低值	0.028	0.014	0.014	0.028	0.028	0.028	0.014	0.028	0.028	0.028	0.028	0.028	0.154
2006. 11	最高值	0.112	0.070	0.070	0.098	0.154	0.182	0.112	0.070	0.098	0.112	0.126	0.210	0.308
	最低值	0.014	0.014	0.014	0.014	0.042	0.070	0.028	0.028	0.028	0.028	0.028	0.070	0.140
2006. 12	最高值	0.084	0.056	0.070	0.070	0.112	0.154	0.140	0.084	0.098	0.070	0.070	0.154	0.252
	最低值	0.014	0.014	0.014	0.014	0.014	0.014	0.014	0.014	0.014	0.028	0.014	0.014	0.014
2007. 01	最高值	0.196	0.056	0.098	0.070	0.154	0.238	0.196	0.070	0.126	0.238	0.154	0.280	0.392
	最低值	0.014	0.014	0.014	0.014	0.014	0.014	0.014	0.014	0.014	0.014	0.014	0.028	0.028
2007. 02	最高值	0.084	0.028	0.056	0.042	0.098	0.126	0.098	0.084	0.112	0.126	0.084	0.182	0.238
	最低值	0.014	0.014	0.014	0.014	0.014	0.014	0.014	0.014	0.014	0.014	0.014	0.028	0.028
2007. 03	最高值	0.098	0.056	0.056	0.056	0.154	0.182	0.112	0.112	0.126	0.168	0.112	0.252	0.336
	最低值	0.028	0.014	0.028	0.014	0.056	0.056	0.056	0.042	0.056	0.070	0.042	0.084	0.098

（3）结果分析

① 按照国家室内空气质量标准（GB/T18883—2002）[9]规定，各个展厅的日平均值都未超标。

② 展厅颗粒物的浓度受到外界颗粒物浓度的影响，随着变化而变化。

③ 从结果看同一时间方形展厅五层、戏楼、礼仪大厅的颗粒物浓度高于其他展厅，这是由于这几个部位与外界部分相通，受外界影响较多。

同时，外界大气中颗粒物浓度随季节而变化，北京冬季干燥，春季多风，这两个季节的大气颗粒物浓度高于夏秋季节。

④ 展厅内的可吸入颗粒物浓度明显低于外界大气中的可吸入颗粒物的浓度，说明空调系统过滤可吸入颗粒物的效果很好。

2. 甲醛的检测

（1）检测方法

采用DES—DIII型便携式室内空气质量检测仪对所有的展厅进行了甲醛浓度的检测。

（2）检测结果

检测结果见表4。

表 4　2006年9月—2007年3月各展厅甲醛浓度检测结果表　（单位：mg/ m^3 ）

时间＼地点	通史厅	城建厅	佛像厅	陶瓷厅	戏楼	民俗厅	绘画厅	书法厅	青铜厅	玉器厅	书房文玩	临时展厅
2006年 9月	0.12	—	0.04	0.07	0.1	0.05	0.07	0.04	0.04	0.05	0.07	0.13
2006年10月	—	0.09	—	—	—	—	—	—	—	—	—	—
2006年11月	0.03	0.03	—	—	0.04	0.05	—	—	—	—	—	—
2006年12月	0.02	0.02	0.02	0.04	—	0.04	0.03	0.03	0.02	0.02	0.07	0.04
2007年 1月	0.05	0.01	—	—	—	0.03	—	—	—	—	—	0.06
2007年 2月	0.04	0.03	0.03	0.02	0.04	0.04	0.06	0.07	0.06	0.03	0.02	0.04
2007年 3月	—	—	0.06	0.02	0.02	0.05	0.07	0.07	0.05	—	—	0.07

注：标准值为0.10 mg/ m^3，“—”为未作检测。

（3）结果分析

根据室内空气质量标准（GB/T18883-2002）[10]甲醛浓度要求低于0.10mg/m^3，2006年9月份高于0.10mg/m^3的展厅有通史厅、戏楼、临时展厅，而在此后11月至2007年3月各展厅甲醛浓度均低于0.10mg/m^3，且各展厅的甲醛浓度总体呈下降趋势，这与甲醛缓慢散发浓度衰减有关；临时展厅的甲醛浓度普遍高于其他展厅，与新装修所用材料散发出甲醛有关；圆形展厅的甲醛浓度略高于方形展厅，可能由于圆形展厅相对封闭，不利于甲醛散发有关。

3. 甲苯、二甲苯、苯的检测

（1）检测方法

采用DES—DIII型便携式室内空气质量检测仪对所有的展厅进行了甲苯、二甲苯、苯浓度的检测。

（2）检测结果

检测结果见表5。

表 5　各展厅苯、甲苯、二甲苯、氨、TVOC浓度检测结果表　（单位：mg/ m^3 ）

时间＼地点	项目	通史厅	城建厅	佛像厅	陶瓷厅	戏楼	民俗厅	绘画厅	书法厅	青铜厅	玉器厅	书房文玩	临时展厅
2006年9月	苯	0.5		0.5	0.4	0.7	0.3	0.4	未检出	0.5	0.5	0.5	0.7
	甲苯	未检出	—	未检出	未检出	未检出	未检出	未检出	未检出	未检出	未检出	未检出	1.3
	二甲苯	未检出	—	未检出	未检出	未检出	未检出	未检出	未检出	未检出	未检出	未检出	1.1
	氨	未检出	—	0.2	未检出	0.25	未检出	未检出	未检出	未检出	未检出	0.2	0.2
	TVOC	0.3	—	未检出	0.2	0.2	0.2	0.3	0.1	0.2	未检出	0.4	0.2
2006年10月	苯	—	0.8	—	—	—	—	—	—	—	—	—	—
	甲苯	—	0.08	—	—	—	—	—	—	—	—	—	—
	二甲苯	—	0.2	—	—	—	—	—	—	—	—	—	—
	氨	—	0.6	—	—	—	—	—	—	—	—	—	—
	TVOC	—	0.6	—	—	—	—	—	—	—	—	—	—

表 5　各展厅苯、甲苯、二甲苯、氨、TVOC浓度检测结果表（续表）　（单位：mg/m^3）

时间＼地点	项目	通史厅	城建厅	佛像厅	陶瓷厅	戏楼	民俗厅	绘画厅	书法厅	青铜厅	玉器厅	书房文玩	临时展厅
2006年11月	苯	0.5	0.5	—	—	0.2	0.3	—	—	—	—	—	—
	甲苯	未检出	0.2	—	—	未检出	未检出	—	—	—	—	—	—
	二甲苯	未检出	0.2	—	—	未检出	未检出	—	—	—	—	—	—
	氨	0.1	0.6	—	—	0.2	0.2	—	—	—	—	—	—
	TVOC	0.8	0.8	—	—	0.1	0.4	—	—	—	—	—	—
2006年12月	苯	0.2	0.5	0.4	0.2		0.5	0.2	0.4	0.4	0.2	0.5	0.2
	甲苯	未检出	未检出	未检出	未检出	—	未检出	未检出	未检出	未检出	未检出	未检出	未检出
	二甲苯	未检出	未检出	未检出	未检出	—	未检出	未检出	未检出	未检出	未检出	未检出	未检出
	氨	0.2	0.3	0.1	0.3	—	0.3	0.2	0.2	0.3	0.2	—	0.2
	TVOC	1.0	1.2	0.2	0.1	—	0.9	0.4	0.4	0.4	0.3	—	0.2
2007年1月	苯	0.4	0.3	—	—	—	0.2	—	—	—	—	—	0.2
	甲苯	未检出	未检出	—	—	—	未检出	—	—	—	—	—	未检出
	二甲苯	未检出	未检出	—	—	—	未检出	—	—	—	—	—	未检出
	氨	0.4	0.2	—	—	—	0.1	—	—	—	—	—	0.3
	TVOC	0.1	0.2	—	—	—	未检出	—	—	—	—	—	0.5
2007年2月	苯	0.1	0.3	0.4	0.2	0.2	0.3	0.3	0.2	0.3	0.1	0.4	0.2
	甲苯	未检出	未检出	未检出	未检出	未检出	未检出	未检出	未检出	未检出	未检出	未检出	未检出
	二甲苯	未检出	未检出	未检出	未检出	未检出	未检出	未检出	未检出	未检出	未检出	未检出	未检出
	氨	0.2	0.1	0.5	0.1	0.3	未检出	0.2	0.5	0.1	未检出	0.2	0.5
	TVOC	0.3	0.2	0.4	0.5	0.5	0.4	0.5	0.5	0.5	0.5	0.3	未检出
2007年3月	苯	—	—	0.2	0.2	0.1	0.5	0.3	0.2	0.2	—	—	0.2
	甲苯	—	—	0.1	未检出	未检出	未检出	未检出	0.5	未检出	—	—	0.4
	二甲苯	—	—	未检出	未检出	未检出	未检出	未检出	未检出	未检出	—	—	未检出
	氨	—	—	未检出	未检出	未检出	0.1	未检出	未检出	未检出	—	—	未检出
	TVOC	—	—	0.2	0.1	未检出	0.5	0.4	0.1	未检出	—	—	0.4

注：“—”为未作检测。苯标准值为0.11 mg/m^3；甲苯标准值为0.20 mg/m^3；二甲苯标准值为0.20 mg/m^3；氨气标准值为0.20 mg/m^3；TVOC标准值为0.60 mg/m^3

（3）结果分析

所有展厅苯的浓度均超标，甲苯、二甲苯只在方形展厅三层的城建厅浓度为0.2mg/m^3，其余未检出。苯是装修材料中散发所致。

4. 氨的检测

（1）检测方法

采用DES—DIII型便携式室内空气质量检测仪对所有的展厅进行了氨浓度的检测。

（2）检测结果

检测结果见表5。

（3）结果分析

方形展厅三层城建厅的氨浓度较其他展厅高，可能与有许多木结构的建筑模型和复原品有关。

5. 总有机挥发物（TVOC）的检测

（1）检测方法

采用DES—DIII型便携式室内空气质量检测仪对所有的展厅进行了总有机挥发物（TVOC）浓度的检测。

（2）检测结果

检测结果见表5。

（3）结果分析

总有机挥发物（TVOC）除临时展厅未检出外，其余展厅均超标。

6. SO_2、NO_2、O_3 的检测与结果分析

（1）检测方法

采用有害气体检测仪ToxRAEⅡ PGM-1100系列检测SO_2、NO_2、O_3。

（2）检测结果

检测结果均未检出。

（3）结果分析

各展厅的SO_2、NO_2、O_3均未超出国家标准值。

三、存在的问题与建议

（一）首都博物馆展厅、展柜采用的空调系统基本达到了文物保护的要求，其中温度控制平稳，相对湿度受室外气候、空调系统运行的稳定性以及运转模式的影响，波动较大。礼仪大厅的温、湿度受气候变化的影响而发生变化，而且其变化规律也与室外气候变化相同，只是时间上的滞后和变化幅度的减小而已；采用中央空调系统控制的展厅温湿度基本达到设定要求；使用恒温恒湿机控制的展柜内相对湿度受展厅温湿度变化的影响较小；使用调湿剂控制的坡平柜受展厅温湿度变化的影响很小。调湿剂如果使用恰当、方法正确，在室内温湿度相对稳定的条件下，对于空间小而且气密性较好的展柜中使用效果是相当好的，从目前使用的效果证明了这一点，可以考虑在符合条件的展柜内使用。

（二）戏楼的戏服立柜采用的恒温恒湿系统运行不稳定，相对湿度在21%—39%之间，远远低于丝织品保护的要求。

（三）通史厅是各种材质的文物混放陈列的，相对湿度在42%—50%之间，最高67%，波动较大。这个相对湿度对于金属文物来说偏高，而对于纺织品文物却低于要求，最好分开陈列，如果不能分开陈列，则必须使展柜内的相对湿度保持稳定范围，避免波动过大，对文物造成更大的损害。

（四）书房文玩厅的中心独立柜陈列的是竹木器文物，温度偏高，相对湿度偏低，而且日均波动较大，对文物保存极不利，需要改造展柜，展柜内采用恒温恒湿空调系统。同理，民俗厅的纺织品展柜内相对湿度也偏低，也需要增加恒温恒湿系统。

（五）SO_2和NO_2 浓度均未检出，苯的浓度各展厅普遍偏高，特别城建厅的氨、苯、二甲苯、甲苯的浓度偏高。在展厅中放置活性炭等吸附材料的话可以降低这些污染物的浓度，不过要定期更换。

（六）有害气体特别是SO_2和NO_2监测所执行的标准是现行环境标准，现行环境标准主要是依据人体健康、社会物质财富和维持生态平衡等因素制定的，并不适合文物保护的要求，比如：现行环境标准中二氧化硫的一次最高浓度为0.5 mg/m^3，从文物保护角度出发，这已经对文物构成危害，有实验证明，0.286 mg/m^3的二氧化硫足以使棉织物、纸张等纤维质文物材料的强度显著降低，拉力丧失 。鉴于此可采取下列对策，一是进行酸性气体采集后送外单位用离子色谱分析，得到精确的数据，以便于更好地有针对性地对文物进行保护；二是使用美国PURAFUL公司设计的铜、银腐蚀分级挂片挂置在展

厅，能对展厅的总体污染物程度、危害级别进行评估，能指明污染气体的类型和浓度范围，通过污染数据的累积曲线推断其腐蚀的潜能。

（七）为了更进一步了解颗粒物对文物的危害，可以考虑颗粒物的成分分析研究。

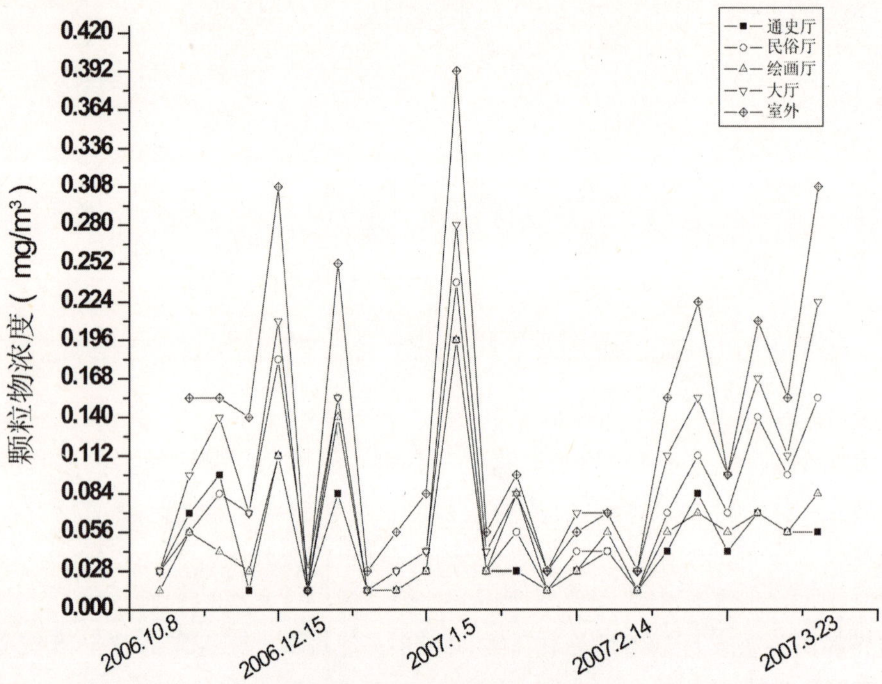

图 5 颗粒物浓度变化曲线

注释：

① 郭宏：《文物保存环境概论》，科学出版社2001年版，第31页。
② 郭宏：《文物保存环境概论》，科学出版社2001年版，第113页。
③ 郭宏：《文物保存环境概论》，科学出版社2001年版，第133页。
④ 毛跟年 许牡丹 黄建文：《环境中有毒有害物质与分析检测》，化学工业出版社，第75页。
⑤ 毛跟年 许牡丹 黄建文：《环境中有毒有害物质与分析检测》，化学工业出版社，第107页。
⑥ 毛跟年 许牡丹 黄建文：《环境中有毒有害物质与分析检测》，化学工业出版社，第122页。
⑦ 郭宏：《文物保存环境概论》，科学出版社2001年版，第76页。
⑧ 郭宏：《文物保存环境概论》，科学出版社2001年版，第147页。
⑨ GB/T18883-2002，室内空气质量标准[S]。
⑩ 徐方圆、吴来明、解玉林：《武汉博物馆文物保存环境研究》，《文物保护与考古科学》2007年第1期，第15页。

首都博物馆新馆上展瓷器文物的修复

吕淑玲

我国的陶瓷文化历史悠远，如今那些精美的瓷器，历经岁月沧桑，时代变迁，完整保留下来的便是传世极品了，流散在民间特别是出土的瓷器文物都会有不同程度的损坏，这就有了早期的锔盆锔碗到现在的古陶瓷修复。

博物馆是收藏文物及传承民族文化的集中地，2003年年初，在首都博物馆新馆建筑施工建设的同期，参展文物的修复工作也正式拉开帷幕。经过近4年的大量修复工作，共修复了216件陶瓷器文物，这在中国乃至世界都属罕见。但最终如期完成了修复任务，这成绩的取得是在大家的努力下，科学统筹安排的结果，在这里想结合这次瓷器修复工作简单的谈一下自己的几点体会。

一、修复前的准备工作为如期完成任务打下基础

首都博物馆馆藏陶瓷器近万件，主要由北京地区出土和传世构成。其中北京地区遗址、墓葬、窖藏出土的瓷器最具特色，然而这些瓷器大部分都是损伤严重的残件。像图1青花凤首扁壶、图2磁州窑

图 1

图 2

白釉黑花龙凤纹四系扁壶、图3青白釉饕餮纹双耳三足炉都是在20世纪60年代末70年代初元大都考古勘探于发掘工作时出土的。青花凤首扁壶碎40片、磁州窑白釉黑花龙凤纹四系扁壶碎53片、青白釉饕餮纹双耳三足炉碎100余片，它们看上去很碎，没有什么修复价值，却对研究和展示元代瓷器的发展历史有着非常重要的意义。通过对老馆“北京通史展”的调研，就有100余件的陶瓷文物需要不同程度的修复，其中以元大都遗址出土器物居多。这些文物有的是考古修复后经过了几十年严重的变形、变色，有的是酥松临时固定，距展览陈列要求甚远，而它们又务必是要在新馆展览中出现的，所以必须重新修复。如何配合新馆展览体现文物自身的价值，修复前的准备工作为修复顺利进行打下坚实的基础，其中主要做了如下工作：

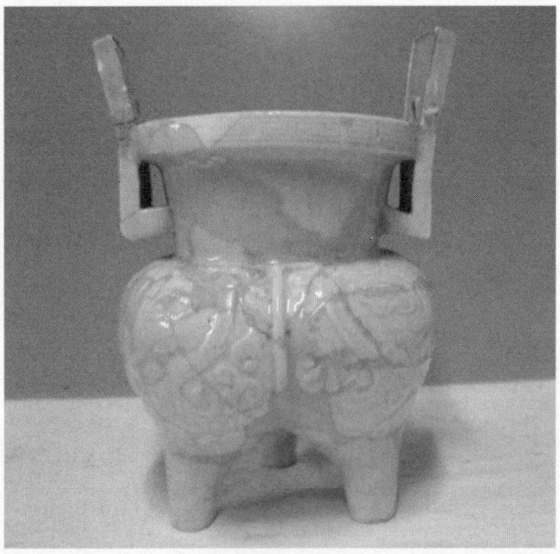

图 3

图 4

（一）修复标准的制定

文物修复的原则是“修旧如旧，保持原貌。”怎样才能真正理解它的含义，体现出文物原有的价值？就要根据展览需要所提出的要求按修复原则制定。

这次修复标准的制定是在馆级领导的直接带领下，聘请多位文物专家、陶瓷修复专家与修复人员一起多次研究并制订修复方案，最后确定了针对展览展品进行修复的修复理念。即瓷器破损的修补完整，外表作色上釉，里面不动可供研究。像图4 磁州窑白釉黑花凤纹罐，同样是元大都遗址出土的，碎片达100余片，这次重修要拆开，在黏结补全成形后，外观作上与磁州窑白釉黑花凤纹罐纹饰底色相同的色彩，而罐的里面的缝隙不作处理，观众在展线上只能隐约看到黏结的缝隙，不会影响展览效果。这种理念打破了以往用考古修复的方法进行展示的展陈形式，既服务观众又有利于研究。

（二）具体原则

首先为每件器物制定完整的修复档案。其中包括器物的文字描述、残损现状、曾经修复记录、修复要求、修复方法、修复经过及材料工具的使用情况、修后专家意见等，还要有照片资料存档，进行备案说明。之后就是文物不再破坏原则、修复材料可还原的原则、覆盖程度最小原则，准确作色原则。最后是修复完成后请文物、展陈专家共同验收，确保修复效果得到认同。

（三）团队修复力量

我馆的修复工作可以说从一开始就得到了领导、修复专家、同行的支持，是集中专家学者的智慧、汇集学术力量，群策群力，共同完成这项工作的。大家是一个合作群体、一个团队，这在陶瓷修复业内实属首创。我们这个修复团队不论是修复思想还是修复技艺都得到了相当大的锻炼和提高。团队合作精神还体现在一件器物修复的分工与合作方面，前期工作由一部分人做，像拆分，清洗，黏结，补缺，打底等，主要由年轻同志完成，这样既完成了工作，提高进度，又培养了专业队伍。可以说在时间紧、任务重的非常时期，选择这样的工作方式是非常必要的，通过这次修复体验，我馆的陶瓷修复队伍逐渐壮大，都能独立完成修复任务，修复水准有了极大提高。

二、修复中的细节问题

（一）新材料选用的可还原性

目前，古陶瓷修复界从修复形式上把修复分为冷处理和热修复两种。冷处理就是在常温状态下借鉴相符的修复材料，将破损的器物进行修复处理，而这些材料也必须是可还原的，文博界通常采用这种修复方式。而热修复是要完全按照制瓷工艺修复成型后，回窑加温重新烧制一遍，要想还原只能敲碎从来，恢复原样很难。有时因器物自身条件或窑温掌握不好，还容易出现炸裂现象，导致前功尽弃，一般社会上的商业修复会采用这种修复方法。

博物馆藏品的修复不同于商品修复，不论是现在还是将来，都必须具有可还原性，即可恢复没修复之前的状态。任何事情都不是绝对不变的，修复工作也同样，就是再好的材料也有老化的时候，如果材料老化，就可以用同样的办法清除覆盖物和黏结剂等，将器物恢复到原来的样子，再进行修复，这是博物馆文物修复的首选原则。由此看来，如何选用尽量延长老化时间的新型可逆材料是可还原修复的关键。经过近10年的修复实践，笔者认为一些材料完全可以相对延长变色老化的时间，这样文物修复后的保存时间亦可延长。我们这次修复新首博上展文物便考虑到了材料的耐老化及可还原问题。

如黏结碎片时选用无色透明双组份环氧树脂胶进行连接，它虽然黏结强度较大，但在80℃-100℃的温度下即可还原，补配材料也是用这种黏结剂加填充材料进行的。其效果不但接近瓷质的细腻、坚硬，而且敲击起来声音也相当清脆，能够与原声连接，没有嵝声。

（二）覆盖程度最小原则

覆盖程度最小原则，是指接缝的缝隙在遮盖颜色时，要盖到最小限度，0.1—0.2厘米之间，就是越窄越好。大家知道，这次修复文物中一半以上是墓葬出土文物，大部分严重破碎，接缝有上百条的，并且这类文物居多。修补这些接缝的关键是要调准颜色，就是颜色与原器物的颜色相同时才可以涂绘。涂绘时笔的用法要适当，没坏的地方尽量不去覆盖，特别是有花纹的地方要露出原有的纹饰。如在精品瓷器文物展明代部分中展出的一件器物，在已碎10余片、还有残缺的洪武青花缠枝纹碗修复过程中，经过拆分、黏结、打磨平整等前期工序后，先在接缝上做好一层很窄青花底色，在做的时候要尽量将青花纹饰露出来，千万别覆盖，再调青花色勾画残缺部位的花纹，这样修复后的瓷碗原始部分会很多，几乎看不出修复的痕迹，展出时看上去会很逼真。如图5洪武青花缠枝纹碗修复前，图6洪武青花缠枝纹碗修复中、图7洪武青花缠枝纹碗修复后。

图 5

图 6

图 7

（三）文物不再破坏原则

加加减减是商业修复中经常采用的方法，不平的地方用锉刀锉平就是减法，低少部分用腻子补平就是加法。还有就是在不好修补的纹饰上罩一遍颜色从而无人看出来，失去了文物的本来面目等等。遵循着文物不再破坏原则，在修复过程中，我个人认为，前期工作一定要做好，但如何做好呢？原则就是：清洁时一定要清干净、黏结一定要对齐、用力压让缝隙最小；可用临时固定胶临时固定后再校对、调整，不能心急，最好不用没有调整时间的快干胶。在文物不再破坏原则中还有就是：没有依据的部位不要凭想象去创意修补，那样会破坏文物自身历史意义的真实性。

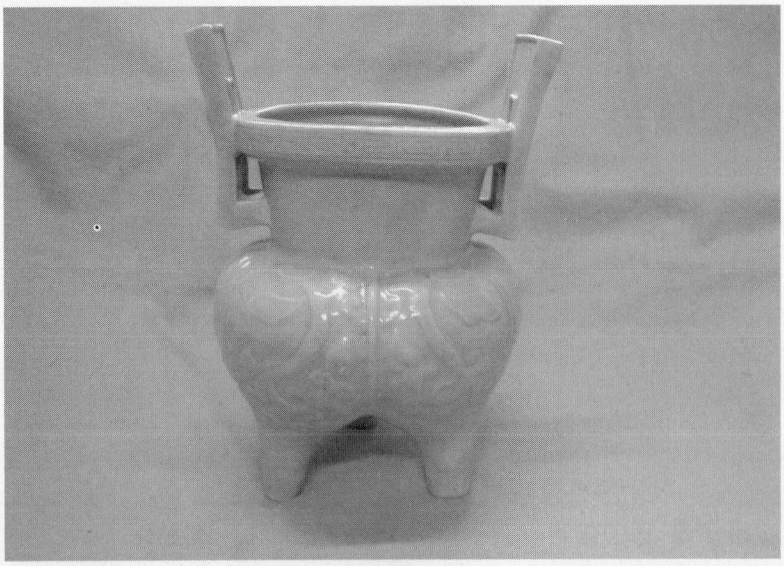

图 8

（四）作色的准确性

作色是修复的最后环节，也是最难的一部分。我个人认为它的准确性和器物无形的文化是分不开的。每件器物都包含着其自身的历史背景，体现着那个时代的文化气息。器型的变化特征、窑口色彩深浅的不同，纹饰的共性和个性规律等都需要掌握到一定的程度，才能真正做好它。像对一些龙泉青釉、景德镇青白釉等单色釉瓷器文物的作色修复，由于有暗花或刻划痕迹的出现，颜色深浅不一，要按层次逐一勾对准确。而像青花，粉彩等器物的花色釉要先做好胎子的底色，再做纹饰的填补勾画，即要颜色准确，又要笔画流畅。如图8青白釉饕餮纹双耳三足炉修后，这是一件元代景德镇窑青白釉饕餮纹三足炉，碎100多片，一耳缺，周身也有残缺部位。器型又大、又碎、还有明暗纹，虽然它是单色釉，但有突凹的纹样，所以颜色的变化深浅不一。我们在作色的时候反复对青白色、胎白色和胎红色这三个颜色进行准确调对，而后才逐层把它们做上去的，这样就会比较逼真。

三、参展后的思考

我馆这次推出了展陈瓷器修复新理念，即上展文物要以展品的形式出现，是一次全新的突破和尝试。因为展品（修复的文物），就是通过修复展现给观众的作品。博物馆又是广大观众聚集参观的场所，我们要面对大多数的人群是因为秉着对祖国文化的热爱，才到这里参观的。这次修复的216件瓷器文物，70%均陈列在9个固定展览中，大部分在瓷器精品展中展出，经过修复的瓷器在展线上体现着自身的完美，更体现了时代的脉搏，开馆后得到了一致好评。我们在看到不同人群赞赏的同时，也听到不同意见，比如瓷台胎质感的真实性，颜色的逼真性，遮盖的限度性等等，这都是今后要加强注意的，也是我们今后工作的重点。

以上是我们参加新馆上展陶瓷文物修复的几点感想，我们相信一定会做得更好，并为之努力!

参阅文献：

①《北京市文物精粹大系》编委会、北京市文物局：《北京市文物精粹大系》陶瓷卷下，北京出版社2004年版。
②程庸、蒋道银编：《古瓷艺术鉴赏与修复》，上海辞书出版社2001年版。
③汪庆正主编：《简明陶瓷词典》，上海科技教育出版社，1989年版。

首都博物馆安全技术防范工程设计与反思

祝敬国

博物馆是文物存放、展示场所，是众所周知的高风险建筑。

震撼世界的“9・11”事件使安防工程面临严峻考验。去年“8・10”英国政府挫败连锁炸机恐怖阴谋后，又给安防工程的设计出了新的更大难题，恐怖分子居然企图利用常见的日常生活用品，到作案的时候现场再拼装爆炸物！如何提高对抗恐怖活动的门槛，包括防止因为心态扭曲产生的发泄报复行为，成了包括博物馆在内的公共场所必须考虑的问题。

现有的技术水平，对博物馆这样的高风险单位，只要加强技术手段就可以提高可控性，降低风险。理论上这样的观点是对的。实践中也是这样做的。但是，常见一些博物馆在建设安防系统时，往往越讨论规模越大，越讨论监控设备越多，越讨论投资越往上滚，规模总是有增无减。首都博物馆新馆的安防系统是第一个按照《GB 50348—2004安全防范工程技术规范》国家标准实施的高等级安防工程，怎样在确保博物馆文物安全无疑的前提下，科学合理地减低工程投资？如何克服技术形式的堆砌与实际防范能力的不对称问题，这是设计首都博物馆安防系统的一个重大课题。

一、博物馆高风险分析

所谓的风险，即存在于被保护对象周围的威胁程度。在安防工程中通常指由人为产生的威胁和危险。那么，博物馆的风险高在哪里呢？

文物是已往历史的承载物。随着时间的推移，文物的价值会以几何级数方式不断递增。文物的这种无限增值特性，使得它日益成为贪婪的集中目标，面临内盗、外抢、内外勾结等多重威胁。犯罪的频度和力度远大于一般的办公楼和商业建筑。

其他类别的财物被非法转移后，造成的损失多数局限在财产方面。例如银行的钞票，只要一旦明确数值，即使被完全毁损，其损失也可以通过数字替换和重新印刷来减轻。工业产品的毁损更可以用重新生产的方式来弥补。文物是不可再生的物理实体。一旦被破坏就再也无法挽回。重大文物一旦消失，更会造成历史记忆的断层。而且，文物历经数千年的风化，内在质地远不如外表那样坚固，在被盗窃、非法转移和侦破过程中文物每时每刻都濒临毁损的危险。

综上所述，文物的安全更需要事先的预防，力争在犯罪分子接触文物之前就实现阻断。

博物馆是一个向广大公众开放的公共文化设施。不仅文物库房有文物，更多的文物是处于展厅、即观众的活动空间中。因此，博物馆需要布防的面积远大于其他建筑。博物馆是社会公众终身学习的公共文化设施。任何阶层、任何地位、任何年龄的人员都可以自由出入博物馆。在犯罪分子实施其罪恶行为之前，博物馆只能够把他当做观众。防线广泛、控制对象不清、布防不易的问题对于博物馆更加突出。

博物馆是面向公众的文化设施，人流相对集中。通常又建设在城市的中心位置。一旦发生事故，不仅造成重大的经济损失、还会对社会产生极其广泛的新闻、心理影响。

二、风险与可控性

风险程度不仅根据可能犯罪的力度与频度、案件影响的大小以及可被侵犯的范围来判断，更与威胁的“可控性”相关。对可能发生的威胁的可控性越低，风险程度也就越高。

可控性第一要点是隔离能力。

机场的登机口用安全检查划出重点防范区域。银行把钱钞放入保险柜，柜台与储户之间，有明显的隔离带。“隔离”在时间和空间上使得防线清晰化，提高了威胁的可控性，化解了风险。如果防护对象与潜在犯罪分子之间无法被隔离，此时可控性就差，化解风险就难。

博物馆的高风险，在于它的隔离能力比其他高风险单位差。例如，举行大型的油画、雕塑展览时，文物展品无法放置到封闭的展柜内。特别是场景类的展厅，文物作为直接的道具，更是呈现散放状态。这时候，观众与文物之间没有任何隔离物。以普通观众面貌出现的犯罪分子，包括那些行为不端的顺手牵羊者，与被保护的文物之间无法有明确、固定的周界和人防、物防界线。

有一些兄弟博物馆，在展厅门口用一根红绳一拉，标志着“禁止入内”。虽然采用实体物防的方法进行了有效的隔离，但单方面对参观内容进行了打折，背离了开放原则。当然，这里有管理者的许多无奈。

可控性第二要点是动静有别。

银行防护对象在柜台或者抽屉内时，处于静态当中，可控性自然比点钞、搬运时要强得多，化解风险就容易。当防护对象处于流动之中时，人和物都在运动之中，安全控制就相对困难。

文物存放在展柜内、库房内时，处于稳定的静态，而且与观众有明显的隔离，显然防卫比较容易和有效。每当展品进出博物馆的时候，运输人员、装卸人员、双方参展人员都集中在文物卸运交接区域。而文物包装箱此时又处于打开、半打开、未打开等多种状态，人员交叉穿插，文物交来接去。而且点验移交工作往往需要持续多天。这时候人和文物都处于不断的动态变化中，可控性极其低下，风险陡然上升。解决博物馆布防控制区域广泛、防线不清晰问题，是控制博物馆安防工程投入的主要重点。

虽然习惯上把文物库房看成是博物馆安全防范的重中之重。但文物库房是一个静态、可隔离区域。安防的可控性较强，风险相对较低。而博物馆的主要文物都陈列在展厅。陈列展厅和文物交接区、文物通道等恰恰是防卫界线变化不清的区域，文物、人员的流动性又大。这些动态的、防线不清的区域可控性极低，更应该是博物馆安防的重中之重。

三、风险评估与风险等级

在设计博物馆安全防范系统时，应当按照GA27—2002《文物系统博物馆风险等级和安全防护级别的规定》进行风险评估。首先是分析博物馆建筑所处的地点、环境，确定周边的安全隐患和薄弱部位。不同的地点、环境决定了安防系统不同的构成和功能。这是设计建筑最外层探测点的依据。例如，博物馆室外广场的绿化树丛就应该加强防范。靠近公共停车场的出入口需要加倍注意监测。

风险评估还需要对建筑物不同时间的风险进行分析，找出不同的风险时间函数和对应的布防策略。通常安全性随时间的不同而不同。博物馆日间开放时外围一般是不布防的，而晚间闭馆时必然对周界进行设防布防。显然，不同的时间段，防范的探测位置应该有所区别。特别是通道、陈列室等的防范在不同的时间更应该不同对待。不同的时间段风险程度不同，采取的防范措施也不同。

高风险的博物馆建筑，按照规范都有一个设定风险等级问题。但风险等级不能看成是防护能力的等级，不能以为风险等级低就可以减低防范。从博物馆风险的时间和空间分析，风险等级只是安全防范规模、范围、重点的变换。实际上就是纵深层次的内外层探测点设置侧重不同。建筑物的总体安全是由各个局部的安全构成的。从纵深防范的角度，各层次防范功能与整体功能之间是一个相辅相成的关系。不同区域的风险程度与其外围的防卫能力有密切的关系。总体的安全防范能力是各层次防范能力的综合，但是各层次的安全防范不等于总体安全防范，也不等于本区域的防范。各层次局部的安全既依赖于总体的安全防范，更取决于局部的安全防范。外围安全是内部安全的前提和保证。总体安全的不足可以由局部进行弥补，得到加强。总体安全的强大可以减轻局部防范的压力。例如，二级风险安全防范工程，只是因为总体文物价值的因素，允许一定程度缩小外围防范能力。也正由于外围防范能力相对减弱了，探测点更接近防护目标，因此禁区和重点防护目标、重点防护部位的局部防范能力必须通过人防、物防、技防来得到加强。反之，首都博物馆作为一级风险安全防范工程，大幅度地设计了十分强大的外围防范能力，总体上把探测点前移，争取了更多的内部防范反应时间，这样，重点防护目标与重要防护部位的局部防范能力已经得到了保证，内层的防范设施不必再特别加强。

四、安全防范的作用与目标

对人、财、物的占有是随着私有制度的产生而产生的社会现象。只要私有制不结束，对财物的欲望和犯罪就不可能灭绝。无论采用什么对策和措施，无论怎样的高新技术，安全系统无法杜绝犯罪行为，只能够通过探测感知显性和隐性的风险，及时组织力量作出反应采取措施，延迟与推迟风险的发生与进展。

现代交通工具与全球一体化进程、信息化的发展，已经使任何一个社会个体都无法处于孤立之中。从大安全概念出发，社会秩序的维护更加要求建筑个体防范与全社会综合防范的紧密结合。因此，在安防系统设计中必须结合周边的安全防范，充分借用社会公共安全力量，增加安全防范探测提前量和反应能力。需要特别指出的是，博物馆个体防范与社会综合防范的结合，不是简单地与公安部门报警连网。更重要的，应当加强安防系统的“软”功能。例如，及时掌握治安动态，加大对社会环境和观众对象的了解：广泛收集与博物馆安全相关的信息和完善修正应急处置案例，考虑其他社会心理动态与重大活动对博物馆安全可能的影响等。这一切提前预警措施可以把安防探测时间更加前移，直接加强安防能力。

安全技术防范系统的特长在于能够扩展人的监测能力，见微知著，发现不正常情况，及时作出报警。并且在报警的同时，调动一切机构和手段延缓非法行为，限制非法活动，缩小和分散被破坏范围。例如，突然打开高强度照明，给歹徒心理和视觉的震撼，延缓其行动，争取到更多处警时间。信息是强化防范、维持秩序的重要因素。因此尽快缩短事件时间、尽量缩小事件范围，防止不正确信息的扩散，稳定人心是大安全的另一个重要观点。首都博物馆结合建筑物的具体特点，不但采用了有线、无线、对讲等通信手段，还在大厅增设了安防值班室，分设了保卫处和广播室等分控制中心，不仅加快报警反应，在第一时间就能够组织充分的处警力量，而且保证了准确消息的及时播报。

电脑系统的优点之一就是能够长时间、大容量地记忆信息。安全技术防范系统就利用电脑的这个特点，建立了磁盘录像机，对视频监控信息进行一旦报警时的提前录像和重要区域的24小时实时录像。这些录像记录具有事后追溯、查证、举证的作用。

日常生活和正常工作中，建筑物的进入、人员的接触、财与物的转移，是现代社会生活中无时不在发生的。安全防范以防盗、防抢劫、防入侵、防破坏为主要内容，根本在于这些建筑、人、物的变化都是非法、不正常地被变化，所以称作“侵害、损毁与抢劫”。俗话说“浑水摸鱼”。不正常的社会秩序是人、财、物损失的直接现象。因此，各类风险的实质就是正常社会秩序和道德心理被非法破坏。特别是“9·11”事件、以及社会转轨期心理失衡引发的“个人恐怖活动”，更是以直接破坏正常社会秩序为目标、无明确侵害对象的犯罪活动。因此，安全防范的本质是维持正常的秩序和规矩。只要是扰乱了正常的社会秩序，即使犯罪没有得逞，没有产生事实的损伤或者转移，也是发生了安全事故。

维持社会秩序是安防系统的主要目标。这就把简单的对人、财、物的表面防护引申扩展到了社会秩序安全。社会秩序是由组成社会的群体的正常心态支持和保持的。而心理安全又与所接受的信息有极大关系。不确切的信息会引起人与人群行为的混乱。因此，当代社会的安全与安全防范应当是包括人身安全、财产安全、物品安全、秩序安全、心理安全和信息安全等在内的大安全概念。其中，社会秩序安全与人的心理安全、信息安全，是人身、财产、物品安全的先决条件。从维护社会秩序的大安全出发，防护的界线不仅有物理界线，还有生理界线和心理界线。例如，首都博物馆工程实践中把停车库出入口控制列入安防系统就是这种大安全概念的体现。

把安全防范的目标提高到保持和维护社会秩序、心理、信息的安全，实质上是防微杜渐，把探测的时间往前提升，最大程度增加延迟、反应的处警时间，加强安全防卫能力。因此，安全概念的引申和扩大，探测时间前移，是提高安全防范的效率的重要措施。

五、博物馆安防的若干矛盾

博物馆作为向全社会开放的空间，自然允许尚未发现的有犯罪企图的危险个体与正常参观的观众群体同时进入博物馆空间。而且，一般来说，在案发前很难进行好人、坏人的区分。因此，博物馆为了保证文物安全，安防系统的监控对象必须扩大到博物馆内外的全体公众。这就势必带来一连串的矛盾。

首先是防范监视与人权、隐私之间的矛盾。安全防范，探测是首要的。探测，或者说监测的任务是发现危险预兆，当然要进行严密的监视。而2002年九届全国人大第三十一次会议提请审议的民法草案，对隐私范围作出了明确界定，规定隐私的范围包括私人信息、私人活动和私人空间。“自然人享有隐私权，禁止以窥视、窃听、刺探、披露等方式侵害他人隐私。”那么，如何使得这种不停顿的安防监视能够被公众所接受、不与法律相冲突？也就是探测坏人与不窥视好人之间的界线何在？不同的出发点会有完全不同的设计方案。有的博物馆视频监视系统，在设计时一味强调“无盲区”，力图把每一个角落都看清楚。甚至因为担心卫生间躲人，也安装了摄像机。这样做不仅摄像机的数量增加很多，而且势必涉及个人隐私。其实探测不是看清!探测的目的是为了判别秩序状态，判别有没有越轨迹象。非法越过防卫界线是判别的主要依据。因此，“无盲区”是防线的全线无盲区，不是全部防范区域内都没有盲区。摄像机的主要监视目标就是探测有没有不正常的超越实际或者虚拟的防线。而防线以外或者以内的区域是未发生，或者已发生事件的区域，不是定性判别的关键，显然可以减少监视。另外，从人体工程学分析，表面上每个角落都有摄像机，能够“看清犯罪的全过程”。事实上，值班操作员长时间面对400多个画面，视觉疲劳导致根本无法看清任何画画!这是忽视了“可靠性建立于可用性之上”的道理。

安防系统不可避免地需要安装一些物理实体的管制监控设施。没有隐蔽的监控设施与建筑文化、博物馆开放理念和展陈装饰效果存在着不和谐。这时可以通过外表的装饰，使其隐蔽而不触目。当然，有些物理实体的管制监控设施无法，或者根本不应该隐蔽，就是要起到明显的警示作用。另外，既然所有的防范就是对界线的掌握控制。首都博物馆对场景类的陈列区域广泛采用微波墙和动态视频技术，尽可能地用无形的界线来替代有形的，会引起观众反感的粗暴简单设施。这样既进行了严密的设防，又允许观众就近观赏，取得开放与安全的统一。

六、“三防合一”的理解

在安防工程建设中，由于习惯上把安防工程等同于技术防范系统的设计和实施，因此经常会发生“以技术防范为中心”的偏差。

事实上，博物馆安全是一个总题目。博物馆的安全性不仅仅取决于技术防范系统。古往今来，任何一个建筑，即使没有技术防范系统，也仍然要讲究安全防范。

“物防”就是依靠建筑物自身结构，或者与之相关的其他物理实体构筑的阻挡入侵、犯罪的物理防范设施，是任何建筑物的安全基础。与技术防范系统相比，建筑的物理实体防范和人的防范管理能够更有效地从空间提前探测点。常见的门窗、锁钥就是把探测点前移到住宅外围的传统而实用的物防设施。

原先首都博物馆的建筑设计把停车库布置在文物库房上面。车辆进出的震动，和可能发生的从停车位对楼板的盗掘，显然不利于文物安全。要检测防范这些风险势必投入相当大的技术措施。通过讨论，现在将停车库迁移到文物库上层的旁侧，同时用设备机房在中间进行缓冲过渡。这就在物防上延伸了探测点与被防护对象之间的空间距离，大大提高了文物库房的安全性，减少了技防的投入。再如，在文物库的内部分割上，原来的库房分割得很小，且都有一面墙体与外墙共用。对此，技防需要设置墙体的检测和大量监视通道的摄像机。后来对库房分割进行了优化，采用了中间大库房、增设四周监视通道，避免了复杂的墙体防范，也从空间上前移了探测位置，大大减少了摄像机的数量。技防本质上是人防能力的延伸与加强。物防、技防都需要由人进行设置、操作与管理。因此，安全防范的核心是人防。人防包括了安全管理的体制、组织、规章制度，以及保卫人员的能力和素质等因素。

由于首博的建筑规模和视频监控的直观效果，安防系统采用了近400台摄像机。如果把每一个摄像机画面显示到安防监控中心，设备的投资、电视墙的面积会增加很大。尽管许多安防监控室利用9画面、16画面的图像切分技术，压缩了设备数量，但是眼花缭乱的电视墙更容易使值班操作人员产生视觉疲劳。在安防深化设计中，坚持从值班操作人员出发，从实际监控效果出发，摈弃不切实际的多画面方式，合理地确定关键部位，把电视墙精减到24台液晶显示屏，减少了操作人员的视觉疲劳，提高了实际的监控效果。

另外，建筑的管理也是一种人防措施。应该肯定，任何时候绝大多数是好人。因此，安防措施应该尽量依靠正常观众的“道德压力”来强化社会秩序。例如，博物馆内参观人流的走向合理、清晰、明确十分重要。特别是减少逆向和交错以后，不仅对于非正常的参观者会产生无形的约束，而且从时间上前移了对非法行为的敏感度，有利于安全防范。

七、技防系统自身安全策略

安全技术防范系统是一个由多个软硬子系统组成的系统。根据系统工程的“水桶原理”，其总体功能取决于包括前端设备、现场报警控制器、主机、软件等每一个组成中最弱小的那个部件。技术防范系统是软硬件结合点、人机结合点，也是物理空间与信息空间的结合点，是安防系统的最薄弱点。

随着当代科技的发展与普及，犯罪与反犯罪的较量更集中表现在现代科技的应用对抗上。安防系统的技防部分一旦被攻破或者占领后，必将导致整个安防系统的全面瘫痪。安防系统的自身防卫是整个安防系统可靠性的基础。

技防系统的自身防护包括对外来直接侵犯的防护，同时也包括对内部隐患的防范。所谓“堡垒最容易被从内部攻破”。技防系统的自身防护必须考虑内部人员有意的违规行为和无意的误操作。首都博物馆对内部安防管理人员除了用掌型仪区分身份和操作权限以外，同时还设置了误操作报警和无操作报警，防止脱岗等失误。在系统的结构上，首都博物馆的视频安防监控系统还采用了总控加分控模式，增设了馆分管领导、保卫部和武警驻地等三个上一级分控中心，强化了对整个安全工作的监管。

技术防范系统是以信息技术为基础的高科技系统。信息流的安全性将直接关系到安全防范系统的正常和能力。因此技防系统的自身防护应综合考虑人、物、资金、信息四方面的安全，特别加强信息系统层面的安全保护。不仅要保护有形的信息物质载体的安全，防止有形的入侵破坏、盗窃、非法拷贝等犯罪，更要防止通过信息网络的隐蔽入侵和破坏，包括对信息的窃听、窥视、改写等隐性入侵。不仅监视即时突发的显性的信息安全问题，更要监测长期作用的信息炸弹、病毒、流氓软件、泄密等隐性安全问题。同时，博物馆安全防范系统的信息网络不与其他信息管理系统共用或者物理连通。

八、首博安防系统运行的反思

首都博物馆新馆安全防范系统于2005年12月开始试运行。2006年5月11日通过国家文物局委托的工程验收。至今运行正常，在日常工作中发挥了相当重要的作用。

三分建设、七分管理。任何现代化设备设施，仅仅只是人工管理的工具!在首都博物馆的安全工作上，保卫部门的定位还没有清晰，技术系统与人工管理模式之间的结合还不密切。作为博物馆，其日常运转的核心究竟是保卫部、还是开放部？即博物馆的中心是从文物安全出发，还是以观众服务为主？当发生矛盾时，究竟是安全决定开放，还是安全服从开放？正由于此，许多门口至今还是人工监视管理，安防系统的门禁出入管理系统还没有被启用。诸如此类，管理机制与现代化系统之间的磨合期还很长。如何根据博物馆工作的需要，做到人工管理与技术形式之间的协调、融合，将是首都博物馆当前的首要任务。

一年半的运行也带来了一些新的问题。例如，博物馆的一些特殊安全措施究竟如何处理？比较突出的是文物库房内到底要不要安装摄像机？由于文物库房内一列列文物柜架，如果安装摄像机，那么摄像机数量的增加和相应的视频矩阵、录像设备的增加将引起极大的投资。博物馆的一个基本常识，文物存放架位、文物等级是博物馆藏品管理条例中要求的保密内容。分库专人保管、不标注文物等级是有效的人防措施。如果在文物库房安装了摄像机，那么文物的存放信息就会暴露在其他部门。从实际效果分析，保管员在库房内进行文物提取或上架都是正常工作，摄像机难以发现其中的违规举动。显然，文物库房内安装摄像机不仅没有提高文物的安全程度，反而增加了不安全因素。再有一个问题，是否每一个摄像机的画面都需要24小时实时录像？录像保存时间需要多久？对此，智者见智、仁者见仁。但是，任何歹徒不会凭空出现在犯罪现场，肯定有他的进入路由。因此，即使还没有到达犯罪场所，外围的摄像机里就应该有录像。从纵深防范的思路出发，外围—周界、监视区的录像资料是更主要的。

精品需要精心。首都博物馆安全防范系统的缺憾在于缺乏精益求精。安防、消防的许多前端设备安装在展厅、观众通道部位。由于招投标程序和法规的限制，无法对这些前端设备根据展陈装饰要求重新调整规格、型号和色彩，不仅带来了装饰效果的极大不协调，也容易被损坏。这只能留待今后更新时再解决了。

参考文献：

① 公安部教材编审委员会：《安全技术防范》中国人民公安大学出版社2001年版。

② 靳秀凤：《加入WTO后安全技术防范管理工作的若干思考》2002中国安防论坛论文集。

③ GB50348—2004《安全防范工程技术规范》标准宣贯培训教材，公安部科技局全国安防标委会，解放军出版社2005年版。

在享受中学习 在娱乐中体验

——英国博物馆展览述议

龙霄飞

展览在博物馆工作中是非常重要的内容之一，不同的国家、不同的博物馆在展览的具体做法上有很大的不同，英国的博物馆在这方面有很多值得我们思考与借鉴的地方。笔者于2004年在英国前后走访了英格兰和苏格兰的各类博物馆共40多家①，下面就以英国博物馆的普遍情况为例对展览作一概略的介绍与分析。

英国的博物馆从性质上大体可以分为五大类，主要有综合类博物馆、历史地志类博物馆、艺术类博物馆、自然科学类博物馆和专题类博物馆。这些博物馆多数是以古代建筑为载体，不改变建筑外观而只对建筑内部加以改造后作为博物馆使用，这些古代建筑因其内部宽敞高大，宜于改造作展览，有的完全改变原来的装潢，重新改造以适应所做的展览，有的以原来的结构为基础，稍加改造。新建造的博物馆较少，如苏格兰博物馆、格拉斯哥布瑞尔文物馆、斯盖岛博物馆等；或者改造原来与博物馆无关的建筑为博物馆，如泰特现代艺术馆就是在泰晤士河边原来的一座发电厂基础上改造而成的。多数博物馆从外观上看十分的古朴、典雅，有时候觉得还有几分陈旧，但当你走进博物馆内部，观看其展览的时候，会让你感觉到很惊讶，浓烈的现代气息向你扑面而来，缤纷的展览让你流连忘返。这大概就是展览的魅力了。

什么样的展览才是一个好的展览呢？一个好的展览应该具备的条件有很多，不同的展览要求不一样，评定的标准也有差异，但有一个基本的标准，主要包括以下七个方面“1. 展览必须安全和可靠 2. 展览必须便于观赏 3. 展览必须能留住观众 4. 展览必须有亲和力 5. 展览必须具有吸引力 6. 展览必须值得观看 7. 展览必须有好的品味”②。英国的各类展览正是以这样的标准和要求来实施制作的。下面从五个方面逐一说明：

一、展览的种类

英国博物馆的展览在种类上与国内没有什么区别，基本就是固定展览和临时展览两大类。固定展览一般都是长期陈列，短时间内很少更动，临时展览一般都是专题陈列，周期在1—3个月。

英国博物馆的固定展览和临时展览都有自己的特色。

固定展览一个重要的特点就是以信息量大取胜，让参观者各取所需，都能不虚此行。初入展厅，你可能以为是进入了库房，密集的展品让人眼花缭乱，甚至都有些喘不过气来，不知道看哪儿了。如果是在中国，这种方式是很难让人接受的。这就表现出了观念上的不同。开放的观念与服务的意识在英国的博物馆中是非常普遍的，无论是管理者还是普通工作人员都十分认同这种观念，没有自我封闭的意识。博物馆的工作者都有“博物馆是为公众服务的一个机构”的概念，因此在一切具体的做法上都是从服务公众的角度出发的。博物馆十分乐意把所有的藏品展示在公众面前，让公众尽可能多地了解博物馆，只要观众进入博物馆，都能找到自己喜欢和需要的内容。同时大量的展品陈设，让一般人无法在短时间内看完，可以吸引观众不断地进入博物馆参观。

临时展览与固定展览相比较则呈现出完全不同的面貌，它有一定的主题，内容相对单一，注重内容的表现和设计的展示，在展品的挑选上更为细致。临时展览不是随意确定的，也不是某个人能够决定的，而是根据市场情况来确定的。通过一定程序的市场调查以后，由博物馆根据调查结果决定举办什么样的临时展览。展览中的展品都为表现主题来服务，而且都是精选最能表现展览主题的器物，不是像固定展览中陈列多件表现同一主题的器物。

二、展览的主题

不同类型的博物馆表现不同的展览主题。

综合类博物馆由于其本身的性质决定了它所展示的主题的多样性，主题内容包括很多，有历史、人文、社会、自然、科学等。而历史、人文、社会题材的展览一般按国家和地区来展出，自然和科学类的展览按照科目分类来展出。

这类展览以苏格兰皇家博物馆和大英博物馆为代表。大英博物馆按照时间、地区和类别分为临时展、史前展、古代近东展、埃及展、希腊和罗马展、美洲展、亚洲展、欧洲展、非洲展、罗马时期的不列颠展、货币展、版画和素描展十二个大类的主题展，分别陈列在94个不同的展厅中（图1）。苏格兰皇家博物馆则以自然世界、科学与工业、艺术与文化为主题，然后按照地区、时代、内容等小的主题分别陈列在38个不同的展厅中，其中包括临时展厅（图2）。

图 1　大英博物馆的埃及厅

图 2　苏格兰皇家博物馆的中国厅

图 3 苏格兰博物馆展厅

图 4 维多利亚阿伯特博物院建筑厅

历史地志类博物馆展览主题比较单一而集中，以展示地区历史为主，以历史时代为线索安排展品。这类博物馆以伦敦博物馆、苏格兰博物馆（图3）、约克郡博物馆和爱丁堡博物馆为代表。这些博物馆的主题展览“主要是系统地展示全国或一个地区历史发展的主要过程和基本线索。或者某一历史时期某一地区的历史发展概貌；”③ 但在表现的手法上十分多样，而不像中国博物馆陈列手法的陈旧与单一，而是结合本博物馆、本展览的具体情况确定适合的展现方式，同时又符合博物馆展览的基本做法。

艺术类博物馆展览主题多样，以展示艺术品为主，包括雕塑、绘画、陶瓷、金属、服饰等，或者以作者为主题，展示某一个人的一类作品或多类作品；“主要通过造型艺术作品，反映人类的艺术实践和审美意识的发展，揭示美的本质，给人以美的感受和教育。”④ 这类博物馆以维多利亚阿伯特博物院（图4）、国立美术馆、苏格兰国立美术馆和泰特现代艺术馆为代表。

自然科学类博物馆以自然、科学为主题，按照科目分类来展出。这类博物馆以国立自然历史博物馆和科学博物馆（图5）为代表。

专题类博物馆以某一专门题材为表现主题，如儿童、战争、邮政、交通、名人等。这类博物馆以儿童博物馆（图6）、戏剧博物馆、皇家战争博物馆（图7）、海事博物馆等为代表。

图 5 科学博物馆展厅

图 6 英格兰儿童博物馆展厅

图 7 皇家战争博物馆展厅

三、陈列的手法

英国博物馆的展览不仅数量众多，题材广泛，内容丰富，而且十分注重陈列的手法，运用各种形式来表现展览主题，以尽可能多的方式吸引观众的眼球。充分展示这些陈列手法主要是通过展柜、展托、说明牌、灯光、参观路线、色调、标识和多媒体展示手段等方面来实现的。

（一）展柜

展柜对于大多数博物馆来说，是展览重要的设施之一，既可以保护展品，又可以为观众提供展示的空间，是展品的主要承托体。展柜主要有四项功能，即“保护展品不受盗损；提供展品需要的微环境；保护展品不受污染；提供展品展示的舞台空间，”⑤ 前三项功能在一般情况下都是能够满足的，而第四项功能如何充分发挥作用在每一个博物馆则有不同的做法，这一点也是当前展柜最能发挥作用和可以有所为的地方。

展柜的设计与使用是与展览整体的风格相适应的，无论在英国的哪个博物馆中，都可以看到各式各样的展柜。设计者从展览的总体风格出发，为适应不同展品的样式，使用不同样式的展柜。一般展柜都是上下通透、多层式的，特别是在固定展览中更多的使用，以陈列尽量多的展品；而临时展览在展柜的使用上则综合各种形式，不以某一种为主要形式，而是根据展览需要来确定（图8—11）。

（二）展托

展托对于展品的衬托起到了很重要的作用，因此它的设计对展览效果与表现展品至关重要。根据展品的需要来确定展托的样式，可以是透明的玻璃，可以是各色木料的，或者在一个大的展托中又掏出一定的空间摆放特定的展品；可以说展托是各式各样，不同质地配合使用，尽量避免单一与单调（图12—18）。

图 8　展柜之一

（三）说明牌

“因为文物本身具有一定的局限性，不是任何历史问题或历史现象都有恰当的文物来表现，”⑥ 因此，必要的说明文字是不能少的，这样展览中就需要适当地设置说明牌。说明牌对于展示一件展品的内涵来说是不可或缺的，也是展览中必不可少的内容之一。

图 9　展柜之二

而在中国目前的做法常常显得有些极端，无故地减少说明文字，甚至没有说明文字的现象较为普遍。我们在展览中往往看到的只是展品有限的介绍，一般仅限于名称、时代、尺寸、出土地点简单的几项，如果想了解更详细的内容就无从入手了。说明牌的文字不能怕没有人看而省减，但也不能铺天盖地，让人不知所措。对于文字的多少有一定的规则，国际博物馆界有这样的做法：“简介说明文字不超过150个单词，以50个左右为最好。部题说明文字不超过200个单词，以50个左右为最好。器物说明文字不超过40个单词。如果必须提供更过的说明文字，则放在信息指南或者可散发的册页中。这也许是对于一些参观者想了解更多细节信息最好的解决方法。”⑦

图 10　展柜之三

同时，说明文字也要针对不同的对象，要能让大多数人看得明白，而不只是为少数人服务的。“对于写给学生的文字和写给大学教授的文字是不相同的。要搞清楚观众可能拥有的教育程度和知识水平，”⑧ 这就需要在展览之前做一定的调研基础工作，把展览的定位做好；只有把握准展览的参观对象，展览的定位才能准确。

图 11　展柜之四

图 12　展托之一

图 13　展托之二

图 14　展托之三

图 15　展托之四

图 16　展托之五

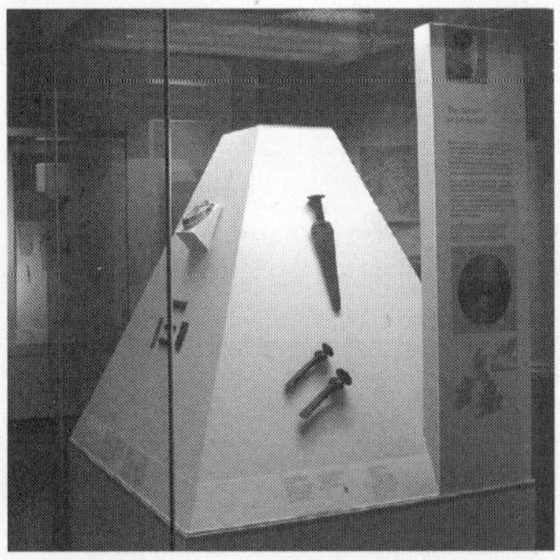

图 17　展托之六

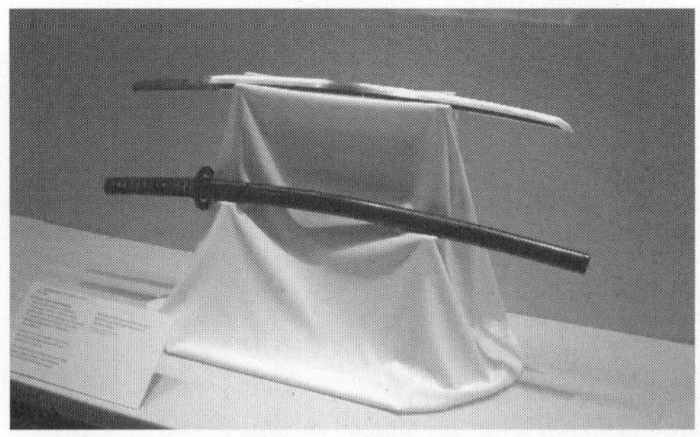

图 18　展托之七

从目前的发展来看，说明牌不仅仅是平面、纸质的简单样式了，而是利用多种手段来表现的全方位立体式的说明牌了。它的位置多样，形式多样，图文并茂，并用科学技术来配合（指示灯、语音讲解、语音导览等）展示。如苏格兰博物馆展厅中的说明牌上就不仅仅有文字，同时配有背景插图，而且这些图片或者是平面的印刷，或者以装裱的形式衬托表现出立体感，有的说明牌还将时间表引入其中，标示出这件展品在大的历史年代中的具体位置（图19—23）。此外还专门设置了为盲人服务的盲文说明牌（图24）。

（四）灯光

“好的灯光让博物馆呈现出非同一般的面貌”⑨，灯光的设计对于一个博物馆的展览展示来说起到了点睛的作用。灯光包括整体展厅灯光、展柜内灯光和具体某一件展品的灯光。从笔者所看到的英国博物馆展厅内的灯光设置来看，主要有三种方式：自然光、人工光或者两者结合，而其中所占比例更多的是人工光模式、自然光与人工光二者结合的模式。

灯光的使用同样要和展览相配合、相适应。或暖色调，或冷色调，而色调的选择是和展厅色调相协调的。不同展柜中要表现具体展品的灯光也是需要仔细考虑的，或者用散光，或者用聚光，或者从

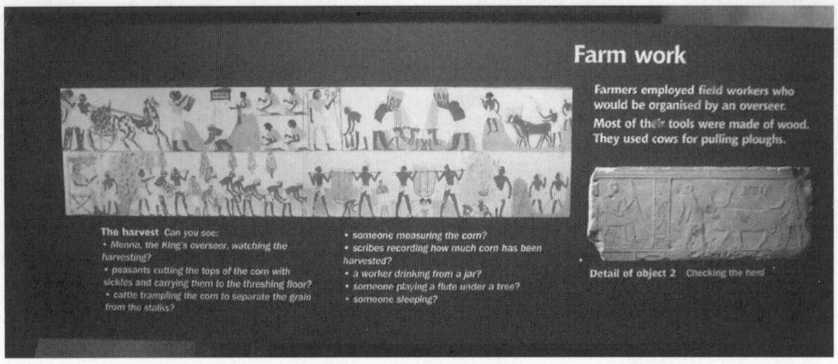

图 19 说明牌之一

图 20 说明牌之二

图 21 说明牌之三

图 22 说明牌之四

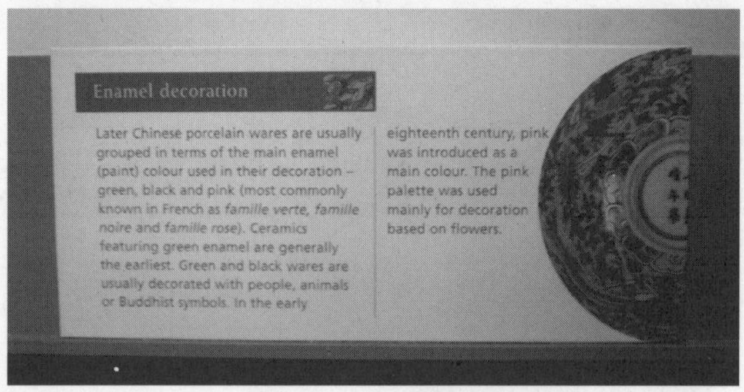

图 23 说明牌之五

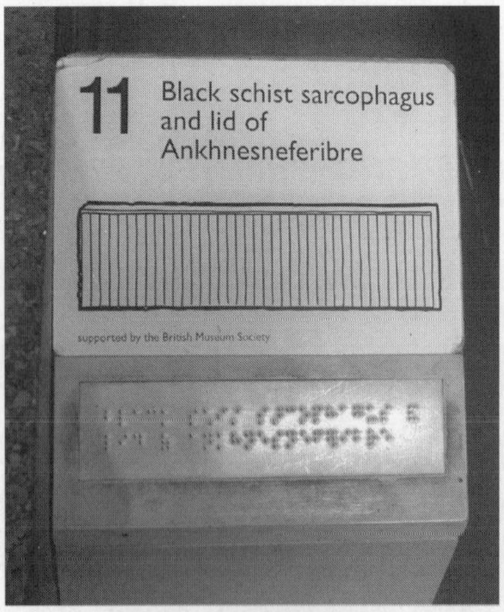

图 24 说明牌之六

图 25 展线

底部投射，或者从顶部投射，这些都是根据不同展品所要表现的特色来决定的，而且不同的展柜使用不同的布光方式，但整体上又能保持统一的风格。

（五）参观路线

参观路线对于参观展览来说举足轻重，要不要设置明确的参观路线需根据展览的性质来决定。参观路线“既要考虑内容的需要，又要考虑到观众的参观方便和人流的畅通无阻，避免走回头路；”[10]一般来说，以表现物品本身而没有时间先后顺序的，可以没有参观路线或者没有明确的参观路线；对于以历史顺序展示或者表现主题有一定时序的展览，就需要设置出参观路线。

在大英博物馆中重新布置的Enlightenment—Discovering the World in the Eighteenth Century展厅中，就是按照类别来安排展品，如植物、动物、考古、历史艺术、神灵、亚洲、美洲等，你可以按照自己的喜好随意参观。而在维多利亚阿伯特博物院的英国画廊（British Gallery）中，就是按照严格的时间顺序来安排展品的，有一个比较明确的参观路线。

参观路线的设置或者用明确的标识来表示，或者以隐含的方式实现，即通过展柜的排列以及内容的引导来完成。前者如苏格兰皇家博物馆 “1850年以来的艺术与工业”展厅中就以明显的年代标识来告诉参观者路线（图25）；后者如苏格兰博物馆“20世纪”展厅中，完全用展柜来划分参观路线，参观者必须按照展柜以及内容引导的顺序参观，没有其他路线可走。

（六）色调

展览的色调越来越受到博物馆设计者的重视，不同展厅色调不同，同一展厅不同展区色调不同；地面色调、展柜色调、展板色调、说明牌的色调都经过了精心的设计与考虑。博物馆的展览也因色调的丰富而更加色彩斑斓，增添了对观众的吸引力。在英国维多利亚阿伯特博物院的“英国画廊”展厅中就可以看到非常丰富的色彩设计，设计者们十分担心“展厅单一的色彩将很快过时，在短短的几年中将成为旧俗而失去吸引力”，因此“英国画廊中运用了各种各样的色彩、纹理和图案，这是对于平淡无味作战的一个重要武器”[11]。

图 26　标识之一

（七）标识

各种不同的标识在整个展览中是不太引人注意的内容，但又是展览不可分割的一个组成部分，多样的标识对展览起到了导引、指示与衬托的作用。

在英国的各类博物馆中，诸如出入口、展览主题、各种小标题、导览文字等标识，都精心设计，各不相同，对于标识的用心程度丝毫不亚于展览本身（图26—30）。

（八）多媒体展示

多媒体技术是配合展览、丰富展览表现形式的一种展示手段，近年蓬勃发展起来并得到了广泛的应用和实践，同时也获得了较大的认可。多媒体展示“提供了全新的交流选择，让博物馆专业工作者更直接地联系观众，”[12]各种多媒体节目是对展览本身的一种补充和说明，是博物馆展览解释

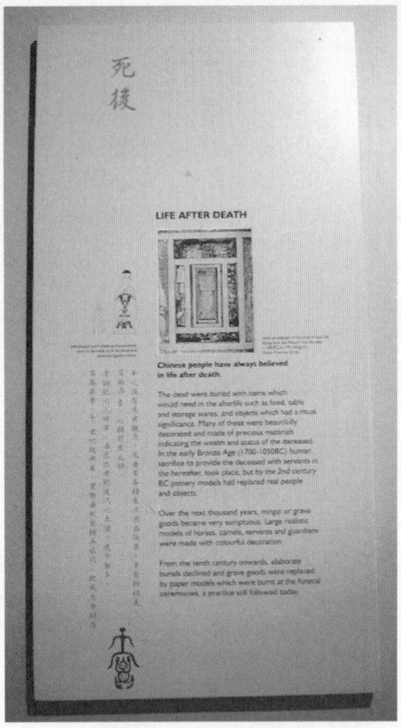

图 27　标识之二

图 28　标识之三

图 29　标识之四

图 30　标识之五

系统的一个组成部分，它的作用是能够“吸引观众注意力于展品；”⑬运用多媒体技术可以“帮助观众理解博物馆，但博物馆必须明了为什么要使用这些技术，而且要能够维持这些设备”⑭。在英国各类博物馆中都普遍采用多媒体展示手段。主要有以下一些做法：

1. 以触摸屏电脑或鼠标操作电脑介绍展览之外的本博物馆的藏品，如国立肖像美术馆设立专门的区域可以查看馆藏各类绘画。

2. 以触摸屏电脑或鼠标操作电脑介绍本展览中与藏品有关的历史、文化等背景知识（图31）。

3. 以三维动画展示某一藏品的构造，或者某一制作工艺，或者再现某一场景。

4. 设立专门区域，用影视手段介绍本展览中与藏品有关的历史、文化等背景知识；或设立专门

图 31　多媒体展示之一

图 32　多媒体展示之二

的影视厅播放，或是在展柜旁设立电脑播放等（图32）。

5. 在展品或展柜旁设立语音讲解器，拿起就可以听到关于特定展品的详细介绍。

6. 不同展厅以声音效果烘托展览效果，如战争场面、叫卖等。

7. 综合运用声、光、电技术，展现特定的效果，以科学类博物馆应用为多。

四、观众的参与

博物馆让观众不仅仅是一个看客而已，而要让他真正融入到博物馆中来；因此，展览不是让观众被动地接受，而是让其参与其中，展览是双向的，让观众的参与成为展览中的一个组成部分。展览面向社会公众，就是为公众服务的，没有公众的参观与参与，展览就失去了它应有的作用。

英国的博物馆十分重视观众的参与，无论展览的大与小，展览中一定有互动的项目。让观众动手参与的互动项目形式内容多样，都与展览关系密切。大的展览在不同的部位依照展览内容设置不同的互动项目，小的展览则在专门的区域设置互动项目。互动项目的设置是展览的延伸，观众在这些具体的参与项目中进一步理解领会展览的内容。

博物馆在展览过程中尽可能地发掘吸引观众参与的项目，设置多种形式的互动内容。维多利亚阿伯特博物院的英国画廊中，设置了若干“发现区”，作为观众参与的专门区域，设置如“如何做椅子”、“如何打领结”（图33）、“试穿古代服装”等内容，在展览过程中随时可以看到诸如“标本展示”、“请回答问题”、“请写下您的收藏品”、“请触摸”等不同形式的参与项目。在格拉斯哥的布瑞尔文物馆（The Burrell Collection）举办的“中国的一百万天”展览中，展览面积很有限，但观众参与项目却很多，如“神奇的器物”（让观众写出展览中器物的用途，图34），“回答问题”，

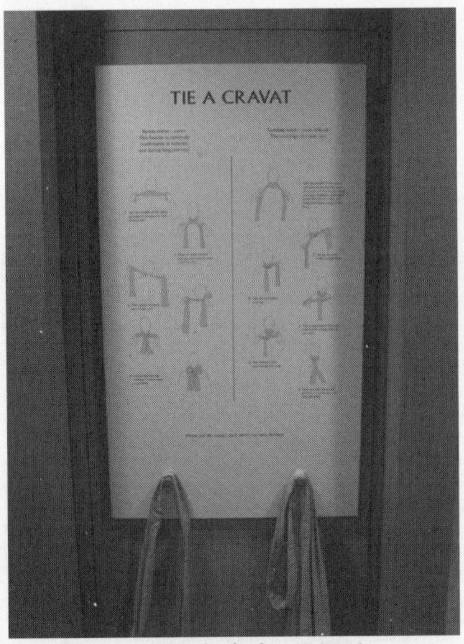

图 33　观众参与项目之一

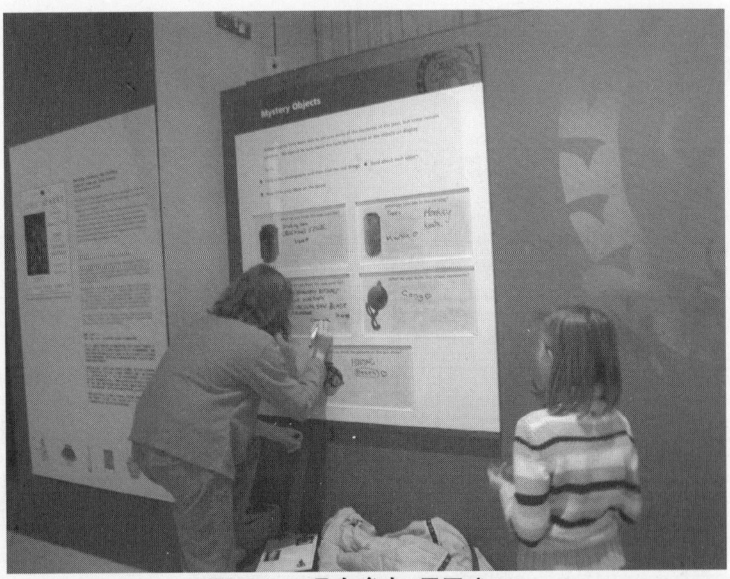

图 34　观众参与项目之二

“教你写汉字”，“摸与闻中国物料”，“中国样板戏”，“拼对中国陶器”等，多样的参与与互动节目，大大激发了观众的求知欲和动手欲望，发挥了展览的社会服务功能，获得了很好的社会效应。

五、展览的服务

展览不仅要有吸引人的主题和设计，要有观众喜欢的参与项目，还要有必需的服务设施，让观众能够在舒适的环境中享受博物馆。

配合展览，博物馆都有相应的服务内容，或者是长期固定的服务项目，或者是配合临时展览的服务项目。这些服务是多方位的，主要有以下一些内容：

1. 导览服务：主要入口处都有专门的人员提供问讯服务（图35）；有专人定时讲解和租用语音导览器讲解服务。

2. 出版物出售：与展览相关的出版物、纪念品等会在博物馆商店中出售。

3. 免费小册子提供：关于展览节目、参观导览、会员服务、学习教育等内容的各种免费小册子在总服务台和各展厅都可以自由拿取。

4. 休息场所：无论在展厅还是公共互动区域随时可以找到休息的座位，而且设计风格各异，特别是展厅中的休息点设计形式各异，但又都与展览的整体风格相协调（图36）。

5. 餐饮服务：设有餐厅、咖啡厅等场所，或者在展厅开始的地方，或者在展览的中间位置设立，视馆的大小而定（图37）。

6. 洗手间：普通洗手间之外，还设有专门为母婴、残障人服务的洗手间。

7. 电梯：在为普通人服务的电梯之外，配备专门为残障人服务的电梯。

英国的博物馆在经营过程中真正体现了“以人为本”的理念，一切从为观众服务出发，让观众在享受中学习，在娱乐中体验，“展览的目的依靠的是观众的需求，对于展览究竟为谁而做是展览计划的基本出发点”[15]，这种做法虽然并没有过多的口号式宣扬与明确的理论式解说，但都在具体的做法中体现了出来，这种观念已经深入到了每一个博物馆人心中。诚如维多利亚阿伯特博物院的宗旨所言：让每一个人享受博物馆的藏品，展示创造这些物品的文化。

这就是英国的博物馆与博物馆展览。

图 35　展览服务之一

图 36　展览服务之二

图 37　展览服务之三

注释：

① 英格兰博物馆有：维多利亚阿伯特博物院、大英博物馆、儿童博物馆、戏剧博物馆、国立美术馆、国立肖像美术馆、皇家战

争博物馆、科学博物馆、伦敦交通博物馆、泰特现代艺术馆、伦敦大学大维德基金会中国艺术品馆、伦敦大学亚非学院布鲁内（Brunei）美术馆、格林威治国立海事博物馆、格林威治女王宫陈列馆、格林威治皇家天文台陈列馆、国立邮政博物馆、剑桥菲兹威廉姆博物馆、约克城堡博物馆、约克郡博物馆、达勒姆大学东方博物馆、伦敦博物馆、牛津大学自然历史博物馆、温莎堡原状陈列、巨石阵陈列馆、BLENHEIM宫原状陈列、剑桥三一学院与国王学院陈列馆。

苏格兰博物馆有：苏格兰皇家博物馆、苏格兰博物馆、苏格兰国立美术馆、苏格兰皇家学会、苏格兰国立战争博物馆、苏格兰皇家军事博物馆、爱丁堡博物馆、苏格兰儿童博物馆、作家博物馆、人的故事陈列馆（The People's Story）、格拉斯哥布瑞尔文物馆（The Burrell Collection）、格拉斯哥现代美术馆、爱丁堡城堡监狱陈列馆、斯盖岛博物馆、因弗尼斯博物馆。

② G. Ellis Burcaw: Introduction to Museum Work (Third Edition), AltaMira Press, A Division of Sage Publications, Inc.,1997, p130–131. 原文为：“A good exhibit, regardless of what kind it is, will have certain characteristics: 1. It must be safe and secure. 2. It must be visible. 3. It must catch the eye. 4. It must look good. 5. It must hold attention. 6. It must be worthwhile. 7. It must be in good taste.”

③ 王宏钧主编《中国博物馆学基础》（修订本），上海古籍出版社，2001年12月，第249页。

④ 王宏钧主编《中国博物馆学基础》（修订本），上海古籍出版社，2001年12月，第250页。

⑤ Timothy Ambrose and Crispin Paine: Museum Basics, Published by ICOM and Routledge, 1993, p82. 原文为“–to protect the objects inside from theft and damage, –to provide a micro–climate in which constant levels of relative humidity, temperature and controlled light can be maintained, –to protect the objects inside from pollution, dust and insects, –to provide a ‘theatre stage’ on which to exhibit and interpret objects.”

⑥ 王宏钧主编《中国博物馆学基础》（修订本），上海古籍出版社，2001年12月，第249页。

⑦ Timothy Ambrose and Crispin Paine: Museum Basics, Published by ICOM and Routledge, 1993, p90. 原文为“Text on an introductory panel should have no more than 150 words; 50 words would be better. Text on section panels should have no more than 200 words; 50 words would be better. Object labels should have no more than 40 words. If you feel it is essential to say more than this, then put the extra information in a guidebook, or in a give–away leaflet. This is also the best solution if some visitors want detailed information.”

⑧ Timothy Ambrose and Crispin Paine: Museum Basics, Published by ICOM and Routledge, 1993, p89. 原文为“Labels written for schoolchildren will be different to labels written for university professors! Find out what level of education and what knowledge of the subject your visitors are likely to have.”

⑨ Timothy Ambrose and Crispin Paine: Museum Basics, Published by ICOM and Routledge, 1993, p79. 原文为“Good lighting makes all the difference to a museum.”

⑩ 王宏钧主编《中国博物馆学基础》（修订本），上海古籍出版社，2001年12月，第265页。

⑪ Edited by Christopher Wilk and Nick Humphrey: Creating the British Galleries at the V&A, A Study in Museology, V&A Publication and Goppion S.p.A. 2004, p107. 原文为“We also feared that a monochrome series of galleries would date more quickly and would, in a very few years, appear old–fashioned and unappealing. The variety of colours, textures and patterns used in the British Galleries was one important weapon in this campaign against blandness.”

⑫ Edited by Barry Lord and Gail Dexter Lord: The Manual of Museum Exhibitions, AltaMira Press, A division of Rowman & littlefield Publishers, Inc., 2002, p222. 原文为“Multimedia offers a whole new range of communication choices that help museum professionals reach out to visitors.”

⑬ Edited by Christopher Wilk and Nick Humphrey: Creating the British Galleries at the V&A, A Study in Museology, V&A Publication and Goppion S.p.A. 2004, p145. 原文为“All the interpretive devices in the British Galleries had one common aim: to engage the visitor with the objects.”

⑭ Timothy Ambrose and Crispin Paine: Museum Basics, Published by ICOM and Routledge, 1993, p75. 原文为“They can help the visitor to understand the museum, but the museum must be clear why it is using them and be sure that it can maintain them.”

⑮ Timothy Ambrose and Crispin Paine: Museum Basics, Published by ICOM and Routledge, 1993, p88. 原文为“The aim of the exhibition depends on the audience. A clear idea of whom the exhibition is for is essential to exhibition planning.”

北京工业遗址调查报告

——《北京火柴厂老工人采访录》

征集部

时间：2007年3月27日上午9点—19点30分

地点：崇文区沙子口富莱茵小区、天坛北门、阜成门

参加人员：

首都博物馆征集部张燕、王新元；北京火柴厂原总工程师蔡博明；北京工业大学建筑与城市规划学院5人：孙颖老师及李镭、柳妮娜、赵晗、张德操。

采访对象：

上午：

1. 贾崇正厂长，1947年生，61岁。

住址：崇文区永定门外定安里。

2. 周永胜老工人，1936年生，1945年9岁进厂。

住址：定安里。

3. 赵春老工人，1931年生，77岁。

住址：后池西街，原老厂区。

4. 蔡博明总工程师 1932年生，76岁。1959年清华大学毕业，1965年到火柴厂。

住址：永外定安里。

下午：

5. 傅琳厂长，1965年东北林业大学木材机械加工专业毕业，任技术员，1979年任技术副厂长，1984年任厂长。1993年为富莱茵总经理。

住址：建国门北侧。

6. 傅继忠厂长，原厚生火柴厂童工，1932年生，1946年小学毕业，解放后为厚生厂财务股长，1956年为北京市火柴厂财务科科长，1979年任厂长。

住址：阜城门外北营房东里。

关于北京工业遗址的调查，我们关注的不仅仅是老工厂的厂房、机器、设备，档案、照片等不能

说话的遗迹、遗物，同时更注重对火柴厂老工人进行采访。对解放前即在工厂工作的老工人的采访更是意义深远。他们对我们讲述历史的真实，我们的采访记录重要内容就是从历史当事人角度还原北京工业遗址。

张燕对火柴厂介绍：

解放以后，北京火柴厂成为华北地区最大的一家火柴厂。火柴曾是人们生活中的一种非常重要的必需品，有一段时期市民要凭票购买。火柴行业曾经是当年北京手工业中容纳劳动力非常大的产业。北京曾经有15万人从事火柴盒加工。当时火柴厂人手不够用，曾经向上报告申请实行机械化，市长回应：你机械化了，那15万人到哪里去吃饭？15万人要失业的。市长考虑的是人们的吃饭问题、就业问题，可以看出建国初期火柴厂的存在对北京的发展非常重要。

北京火柴厂在1927年失火，大部分厂房被烧毁，后又重建。据统计1949年新旧交接时期，厂里的中层有学历的干部达60%，不乏学法律的、学机械等的大学生。工厂拥有大量的有几十年工作经验的老工人，但也使用许多童工，八九岁、十来岁不等。这些童工就是今天我们的采访对象，他们中很多已成为企业的各级领导，从普通工人，到车间主任，到厂长，他们就是工厂历史的见证人。

北京火柴厂合并两家工厂，所以此次采访有两个地点。一是，原丹凤火柴厂的旧址，旧址的一部分现在变成天坛北门的一条“祈年大道”，一条笔直笔直的马路，其他厂房已经完全没有了，所以我们去只能拍下车水马龙；二是，原厚生火柴厂旧址，旧址在西直门老城墙的边上，现在西直门是一座巨大的立交桥。

解放后，原工厂由金鱼池迁到沙子口路，1993年转产以后迁到通县的次渠，现在也是处于半停产状态，有订单才会开工，为饭店或宾馆生产特制的高档火柴。这种短期的生产，一年可能有只有两次。由于火柴已经被电子打火机等淘汰，老工艺已经很难找到生存空间。即便是现代化的火柴生产线我们也很难采访到，目前华北地区最大的火柴厂在河北沧州，本来想到沧州去拍机械生产线，但是被告知工厂已经没有工人处于停厂状态。火柴行业全面亏损，已经没有办法维持自己的生存了，因此我们现在所记录的就是最后的火柴生产情况，了解这些历史对于今天的采访是非常重要的。

今天采访的老工人、老厂长所获取的资料弥足珍贵。我们从他们的记忆中挖掘出他们的经历——并记录为历史。今天主要有七位受访者，第一个是贾崇正厂长，他从工人到车间主任到副厂长，是通县次渠厂的副厂长；第二个是傅继忠厂长，他是老厂长，是从童工一直做到厂长的；第三个是蔡博明总工程师，他在清华大学毕业后1965年进厂到今天，一直担任工厂设备的技术改造。第四个是傅琳厂长，他是哈尔滨林业学院毕业，从技术人员到工程师再到厂长；然后还有其他工人的采访，周永胜和赵春。

北京火柴厂是由北京城里的两家火柴厂合并而成，一个是丹华（也就是丹凤厂），一个是厚生。受访的七位便是从这两个工厂选出来的工人代表。

采访时，受访者顺着他们自己的思路说，历史是人的历史，关于历史的沿革我们可以利用现成的资料，所以我们侧重于围绕他们对工厂的情感，他们的成长和生活状况。原拟邀请受访者到博物馆，考虑到这点，我们全部到受访者家庭里去记录他们现在的生活状况。今天的工人的生活状况，跟50年之后他们的后代会完全不一样。从中我们可以看到历史主体——人的变化，他们在解放初期是什么状况，解放几十年后的今天生活水平又是怎么样？我们要调查他们的生活水平和生活环境，今天就偏重于这几个问题。

下一次的访问直接去次渠，可以安排一些相关的访问，并参观一个私人博物馆。其中有火花博物馆的私人收藏，他收藏了近两万件火花。

1906年京师丹凤火柴公司成立，1908年秋光绪皇帝驾崩，他用过丹凤厂生产的火柴吗？我们不得而知。但北京城里的百姓用上了国产火柴是毋庸置疑的。温祖筠为了建火柴厂，连上了73封奏折。丹凤有股票上市，并在辽东建立自己的木梗厂。当时经理叫项激云，产品为大象牌（“象”通“项”）生产的是有毒的黄磷火柴，1分钱可买2—3盒火柴。1925年以前的火柴都属于不安全火柴，瞿秋白的母亲就是用火柴头的黄磷自杀的。何思源题字“虎猴牌”。原北京有170多家火柴厂，日本人进来后，仅剩七十几家 。《春桃》里有卖“取灯”（火柴）的镜头，可以与收破烂的交换取灯。当时有攒香老会，供奉文昌君。

解放后为防燃爆，迁到有100亩地的沙子口，东北的林业局提供木材3700根（直径40—50厘米）。火柴是解放后的紧俏商品，用它可以换鸡蛋、白薯。

2007年3月27日 左起张德涛、蔡博明、贾崇正、刘沪有、柳妮娜、张燕、孙颖、李镭。

贾崇正：厂长，1962年进厂，今年61岁。家住永定门外定安里7号楼后平房宿舍，两间，带一小院。贾厂长十分热情，把他积攒的老火柴盒、老火花、老照片都展示出来并放映了当时拍的一个关于工厂的纪录片。我们翻拍了10张老照片。

张 燕：我们想做一个课题，两家合作，就北京火柴厂的老事、老档案，进行深入的了解，因为知道这些的老人越来越少。

贾崇正：要是讲北京火柴厂的前身，可按一条线来讲：在天坛北门那是老厂址，丹凤厂改成丹华厂是第一个厂址，后来才挪到我们住的这个沙子口富莱茵的厂址来，我们的厂子是1950年公私合营，1951年挪过来的，1952年12月开始地方国营，1953年登报声明开始地方国营，1955年丹华已经变成国营的了，但厚生厂还是私企资本家的，1956年1月两个厂合并以后就成立了地方国营的“北京火柴厂”。1993年体制改革，把厂址挪到通县次渠去了，城里这边搞房地产开发了，所以生产挪到农村去了，工人也都是从当地招的，这是次渠的事。

贾崇正：你们搞这个课题，我给你们提个建议，有三个角度：

1. 从社会的角度出发，百年火柴厂养了三代人，这三代人有本厂职工产业链中其他人。你知道它养了多少人？这么一个厂子主要的原材料就有十多种，这十多种的配件厂子又得有那么多工人，才能保证火柴行业的生产，那些厂子有多少职工呢？又有多少家属啊？所以得从社会角度出发。搞企业，过去讲政治，满足社会需要，现在讲最现实的，工人要养家糊口，他传宗接代都得靠这个，所以说要从社会的角度看问题。

2. 再一个就是从经济的角度看问题，从经济角度谈又是一个概念了。从经济发展你们可以做一些文章，火柴厂从建厂出现的各种问题，原材料供应困难，价格变换了，市场变化了，这些需要从经济角度分析。

3. 第三可以从技术角度谈问题，技术可以分成两方面。一个是科技，火柴厂的生产也是从低级到高级的发展，一直到淘汰。现在都是打火机了，恐怕打火机你们没我认识深，因为我在搞火柴的时候就想生产打火机。为什么没搞成？当时就是火石的问题，火石只有中国的包头和澳大利亚有，来源很狭窄。过去老打火机都是油的，为什么后来它能代替火柴，从科技的两个方面谈：

（1）塑料工业，过去没有塑料打火机，过去的打火机都是铁的，密封加工各方面都不好做，现在用塑料，塑料压塑机生产的非常快；

（2）过去的打火机用的是汽油，现在都是液体天然气。世界各国至今仍沿用中国的这项技术。

咱们的打火机别小看，统治全世界，出口世界各个国家，非常便宜，成本最低的时候2毛2，整个生产实行社会化，这个厂子只做这个，那个厂子只做那个，他们买来以后组装，组装完了换气。现在有的厂子在生产上是做得比较高档的。过去火柴初级阶段，也就是在1970年以前一直是社会化生产，火柴盒是社会上家庭街道给糊的，秦皇岛那边的厂子单给盒，我们这边只负责粘火柴头，装盒子。

张　燕：今天还想请您谈谈，旧社会的火柴厂是什么样子的？

贾崇正：我是1962年进厂的，还没赶上旧社会，这个厂子的第一批童工、学徒工，一个月薪水16块钱，初中毕业就过来了，我们那时就业很困难。

张　燕：你们那一批有多少人？

贾崇正：有50多个人，我一开始就是工人，到了1968年“文化大革命”的时候，也是在改革，提出用纸代替木头做火柴梗，后来我就从一车间跳出来参加那个科研组，又到济南学习。

张　燕：后来也没生产成功吧？

贾崇正：中国的纸张成本太高。

贾崇正：这是火花和火柴，我们去古巴，人家送的。这里还有火柴厂的各种信封（贾厂长的宝箱里收藏着各种有关火柴的纪念品）。

张　燕：您的老照片有吗，我们可以看一下吗？您们的档案全部捐给我们博物馆了，一共14000多件。

贾崇正：老人越来越少了，我这都算年轻的了。

张　燕：这个镜头照的是什么？

贾崇正：这是在手工装火柴。

张　燕：这是次渠厂吗？哪一年拍的？

贾崇正：1994年工厂还在生产（电视里播放关于工厂的老片子），这个节目的意思就是说，火柴现在还有人在使用。

张　燕：那是在什么时候呢？

贾崇正：大概是在1997年左右。

张　燕：当时您是这个厂的厂长吧？

贾崇正：这些照片是1992年照的，陈希同（贪官哟）、王宝森、李其炎来的时候照的。

学　生：工厂从沙子口搬到次渠，搬到那边以后是不是有什么变化？比如说设备上有没有什么改进？

贾崇正：没有，只不过在管理和技术上有一些变化，此外就没有别的了。

张　燕：有跟火柴生产工艺有关的老照片吗？

贾崇正：这张照片是次渠厂的维修工。原来也是跟印刷一厂合作的。

张　燕：现在停产不是损失更大吗？

贾崇正：损失什么啊！火柴生产成本太高，停了损失不了钱，现在出租厂房一年还挣20万呢！比做火柴还挣钱多呢！

张　燕：这个厂房都租给谁了？

贾崇正：租给两个私人老板。有一个用来当仓库了。

张　燕：这两个人是谁（指一张照片）？

贾崇正：这是原来的副厂长朱茂锦。朱茂锦1970年以后才进厂，他爸爸来得早，是解放前财务科的（完）。

傅继忠：14岁，1946年在厚生火柴厂当童工。

傅继忠：毕业以后就到火柴厂了，那时候火柴厂在西直门里，厚生火柴厂。

张　燕：您是厚生的？

蔡　工：您给过我一本书，里面有个地图，火柴厂是不是搬过一次家？

傅继忠：没有搬过家。

傅继忠：我是1946年进的厂。

张　燕：那时候您多大？

傅继忠：我虚岁14，小学毕业嘛。那时候我们就在这儿住，这地方不是叫北营房吗？大街南边有个南营房，200多年前的清朝，这里是清朝军队驻扎的地方，要不然说我们是满人呢！我爷爷的上辈儿就不知道做什么了，我有两个爷爷，二爷爷原来是中医，大爷爷做点小生意，修过鞋，卖过蝈蝈，还卖过风筝，他会糊风筝，就在阜城门里路北边的茶叶庄，叫福聚来茶庄，现在还有这个茶叶庄呢，他就在那个门口摆摊。我二爷爷原来教过私塾，后来我父亲做过录师（东北讲武堂），就是做些抄抄写写的工作，他为什么能做录师呢，就是因为他跟我爷爷学过中医，毛笔字写得特别好。以后呢他也教过私塾，后来还从事了一段时间的中医，一直干到解放后。

傅继忠：后来我小学毕业以后家庭条件就不是太好，我是通过街坊的介绍去的，我有个街坊他们家哥儿仨还有他父亲都在火柴厂，给我刚介绍到火柴厂的时候是装火柴的。

张　燕：丹华那边的档案我查过，得请有文化有经济能力的人负责担保介绍。

傅继忠：因为装火柴的都是童工，都是没文化没上过学，也有的上过一两年学，因家庭环境不好就辍学了，最小的只有9岁。装火柴不是在案子上装吗？脚底下还登着板凳呢。这是我妻子也是童工，1947年去的，她也是装火柴的。厚生火柴厂有一个盒料厂，是做火柴梗和火柴盒的，还有一个大机器房，我们是装火柴的，还有比我们大的女孩子是包火柴的，当时在这个包装处就是只有我这么一个小学毕业生。当时那个工头姓白，他好像还认识我，后来据他跟我说他父亲认识我。就是因为我小学毕业，所以我在那里装火柴只装了一个多月，正赶上账房先生要一个学徒工，后来他就跟我说让我去账房学徒，我就想，学徒干什么啊，实际上那个时候学徒工跟现在学徒工的理解不一样，现在的学徒工如果学车床，你只要跟着师傅一起学就可以了。我们那个时候学徒，就是在账房里面打杂、笼火、扫地，给账房先生端茶倒水，中午伺候先生吃饭，一直忙到晚上，老板张厚庵他天天吃完晚饭还来，所以账房先生呢，也得来。工人们到五六点钟就下班了，账房先生也走了，老板也都走了，他们的家就在厂子的北边，隔着一道墙，他们吃完晚饭都会来，各就各位。在账房里面有一柜台，账房先生在这头，柜台那头有两排办公桌，出纳员的，管会计的，管销售的，还有一些工头，还有大机房的工头，也全都过来。他们都得算帐，要算白天包包数和装盒的都干了多少，摇大机器的摇了多少车，全都要算账，掌柜的来了还得问，今天有什么事？生产有什么问题，有时候说完十点了他才走，我呢就得跟那儿站着，就得伺候着，我得在那儿沏茶倒水，等他们走了我还得归置屋子，归置完屋子又封上火，我才睡觉。

张　燕：老板是张厚庵。厚生火柴厂在20世纪40年代的规模有多大，它有多少人。现在一点痕迹都找不到了，我看了西直门地图完全找不到了，现在西直门桥是不是把原来的厂址给覆盖了？

傅继忠：现在有一个成铭大厦，成铭大厦的南边有一个永祥胡同，过去那地方就叫永祥寺，张厚庵就在那里住，他的家跟厂子就隔着一胡同，那地方叫黄旗马圈，有五六十亩地，甚至还多一点。现在应该都拆了。

张　燕：当时的厚生火柴厂和南边的火柴厂是不是厚生这边大啊！

傅继忠：那边的丹华火柴厂大一些，这里的规模小一点。

傅继忠：这个掌柜的是沧州人，他们哥儿仨不知道什么原因到北京来的，这个老板13岁的时候就到丹华火柴厂学徒了，张厚庵这个人很聪明。当然我不是夸资本家，但是必须得承认他有那种精神，不然后来怎能成立了一个厂子呢？这个人非常敬业，由于他的敬业就受到了当时丹华的厂长张新吾的器重，所以呢他就是在丹华那里学到厂子的管理和火柴药头配方。解放前火柴的配方是需要保密的，只有资本家知道。他还不是一出来就成立的这个厂子，他是受到了天津洋火柴厂的邀请，请他到天津的火柴厂当技师，但是当了多长时间我就不知道了，后来山东济南火柴厂又请他当去技师，他的两个太太都是济南的，后来到了一九三几年他就带着他这些太太从济南回到了北京，他父亲死了，他就没走，就在黄旗马圈那里建起了厂房，那里原来是城根儿！就是一片垃圾场。

张　燕：厚生火柴厂是哪年建的？

傅继忠：1935年建成的，其实从1933年他回来就开始筹备了。

张　燕：你们当时工作待遇如何？

傅继忠：那时候当童工就是一个礼拜开一次支，反正这钱啊就够这礼拜吃窝头的。

张　燕：当时在北京老城里面你们这样的水平是不是就算好的了。

傅继忠：比别的工厂强一点，相比较而已！

张　燕：是比较稳定的工作吗？

傅继忠：要从生活上来说是这样的，比较起来还可以，但是也比不了做别的工作的人。我记得非常清楚，我每天晚上回家吃的就是窝头熬白菜！还是素熬白菜，第二天早上带的也是窝头，很少说吃馒头、烙饼很少！或者说几乎没有。我到了账房以后，我个人的生活改变了，为什么这么说呢！因为他那里有个厨子，还有个厨房。这个厨子就是每天伺候这些先生吃饭的。吃炸酱面，或者打卤面，我的生活就改善了，那时侯学徒还不能回家呢。

张　燕：那时候你们厂里的生产技术水平与那边的一样吗？

傅继忠：是一样的，因为制盒制梗都是机器做的，人做不了，切梗也是小机器切。

张　燕：这里面有没有你们老板的照片啊？

傅继忠：没有。

张　燕：你存过你们老板的照片吗？

傅继忠：没有。

傅继忠："文化大革命"的时候我倒是见过他的照片，那是厂子从他们家抄来的，我看见过，我也不敢要。

傅继忠：其实这些我都在杂志上写过，但是他们都给删了，删的是什么呢！就是我写的关于这个资本家敬业的东西，我的意思并不是夸那些资本家。

张　燕：现在呢？

傅继忠：现在只是不说了。原来西直门内那个地方叫穷西北套，为什么叫这个名字呢，因为附近的居民生活没好的，这一带居民住的房很少有好房，好的都是张厚庵他们家的，他们家住的房都是模棱对缝的。整个房子就是用泥和砖头垒起来的，都是青砖的，像我们家原来盖的房子都是200年前的清朝时盖的，到了我们这一带不知道反复拆了多少次呢！那时候礼拜天除去洗衣服就得抹墙抹房，要不然墙就要塌了！

傅继忠：厚生火柴厂在抗日战争时期就不景气了。

张　燕：那时候你们跟丹华还是分开的呢！当时北京有多少个这样的火柴厂？

傅继忠：当时在北京有好多！像丹华、清华、厚生、北洋火柴厂。

张　燕：这些都没记录了吗，解放后这些火柴厂是不是都被北京火柴厂合并了呢？

蔡　工：没有，北京火柴厂就是丹华与厚生。

傅继忠：到解放后除了丹华和厚生就留下一个火柴厂。它就在一个庙里叫做天成火柴厂。也没多长时间就垮了。

张　燕：您一提到庙，我想到老北京，要研究老北京就要研究庙，工人解放以前的信仰是怎样的，跟你们搬到庙里有关系吗？

傅继忠：跟我们有关的就是广济寺，印象最深的就是广济寺，现在和解放前都这样，一进门里就是大院子，我们小的时候都到哪里去打粥，沙糕，搭的一行一行的，去了以后好排队，从东门进去西门出，进出以后你就跟着人来回来去地一转，一直转到西门那里，打了粥，就出去了。这是唯一跟我们有关系的庙。

傅继忠：我小时候就对"卢沟桥事变"有点印象，那时候家里面的被子挂在窗户上，一到北京城里面就没事儿了，在城门上就改成日本兵扛着枪站岗了，反正从那里一过就要给他们鞠躬。

我在厚生学徒，因为那时候年龄小，解放后老板晚上不来了，吃完晚饭后就可以自由活动了，我就借着这个机会在西四那边的一所会计学校，自费学习会计。那时候厚生那个管会计的根本没学过会计，就是条子账，所谓的条子账就是一张小纸条，铅笔记买了什么东西给了多少钱。

张　燕：那些老东西还找的到吗？

傅继忠：全没了。

蔡　工：那您是哪一年从学徒工正式干上记账这个工作了？

傅继忠：我在那里学会计学了两个多月，本来应该学习四个月的，由于那个学校没被批准所以到后来就停课了。但是我也学到了知识。

蔡　工：这是发生在解放前夕吧。

傅继忠：是刚解放的时候，为什么刚解放的时候我有时间去学习呢，因为那是军代表来，都是接触工人，跟我这个账房的学徒没关系。

蔡　工：在这之前您一直就在账房吧？

傅继忠：后来学了会计，其他的一些就没有学。最后这个厂子一搬家买了五个亿旧币，等于现在的5万。最后老板说没人管，于是就找到了我，说你正好是学这个的你就负责一下吧，我当时就经常到外面去，到营造厂（建筑公司）去，还跟一些施工的打交道，怎么施工的，给多少钱都很熟知。

张　燕：您哪时候电话、电灯、自来水全都有了吧？

傅继忠：解放前有电灯，厂子里面有电灯有电话。

张　燕：老板有自己的车吗？

傅继忠：有，一辆就像列宁坐的那种，好像是福特，还有一辆是普莱贸，普莱贸是当时美国最新型的车，边上没有站人地方了。后来到抗美援朝的时候，他的这两辆车义卖了，卖了以后捐给国家了。

张　燕：张厚庵什么时候死的？

傅继忠：没到"文化大革命"的时候就死了，据张厚庵的儿子说，"文革"期间他们搬到永定门外，从永祥寺搬到翠花街了。

我当时就搬到永定门外了，后来就不管那个钱了，我就做会计去了。当时资本家的儿媳妇的弟弟在一家会计学校当老师，后来这个资本家的儿子就把他叫回来做会计主任，还在翠花街那个地方成立了一个营业部，所谓的营业部就是在那里卖火柴。

张　燕：你们当时工人有多少人？

傅继忠：厚生最多的时候一共有两百多人。

张　燕：解放后交接的时候有多少人？

傅继忠：人员差不多。搬到新的地方停了一段时间的工，机器设备虽然都搬过去但是得新盖厂房，这期间工人都在家待着呢，后来厂房盖好了，重新开工的时候有的人就没去。

蔡　工：还是在西直门的时候人最多吧。

傅继忠：对的。

录音：柳妮娜

录音整理：马克、张燕

摄影：张燕、王新元

公共艺术与博物馆展陈

——论博物馆的公共性

张 杰

新世纪伊始，“提供休闲娱乐与服务社区”日益成为中国博物馆功能定位的一个特别关注点，博物馆的公共性问题成为摆在博物馆人面前一个急需重视的问题。在首都博物馆新馆设计之初，建设者们曾提出把新首都博物馆建成“北京市民的会客厅”，设想将公共区域免费向市民开放，成为一处高雅的休闲和社交场所。尽管这一设想由于开放管理的实际困难，没有完全实现，但它作为世纪之初中国博物馆人提出的一个大胆设想，应该被看作是向博物馆公共性探索迈出的伟大一步。然而，正如博物馆是以展示功能为核心的综合体，开放功能只是其中之一，博物馆的公共性远不是向公众开放公共区域这么简单。从博物馆的功能出发，其公共性应当体现在以展陈为核心的各个方面。本文将博物馆展陈视作公共艺术，并按照公共艺术的一般规律和方法论探讨博物馆展陈的新理念，以及博物馆公共性的问题。

公共艺术与公共性不是同一个概念，但却有紧密的联系，公共性是公共艺术的基本前提，是市民社会的产物。① 尽管当下的艺术界在讨论公共艺术的时候并没有把博物馆展陈作为公共艺术看待，博物馆界也没有将展陈设计作为公共艺术加以考虑，但将二者进行比较，不难看出它们之间的共同之处。

公共艺术	博物馆展陈
放置在公共空间 民主的、开放的 舆论的、参与的、自由交流和相互讨论的	博物馆本身是公共场所 对公众开放的、公益性的 参与的、互动的趋向

由上表可见，博物馆展陈与公共艺术的基本特征是大致相符的。在拙作《用艺术发展规律探索博物馆陈列语言》一文中曾经讨论过，博物馆的展陈设计本身就可以被看作是一种艺术创作，它与其他艺术形式一样，是依据一定的准则将人们的精神产品物化的过程。② 此外，博物馆的展陈最终以陈列艺术的形式呈现在观众面前，观众面对的展览本身就是展示设计产品。将博物馆的展陈视作公共艺术，有利于用公共艺术的方法论来解决展览从内容设计到形式设计的各个环节与观众心理关

联的问题。

博物馆的展陈与公共艺术相比较，还存在一些差距。从这些差距当中可以看到当前博物馆展陈向公共艺术转型过程中需要完善的几个方面。

首先，当前博物馆的观众定位与公共艺术的观众定位有所差别。

在博物馆学领域，观众定位往往按照博物馆参观人群的多少来分类，哪一类观众群人数最多，哪一类就是主要观众群。以首都博物馆为例，观众定位确定为北京市的中小学生、北京市民和国内外游客。这一观众定位在操作层面上看尚缺细化，同时忽视了观众个体的心理因素。2005年第七期《新华文摘》上刊登了易英先生题为《公共艺术与公共性》的文章，其中关于博物馆和美术馆观众定位问题，文章中有如下表述：

博物馆或美术馆也是一个公共场所，只要买了门票，所有的人也都可以进去参观，区别只在于博物馆或美术馆是针对有特定意向的观众，或者说是有特定视觉经验和文化素养的人群，即使最不具有公共性的艺术作品，博物馆或美术馆的观众也可能有主动接受的意向，会试图去思考和理解作品。

博物馆的观众定位更应该着眼于“有特定意向”、“特定视觉经验和文化素养”的“有主动接受意向”的人群。这部分人群与其他人群相比较，他们对博物馆有精神与审美方面的主动需求，对博物馆的“忠诚度”明显高于其他人群。他们将博物馆视为生活中不可或缺的一部分，对陈列内容能够有较好的把握，相比之下可能成为博物馆的“固定”参观群体。这部分人群的“特定意向”和“文化素养”将对博物馆展陈的操作具有实际上的导向意义。而目前中小学生群体在经济上尚未独立，人生观、价值观和审美能力尚不成熟。尽管他们在参观人数上处于绝对的优势地位，但来到博物馆参观多数上是学校组织的教育教学活动，其“主动接受意向”不明显，更多地受到成人世界的影响。

公共艺术由于身处公共环境之中，并不针对某一种特殊人群，处于一个特定环境中的社会上大多数人都将成为某件公共艺术品的受众。在这里需要说明的是，公共艺术虽然是处于公共场所的艺术，但并不是一般意义上的城市景观或城市雕塑，它们是“在时间上和空间上能够和公众发生广泛关系的艺术样式”。也就是说，公共艺术必须同时具备在公共场所或公共空间、公共性这两个必要条件。[③]公共艺术不是一种艺术形式，也不是一种统一的流派、风格，它是使存在于公共空间的艺术能够在当代文化意义上与社会公众发生关系的一种思想方式，是体现公共空间民主、开放、交流、共享的一种精神和态度。[④] 由此可见，公共艺术通过将社会学的方法引入艺术创作来解决如何与社会公众发生关

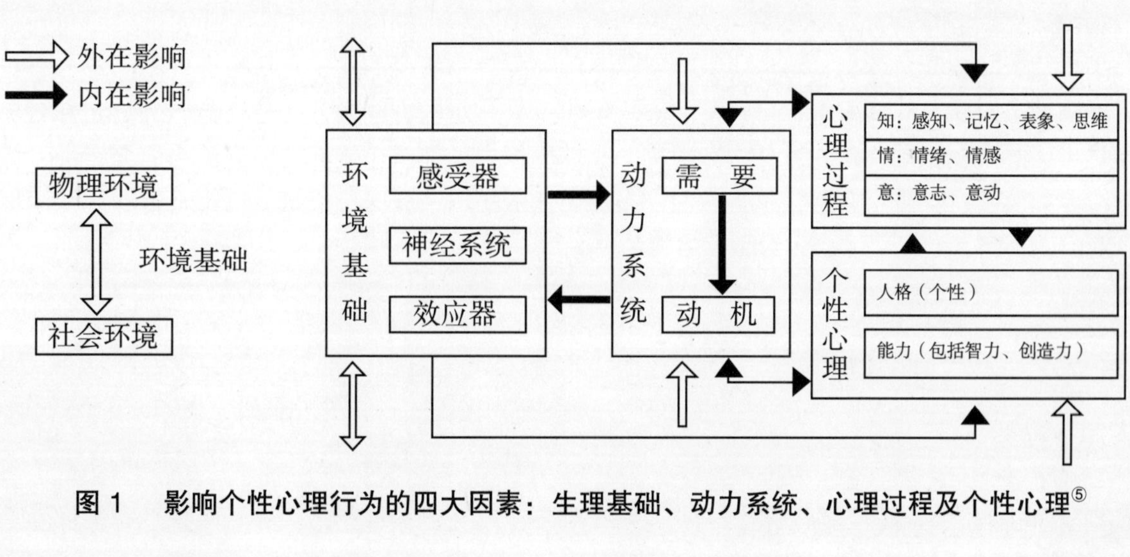

图 1　影响个性心理行为的四大因素：生理基础、动力系统、心理过程及个性心理[⑤]

系，即观众定位的问题。公共艺术通过心理环境的作用，使观众在当代文化意义上与作品产生共鸣，进而乐于接受与之心理共鸣的作品。观众的个体心理因素中的相同点被抽取出来，成为与最广泛的社会公众发生关系的切合点。可见，公共艺术不是抹去个体心理因素，而是对个体心理因素的放大。

如图1所示，包括物理环境和社会环境在内的环境基础是直接作用于个体心理，并产生自我需要和动机的。这一个体心理过程的集体化便是公共艺术受众接受的心理，作用于其心理的环境基础是人们共同生活的社会和共同面对的社会现实。总之，公共艺术的观众定位是以观众能够普遍接受，并产生心理共鸣为出发点的。

当前博物馆的观众定位存在观众数量定位与特定意向观众定位的矛盾。有特定参观意向的观众与博物馆展陈之间能够产生心理共鸣，但博物馆由于按照观众群数量定位来设计展陈，往往不能更好地满足有特定意向观众的需要。这种情况一方面使特定意向的观众难以树立对博物馆的“忠诚度”，另一方面也影响到博物馆展陈的学术水平和博物馆“品牌形象”的确立。将博物馆展陈作为公共艺术看待，有利于培养更广泛的有特定意向的观众群。

其次，当前博物馆展陈的互动与公共艺术的互动存在差距。

当前博物馆展陈的互动手段包括多媒体影像、动态展示、动手操作以及与展览相关的讲座等活动。一般来说，当前博物馆展陈的互动是从展览内容出发的，目的是帮助观众提升参观兴趣，理解展览内容。这样的互动形式在很大程度上依靠观众自身的兴趣，互动的话语权掌握在博物馆一方，而观众的反馈信息则受到博物馆提供的展陈条件制约，反馈给博物馆的信息难以在现场产生效应。

公共艺术与其受众的互动是对话式的，以“关注当下”为出发点，从当下的环境中汲取情感共鸣的元素，使公众在面对它们时有亲切感，甚至感到自己就是公共艺术作品的一部分。从著名的公共艺术作品《深圳人的一天》中，人们很容易体验到公共艺术与人们进行“对话”的特征。

1998年，深圳市决定对14处城市空间进行改造，建设于20世纪80年代初的园岭社区就是其中之一。加拿大戚杨规划与建筑顾问有限公司同深圳雕塑院合作这一公共艺术项目，规划师们提出了“让社区居民告诉我们做什么”的口号，规划师和艺术家首先是社会学工作者，他们首先要做的是了解社会，了解百姓的需要。1998年5月24日至28日，6名专业人员对园岭社区居民进行了社会学的问卷调查，内容包括：“您在日常休息、娱乐生活中用到这块绿地吗？”“您感到这块绿地缺少什么，如果要增加，应该增加什么？”“如果您希望绿地有个主题，应该是什么？”“您不希望在园中建什么？”“您希望设计师注意到什么细节？”等14个问题。按照调查结果，1999年11月29日，在这个普通的没有任何说法的日子里，雕塑家、设计师和记者遵循随机性的原则，在深圳街头随机寻访到中学生、外来求职者、保险业务员、公司职员、清洁工等18位各个阶层的人士，征得他们的同意，雕塑家按照寻访到他们时的动作和衣着，用翻模的方法铸成真人大小的青铜像，并刻上他们的真实姓名、年龄、籍贯，何时来到深圳，现在做什么等内容。18尊雕像以四面黑色镜面花岗岩浮雕墙为背景，背景上刻有一系列关于1999年11月29日这天的深圳市民生活的简语、新闻、报纸、股市行情和天气预报等表示“此时此地”的符号。其中，中学生雕像的背景墙上写着这样一段话：

1999年11月29日
深圳人的一天
平凡的日子，普通的人
石头的历史
城市的故事……

面对这样的城市故事，深圳市民感到这是一个和自己相关的故事情节，人们从这18尊雕像和一系列生活数字组成的环境中或多或少地找到了自己的生活状态。谁能够代表深圳人？在社会转型期，社会产生了新的阶层，每个阶层都有自己的生活状态，每个个体的身份、位置都在城市中发生着变化。艺术家们把这个复杂的问题还原到非常偶然、局限的个体感受方式，就像人们平时只能随机地感受这座城市一样。深圳经济的发展和城市生活中自然有许多伟大或神奇的片断，但是构成城市生活基础的还是普通人的普通生活。这组公共艺术作品始终以调查问卷得到的数据为依据，始终贯穿了公共艺术工程必须尊重民意的思想。⑥

《深圳人的一天》这个案例反映了公共艺术与大众的关系，艺术品（或称展品）不是强加给大众某一个价值观念，而是像熟人之间的对话，娓娓讲述1999年11月29日那天的深圳人的生活。而“听故事”的人们也在告诉讲故事的“朋友”：我也生活在这个故事里。市民与作品之间有一种相互讨论的关系。正是市民的参与互动，实现了作品的作用，帮助艺术家们最终完成了这件作品。公众对公共艺术参与的结果，是实现作品的互动，即艺术家和公众的双向交流，相互影响，互动的主体是平行的，它是作品的延伸，它使公共艺术的结果呈现出开放性，作品的意义和结果只有在互动中才能完成。⑦

以关注当下为出发点，形成相互讨论的互动，正是当前博物馆展陈互动项目的不足，绝大多数互动形式没有与观众的心理结合起来。博物馆展陈如果尽可能地与当下或者观众发生情感上的联系，就能让观众产生“与我相关”的心理，从而乐于接近历史或艺术，实现与博物馆的相互讨论。关注当下和当下人们的心理，重视当今生活环境与历史文化的关系，正是地志性博物馆吸引观众的手段。

将博物馆展陈视为公共艺术，可以将公共艺术的方法论引入博物馆展陈设计，使博物馆的展陈更具公共性。在公共艺术中引入社会学的方法，是公共艺术方法论的重要特征。⑧对于博物馆来说，严谨的社会学调查能够给展览一个准确的定位，即关注怎样的公众普遍情感，办怎样的展览，服务什么样的人群，培养什么样的观众群体对博物馆的社会效益最有效。尤其对于地志性博物馆来说，关注当下的市民生活，将会在本地市民心中树立起品牌，使参观博物馆成为一种习惯。公共关怀和边缘视线是公共艺术的社会属性，在当今的社会转型期，社会中存在新的阶层分化，也带来了一些新的社会问题，此时博物馆展陈向公共艺术转化，是符合博物馆公益性这一定位的。公共艺术关注体现人类基本价值取向的社会事物，关注公众普遍的思想情感，关注处于边缘的弱势群体以及各种社会问题，在边缘视线中体现社会关怀。⑨博物馆不仅要为学术界服务，为普通市民服务，更要为改善边缘弱势群体的地位，努力构建社会和谐服务。作为公共艺术新门类的博物馆展陈，应当找到包括弱势群体需求在内的，全社会共同关注的思想情感，使弱势群体处于全民的关怀之下，至少在社会文化层面上不再处于边缘地位。

注释：

① 参见孙振华：《公共艺术时代》，江苏美术出版社2003年版，第12—13页。
② 参见张杰：《用艺术发展规律探索博物馆陈列语言》，《首都博物馆丛刊》第18期，北京燕山出版社2004年版，第136—142页。
③ 参见孙振华：《公共艺术时代》，第14页。
④ 孙振华：《公共艺术时代》，第25页。
⑤ 柳沙：《设计艺术心理学》，清华大学出版社2006年版，第4页。
⑥ 参见孙振华：《公共艺术时代》，第64—72页。
⑦ 参见孙振华：《公共艺术时代》，第107页。
⑧ 孙振华：《公共艺术时代》，第64页。
⑨ 参见孙振华：《公共艺术时代》，第83—103页。

博物馆：对青少年的吸引作用

——博物馆内部分析

张 靓

前 言

《博物馆：对青少年的吸引作用——博物馆内部分析》[①] 一文的作者是 Valérie Vandermotten（瓦雷莉·旺代尔摩顿）。我翻译这篇文章，加入了我工作实践中的一些体会并有所改编。这篇博物馆内部分析基于法兰西共同体社会经济面貌调查中博物馆方面的数据，此项数据于2003年由政治文化数据监测顾问经理完成；除此之外，基于另一项现场调查。

现场调查的目标

此项调查在于了解博物馆的支出、困难，以及用来吸引青少年的手段。

一、博物馆的起源

就起源来说，在西方文明中，博物馆承担着保管能够证实某一时期历史文化财富见证物的功能。发端于这一起点，相对于展品，博物馆发展出了双重概念。首先，它与展品的概念同化，人类可在其中增强对自身的了解。其次，博物馆同时可以让我们通过展品了解全世界人类文明。展品演变为人类活动的象征，博物馆成为记录这些活动的圣殿。博物馆建立起了一副近乎宗教圣殿的形象。因此，造成了博物馆神圣化，这也就解释了为什么部分公众，尤其是青少年对博物馆的敬而远之的心理。

二、博物馆的定义

博物馆是为社会及其发展服务的非营利的常设机构。它为研究、教育、娱乐的目的而把人类与环境的见证物收藏、研究、传播、展示。[②]

三、博物馆存在的意义

博物馆的角色——不断转变中的角色

在保管、修复、展出等功能作用之余，博物馆逐渐演变为通过作品或物品展示“全球面貌”的一个媒介。广义上来说，博物馆利用其组织、筹备和所得到的捐赠品，向观众们展示了人类对其外部世界的印象。

因此，博物馆更注意保持它在公众当中的良好形象。而不止于单纯的说服教育，更多的是吸引并满足公众的需求，以建立良好的互动关系。

“崇高神圣”的博物馆

博物馆已开始注重改变自身形象，以达到“与时俱进”。在这方面，博物馆动用了各种手段（诸如工艺器具）以增强娱乐性和展览的吸引力。尽管如此，博物馆更倾向于保持其知识传播场所的功能，从而进行面对面的公众教育。对博物馆而言，将博物馆学（展陈艺术）融入展览内容并不是问题。博物馆显然不愿成为娱乐场所。

四、布鲁塞尔博物馆的类别

由布鲁塞尔博物馆协会确定的博物馆类别

（一）考古学博物馆

（二）建筑学博物馆

（三）古代艺术博物馆

（四）现代、当代艺术博物馆

（五）非欧洲文明博物馆

（六）历史、传统及社会博物馆

（七）图书、文学博物馆

（八）私人博物馆及工作室

（九）科学及自然博物馆

（十）工业技术博物馆

（十一）交通运输博物馆

一半数量的法兰西共同体博物馆隶属于以下三大类别：考古、历史类博物馆、专业博物馆、艺术类博物馆。相较于其他类别的博物馆，在首都布鲁塞尔区域内的专业博物馆数量明显最多。

五、博物馆前景

根据针对法兰西共同体社会经济面貌调查中的博物馆方面数据，对于相当数量的博物馆，它们的前景并不明朗。被调查的154家博物馆中，16家博物馆（10.4%）只具有未经分析的博物馆计划，111家（72.1%）有可开发内容的博物馆计划，27家（17.5%）具有未来发展计划。在有效回答中，广泛性/增值性占据了博物馆计划的首位（64%的博物馆）。

六、博物馆目标

博物馆越来越专注于其观众的满意度。迫于必须面对的财务原因，它们的目标主要聚焦在受众面的扩大。为达到扩大受众范围的目标，博物馆乐于使自己原有的面貌变得焕然一新，更多地面向青少年。

面貌的改变重新唤醒公众意识中对于博物馆的感知。如果博物馆想要改变它们的原有形象，对观众的感知有一个深刻的认识是必不可少的。它们会发现青少年们并不将博物馆视为“过时的”、“满是灰尘的”角落。相反的，青少年们因将博物馆视作“古代知识的圣殿”，而倍加推崇。他们认识到了博物馆的崇高，但一些惧怕的感受也会因博物馆固有的神化特征随之而来。

如果博物馆想要使自己原有的形象焕然一新，更多地触及青少年对象，博物馆形象的非神圣化势在必行。

博物馆→形象非神圣化→ 面向青少年→形象年轻→受众面扩大

七、博物馆“产品”

展览

博物馆提供的展览主要由临时展览和常设展览组成。临时展览在资金和时间方面都需要付出巨额投资。一个大展的筹备期往往要两年到三年的时间，投资可高达百万（如Tatu 纹身展的1 700 000欧元）。对于相对小规模的展览（百件展品以下），筹备期则需要一年左右的时间，筹备成本约50 000欧元。

服务和便利措施

在博物馆里可享受的服务和便利措施主要有：

（一）刊物的售卖点

（二）为行动不便人士提供的无障碍通道

（三）纪念品商店

（四）公共图书馆

票价

绝大多数博物馆都是收费博物馆。

针对法兰西共同体社会经济面貌调查中的博物馆方面数据使两个特别有趣的方面突出出来：

（一）92%（62家中的57家）2003年观众数量超过6000位的博物馆都是收费博物馆

（二）无论规模大小，免费博物馆的观众数量平均都要低于收费博物馆

免费制度本身并非操控“新”观众数量增长的杠杆。事实上，免费所吸引的是已对博物馆感兴趣，并将此视为更多地满足自身文化消费需求的人。收费办法才是带来额外观众的关键。不过免费却能增加博物馆爱好者的参观次数。

开放性

博物馆最大程度地对公众开放。

半数博物馆（参与调查的105家博物馆中的56.5%）全年开放。其余不到28.5%的博物馆则选择在冬季闭馆（从11月到2月期间，12月是闭馆的高峰时期）。这种闭馆是迫于季节性工作人员的缺失和相较于开馆时期，博物馆参观率的降低。

这是一个惊人的事实。为确保冬季的正常开放，博物馆通常需要增加额外的工作人员，另外为增添观众的参观率，也要采取相应的优惠手段。

八、博物馆人员

博物馆人员包括两类：在博物馆工作的人员和博物馆雇员。

在博物馆工作的人员既有受雇于博物馆的职员，也有非博物馆雇用的人士，由自身所在的单位派驻博物馆工作，还有志愿者。博物馆雇员则仅指受雇于博物馆工作的人员。

针对法兰西共同体社会经济面貌调查中的博物馆方面数据明显表明博物馆人员中的青少年数量极少：

在博物馆工作的人员：25岁以下的只占3.08%，25岁至35岁的占到15.58%

博物馆雇员：81%的博物馆根本没有雇用25岁以下的青少年，还有40%的博物馆没有雇用25岁至35岁的人。

派驻博物馆的人员：25岁以下的只占4.07%，25岁至35岁的占到18.60%。派驻博物馆工作的人员通常要比博物馆雇员年长。

志愿者：48.8%的志愿者年龄超过60岁，19.57%的志愿者年龄界于45岁和60岁之间。低于25岁的志愿者占4.05%，25岁至35岁的占3.29%。

实习生：调查中有100位实习生在163家博物馆工作，即平均每家博物馆有0.61位实习生。超过3/4的实习生不满25岁，其余的则主要由年龄在25岁至35岁间的实习生组成。

如果博物馆想要使自己原有的形象焕然一新，更多地触及青少年对象，博物馆人员的年轻化势在必行。

博物馆→雇用或与年轻人合作→形象年轻→面向青少年→受众面扩大

九、拨付给博物馆的津贴

津贴总额及在各家博物馆间的分配

针对法兰西共同体社会经济面貌调查中的博物馆方面数据指出津贴应谨慎使用。

2003年，所有机构汇合给予津贴的总额，达8 577 976欧元，即平均每家博物馆66 000欧元。在已经实际取得这些津贴的博物馆间，平均每家博物馆分配到99 744欧元。

近50%的博物馆并未取得或只得到很少的一部分津贴（最多1 800欧元）。

75%的博物馆，在2003年，取得的津贴不足3 600欧元。

其余25%的博物馆受益了津贴的很大一部分，即在2003年总数达到8 145 485欧元的补助（总款项的95%）。

博物馆所得津贴的来源

法兰西共同体是给予近半数津贴的来源。布鲁塞尔 瓦隆地区和首都布鲁塞尔地区补充总额的18%，同时市镇、外省分别补充8%和15%。

法兰西共同体、瓦隆地区和首都布鲁塞尔/COCOF能够有效地、按比例承担有限的部分大博物馆的补助。相反的，外省及市镇只能吃力地供应更多数量的博物馆。

法兰西共同体瓦隆尼布鲁塞尔(CFWB)贡献7%的预算用于遗产和档案（博物馆在预算中又夺回这部分）。给予博物馆的预算平均数上涨到146 091欧元（包括COCOF部分），138 074欧元（不包括COCOF部分）。

法兰西共同体协会管理处（COCOF）：数据未公布。但假如我们计算一下前文所提及的数据，便可得到平均8 017欧元的数字。这一数字对于布鲁塞尔的80家博物馆，可需要经过一番精打细算，因为各家所得相去甚远。

科学文化政策贡献其总预算的18.2%用于文教方面，例如2003年的总预算额是517 000 000万欧元。文教预算就达到了94 094 000欧元，以在科学联盟政策权力保护下的科学联盟学院间分发。

这些预算并非在博物馆间平均分配。津贴的高低取决于博物馆规模的大小和其行政级别的高低。

科学联盟学院所享受的津贴额度远远高于其他博物馆（市镇级的博物馆、博物馆协会，等等）。不过，这只是相较而言的，无论博物馆行政级别的高低，它们所面临的预算问题都是相同的。

其余资助机构（官方名称）：国家博彩中心、残障人士联合会瓦隆分会（AWIPH）、FOREM（瓦隆工作及职业培训公共服务处）/ORBEM（布鲁塞尔地区就业办公室）、博杜安国王基金会及众多大学。

其他类型金融资助

近3/4博物馆的某些经费和/或物质手段全都依靠第三方的投入。这主要是指某些基础经费（诸如水、电、煤气的费用和场地租金，等等）。

十、博物馆的策略

定位

目前定位可概括为重视三大目标：维护博物馆的科学角色（研究和保管展品），先于其他场所，保持文化遗产传承者的身份（教育角色）并且使游客参观愉快，印象深刻（提供乐趣）。

休闲感受分析

教育

青少年的主要文化实践

娱乐

1. 博物馆
2. 运动
3. 娱乐场所和伙伴
4. 电影
5. 音乐会
6. 外出
7. 大众传媒（电视、广播、网络）

博物馆希望的定位

博物馆所希望的定位是很难达到的，因为这一定位结合了学习的“严肃”和其他项目的娱乐性。此外，这样的定位也含有混淆公众感受的危险因素。大众可能将无法理解博物馆的角色。博物馆的定位应该能够广为大众清晰传播，而不能仅仅满足于聚焦在博物馆的两大角色之一：教育并满足公众。博物馆是“智力”休闲的一部分，这种休闲方式寓教于乐，而不单单是以增长文化知识为目标。

参观的目标应为“愉快地学习”。因此博物馆的定位应该是双重的。

外部宣传

针对法兰西共同体社会经济面貌调查中的博物馆方面数据揭示出博物馆很少，甚至是从来都没有依靠过外部宣传手段的协助。宣传过程中，它们一方面主要借助正规途径的通信，另一方面是媒体的免费宣传。

2003年，博物馆用于宣传方面的投资平均额度为800欧元，这一方面支出额最高的博物馆则为150 000欧元。32家博物馆宣布从未就宣传方面进行过投资。

另一方面信息表明：那些有现实宣传意愿的博物馆往往依靠免费、付费宣传以及利用大众传媒合作伙伴（广播、电视，等等）。

十一、博物馆用于触及青少年的行动

学校活动

学校群体活动依然是博物馆与青少年建立联系的主要手段。这就是博物馆为什么要向大学教授提供，无论是与临时展览抑或是与常设展览有关的，教育资料的原因。这些教育资料内容能够帮助教师将参观博物馆融合进他们的日常教学计划。

学校的团体参观大多数情况下是在教师的倡导下进行的。博物馆试图吸引学校团体参观，但通常会面临两大难题。一方面，学校不具备充沛资金支持额外的团体参观；另一方面，教师在学年开始时缺乏相关展览信息，这就造成教师无法在教学计划中轻松地加入一次或多次的参观活动。

教育服务

博物馆所投入的教育服务提供多种活动，诸如根据参加者的年龄分组，建立创造性工作室，但通常这些活动主要面向12岁以下的儿童。

结果：通常是那些到达了一定社会阶层的青少年才会参与到这样的工作室，而且也是这同一批孩子再次参加这样的活动。这些对于扩大受众面和观众的多样性并无实际益处。

博物馆探秘

博物馆向青少年们推荐博物馆探秘活动。这种参观活动允许14岁以上的公众现场实践科学人员的研究工作。

这种参观方式最初面向14岁至18岁的青少年，意在推动他们学习科学知识，唤醒他们心中对科学的热情，建立创造性理念。

结果：此项活动因所吸引的更多是成年人，而无法推行下去。

旨在吸引青少年观众而筹备展览

1. 由皇家艺术与历史博物馆筹备的Tatu 文身展览成功引来了数量可观的青少年观众。然而，由于没能吸引到其他年龄层的观众（例如25岁至50岁的人，等等），这个展览却没能赢利。尽管青少年观众的数量大幅增长，售票数量却仍未“突破纪录”。这就表明展览的主题选择得很好，并且吸引了青少年，但其余公众却没能理解此次展览的目的。

2. 新技术展览，由自然科学博物馆组织的“通信”展览（展期自2000年9月15日至2001年4月15日[③]）满怀着触及青少年的希望，却没有得到预期的结果。博物馆并未引来除青少年外的其他观众。这个展览的主体很符合时代发展，但却没取得成功，因为青少年才是使用新技术方面的专家，这是大家显而易见的。

开放日

例如：比利时皇家观象台、皇家气象学院及比利时宇宙航空学院都在9月17日（周六）和18日（周日）对外开放。约10 000名观众都在周末期间过来参观了。

开放日是吸引额外观众的重要举措。

将青少年引入博物馆计划

Tatu 文身展览的例子

一组青少年分不同层次加入了这个展览，诸如包括重建青少年活动室（关于文身的海报和CD）。

各个活动室是在展览区域中特别为青少年保留的一个空间。这些青少年还同时参加了交流活动，他们还在展览期间在大街小巷进行了问卷调查。

正是青少年，这一社会中间阶层对博物馆感兴趣同时也乐于加入这一计划。这些青少年都是经由博物馆教育服务处联系的。虽然如此，青少年的参加此项活动的最大动力也经受了考验，并深陷到活动当中。

交流

网络

博物馆们已经改进了自身的网络。这些网站都有很好的组织结构，也都就过去的展览、现有展览和未来展览提供了很多信息。

自然科学博物馆试图利用电子邮件形式与青少年进行信息交流，但由于用户数量不足，以及回复率供不应求的原因，却未取得成功。

相反的，在博物馆网站上观众能够进行展览在线游览，科研人员能够完成研究工作。同时还研发了一项针对科学主题的问答项目。如果对于某一问题没有预先设置好的答案，问题就将会以电子邮件的形式转发到科研人员的邮箱中。这一项目需要依据观众的年龄（就参与者年龄，有一道题目需要填写）对答案作出细部调整，同时这也是为了进一步了解观众的情况。并且这一项目也有使大众进一步了解研究工作的目的。

注意：并非由于年轻人的网络使用率以及论坛登录率较高，电子邮件就顺理成章地成为接触他们的最佳手段。相反，提升电子邮件的使用率可以当做闯入青少年世界的一个突破口。

虚拟博物馆计划

自然科学博物馆正在发展这一计划。旨在保持博物馆与青少年及大众的联系。

移动电话系统

似乎向公众发送最新展览消息的短信息系统也并非是行之有效的交流手段（自然科学博物馆采取的方式之一）。

结果：因收费过高，只有150位用户参与此项活动（博物馆每月发送一条展览短信息给用户）。

飞去来卡

用飞去来卡获得展览优惠。

结果：此卡在青少年中间大获成功，但无任何明确数字可证实这种沟通手段与无法和博物馆交流的青少年数量之间的关系。

纪念图片

为吸引青少年，皇家艺术与历史博物馆在咖啡馆中悬挂相关纪念图片以推广Tatu文身展览。

这一尝试进行得十分顺利，但仍旧无法提供确切数据证实效果。结论是通过估算得出的。

大众媒体：电视、广播和报刊，但对于青少年的针对性降低。选择与媒体合作是为了尽量地吸引更大范围的公众。

例如："大都市"报。

大型活动的合作伙伴

26家来自不同地区的博物馆都参加了名为"Werchter摇摆音乐节——博物馆中的音乐"的活动，此项活动也取得了非常积极的效果。

十二、为满足"青少年"观众，博物馆所使用的方法

多媒体、博物馆学及布展艺术手段的使用

多媒体手段

1. 互动区

2. 语音导览

3. 计算机

4. 电视、投影

我们可以相信多媒体手段是为了迎合，作为新技术专家的，青少年们的工具。但不要忘了这样一个事实：这些工具并不能帮助我们建立与展品间的感知关系。

这种感知只能通过某个人或某个活动才能建立。同样的，语音导览也会阻碍人际互动体验的促进。持语音导览参观的观众是独立的个体。然而，青少年们却很注重两人至多人的集体活动体验。

计算机和投影同样不能吸引青少年，因为他们中的大多数人在家中就拥有这些设备。

无论是对于临时展览，还是对于常设展览，多媒体手段都不能带来实际附加值。它们也同青少年从事的其他休闲活动无异。多媒体手段只是对信息进行了补充。它们并没有建立感情，也不是激发再次参观愿望的工具。

舞台艺术或布展艺术

1. 将戏剧搬上舞台（如：由皇家艺术与历史博物馆举办的印度之夏展览就邀请到了印度图腾艺术家，等等）。

展览艺术或博物馆学

2. 音乐

3. 灯光

4. 展品摆放位置的选择

5. 展厅及不同展品间参观路线的设定

不同于多媒体手段，博物馆学和布展艺术却能创造出惊喜和情感，但更重要的是，它将能建立起与展品之间的联系。利用布展艺术能够讲述一段历史。

十三、布鲁塞尔的博物馆与公众间的中间因素

布鲁塞尔博物馆协会（CBM）

布鲁塞尔博物馆协会建于1995年，代表布鲁塞尔的80家博物馆。它具有双重职能：一方面，它致力于改进会员间的交流，使同一集体下的博物馆形象和谐融合，旨在解决博物馆们所面临的困难。另一方面，作为地区文化生活的重要组成部分，布鲁塞尔博物馆协会负责布鲁塞尔博物馆的宣传推广工作。④

布鲁塞尔博物馆协会（CBM）仅由一个小团队组成（只有三人），却组织了多种活动。事实上，它的领先地位是被推崇起来的，由于目标对象的复杂性和相对于发展的必要手段的甚微收效，布鲁塞尔博物馆协会并没有偏重于青少年目标的时间。

阐述

“除学生外的青少年是博物馆较难吸引的一个群体：他们有很多活动项目，易激动，要求接触（诸如多媒体手段、灵活的交流方式（如短信、电子邮件）、互动活动、游戏和冒险……）活动。这就需要经过充分思考和借助多种手段。但相对于现有手段，所得到的收效往往是有限的。”

采访Stéphanie Masuy，布鲁塞尔博物馆协会（CBM）团队成员。

备注：布鲁塞尔博物馆协会（CBM）并不负责博物馆对学校的宣传工作。

青少年网

青少年

青少年组织机构：81家

青少年中心：164家公认的

集会和留宿中心：17家

青少年信息中心联盟：18家（其中包括瓦罗尼—布鲁塞尔地区青少年信息联盟、学习及职业信息服务处（S.I.E.P）、青少年资料信息中心（C.I.D））。

义务学校：联盟：1个系列、外省合作性质：5家

国际青少年办事处：欧洲交换计划、魁北克/瓦罗尼—布鲁塞尔办事处、欧洲议会。⑤

这些青少年网络都与它们有直接联系。它们向青少年提供诸如信息、娱乐资讯、休闲、文化、就业/失业等方面的服务。

对博物馆而言，它们可以是很好的信息中转站，甚至可以提供直接电邮联系的邮件地址来源。

十四、用以保持博物馆观众的手段

博物馆主要利用评估来确定其观众的大致情况（观众类型、观众来源和参观目标）。

不过，博物馆同样也会利用其他一些手段：计算售出或/和发放门票的数量以及面向公众的调查。

观众被大致分为四大类：个人（47.95%）、学校团体（26.71%）、成人团体（15.31%）以及其他类型团体（10.03%）。

十五、博物馆所面临的问题

1. 资金方面：无论博物馆的规模大小，当今博物馆所面临的主要问题都在于资金来源的短缺。所取得的津贴仅供于支付工作人员的薪水。门票收入用于解决其余开销（展览、研究、宣传，等等）。我们应该认识到用于保障展品安全的保险费用也是相当地高。举例来说，目前展览的平均保险额度高达1 194 098.32欧元。

2. 定位方面的困难：博物馆希望改变它们的原有形象，希望做到寓教于乐。
3. 大众研究和更多的“专家”。
4. 展览的筹备所需资金数额庞大、准备时间长。

注释：

① 原文名Les musées: opération de séduction aupr s des jeunes,
出自www.nc.ufpr.br/concursos-institucionais/ufpr/ps2007/provas_fase/prova_fase_reaplicacao.pdf。

② ICOM(国际博物馆协会)章程第2条 www.icom.museum。
国际博物馆协会是博物馆的国际学术组织。1946年11月，由美国博物馆协会会长C·J·哈姆林倡议创立。总部设在法国巴黎联合国教科文组织内。1947年10月，国际博物馆协会和联合国教科文组织签订了《关于两组织之间进行合作的途径和方法》的协定。从此，国际博物馆协会成为执行联合国教科文组织发展博物馆事业规划的合作者，并逐渐成为联合国教科文组织中活跃的组织之一。它的主要宗旨是：①确定、支持和帮助博物馆和博物馆研究所，建立、保护和加强博物馆专业；②组织不同国家博物馆和博物馆专业人员之间的合作互助；③致力于宣传博物馆和博物馆专业在促进人民间相互了解和扩大专业知识面上所起的重要作用。1983年，中国博物馆学会参加了第13届国际博物馆协会大会，并组成中国国家委员会，成为国际博物馆协会会员。

③ 全部资料详见www.sciencesnaturelles.be 网站教育栏目。

④ www.museesdebruxelles.be。

⑤ 国家文化概况 http://www.forumculture.be/chiffres_budget.htm。

交流 启发 提高

—— 从首都博物馆引进外展中感受博物馆人的敬业精神

张贵余

“天下文博是一家”，在新的时代、新的要求下，博物馆越来越注重与国内外同行的交流与合作，把自己的馆藏文物推出去，同时也引进大量的外展，让本地的观众能够欣赏到世界各地的文化，这是博物馆的责任和义务。首都博物馆从去年5月18日引进大英博物馆250年珍品展以来，已经引进了数十个外展，引起很大的反响，得到各界人士的好评。在传播外域文化的同时，也扩大了首都博物馆的影响，取得了良好的效果。对于博物馆来说，引进外展，除了为观众提供学习知识陶冶情操的机会、扩大自身的影响外，更为重要的是在相互交流中受到启发，甚至发生碰撞，学习他人的经验，最后达到提高自身水平的目的。

作为首都博物馆的一员，我有幸参与了数个大型外国展览的布展工作，与国外同行近距离交流，受到了很大的启发，同时也切身感受到博物馆的文化精髓：那就是尊重展品、以人为本、精心布展，为观众提供最好的文化和精神享受。

一、尊重艺术家 尊重艺术品

2007年3月9日至3月19日，是《余震：英国当代艺术展1990—2006》在首都博物馆举办前的布展阶段，我有幸自始至终参与了这次展览的布展工作。第一次近距离地接触12位英国当代颇具影响力的YBA（英国青年艺术家）的作品，视觉和心灵都受到强烈的冲击，但更让我钦佩的是英国布展人员的敬业精神。他们对艺术家及其作品的尊重和对观众的尊重，给我留下了深刻的印象。

这12位英国当代艺术家的作品包括音像资料、图片和一些实物等，图片和音像资料由于轻巧，所以运输不是问题，但像沙发、桌椅、门板等笨重物品运输安装就比较费劲，最难组装的是一个金属架的玻璃房子。那是一件达明安·赫斯特（Damien Hirst）的作品，名为《对逃亡的后天无能》。这件作品非常重，每一个钢架玻璃墙都有数百公斤，10多个工作人员用吊车花费了一天多时间才安装好。有一些作品其实并不起眼，我们的工作人员开玩笑说，我们在这里做得比原件更漂亮。但英国方面的工作人员正色道："有些作品的实物确实很一般，你们也许做得更漂亮，但原来的实物是艺术家的作品，你们做出来的只能是复制品，所以我们一定要把原物从英国运来，不论有多困难。"

在和英国布展人员的聊天中得知，这12位声名显赫的艺术家凭借他们严谨的头脑、富有开创性的精神以及在现代大城市生存的幽默震撼了整个艺术界，并帮助伦敦恢复了其作为世界艺术之都的地位，他们的作品在10多年后仍然保持着特有的权威和力量。所以，英国布展人员对这些艺术家非常敬重，对他们的作品也非常尊重，他们是怀着一种敬畏的心情来布展，绝不轻视任何一件作品，否则就认为是对艺术的亵渎。而反观我们的个别工作人员，包括我自己，就明显缺乏这种对艺术家和艺术尊重的意识，所以在布展的过程中有时难免就不自觉地表现出敷衍的态度。

他们对艺术的尊重不仅表现在表面上，而且还表现在细节上，是一种丝丝缕缕、悄然无声的流露。在《对逃亡的后天无能》作品中，玻璃房子里有一张大桌子，桌子有一个烟灰缸，烟灰缸里有一些烟头和烟灰，还有一盒烟、一个打火机和一支没有点燃的香烟，这些都是从英国航运过来的，用餐巾纸包着，装进塑料袋里，放进泡沫箱里运输过来。如果说大件物品必须是艺术家的原作的话，像烟灰之类的则完全可以在展览地寻找，这会省去许多麻烦。但是，英国人绝对较真，还是坚持必须是艺术家提供的物品的原则，一个烟头、一包烟灰或一个打火机也不例外。物品的摆放也有着严格的尺寸，烟灰缸离桌子的侧面距离是835毫米，离桌子的正前面是301毫米。由于烟盒、打火机、香烟的摆放都有角度，所以都有着精细的尺寸。我问英国人员，如果把烟灰缸摆在离桌子前面边缘350毫米的地方行吗？那个叫马特的小伙子斩钉截铁地说不行。我又故意问，那302毫米行吗？马特很奇怪地看了我一眼，只说出一个数字：301。等他布置完后，我故意问他："是301毫米吗？"他给了我肯定的回答，我随口说了一句："也许吧。"不想，他居然拿出尺子来量给我看，不多不少，301毫米，其他的尺寸也绝对符合作者的要求。他们的认真细致的作风真让我惭愧，更让我敬佩。

其实，在《西天诸神——印度古代瑰宝展》的布展中，我也从印度布展人员那里感受到敬业精神，有时达到"斤斤计较"的地步，但我不得不承认，作为博物馆人，就需要这种精神，这是博物馆文化重要的组成部分。

二、以观众为本　精心布展

英国布展人员不仅仅对艺术家表现出尊重之情，对观众也表现出同样的尊重，时时处处站在观众的角度想问题，真正做到了以观众为本，精心布置每一件作品，给观众一种艺术的享受。"以人为本"，说白了就是以参观者为本，观众是博物馆的服务对象，了解观众、熟悉观众、为观众服务、满足观众的需求，这是博物馆的根本宗旨。因此，如何更好地服务观众，让观众参观完展览后有所收获，达到他们的目的，是博物馆不容忽视的问题。一个展览从调查到策划、从研究到设计再到布展，无不处处想到观众，即使自己认为展览有多好，如果观众不买账，或者引不起观众的兴趣，那也只能算是失败的展览。在尊重观众方面，英国和印度的博物馆布展人员值得我们好好学习。

还是拿《对逃亡的后天无能》为例。我们面对的这件作品是一个人造环境，简洁干净的现代玻璃房，中间用上下两块玻璃墙隔出另一个很小的空间，一张大大的桌子几乎占据了整个空间，桌子上一个烟灰缸、一盒打开的香烟、一个打火机、一支没有点燃的香烟，桌前一把转椅，这一切都提醒着我们，这是一个办公室，但从这个密封的空间里逃出去是不可能的，暗示着生活不能在一个贫瘠和人造的环境里，被简化到只具有功能性。在组装过程中，英国人员非常小心，生怕打破了玻璃、毁坏了地面，但最终仍有一块地板蜡被碰出了白印。我们的工作人员一致认为，如果不仔细看真是不明显，况且上面有一张大桌子盖着，如果不弯下腰是发现不了的。但英国人员坚持认为，既然大家提到了弯腰，那么就有观众可能会弯腰看，更何况个子矮小的儿童更有可能看到，所以一定要重新补一下蜡。他们又怕物业部的工作人员在补蜡的过程中碰到艺术品，还亲自动手上蜡，小心翼翼，精心有加，因为他们认为艺术是珍贵的，容不得半点马虎。

最让我感动的还是他们对待一小块纸屑的态度。经过一天的努力，玻璃房子除了大房间的前面一块玻璃墙没有安装外，其余都安装完毕，在安装前，每一块玻璃都用玻璃清洁液和卫生纸擦拭过。可是，就在安装最后一面玻璃墙时，一个名叫加洛斯的英方布展人员突然发现小房子里玻璃与金属框架的连接处有一小块纸屑，于是他把一块胶纸绑在一把水平尺上通过中间玻璃隔墙上一条极窄的缝隙把纸屑粘出来，由于角度不太好，很是费了一番周折。我问他，如果中间那块玻璃墙没有缝隙，那可怎么办？他坚定地回答："那我们就把后墙拆掉，无论费多大事都要取出纸屑来，因为艺术家提供给观众的是窗明几净、一尘不染的房子，如果里面有杂物，那不仅是对艺术家的不尊重，更是对观众的不尊重。"

在大英博物馆250年珍宝展的布展过程中，英方的一位女士对环境的要求达到了苛刻的程度。她要求每一个展台和展柜都要一尘不染，在中方工作人员人手不够的情况下，那位英国女士虽然身患重感冒，但她仍亲自爬上爬下，一遍一遍地清擦，令人非常感动。印度瑰宝展中，印方人员也是如此，在陈列每一件展品时都要考虑到观众的感受，展品摆放的角度、高度、位置会不会让观众感到不舒服，一旦发现问题，一定要求改正，不能让观众提出来后再补救。

的确，他们真正是站在观众的角度布展的，小到说明牌字体的大小、围栏的远近，大到灯光的明暗度、投射的角度，无一不想到观众可能产生的感受，他们甚至还想到了儿童的高度，所以一再强调说明牌不要太高，要让小观众不用费力就能看到。

三、 细节决定成败　质量保证效果

博物馆的基本功能是收藏、研究、教育，收藏和研究的价值最终要通过教育来展示，这就是到藏品的陈列展览。一个博物馆存在的价值就在于有效地使收藏品及其研究成果为社会公众服务，如果没有展览，博物馆充其量只是一个文物仓库。所以，无论是馆藏文物的固定展览还是引进的临时展览，认真研究、精心布展，这是对博物馆人的基本要求。临时展览对展陈工作要求更为严格一些，毕竟对外馆的文物研究不是太深入，更需要认真细心。

大型的博物馆每年都要举办十几个甚至几十个临时展览，人员少，时间紧，有时就难免有"萝卜快了不洗泥"的现象，这是需要我们特别注意的问题。一个好的展览，除了主题的选择、展品的品位、策划研究人员的素养外，布展人员的敬业精神也是一个重要的因素，布展人员如果不能理解设计人员的意图，不能忠实地体现研究人员的思想，没有严格的责任心，那么就很难做出一个高质量的展览。布展中我常听到的一句话就是"差不多就行了"，这其实是一种极不负责任的态度。这个地方差不多，那个地方差不多，加在一起可就差多了，设计人员精心的设计可能就会走了样，一个原本很好的展览就有可能砸在"差不多"手里。观众对首都博物馆做的几个大型展览反映都不错，通过阅读观众留言发现，许多观众对环境表示满意，对展览的布置也赞赏有加，这不能不归功于我馆和外国布展人员的精心制作。试想，如果他们也像个别的工作人员那样有“差不多就行了”的心理，那我们还能够为观众奉献出高质量的展览吗？我们常说“细节决定成败、质量保证效果”，就是这个道理。

作为博物馆人，不要以行家自居，更不能有高高在上的心理，认为观众都只是看热闹。须知，许多观众都是艺术修养高尚、文博知识丰富的内行，他们带着欣赏的态度前来观看展览，更是带着学习和批评的眼光而来，如果展览不能让他们学到什么，甚至让他们挑出许多的毛病，小到影响一个展览在他们心中的分量，大到影响博物馆的声誉。我时常到展厅翻看观众留言，有赞扬的、有批评的、有提出建议和意见的，有些人说的可能有点外行，但更多的观众留言说得非常到位，可以说点到了问题的要害，对我们很有启发。

常常听到有一种议论说，中国人的文博意识还比较差，到博物馆参观还没有成为一种习惯。这的确是一种客观事实，但文博意识的培养需要一个过程，更需要文博界的人员作出努力，拿出好的展览来吸引他们。所以，我认为博物馆人应该时时处处想到观众，以观众为本，以观众为师，精心奉献出最好的展览，这样观众才能买账，才会吸引大众抽出时间拿出精力来到博物馆参观学习，修身养性。

首都博物馆在学习外界经验方面做得非常好，不仅把外面的专家请进来传授经验，还派出人员到外馆参观学习，学习别人的经验，吸取别人的教训，达到提高自己水平的目的。我相信，只要我们加强与外界的交流，相互学习，相互借鉴，总结经验教训，认真改正缺点，精心策划认真布陈，就能够推出精美的展览，把大众吸引到博物馆来。

图1　布展工作之一

图2　布展工作之二

图 3　布展工作之三

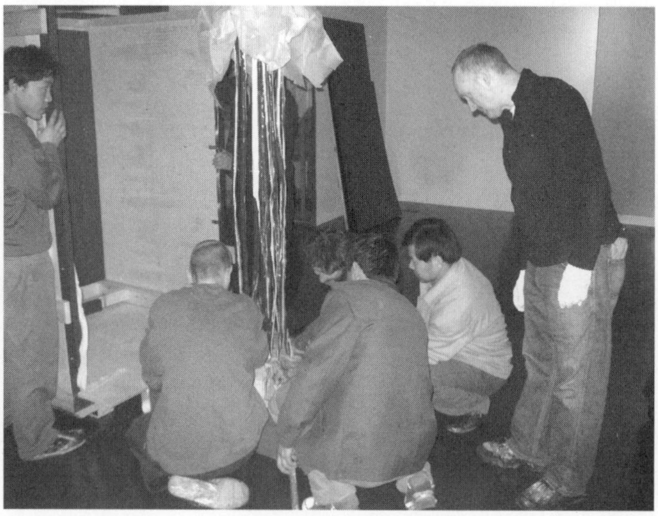

图 4　布展工作之四

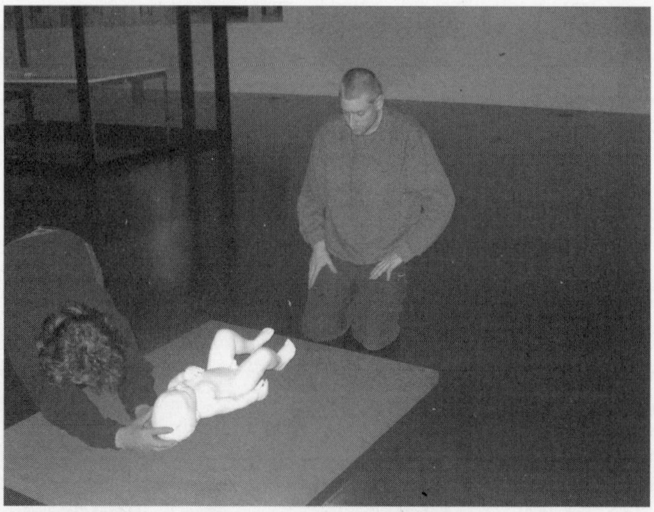

图 5　布展工作之五

优化人才配置　增强单位活力

—— 对事业单位人员聘用制的几点思考

包晓琳

事业单位是我国国民经济和社会发展的重要领域，是人才资源的重要聚集地，它担负着社会主义精神文明建设和物质文明建设的双重重任，多年来为国家的经济发展和社会进步作出了不可磨灭的贡献。事业单位是我国在计划经济体制下由于政府职能的延伸和社会事业职能的发展等原因形成的一个特殊群体，随着经济体制的深入发展和完善，事业单位原有的体制和机制已经不能完全适应目前时代的要求，事业单位的改革也就成为历史的必然。

人事制度改革是事业单位改革的重要内容之一。事业单位人事制度改革的重点和基本要求是围绕实施科教兴国战略，适应事业单位管理体制改革的要求，以推行聘用制和岗位管理制度为重点，逐步建立适应不同类型事业单位特点的人事管理制度，形成有利于优秀人才成长和发挥作用的用人机制以及重实绩、重贡献的分配机制，建设高素质的科学技术人才队伍。①

一、事业单位人员聘用制

推行人员聘用制度是事业单位人事制度改革的重要内容之一。

事业单位人员聘用制度是指事业单位与职工按照国家有关法律和政策规定，在平等自愿、协商一致的基础上通过签订聘用合同来确定单位与个人的聘用关系，明确双方的责任、权利和义务的人事管理制度，是一套以聘用合同关系来规范和调整基本用人关系的新型人事管理制度。

事业单位人员聘用制度是一项全新的用人制度，是一个完整的制度体系，其主要内容包括：

（一）科学设岗制度②

科学设岗是推行事业单位人员聘用制度的前提和基础。岗位设置应该坚持以编定岗、因事设岗、精简高效的原则，在人员编制限额内根据工作职能、工作任务和事业发展需要确定合理的岗位及不同类别岗位的结构比例。岗位类别包括管理（职员）岗位、专业技术岗位、工勤岗位。

（二）公开招聘制度[③]

公共招聘制度，即所有事业单位一律面向社会公开招聘所需人员。公开招聘应制定具体的招聘考试办法，这样可以从制度上规范事业单位选人用人的程序和做法，把优秀人才吸引到事业单位中来，以提高事业单位各类人员的素质，从而把好选人用人关。这一制度可以有效地防止以各种非正当途径向事业单位安排人员的现象发生，真正实现用人上的公开、公正、公平。

（三）竞聘上岗、双向选择制度[④]

竞争上岗、双向选择制度，即所有事业单位都应根据岗位要求的条件，采取公开招聘、个人申请、民主推荐等形式，在保证竞聘过程透明化的基础上择优录用岗位所需人员。竞聘上岗应遵循岗位、条件、政策、聘用结果公开的原则。

（四）聘用合同制度[⑤]

聘用合同制度，即事业单位所有人员都要与用人单位在平等自愿、协商一致的基础上签订聘用合同。事业单位在与受聘人签订了聘用合同后，应该按照合同规定，以工作岗位为基础，以岗位责任为核心对聘用人员进行管理。

（五）定期考核制度[⑥]

定期考核制度，即聘用单位要对受聘人员履行岗位职责的情况和完成工作任务的情况进行年度考核及聘期考核。考核应坚持客观公正、民主公开、注重实际的原则，采取领导与群众相结合、定性与定量相结合的方法进行。考核结果一般分为优秀、合格、基本合格、不合格4个等次。考核结果是对受聘人员进行奖惩、续聘、解聘及调整工作岗位的依据。

（六）解聘、辞聘制度[⑦]

解聘、辞聘制度，即事业单位与职工均可依据聘用合同的具体条款依法解除合同。这一制度可以疏通事业单位人员的出口渠道，增加用人制度的灵活性，有效地解决了事业单位人员能进不能出、能上不能下的问题。

（七）未聘人员安置制度[⑧]

在事业单位推行聘用制的过程中，由于编制、岗位、人员素质等原因，会出现一些未聘人员，这是建立竞争机制的结果，是优化人才配置、提高队伍素质的需要。但这些未聘人员都曾为单位和社会作出过贡献，不能简单地将他们推向社会，也不能盲目分流。妥善安置未聘人员是处理好改革、发展、稳定三者之间关系的重要环节。

二、推行事业单位人员聘用制度的意义

全面推行人员聘用制度对于加快推进事业单位改革步伐，增强事业单位的生机与活力，实现事业单位良性发展，促进我国经济和各项社会事业的发展，都具有重要意义：

（一）事业单位人员聘用制有助于解决单位职工与单位的单一行政依附关系[9]，能够使职工更加自由地流动起来，促进事业单位工作效益的最大化

所谓行政依附关系是指个人完全依附于单位组织，甚至连人身所有权也属于单位组织，其工资福利、工作条件、生老病死、职业调整等等全由单位组织统一安排。推行聘任制后，事业单位与受聘人的工作关系是通过签订聘用合同建立的，双方的权利和义务都体现在聘用合同中，并存在于合同的有效期内。在聘用合同的规定之外，双方都是自由的，不存在任何行政依附关系。

在聘用合同规定的期限内，用人单位必须严格遵守合同中规定的义务，为受聘人提供工作条件和工作岗位，不能随意解除聘用合同；受聘人获得有保障、有报酬的工作的同时要认真履行合同规定的职责和义务。超出这一范围，单位对职工没有约束力。实行聘任制后，实际上事业单位的职工已经成为了社会资源，可以自由流动，彻底改变了传统用人制度下人才归单位所有的情况。人才个体可以根据自己的特长和爱好，自由地选择工作单位和工作岗位，使自己的能力得到最大限度的发挥；作为事业单位则可以在市场上找到真正适合单位和岗位的人才，以达到工作效益的最大化。

（二）事业单位人员聘用制可以增强员工积极性，使事业单位的用人机制焕发出生机和活力

社会或者说市场是人才资源调剂和配置的工具。实行聘用制后，事业单位的职工成为了社会资源，这给单位和职工都带来了机遇和挑战。事业单位的职工可以自由地选择职业，同时又必须不断地充实自己，提高适应新工作的水平和积极性、提升个人自身的素质从而增强挑战新工作的能力。而用人单位一方面可以在更大范围内选择自己需要的人才，另一方面则必须为人才提供优质的工作条件，创造出良好的用人、留人的环境，为人才的培养、开发提供保证，使事业单位真正焕发出生机和活力。

（三）事业单位人员聘用制使事业单位的人事管理更加规范化和法制化

事业单位人员聘用制通过签订聘用合同这一手段，变原来固定化的用人关系为契约化的用人关系。在用人单位与受聘人遵循平等自愿、协商一致的原则签订聘用合同后，当事人双方必须全面履行合同规定的义务。聘用合同从原则和内容上都以法律的权威保障当事人双方享有的权利和义务，有利于预防和减少劳动争议，有助于建立稳定、和谐的互助协作关系，它改变了事业单位以往单纯的依靠行政手段进行人事管理的模式，令单位的人事管理工作更加规范化和法制化。

（四）事业单位人员聘用制有助于推动事业单位人事制度的整体改革

事业单位人员聘用制是一种全新的用人机制，在实行聘用制的过程中，必定会涉及许多方面的具体问题，这就需要有配套的改革措施：竞聘上岗客观上要求科学设岗，这就需要进行机构改革；签订聘用合同就会出现后期关于合同的续聘和解除等问题，必然要推出严格的考核程序作为依据；人员聘用中出现了待聘和未聘人员，要对他们进行妥善的安置，需要有健全的社会保障制度及人事代理等制度。因此，事业单位实行人员聘用制有助于推动事业单位人事制度的整体改革。

三、推行事业单位人员聘用制中存在的问题

人员聘用制是全新的用人机制，它的建立和推行都需要观念的更新。转变观念是一个渐进的过程，这比建立新的制度要复杂许多。新制度的推行需要新观念与之配套，在旧有观念仍不时发挥作用的情况下不可避免地出现了一些问题。

2006年11月，我随首博办公室的工作人员分别对陕西历史博物馆、南京博物院、上海博物馆等几家事业单位进行了考察。通过与这几家单位相关部门的座谈，我收集到了一些关于人员聘用方面的资料。经过分析后，我发现包括我馆在内的几家单位在人员聘用的过程中存在以下问题：

（一）岗位设置缺乏科学合理性

事业单位人员聘用制的核心是变身份管理为岗位管理，岗位管理是一项复杂的系统工程。有些单位虽然实行了人员聘用，但岗位的设置缺乏科学合理性：有的单位岗位设置的数量过多，造成了人浮于事，体现不出聘用制度应有的竞争激励作用；有的单位岗位设置的数量过少，制约了优秀人才的正常晋升，不利于优秀人才脱颖而出。

岗位设置是否科学，岗位职责是否合理，直接关系着人员聘用工作的质量。每个事业单位都应该根据自身的工作任务和发展目标先行确定岗位数量及各类岗位的比例，并据此情况进行深入调研，层层分解，明确每一个岗位的名称、岗位的系列、岗位的级别、岗位的职责、上岗的条件、岗位的工作任务、岗位的工作标准及岗位的薪酬等，这样不仅可以为竞聘上岗、择优聘用提供依据和标准，还可以促进事业单位人员聘用管理的科学化和规范化。

（二）岗位管理思想薄弱

在建立人员聘用制度之前，事业单位人事管理实行身份管理，单位把职工分成了干部和工人，身份界限像一道鸿沟，难以逾越，干部不能到工人岗位工作，反之亦然。事业单位建立并推行人员聘用制度就是要打破干部和工人的身份界限。

在资料分析过程中我发现有些单位的岗位管理思想比较薄弱，仍然存在许多因人设岗的现象，按贡献大小和技术含量高低等要素进行分配的收入分配政策得不到有效的贯彻执行。因此，每一个事业单位的成员都要摒弃身份观念，单位应该时刻谨记岗位管理这一关键词，做到按需设岗，按岗聘用。不论职工身份，一律竞争上岗，真正做到在什么岗位享受什么待遇。

（三）单位和个人的法制观念淡薄

在座谈时，一些单位表示他们现在仍然习惯于以行政手段进行人事管理，在合同的订立、变更、解除等环节与聘用人员的协商不够充分，这其实是没有尊重职工应有的权利，有些举措甚至是侵害了职工的合法权益；同样，事业单位的大量职工习惯了随心所欲和心血来潮的工作模式，不能够不折不扣地完成合同中规定的工作。

事业单位人员聘用制是通过聘用合同确定单位和个人的工作关系的，聘用合同是确定单位和个人工作关系的法律形式，是维护双方当事人合法权益的法律保障。聘用合同是双务合同，双方的权利和

义务是对等的，无论哪一方违反聘用合同都需要承担相应的法律责任。

（四）疏于聘后管理

签订聘用合同的目的是要以契约的形式规范单位和职工的行为。部分博物馆认为只要是签订了聘用合同就完成了人员聘用的工作，而忽略了聘后管理，疏于考核工作，使考核流于形式，导致了奖惩、晋升、续聘、解聘缺乏可信依据。

加强聘后管理首先是保证聘用合同的内容具有可操作性，也就是说聘用期限、工作内容、工作条件、工作报酬、工作纪律、违约责任等方面的内容都要在合同中有明确的规定。其次，要引进现代考核手段、量化考核指标体系，从而确保考核结果的科学性。最后，要依据考核结果合理拉开工资档次，改变原有的平均分配主义，工资应该根据所聘的岗位、上岗时间、本人表现、完成任务的数量和质量等因素来确定，真正体现被聘与落聘、干多与干少、干好与干坏的差别。

（五）不同岗位的聘任方式同质化倾向严重

事业单位任何一个岗位的聘任都要遵循竞争上岗和双向选择这一原则。但我认为针对不同岗位，侧重点应该有所不同：重点岗位和关键岗位对人员素质和能力的要求较高，因而应在个人申请的前提下强调竞争上岗，这样可以使单位在更大的范围内择优聘用；对于一般性岗位，应该在尊重职工个人意愿的基础上贯彻双向选择，在部门和岗位的人才资源配置趋于平衡的基础上，使大多数职工找到施展才华的最佳位置，使其自身价值在公平竞争中得以充分体现。

（六）没有积极妥善安置未聘人员

事业单位人员聘用制改革的目的不是裁减人员，而是通过改革使事业单位人才资源的配置合理高效。许多与我们座谈的单位都认为做好未聘人员的安置工作是事业单位人事制度改革的难点和关键。安置未聘人员成功与否不仅事关改革成败，还对社会的稳定有直接的影响。

在事业单位的社会保障机制还没有建立起来之前，单位不能简单地把未聘人员推向社会，要帮助他们消除顾虑，增强竞争意识。对于未聘人员，事业单位应该立足于内部消化，通过转岗、培训上岗、行业内或行业间调剂等方式，实行多层次、多形式的未聘人员妥善安置制度。

四、结语

事业单位人员聘用制度是促进单位自主用人，保障职工自主择业的关键，它可以实现由固定用人制度向合同用人制度的转变，由单位行政管理向法制管理的转变，由国家用人向单位用人的转变。事业单位人员聘用制度是社会主义市场经济条件下搞活单位内部用人制度的必然选择，我们要顺应时代潮流、转变传统观念，将人员聘用制度作为一项长期的政策贯彻执行下去，最终使事业单位焕发出生机与活力。

注释：

①《深化干部人事制度改革纲要》 中办发【2000】15号。
②⑧《关于加快推进事业单位人事制度改革的意见》 人发【2000】78号。
③④⑤⑥⑦《就全省事业单位全面推行人员聘用制度答问》 山东大众网（http://dzrb.dzwww.com/dzzb/dzzb-jrgz/200701/t20070116_1967307.htm）。
⑨《从公共财政角度看地方事业单位改革》 中国电力财税网（http://www.cpcfo.com/Article/czyj/20070206100117_10.html）。

对博物馆产品开发工作的一点想法

高叶环

本文并非是对博物馆产品开发工作的全面论述，仅是我对此工作零星的一点想法。

一、博物馆艺术设计管理

（一）博物馆设计管理工作是对综合性知识的统一

博物馆的产品开发工作包含对多种资源和因素的调用与平衡，以及正确的策略和完备的计划，是多种知识的结合，属于设计管理工作，需要用设计管理的方式将多种因素和各种知识进行统一。博物馆自身的特点也对设计管理工作人员须具备的知识结构提出要求。

1. 对历史文化、文物和博物馆职能的理解。与其他行业的设计管理相比，博物馆的设计管理需要更多地了解文物和历史文化。博物馆文化产品的开发、品牌的树立也需要对文化深入的理解。在博物馆，产品开发主要以文物为依据。对文物素材的发掘，不仅要有发现美的能力，还要有对文物本身和文物的社会文化背景的深入理解，才能发掘出更有代表性的有价值的素材。对博物馆职能的理解有利于设计管理者对产品开发工作方向的把握和对产品的定位。

2. 具备优秀的艺术设计能力。能够在博物馆众多的藏品中发掘出美的、独特的并且适合于应用到设计中的元素，形成创意想法和设计思路，对设计成果的前景作出判断，需要设计管理者具备艺术素养和设计能力。在与设计单位合作开发产品的过程中对设计师进行指导，设计管理者不仅要用专业的设计思路和对整体形式的认知，还要对设计工作所涉及的各方因素和问题有预见和解决的能力。

3. 了解当代及古代制作工艺技术、材料和生产流程的一般规律。首先，设计稿必须具有的可行性。设计想法是否可以实现成为产品，要通过对生产工艺、材料、流程的综合分析才能作出判断。其中包括对生产数量、资金的综合考虑。设计管理者要判断产品设计的可行性、控制生产流程、预见和解决设计生产过程中会遇到的问题，以确保产品设计生产工作顺利进行。博物馆的产品开发工作不仅会经常使用到新材料新工艺，也会涉及传统工艺的使用，比如对文物的仿制和对手工艺产品的开发。这就要求设计管理者对古代的工艺制作也有所了解。

4. 了解市场需求和艺术设计发展趋势。博物馆的艺术设计在一定程度上代表博物馆的形象，不能完全跟随市场的需求，要在社会上起到引导公众审美的作用；另一方面，博物馆的产品要为现代审美所接受，其中一部分还要具有实用性，满足使用者生活的需要。设计管理者了解市场需求的变化规律，对未来的市场作出判断，了解设计发展的规律和趋势，才能够使产品起到引导群众审美，进而起到传播博物馆所承载之文化、树立博物馆品牌形象的作用。

5. 了解行业规范及相关法规。博物馆的产品一般以文物资料为基础，因文物的特殊性，设计管理者首先要对我国《文物保护法》相关条例有深入了解。博物馆是文化保护和传播机构，博物馆的产品如出现任何质量和法律问题，都将对博物馆的形象造成负面影响。因此博物馆的设计管理者应了解《产品质量法》，以及产品质量标准的有关规定。博物馆的产品还应比其他同类产品更注重环保和知识产权的保护，相关知识和规定也是设计管理者需要掌握的。此外，设计管理者不仅要熟悉我国的相关法规政策，对世界相关法规政策的发展趋势也要有所了解。

6. 产品推广。博物馆的产品并非全部属于商品。比如有些产品用于博物馆举办活动时作为纪念品或奖品赠送给参与活动的观众，有些则作为博物馆的礼品。对于此类产品，设计管理者应根据未来使用方式在产品进入设计环节前进行产品定位，依此而开展产品的开发工作，并能够对产品的使用和推广方式作出具体的细节设计。对于将会成为商品的产品，设计管理者应按照具体产品的特性，根据博物馆制度就产品推广和销售环节的计划对经营者作出指导和规范。

（二）与有潜力有特色的制作单位建立长期合作关系

博物馆本身不具备生产条件，要长期保证产品质量和风格的延续一致、塑造自己的品牌、保护产品版权，与厂家建立长期的合作关系是比较好的方式。合作单位不一定限于一家，可以是适合设计生产不同种类产品的数家单位。但如果合作单位过多，则不利于对文物资料等保密信息、产品品质、版权的管理。

在与某一厂家建立长期合作关系前，设计管理者需要对该单位进行全面的考察，分析其是否有能力、有潜力且适合为博物馆设计生产产品，与同类产品供应方相比，在设计和制作工艺上是否有自己的优势和独特之处，如缺乏设计能力，是否可在生产中对外来设计稿加以准确地表现。

在长期合作中，设计管理者一方面对生产厂家进行长期培训，另一方面深入开发利用厂家的技术工艺。一般从事产品设计生产的单位，对博物馆文化理解甚少，要使厂家能够在产品的设计制作中表现出博物馆文化的精华，需要设计管理者在长期的合作交流中对厂家进行多方面的指导。设计管理者还要帮助厂家开阔视野，提高设计水平和艺术理解能力并使产品最大程度地实现设计。另外，在使用厂家生产技术的同时，要帮助制作单位发现生产技术中不合理或落后的环节，并加以改进，以使产品生产更加合理化。国内的生产制作单位，尤其是传统工艺的生产单位——如陶瓷、景泰蓝等，比较多地用于博物馆的产品开发——长期发展缓慢，经济状况不佳，难以吸引优秀的艺术设计、技术研究、生产和市场管理人员。因而形成不良循环，造成行业的设计艺术水平低、技术水平下降、市场管理混乱，以至劣质产品泛滥，企业生存陷入困境。在这种情况下，厂家技术人员和设计人员不仅产品设计能力不能达到博物馆的要求，对外来设计稿在制作过程中也难以准确地理解和把握，而设计中精华的部分往往是微妙的，更需要手工业者和技术人员有敏锐的艺术欣赏能力。帮助厂家改变这种状态，使产品生产更符合博物馆的要求，需要设计管理者在与之长期合作的过程中逐步提高其各方面能力。

（三）品牌的塑造

从文化传播的功能上来讲，产品是博物馆展览的延续。在博物馆现有藏品的条件下，更加充分地传播历史文化，增加博物馆在公众中的认知度，博物馆的产品开发就成了一个途径。产品也是博物馆有趣味、有实用性、丰富多样的一种广告形式。博物馆产品品牌形象也关系到博物馆的整体形象。品牌的塑造是设计管理工作重要的内容。

不一味地迎合观众。行世者必真，悦俗者必媚；真久必见，媚久必厌。作为博物馆形象的一部分，产品不应只追求一时的利益，应考虑长远的品牌形象，社会效应。观众的兴趣审美受社会上多种现代流行事物现象的影响，过分地迎合观众往往是在迎合时下社会的流行，而流行的不一定是健康美好的。博物馆集中了历史文化的精髓，对现代社会的审美、思想意识要起到引导的作用。博物馆的产品应当是有收藏意义的，能够长期欣赏品味，能够不受流行制约的。作为产品，又是应当适合生活与审美，且适于现代生活的环境，以实用性走到人们的实际生活中去。即使是作为欣赏的艺术品，也要与生活环境相协调。

令人欣赏的产品增添品牌的优越感。人们来博物馆主要是为了参观、休闲，而不是购物。当然也有部分远道而来的观众有购买旅游纪念品的愿望，即使对产品并不是特别地喜爱，有时也会挑几件带走。但博物馆的产品要塑造自己的品牌形象，提升品牌价值，要让顾客因欣赏而消费。产品不见得一定是生活必需的，但要以美观、新意、实用，让人有所感受，产生喜爱之情，使观众自然产生购买的想法。

博物馆产品需要在立意、形式上创新。目前一些为博物馆设计产品的单位在设计方面存在的问题是，仅在流行的产品形式上做文章。根据已经普遍使用的纪念品形式，只在表面图案、局部造型上做装饰。产品缺少新意。各个博物馆的产品种类都差不多，和社会上现阶段普遍使用的也差不多。但因为产品生产数量小，价格则比市场上要贵。从品牌长远发展的角度看，要改变这一情况，需要增加产品开发前期的多方面投入。另外目前博物馆产品开发对素材的发掘使用方式也比较单一。

品质感是产品品牌重要的一个方面。品质感不仅通过设计、产品质量和服务来体现，新材料、新技术的应用，以及环保健康的观念也是重要方面。

提升品牌价值，还需要在市场需要的产品基础上开发概念性的产品。概念性产品展示更高的创意境界和学术高度，满足人们的想象力，使品牌受到更多关注。

（四）博物馆的艺术设计研究不仅为产品开发工作提供更多思路，也是设计管理工作的一项责任

博物馆里收藏着人类各个时期优秀艺术的遗存，享有着研究艺术理论丰富的资源。在这里，可以看到各种艺术发展演变的过程。传统艺术对现代设计的启示，现代设计如何吸收传统艺术的精华。这不仅为博物馆的产品设计提供了解决方法，也是设计管理工作者有责任进行研究的一个题目。

传统工艺技术是非物质文化遗产的一部分，其中一些已经失传或面临失传。将传统工艺与产品开发工作结合起来，既为产品开发提供新的思路，也是对传统工艺保护与发展改良的一种方式。如何将二者有机地结合并开发出好的产品是一个非常有意思的问题。

对用于产品开发的文物素材的选择要做到准确灵活。需要通过对文物和历史文化深入的研究，对比分析相关或同类资料，找到文物资料信息中的共性与个性。根据实际需要选择文物中有代表性的、精彩的、有特殊价值的或珍稀的元素。

目前博物馆纪念品的开发从取材上还处于将文物或博物馆的外形直接应用到产品上的阶段，在开发形式上比较浅显。如何发掘文物背后的文化背景、发展演变过程、历史与传说、独特工艺、艺术美学、相关知识与生活的联系等，且将这些演变为产品，还有待深入研究。

二、传统工艺在博物馆产品中的应用

传统工艺——诸如材料、技术——制作的产品在质感、韵味等方面比一般产品给人以更丰富的心理感受，有更深刻的文化背景。当人们对于迅速发展的现代工业技术水平已经习以为常，传统工艺尤其是手工艺因其独特的韵味愈加受到人们的喜爱和重视，随着在人们观念中位置的提高，也形成产品独具魅力的附加价值。

传统工艺是我国非物质文化遗产的一部分。将传统工艺运用到博物馆的产品开发中，是对其实际的继承和保护，也是在群众中的传播。传统的制作工艺其中一些已经失传或面临失传。要在产品开发中使用传统工艺，先要对其进行全面具体的研究，使之可以应用到实际的工作中。对于因现代的条件限制无法恢复或不再适用，但仍具有独特魅力或优势的传统工艺，要通过改良使其更适合于产品设计制作的要求。此类产品在附加说明和销售过程中重点突出传统手工艺的宣传，以便使用者在对产品的使用过程中，更多地了解到产品背后的工艺方面的传统文化。

（一）将传统工艺技术应用到博物馆产品开发工作的必要性

1. 由于现代生产工艺的客观要求，一般的产品生产要求批量。尤其是涉及使用模具的产品，需要一定的制作数量（往往超出了博物馆实际需要的产品数量），才能降低分摊在每件产品中的模具成本。这也就是一般单位的纪念品经常采用在现成产品造型上贴标志或图案的方式的主要原因。而博物馆的产品要具有自己的特色，树立自己的品牌，在造型上就要有别于一般商品。而且博物馆的藏品中很多是以造型的独特而闻名的，以此来表现文物的特点，自然是博物馆产品设计的主要方式之一。具有独特的造型和结构，从而具有特殊的功能，使美观、新奇与实用性相结合，也会成为促使顾客购买博物馆产品的重要原因之一。既要在造型上有别于市场常见的产品，又要减少模具的费用，使用传统制作工艺（尤其是手工艺）可在一定程度上解决这一矛盾。

2. 博物馆的产品结构需要高档产品。而文物复仿制品不能完全满足这一需求。第一，作为销售，任何价位的商品都要有一部分在与文物结合的同时具有现代风格、实用性强的特点，以适合实际生活和审美的要求；第二，作为用于馈赠的贵重礼品，文物复仿制品因其是仿品，不完全适合赠送。而且无论用途是销售还是馈赠的高档产品，都不适合大批量生产。一方面出于成本的考虑，另一方面大批量的生产会降低产品的价值感。部分传统工艺制作的产品不仅解决小数量生产的问题，而且传统工艺技术和手工的制作都能够提高产品的品质与价值。其中个别与艺术家合作的产品，可能每种数量上只有一两件至几十件，但可以提高博物馆产品的整体水平，也可以为特殊活动定制。

（二）传统制作工艺中适合应用于博物馆产品开发工作的一些品种

餐具、茶具、酒具、观赏类器皿（花插、香熏、烛台、小摆设等）、首饰等在博物馆的产品中应占有一定比例。目前同行业这类产品的制作一般采用在现成的器皿上直接印标志或图案的方式，这就导致了各单位的纪念品看上去都大同小异，没有个性，相似的东西多了，也使产品档次下降。如采用陶瓷、金属、玻璃等传统工艺制作此类器具，则可兼顾美观、实用、个性和生产数量。

陶瓷的传统制作方法中很多可以不使用模具，手工制作更显产品的自由随意，即使使用注浆的方式制作，模具的费用一般也比较低。金属的传统制作工艺中可通过手工锤揲等方式成形、錾刻装饰，不制模具也可以制作出美观实用的产品。玻璃、刺绣、玉石竹木牙雕等手工制作一般也可以不使用模具、不限制生产数量。

博物馆的文物中陶瓷器、金属器等占有很大比例。陶瓷、玻璃、金银铜等各种金属、织物的印染织绣、玉石竹木牙雕等，都是从古代延续下来的生产工艺。以传统工艺材质制作的产品与博物馆藏品相呼应，易表现出博物馆的特色。

三、如何使产品受到使用者喜爱

（一）首先设计者出于对设计题材的真实感受而进行设计

对于设计者而言，作品是与他人进行交流的语言。而作为博物馆产品的设计者，这种语言所要表达的内容应当是健康友善、真诚的。只有真诚的精神与情感蕴涵其中，才会使他人在对产品的使用过程中有所感受，理解作品想要表达的内容，从而产生美好的情感。反之，这种交流的语言则因无需要表达的内容而失去了意义，作品情感与精神的缺少是形式所不能弥补的。

“真者，精诚之至也。不精不诚，不能动人。……真在内者，神动于外，是所以贵真也……”

“不精不诚，不能动人”，同样也适用于艺术创作。设计者在作品中表达的是自己真实的情感，和想要表达的思想，出于真诚的、想表达的愿望去设计，这样的作品才能给人以心灵的感受。

一个在生活中真诚的人，在设计创作中才可能是真诚的，才会有真诚的情感想要表达。设计者还需善于观察，善于思考，对生活中的一切认真地去感受，善于发现美的事物，捕捉生活中美的瞬间、细节，对于生活进行反复的思考。经过这样耐心而又认真的积累，设计者心中有了想要表达的内容，有了想要表达的愿望，才可以对作品用心去塑造。

博物馆里承载着人类悠远辉煌的历史，记录着人类精神生活的喜怒哀乐、悲欢离合，有着漫长的历史中最美丽精彩的遗产。这一切都使人的心灵更加丰富。博物馆产品的设计者要在工作中，将自己对博物馆、文物、历史文化的理解和美好感悟，通过作品传达给使用者。设计表现得当，使用者则会在产品中获得相应的感受。

产品设计中包含着真诚的想法、发自内心的设计、真实的感动，才能够脱离时尚流行的限制，给人以持续的真、善、美的感受。文化是历史沉积下的精华，是人内心中恒久的力量。作为文化产品，要体现文化的持久稳定纯粹的美感，体现品质感，去除喧嚣与浮躁，形成与流行相对独立的独特的品牌文化。真实地帮助人们去认识理解文化和历史。反之，完全跟随潮流和市场而设计的产品，会迅速地随着流行的变化成为过时或流于泛滥。

（二）对生活的关注和对使用者的关心

观众为什么要到博物馆来，他们希望在博物馆寻求到的是什么，希望博物馆留给他们的是什么，希望从博物馆带走的是什么，是知识，是感受，是美的形象，是解决问题的启示……

设计的根本目的和动力是对使用者的关心，让使用者的生活更为方便、获得愉悦和美的感受、解决问题、得到知识…… 设计是实现设计者内心中对他人的关心与爱的方式。

作为产品设计者首先要关注生活的细节，思考什么样的产品能够解决人们在生活中的种种问题，满足生活中各种情况下的需要，使生活更为舒适、方便且更有趣味。设计者要了解并满足使用者各方面的需求，精神的、功能的等。要做到这一点，还要以不同使用者的角度来设想他们使用产品的具体情况，分析产品在什么样的情况下为什么样的人所使用，使用者因自身的状态对产品会有什么样的感受。比如：产品会在什么样的环境或情况中被使用，在这样的环境或情况下使用者的感受和需要是什么。产品未来的使用者是谁？这就要考虑到不同人群的心理、爱好、审美倾向、生活环境的不同。如不同年龄，不同职业和身份的人各有其审美的特征，有其易于接受的思想。他们在各自不同的生活中，有自己独特的感受，有各自对生活的理解和追求。设计者要根据这些去考虑产品设计中所传递的内容是否能被使用者理解和接受，是否能真正地给使用者以帮助。

要使博物馆的产品予以使用者更多的关爱，设计者则要了解产品使用者与博物馆的关系和对博物馆及博物馆产品的期望。

四、使用文物元素进行设计的一些基本方法

博物馆产品开发所使用的素材有多种，如博物馆的文物、建筑、标志、理念、事件、专业知识等均可以作为产品设计的元素。其中文物元素最适合于用作产品开发之用，不仅因文物在博物馆的特殊位置，也因其自身美的特质和艺术魅力。

以文物为元素开发的产品与文物复仿制品有根本区别，功能、造型、色彩、表达情感等更需适合现代生活和现代审美。这里简单介绍几点使用文物元素进行设计——即传统文化、文物元素与现代设计结合——的基本方式。

（一）将文物元素风格化处理。不直接使用文物图片或造型，而是根据产品风格和用途对文物形象进行加工。例如，设计儿童玩具或用品的时候，如果直接使用真实的文物形象，其中一些可能儿童并不接受。如果将一些有趣味的文物形象，通过绘画、电脑描绘、雕塑等方式处理为卡通、儿童画等风格，则更符合儿童的心理需要，且使儿童在产品使用过程中对文物和历史文化有了初步的认知。

（二）以文物的功能为元素进行设计。有些文物的用途在现代物品中已很少见，但如果开发出来仍然可以适应生活的需要且有新意。这种情况可在设计中对文物功能复原并使之在现代生活中更为合理，形象则要在符合功能需要的前提下更适合现代审美。

（三）使用同一主题、风格相近的元素进行设计，如主题近似而风格相异，可将不同风格的元素作统一的风格化处理。

以丝巾设计稿——《舞乐》为例。《舞乐》为手绘设计稿，作于2000年。古代“舞乐”艺术氛围即作品主题，以汉代表现音乐舞蹈情景的文物为主要素材，辅以历史上不同时期的乐器文物形象资料为背景。丝巾四角为建鼓舞（又称巴俞舞），汉代流行的一种乐舞，二人执桴且鼓且舞，同时敲击建鼓下悬二小鼓，并击樽，节奏迅急，舞姿生动。向右五人依次为吹排箫者、鼓瑟者、击铙者、鼓瑟者、击鼓者。丝斤边角图案以一边为单元，四边重复并相连接，均取材于河南南阳汉代画像石（建鼓舞、击铙者、鼓瑟者（右）取之于南阳县汉墓；击鼓者取之于南阳市西郊汉墓；吹排箫者、鼓瑟者（左）取之于南阳市李相公庄汉墓许阿瞿墓志画像）。中心舞人形象取自扬州市博物馆藏西汉晚期玉舞人佩（出于江苏省扬州市妾莫书墓），与周围取自南阳汉代画像石的舞乐人物形象在时代上大体

相近。舞人身后为背景的琴、琵琶等四件乐器文物形象，虽所属时代不尽相同，但都是今人追寻古代音乐和古代舞乐活动的依据。

玉舞人与南阳画像石中的舞乐场景因时代相近，自然互相呼应，或许会使人联想到，也许她就是那画像石中舞乐情景里的一位翩翩舞者。而南阳汉代画像石的舞乐画面里也确有着与玉舞人同样长袖束腰、舞姿蹁跹的舞者在跳长袖舞。画像石中热闹的众多舞乐者、长袖起舞的玉人、舞人身后的古乐器，形成了乐声—舞蹈—器物、密与疏、繁华与沉寂、由动至静的对比和层次。静静的古乐器中，琴身的倾斜和琴穗的形态又与周围的动感有了一些呼应。

设计稿对文物形象作了概括和平面化处理，颜色也脱离文物本身而重新设计，形成画面自身的氛围和风格。画像石、玉舞人、古乐器因地域、年代、材质、用途不同而风格各异，通过手绘将各元素平面化、图案化相统一，又以斑驳不均匀的纵向线条加强各元素的和谐、整体感和整个画面的历史感。色彩处理则根据丝巾的使用性质，采用温和洁净的颜色，在安静中不乏生动。

（四）将文物中包含的元素置于重新安排的环境中，改变氛围格调

例如：作品《三叶草》作于1999年，获2001年韩国釜山国际面料设计展特选奖。《三叶草》以古代织物中的一个图案为元素。首先以电脑绘画的方式对图案进行描绘，通过旋转和排列形成四方连续。又以同样的图案通过虚实聚散处理背景气氛。作品虽取材于传统纹样，因使用了现代设计的方法和电脑的功能，有了更丰富的层次，和更为自由的气质。

丝巾设计稿《舞乐》

《三叶草》

参考文献：

① 王儒林、李陈广：《南阳汉画像石》，河南美术出版社1989年版，第15页。
② 中国美术全集编辑委员会，杨伯达：《玉器》，文物出版社1986年版，工艺美术编9，第100页。

纸载的神话

——记“西天诸神～古代印度瑰宝展”画册及宣传品设计

王 超

首都博物馆新馆自开馆以来，无论是常设展还是临时展览都会设计制作宣传品，其中包括宣传彩页、手册、海报、请柬、图书等。这些宣传品和出版物的作用是宣传展览、宣传博物馆本身以及展品承载的知识、历史和文化，希望每次展览能够给观众留下一些记忆和纪念。而且，在展览结束时宣传品仍然发挥着作用，信息和图像资料在观众离开博物馆之后传达着展览资讯和知识，具有一定的学术研究价值和收藏价值。于2006年12月28日至2007年2月28日举办的“西天诸神——古代印度瑰宝展”（后文简称“印度展”）是中印友好年，国家文物局和印度考古局联合举办的大型展览项目，共展出代表古代印度文化的精品文物100件。在宣传品的设计制作方面，设计了包括：精品文物画册、普及本画册、海报、折页、请柬、贺卡六种印刷品，是首博新馆开馆以来制作宣传品规模最大的一次。在此，希望通过“印度展”系列图书和宣传品的设计制作过程，探讨一下博物馆展览出版物及宣传品在设计制作中的体会和心得。

无论何种类型的书籍、海报或是展览宣传品，在版式编排和平面构成上原理是一致的，都是要达到信息传达和艺术美感的高度结合。最终的审美体验是直接的、感官的，而达到精彩的视觉感受往往需要非常理性的思考和设计制作投入。设计师以一种立体的思维方式，注入时间概念的塑造和三维空间的“建筑”。要通过宣传品和出版物创造出一个展览的形态和氛围，还要通过设计让观众和读者在参与阅读的体验中产生与展览的互动，从中得到启发和提升。常规图书画册承载的内容是画册本身，而展览画册背后的内容却不仅限于书籍的意义。它所表现或传达的是一个展览，是可引发想象空间的三维形态的展览。通过“博物”的内涵，让人们看到体验到的是展览所呈现的不同的文明和全新的世界。

一、确立主题内容和整体风格

每个展览的主题和风格大相径庭，如何使展览的出版物和宣传品独具个性进而成为精致美观的艺术作品，并与展览环境产生和谐的互动，是在设计最初所要考虑的重要内容。将展览的文字资料和图像元素用理性的方式完美周密地遴选加工成出版物的形式并使读者和观众为之心动是一项系统的工程。所有的宣传品项目最重要的部分在于画册，因为“书籍永久性地汇集起了所有领域里最卓越的充满创造性的灵魂的作品……”（历史学家Lucien Febvre）。画册的风格决定着其他宣传品的内容、表现方法和表现手段，画册的内容表现展览最为全面和直接，所以精品文物画册设计需要的时间最长，设计制作的过程相对其他宣传品也要复杂得多。

在得到展品图片和文字资料的最初时间，我惊异于印度文明中宗教和神话地位如此至高无上，甚至成为一个伟大民族赖以生存的精神所系，它是如此绚丽多姿，浓郁深沉，“如大林深泉”、“瑰丽幽琼”。100件展品主要以砂石雕像、青铜铸像为主，造型各异，极其生动华丽。每件展品所包含的神话寓意尤为精彩、深邃，幻化多端。古老恒河文明中人民所有的智慧、理想和生命力在宗教偶像与教义的虔诚中希冀升华着，千百年来生生不息……我们要以什么样的思维方式和手段表现这一东方古老文明神秘而久远的世界观以及人类文明中这一地位重要的哲学体系？我们思绪良久……

首先，我们要使画册体现出展览中既凝重大气又精美绝伦的整体风格，因为精品文物画册是展览开幕时的重要出版物，是书籍，也是作品。画册开本尺寸是以往此类展览画册相同的235毫米×290毫米，将这一尺寸作为首博历次大型展览文物类图版画册的开本尺寸，是考虑到需要更多的空间表现器物和文章说明等详细内容，使画册的结构更为疏朗、清晰。使用对页来表现一件文物的方式使这种“大部头”的文物图册风格更加大气明朗。在这里我主要阐述一下画册封面的设计过程和思路。书籍封面作为读者“第一眼”接触到的内容，通常效果会关系到读者对书籍内容的兴趣。读者拿到的这本《古代印度瑰宝》画册，封面并不是我们最初的设计，在反复考虑和讨论之后我们放弃第一次寓意为“静谧即繁华、简单即丰富”的全白色设计，采用“宇宙般深刻浩瀚、玄秘”的深蓝色作为背景，衬以若隐若现的卡朱拉霍神殿遗址照片，为了体现古老印度神话中丰富的教义和哲学，封面由上至下由密至疏装饰有很多灰色花卉和宗教符号，宇宙的无边恰恰在于其中极其丰富的内涵，静谧、深沉，“无”即“有”的概念将时间、空间的想象和繁密浩瀚的文明淋漓地表现。宗教其实反映的是人类智慧的光辉，碎屑般的小图形表现出“尘”的概念，文明之尘也是宇宙之尘。青铜铸就的舞王湿婆跳着华丽眩目的宇宙之舞，向尘世诉说创造、保护、毁灭、消除无知与束缚、使灵魂获得解脱……在印刷工艺上将铜像附UV效果，即将整个铜像附一层亮膜。本身颜色较重的铜像不会“闷”在深色背景中，更使铜像泛出金属光泽。神话中有的舞王湿婆背后铸有圆形光环，所以在封面设计时我们加入三个橙色圆环，以衬托神像好似散发出层层光辉。圆环的颜色深浅、位置排放也是在制作过程中精心调整的，封面作为书籍“第一眼”内容，每一个元素的安排都需要认真考虑。此外封面上还有一些内容：我们将出版社logo安排在整个封面的右下角，因为铜像在构图左上较重，logo的位置弥补了构图的缺憾又起到平衡画面的作用。字体采用“方正意活简体”，虽然是并无关系的字型，但在此安排，反而凸现了一种玄妙而流转的效果，令设计事半功倍。（图1）

普及本画册的定位与精品文物画册不同，是为了让古老繁密的印度宗教和神话更接近普通读者和观众。从内容上，只精选了30件文物进行编辑整理；从设计上，采用更轻松生动的杂志化设计理念，规模小但是内容丰富。普及本的尺寸为210毫米×285毫米，只有薄薄的54页，更方便装进书包携带，且价格便宜。比起精品文物画册，普及本更容易发挥设计灵感并体现设计概念，于是整体运用了明快的大面积浅色、印度感十足的纹样和精致小巧的图标作为装饰。封面的设计突出了古老印度神话悠远古朴的气质，砂石材质“吹笛子的仙女”在满铺的传统纹样中缓缓升腾，营造出亦人亦仙的神教幻境。印度艺术重装饰，传统纹样以镜框的形式填满了封面的四边，使书籍好像一扇窗或是一面镜子，

向观众和读者开启了一个无比绚烂的神话世界。（图2）

图1 《古代印度瑰宝》精品文物画册封面

图2 《古代印度瑰宝》普及本画册封面

二、色彩把握和画面效果

经过多次实践，我们认为彩色是宣传品最吸引人的部分，色彩是平面构成中重要的视觉元素，在塑造宣传品个性和创造情感方面具有得天独厚的优势。要使一件平面宣传品在有限的空间表达最强烈和直接的主题，往往需要找到展览特征或其民族特征里最典型的的色彩来表现。不同的色彩传递出的情绪是不同的，在阅读过程中，读者和观众会用心体会颜色的姿态和气质，并对颜色产生情感的共鸣，恰当到位的色彩运用，对于阅读者来说是一次美感的体验。

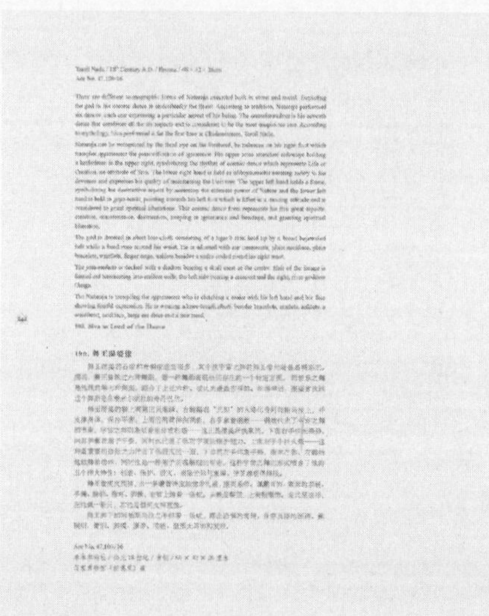

图3、4 《古代印度瑰宝》精品文物画册内页

“印度展”宣传品的色彩秉承古老宗教文化的特性和质感。画册采用灰、深蓝、浅黄为主要基础色调，由此延伸海报、宣传折页则选择了深蓝、土黄、浅灰为主要色调。精品文物画册中的图版部分，左页文字底色为15%的浅灰色，右页的文物以15%浅黄为衬，读者在阅读过程中不会因为全白底色而感到视觉的疲倦，隐约的浅黄底色使砂石或青铜等质感地的重色文物不会突兀生硬地孤立于整幅页面之中。（图3、4）这两种色彩相互关系非常和谐，与页面所有元素搭配是相当一致的。

画册主体风格及颜色的确定，使海报、折页整体效果的产生非常顺利。（图5、6）首先我们采用深蓝色的补色——土黄作为区别深蓝海报的第二款海报的颜色，折页一面选用了浅灰衬底，使深色雕像更为吸引人，又使观众在阅读的时候不会受到不必要的干扰。

图 5、6　展览海报

请柬的设计相对其他宣传品是个特例。（图7、8）从形式到色彩都没有按照其他模式。带有晚宴的开幕仪式邀请了印度驻华大使馆的官员出席，所以请柬的设计是热情而隆重的，需要显现官方仪式的正式感。我们在印度色彩中选择了温暖的红和明亮的黄，配以鹅黄色牛油纸作衬，设计了这款中英文对照的展览请柬，整个效果精致典雅，又不失庆典之大气雍容。

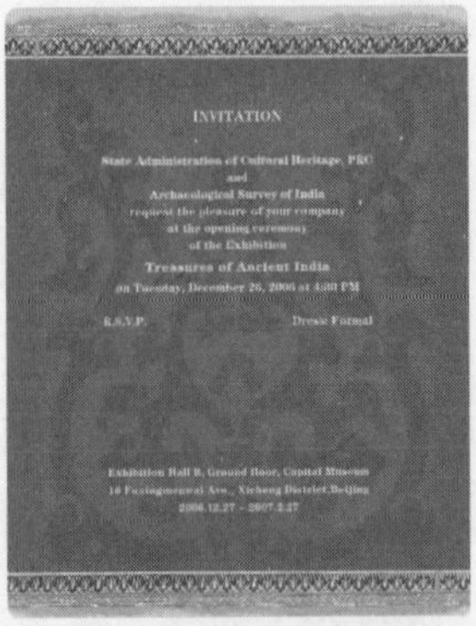

图 7、8　请 柬

三、元素的排列

平面形态的整体构成以文字、图像、图表、色彩、符号、记号……包括一切可以调动的对视觉形象地捕捉和运筹的元素来传达表现内容的核心，其中进行形象思维的理想扩张可以填补甚至超越文字本身的表现张力，从而产生增值效应。

精品文物画册的图版部分，采用左右对页的方式来呈现一件雕像，图文并茂、所有内容清晰明确，根据编辑的要求，说明文字页面加入英文原文。由于文物的文字说明比较多而且又加入了相应的英文说明，左页的排列上采用中线分割的方式，即以页面中线将页面分割为上下两部分，打破了以往中文图册中以中文为第一语言而排列在先的惯例，将英文说明放在了上半部分。这样的排版方式，使读者可以先看到英文原文，再和中文译文进行比较，在比较和揣摩的过程中更突出了画册的知识性和学术价值。文物图片全部进行退底处理，去掉了拍摄中深色环境对文物的干扰，使砂石和青铜的质感在浅米底色上面能够更加醒目，让读者所有的注意力集中在文物之上，心无旁贷。普及本画册图版部分的排列是按照一件文物一个页面的原则，文物和说明文字排列于同一页面。我们将30件文物分为5组，各式不规则圆形隐喻了神像的光环，层层氤散。每组采用不同的背景颜色，使书籍设计的内容更丰富，读者在阅读中不会产生疲倦感。（图9—12）

图 9—12　《古代印度瑰宝》普及本画册内页

另外，由于展览规模大，需要介绍的内容多，在宣传彩页形式的设计上，将以往展览的宣传单页进行了最大程度的调整和丰富。海报和折页的设计合而为一，共8折，折后尺寸200毫米×280毫米，展开海报尺寸为560毫米×800毫米。折页正面内容是相同的，每一折内有一件文物的图片和说明。背面设计出2款不同形式的海报。这样就能在一款宣传折页上同时详细地介绍8件文物，使那些没有购买画册的观众也能在参观的同时带走展览的纪念。海报分别选用了画册封面跳跃华丽的“舞王湿婆”铜像和极富东方女性美感的“天女立像”砂石雕像，一静一动，一深一浅的效果相得益彰，此二幅海报在展览期间错落张贴于展厅外墙，效果非常生动。

四、其他要素

设计宣传品时我们会根据展览规模、展出内容和获得资料的多少作出对宣传品规格的判断。例如：展览时间刚好跨过新年，此次印度展针对时间性设计了随门票赠送的贺卡。尺寸为140毫米×200毫米。特意选择了中国和印度宗教中共有的“菩萨像”作为贺卡主体文物，在春节之际取“平安吉祥”之意，给所有到博物馆的朋友以新春的祝福和全体工作人员对其新年的美好祝愿。微微泛有珍珠光泽的冰白纸表现这一效果最为适合，华贵丰富又温暖含蓄（图13、14）。

画册的正文使用80克茂林哑粉，这种纸张的特点在于吸墨量适中，可以最大程度还原器物颜色和光泽，将损失减到最小值。另外，用于出版物设计的展品照片全部由首都博物馆信息中心摄影室拍摄，在光线和质感方面，最大地体现了砂石、青铜等雕像的生动美感，使神像姿态各异栩栩如生。高质量的图片资料会使出版物提升本身的价值，增添魅力。而摄影师对图像质量精益求精的要求也是此次宣传品获得成功的重要原因。

此次印度展宣传品制作过程是一次非常宝贵的经验和收获，整体设计是较为成功的案例，在工作的各个方面得到专家的指导和点评，同时也使我们获益匪浅。

图13 《古代印度瑰宝》随门票发送的卡片

图 14　《古代印度瑰宝》随门票发送的卡片

参考文献：

① 首都博物馆编著：《古代印度瑰宝》，北京出版社2007年版。
② 吕敬人著：《书艺问道》，中国青年出版社2006年版。

浅析民间非营利组织及其活动经费的筹集

王晓侠

本文从社会结构角度出发，分析中国改革的新阶段的一个具体的问题——民间组织活动经费的筹集。[①]现代社会结构是由政府部门、市场部门和民间非营利组织部门组成三元化社会结构。政府部门的组织载体就是各级各类政府组织；市场部门的组织载体就是各种各样的公司、企业；民间非营利组织部门的组织载体就是各形各色的非营利组织，有的学者又叫他非政府非营利组织。中国的改革过程也是中国社会结构演变的过程，即从一元结构变为三元结构。到目前为止，中国的社会结构已基本完成了第一步，从政府部门一元结构变为政府部门和市场部门二元化结构。下一步要大力发展民间非营利组织，构建起社会的第三元，从而最终完成中国社会的结构现代化演变。这样一个历史性转变的大戏是以商品社会为舞台背景的，这就决定了一个小情节在整部大戏中有着决定性作用，这就是民间非营利组织的经费问题。在"没有钱是万万不能的"商品社会中，民间非营利组织活动经费筹集之道决定了民间组织的存亡，关系到三元社会的构建，影响着中国改革的未来。

一、大力发展民间非营利组织是中国改革新阶段的重要内容

（一）中国社会从一元化结构变革为二元化结构的过程回顾

1978年之前中国是典型的一元化社会结构，全社会只有政府这一元。政府垄断着国民经济和社会服务。他对主要生产资料拥有所有权，集体经济也受到各级政府的严密控制，私营经济只以痕量存在。政府对资源配置实行全面控制。在城市，政府承担着为国家机关工作人员和企事业职工提供福利的责任，生、老、病、死政府统统包了下来。在农村，人民公社则用合作医疗和"五保户"等制度，为社员提供最基本的社会保障。整个中国社会按政府结构从中央到地方一统天下。一元化社会结构在中国存在有他充分的历史原因，同时也存在历史局限。他过度强调集中统一，严重压抑了人由个体利益驱动的创造冲动，使中国人组成的中国社会失去了进取的原动力，社会发展远远落后于世界发展速度。如果说20世纪70年代中后期中国社会走向崩溃边缘有诸多历史因素的话，落后的一元化社会结构应属一个重要因素。

1978年开始的改革到今天，中国社会已基本形成了政府部门和市场部门二元化结构。一方面，就

所有制而言，政府掌控的国有经济逐步收缩，各类私营经济蓬勃发展；另一方面，在资源配置方面，市场机制发挥着越来越重要的作用。目前，市场配置已在国民经济中占据支配地位。改革已成功地构建起独立于政府部门之外的市场部门。农村人民公社已被家庭联产承包责任制所代替。“在工业生产中，国有经济的份额已由1978年的77.6%下降到1999年的28.2%（见图1）。在商业中，国有经济的份额已从60%以上下降到20%以下（见图2）。”②

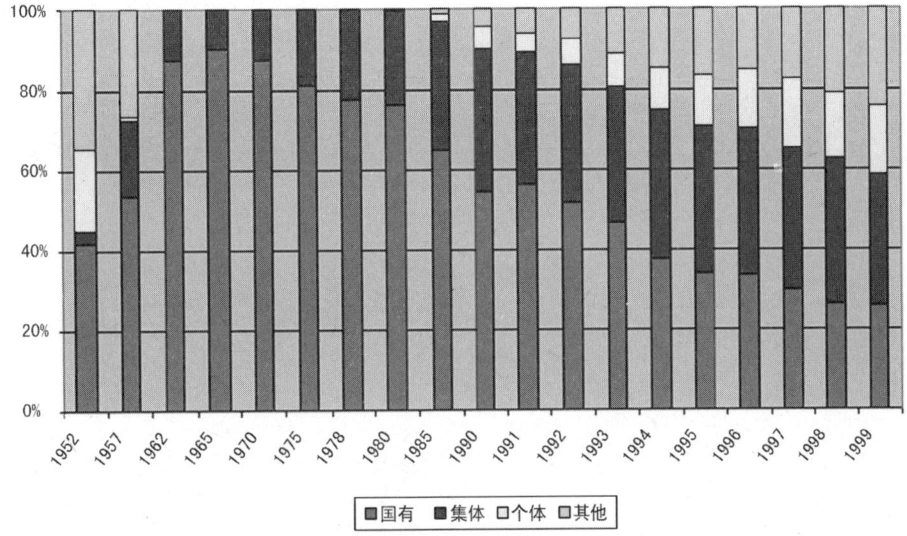

图 1　工业总产值中国有经济的份额（%），1952—1999

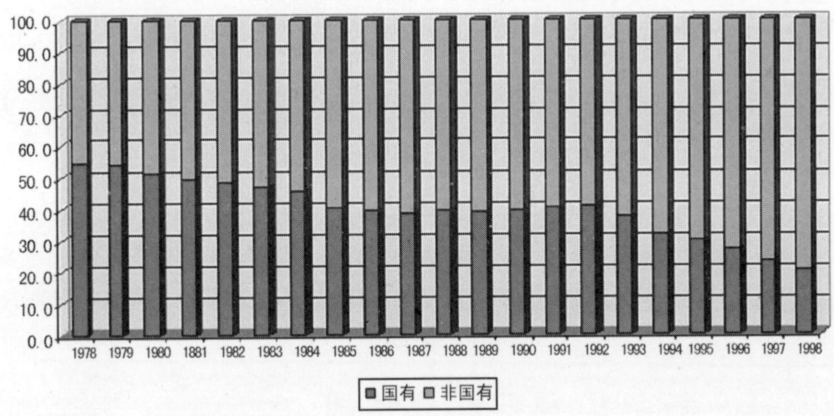

图 2　商品零售总额中国有经济的份额（%），1978—1998

“在市场部门不断膨胀的同时，政府部门开始从很多领域退出。这清楚反映到他的财政收入和支出上。如图3所示,中国政府财政收入和支出占国内生产总值的比重从1978年以来双双下滑，已跌到了低于世界平均水平的地步。”③到了2002年中国经济的市场化程度达到69%，高于国际上判断市场经济国家60%的临界水平。④这个判断可能在某些细节上有些争论，但中国已成为了市场经济国家确定无疑。中国的市场经济的框架已经基本确立；中国社会结构的政府部门和市场部门的二元化结构已基本确立。

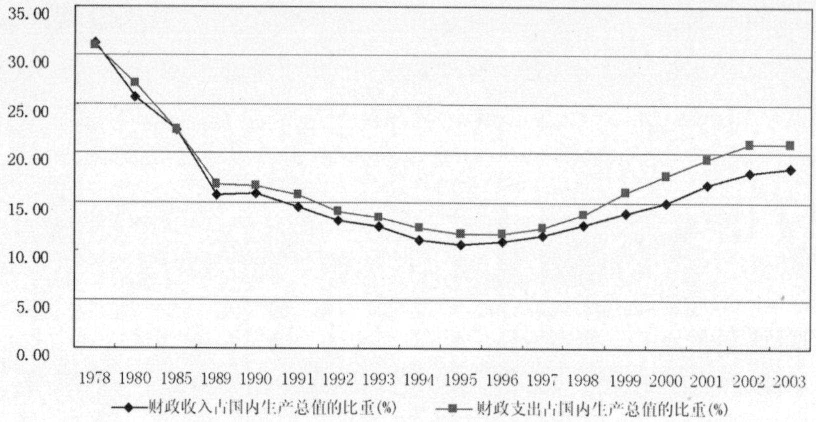

图 3　国家财政收支占GDP的比重

（二）中国社会结构三元化是改革成功的必由之路

从上面分析可知，经过20多年的改革，中国已建立了一个市场经济的基本框架，即已构成政府部门和市场部门二元化结构。它使中国从一个经济低效率的国家变为全世界经济发展最快的国家：20多年年均高达9.6%的GDP增长，到2005年，中国的GDP18.2万亿元，总量已跃居世界第四，人均GDP达到1700美元，财政收入超过3000亿元。⑤

但二元化结构并不是最佳的社会结构，它在带来经济上的高增长的同时也带来了深刻的社会问题。2005年被国人称之为“反思改革年”。这一年，不仅医疗体制、教育体制、商品房价格、电力体制诸领域的改革遭到了空前的舆论抨击，作为一个总体的“改革”，其推进路径、动力源乃至价值取向是否存在问题，是否有改进的余地甚至“纠偏”的必要，都成了传媒和知识界的讨论热点。中央决策者显然也注意到了这一动向。在2005年年底召开的中共十五届六中全会、中央经济工作会议上“科学发展观”、“和谐社会”等理念被提升到空前高度，明显有别于简单的强调“发展”和“效率”。下一步中国改革着眼于国家长远发展、修复社会公平，是对现已完成的市场化改革进行续建工程。这个续建工程从社会结构层面上看就是大力发展社会结构的第三元——民间非营利组织（以下简称民间组织）部门。这个部门可填补政府和市场二元化社会结构欠缺的社会职能，使中国社会不仅是个有效率的社会，更是一个和谐的、可持续性发展的社会。

1. 三元社会结构在社会职能方面的优势

（1）三元结构在提供多样化的社会公共物品方面的优势

公共物品有两个特性：不可分割性和非排它性。这两个特性使得出钱购买公共物品的人没有办法阻止其他人享受同样的好处。

政府是依靠科层机制运行的，行政权威和规章制度的集中统一性，规定了政府只能以单一的方式提供公共物品。但人们对公共物品的需求是多样化的，不同的人群对公共物品的种类、品质和数量不可能意见完全一致。城市居民也许认为环境保护最重要，而农村居民可能更希望政府提供免费的九年义务教育。即使大家同意教育优先，有些人也许对教育质量要求高一些，而另一些人比较容易满足，只要质量过得去就行了。单靠政府不能满足人们对公共物品的多元化需求。结果是，一部分人对公共物品的超常需求得不到满足；另一些人的特殊品位得不到照顾。

市场是以利益协调机制运行的，在等价交换的原则下，只适合可分割和排他性的商品在交换者之间让渡，排斥参加交换行为以外的其他社会成员的分享权，所以市场的本性是反对提供公共物品的。

民间组织是非营利的，没有等价交换的排他情结，因此愿意提供公共物品。他们是民间的，不必行动划一，可以根据自己组织中会员的特点提供针对性很强的公共产品。企业家、艺术家之类的社会精英是社会中的小众，他们可以从各种俱乐部、沙龙组织中得到他们需要的高档次的公共物品。即使是社会大众性公共产品，也会因大众的偏好不同而产生的对公共产品需要的不同。近年收藏日益大众化，但收藏内容分门别类专业性很强，不同偏好的人需要不同的公共产品，以北京收藏家协会为例：现有会员近500名，这些会员根据各自的收藏偏好，又被分到古玩、书画、体育纪念品、徽章、票证、赏石、邮品、钱币、火花、烟标、民俗、相机钟表、综合十三个专业分会。人最多的是古玩分会，70多人，最少的票证专业分会只20多人，他们都在自己爱好的收藏专业分会中找到了知音，得到切磋和交流的机会。所以民间组织在适合提供多样化有特色社会公共产品，在分设完美社会事业上与国家提供统一性公共产品有着同等重要的作用。

（2）三元结构在满足人们社会交往的需求方面的优势

人类是社会化动物，社会交往需求是人类的本能。人们在与那些信仰、志向、兴趣、偏好、年龄、居住地、祖籍、职业、行业、身份相同或接近的人交往中获得社会归属感、安全感和成就感。

政府连满足多样化的社会公共物品需求方面都力不从心，人们的社会交往需求是精神和感情的需求，其多样性远远超过公共物品，靠行政权威和规章制度运作的政府部门更难有作为。

市场有破坏人类丰富的社会交往需求的本性。市场经济把一切都商品化了，包括人。它不是将人看作有血、有肉、有情感的社会动物，而是把他们化为抽象的、脱离了社会关系的“生产要素”或“消费者”。没有了社会的人，当然不必提供社会交往需求的社会职能。当今社会日益“陌生化”就是这个原因所致。

民间组织能承担起满足人们社会交往需求的社会职能。在社会政治环境越来越宽松的条件下，人们可以根据自己的需求组成形形色色的社团，大到关心地球环保，小到玩赏鱼虫花鸟；如同病相怜的癌症患者，组成“癌症病友会”，相互慰藉，共同与病魔斗争；异乡客居的，组成各省、市、县的“同乡会”，以解怀乡之情。还有同行业的人组成各种行业协会，同爱好的组成各种趣味团体，以及宗教团体，学术团体（如各类学会之类）、妇女、青年、老年、残疾人等团体。各种不同的社交需求的人们在相对应的民间组织中得到了实现，是社会和谐的保证。

（3）三元结构在提供信息不对称性私人物品方面的优势

信息不对称的物品有两类，一类是服务的购买者并不是最终消费者，中间隔了一层，如托儿所，家长很难判断其服务质量，因为送托的婴幼儿才是服务的直接对象。另一类是服务本身的性质太复杂，消费者对它难以评估。如医院，患者很难判断其服务质量，因为他们并不具备医生才有的专业医学知识。

政府不必提供这类物品，因为他不是公共性质的需求。在小政府大社会的发展趋势下，政府在非社会公共事务中的责任只会越来越少。

市场不能忠实地提供这类物品。因为市场机构对利润的冲动很可能会利用自己在信息不对称关系中所占的优势地位以次充优、以少充多，欺骗消费者。我国医院性质在改革过程中的变化很能说明问题。改革前，医院经费由政府拨发，不以赢利为目的。那时，医疗设备和医生的业务水平比现在低得多，但在花费很少的条件下，中国人民的总体健康达到了相当高的水平。改革后，政府要求医院自负盈亏，迫使他们变成了营利性机构。在利润驱动下一些医院欺骗患者的花招层出不穷。结果穷人看不起病，因病致贫的悲剧屡见不鲜。在医疗开支节节攀升的同时，中国人民的总体健康水平日趋下降。

政府和市场二元结构在提供信息不对称性私人物品方面还不如一元结构有效，但倒退是不可能的，只有构建起民间组织这个社会第三元部门，它最适合提供这类服务。与营利组织不同，非营利组织的性质不允许他们分配营利所得。既然赢利不是他们存在的目的，这类组织借信息不对称之机占消费者便宜的可能性要小得多。从消费者角度考虑，他们当然倾向找比较值得信赖的机构来提供这些类服务。这就解释了为什么在发达市场经济国家，托儿所、医院、慈善机构多数或全部都是非营利性质的。现在面对医疗改革的困境，有采取退回到政府主导的动向，通过上边的分析可知这只能是权宜之计，只有尽快地发展起社会的第三元来承担起这项社会职能。

（4）三元结构在提供社会救济和收入安全方面的优势

孤儿、孤寡老人、残疾人、严重疾病患者、贫困家庭、失学儿童等社会人群由于自身的特征或其他种种原因陷入贫困，甚至生存受到威胁，需要来自社会的救济。同时对每个人来说都存在着各种不确定性，在市场经济中生活的人们失业、工伤、重病都可能使他和他的家庭陷入贫困，需要来自社会收入安全服务。

从理论上讲，家庭、民间慈善组织，或政府都可以满足这两类需求。事实上，济贫救弱和化解收入风险的责任，在传统社会主要是由大家庭承担的；在当代发达国家，主要是由政府以社会救济和社会保险的形式承担的。不过，不管在什么样的社会，民间慈善组织在这两方面（尤其是社会救济上）都扮演着重要角色。

处于转型中的中国面临着特殊的困难。一方面，大家庭在城里已经瓦解，在乡村正在瓦解，靠核心家庭难以应付这类需求。另一方面，以前的“企业保障”和“单位保障”已转化为“社会保障”；但由于政府财政汲取能力低下，无力为全社会提供理想的社会救济和社会保障。结果，在极少部分人暴富的同时，我国城市居民中感到经济生活不安全的人群比重不断攀升。农村居民的不安全感也日益加剧。经济不安全已变成一个严重的社会问题，直接威胁到和谐社会建设。可以预见，未来家庭在提供经济安全方面的作用会在继续下降，政府短期内也不太可能接过更多的负担。因此，大力发展民间慈善组织已经变成了摆在我们国家面前的一项紧迫任务。当然，民间慈善组织不可能从根本上解决经济不安全问题，但家庭、政府、民间组织三管齐下总比单靠某一种机制更有效一些。

（5）三元结构在营造安定和谐社会环境方面的优势

二元化社会结构给中国带来高增长的同时，也给中国带来利益主体多元化，这是社会进步的表现，是改革的重要成果之一。不同利益群体有着截然不同的利益诉求，这就构成了社会不安定因素。清华大学社会学系教授孙立平认为这次反思改革的争论本质上是一次中国百姓在利益驱动下的关于公共政策的大讨论。

强势利益集团能影响甚至左右公共政策，这在全世界都是通例。《石油的终结——濒临危险的新世界》作者美国人保罗·罗伯茨谈到石油利益集团对能源政策的左右时表示：“靠碳氢化合物获利的各个行业（以及从这些行业获得利益的政客们）根本不想看到与之竞争的技术的出现，更不希望看到这些技术能够促成的、更分散的新能源体系的出现。”⑥在中国也是如此。“仍以能源行业为例，中石化、中石油是国内两大主要开采和炼油商。中石油2004年实现净利润1029.27亿元、同比增长47.9%，再次成为香港上市公司中最赚钱的公司；中石化集团的利润额也高达425亿元。”⑦仅这两家公司的利润之和，就接近内地全部上市公司利润总额的近八成。在石油利益集团享受高利润的同时，相关行业的企业和国内居民，却遭受到高油价的折磨。能源政策明显偏向生产能源的利益集团，是因为没有能源消费利益群体在制定能源政策时表诉自己利益的机会。被誉为美国“宪法之父”的詹姆斯·麦迪逊，亦被认为是研究利益集团问题的“第一个重要的美国理论家”。他认为，只有当各利益集团活跃起来，并且形成相互制衡局面时，才能实现民主和公平。

在体制内通过博弈实现公共政策的公平，是包括中国在内的世界各国首选路径。如果不能在体制内解决争端，后果就可能变得危险。但在当代中国，相当长时期内显然不具备这种条件，社会上也已开始孕育着不安因素——普通劳动者、弱势群体不能从体制内得到公平、开始寻求体制外的庇护。以农民维权为例，据中国社科院农村发展研究所的于建嵘教授介绍，因为人、财、物的不独立，地方法院系统往往不能为利益被侵害的农民寻回公平，“体制外的地方权威(如黑社会势力)也就相应地产生”，并增加了群体性事件发生的概率。于建嵘预计，未来一个时期，中国将进入社会冲突的多发期，弱势群体与掌握了政治权力和经济资源的强势利益集团的博弈仍将是主要内容，“建立有效的社会利益表达通道”以解决社会公平问题迫在眉睫。普通劳动者为主体的弱势群体，尽管人数众多，却因缺乏必要的表达机制，难以维护自身利益。要想在体制内解决公平问题，就要大力发展民间组织，聚集分散的制衡力量。只有双方力量相当的博弈才有公平的结果。只有代表社会各个利益群体的民间组织都能有相当的能力表达出自己的利益诉求，才能在体制内部实现公共政策的公平。

2. 中国民间组织现状

因为民间组织部门具有独物的社会功，而且是政府部门和市场部门所欠缺的，所以他与政府、市场一起构成了现代社会三足鼎立的稳定结构。他使我们面临的很多社会问题得以解决，因此，在社会主义市场经济中，民间组织绝不是无关紧要的，而是对中国的社会经济发展具有极大战略性意义的。

（1）民间组织的定义和特征

广义上讲，民间组织是指非官方的按照一定的宗旨和系统建立起来并为实现其目标而形成的集体。民间组织包括各种社会团体、民间非企业单位、宗教团体等不以赢利为目的的民间组织。

民间组织可以分为各种不同的类型，如互助合作组织、资金中介组织、社交联谊组织、服务提供组织等。如果按照资金来源划分可分为三类。第一类政府提供资金，主要依靠于政府签订契约获得资金和提供服务，他负责完成政府提供的项目，有的是专门为取得政府的资金而成立的；第二类资金来源靠自筹资金，包括个人和企业捐赠，独立性相对较强些，没有官僚作风，像志愿者的联合体一样。第三类则介乎前两类之间，既接受政府的资金支持，参与政府提供项目的竞标，又接受个人和企业的捐款，同时也广泛使用志愿者。每种类型的组织都发挥着不同的作用。

不管以什么标准分类，民间组织通常民具有六个共同特征：① 组织性：他们有较为固定的组织形态，不是一次性、随意性，或临时性的集合。② 志愿性：这些组织的成员参与其活动是建立在志愿基础上的。③ 非营利性：他们的活动要么根本不赢利，即使有赢利也只能用于组织的既定使命，不能在组织成员间分配利润。这是此类组织与其他私营机构的最大差别所在。④ 民间性：他们属非政府性质，不是政府的分支机构。⑤ 自治性：他们既不受制于政府，也不受制于私营企业，还不受制于其他非营利组织。⑥ 非政治性：他们从事的活动集中在公益服务和互惠行为上，不参与政治性活动。

（2）中国民间组织现状

中国民间组织的现状还属初级，种类繁杂，良莠不齐，到目前为止还没有一个相对准确的统计。根据2005年民政部正式公布的2004年民间组织发展统计报告，截至2004年年底全国（不含港、澳、台）共在民政部登记注册的民间组织有28.9万个，其中“截至2004年年底，全国共登记社会团体15.3万个，截至2004年年底，全国在民政部门登记的民办非企业单位共有13.5万个，基金会936个。”[⑧] 据国家民政局公布的2003年末数据，我国民间组织专职人员为51.8万人，仅为当年非农就业人口的0.5%。根据民政部公布《2004年民政事业发展统计报告》和《国家统计局2004年国家统计年鉴》所提供的数字测算，中国民间组织支出在GDP中的比重约为1.4%。

三元社会结构已较成熟的国家民间组织规模远大于我国。根据约翰·霍普金斯大学非营利部门比较项目的调研结果表明，在1995年，以美国、德国、英国、法国、日本、瑞典、意大利等22个国家，即使排除了宗教团体，这些国家的非营利部门雇用了近1900万个全职工作人员，占所有非农就业的近5%（是我国的10倍）；它运作资金平均相当于国内生产总值的4.6%（是我国的3.3倍），如果把这些组织中义务工的贡献折算成金钱，非营利组织活动的价值接近美国国内生产总值的10%。[10]

如果我国的民间组织能达到美国的规模，以2005年我国GDP18.2万亿元的10%计就是1.82亿元的支出规模。我国2004年中央财政总支出1.83万亿元，用于文教、科学、卫生投入只有5143.65亿元。[11] 可见，如果我国民间组织充分发展起来，将给社会提供服务的规模与政府不相上下，再加上他运行机制上与政府和市场两部门的互补性，目前因二元社会结构所引发的许多严重社会问题将迎刃而解。

所以，大力发展民间非营利组织是中国社会改革新的历史阶段的重要内容（上）。

注释：

① 本文是作者在北京市委党校2003级行政管理专业研究生班学习时的毕业论文。
②③ 王绍光《促进中国民间非营利部门的发展[1]》http://www.usc.cuhk.edu.hk/wk_wzdetails.asp?id=3411。
中华人民共和国统计局编：《2004年中国统计年鉴》“8-1国家财政收支总额及增长速度”中国统计出版社2004年版，第291页。
④《中国市场经济发展报告2003》，中国对外经济贸易出版社，2003年版。
http://www.people.com.cn/GB/jinji/36/20030414/971145.html。
⑤《人民日报》（2006年01月26日 第一版），《2005年我国GDP同比增长9.9%》。
⑥（美）保罗·罗伯茨：《石油的终结——濒临危险的新世界》，中信出版社2005年版，第180页。
⑦《公平缺失成不争事实 中国第三轮改革即将到来 (2) 》http://finance.people.com.cn/GB/1046/4108666.html。
⑧《民政部2004年民政事业发展统计报告》2005年5月10日。
http://www.mca.gov.cn/news/content/recent/2005510114517.html。
⑨ 蔡守秋：《第三种调整机制——当代环境资源法研究的一个新领域》http://www.hfutsip.com/en-law/shownews.asp?id=149。
⑩ 中华人民共和国统计局编：《2005年中国统计年鉴》“8—4 国家财政主要支出项目”。http://www.stats.gov.cn/tjsj/ndsj/2005/indexch.htm。

参考资料：

① 王绍光：《多元与统一：第三部门国际比较研究》，浙江人民出版社1999年版。
② 萧新煌主编：《非营利部门组织与运作》，台湾巨流出版社2000年版。

客户关系管理中客户价值问题研究

孙芮英

前 言

20世纪90年代以来，知识经济迅猛发展，国际竞争日趋激烈，现代信息技术的发展加快了经济全球化的进程。在新的全球市场环境下，每一个现代企业都必然面临严峻的挑战和新的发展机遇，所有传统的经营模式、业务流程乃至管理理念和思想都要受到重新考验。与此同时，新的管理理念和市场营销战略层出不穷，客户关系管理是众多新概念中的一个热门话题。

客户关系管理软件系统（CRM）—— 一个涉及企业市场营销中客户信息子集的企业管理软件的出现，受到了众多管理理论工作者的追踪研究和探索，同时也因其深刻的内涵与广泛的发展前景,得到众多企业的重视和青睐。客户关系管理已经走向了实施之路，但是，实施效果并不理想，而其中导致CRM实施失败的主要因素之一是将客户关系管理看成纯技术问题，从而陷入技术误区。本文认为，客户关系管理根本上属于企业管理学的范畴，应该从管理学基本理论出发，在对客户价值管理作深入研究的基础上寻求软件技术的支持，因为客户价值才是客户关系管理的核心内容。为此，本文以研究客户价值管理作为问题的切入点，发现、探寻并分析造成客户关系管理实施成效甚微的根本原因，并提出一系列相关的解决办法。

一、客户价值是客户关系管理的核心问题

（一）客户关系管理

客户关系管理（Customer Relationship Management，CRM）的目的在于建立一个系统，使企业在客户服务、市场竞争、销售及支持方面形成彼此协调的关系实体，为企业带来长久的竞争优势。它是一种以IT技术为平台，以管理学为核心的科学管理手段。

随着信息技术的高速发展，客户关系管理在理论、技术和服务方面日渐成熟，并在企业的经营实践中得到了广泛的应用。但是，客户关系管理概念的界定并非十分清楚，许多企业根据各自经营发展

水平作出了不同的解释，理论界也存在不同的定义。其实，问题的焦点在于客户关系管理的核心内容究竟是什么，只有明晰这个问题，才能给出一个恰当的定义。

（二）客户关系管理的核心问题是客户价值研究

首先，客户关系管理是以客户为中心的企业战略，使企业应对市场高度扰动的盈利战略。其次，客户关系管理是基于企业—客户互动过程的企业战略创新观念。客户关系管理有别于产品管理，就在于它强调了企业与客户之间动态的知识交换和价值交换，是在企业与客户之间保持互动学习过程的双赢战略观。再次，客户关系管理是通过对不同客户实行差异化的互动管理，实现对企业赢利最大化的追求。客户对企业的价值是企业细分客户的主要原则，也是企业与之维系何种关系的评判标准。

因此，客户关系管理的核心就是客户价值管理（Customer Value Management, CVM）。对不同的企业来讲，客户的价值也是不同的，企业将越来越多地投入到客户价值的分析和研究中。而客户关系管理就是要通过对客户价值的量化评估，来帮助企业找到价值客户，并将更多的关注投向价值客户。

客户价值研究的最终目的是提高客户的忠诚度。可以说客户忠诚度衡量了企业是否创造了卓越的价值。长期以来，品牌、市场份额、销售额一直是衡量企业成败的重要参数，但对于现代企业，特别是服务行业，应该用“客户保持度”、“客户生命价值”、“数据资产收益”等作为衡量企业成功与否的重要标准。研究表明，维持客户忠诚可以使该客户为公司带来的利润增加25%—85%。了解客户及其需求偏好可以确保客户的忠诚，是无须增加额外的成本。研究还表明，“争取一个新客户的成本是挽留一个老客户成本的5—10倍”。此外，客户终身价值的延伸对于企业的成功也十分重要。因为，企业的客户利润主要来自于老客户的寿命期限，客户的生命周期越长，为企业创造的价值越多。因此忠诚客户的数量决定了企业的生存与发展，也是企业长治久安的保障。在竞争日趋激烈、客户导向的市场环境中，越来越多的公司开始追逐客户满意度和忠诚度的提升，这可以使企业达到低营销成本，高营销效率的目的，因此它成为了客户价值研究的最终目的；同时也赋予客户价值研究更重要的意义。

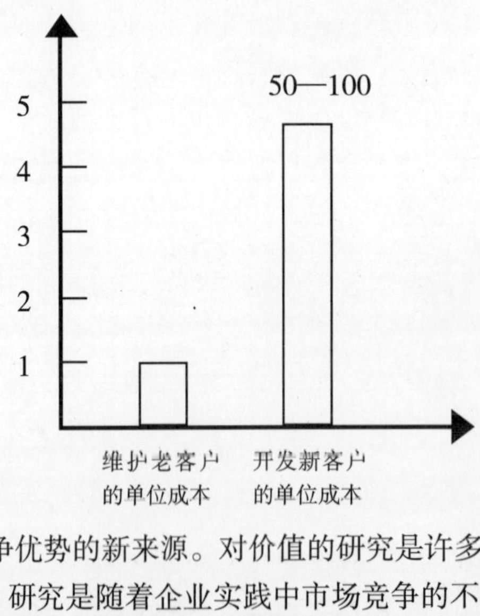

客户价值被视为企业竞争优势的新来源。对价值的研究是许多学科都关注的领域。但真正的客户价值（Customer Value，CV）研究是随着企业实践中市场竞争的不断加剧和对相关理论发展的总结与借鉴的基础上出现并发展完善的。总的来说，客户价值理论的创新之处就在于是企业真正站在客户的角度上来看待产品和服务的价值，这种价值不是由企业决定的，而是由客户决定的。事实上，客户在比较企业产品和服务的同时，也是在比较企业实施客户价值管理的优劣。因此，企业只有在设计、生产和提供产品时以客户为导向，为客户提供超越竞争对手的价值，才能够争取客户、维系客户，才能够获取持久的竞争优势，在激烈的市场竞争中立于不败之地。所以，客户价值也逐渐被企业所重视，并成为企业竞争优势的新来源。

二、客户价值管理的现状和问题

作为最具现代意义的关系营销手段，客户关系管理理论的具体实施，首先从一些重点行业开始，比如邮政、电信、金融等，并迅速普及到其他行业，但就CRM的应用效果来看，情况却不很乐观。

根据英国顾问公司Butler Group2002年的一份报告指出，使用CRM的失败率高达70%。Gartner的调查研究表明，在所有CRM项目中大约55%没有达到软件用户的预期目标；它的另一项研究显示，大约有52%被调查的零售商称CRM是他们当年业务中的重头戏，但只有34%真正实施了CRM。某独立CRM论坛的调查结果显示，在接受调查的负责管理和技术的管理人员中，将近90%的人将CRM的失败归咎于企业内部领导层和管理变革中存在的问题，只有4%的人认为软件问题是项目失败的根本原因。

CRM的实施之路并不平坦，客户价值管理的实施情况也大相径庭。分析资料后发现，问题出现在很多方面：

首先，客户关系管理的引入过程存在误区，即CRM系统引入的次序颠倒和错位。主要表现在，某些企业在还没有完备的客户关系管理策略时，试图通过引进CRM软件系统来优化和完善自己的客户关系管理。当花钱引进CRM系统后不知道如何应用的情况下，再请咨询人员帮忙，如此上马的CRM系统又怎能给企业带来预期的效果！企业应该明确，先从管理学角度出发、分析企业的客户资源、实施客户价值管理才是出发点；软件只是提高管理效率的一种手段。

其次，对客户关系管理的定位不够准确。企业并没有从管理学和市场营销学角度出发，认识到客户关系管理应该是对客户价值作了充分研究的基础上，对企业管理中基础工作的扩充和务实。这突出表现在几个方面：

1. 客户差异化分析不够

缺少有效的客户策略或者客户策略不完善是造成客户关系管理实施缺乏成效的原因之一。分析表明，影响客户策略制定和实施的因素有很多，一个重要的原因是在策略制定的初期是否真正作好了客户识别或客户差异化分析。企业盲目地将所有的客户都当成是能赢得利润的“上帝”，幻想留住所有的客户；在这种极其不明智的原则指引下企业所实行的客户策略，往往是使企业耗费了大量的人力、物力、财力，结果却事倍功半。同时，由于目标客户没有被真正识别出来，使得接下来的客户需求再分析也不可能准确。很显然，由于初期的基础工作不到位，在客户差异化分析不够的前提下，客户策略在制定时，必然会出现问题。

2. 客户满意度与客户忠诚度相互混淆

很多企业，特别是零售业，常常将客户满意度与客户忠诚度相互混淆，致使客户策略在制定中出现了误区。企业在调查分析后发现，很多客户对企业的产品或服务很满意，客户满意度都很高，但并没有继续购买的行为和意愿。这表明，客户满意度高并不意味着客户忠诚度也高。对于当今的许多企业而言，最重要的问题不是占有多大的市场份额，而是拥有多少忠诚的客户。所以应该明确的是，客户价值研究的最终目的是提高客户的忠诚度，而不仅仅是提高客户满意度。

3. 客户价值管理策略与业务流程脱节

许多企业已经拥有很明确的客户策略目标，却没能有效实现，多半是由于策略在实施阶段与业务流程脱节的缘故，主要表现在：企业花大价钱聘请专业的咨询顾问公司来统计、分析客户信息，制订客户方案；而在实施时，原有的生产制造、营销管理和售后服务等业务流程还是老一套并不改变，导致策略贯彻无法全面进行，实施也不会有好的成效。

此外，资金、日常管理、人员配置等也是影响客户关系管理实施的几个因素。本文只集中讨论客户价值研究的相关因素。

三、客户价值管理的实施

客户价值管理是指企业在收集和把握客户信息的基础上，了解客户需求特征和行为偏好，积累和共享客户知识，有针对性地为客户提供个性化的产品或服务，发展和管理与客户之间的关系，从而培养客户的长期忠诚度，以实现客户受益最大化和企业收益最大化之间的平衡的一种企业战略。

目前的客户关系管理存在诸多问题，一个关键的环节是没有做好客户价值管理，有鉴于此，这里给出一些关于客户价值管理实施的方法和建议。必须明确的是企业选择CRM系统的步骤应该是从实施客户价值管理着手，即：从制定清晰有效的客户策略入手，客户策略可以帮助企业分辨出能为企业创造价值的商机；然后，重新设计主要的业务流程，以贯彻执行客户策略；只有在成功完成了以上两个步骤后，才可以着手研究、分析和选择适合客户策略和业务流程的信息技术，并予以实施；最后是衡量结果，作出评估。

（一）客户策略的制定

1. 识别目标客户

没有客户，企业就失去了存在的意义。如果企业对他的目标客户有清楚的定义，并对他们的需求和期望也有准确的理解，然后再去尽量满足甚至超过这些需求和期望，那么他就一定能够获得成功。因此制定客户策略的首要任务是识别目标客户，保证将组织宝贵的资源用在刀刃上，以获得最大的经营效益。

任何一个公司都不可能占领所有的市场和满足所有的需求。因此，公司必须在所有对他的产品和服务感兴趣的潜在购买者市场中定义一群客户——这就是他的目标市场或者叫细分市场。由于组织资源有限，要深入了解客户价值又需额外耗费组织资源，因此80/20经营法则便成为客户价值管理的思考核心，也是识别目标客户的原则。从瑞典国际银行的案例中，我们可以获得这样的启示：

2005年，瑞典国际银行的高级管理人员突然发现，尽管大多数客户对银行表示认可，普遍的客户满意度也都比较高，但银行总体赢利情况却并不怎么尽如人意。银行的管理人士分析了所有的客户业务之后，得出了让人大惑不解的结论：在所有的客户之中，约占80%的客户没有为银行提供价值，尽管他们对银行的口碑很好；另外的一种情况是，有20%的客户创造了超过所有客户的利润总额，但是由于银行所提供的服务是面向所有客户的，那20%的有价值的客户没有得到相应的优质服务，对银行的服务并不感到满意，因此，慢慢地，银行就流失了这些极具价值的客户。这个例子揭示的就是经济学里著名的80/20经营法则，企业80%的利润是由20%的客户创造出来的；而80%的客户对企业的贡献却不大，甚至还会损耗企业有限的资源。因此，企业对目标客户的识别和细分是势在必行的。

Griffin（1995年）将客户分为八大类：① 非客户 ② 有效潜在客户 ③ 可能买主 ④ 初次购买者 ⑤ 重复购买者 ⑥ 忠实主顾 ⑦ 品牌鼓吹者 ⑧ 沉寂客户。客户价值管理分析，是通过管理技术来细分客户，确定企业和什么样的客户建立长久的关系，和什么样的客户仅以最低的成本保持联系，有效区分出各种类型的客户，然后进行营销策略规划，将公司有限资源投资在最有价值的客户上，让有效潜在客户与可能买主经由初次购买者、重复购买者一路晋升至忠实客户甚至品牌鼓吹者，同时在这个过程中，尽可能去避免形成所谓的沉寂客户（指那些背弃了这个厂商或品牌的客户）。所以，第一步就是要在茫茫人海中区分出"非客户"与"有效潜在客户"；换言之，就是要设法找出对组织比较可能产生实质贡献的客户来，而要经营有价值的客户首先要掌握客户价值。"有效潜在客户"与"可能买主"通常和企业现有客户具有类似的习性与特质，因此如果企业对现有客户的本质十分了解，就能有机会比较正确过滤掉会浪费资源的"非客户"。只有在"有效潜在客户"与"可能买主"被界定出来之后，才进入第二步——客户需求再分析。

有时候公司可能已经定义了自己的目标市场，但是却不能充分理解他们的客户需求。理解客户需求并不需要许多操作复杂、代价高昂和非常专业的市场调研技术，只需分析推动当前商业发展的各种竞争力量，包括质量、价格和速度，并认识到客户需求在不断上升。从根本上说，客户希望得到的是最高的质量、尽可能低的价格和尽可能快的速度。这三个维度对客户的重要性在所有市场和所有行业都是一样的。价格和速度对客户的重要性应该是相对比较容易理解的，需要注意的是质量方面，需要对产品质量和服务质量区别对待，产品质量包括任何产品或服务的有形质量。产品质量是指公司为客户提供了哪些东西，而服务质量是指这些东西是如何被提供的。当公司在所有这三个维度同时进行飞跃时，公司就会创造出全新的或具有突破意义的客户价值。

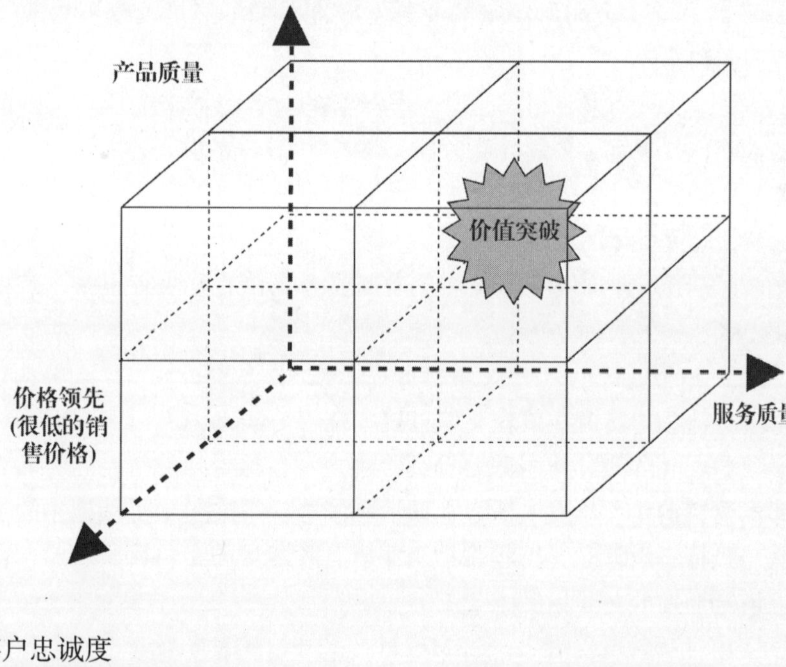

2. 提升客户忠诚度

瑞典国际银行的案例同时揭示了客户满意并不一定意味着客户忠诚。客户满意是一种期望（或预期）与可感知效果比较的结果，它是一种客户心里反应，而不是一种行为。客户忠诚是由于价格、产品或服务特性或其他要素引力的影响，使得客户产生长久的购买某一品牌产品或服务的行为。因此，客户满意与忠诚是两个完全不同的概念。满意度不断增加并不代表客户对企业的忠诚度也在增加，调查显示，65%—85%对某一企业的产品表示满意的客户会毫不犹豫地选择企业竞争对手的产品。所以，客户价值研究的最高目标是提升客户的忠诚度，而不是满意度。

区别客户满意度和忠诚度，同时维护忠诚客户的利益成为了企业亟待解决的问题。这时80/20法则同样可以在这里发挥作用，首先将目标客户进行差异性分析，并根据客户重复消费次数即忠诚度水平，作依次分类，寻找出企业最具价值的忠诚客户；然后将企业80%的资源用在最有价值的20%客户上，然后用剩下的20%资源来照顾那些较不重要的80%客户，如此持续经营，逐渐良币驱逐劣币，对组织贡献不大的客户由于无法享受到更高级的服务，将逐渐转移至竞争厂商；而最具价值的忠诚客户则将逐渐被吸引过来，而且随着消费经验的累积，日益领会到所受到的特殊与细致照料，终于成为组织的忠实客户。

所以，在对市场细分的基础上，采取有针对性的策略，最大限度地让更具价值的客户满意和忠诚，而不是取悦所有客户，才是正确的做法。如此有的放矢地制定适当的客户策略才是使企业效益长期增长的有效方法。

（二）业务流程的设计

公司的业务运作效率是决定客户价值管理贯彻与否的一个重要因素；高效的业务运作，说明公司有一个高水平的运作模式，这也是公司高效的业务流程的集中体现。在制定清晰有效的客户策略后，重新设计主要的业务流程，以贯彻执行客户策略是十分必要的。

公司需要用一种系统的方法来启动和管理他重组业务流程的活动。下面要介绍一个改善现有业务流程的方法，它包括4个步骤：

1. 确定业务发展方向：公司在开始改善业务流程之前，首先要理解他所希望达到的目的。因为在没有制定有效的客户策略之前，公司所制定的业务发展方向很可能是模糊不清或与策略不相一致的，所以需要对其进行调整和修改

2. 识别核心业务流程：任何一家公司都会有一套核心的业务流程来推动它不断前进。这些核心流程构成了公司运作的基础，并决定了公司什么时候能够最终取得成功

3. 对流程进行深入的了解：对于每项要改进的流程，公司应该进行深层次的流程分析，以便能够透彻地理解流程中所有活动和整体的表现水平

4. 设计一个全新的业务流程并加以实施：当然制定业务流程的方法有很多，最根本的目的是要贯彻客户策略，真正实施客户价值管理

（三）客户策略和业务流程的转变应该先于信息技术应用

应用CRM软件实施客户价值管理，本身只是提高了客户策略执行的效率而已。而真正的CRM系统研发，应从管理学和市场营销的角度出发。所以上面谈到了客户策略起步于认识你的客户，了解他们如何帮助企业实现其战略目标；设计业务流程帮助企业更有效地贯彻客户策略。对于企业来说客户策略和业务流程的转变应该先于技术决策。

从许多成功案例的实施过程就可以看出，CRM项目在最开始的时候看起来并不像是一个CRM软件应用项目，《纽约时报》的CRM项目就是一个典型的例子。《纽约时报》在过去的10年中花费了很长的时间研究其核心客户，试图发现居住在纽约大都会以外的读者群所具有的共性。研究的目的是为了发现如何吸引这些客户群，扩大《纽约时报》的覆盖面，使其成为全国性的报纸，实现对广告客户的承诺。同时《纽约时报》升级了它的当地发行系统，并针对不同的市场提供本地化的内容和信息。结

果《纽约时报》在发展相对平稳的出版业市场获得了不凡的增长，在行业内客户保持率普遍只有60%的情况下，实现了高达94%的客户保持率。事实上，所有的这些工作早在公司采用CRM信息技术以前就已展开，而CRM技术只是将相应的销售和营销业务流程自动化，提高了客户策略执行的效率而已。

像《纽约时报》这样的公司认识到全新的客户策略必定要求对业务流程重新审视，当企业高喊“以客户为中心”、“提高客户满意度”这些口号时，应该思考如何将口号真正体现到业务流程中去。《纽约时报》在它投资软件技术加速业务流程和削减成本之前，已经改善了它的印刷和发行的业务流程和订户电话处理程序。

当客户策略成为公司经营的中心，并有相应的业务流程来实现客户策略时，企业的高层管理和技术人员才能在技术投资上作出明智的决策。因此，客户策略和业务流程的转变要先于技术决策。

总之，市场竞争推动企业为更好地了解客户而不断努力，而越来越多的事实证明制定有效的客户策略要远比软件来得重要。因此从管理学角度出发，研究CRM系统研发是十分必要的，即通过制定适当的客户策略、修改和完善企业的业务流程，以客户价值管理为核心的CRM系统才能够更好地实施客户关系管理。

四、结 论——重视客户价值管理是客户关系管理的发展方向

虽然CRM是保持最佳客户和获得新客户的重要方法，其技术和战略发展已经结出了丰硕的果实，但客户关系管理并不是一把万能的钥匙。鉴于目前的客户关系管理存在的诸多问题，客户价值管理这一客户关系管理的核心问题，逐渐被企业所重视。满足所有客户的需求并不能保证增加企业的收入或利润，客户关系管理(CRM)也终将演化为客户价值管理(CVM)。企业选择CRM系统的步骤也会从实施客户价值管理着手，即从制定清晰有效的客户策略入手；重视重新设计主要业务流程能够更好地贯彻客户策略的重要性；然后再选择适合客户策略和业务流程的信息技术，并予以实施；最后是衡量结果和作出评估。有效的客户价值管理实施办法和建议，会使客户价值真正成为企业解决客户关系管理的最终选择，同时客户价值管理也将成为增加客户投资收益的标准方法。因此，重视客户价值管理是客户关系管理的发展方向。

参考文献：

① （美）史密斯（Smith E.R）著，刘祥亚等译：《如何培养忠诚客户》，机械工业出版社2002年版。
② （美）达切思（Duchessi,P.）著，侯佳奇译：《企业运营与顾客价值》，机械工业出版社2003年版。
③ 郑楚达：《蚂蚁扳倒大象》，中国工人出版社2004年版。
④ 范云峰：《客户管理营销》，中国经济出版社2003年版。
⑤ （美）彼得·基恩 马克·麦克唐纳著：《e流程优势》，机械工业出版社2002年版。
⑥ 互联网周刊杂志社：《互联网周刊》，科学出版社2003年。

仅含风险资产的资本市场中的均衡价格

朴　识

我写这篇文章的目的在于：对于仅含风险资产的MV资本市场，当每种资产的总供给等于总需求时，我们得出了非负均衡价格向量存在唯一的充分必要条件。另外，我们还为这个向量给出了一个明确的计算公式。

一、前　言

（一）基本知识

我们先来介绍两个模型：均值—方差模型和资本资产定价模型。

均值—方差模型（简写为MV）是Markowitz[①]以收益率的方差（或标准差）作为衡量证券的风险尺度，采用均值和方差两项评价指标，建立了单阶段组合投资的均值—方差模型。该模型的基本假设是：

1. 所有投资者都是归避风险的；

2. 所有投资者处于同一单期投资期；

3. 投资者根据收益率的均值和方差选择投资组合，使在给定风险水平下期望受益率最高或在给定期望收益率水平下风险最小。

资本资产定价模型[②]（简写为CAPM）则是以Markowitz的均值-方差模型和有效市场理论为基础，研究在未来不确定条件下资本资产的均衡定价问题。最初的模型检验集中于资产的期望收益率与贝它系数之间是否存在正线性关系，以及贝它系数是否是解释资产或资产组合收益率的唯一因素。然而，这些研究结果却产生了极大分歧，诸如Lintnor，Merton H.Miller和Myron Scholeh等发现，对单一资产而言，贝它系数不是解释资产收益率的唯一因素；而Sharp和G.Cooper等却发现，贝它系数对资产组合收益率具有很高的解释能力；同时，BJS和FM也从资产组合的角度为CAPM提供了支持，其研究方法和思路为后来者提供了有益的方法论借鉴。

CAPM也在MV理论的基础上作了进一步假设[③]：

4. 所有投资者对同一证券的所有统计值（均值，方差等）有相同的认识；市场是完全的，即没有税赋和交易费用等，且存在可供投资的无风险证券，投资者可以以无风险利率无限制地进行借贷或卖空一种证券。CAPM理论认为，一项投资所要求的必要回报率取决于以下三个要素：① 无风险回报率，即将国债投资（或银行存款）视为无风险资产；② 市场平均回报率，即整个市场的平均回报率，如果一项投资所承担的风险与市场平均风险程度相同该项回报率与整个市场平均回报率相同；③投资组合的系统风险系数，是指某一投资组合如果所冒风险高于整个市场风险，其回报率就会高于市场平均回报率，其超过那部分称为风险溢酬，是对其所冒风险超过市场风险部分的补偿。反之，则低于市场平均回报水平。

此外，在CAPM中还有两个关键的问题[4][5]，一个是市场组合的存在性及合理性问题，加利福尼亚大学的Roll指出在CAPM中，投资者都会选择市场投资组合，而市场投资组合理论上应包括世界上所有金融资产，CAPM中出现的偏差就在于采用的市场代表不好，因为无人知道真实的市场证券组合是什么，也就无人能判断CAPM是否成立。而另一个就是贝它值的计算问题。在过去多数人的研究中，贝它值计算是基于考虑证券间过去收益间的关系，而我们用它要描述的是未来证券间的关系，于是就产生了实际与预测的误差。当然，不能因为CAPM存在着局限性就完全否定它。CAPM的提出，发展了资本市场理论，业已成为现代金融财务学中研究风险投资的一个重要方法。

接下来，我们再来了解一下均衡价格的概念[6][7]。均衡价格是一种商品的需求与供给相一致时的价格，均衡价格理论则是西方经济学中流行的价格理论，这是用需求与供给来说明价格的决定，即商品的价格由供求关系所决定的理论。该理论以边际效用论和边际生产费用论为基础，反映了价格机制对市场经济的调节作用，同时，还强调了供求关系对价格决定的重要影响。均衡价格理论是古典政治经济学价值价格理论的继承和发展，通过市场传导信息，而起到优化配置资源的作用，是价值规律的反映[8]。

（二）研究背景

自从Sharpe[9]，Lintner[10]，和Mossin[11]分别在1964，1965和1966年以CAPM为模型所做的作品问世以来，许多关于MV资本市场均衡的研究结果都已诞生。Bawa和Lindenberg在1977年把MV框架扩展到均值下半矩资本市场，Konno[12]和Shirakawa[13]在1994年对均值绝对偏差资本市场的均衡性作了处理。在这个领域的绝大部分作品，都是聚焦在分离理论和所谓的贝它定价公式[14]，而第一个关于均衡存在的文章则是Hart在1974年所做的。Hart得出了一组在允许卖空和收益分布有界非负的条件下的应用模型的充分条件。Werner在1987年讨论了由价格系统满足的无套汇条件来确保方程的存在性。Nielsen[15]在1990年通过给投资者的风险厌恶程度加边界的方法讨论了另一组充分条件。更进一步，他还在1987年至1990年讨论了在允许卖空和没有无风险资产条件下的另一组充分条件。在这里应该引起注意的是：这些作品的绝大部分都是关注于均衡存在的充分性条件。

而我们则给出了均衡存在的充要条件及均衡价格明确的计算公式，这大大推广了以前文献中的工作。

（三）研究途径

而我们在这篇论文的中的主要目的，是在仅含风险资产的MV资本市场当中得出一个非负均衡价格向量存在唯一的充分必要条件。此外，我们将为非负均衡价格提出一个明确的公式，当前分析的框架与Mossin在1966年所提出的很相似，尽管如此，还是存在一些区别的。

第一，我们假定在市场中不允许卖空风险资产，因为非负和不等式约束的问题必须通过一个非线性规划的方法来解决，[16][17] 这通常比用来解决无非负条件的问题所用的古典的拉格朗日乘数方法要更加复杂。这个假设在证明非负价格向量的存在性的时候是非常重要的。

第二，我们得到了均衡价格一个明确的计算公式。Mossin在1966年假设的一个未来资产价格的多维概率分布，用以作出均衡的当前资产价格。在这里我们采用了一个特殊的假定当前和未来资产价格的相对关系途径，用它来明确地得出均衡的当前价格。为了充分地让这个途径生效，我们需要根据收益率参量建立一个均衡存在的条件。可是，用这个方法，我们可以得出一个均衡的资产价格向量而不需要使用在均衡性研究当中所经常使用的循环递归算法。我们要在这里明确的是：描述均衡价格系统的方程式是源自Mossin在1996年的研究，但是他既没有证明非负均衡价格向量的存在，也没有给出明确的价格公式。

第三，我们的方法允许检查当前的安全市场是否与仅含风险资产的MV资本市场的均衡条件相容，事实上，我们将在第五部分当中展示，投资者的期望收益率的加权平均值 ρ 必须要与市场投资组合的回报率的期望 r_M 相等。

（四）章节介绍

本文如下展开：在第二部分，我们将介绍一组将被强加在资本市场结构的假设条件。在第三部分，我们会讨论一个投资者效用最大化的问题，并会得出一个每个投资者所拥有的最优投资组合。在第四部分我们将会讨论我们的核心问题，那就是：非负均衡价格向量存在唯一的充分必要条件，并根据由外因决定的变量作出明确的公式。最后，在第五部分，我们会讨论在第四部分建立的均衡条件的含义。

二、MV资本市场

我们考虑一个资本市场中包含m个投资者$I_i(i=1,2,...,m)$，n个风险资产$S_j(j=1,2,...,n)$，每个投资者拥有$S_j(j=1,2,...,n)$的x_{ij}^o个单位，投资者们将初始资金ω_i^o投入市场，并通过交易使得收益效用U_i最大化。

假设2.1假设U_i是期望值ρ 和有价证券收益率标准差σ 的函数，同时，效用函数$U_i \equiv U_i(\rho,\sigma)$对所有$i$满足条件

$$\frac{\partial U_i(\rho,\sigma)}{\partial \rho}>0 \quad , \quad \frac{\partial U_i(\rho,\sigma)}{\partial \sigma}<0 \qquad (2.1)$$

假设2.2假设所有的投资者的信息是对称的，即对所有资产的收益和风险的判断是相同的。$(R_1, R_2, \ldots, R_n)$是$(S_1, S_2, \ldots, S_n)$是回报率，特别指出，每个投资者回报率R_j的期望值r_j和R_i与R_j的协方差σ_{ij}都是已知的。

假设2.3市场是无障碍的，即交易费用为零，税收对交易和资产选择不产生任何影响，不存在各种市场不完善性，所有资产都无限可分，且风险资产不允许卖空。

假设2.4在整个交易的过程中，每个投资者所拥有的总资产以及每种资产的总数目保持不变。

开始交易时P_j是$S_j(j=1,2,\ldots,n)$的单位价格，本文的主要目的就是要在仅含风险资产的资本市

场中获得非负均衡价格存在的充分必要条件。这个条件将在文章的第四部分作详细的讨论，在这里，我们先暂时地假设P_j是非负的（即$P_j \geqslant 0$）。

同时，我们自始至终假设：

$$x_{ij}^{o} \geq 0,\ i=1,\ 2,\ \ldots,\ m,\ j=1,\ 2,\ \ldots,\ n \quad (2.2)$$

$$\chi_j^{o} \triangleq \sum_{i=1}^{m} \chi_{ij}^{o} > 0,\ j=1,\ 2,\ n, \quad (2.3)$$

所χ_j^o是严格正的。令

$$\omega_i^{o} = \sum_{j=1}^{n} P_j \chi_{ij}^{o} > 0, i=1,2,\ldots,m \quad (2.4)$$

ω_i^o是投资者Ii在价格系统（$P_1,\ldots,P_n$）中最初投入的资金总数，在条件（2.2），（2.3）下，对所有的i，ω_i^o都是非负的，P_j也是非负的。

设$\chi_{ij}(i=1,2,\ldots,m;\ j=1,2,\ldots,n)$为交易所投资者$I_i$所拥有的资产$S_j$的单位数，假设2.4把下面的条件加给$\chi_{ij}$:

$$\sum_{j=1}^{n} P_j \chi_{ij} = \omega_i^{o}, i=1,2,\ldots,m \quad (2.5)$$

也就是说交易前后资产总价值不变。

$$\sum_{i=1}^{n} \chi_{ij} = \chi_j^{o},\ j=1,2,\ldots,\ n \quad (2.6)$$

也就是说交易前后资产数目不变。

因为风险资产不充许卖空，所以，

$$\chi_{ij} \geq 0,\ i=1,2,\ldots,m,\ j=1,2,\ldots,n \quad (2.7)$$

资产组合$\chi_i = (\chi_{i1}, \chi_{i2}, \ldots, \chi_{in})$的回报率$R(\chi_i)$由（2.8）给出。

$$R(\chi_i) = \sum_{j=1}^{n} P_j R_j \chi_{ij} / \omega_i^{o} \quad (2.8)$$

而$R(\chi_I)$的期望值和方差则由（2.9）和（2.10）给出。

$$E\left[R(\chi_i)\right] = \sum_{j=1}^{n} P_j r_j \chi_{ij} / \omega_i^{o} \quad (2.9)$$

$$V\left[R(\chi_i)\right] = \sum_{j=1}^{n} \sum_{k=1}^{n} \sigma_{jk} P_j P_k \chi_{ij} \chi_{ik} / (\omega_i^{o})^2 \quad (2.10)$$

三、投资者的最优投资组合

由假设2.1看出，每个投资者I_i都希望，在期望收益率ρ 固定时，$R(\chi_i)$的方差最小，即所承担的风险最小。

所以，问题转化为解决下面二次规划的问题：

$$\min V\left[R(\chi_i)\right]=\sum_{j=1}^{n}\sum_{k=1}^{n}\sigma_{jk}P_jP_k\chi_{ij}\chi_{ik}/(\omega_i^o)^2$$

$$st.\sum_{j=1}^{n}r_jP_jx_{ij}=\rho\omega_i^o$$

$$\sum_{j=1}^{n}P_jx_{ij}=\omega_i^o \qquad (3.1)$$

$$x_{ij}\geq 0, j=1,2,...,n$$

在这里，我们假设$p_i>0$，因为零价格的资产对投资组合$\chi_i=(\chi_{i1},\chi_{i2},...,\chi_{ij})$的收益率$R(\chi_I)$和方差$V\left[R\left(\chi_i\right)\right]$均是无影响的。

设$\hat{\chi}_{ij}(\rho)$ $(j=1,2,...,n)$ 是问题（3.1）的最优解，并设$\sigma(\rho)$为标准差，投资者I_i都希望持有投资组合$\chi_{ij}^*\equiv\hat{\chi}_{ij}(\rho_i)$。其中，

$$\rho_i=\arg\max\left\{U_i\left(\rho,\sigma(\rho)\right)\right\} \qquad (3.2)$$

假设3.1ρ_i对于所有$i(i=1,2,...,m)$是有限且唯一确定的。

我们先来介绍一个一般的二次规划的问题：

$$\min V\left[R\left(x_i\right)\right]=\sum_{j=1}^{n}\sum_{k=1}^{n}\sigma_{ij}\rho^2z_jz_k$$

$$st.\sum_{j=1}^{n}r_jz_j=1 \qquad (3.3)$$

$$\sum_{j=1}^{n}z_j=1/\rho$$

$$z_j\geq 0(j=1,2,...,n)$$

定理3.1二次规划问题（3.3）有一个最优解。

证明：二次实函数是连续的凸函数，因此它的最小值可以通过紧集得到，我们称有界闭集为紧集，而$z_j\geq 0$保证了闭集。关于z_j求二阶导数后大于0，知该二次规划是凸二次规划。

设z_j^*，$j=1,2,...,n$ 为问题（3.3）的最优解，并设

$$z_j^*, j=1,2,\ldots,n \qquad (3.4)$$

$$\hat{\chi}_{ij}(\rho)=\rho\omega_i^o z_j^*/p_j, j=1,2,\ldots,n$$

定理3.2$\hat{\chi}_{ij}(\rho)$，$j=1,2,\ldots,n$ 是（3.1）的一个最优解

证明:变量z_j^*，$j=1,2,\ldots,n$ 对（3.3）满足Karush–Kuhn–Tucker条件：

$$\sum_{k=1}^{n}\sigma_{jk}\rho^2 z_k^*-\lambda_1 r_j-\lambda_2=0,\quad j=1,2,\ldots,n$$

$$\sum_{j=1}^{n} r_j z_j^*=1 \qquad (3.5)$$

$$\sum_{j=1}^{n} z_j^*=1/\rho$$

$$z_j^*\geq 0,\quad j=1,2,\ldots,n$$

$$z_j^*\left(\sum_{k=1}^{n}\sigma_{jk}\rho^2 z_k^*-\lambda_1 r_j-\lambda_2\right)=0,\quad j=1,2,\ldots,n$$

令$\mu_1=\rho\omega_i^o\lambda_1$, $\mu_2=\rho\omega_i^o\lambda_2$则$\hat{\chi}_{ij}(\rho)$满足

$$\sum_{k=1}^{n}\sigma_{ij}\rho^2 p_k\hat{\chi}_{ik}(\rho)-\mu_1 r_j-\mu_2=0,\quad j=1,2,\ldots,n$$

$$\sum_{j=1}^{n} r_j p_j\hat{\chi}_{ij}(\rho)=\rho\omega_i^o$$

$$\sum_{j=1}^{n} p_j\hat{\chi}_{ij}(\rho)=\omega_i^o$$

$$\hat{\chi}_{ij}(\rho)>0,\quad j=1,2,\ldots,n$$

$$p_j\hat{\chi}_{ij}(\rho)\left(\sum_{k=1}^{n}\sigma_{jk}\rho^2 p_k\hat{\chi}_{ik}(\rho)-\mu_1 r_j-\mu_2\right)=0,\quad j=1,2,\ldots,n$$

它对于紧二次规划问题（3.1）是严密的Krush–Khn–Tucker条件。

推论3.1（3.1）最优解的方差$\sigma^2(\rho)$为：

$$\sigma^2(\rho)=\rho^2\sum_{j=1}^{n}\sum_{k=1}^{n}\sigma_{jk}z_j^* z_k^* \qquad (3.6)$$

将（3.6）代入（3.2），我们将能够确定ρ_i，ie投资者I_i的最优期望收益率，我们注意，这里的ρ_i是一个仅由σ_{jk}和r_j所决定的函数，而与P_j是无关的。

投资者I_i的最优投资组合是

$$\chi_{ij}^{*} = \rho_i \omega_i^o z_j^* / p_j, \quad j = 1,2,...,n \tag{3.7}$$

这表明所有投资者希望持有的风险资产的投资组合对向量

$$z^* = \left(z_1^*,..., z_n^*\right) \tag{3.8}$$

是成比例的，不同的只是他们投资的数目不同而已。

我们定义一个向量

$$y^{\mathrm{M}} = z^* \Big/ \sum_{j=1}^{n} z_j^* \tag{3.9}$$

我们称之为市场投资组合。

四、均衡方程

我们要得出非负均衡价格向量$(p_1^*,..., p_n^*)$存在唯一的充分必要条件。由（2.6）式得

$$\sum_{i=1}^{m} \chi_{ij}^* = \chi_j^o \tag{4.1}$$

由（3.7）可知严格正的P_j必须满足

$$\sum_{i=1}^{m} \rho_i \omega_i^o z_j^* \Big/ P_j = \chi_j^o, \quad j = 1,2,...,n \tag{4.2}$$

引理4.1如果$z_j^* = 0$，则$P_j = 0$。

证明：如果$P_j \neq 0$，则$z_j^* = 0$表明$\chi_j^o = 0$，同假设（2.3）矛盾。

如果$P_j = 0$这显然无任何意义。

因此$\chi_{ij}^* = \chi_{ij}^o$，$i = 1,2,...,m$，一般地满足条件（2.6）。

所以，不失一般性，我们将假设：

$$z_j^* > 0, j = 1,2,...,n \tag{4.3}$$

来看（4.2），将（2.4）代入，则均衡价格 $z_j^* > 0, j = 1,2,...,n$ 必须满足线性等式

$$P_j \chi_j^o = \sum_{i=1}^{m} \rho_i \left(\sum_{\ell=1}^{n} P_\ell \chi_{i\ell}^o \right) z_j^*, \ j = 1,2,...,n \tag{4.4}$$

令

$$\alpha_{ij} = \chi_{ij}^o / \chi_j^o \tag{4.5}$$

为投资者i持有资产j的安全性分数，并令

$$m_o=\sum_{i=1}^{m}\sum_{j=1}^{n}\alpha_{ij}\rho_i z_j^* \qquad (4.6)$$

定理4.1等式（4.4）有唯一非负解

$$P_j^*=\sum_{i=1}^{m}\omega_i^o \Big/ \chi_j^o,\ j=1,2,\dots,n \qquad (4.7)$$

当且仅当

$$m_o=1 \qquad (4.8)$$

证明：

$$a_j=\sum_{i=1}^{m}\rho_i\chi_{ij}^o,\ j=1,2,\dots,n$$

令

$$b_j=z_j^*/\chi_j^o,\ j=1,2,\dots,n$$

由假设，对所有j, a_j和b_j都是非负的，令

$$a=\begin{pmatrix}a_1\\ \vdots\\ a_n\end{pmatrix},\quad b=\begin{pmatrix}b_1\\ \vdots\\ b_n\end{pmatrix},\quad p=\begin{pmatrix}p_1\\ \vdots\\ p_n\end{pmatrix}$$

于是（4.4）可以写成

$$P=ba^TP，或 \left(I-ba^T\right)P=0 \qquad (4.9)$$

因为$m_o=\sum_{i=1}^{m}\sum_{j=1}^{n}\alpha_{ij}\rho_j z_j^*=b^Ta$，所以，

情况$(i)m_o\neq 1$

即$b^Ta\neq 1$，由Shermen-Morrison定理，$I-ba^T$可逆，则齐次线性方程组（4.9）只有零解，即$P_j^*=0$，这显然是没有意义的。

情况$(ii)m_o=1$

即$b^Ta=1$,由Shermen-Morrison定理，$I-ba^T$不可逆，则齐次线性方程（4.9）有非负解：$P_j^*=\sum_{i=1}^{m}\omega_i^o \Big/ \chi_j^o$。因为$\sum^{m}\omega_i^o$是所有投资者最初投入资金的总数，是一个常量，用C表示，所以

$$P_j^*=C\Big/\chi_j^c$$

结合以上结论，证明了前面的部分，我们建立了如下基本定理：

定理4.2 $m_o=1$，$p^*=(p_1^*,\dots,p_n^*)$为（4.7）定义的价格矢量，每个投资者I_i持有市场投资组合的非负倍娄组合。

设y^{M}为由（3.9）定义的投资组合向量，令

$$R_{M}=\sum_{j=1}^{n}R_{j}y_{j}^{M} \tag{4.10}$$

$$r_{M}=\sum_{j=1}^{n}r_{j}y_{j}^{M} \tag{4.11}$$

五、均衡条件的含义

让我们在以下假设的前提下，对前面部分已得到的成果的含义审视一下。

假设5.1

$$\alpha_{ij}=\alpha_{i}，\ j=1,2,...,n，\ i=1,2,...,m \tag{5.1}$$

$$\alpha_{ij}=\frac{\chi_{ij}^{o}}{\chi_{j}^{o}}$$

这个假设说明最初每个投资者持有的投资组合成比例于$\chi^{o}=(\chi_{1}^{o},\chi_{2}^{o},...,\chi_{n}^{o})$，这个向量代表市场风险资产的总数量，令

$$\bar{\rho}=\sum_{i=1}^{m}\alpha_{i}\rho_{i} \tag{5.2}$$

所以，$\bar{\rho}$是各个投资者要求收益率的加权平均值。

定理5.1均衡条件$m_{o}=1$,成立，当且仅当

$$\bar{\rho}=r_{M} \tag{5.3}$$

此时，

$$P_{j}^{*}=C/\chi_{j}^{o}，\ j=1,2,...,n \tag{5.4}$$

由（4.6），我们有

证明

$$m_{o}=\sum_{i=1}^{m}\alpha_{i}\rho_{i}\sum_{j=1}^{n}z_{j}^{*}=\bar{\rho}\sum_{j=1}^{n}z_{j}^{*}$$

再由（3.9），（4.11）我们有

$$\sum_{j=1}^{n}r_{j}z_{j}^{*}=\sum_{j=1}^{n}r_{j}y_{j}^{M}\left(\sum_{j=1}^{n}z_{j}^{*}\right)=r_{M}\sum_{j=1}^{n}z_{j}^{*}$$

再由（3.3），z_j^*满足

$$\sum_{j=1}^{n} r_j z_j^* = 1$$

$$r_M \sum_{j=1}^{n} z_j^* = 1 \tag{5.5}$$

$$\sum_{j=1}^{n} z_j^* = \frac{1}{r_M}$$

$$m_o = \frac{\bar{\rho}}{r_M} \tag{5.6}$$

定理中$m_o=1$当且仅当$\bar{\rho}=r_M$

最终，让我们来看看假设5.1的合理性。在假设5.1中我们假设在交易前每个投资者持有投资组合$\chi^O=(\chi_1^o,\chi_2^o,\ldots,\chi_n^o)$。在4.2定理中，每一个投资者在没有（5.1）的情况下，交易后持有市场投资组合。所以假设5.1在所有交易后者是合理的。

六、结论

在这篇文章里，我们在仅含风险资产的MV资本市场中，得到了非负均衡价格向量存在唯一的充分必要条件：$m_o=1$，并为该向量给出了一个明确的计算公式：$P_j^*=C/\chi_j^o$（其中，$C=\sum_{i=1}^{m}\omega_i^o$，为一常数），而且还找出了它的经济学含义，如果有无风险资产，则均衡不一定存在。

参考文献：

① 哈里·马克威茨《资产选择—投资的有效分散化》，刘军霞，张一驰译，首都经济贸易大学出版社，2000版。
② Markowitz HM，《Portfolio selection》，Journal of Finance，1952版7。第77—91页。
③ 陈浪南，屈文洲《资本资产定价模型的实证研究，经济研究》2002（4）版。
④ 林建中，叶中行，《数理金融》，科学出版社1998版。
⑤ Dana RA.《Existence,uniqueness and determinacy of equillnim in CAPM with a riskless asset,》Journal of Mathematical Economics，1999版，32（1）第167—175页。
⑥ 曹凤岐：《证券投资学》北京大学出版社，1994版。
⑦ 陈共，周升业，吴晓求：《证券投资分析》中国人民大学出版社，1997版。
⑧ 欧阳光中，李敬湖：《证券组合与投资分析》高等教育出版社，1997版。
⑨ Sharpe WF,《Capital asset prices:a theory of market equilibrium under condition of risk》，Journal of Finance，1964版，19第25—442页。
⑩ Lintner J,《security price ,risk,and maximal gains from diversification》，Journal of Finance ，1965版，20第587—616页。
⑪ Mossin J.,《Equilibrium in capital asset market》，Econometrics，1996版，34第768—783页。
⑫ Konno,Shirakawa,《Existence of a nonneagative equilibrium price vector in the meanvariance capital market》，Mathematical Finance，

1995（5）第233—246页。
⑬ Konno H,shirakawa H.,《Equilibrium relation in the mean-absolute deviation capital market》，Financial Engineering and the Japanese Markets，1994版，第21—35页。
⑭ 王文灵，于谨：《衍生工具定价理论》，经济科学出版社，1998版。
⑮ Nielsen LT.《Asset market equilibrium with short selling》，Review of Economic Sudies，1989版，56（3）第467—474页。
⑯ 席少霖：《非线性最优化方法》高等教育出版社，1992版。
⑰ Baraza MS,《Nonlinear programming:theory and algorithms》，Allanta，Geogia：John wily Sons Inc，1979版。

JMSN土工布耐老化性及其老化产物对石质文物可能的影响

张国英　张晓梅

前言

（一）概述

石质文物在我国分布广泛，且大多数都是在室外的不可移动文物，尤其在一些大型的水利工程中也涉及不同于日常的石质文物保护课题。通常石质文物在室外容易受到酸雨、粉尘、水、温湿度变化等影响，而在水利工程中遇到的问题是，有些石质文物由于不能迁移，要被淹没水中，因此需要采取相应的水下保护措施。本文主要就一种在水下保护石质文物的方法及其可行性进行论述。该方法是用一种聚酯无纺布包裹石质文物，然后在无纺布外面覆盖一层水泥。这篇文章通过一些实验来论证，这种聚酯无纺布是否适合用于石质文物的水下保护。

（二）聚酯及JMSN聚酯纺粘无纺布的组成结构及特性

由对苯二甲酸和脂肪族二元醇缩聚合成的聚酯，其结构特征是具有苯环、脂链和连接两者的酯基。无论是决定聚酯基本性质的分子链结构，还是决定其加工制品性能的聚集态结构，都是以此特征为基础的。聚酯的主要品种为聚对苯二甲酸乙二酯（PET），我国商品名称为涤纶，其分子链结构如下：

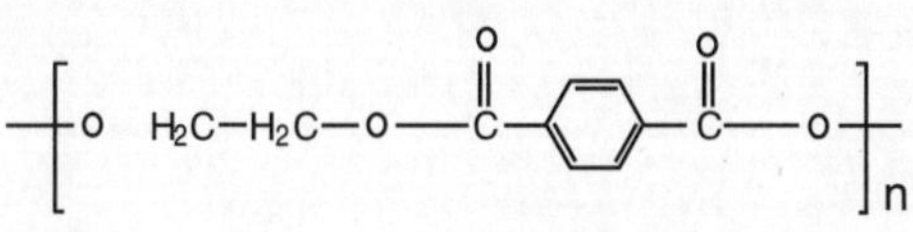

从聚酯链节的组成和结构可以看出，它包括刚性的苯环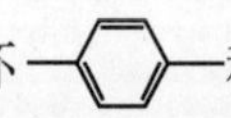和柔性的脂肪烃基，$-CH_2-CH_2-$而直接与苯环相连的酯基 $-\overset{\overset{O}{\|}}{C}-O-$ 与苯环又构成具有刚性的共轭体系，从而制约了与其相连的柔性链段的自由旋转。由于聚酯链的刚性结构，聚酯表现出较大的刚性。聚酯的聚集态结构包括晶态、非晶态、取向态和与添加物组成的织态结构等。它们与聚酯的成型加工条件和加工制品的性能具有密切的关系。[①]

聚酯纤维采用熔体纺丝，截面呈圆形，表面很平整，使纤维相对滑动时接触面积不大，摩擦系数高。聚酯纤维没有亲水基团，分子堆砌紧密，吸湿性能很差，在标准条件下的回潮率为0.4%—0.5%，相对湿度100%时的回潮率为0.6%—0.8%，因此干湿状态下的纤维性能变化不大。聚酯纤维强度高、弹性恢复性能好，普通型涤纶的强度3.52—3.28N/dtex，断裂伸长30%—40%，3%伸长时的弹性恢复能力为90%—95%。涤纶纤维模量高，在小负荷拉伸时不易变形，因此涤纶织物尺寸稳定，由于涤纶纤维强度高，伸长大，弹性恢复性能好，因此涤纶织物耐磨性能好。聚酯纤维比热约1J/g.C，玻璃化温度在80℃左右，熔点255℃—265℃，290℃时发生分解，燃烧温度450℃，230℃—240℃时开始软化，在170℃下短时间加热引起的强度损失可以恢复。在100℃下加热20天，强度几乎无损失；加热80天时强度仅下降4%。在130℃下加热20天，强度损失5%，加热80天强度损失25%。所以涤纶纤维在常温下有很好的使用性能，在高温下的耐热性与稳定性均好。聚酯大分子中含有酯键，故不耐强碱，容易水解，在高温时尤甚。在高温高压下能被醇类分解。涤纶耐酸，不溶于有机酸，在低温下对低浓度的无机酸很稳定。溶解于浓硫酸和加热的间甲酚中。对一般的有机溶剂比较稳定。涤纶纤维的化学稳定性见表1。②

表 1　涤纶纤维的化学稳定性

药品	温度	浓度（%）	时间	对纤维强度的影响
盐酸	室温	18	3周	无
盐酸	75℃	18	4.5天	显著
盐酸	沸	10	3天	损伤
硝酸	室温	40	3周	缓和
硫酸	室温	37	6周	无
硫酸	室温	50	3周	缓和
硫酸	75℃	37	2周	显著
烧碱	室温	10	3天	缓和
次氯酸钠	75℃	2.5	4小时	无

注: 无——纤维强度降低不超过5%
缓和——纤维强度降低6%—30%
显著——纤维强度降低在31%—70%
损伤——纤维强度降低超过70%

聚酯纤维密度1.38g/cm^{3}左右，随结晶度不同而改变。由于结构紧凑，分子僵直，对称性好，双折射率在0.168—0.188，是双折射率最高的纺织纤维。聚酯纤维在玻璃后面的耐光性很好，如在日光下曝晒时，由于紫外线使大分子活化，结构受到破坏，纤维强度下降。聚酯纤维导电性能很差。聚酯纤维耐霉、耐虫蛀性能好。

JMSN聚酯纺粘无纺布是一种聚酯长丝针刺定型的无纺布，不含化学添加剂，也不经热处理，是环保型的建筑材料。其具有良好的力学性能，透水性好，并能抗腐蚀，抗老化，具有隔离、反滤、排水、保护、稳固、加强等功能，并能适应凹凸不平的基层。还能抵抗施工外力破坏，蠕变小，在长期荷载下仍能保持原有功能。此材料的性能指标见表2。

表 2　技术指标一览表③

测试项目	单位克重	厚度	拉伸强力		拉伸延伸率		撕裂强度		CBR顶破强度	垂直渗透系数	有效孔径
			MD	CD	MD	CD	MD	CD			
测试方法	DIN EN 29073/1	DIN EN 29073/2	DIN EN 29073/3		DIN EN 29073/3		GB/T 13763-92		GB/T 14800-93	GB/T 15789-95	GB/T 17634-98
单位	g/m²	mm	KN/m	KN/m	%	%	N	N	N	cm/s	Mm
011-400	400	4.00	28.0	26.0	60	65	680	590	4200	0.001-1	0.07-0.2
011-500	500	4.20	30.0	28.0	60	65	790	720	5600	0.001-1	0.07-0.2

试验内容

（一）试验材料

本试验所用的试验材料是美国生产的JMSN聚酯纺粘无纺布和石头。所用的水主要是纯净水，PVC膜是农用膜；水泥为豆石混凝土C30。

（二）本试验拟采用的试验方法及性能测试方法

高分子材料使用时暴露于各种各样的环境中，会发生物理及化学变化，从而使其性能逐渐下降而不能耐久使用。在某种自然环境下，材料到底能使用多久（或寿命多长），就统称作耐候性。

评价高分子材料在自然环境中的寿命的试验方法有室外老化试验及人工老化试验。室外老化试验是评价材料寿命的最适宜的方法，但周期比较长。人工加速老化试验则可任意制定不能控制的室外老化试验条件，是一种强制加速老化并在短时间内评价材料耐候性的方法。引起高分子材料变化的主要因素是光、热、水解及微生物等。本试验的目的是评估一种拟用于石质文物保护的土工布的耐老化性及老化产物对石质文物的影响，且主要进行水解老化试验及其相应的性能测试。本试验采取人工加速老化试验的方法。

1. 人工加速老化土工布试验方法

由于土工布耐水解性能的测定尚没有国家标准，我们参考国家标准GB1547-89塑料耐液体化学药品（包括水）影响的测定，通过模拟试验，选择以下方法进行水解老化：在装满去离子水的试验容器中放入试样，盖上盖子后放在75℃的恒温箱中进行水解老化，定期观察并取出样品进行性能测试与分析。

2. 土工布对石质文物影响的试验方法

（1）将石头样品用土工布包起来后放入纯净水中，进行加速老化，方法同1. 人工加速老化土工布试验方法，定期观察并取出样品进行性能测试与分析，并与（二）2. （2）的测试分析结果进行对比。

（2）将石头样品放入纯净水中，进行加速老化，方法同1. 人工加速老化土工布试验方法，定期观察并取出样品进行性能测试与分析。

（3）将石头样品用土工布包裹，放入装有长江水的试验容器中，盖上盖子，进行加速老化，方法同1. 人工加速老化土工布试验方法，定期观察并取出样品进行性能测试与分析。

（4）在石头表面覆盖一层土工布，然后覆盖PVC膜，用线绳捆绑，然后覆盖2厘米多厚的水泥，放置待其完全凝固后，将所制样品置于装满纯净水的试验容器中，盖上盖子，放在75℃的恒温箱中进行加速老化，定期观察并取出样品进行性能测试与分析。

3. 土工布可能产生的老化产物对石质文物的影响试验方法

老化会导致材料发生化学变化，产生一些降解产物，因此对土工布的化学组成进行分析，根据其成分推测可能的老化产物，在老化试验的同时进行老化产物对石质文物的影响的强化试验。本试验所用的土工布为聚酯无纺布，不含化学添加剂。聚酯水解生成羧酸和醇基，假如完全水解，最终产物为对苯二甲酸和乙二醇，对苯二甲酸不溶于水。为了了解可能生成的羧酸是否会对石质文物产生侵蚀，设计以下几个试验进行对比。

（1）在石头表面覆盖对苯二甲酸，置于水中，放在75摄氏度的恒温箱中进行老化，方法同1. 人工加速老化土工布试验方法，定期观察并取出样品进行性能测试与分析，并与（二）3.（2）及（二）3.（3）的测试分析结果进行对比。

（2）将石头样品放入纯净水中在75℃恒温箱中进行加速老化，方法同1. 人工加速老化土工布试验方法，定期观察并取出样品进行性能测试与分析。

（3）将石头样品用土工布包起来后放入纯净水中，进行加速老化，方法同1. 人工加速老化土工布试验方法，定期观察并取出样品进行性能测试与分析。

4. 性能测试方法

本试验的主要测试指标有抗拉/抗压强度、成分、形貌观察。因此，拟采取的主要分析手段有抗拉强度分析、显微镜及扫描电镜观察分析、红外光谱分析、X-射线衍射分析、高效液相色谱分析。

（1）抗拉/抗压强度：抗拉/抗压强度分析为传统检测纺织品强度的力学方法。可对纺织品因老化而导致的强度降低进行定量测定。所用仪器为Instron公司生产的1122型万能试验机。将试样裁成长7.6cm，宽2.5cm的试条，每份样品的测试数量为5，最后取平均值。所有测试样品在测试前均在相对湿度为60%、温度25℃的环境中平衡至少72hr，然后再在仪器上测量。测试是在25℃、相对湿度60%条件下进行的，十字头速度为10mm/分钟，夹具间距为2.5cm。

（2）扫描电子显微镜（SEM）形貌观察：用扫描电子显微镜可以对土工布样品表面和石头样品表面在高放大倍数下进行形貌观察分析。将样品用双面胶粘贴于铝制样品台上，然后喷涂上一薄层金膜，在扫描电镜上观察，并照相。仪器为美国产JSM-6301F型场发射扫描电子显微镜。通过观察可获得许多与纤维结构有关的信息。

（3）红外光谱分析：组成分子的各种基团都有自己特定的红外吸收区域，因此，红外吸收光谱可反映土工布因老化而导致的分子结构变化的信息。仪器为美国 Nicolet（尼高力）公司生产的Magna-IR 750傅立叶变换红外光谱仪。比较特征吸收谱带，可以看出老化后的土工布的分子结构是否发生变化。

（4）X-射线衍射分析：用X-射线衍射法可以分析物质的化学成分，以及物质中元素间的化学结合状态和物质聚集状态；因此，可以用此方法对石头样品进行分析。通过比较衍射图谱，可以看出石头经老化后，其成分、元素间的化学结合状态、物质聚集状态发生了什么样的变化。

（5）高分辨等离子分析（ICP）：用ICP光谱分析法可以检测水中所含元素的浓度。在本试验中，我们用ICP光谱分析方法分析了试验前和试验后水中元素的浓度并进行比较，从而推测石质文物是否受到了土工布的影响。本试验所用的仪器为Jarrell-Ash Division公司产的ICAP9 000。

（6）高效液相色谱：利用高效液相色谱可以检测溶液中有机物的含量。在本试验中，我们对试验前后的水进行了高效液相色谱分析，以了解土工布在老化试验后可能会产生什么有机物，是否会对石质产生影响。仪器为惠普公司的HP1100型高效液相色谱。

试验结果

（一）土工布人工加速老化试验的结果

1. 形貌观察

用扫描电子显微镜（SEM）可对纤维脆裂的特征进行详细的形貌观察。Hearle et al利用该技术将纺织品纤维的断口分为10种类型。因此，从纤维的裂隙可获得一系列有关纤维结构的信息。

将各试验中的土工布样品用扫描电镜观察，并将相应的样品进行横向对比，结果见表3。

表 3　土工布样品的扫描电镜分析结果

试验条件 \ 时间（天）	0	3 0	80	170
土工布+纯净水	表面光滑，见图7	—	表面光滑，没有变化，见图8	表面光滑，没有变化，见图11
土工布+石头+纯净水	表面光滑，见图7	—	—	表面光滑，没有变化，见图10
土工布+石头+长江水	表面光滑，见图7	—	表面光滑，没有明显变化，见图9	—
石头＋土工布＋PVC＋水泥+纯净水	表面光滑，见图7	表面光滑，没有明显变化，见图12	—	—

将相应的样品进行横向对比，从第一行可以看出，土工布在只有纯净水浸泡的条件下，到170天时没有变化；从第二行看出，当把土工布应用于石质文物保护，在纯净水浸泡条件下，一直到170天，其形貌都没有发生变化；从第三行看出，当把纯净水换成长江水时（这里的条件更接近实际环境），老化到80天，其形貌也没有发生明显变化；在第四行所示的实验条件下，老化到30天时，土工布表面形貌也没有明显变化。

2. 拉伸强度

拉伸强度的试验结果见表4。

表 4　土工布样品的拉伸强度分析结果（单位：Mpa）

试验条件 \ 时间(天)	0	10	20	30	40	50	60	80	170
土工布+纯净水	4.2867	4.6927	4.5831	4.5078	4.5415	4.2150	4.2430	4.4385	3.1138
土工布+石头+纯净水	4.2867	—	—	—	—	—	—	—	2.3434
土工布+石头+长江水	4.2867	—	—	—	—	—	—	4.5299	—

由这些数据可以看出在上表所示的第一种条件下，老化到80天时拉伸强度都没有明显变化，到170天时，拉伸强度下降了；在第二种条件下，老化到170天时，拉伸强度也下降了，且比第一种条件在170天时的强度小，说明石头对土工布有影响；在第三种条件下，老化到80天时，土工布的拉伸强度基本没有变化。

3. 显微红外分析结果

对土工布在各条件下的样品作显微红外分析，结果见表5。

表 5 土工布样品的显微红外分析结果

时间（天） 试验条件	0	3 0	80	170
土工布+纯净水	见图1	—	见图2 没有变化	见图5 没有明显变化
土工布+石头+纯净水	见图1	—	—	见图4 没有明显变化
土工布+石头+长江水	见图1	—	见图3 没有明显变化	—
石头＋土工布＋PVC＋水泥＋纯净水	见图1	见图6 没有变化	—	—

从以上数据可以看出，在这四种条件下，土工布的红外图谱都没有发生明显变化，说明在各条件下各自老化的时间内，土工布的分子结构都没有发生明显变化。

（二）土工布对石质文物的影响试验

1. 形貌观察

将试验中的石头样品用扫描电镜观察，得到不同放大倍数的照片，将相应的照片进行对比（横向对比），得到下表中的结论：

表 6 石头样品的扫描电镜分析结果

<table>
<tr><th>时间（天）
试验条件</th><th>0</th><th>3 0</th><th>8 0</th><th>1 7 0</th></tr>
<tr><td rowspan="2">1. 石头+纯净水</td><td>s0b见图17A</td><td>s30b没有明显变化，见图13</td><td>—</td><td>—</td></tr>
<tr><td>s0c见图16A</td><td>s30c没有明显变化，见图14</td><td>—</td><td>—</td></tr>
<tr><td rowspan="4">2.. 土工布+石头+纯净水</td><td>s0tb见图15A</td><td>s30tb没有变化，见图15B</td><td>—</td><td>—</td></tr>
<tr><td>s0tc见图16A</td><td>s30tc没有变化，见图16B</td><td>—</td><td>—</td></tr>
<tr><td>s0tb170见图17A</td><td>—</td><td>—</td><td>s170tb见图17B 没有明显变化</td></tr>
<tr><td>s0tc170见图18A</td><td>—</td><td>—</td><td>s170tc见图18B 没有明显变化</td></tr>
<tr><td rowspan="2">3. 土工布+石头+长江水</td><td>cs0b见图19A</td><td>—</td><td>cs80b没有明显变化，见图19B</td><td>—</td></tr>
<tr><td>cs0c见图20A</td><td>—</td><td>cs80c没有明显变化，见图20B</td><td>—</td></tr>
</table>

表 6　石头样品的扫描电镜分析结果（续表）

时间（天） 试验条件	0	30	80	170
4. 石头 + 土工布 + PVC + 水泥 + 纯净水	s0pb图17A	s30pb没有明显变化，见图21	—	—
	s0pc见图16A	s30pc没有明显变化，见图22	—	—
5. 石头+对苯二甲酸+纯净水	s0db	s30db没有明显变化，见图23	—	—
	s0dc见图16A	s30dc没有明显变化，见图24	—	—

（注：s表示石头，中间的数字表示老化天数，最后的数字表示该样品是老化该天数样品的对比样品，t表示土工布，p表示PVC，d表示对苯二甲酸，b表示石头表面，代号最前的c表示长江水，最后的c表示石头侧面。）

从上表可以看出，在上述几种条件下，石头样品表面和侧面的形貌都基本上没有发生变化。

2.　X-射线衍射分析

分别对石头的表面和侧面进行了X-射线衍射分析，将相应的图谱进行横向对比，分析结果见表7。

表 7　石头样品的X-射线衍射分析结果

时间（天） 试验条件	0	30	80	170
石头+纯净水	s0见图27	s30见图26 没有明显变化	—	—
土工布+石头+纯净水	s0tb见图36	s30tb没有明显变化，见图35	—	—
	s0tc见图37	s30tc没有明显变化，见图38	—	—
	s0tb170见图27	—	—	s170tb没有明显变化，见图28
	s0tc170见图30	—	—	s170tc没有明显变化，见图29
土工布+石头+长江水	cs0b见图34	—	cs80b见图33 没有明显变化	—
	cs0c见图32	—	cs80c，见图31 没有明显变化	——
石头 + 土工布 + PVC + 水泥 + 纯净水	s0pb见图36	s30pb见图39	—	—
	s0pc见图37	s30pc见图40	—	—
石头+对苯二甲酸+纯净水	s0d见图27	s30d见图25 没有明显变化	—	—

（注：s表示石头，中间的数字表示老化天数，最后的数字表示该样品是老化该天数样品的对比样品，t表示土工布，p表示PVC，d表示对苯二甲酸，b表示石头表面，代号最前的c表示长江水，最后的c表示石头侧面。）

把表7所示的相应的XRD图谱进行对比，可以看出，各条件下石头样品的表面和侧面的图谱都没有发生变化，说明经过老化后，石头样品的成分基本没有发生明显变化。

3. 水样分析结果

（1） ICP测试结果见表8。

表 8 水样的ICP测试结果

离子 \ 编号	0#	50#（土工布+石头+纯净水）	64#（石头+纯净水）
HCO_3^-	3.25	32.4	94.5
CO_3^{2-}	0	0	7.85
Cl^-	<0.100	0.13	2.72
SO_4^{2-}	<0.500	24.5	9.73
F^-	<0.020	0.313	0.492
NO_3^-	<0.100	7.58	23.4
NO_2^-	<0.001	0.002	0.102
K^+	0.01	2.17	3.53
Na^+	0.13	6.02	13.7
Ca^{2+}	0.004	28.66	29.7
Mg^{2+}	0.05	0.82	0.20
H_2SiO_3	0.03	57.8	138
Fe	0.01	0.02	0.03
Al^{3+}	0.03	0.16	0.19
Mn^{2+}	<0001	0.008	0.007
Ti	<.001	0.002	0.009
P	<0.01	0.07	0.03
Cu	0.001	0.07	0.019
Pb	<0.01	0.02	0.03
Zn	<0.01	0.013	0.009
Sr	<0.001	0.112	0.100
B	<0.1	1.528	4.94

（注；0#表示没有经过老化的空白样品，50#表示样品老化了50天，64#表示样品老化了64天。）

比较以上第二、三、四列的数据，可以看出，第三和第四列的数据明显比第一列的大，且第四列的比第三列的大，由此可以知道，在老化的过程中，石头中有一部分离子被溶了出来；而且，在第三列所示条件下，可能有一部分溶出的物质吸附在土工布上，所以数值比第四列的小；看来土工布对石头没有什么影响。

（2）高效液相色谱分析结果

0#样与50#水样的液相色谱一致，如图41和图42，可见土工布没有分解出可溶性有机物，进一步表明土工布耐老化性良好。

（三）可能的老化产物对石质文物的影响模拟试验

在这个试验中，对石头样品进行了形貌观察和X-射线衍射分析，其结果收在表6、表7中。结果表明，对苯二甲酸对石质文物没有明显影响。

结　论

土工布是一种聚酯材料，在常温下有很好的使用性能，由于含有酯键，因此不耐强碱，容易水解，但是耐酸；由于长江水的pH为7.32—7.38，所以，土工布在这样的使用条件下不会发生强烈的水解。在土工布+纯净水的条件下对土工布进行加速水解老化，老化至80天时，土工布的形貌、分子结构和拉伸强度都基本没有发生变化，老化至170天时，其形貌和分子结构没有发生变化，但是拉伸强度降低了，说明老化至170天时，土工布降解了一些。

土工布的成分是聚对苯二甲酸乙二酯，如果完全水解，其水解产物应该是对苯二甲酸和乙二醇，乙二醇是中性的，对石质文物没有很大的影响，对苯二甲酸不溶于水，也不会影响题刻。我们的模拟试验也证实这一点：土工布对石质文物的影响试验（土工布+石头+纯净水）及老化产物对其影响模拟试验（对苯二甲酸+石头+纯净水）结果表明，在加速水解老化试验条件下，老化至170天时，石头的形貌、成分及物质聚集状态均没有发生变化，说明土工布及其老化产物对石质文物基本上没有影响。

上面提到土工布不耐强碱，而水泥是碱性的，因此，在施工中，要特别留意避免水泥和土工布直接接触。

综合上面的分析结果可知，JMSN聚酯土工布可以推荐为石质文物的表面柔性保护材料。

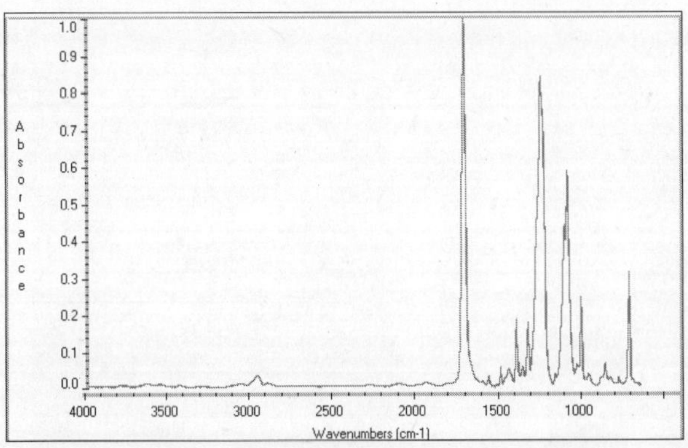

图 1　PET-0　未老化土工布的红外图谱（土工布+纯净水）

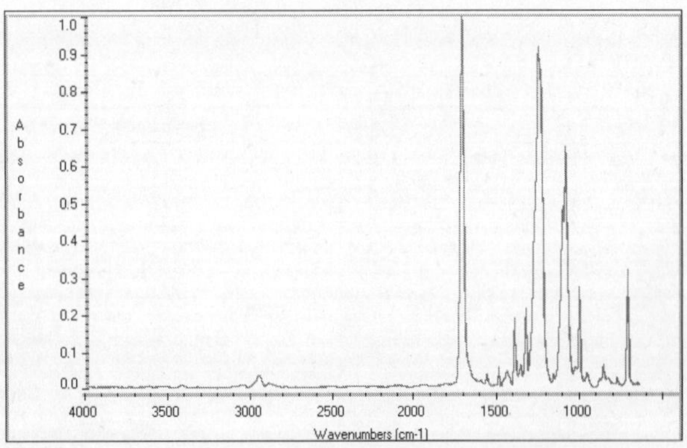

图 2　PET-80　老化80天土工布的红外谱图（土工布+纯净水）

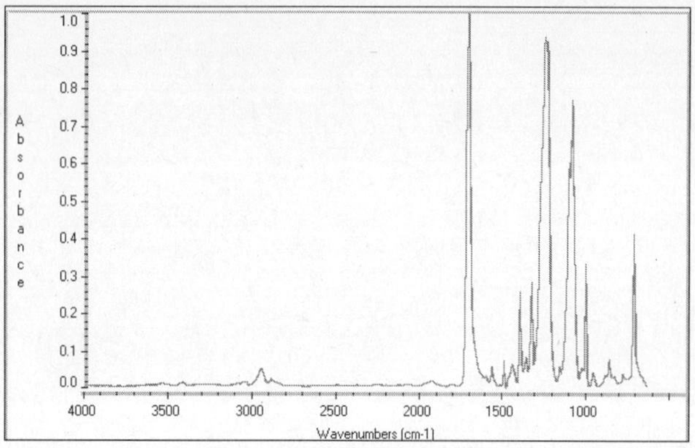

图 3　土工布C80　老化80天土工布的红外谱图（土工布+石头+长江水）

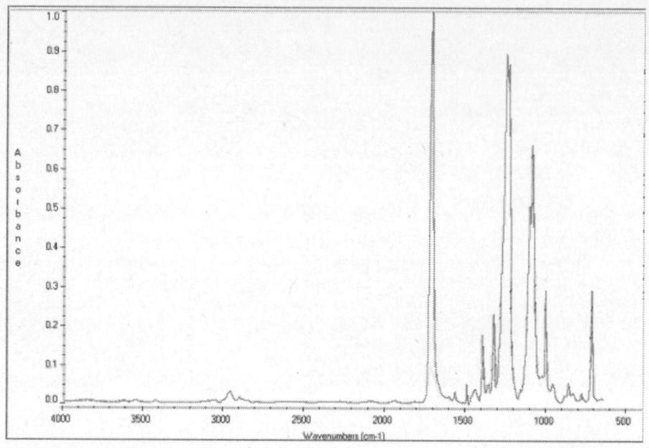

图 4　土工布170（S）　老化170天土工布的红外谱图（土工布+石头+纯净水）

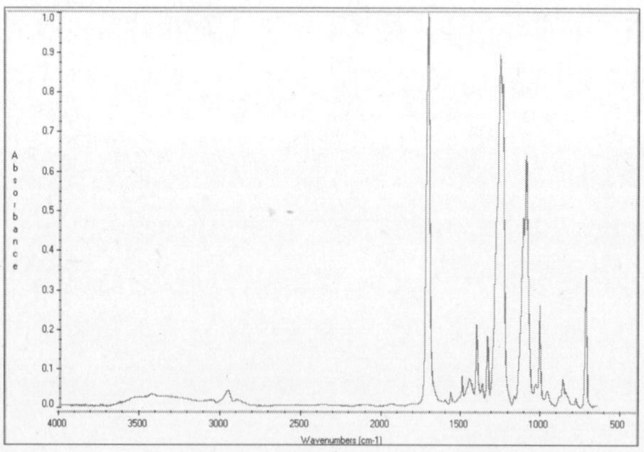

图 5　土工布170　老化170天土工布的红外谱图（土工布+纯净水）

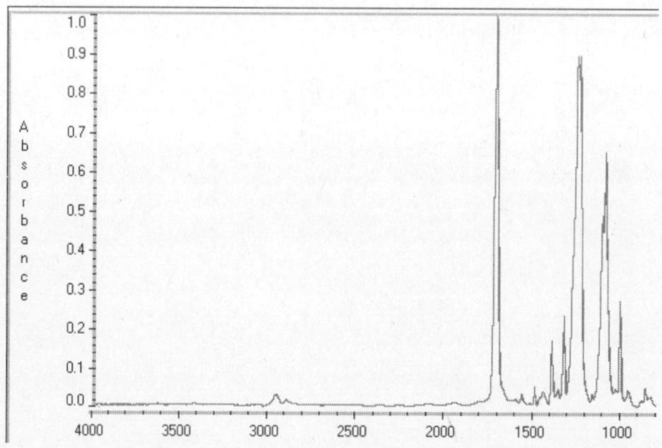

图 6　30P　老化30天土工布的红外谱图（土工布+石头+PVC+水泥）

图 7　未老化的土工布扫描电镜照片

图 8　老化80天的土工布（土工布+纯净水）扫描电镜照片

图 9　老化80天的土工布（土工布+石头+长江水）扫描电镜照片

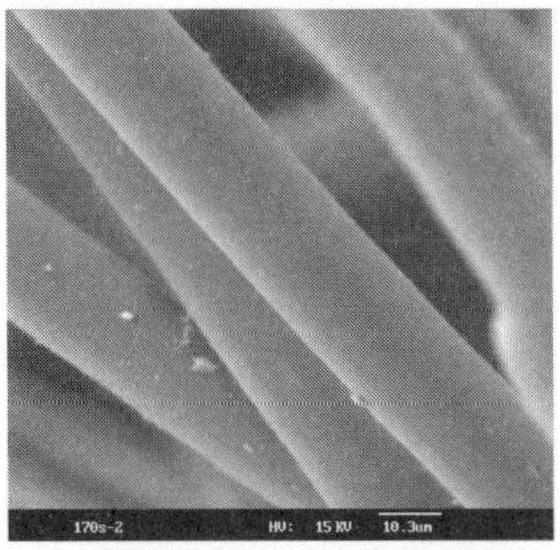

图 10　老化170天的土工布（土工布+石头+纯净水）扫描电镜照片

图 11　老化170天的土工布（土工布+纯净水）扫描电镜照片

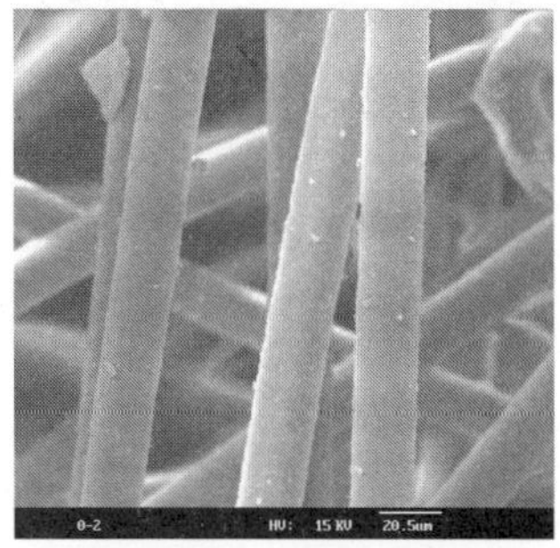

图 12　老化30天的土工布（土工布+石头+PVC+纯净水）扫描电镜照片

图 13　老化30天的石头表面的扫描电镜照片（石头+纯净水）

图 14　老化30天石头侧面的扫描电镜照片（石头+纯净水）

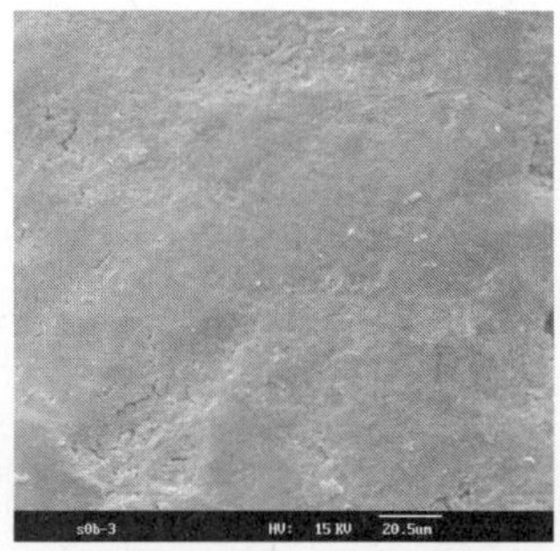

图 15A　未老化石头表面的扫描电镜图

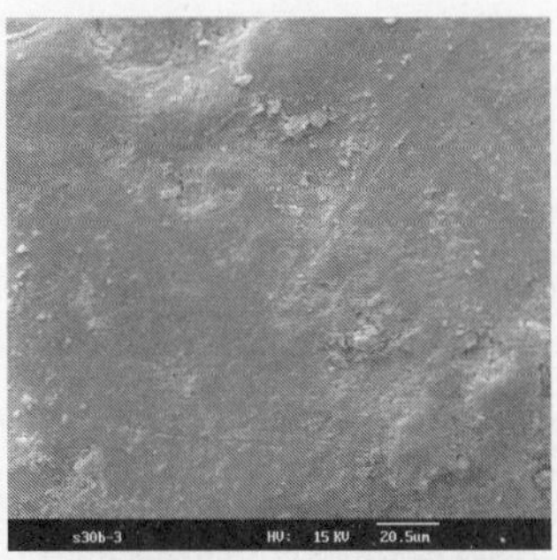

图15B　老化30天的石头表面的扫描电镜照片（土工布+石头+纯净水）

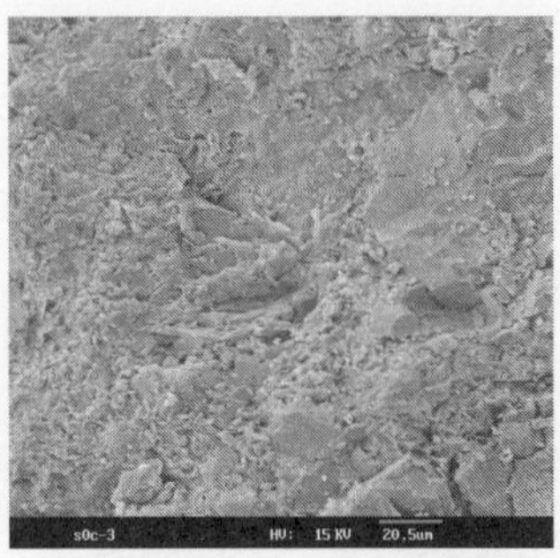

图16 A　未老化石头侧面的扫描电镜照片

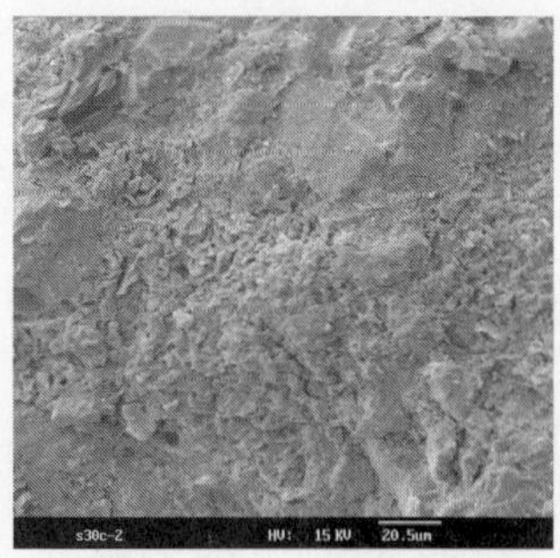

图 16B　老化30天的石头侧面的扫描电镜照片（土工布+石头+纯净水）

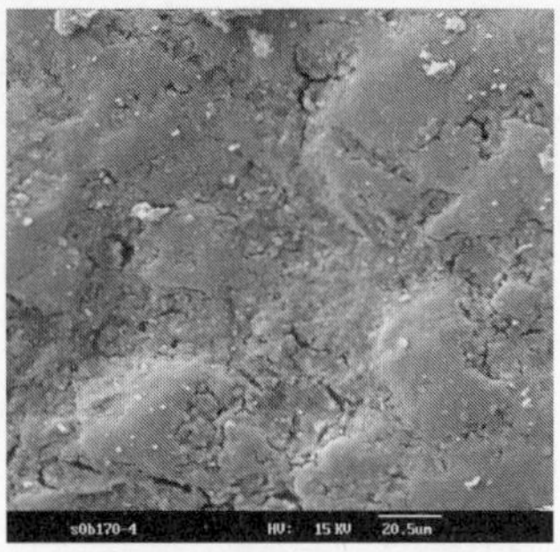

图 17A　未老化石头表面的扫描电镜照片

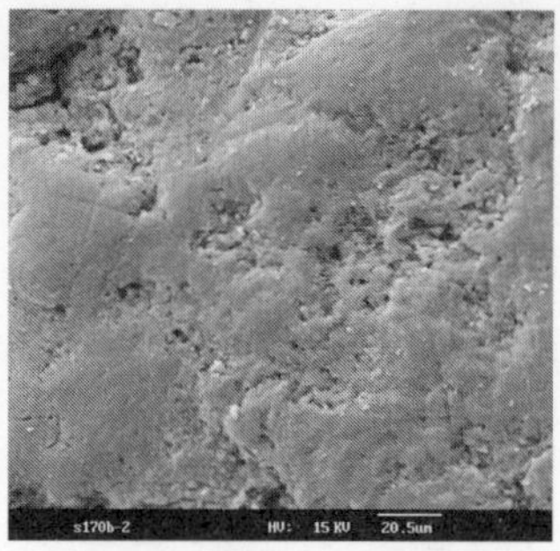

图 17B　老化170天石头表面扫描电镜照片（工布+石头+纯净水）

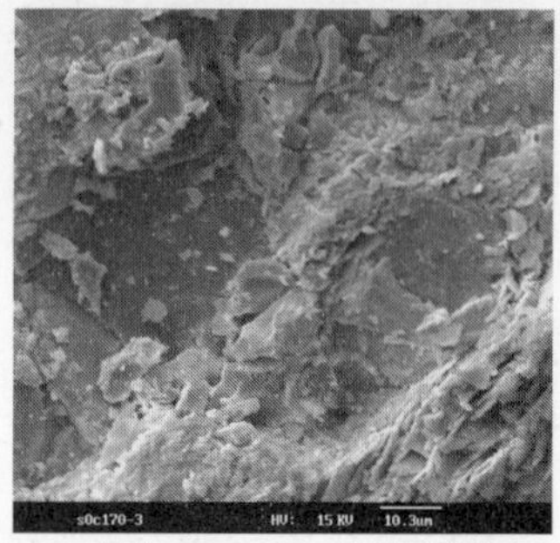

图 18A　未老化石头侧面的扫描电镜照片

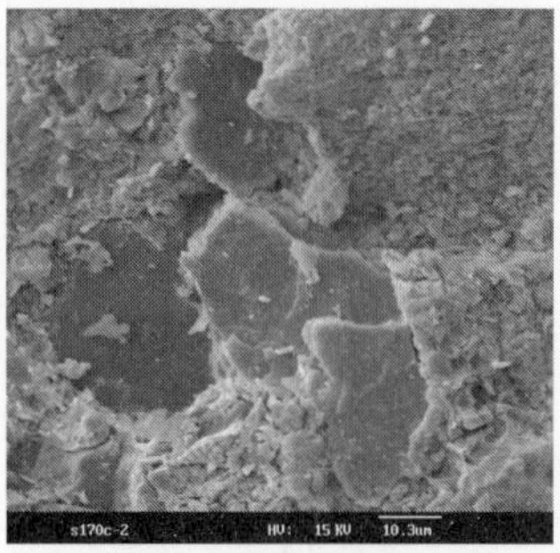

图 18B　老化170天石头侧面的扫描电镜照片（土工布+石头+水）

图 19A　未老化的石头表面的扫描电镜照片

图 19B　老化80天的石头表面的扫描电镜照片（土工布+石头+长江水）

图 20A　未老化石头侧面的扫描电镜照片

图 20B　老化80天石头侧面的扫描电镜照片（土工布+石头+长江水）

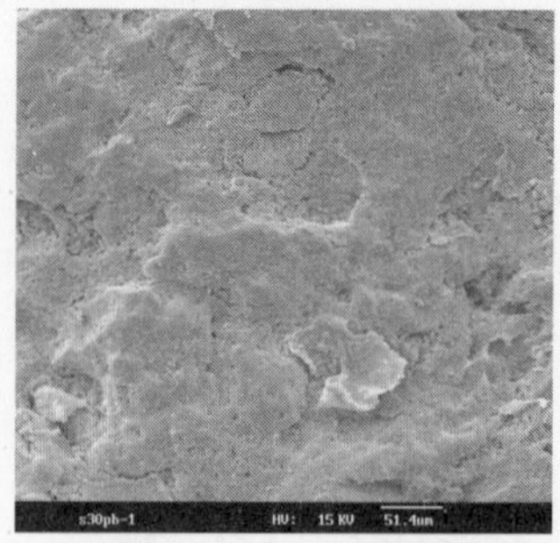

图 21　老化30天石头表面扫描电镜照片（土工布+石头+PVC+纯净水）

图 22　老化30天石头侧面的扫描电镜照片（土工布+石头+PVC+纯净水）

图 23　老化30天石头表面的扫描电镜照片（石头+对苯二甲酸+纯净水）

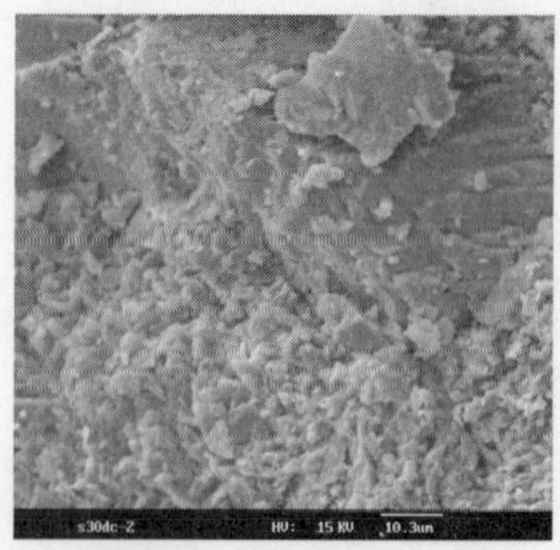

图 24　老化30天石头侧面的扫描电镜照片（石头+对苯二甲酸+纯净水）

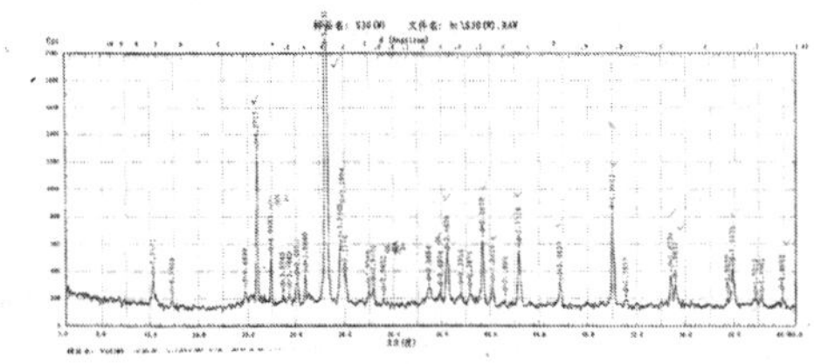

图 25　老化30天石头的XRD图谱
石头+对苯二甲酸+纯净水）

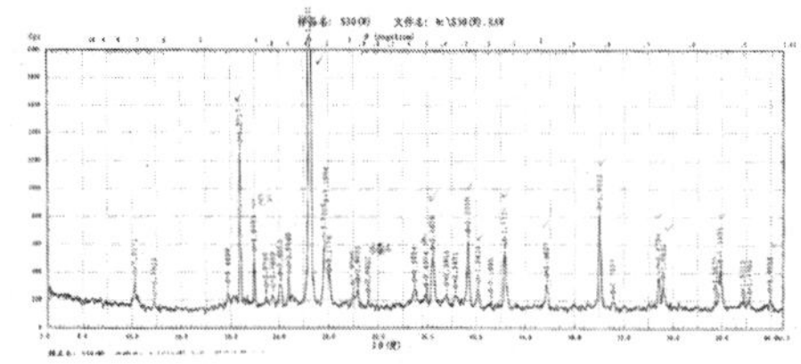

图 26　老化30天石头的XRD图谱（石头+纯净水）

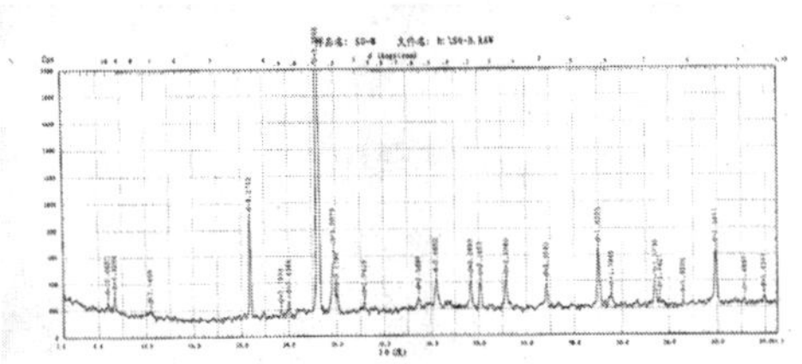

图 27　老化170天石头表面空白样品的XRD图谱（土工布+石头+纯净水）

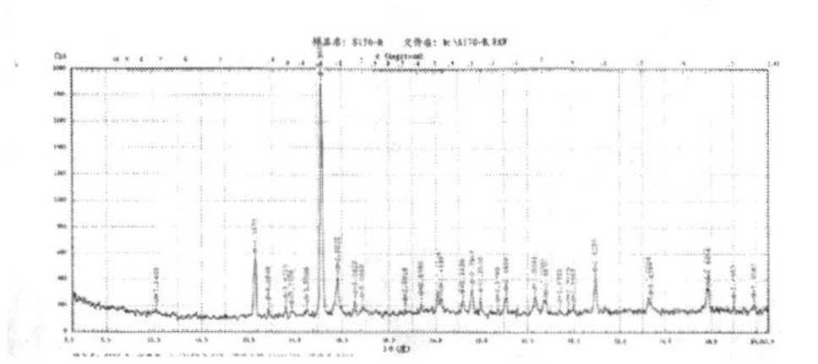

图 28　老化170天石头表面的XRD图谱（土工布+石头+纯净水）

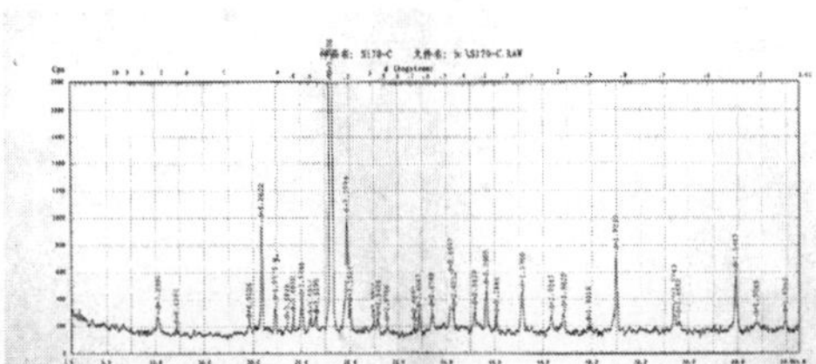

图 29　老化170天石头侧面的XRD图谱（土工布+石头+纯净水）

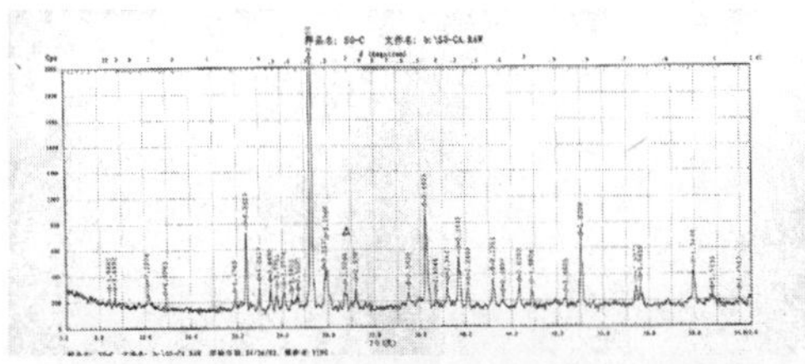

图 30　老化170天石头侧面空白样品的XRD图谱（土工布+石头+纯净水）

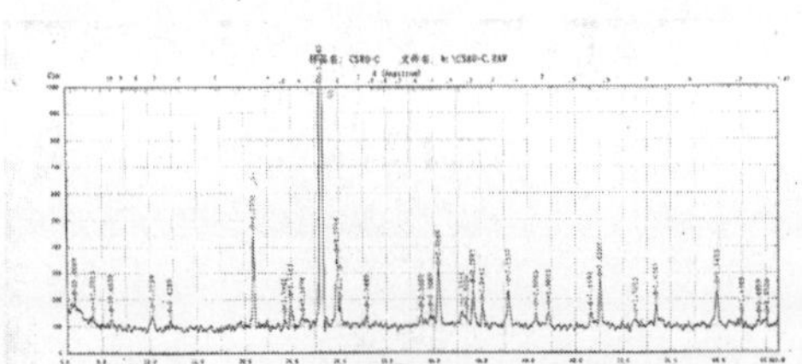

图 31　老化80天石头侧面的XRD图谱（土工布+石头+长江水）

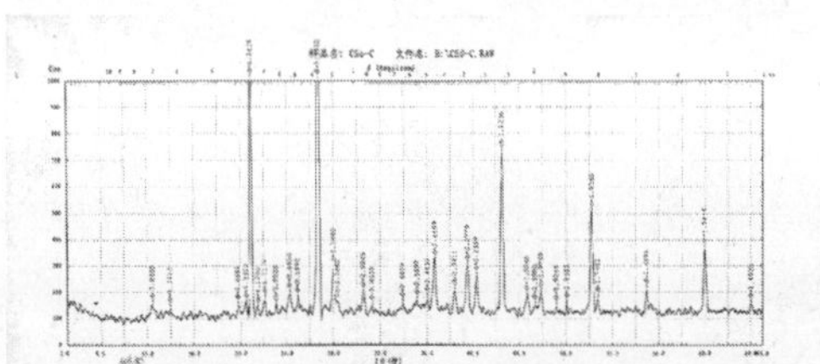

图 32　老化80天石头侧面空白样品的XRD图谱（土工布+石头+长江水）

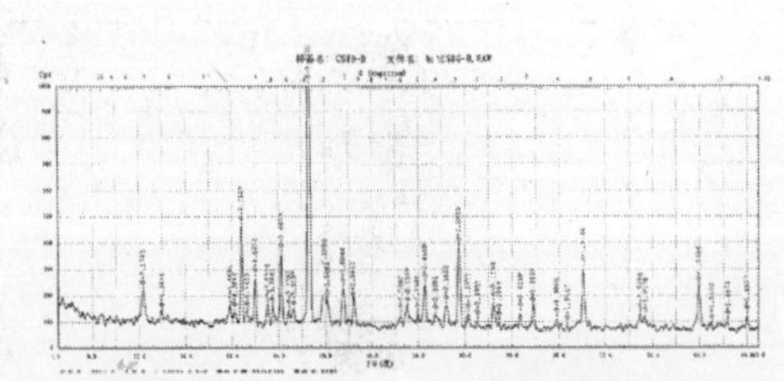

图 33　老化80天石头表面的XRD图谱（土工布+石头+长江水）

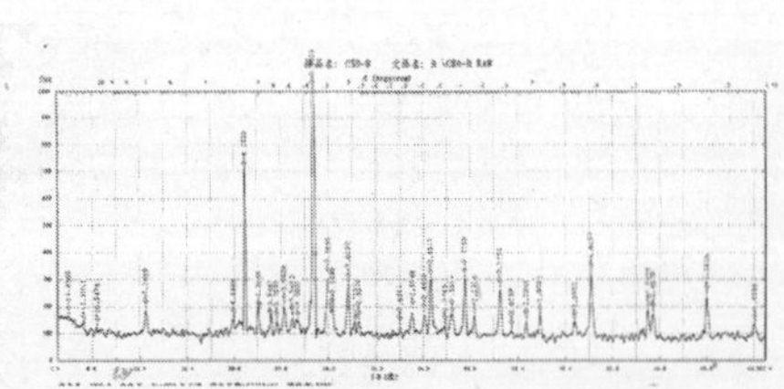

图 34　老化80天石头表面空白样品的XRD图谱（土工布+石头+长江水）

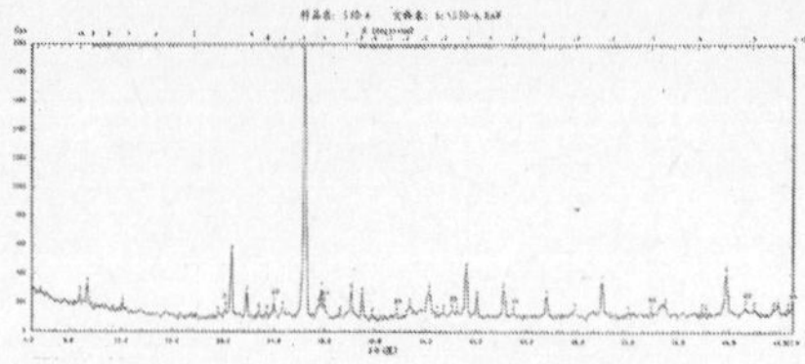

图 35　老化30天石头表面的XRD图谱（土工布+石头+纯净水）

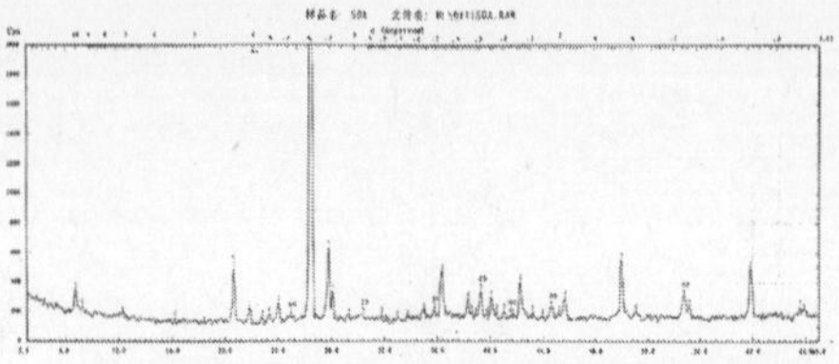

图 36　老化30天石头表面空白样品的XRD图谱（土工布+石头+纯净水）

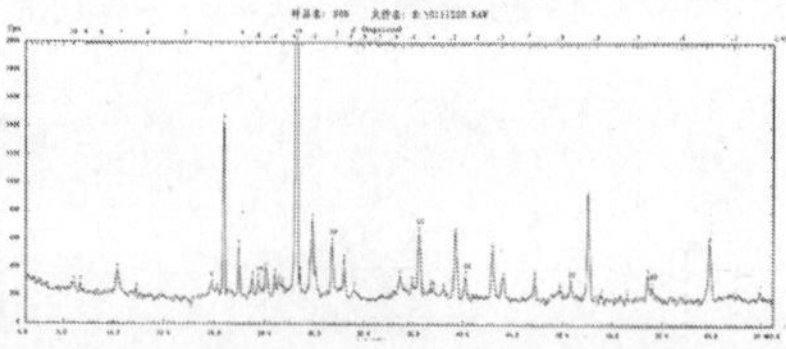

图 37　老化30天石头侧面空白样品的XRD图谱（土工布+石头+纯净水）

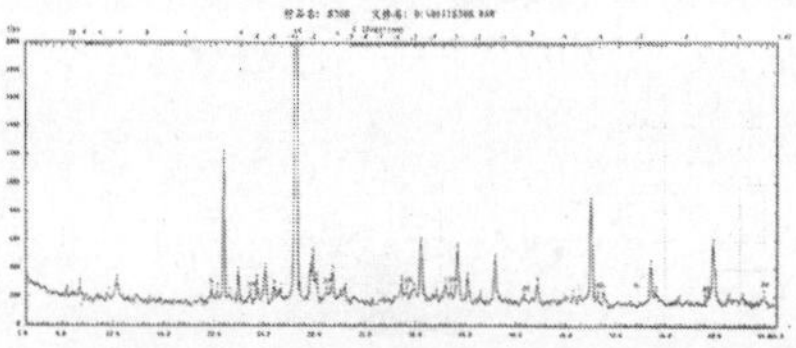

图 38　老化30天石头侧面的XRD图谱（土工布+石头+纯净水）

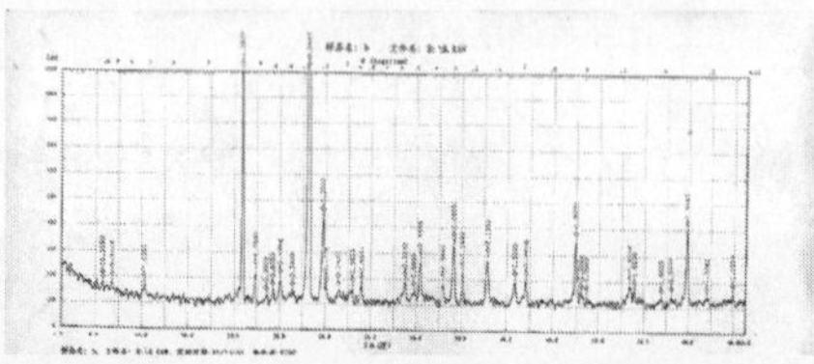

图 39　老化30天石头表面的XRD图谱（石头+土工布+ PVC+水泥+纯净水）

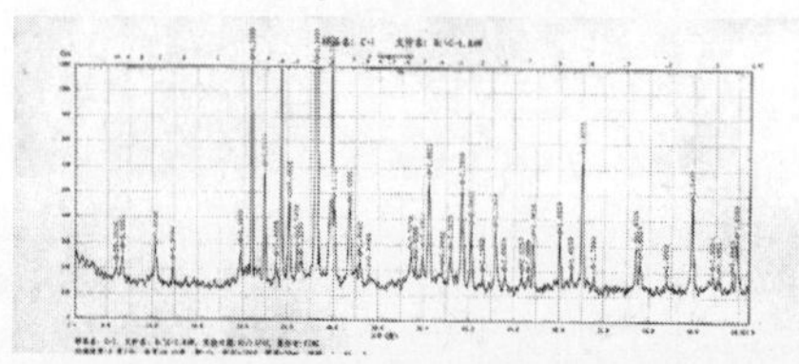

图 40　老化30天石头侧面的XRD图谱（石头+土工布+ PVC+水泥+纯净水）

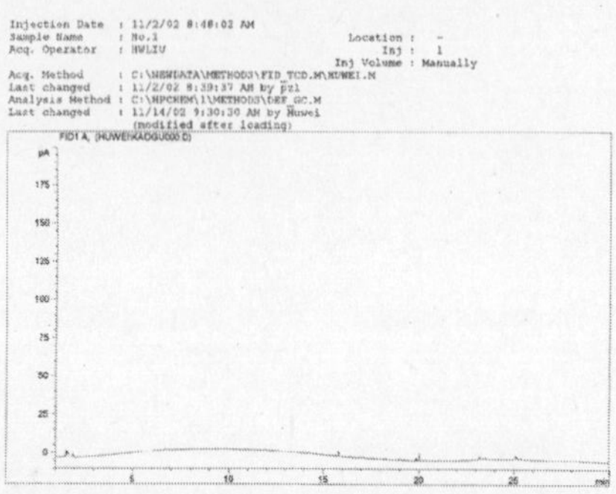

图 41　0#水样的液相色谱图

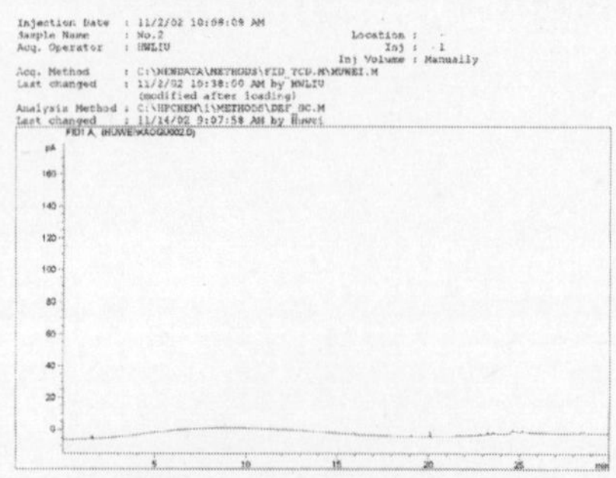

图 42　50#水样的液相色谱图

（所有图和照片均由作者本人提供）

参考文献：

① 张师民：《聚酯的生产及应用》，中国石化出版社1997年版，第6页和第10页。
② 姚穆、周锦芳、董淑珍、邵礼宏、安瑞凤、范德昕：《纺织材料学》，纺织工业出版社1990年版，第199—201页。

课题申报工作浅谈

——《铁质文物脱盐清洗及封护研究》课题申报的体会

何海平

技术部于2006年成功申报了北京市科学技术委员会《铁质文物脱盐清洗及封护研究》课题。该课题的申报成功，是在北京市文物局及我馆的有关领导关怀下、技术部主管馆长王馆长的带领下，继2005年丝织品保护课题后我馆文物保护科研领域取得的一点点成绩。现在很多其他部门的同事经常问到笔者课题怎么申报，申报材料怎么写，怎么才能保证课题能被评审专家们接受并得到资金资助。他们刻苦学习的精神及不耻下问的态度让笔者非常敬佩，为了让大家能了解课题申报工作并更多地参与其中，更好地发展我馆的科研事业，下面就来谈谈《铁质文物脱盐清洗及封护研究》课题申报的前后过程及一些心得体会，让大家了解一下自然科学类课题申报工作的基本情况，使我们今后申报课题时能有的放矢，申报课题材料一次就能获得专家通过，起到事半功倍的效果。

课题准备工作

在2005年年底，王馆长就要求技术部2006年必须要有一些研究课题来提高技术部的文物保护水平，进一步提高整个技术部人员的业务能力。在王馆长的带领下，技术部刘主任组织相关人员查阅了大量资料，了解到我国铁质文物的保护现状不是很乐观，像北京市出土的铁器只是经过简单的泥土清理后就放入库房，容易腐蚀，并且笔者在上研究生时就是研究铁器保护的，对铁器保护现状及趋势有一定的了解，可以说我馆现在具有研究铁质文物保护的能力，最后经过讨论确定课题题目为《铁质文物脱盐清洗及封护研究》。在确定了课题题目之后，大家又一起讨论应该准备的材料，一方面广泛收集有关铁质文物保护及修复方面的资料，一方面结合现代科学技术的发展水平寻找自己课题的创新点，经过十几天的努力申报材料终于准备齐全，将材料报送到了北京市文物局文保处，文保处经过审查后认为可行再将课题申报材料交到了北京市科学技术委员会社会发展处。在这里有必要说明一下，课题申报材料的编写必须要慎重，要经过深思熟虑，因为这直接关系到课题会不会被批准。课题申报材料一般没有固定的格式，每个单位的申报文本格式都不一样，北京市科学技术委员会的课题申报文本就与国家文物局的课题申报文本不一样；有时就连同一个单位的不同年份的申报材料都不一样，如北京市科学技术委员会2005年的申报材料的格式就与2006年的不一样，这是因为社会在前进，新的问题会出现，管理水平在进一步提高，其文本格式也就会跟着改变以达到进一步完善。但其格式无论怎么变化，都会包括以下几项内容：课题的目的及意义、国内外研究开发现状及发展趋势、课题现有工作基础、拟研究或解决的主要问题、拟采取的研究方法、步骤及预期成果形式、课题的计划及目标、课题经费预算以及课题研究人员的相关情况等。其中课题的目的及意义、国内外研究开发现状及发展趋势是最重要的一环。课题目的一定要简单明确，具有一定的量化标准和可操作性，使课题评审专家能明白你所要研究的内容。如果课题目的不清，评审专家对我们的课题目的很难理解或者理解错误，他是不会找我们问清楚后再来评价这个课题，而是觉得你的课题根本没有可取之处，还没往下看就会放弃这个课题。还有，就是课题目的一定要具有创新性，并且一定要突出创新点，因为现在科技界十分重视创新，如果没有创新课题也很难获得批准。阐述清楚课题目的之后，课题的意义也很重要，一定要选择对社会发展有较大影响的课题并且一定要让评审专家看完后意识到课题的重要性，课题申请才会得到批准。这主要是因为我国科学技术相对比较落后，科学技术水平需要提高的方面太多，而我国科学研究经费相对偏少，任何一个科学研究管理单位都存在经费有限而科学研究课题很多的问题。这种情况下必须要将有限的资金投在对社会发展有较大意义、能较快提高我国的科学技术水平的项目上。如果课题不具备以上这些优势，根本无法打动评审专家，该课题就很难通过，所以课题的目的一定要明确、具有创新性，不能太空泛，其意义一定要阐述清楚、明白，使他们感兴趣。如果评审专家对课题目的及意义感兴趣，下面就会关注国内外研究开发现状及发展趋势，因为他们不一定就是从事这一行业的工作，有时候即使是从事这一行业但他也不一定是这个研究方向，如果让他对这一课题感兴趣，他就只能从课题申请报告的国内外研究现状及趋势里面了解这一课题的研究方向，进而来判断这一课题研究的可行性，所以这一项也不可忽视。国内外研究开发现状及发展趋势需要我们在课题申请工作开始前阅读大量的相关文献及进行足够的现场调研，真正了解该领域现实状况及其利弊，提出我们课题的创新点。如果这一项也得到了评审专家的认可，基本可以确定立项了。这主要是因为以上问题都说清楚了，下面内容都是根据以上内容来进行展开的，只要我们有清晰的思路就很容易填写，即使有一些不妥之处，专家们会提出意见让我们进行修改、完善，以达到我们开始制定的课题目的，而不是整个否定这个课题，从以上分析可以知道课题的目的及意义、国内外研究开发现状及发展趋势显得非常重要。

北京市科学技术委员会简介及课题申报程序

北京市科学技术委员会[①]是北京市政府管理全市科技工作的综合部门，其主要职责是：

（一）贯彻落实国家有关科技工作的法律、法规以及战略、方针、政策；组织制定本市科技发展和科技促进经济与社会发展的战略、政策；研究起草有关科技方面的地方性法规、规章草案并组织实施。

（二）组织编制本市科技发展中长期规划、年度计划；研究确定本市科技发展的布局和优先发展领域；推动本市科技创新体系和科技服务体系的建设。

（三）组织制定全市应用基础性研究、高新技术发展以及重大科技成果应用研究的政策措施；负责组织制订重大应用基础性研究计划、高新技术研究发展计划、科技攻关计划、科技创新工程及社会发展科技计划，并指导实施。

（四）负责高新技术产业化发展工作；推动科技成果转化和应用技术的开发与推广；制定本市高新技术产业、科技企业发展的相关政策，推动高新技术产业、科技企业的发展；负责重大专项科技和重大科技产业工程的组织实施；推动农村科技工作，指导农业重大科技产业的示范工程。

（五）负责研究多渠道增加科技投入的措施；优化科技资源的配置；负责归口管理科学事业费、科技“三项费”和科技专项经费等有关经费的预算、决算及监督管理。

（六）研究制定本市科技体制改革的政策和措施；推动建立适应社会主义市场经济和科技自身发展规律的科技创新体制和科技创新机制；研究制定建立新型研究开发机构的政策；负责科研机构的资质管理；负责指导科研院所转制工作。

（七）负责本市技术市场及科技奖励、科技保密工作；配合有关部门负责与科技相关的知识产权的保护工作；制订科学技术普及规划和重点科普活动年度计划，推动全市科普工作；促进科技咨询、招标、评估等社会中介组织的发展。

（八）负责组织申报本市可持续发展实验区的工作，支持和指导可持续发展实验区的建设和发展。

（九）根据国家的方针、政策，研究制定本市科技合作与交流的政策；负责本市科技外事工作；负责与香港特别行政区、澳门特别行政区、台湾地区的科技合作与交流；会同有关部门组织技术出口和技术引进工作。

（十）研究科技人才资源的合理配置，提出充分发挥科技人员积极性、创造科技人才成长良好环境的相关政策；负责本市推荐两院院士的工作。

（十一）负责本市科技信息、科技统计和科技期刊管理工作。

（十二）指导协调本市各区、县和各部门的科技管理工作。

（十三）承办市政府交办的其他事项。下设办公室、政策法规与体制改革处、发展计划处、条件财务处、高新技术产业化处、信息技术处、生物医药与新材料处、农村科技发展处、社会发展处、软科学处、国际科技合作处、人事教育处、机关党委、纪检组、监察处等部门。其中社会发展处的职能是研究制订促进社会发展的科技政策及有关计划并组织实施；负责全市科普和城市发展、环保方面科研及重大科技项目的选题论证和定题工作；配合有关部门编制社会发展规划和年度计划；促进环保科技产业化的发展工作；负责相关性领域的重点实验室、高技术实验室、工程研究中心、科研中试基地的建设、发展工作；承办可持续发展实验区方面的有关工作。每一个领域都有一个主管工程师，文物局将申报材料送到社会发展处就是将材料送到主管文物方面的工程师手里，由主管工程师再往上汇报，并组织其内部的一个专家委员会进行研究、评审，大家一起讨论，一致认为课题目的明确、意义重大才会批准立项。批准立项后，社会发展处的项目主管工程师会在北京市科学技术委员会办公系统中申请一个项目编号并设置一个密码，然后告诉课题编号及密码，让我们在网上进行申报。网上会告诉课题申请步骤，并有设计好的表格，我们只要按照表格上的要求将原来的申报材料的内容重新填好就行，填完后再点击提交，申报材料就能被主管工程师看到。此时申报材料就无法修改了，如果需要改动必须让主管工程师将材料打回来才可修改。

网上申报首先得填写课题建议书，课题建议书包括：

1. 课题的目的、意义及其在所属项目中的作用。这一项很重要，直接关系到课题会不会被批准，我们必须认真填写，反复推敲。

2. 课题所属行业、领域国内外研究发展现状和趋势。一个课题的完成，不是靠研究人员凭空想象出来的，而是科研人员在前人工作的基础上，总结其经验和教训，再加上自己的创新，来解决前人未攻克的课题以及社会上新出现的问题，所以如果对国内外研究发展现状和趋势不了解，将很难做好课题。

3. 课题实施目标（以技术集成和示范及软、硬环境建设等方式促进社会进步和经济技术提升的作用等方面进行填写）。这是根据课题的目的来进一步确定课题的目标。

4. 课题实施内容（包括要解决的主要问题、工作任务等），这就是根据实施目标来确定的具体内容。

5. 课题实施方案（包括主要技术的实施和示范工程的建设内容，拟采取的技术路线、方法），这主要是说明具体的研究方案，需要有一定的创新性。

6. 课题现有工作基础（课题承担单位现有技术基础和提供的支撑条件及所依托的资源情况），主要介绍课题承担单位的研究工作情况。

7. 验收内容与考核指标（包括示范作用指标、技术性指标、相关社会效益指标和经济效应指标），主要是涉及以后的验收标准及内容。

8. 成果提供形式、知识产权归属与管理（根据实施目标、考核指标填写。预期成果形式包括：发明专利、论文、新品种、新工艺等。要明确知识产权在项目中的契约关系），这一项是明确最后研究成果的形式，以免引起纠纷。

9. 经济、社会效益分析，推广应用前景分析，课题实施的风险分析（含市场风险、技术风险、政策风险、管理风险等），这是为了说明课题的难易程度及安全问题，给评审专家一个参考，如果这个课题根本不可能成功或者对人或其他物种有害就不会被批准。

10. 课题年度目标和年度实施计划（根据研究目标与考核指标，按年度分别列出阶段性目标，并阐述实现目标的相关实施进展与活动），这是对研究工作的进一步细化，需要我们计划更周密、思考更全面，以后能按计划完成。

11. 课题经费预算，这一栏很重要，直接关系到经费的多少，经费预算一定要细致，切忌笼统概括。课题经费支出科目主要有人员费用，试验外协费，合作交流费，设备购置费，能源、材料费，资料、印刷费，调研费，租赁费，其他相关费用。其中人员费用要提供参与项目人员姓名、人数、工作天数、职称、每人每天所需的费用标准，特别要提供人员单位名称。它包括项目负责人费用、科研人员费用、外聘人员费用，资金用途为津贴及工资两类。如果单位是全额拨款单位，那么就不存在项目负责人及科研人员费用，连津贴也不允许给，这一点做预算时一定要注意。试验外协费指提供研究、开发项目所发生的试验、加工、测试、计算等发生的费用明细；以及发生试验外协费时，与协作单位签订的相关合同书，包括委托加工费、科研技术合作费、试验外协费、技术咨询费。合作交流费是与其他单位进行交流学习的费用，需提供合作机构名称、所发生费用明细；以及发生合作费时，与合作机构签订的相关合同书。设备购置费指该课题需要购置的设备，必须提供设备的数量、单价、品牌、规格、型号，并注明询价依据、供货单位名称及联系电话。能源材料费指试验所需能源及材料的费用，需提供详细的规格型号、品牌、数量、单价等，并注明询价依据、供货单位名称及联系电话，以备审查。资料印刷费是指打印、复印等的费用，需提供资料印刷费用的明细。调研费指为了完成课题进行必要的调研所需的费用，需提供必须进行的调研、考察、咨询、培训所发生的费用以及与项目（课题）有关的专题技术、学术会议的费用（标明人数、天数、地点、食宿标准等）。租赁费需提供租赁外单位的专用仪器、设备、场地、试验基地的规格型号、地点以及每天所需各类费用，并需要签

订相关的租赁合同 。其他费用是除以上费用外的其他为完成课题所需的费用，也要提供详细其他费用的明细。

12. 课题承担单位及分工，介绍一下承担单位的情况，如果有多个承担单位，再说一下分工情况。

13. 课题负责人简况，介绍一下课题负责人的情况。

14. 课题主要参加人员，介绍一下课题主要参加人员。

15. 课题建议方案提出单位意见，需要单位同意并盖章。

16. 项目主持单位意见（课题上面无项目的，不需填写此项内容），由于《铁质文物脱盐清洗及封护研究》课题不是一个大项目分下来的课题，上面没有项目，所以不用填。

17. 专家论证意见，这是科委为了确保课题的质量而采取的保险措施，一方面让本行业的专家来论证课题的好坏，进一步为课题把关；另一方面让专家们提一些意见，目的是更好地完成课题。

18. 市科委主管处室意见，这是课题主管单位通过以上情况来最终确定课题的立项。

所有内容填完、我馆领导同意并盖馆章之后，将四份课题建议书送到科委，经科委领导审批盖章后，社发处会通知我们填写课题任务书。课题任务书也是在网上填写完毕后提交。课题任务书包括：

1. 课题实施目标和实施内容（围绕课题所属项目的目标和要求填写）；
2. 课题实施方案、技术路线（体现工程示范的实施要点、采用的路线、方法）；
3. 承担单位技术和条件保障措施（现有技术基础和提供的支撑条件及所依托的资源情况）；
4. 验收和考核指标（包括示范作用、创新的方法和创新模式、技术性指标、相关社会效益指标和经济技术进步指标）；
5. 成果提供形式、知识产权归属与管理（根据实施目标、考核指标填写。预期形式包括论文、创新方法、创新模式等。明确成果和知识产权在项目中的契约关系）；
6. 课题的年度目标和年度实施计划（根据研究目标与考核指标，按年度分别列出阶段性目标，并阐述实现目标的相关实施进展与活动）；
7. 课题经费总预算；
8. 课题承担单位、课题负责人、主要研究人员；
9. 共同条款；
10. 其他条款；
11. 任务书各方签字。课题任务书的内容与课题建议书要简单一些，这主要是因为在制定课题任务书时已经不存在课题目的、课题立项的意义等问题了，课题任务书是为了落实课题建议书所涉及的内容而制订的具体方案。

课题任务书首先在我馆签字盖章，送到科委逐级审批，最后由北京市科学技术委员会主任签字盖章后任务书正式生效，可以进行研究工作了。所以课题任务书就相当于工作合同，其内容就是根据课题建议书的要求来制定双方的权利及义务，以后课题的实施及验收就按照任务书的要求进行。至此课题申请过程完成，一般经费会在任务书签订后一个月内到我们的账户上。

《铁质文物脱盐清洗及封护研究》课题内容

为了更好地让大家了解《铁质文物脱盐清洗及封护研究》课题，下面将课题建议书的一些主要内容摘录如下：

（一）课题的目的、意义及其在所属项目中的作用

北京是闻名于世的历史文化名城，已经走过了3000年的历程。文物古迹遍布北京城内外，其文物古迹旅游资源堪称中华之首、世界之最。其中铁质文物也很多，大部分都收藏在首都博物馆及远郊、区县的博物馆中，总计有10 000多件，有的已经锈蚀严重，亟待保护。并且有很多铁质文物出土后未经任何处理就放入库房中，将大大缩短文物的寿命。因为铁是一种活泼性很高的金属，比铜活泼得多，在自然环境中极易被腐蚀，所以在自然环境中保存完好的铁质文物比青铜器要少得多。在自然环境中，如果铁质文物不加保护将会很快生锈②，由于铁锈具有脆性，当自然环境改变时其膨胀系数与铁基体不同，会因为应力而开裂或脱落，露出铁基体，使文物进一步腐蚀，最终使文物附加的信息完全丧失，失去文物的价值。因此，对首都博物馆及远郊、区县的博物馆中收藏的铁质文物进行保护已经迫在眉睫。 对铁质文物的保护包括对文物所处环境的改善和采取保护措施对文物进行保护。在什么环境条件下保存铁质文物不会使文物受损是一个值得我们探讨的问题，而采用化学方法对铁质文物进行保护也是值得研究的课题③。为了更好地保护铁质文物，本课题旨在研究出一种新的脱盐清洗液和可逆的环保型封护剂，对脱盐清洗和表面封护上进行改进，并将其应用于首都博物馆及北京市远郊区、县未经保护的铁质文物的保护。该脱盐清洗液的脱盐效果好、操作简单、成本低并且在脱盐时不会使文物进一步锈蚀，对铁质文物有很好的保护作用。而封护剂的溶剂为水，固化时不会污染环境，并且使用该封护剂对铁质文物进行封护时，不用在封护前经过缓蚀处理，使文物保护操作更加简单；当我们除去封护层时，只要将文物浸泡在上面的脱盐清洗液中，封护层就会很快脱落并且对文物没有任何损坏。

（二）课题的实施内容

1. 脱盐清洗液的研究内容：以前脱盐清洗具有效率低、对文物有损坏等缺点④，并且温度都在50℃以上不仅能耗大也对文物不利，为此研制一种可以解决这些问题的碱性脱盐清洗液很有必要。采用在脱盐清洗液中加入缓蚀剂和表面活性剂进行复配的方法，可以在常温下进行脱盐清洗，这就将清洗液对文物的损害降到最低并且脱盐效率也大大提高。这是因为某些缓蚀剂和表面活性剂进行复配既起到了一定的缓蚀作用，抑制了文物的腐蚀；还可以与Cl—置换，使除盐效率大大提高。

2. 封护剂的研究内容：传统的溶剂型封护剂在固化时会放出有机溶剂（如甲苯、丙酮等），这些溶剂对环境有很大的破坏作用，并且由于铁质文物的寿命比封护材料的寿命要长得多，封护层老化后必须进行再次涂刷，但涂刷前必须先将原来的封护层去除后才能进行再次涂刷，传统的封护剂很难在老化后将其从文物表面去除，传统封护剂的这些缺点使铁质文物的保护受到很大的限制。为了解决这些问题，本研究采用乳液来替代传统的溶剂型树脂，对环境不造成危害，是一种环保型的封护剂。

但乳液中的水对铁质文物有一定的腐蚀作用，为了避免这种副作用，特向乳液中加入缓蚀剂进行改性，使水对文物没有损害。由于馆藏文物所处环境大都是在弱酸性的条件下，我们可以在乳液中加入少量填料，这些填料对碱性溶液敏感,在碱性溶液中会迅速溶解，使封护膜也一起溶解，实现了封护剂的可逆性。基料是封护剂的主要成分，其性能的好坏直接决定了封护剂的性能，所以基料的选择很重要。本研究所选基料都是环保型的水性树脂，主要有水性环氧树脂、丙烯酸乳液、聚氨酯乳液、有机硅乳液等。将这些树脂涂刷在试样上进行浸泡试验，选择一种效果最好的树脂。并在所选择的树脂中加入一些添加剂进行改性，通过浸泡试验研制出一种可逆的环保型铁质文物封护剂。

3. 对铁质文物的保护内容

（1）除锈。对文物表面的锈蚀进行清理，主要采用机械去锈的方法，因为采用化学试剂或加温除锈对文物肯定有一定的损害。并且按照每个文物的情况对表面的锈蚀作适当的处理，该保留的要保留，该去除的要去除。有害锈一定要除尽，无害锈要适当保留。

（2）脱盐清洗。脱盐清洗时要对铁质文物的每一个部件都要进行清洗，并且严格按照操作工艺，确保文物安全和盐的充分去除。从脱盐清洗液里取出的文物要经过蒸馏水三次清洗后才能进行干燥。

（3）干燥。将清洗后的铁质文物先用滤纸快速擦去表面的水珠，然后采用烘箱加热进行干燥。这是因为水存在时，空气中的氧气会迅速与文物基体发生反应，对铁质文物有很大的损害。

（4）黏结成形。对于破碎的铁质文物，必须黏结成形后才具有文物的价值。采用胶粘剂对文物进行黏结成形，如果需要补缺则采用铸铁成形作旧后对需补缺的文物进行补缺。

（5）封护处理。由于本封护剂具有缓蚀作用，所以在封护前就不需经过缓蚀处理而直接进行封护处理，也能达到传统工艺同样的保护效果。这比国内外传统工艺少了一步缓蚀处理，使文物保护操作进一步简化，也是本研究的创新点之一（上）。

参考文献：

① 首页，组织结构，主要职责和机构设置.http://www.bjkw.gov.cn/zwgk/zzjg。

② 申泽骥，苏贵桥：《铸铁的电化学腐蚀机理》，《现代铸铁》2002年第1期，第13页。

③ 刘育玲：《户外铁钟的化学保护》，《文物春秋》，1994年第3期，第15—19页。

④ 吴天才：《出土铁器文物的脱盐》，《考古与文物》，2003年第4期，第94—96页。

数字首博综合应用集成平台设计方案

黄保忠

前言

首都博物馆数字化项目是首都博物馆新馆建设的一个重要组成部分。首都博物馆数字化工程项目根本目标就是利用计算机技术，深化基于现代技术、现代管理的工作体系，从而定量化地提高各部门、各专业工作的效率，使各专业的工作成果更广泛及时地为社会公众所共享，极大地拓展博物馆的社会终身教育功能。

首博数字化围绕博物馆展览、休闲、保藏、研究等基本职能展开设计，建设核心是将藏品信息为主的各种信息形成数字化资源，用数字技术展现北京悠久的文化和历史。在信息空间中提供原始、真实的资料，引导受众自由地探索客观规律、自我感受历史与传统、主动挖掘文化遗产宝藏，使传统文化得到继承和宏扬。

首都博物馆新馆数字化博物馆系统集成平台系统是整个数字化项目的基础支撑平台和统领框架，力求从博物馆数字化的科学理念出发，通过数据、应用和管理三个层面的集成，构建以首都博物馆文化遗产数字化资源为主体的综合信息数据库，并通过信息共享交换和聚合挖掘等功能，使数字化系统各子系统按不用用户管理权限链接成为一个有机的整体。

首都博物馆新馆—数字化博物馆系统集成平台系统建设内容包括计算机局域网络、数据库系统、集成管理系统三个部分。计算机局域网络是系统集成平台的硬件基础，它设计以全馆行政管理和文物工作流程管理两大基本功能为出发点，在智能化系统已完成综合布线和部分网络设计的前提下，建设以网络交换设备、服务器和存储设备、网络安全设备为主体的基础平台，以便串联起首都博物馆全馆各环节、各专业的IT应用；数据库系统是数字化博物馆系统建设的核心，建设一个综合的中央基础数据库，向全馆各部门提供综合信息服务，并提供向各子系统局部内容的镜像服务，其功能强弱将直接决定首博数字化博物馆系统的性能和效果；集成管理系统是首博新馆数字化博物馆系统建设的重点，它将通过统一身份认证用户管理集成、数据共享交换内容集成、Weblogic应用集成、IT框架管理集成，将各子系统有机组织起来，形成一个完整的高效的数字化系统，从而全面实现首博新馆数字化博物馆系统的建设目标。

一、计算机局域网络

（一）局域网络的设计原则

首都博物馆新馆计算机局域网络，是为实现全馆行政管理和藏品管理以及保障为观众提供综合服务等各种博物馆功能服务的硬件平台，也是首博数字化的基础平台。网络的系统架构是由千兆网作为主干，根据功能的不同，构成若干专业子网，国际互联网为百兆带宽。网络的设计原则是：

1. 系统开放性

首都博物馆数字化系统支撑平台提供多种应用服务，结构设计必须符合开放系统的标准。硬件平台的开放性，包括设备的网络互连性和可互换性；软件平台的开放性，包括操作系统、图形用户界面、网络通信协议等符合统一标准；博物馆系统开放性要求的目的在于应用软件的可移植性和硬件平台的可互换性，满足博物馆今后的开发和使用。

2. 先进性和成熟性

首都博物馆数字化系统采用符合国际标准的、先进成熟的软硬件支撑平台，在整个系统的生命周期内，系统必须能够不断完善、扩充、更新，使功能愈来愈丰富，性能愈来愈完善，使用愈来愈方便，并不会过早地被淘汰。

3. 高可靠性、高可用性、高可维护性

首都博物馆数字化系统局域网支撑平台是业务应用的核心，其稳定性、可靠性决定着博物馆应用的可靠运行，因此，首先要考虑选用稳定可靠的产品和技术，本身要具有优秀的RAS特性和必要的冗余容错能力，比如采用稳定的知名品牌的设备、双核心设备、交换设备的双引擎、服务器内部的多种冗余措施等；其次，可以采用必要的技术保证RAS，比如集群系统、RAID技术等。

4. 安全性

博物馆系统的安全性体现在环境的安全、设备的安全、操作人员的安全、系统策略的安全、信息的安全和防破坏性等几个方面，要保证使用的所有设备均符合相关产品标准规定的安全性能要求，系统要考虑整体结构的安全，能否达到防范、监控、审计、扫描、防病毒、安全策略等各方面的要求。

5. 可扩展性

博物馆数字化系统不仅要求满足现阶段的业务需求，而且能够满足将来业务的增长需求。当今后系统规模扩大，节点增多时，网络、服务器、存储等系统必须能通过适当增加模块来适应要求，不会产生显著的网络阻塞、效率下降的情况；信息系统的应用增加、数据增多，其处理能力、吞吐能力和存储能力必须能够与之适应，不会导致系统性能下降，更不能发生丢失数据的现象。

6. 可管理性

一个基于数字化的应用系统应具有完善的系统管理措施和功能，便于网络系统、服务器存储系统、安全系统、备份系统的安装、配置和维护，以及对各种软硬件资源的分配、调度和管理，提高资源和资产利用率，减轻系统管理人员的工作负担。

首都博物馆局域网建设遵循与数字化工程建设相关的国家标准、行业标准和国家行业主管部门与数字化工程建设相关的法律法规和管理要求。

由于博物馆的部门众多，专业性质区别较大，因此博物馆的计算机局域网由若干个不同范围、不同工作内容的物理的，或者虚拟的多层次局域网组合而成。各个子网可以根据不同的功能要求和管理要求分别设计成为实际的物理子网，也可以是虚拟的子网。

从博物馆各部门工作性质出发将建筑内局域网络归纳为专业部门局域网、图书资料局域网、办公档案局域网、财务专用局域网、人事党政专用局域网、物业管理局域网等六个通用子局域网。专业部门局域网是一个面向藏品研究的全馆业务主干网络。它覆盖博物馆的各个专业部门。图书资料局域网物理上集中于图书资料室，在网络上连接博物馆所有的局域网络。办公档案局域网的主要功能集中在行文流转管理和办公档案管理。不言而喻，该局域网必须与全馆各子网络链接。财务管理是任何单位最重要、最敏感的内容。因此财务部门构筑一个独立的财务专用网。人事、干部信息也有其信息保密要求，因此根据博物馆的编制和办公区域等条件建立一个局限于人事、保卫、党政工团的专用网。物业管理虽然是博物馆的后勤保障，但是同博物馆业务的游离度比较大，同设备监控管理关系密切，因此，设立一个物业管理专用网。

（二）网络的技术特点

从首都博物馆行业特点主要包括以下几点：

1. 多媒体数据应用广泛

博物馆区别于其他单位的一个特点是多媒体数据量很大，包括不同精度的图形、流媒体以及三维数据，这部分数据占用空间大、传输占用带宽多，而且流媒体传输是持续传输。

在设计硬件支撑平台时，除了要求网络支持多媒体数据以外，还要保证服务器和存储设备具有强的并发处理能力和I/O处理能力。

2. 多层次化鲜明

从用户的角度分析，首都博物馆有多种用户群，可以概括分为：行政办公人员、文物研究人员、观众浏览人员和面向公共发布人员四个层面，这四个层面人员的性质不同，也需要在局域网设计中体现出来，因此，博物馆的层次是错综复杂的，每个层面上的人群所拥有的权限是不同的，在设计中，我们结合物理、逻辑、虚拟网络以及更高层次的安全来分别分析和设计。

3. 安全性要求高

首都博物馆信息化系统安全程度要求较高，在设计中我们跟踪最新的安全技术，从博物馆物理层到应用层逐一进行了风险分析，采用成熟的、适合博物馆特点的安全措施保证信息化平台的安全。博物馆的应用非常多，人员结构复杂，要求从底层到应用层全方位设计安全体系，而不仅仅局限于防火墙、IDS、防病毒等传统安全措施。

4. 备份数据更新率低

首都博物馆区别于其他行业的另一大特点是数据的更新率低，如果在博物馆投入太多的资金用于备份系统，投资汇报率将很低，首都博物馆在西红门设立异地备份是必要的，但备份的数据量不会很大，因此采用ADSL方式可满足要求；同时，还要结合首都博物馆的管理特点设计异地备份方案，不能全盘照搬其他行业的案例。首都博物馆的异地备份要实现馆内网与西红门远程网之间自动的定期数据备份和应急备份。

首博的网络系统设备统一采用Cisco公司产品。核心交换机为2台Catalyst 6509构成冗余配置，楼层交换机采用Catalyst 3750和2950。

二、数据库系统

（一）概述

数据库系统是数字化系统的核心。数据库系统的功能强弱直接决定了信息系统的效果。数据库系统的完善，既需要有一定的规模，又需要表现出数据之间的关系，还应该最大限度地保护数据资源。

数据库系统的主要任务是：

1. 开发综合信息平台子系统、信息打标子系统、异地备份子系统、网站镜像下载子系统等应用；

2. 基于Oracle 10g数据库管理软件创建集群（RAC），建立数据库系统平台；安装部署跨库检索和全文检索软件，建立全文检索平台。

数据库系统是数字化博物馆系统建设的核心，建设一个综合的中央基础数据库，向全馆各部门提供高效的数据服务，并提供各子系统局部内容的镜像服务，其功能强弱将直接决定首博数字化博物馆系统的性能和效果。数据库系统的完善，既需要有一定的规模，又需要表现出数据之间的关系，还应该最大限度地保护数据资源。

首都博物馆数据库系统将最终实现能管理大容量的多媒体信息，能保证数据的一致性，有合理的响应时间，有严密的信息安全保障措施。

数据库系统的主要任务是：

1. 开发综合信息平台子系统、信息打标子系统、异地备份子系统、网站镜像下载子系统等应用；

2. 为采购的Oracle 10g数据库管理软件创建集群（RAC），建立数据库系统平台；安装部署跨库检索和全文检索软件，建立全文检索平台。

（二）分层次数据库设计

首都博物馆的数据库设计成面向不同应用要求的前台数据库群、后台数据库群和部门数据库群三个层次的数据库系统，保证同一数据在不同数据库中的数据一致性。

文化遗产数据库，连同办公数据库和镜像数据库，三者构成后台数据库群。这是首都博物馆的中心数据库部分。文化遗产数据库由文档部分数据库，和包含二维影像、三维立体图像、视频信息的多媒体影像数据库二部分组成。办公数据库包括了办公信息当前共享库和办公档案库、图书资料数据库。镜像数据库是通过搜索引擎预先下载的兄弟博物馆网站，和互联网中经过批准链接的那些网站。综合信息数据库是把藏品信息、不可移动文物信息、非物质文化遗产信息、文博网讯、学术文献、国际交流、信息专报等数据资源共享、编织发布成专业的网状信息的综合数据库，面向整个博物馆的检索共享。

前台数据库群是中心数据库的简化版本，分别响应不同的公众访问。包括将文化遗产数据库的二维、三维图像进行钝化处理后的珍品动态库，和存放博物馆当前服务功能信息的服务动态库等。

低层的部门数据库是信息来源和处理基点。根据处理流程和管理需要，结合博物馆各部门工作的各自内容和特点，建立一系列专业数据库。部门数据库分成为保管、修复、研究、教育四大板块。每个板块根据业务内容和工作对象，再分成为若干个相互关联的子数据库。首都博物馆数据层次模型如下图所示。

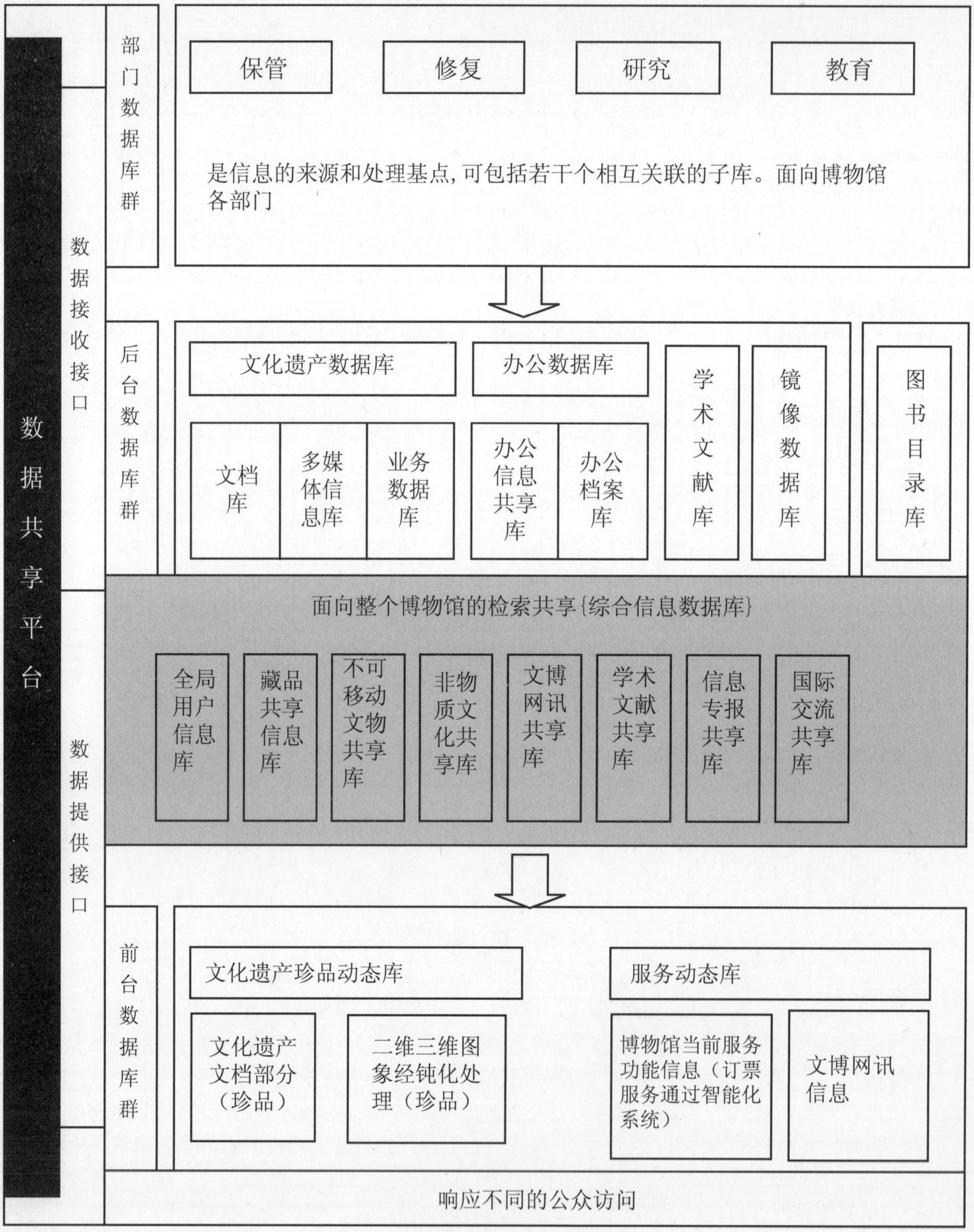

首都博物馆数据层次模型图

注：黑色部分为综合平台基础建设内容，灰色部分为数字化应用系统；白色部分为各专业子系统。

1．前台数据库群

前台数据库群是中心数据库（即后台数据库群）的简化版本，主要由包6建设，并通过包6创建的首都博物馆网站，面向不同的公众访问。

前台数据库群包括：

（1）藏品动态库

通过包1数据共享平台获取，存储文化遗产珍品的编目和钝化处理后的多媒体数据。主要功能是通过包6的首都博物馆网站，向公众用户提供首都博物馆的藏品多媒体展示。

（2）服务动态库

存储首都博物馆当前服务功能信息，主要功能是通过包6的首都博物馆网站，向公众用户提供首都博物馆的各种面向社会服务信息。例如，通过与智能化系统订票系统整合提供网上预约订票服务、提供首都博物馆定期制作的文博网讯。

2. 后台数据库群

后台数据库群是首都博物馆的中心数据库部分，主要功能是面向整个博物馆的检索共享。

后台数据库群包括：

（1）文化遗产数据库

主要由包2、包3建设，通过综合信息平台的专用子系统栏目中包2采集存储子系统和包3藏品管理、不可移动文物、非物质遗产子系统提供文化遗产数据库的检索共享功能，文化遗产数据库包含以下子库：

多媒体影像数据库：主要由包2建设，存储通过多媒体采集系统采集得来的二维影像、三维立体图像、视频等信息。

文档库：主要由包3建设，存储通过文化遗产管理系统录入的文化遗产文档信息。

业务数据库：主要由包3建设，存储通过文化遗产管理系统录入的保管业务等信息。

（2）办公数据库

主要由包4建设，通过综合信息平台的专用子系统栏目中包4办公系统录入和存储办公信息，提供办公信息的检索共享功能。办公数据库包含办公信息当前共享库和办公档案库、图书资料数据库。

（3）学术文献库

主要由包6建设，通过包6采购的专用系统，存储馆内刊物、学术论文、文博期刊等学术文献，可由包1数据共享平台的学术文献数据导入接口，通过手工导入到综合信息数据库中的学术文献共享库，通过综合信息平台的分类导航栏目中的学术文献子栏目，向馆内用户提供检索共享功能。

（4）镜像数据库

主要由包1建设，通过包1采购的专用系统，从互联网获取兄弟网站镜像，存储在镜像数据库中。然后按网站类别发布到国际交流共享库中，通过综合信息平台的分类导航栏目中的国际交流子栏目，向馆内用户提供检索共享功能。

（5）图书目录库

主要由首博购置的专用图书系统录入和存储，并向包1提供应用接口（如图书信息查询接口），通过综合信息平台的分类导航栏目中的图书借阅子栏目，向馆内用户提供检索共享功能。

3. 部门数据库群

部门数据库群是整个首都博物馆数字化项目后台、前台数据库群的信息来源和处理基点。部门数据库群面向馆内相关专业部门的用户，部门数据库群包含：

保管、修复专业数据库：主要由包3建设，包3的文化遗产管理系统是综合性文化遗产保管软件，向馆内相关专业部门用户提供从征集、入藏、编目、出入库管理，到修复保护等整个藏品大保管范围所有操作流程。

研究、教育专业数据库：主要由包4建设，面向馆内业务人员，通过包4的办公自动化系统提供宣传教育、陈列设计、修复保护、考古发掘、藏品研究等的功能。

4. 综合信息数据库

包1数据库系统在首博数据库群内所处于的位置是面向不同应用要求的前台数据库群、后台数据库群和部门数据库群三个层次的数据库系统中都有数据共享与交互的综合信息数据库系统。以下为包1建设数据库内容及来源：

（1）镜像数据库：是综合信息数据库中国际交流的数据源。包括通过搜索引擎预先下载的兄弟博物馆镜像库，和互联网中经过批准连接的那些网站的镜像。

（2）全局用户信息库：通过包1统一用户管理系统由首都博物馆工作人员录入。

（3）藏品共享信息库：来源于包3文化遗产管理系统中的藏品管理系统。

（4）不可移动文物共享库：来源于包3文化遗产管理系统中的不可移动文物系统。

（5）非物质文化共享库：来源于包3文化遗产管理系统中的非物质文化遗产系统。

（6）文博网讯共享库：通过首都博物馆工作人员录入获得。

（7）学术文献共享库：来源于包6的学术文献信息和包2的其他类（如历史照片、学术资料）的一次编目和多媒体文件。

（8）国际交流共享库：来源于后台数据库系统的镜像数据库。

（9）信息专报共享库：新品入藏、藏品调用来源于包3文化遗产管理系统中的藏品管理系统，人员变动来源于包4办公系统，专报索引来源于包4办公系统。

其他关联信息（不通过数据共享）：办公OA最新动态、重要通知、待办事宜、个人日程、通信录、工作手册、规章制度、协作平台、短信平台、问卷调查等；包8 PDA系统租借管理、观众统计分析。

三、集成管理系统

（一）概述

集成管理系统是保证首都博物馆建筑内外数字化系统成为一个有机整体的关键。

集成管理系统的主要任务是：

1. 开发与各子系统交互和集成的全局用户管理与身份认证子系统、数据共享平台子系统；

2. 安装部署NetGain EM设备，构建IT架构管理平台；安装部署Weblogic中间件，构建应用集成平台。

集成管理系统是首博新馆数字化博物馆系统建设的重点，它将通过技术集成、内容集成、管理集成、操作界面集成等四个方面，将各子系统有机组织起来，形成一个完整的高效的数字化系统，从而全面实现首博新馆数字化博物馆系统的建设目标。

集成管理系统的主要任务是：

1. 制定统一身份认证和数据共享标准化规范，开发与各子系统交互和集成的全局用户管理与身份认证子系统、数据共享平台子系统。2. 安装部署NetGain EM设备，构建IT架构管理平台；安装部署

Weblogic中间件，构建应用集成平台。

（二）系统集成的要点

1. 通信线路与硬件设备的集成

（1）网络集成技术

（2）有线网与无线网：无线网的布局、位置和规模（陈列室、多功能会议厅），以及无线网与有线局域网的集成方案

2. 数据的集成

（1）制定了数据共享规范标准化规范，可对多种数据接口进行配置

3. 应用软件与应用界面的集成

（1）LAN界面、远程接入界面、上互联网界面

（2）界面分类：馆长、部门级、业务人员级（保管专业单列）等

（3）管理分类：如信息中心主任、网络运行管理员、数据管理员、应用支持人员、开发人员等

4. 综合管理平台

（1）网络管理

（2）数据库管理

（3）设备运行监控与应用支持

（三）系统总体构架

整个集成管理系统架构在首都博物馆的计算机网络平台上，数字化系统中的各个子系统都应与该平台有不可分割的联系。大致如下图：

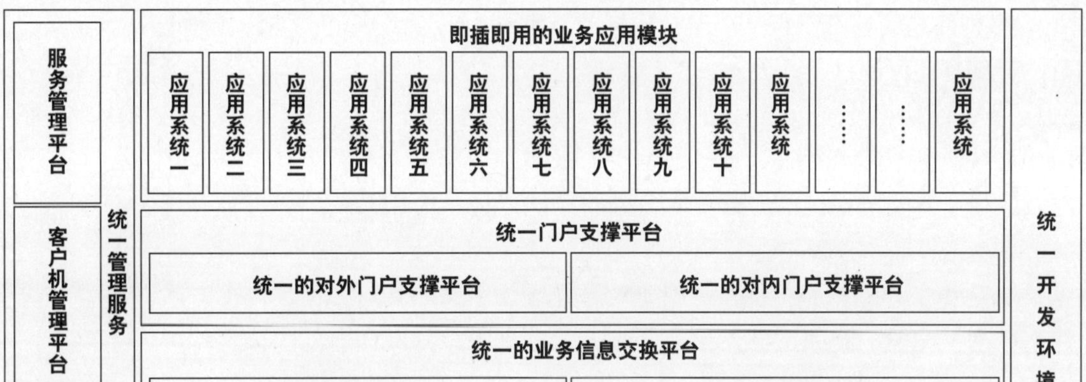

集成管理的技术形式可汇总成三个综合管理工作站：网络管理工作站、数据库管理工作站、计算机设备运行监控与应用支持工作站。

网络管理工作站需增配运行CiscoWorks LMS管理软件所需的英文版Windows 2000 Professional操作系统及安装该操作系统所需的桌面计算机。

数据库管理工作站和计算机设备运行监控与应用支持工作站运行于包1的桌面计算机中。

三个工作站的功能分配：

1. 网络管理工作站：对局域网络交换设备进行配置、管理、监视和查错。

2. 数据库管理工作站：用于支持数据集成。数据集成是通过数据共享系统来实现的。

3. 计算机设备运行监控与应用支持工作站：首都博物馆新馆数字化博物馆系统项目需要一个综合系统管理平台，实现网络管理、主机系统管理、应用服务管理、业务管理、性能管理和资源管理等各种IT元素的统一管理，并使上述各项管理生成的数据能够集中共享、互通互融。为此目的，需要使用NetGain EM设备。该设备以软硬件一体化的形式对整个系统，包括网络设备、计算机设备、应用、业务、性能和资源等进行监控。

（四）应用子系统开发设计

为达到数字化博物馆系统各子系统的应用集成、界面集成和数据集成，将制定《统一身份认证标准化规范》和《数据共享标准化规范》，并开发全局用户管理与身份认证子系统和数据共享平台子系统。

1. 标准化规范

（1）统一身份认证标准化规范

首都博物馆新馆数字化博物馆系统统一身份认证平台是以统一身份认证中心为核心的身份认证系统。规范描述了：

① 用户登录认证过程：包括统一身份认证中心用户登录过程、专业系统直接登录过程和登录方式协调

② 统一身份认证中心Webservice接口：包括全局用户登录状态验证接口、全局用户登录状态注销接口和WSDL公布地址

③ 组织机构体系树发布：包括组织机构树的类别和内容以及规范文件公开地址

规范的详细规定参见《统一身份认证标准化规范》。

（2）数据共享标准化规范

各应用系统与数据中心相连，通过数据中心来实现数据共享和路由。这种连接方式实现了数据的共享访问，保证了各业务系统的有效协同，同时又能保证各应用系统的相互独立性和低耦合性，从整体上提高了系统运作效率和安全性。

数据共享是为了能够把数据提供方指定的数据表table或视图view（在提供方数据库中）共享给获取方，并把数据中相关的附属文件保存到获取方的磁盘中，并保证数据的合理响应、一致性、安全性和可操作性。

为实现数据共享的标准化和规范化，制定本规范，以方便对多种数据接口进行配置。规范的详细规定参见《数据共享标准化规范》。

2. 全局用户管理与身份认证子系统

依据统一身份认证标准化规范建立的统一身份认证中心是首都博物馆新馆数字化博物馆系统的用户统一身份认证的核心。

统一身份认证系统结构为开放式的门户登录结构，同时又是一个管理严密的系统，采用统一身份认证登录，一次登录就可完成所有子系统的认证，系统登录时，对不同用户在专用级入口作严格判定。用户在登录后，系统根据判定的结果，为其分配不同的专用系统进入权限。

统一身份认证系统通过数据共享系统实时向其他专业系统提供全局用户的组织机构树，专业系

统在获取该组织机构树后，根据获取的组织机构树及专业系统部门要求，实时更新本系统的组织机构树，以保持专业系统用户信息与统一身份认证中心的用户信息的一致。各专业系统不具备全局用户的管理能力，全局用户的创建、变更、注销和组织结构的维护由统一身份认证系统全局用户管理模块维护。

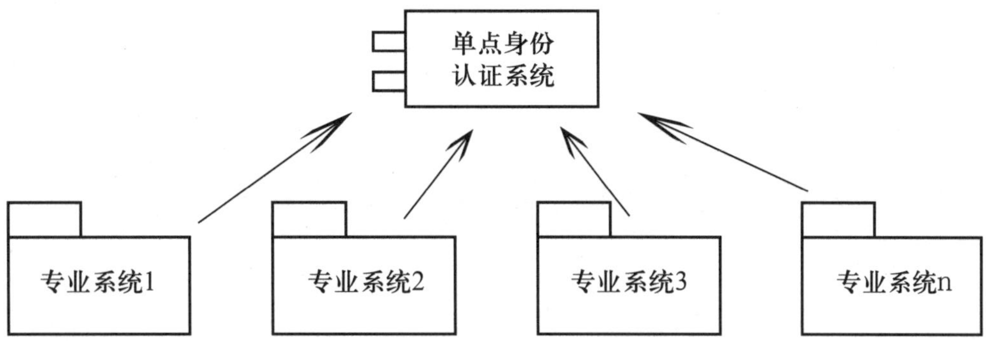

3. 数据共享子系统

数字化博物馆系统由多个子系统组成，各个系统之间的联系是松耦合的，因此要求实现内容集成。内容集成实现各应用系统的数据的整合，以消除信息孤岛，保证各应用系统的有效协同。数据不仅包括数据库记录，还包括相关的文字、图片、音视频、现场拍摄内容等多种多媒体文件。现在各系统中的数据保存方式为：数据主要保存在数据库中，附件保存在文件夹中并且在数据库中保存了相应的URI，通过ftp和http等协议访问。

数据的集成保证不同数据库中的同一数据的内容一致性、信息之间的关联性、数据的合理响应、传输的稳定可靠性、数据安全性和易操作性。

针对这一情况，在各系统间建立一个数据共享系统，支持各应用系统间数据的集成。数据共享系统的原理如下图所示：

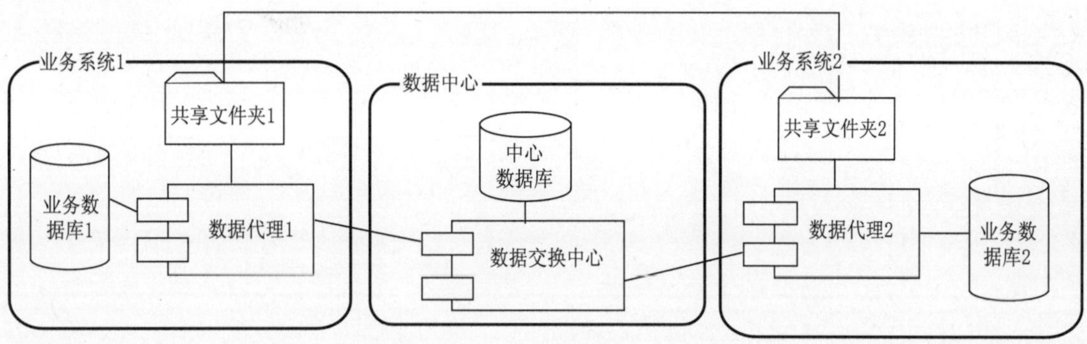

数据的共享过程（假设业务系统1为发送方A，业务系统2为接收方B，数据中心为C，A通过C共享数据给B）：

（1）由A定义要共享的关系型数据表（数据表Table或视图View）描述，提交给C及B。各代理端在自 己系统中建立相应的导出项，根据其他包提供的描述形成自己的导入项。

（2）C根据A提供的数据表描述，在系统中建立相应的共享数据目录、定义共享时的数据格式XML Schema（保存于WEB服务器）。B也可在本系统内建立数据接收项目及XML Element/字段对应关系，便于B接收数据。B方相应的数据库表结构自行定义，但要与数据接收项目的相关元素吻合。

（3） A定时启动数据共享进程，把上一次没有共享（新增的或修改过）的记录根据规则打成XML包，此XML文件必须遵循定义的XML Schema。经过安全处理后通过C提供的接口保存至中心数据库，如果C确认接收，则修改相应记录的标志位标识已经发送。如果数据要求的优先级较高，要求通知B。

（4）B定时启动数据共享进程。通过C提供的查询接口了解是否有向自己共享的数据，有则从中心数据库获取XML数据，收到数据后，经过XML— to —Table共享到数据库中，并修改C中的接收标志。A构建的XML包中包括附件信息，则B在解析时将提取相应的FTP地址或HTTP地址，从A的共享文件夹中下载到B的共享文件夹中。

（5）共享过程要求用户通过工具配置并生成数据的共享交换树与数据项的Schema，数据的提供与接收应该为计算机自动处理，以提高数据的时效性，减少操作人员的工作并避免过多人为干扰数据共享过程。

以上所述为首都博物馆数字化项目中综合集成平台的设计方案。该方案在全国博物馆作了一次信息资源整合的开创性尝试，使涉及博物馆的多种应用和多个业务部门达到资源互通、数据共享，消除了信息孤岛，有机地综合成一个动态整体。更好地满足了博物馆在行政管理、科研业务以及公众服务等多方面要求，填补了文博资源集成共享和综合服务应用开发的空白。

浅析博物馆网站建设

赵 型

自从20世纪中期世界第一台计算机问世，人类已经踏上一条通向数字化的不归路，不管你是不是愿意看到这种景象，也不管你是否愿意加入到这一进程中，这一切已无法改变，我们能做的只有沿着这条路一直走下去。就如同尼葛洛庞蒂所说的："我们无法否定数字化时代的存在，也无法阻止数字化时代的前进，就像我们无法对抗大自然的力量一样。"①

数字化改变了人们的生产、生活甚至思维方式，也改变了我们存储、传递、获取信息的方式。在这个所有事物都要打上"数字化"或"信息化"标签的时代，与传统文化紧密联系，肩负着传承人类文明重任的博物馆事业应该如何适应历史发展的潮流，更好地发挥博物馆的公共性，最大程度地为公众服务是我们不得不思考的问题。

一、目前我国博物馆网站建设现状

数字化革命既给博物馆的传统管理模式带来了挑战，又给博物馆事业的发展开辟了无限的新空间。面对信息技术、多媒体技术、网络技术的飞速发展，博物馆的唯一选择就是突破传统的思维方式、工作模式，顺应时代发展，积极运用信息技术，借助网络促进博物馆事业的发展。博物馆建立网站，在网上为社会和公众提供高质量、高效的服务已是大势所趋。

目前，我国共有博物馆2300多家，大多数博物馆已不同程度地构建了自己的网站，内容一般都包括本馆概况、服务信息（开放时间、游览须知、购票说明）、博物馆快讯、展览介绍、藏品展示等栏目。就国内博物馆网站按内容大致可以分为三类：

（一）实体博物馆电子化

这类博物馆网站仅通过平面手段将实体博物馆所展示的内容在网上进行介绍，是实体博物馆在网上的翻版。网站内容缺乏互动性，网站上提供的藏品说明、展览介绍等内容与实体博物馆中的内容几乎相同。国内一般小型博物馆均采用此种模式。

（二）信息资料型

这类博物馆网站结合实体博物馆，对馆藏文物进行图文并茂的详细介绍，浏览者可以根据藏品的时期、质地、用途等分类，查找自己感兴趣的藏品来欣赏；网站围绕实体博物馆的展览，提供展览预告、背景资料、主要展品介绍、展馆指引等相关信息及丰富的相关文献。国内大型、综合类博物馆采用此种模式。

（三）虚拟博物馆

这是博物馆在网上运用多媒体技术虚拟展厅设计与陈列艺术进行展示。通过视觉效果、听觉感受，让浏览者在千里之外通过网络也感觉如同走进现实展厅亲眼观看展览。虚拟展览相对于实体展览而言，可以解决由于实体博物馆受到展品条件和展览场地的限制而使很多文物不能进入展厅展出的问题。通过发达的多媒体技术，可以在网上多角度、多方位地阐释这些未能展出藏品。目前，国内博物馆网站上的虚拟展览还为数不多。

客观地说，目前大多数博物馆网站还是处于第一类或由第一类向第二类发展的阶段。国内网站在建设上缺乏有效的组织和规划，存在网站结构设计不合理、不实用，页面设计与博物馆主题不相符；网站的内容空泛、更新不及时、缺少互动性等问题，使博物馆网站在整个社会及博物馆工作中的作用没有充分发挥出来。

博物馆网站建设中表现出来的种种问题说明我们对设立博物馆网站的目的和意义认识上存在偏差，对博物馆网站的定位不准。博物馆网站不只是实体博物馆的电子公告牌，也不是为迎合潮流用来装点门面的花瓶，博物馆网站应该发挥出其传播信息不受空间、时间限制且具有互动性的特点。博物馆网站作用在博物馆的工作中应是独特的和无法替代的。

二、从博物馆网站与整个博物馆信息化工程的关系看博物馆网站的定位

从博物馆网站的规划开始我们就应把博物馆网站放在博物馆信息化这一大的背景下，博物馆网站不是孤立存在的，它应该成为整个信息化这一大的系统工程中重要的一环。

（一）博物馆信息化的内涵

现在人们都已认识到信息化建设的重要性，博物馆行业的信息化建设与其他行业在很大程度上具有相似之处。信息化的前提是数字化与网络化，数字化的意义不仅在于便于复制和传输，更重要的是为不同信息形式之间的相互转换以及使用者的参与提供方便。而网络化则为数据的传输提供了“信息高速公路”。[②] 只有在数字化与网络化的基础上实现信息化才成为可能。数字化与网格化是信息化建设的两项基础，除此之外还要求具备先进的管理思想与理念、有先进的方法与手段、有先进的组织机制与形式等软件基础。

博物馆信息化可以通过一个集中的信息系统（平台），将博物馆的行政办公管理、业务管理及与外界的联系整合在一起，使博物馆全部工作更加有序、高效、透明。主要包括技术的信息化，数据处理的信息化，管理和办公的信息化，博物馆陈列、藏品、研究和管理一体化的信息化，博物馆信息化

从内部向外部扩延五部分。[③]

（二）博物馆网站是博物馆信息化中重要的一环

博物馆网站是整个博物馆信息化建设中重要的一部分，在外网中是面向社会、面向公众传播知识、获取信息的一个重要途径，是体现整个博物馆形象的网络门户，直接面对全球无数网络用户；[④]在内网中通过整个博物馆的信息化平台与信息化各部分子系统相互链接，是内部信息交流的平台。

博物馆信息化建设是一项十分复杂的系统工程，需要投入巨大的人力、物力、财力，项目的实施周期长，系统上线后的日常维护、升级也需要很大的人、财、物的支持。目前，一部分博物馆还不具备或不完全具备实施的条件，这种情况下，先以博物馆的网站建设为突破口，可以逐步接触先进的信息与网络技术、先进的管理思想，从而为今后全面的信息化建设积累经验，培养人才。

如果我们在这一前提下进行博物馆网站的规划，就能更清楚地明确网站的定位，它应具备哪些功能，为今后配合全面信息系统的建设以及升级改造预留相应的数据接口，同时在基础数据库建设方面，如何合理地规划数据库结构，规范数据格式、数据使用权限、数据安全等方面也要有相应的超前考虑。

三、从网络传播的角度看博物馆网站构建

我们在博物馆网站建设过程中除了要考虑到自身和行业特点外也应充分注意到博物馆网站的网络媒体特性。在网络传播学中对这些特性有如下描述：

开放性。信息更加开放，在传统的大众传播中，人们在真正接触到传媒的信息时，由于经过审核制度它已失去了庐山真面目。而在互联网上，由于各种各样的受众也都随时可能成为传播者，并且任何一条信息的发布不需大规模、有组织的专业设备和审核程序，因此形成了网上信息资源的极大丰富。互联网上没有了地域和时间的限制,读者能随时看到最新、最详的信息，也没有了种类和行业的限制，不再是只有编辑和记者才能发布新闻。于是，网上的信息就呈现出开放和多元的态势。

交互性。这里的交互性有两个含义：一是在网上，传与受几乎同步进行，互联网的速度快、范围广和超文本链接等特征使得传播者在发出信息后可以立刻得到反馈；二是原来的受众改变了自己的地位特征，只要拥有一定的技术手段，就可以随时在网上补充信息或改写信息，做一个信息的传播者，从而使信息发送有双向交互和点对点的特点。[⑤]

主动性。在传统的大众传播中，受众只能被动地接受信息，而在网格传播中，受众可以对信息进行更加自由的选择，包括信息的内容以及信息的接收形式、时间和顺序。[⑥]

专业化趋势。传统媒体在数量上是有限的，具有一定的垄断性，受众只能在有限的媒体设定的有限菜单中作出选择，导致媒体所能提供的内容只能是大众化的。而网络媒体数目众多，内容丰富且分工精细，网民选择范围极为宽泛。除极少数门户网站外，网民更多的时间是停留在志趣相投但访者不多的各类个性化的网站上。众多网站分流了人群，在整体上形成专业化传播。

如果我们对这几点特性进一步分析会发现，除专业化趋势体现了专业网站与普通门户网站相比所具有的优势和自身存在的价值外，其他几点都体现了网络最核心的价值取向——开放与平等。正是这些特点要求我们在网站规划、建设过程中更加注重对受众的研究。

一方面，在网络传播的过程中受众大多是普通接近信息的人。[7]如果缺乏对受众的了解，就可能搞不清受众的真正需求，那么所进行的传播也将徒劳无功。我们要搞清楚是谁在网络的另一端浏览我们的网站，他们想了解什么，我们提供的信息他们是否满意，还愿意通过哪些渠道获取这些信息等等。

另一方面，在网络上每个人都是平等的，基于网络的传播方式也由过去那种惯常呈现出的课堂式的单向模式向多元化的、互动的模式发展，博物馆网站建设时应该调整好自己的位置，从“俯视”转化为“平视”，淡化主流文化传播的强制性和功利色彩，采取大众习惯的方式将所要传播的文化内容渗透给我们的受众。

同时，随着新博物馆馆学的不断发展，博物馆的工作重心正逐步由“物”向“人”转移，区别于传统博物馆以收藏、研究、教育为工作的主要内容，对观众的需求、行为和心理关注不多；现代博物馆则倡导普遍关注参观者的兴趣、期待、参观效果以及参观中的行为和心理活动，不满足于仅仅为观众提供孤立的某个展览或某次教育活动，而更注重舒适的环境、互动的展览和观众参与的活动等共同组成的综合博物馆体验。博物馆网站的建设作为整个博物馆建设的一部分也应该符合这种发展的要求，可以说博物馆网站的自身建设也要求我们更加注意对受众的了解，提供更加人性化、个性化的服务。

因此，应把博物馆网站打造成专业、开放、互动、个性化的平台，而不是仅仅把博物馆网站办成公告栏，发布一些展览信息。博物馆网站应将丰富的典藏和研究成果，经由专家整合，制作成多媒体教学资源，提供网际下载或在线互动教学。博物馆、观众、专家可以实现以网站为平台的在线交流。同时，也应注意到网站所面对的是无数的网络用户，我们不可能了解每个人的需求与兴趣，这就要求我们能够为用户提供个性的定制服务功能，以及相应的信息反馈机制。

四、通过博物馆网站与实体博物馆的关系看博物馆网站的价值体现

博物馆是为社会及其发展服务的非营利的永久机构，并向大众开放。它为研究、教育、欣赏之目的和征集、保护、研究、传播并展示人类及人类环境的见证物。[8] 这是《国际博物馆协会章程》中对博物馆的定义。结合我国实际，博物馆的基本任务是：收集保藏文物和标本，进行科学研究，举办各种陈列展览。[9] 但在传统博物馆中，由于种种原因，通常只能展出部分藏品，而大多数藏品为了防止损坏或者由于博物馆展厅的空间限制而不能展出。即使展览出来，一般也只能展示某个角度的形态，不方便观众的全方位鉴赏。另外，在许多情况下博物馆与遗址分离，大规模遗址中出土的文物通常会分别陈列在不同的博物馆中，而这些博物馆之间在管理上也是分离的，这种遗址与博物馆、各博物馆之间在管理上的分离状态非常不利于博物馆充分发挥其在文物收藏、研究、展示，教育等各方面的功能。另外传统博物馆由于在时间、地域、资金、人力等方面受到局限，也很大程度地限制了其功能的发挥。

网上博物馆（博物馆网站）的建立很大程度上解决了传统博物馆目前所存在的上述问题。网站的数据资源主要源于博物馆藏品数据库，数据库包括馆藏文物的图片、文字、视频及其他虚拟现实技术实现的三维影像资料。在此基础上可以根据资讯性质和服务对象的需求加以编辑并结合网络搜寻、全文检索等功能，为公众提供一个可以分享使用知识资源的空间。

与实体博物馆相比，网上博物馆所具有的功能主要体现在：可以把地理上分布于不同国家不同地区的藏品进行虚拟集中、展品的数量将不受博物馆展厅的局限，并在参观形式中打破传统的柜台封闭展示方式，可以对展品多角度、多层次、多方面全面展示。并允许在任何时间来自任何地点的任何访问，同时为不同背景、不同语言的人们提供相应的信息；另外，虚拟展览在时间、人力、物力的投入上也更加经济，在展示形式上也更灵活，可以通过多媒体技术打破传统的静止、简单的陈列模式，用声音、图像、动画、虚拟现实技术等手段将展览形式变得丰富、生动、形象逼真；特别是在非物质文化遗产保护方面网上博物馆将发挥其特有的作用，由于非物质文化遗产存在的方式及其特点，造成了其更容易损毁、消失和流失，给保护上增加了难度，所面临形势更为严峻。[10]我们可以通过多媒体技术将非物质文化遗产的声音、形象、技艺记录下来，再通过网络进行传播，从而解决了对非物质文化遗产的展示问题。

由此可见，博物馆网站可以在教育和传播方面发挥自身的优势，这样也更有利于传统博物馆对历史文化遗存的收藏、保护和研究。

不同的博物馆在网站建设方面会面临不同的问题，一开始也许不能投入太多的人力、物力，实现最理想的效果，但如果我们在网站规划阶段就能从信息化的高度确立博物馆网站建设的原则；以网络传播的基本规律来指导网站的构建；通过网上博物馆与实体博物馆的紧密联系发挥博物馆网站的优势，并且在三个方面都有全面、深入的研究，保持与读者、观众沟通渠道的畅通，在实际工作中不断改近、创新，相信博物馆网站会同博物馆一样逐步完善，迎来美好的未来。

博物馆网站作为博物馆的门户，是观众了解、认识博物馆的重要途径，也许将来会成为大多数观众走进真实博物馆的第一站。所以各博物馆都应充分做好本馆网站的建设工作，为观众提供有价值的服务，并且在此基础上实现各网站信息的统一、多元、开放、融合，实现文博网站的强强联合，打造出专业的文博行业门户网站。

注释：

① 欧阳友权：《网络传播与社会文化》，高等教育出版社2005年版，第4页。
② 杨玲、潘守永：《当代西方博物馆发展态势研究》，学苑出版社2005年版，第187页。
③ 林诚斌：《博物馆信息化及其重点领域》，2007年，http://www.njmuseum.com/20070119/lcb.doc。
④ 王亚琴：《数字博物馆信息化建设》，《绥化师专学报》2004年版，第186页。
⑤ 匡文波：《网络传播学概论》，高等教育出版社2004年版，第84页。
⑥ 匡文波：《网络传播学概论》，高等教育出版社2004年版，第19页。
⑦ 匡文波：《网络传播学概论》，高等教育出版社2004年版，第82 页。
⑧ 王宏钧：《中国博物馆学基础》，上海古籍出版社2006年版，第38页。
⑨ 王宏钧：《中国博物馆学基础》，上海古籍出版社2006年版，第45页。
⑩ 张得水、石晓霆：《互联网博物馆对无形文化遗产的保护和展示》，《中国博物馆》2002年第4期，第76页。

数字视频编辑在广告中的应用研究

彭　昕

前　言

我们通常所说的数字视频有2种形式：

网络视频

其中包含:网络广告、视频会议、远程教育、远程医疗、远程监控等。

电视视频

将模拟信号（前期拍摄）转换成数字信号（后期制作）。

一、网络广告

网站上发布的以数字代码为载体的经营性广告。成为传统四大媒体（电视、广播、报纸、杂志）之后的第五大媒体。

1. 网络广告发展史

网络广告发起于1994年的美国。当年10月14日，美国著名的Wired杂志推出了网络版Hotwired（www.hotwired.com），其主页上开始有AT&T等14个客户的广告Banner。这是广告史上里程碑式的一个标志。

中国的第一个商业性的网络广告出现在1997年3月，传播网站是China byte，广告表现形式为468×60像素的动画旗帜广告。Intel和IBM是国内最早在互联网上投放广告的广告主。我国网络广告一直到1998年年初才稍有规模，历经几年的发展，网络广告行业已经慢慢走向成熟，整个中国的网络广告市场规模已接近5亿元。

1995年美国的网络广告支出为5 000万美元，1999年达到了42亿美元，2000年达到79亿美元，占广告总额的4%。[①] 据海外媒体报道，2005年，网上广告业的收入已达到188亿美元。我国网络广告业的发展也十分迅速，1999年网络广告的收入已达近1亿元，2000年增长到3.5亿元，2001年中国企业投入网络营销的广告费用达4.2亿元。

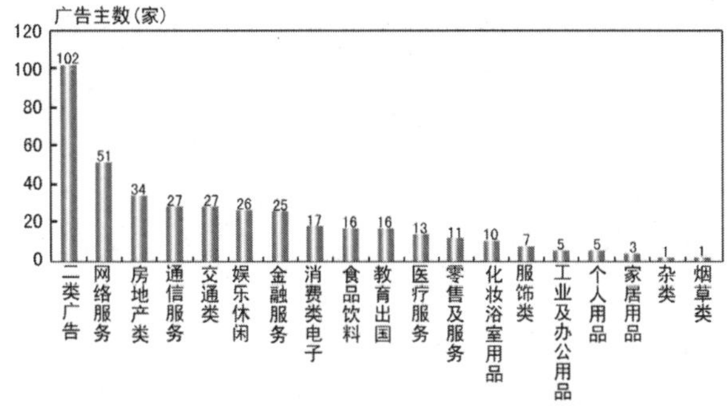

2003年11月中国网络广告主行业分布

2003年，中国网络广告市场总值10.8亿人民币。其中排在榜首的IT行业，就高达2.7亿，其次是手机，1.8亿。汽车和房地产类广告更是异军突起，以300%的高速增长着，分别为1.2亿和1亿元(见左图)。②2003年，全球互联网广告收入为63亿美元。③业界专家告诉《IT时代周刊》：在美国，网络广告至少占到整个广告市场营业额的2.5%，而我国还仅为0.55%。中国的网络广告市场还有一个相当大的上升空间，未来的网络广告将很可能与电视广告占有同等地位的市场份额。中国网络广告占到市场总额的1.5%左右，是可以期待的。④

在中国，网络广告繁荣的背后最笑开怀的是3大门户网站。10.8亿的总市值中，新浪就分到了3亿多，搜狐有2亿左右，网易也接近1个亿。传统3大门户再加上TOM、雅虎中国、21CN、腾迅等门户，占到整个网络广告市场的7成左右。近8 000万之众的中国网民无疑是促进网络广告发展的一个根本性因素。调查显示，如今46.9%的用户有时浏览网络广告，45.5%的用户表示有时会点击网络广告。这些数字已经说明网络广告正在积聚魅力。

除此之外，来自网易方面的信息显示，大的好的网站将会成为网络广告的主要投放地。截至2003年年底，网易的日平均页面浏览量超过了3.9亿人次。网易曾有超过1.67亿的登记用户和55 476位聊天室的同时使用者。加之两次被中国互联网络信息中心(CNNIC)评选为中国十佳网站之首，有了这种在网络世界中良好的口碑，吸引广告客户已不是问题，而且广告商也愿意花很少的钱达到和昂贵的传统广告宣传相同的效果。网易2002年第四季度的财务报告显示，该季度网易的网络广告收入为2 650万元人民币，较上一季度的2 570万元增加3.0%，而相比上年同期的1 180万元则增加了123.8%（见上图）。

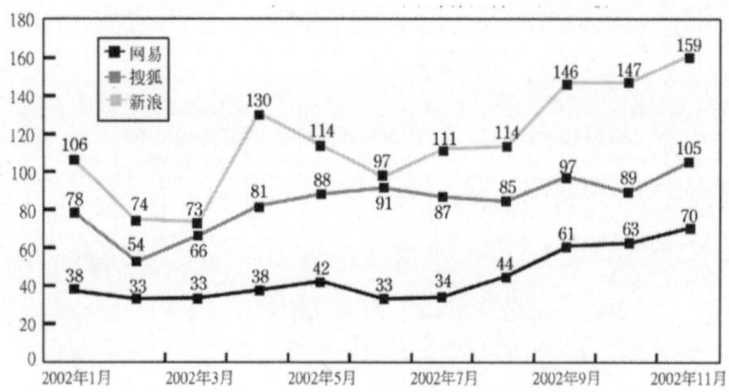

2002年1–11月三大网络媒体广告主数量比较

再以新浪网为例：“新浪分类广告”是新浪网推出的一种全新的服务形式，主要满足企事业单位和个人在互联网上发布各类信息的需求，为广大网友提供丰富、实用、广泛、真实的信息资源。新浪分类广告的优势在于：它不仅是全球华人第一门户网站；CNNIC评选连续三次的排名第一；第一家海外上市成功的国内互联网公司；每日内容数百万级的访问量；优秀网络技术工程人员的专业技术实力；国内最大的网络广告销售及建设网上商城的商业经验，这些都奠定了新浪分类广告具有不可比拟的综合优势。

中国互联网络信息中心（CNNIC）2003年7月在北京发布的第12次《中国互联网络发展状况统计报告》显示，根据网上检索的参考数字，截至2003年6月30日，中国网民数量已经达到6 800万，居世界第二位。而针对网站主要经营渠道之一的网络广告，调查结果称，59%的广告从业人员会向客户推荐制作网络广告。到2004年年初第13次报告出笼时，显示截至2003年年底我国的网民总数已达7 950万人，半年增长了16.9%。其中在选购物品或服务最有影响的广告类别这一项中，电视广告占56.1%，网络广告尾随其后占据了18.1%份额，高于12.3%的报纸广告和7.8%的杂志广告。

网络广告在2003年急速攀升，伊拉克战争和SARS这两个重大事件让人们重新认识到了互联网的价值。当前纳斯达克业绩飘红的网络公司越来越多，我国的三大门户网股价也从1美元左右迅速飙升到几十美元。在经历了1996至2000年的黄金时代后，网络广告开始直线下降。这个下降的过程恰恰也是网络广告人进行反思和总结的过程，也正是在这个过程中，网络广告的策划创意、展示形式、发布时机、投放位置、运作渠道、市场调查、网民心理分类等研究，都获得了迅速的发展。2002年8月首届中国网络广告发展与合作高峰会在北京的顺利召开，更为日后网络广告的发展提供了良好条件。

2. 网络广告优势

中国的传播生态将发生深刻变化，网络媒体与传统媒体间的整合已是大势所趋。⑤

（1）传播范围广

不受时间、空间和容量的限制，可通过互联网络24小时不间断传播。只要具备上网条件，任何人在任何地点都可随时随意浏览广告信息。

（2）成本低

收费远低于传统媒体，可节省更多销售成本。

（3）调整实时性

可按照需要及时变更广告内容，因此，经营策略可及时调整和实施。

（4）交互性强

浏览过程中对某一产品发生兴趣时，采用链接方式，在不占用自己资源的情况下，可通过网页详细了解产品信息，同时厂商也可随时得到用户反馈的信息。

（5）受众数量可准确统计

可准确得知广告接受者数量、浏览次数，以及这些用户查阅的时间和地域分布情况。使客户群体清晰易辨，有助于客商正确评估广告效果，制定广告投放策略，对广告目标更有把握。

3. 网络广告常见形式

（1）banner条幅式广告（旗帜广告）

最常见的网络广告形式。常用尺寸是486×60（或80）像素（pixels），以GIF、JPG等格式建立图像文件，放置在网页中。

（2）Direct Marketing（电子邮件广告）

利用网站电子刊物服务中的电子邮件列表，将广告加在读者所订阅的刊物中发放给相应的邮箱所属人。此外，它还有互动功能，其广告片的反馈率高达35%。

（3）interstitial Ads自动弹出式广告（插页广告）

是微软的Windows Media Player技术，它可进行电视类视频广告的在线发布，可将广告下载到IE上，等用户翻阅网页时播放广告（美国电讯公司AT&T、麦当劳和百事可乐公司都正在进行在线广告的试验。ESPN.com 、ABCNews.com和微软的MSN.com都有这种广告）。它设有一个关闭按钮，用户可随时关闭广告。网站可控制广告的播放时间、位置和频率。在国内的网站（如：新浪、搜狐）可以看到该技术的应用。

4. 网络广告词解

（1）Ad Views（广告浏览）

网幅广告被用户下载、显示的次数,一般以一段时间内的次数来衡量。

（2）Advertisement Management（广告管理）

指利用特定的系统管理网站，同时提供即时的显示数、点击数统计，高级的广告管理系统还要能根据访问者的特点和时间选择出现不同的网幅广告。

（3）Banner（网幅广告）

以GIF，JPG等格式建立的图像文件，定位在网页中，大多用来表现广告内容，同时还可使用Java等语言使其产生交互性，标准GIF格式以外的网幅广告被成为Rich Media Banner。

（4）Click Through（点击次数）

网上广告被用户点击、浏览的次数。

（5）Click-through Rate（点击率）

网上广告被点击的次数与被显示次数之比。

（6）Cost per Action（每行动成本）

广告主为回避广告费用风险，只有在广告产生销售后才按销售笔数付给广告站点的费用。

（7）Targeting（定向）

指通过广告管理系统进行广告受众的甄别，只把广告显示给希望的受众，比如可以通过用户使用的操作系统、浏览器、时间、访问者IP地址、域名等来决定显示不同的广告。

（8）User Sessions（访客量）

一个单独用户访问一个站点的全过程，即称为一个User session；在一定时间内所有的User session的总和称为访客量。

二、电视广告

人类传媒手段的发展经历了四个阶段：语言阶段、文字阶段、印刷阶段和电子传媒阶段。电子传媒的重要特点就是用图像符号替代了非具像性的符号，由于它用具像直接作用于人的视觉，消除了人们的知觉与符号之间的距离，因而也消除了文字那种需要通过接受教育才能理解的间接性。电子传媒的这一优势使它不仅替代了印刷媒介的权威地位，而且迅速地影响到人们的行为方式和生活习惯。

1. 发展方向

现代人类面临着新的转折，需要将大脑思索的阅读传播简化为直观的视听传播，人类似乎用几千年的阅读智慧换来了益发简明了当的直观阅读。而且，书籍文化被视觉消费所冲击、逐渐代替的大趋势越来越显而易见。随之而来的就是人们生活习惯、阅读习惯、甚至生存的习惯都开始改变。可以说，书籍文化的传统将在很大程度上被视听文化的新潮所逐渐代替。

在国外，数码视频技术已经广泛应用于影视制作、广告设计、音乐创作等领域。尤其是科技较发达的地区，视频技术正大量地运用于广告制作。无论是前期拍摄，还是后期的制作加工，我们更多地看到用传统拍摄手法无法达到的视觉奇迹。美国梦工厂每年要投入其运营成本的85%用于电影的后期特技制作，大量的虚拟技术通过后期的合成得以完美的视觉再现。我们的眼球越来越挑剔地在现实与虚拟之间穿梭，好奇心驱使我们不断地尝试，迫使我们经常把虚拟和现实混为一谈。

业内人士认为，数字视频特技将被列为一个新的奖项，而不再只是电影制作的一种辅助形式。更重要的是，随着数字摄像机和基于电脑的电影编辑软件的价格迅速下降，以及互联网用户的日益增多，数字视频特技将成为互联网新宠。视频技术给了人们一种全新的生活方式。

数字视频编辑技术对于国内来说，虽然起步较晚，但已有相当广泛的应用及发展空间。针对广告行业来说，数字视频技术已经起到了举足轻重的作用。在强大的软、硬件技术支持下，尽管设计人员的水平还有待提高，但国内广告片的总体水平还是不断前进的，质量也是越做越精了。

当然，电视媒体也有不尽如人意的地方，一是它不易保留；二是给人理解、查阅、重复检索和阅读带来了困难。因此目前的视频技术正在向以嵌入式技术为依托，以网络、通信技术为平台，以智能图像分析为特色的方向发展。

2. 非线性编辑

非线性编辑是以文件为操作基础的。它是一个扩展的计算机系统。

（1）原理

利用电脑数字技术，将存储于录像带的电视视频（音频）信号通过一台与电脑相连的编录机采集到电脑专门的存储设备中。

它把传统的信号流在时间轴上连续按顺序的操作（线性编辑）转变为在计算机内部对含有时间信息的视频文件进行无须按照时间顺序的任意操作（非线性编辑），完成了在视频信号编辑操作概念上的根本性变化。

（2）现状与发展

A 专用型非线性编辑系统

对于电视台的新闻、专题类时事性强、时间效率高的板块型节目，制作技术上基本是硬切、叠化[6]，或者是只需要很少的特技，制作手段几乎都是重复的。只需变更串编次序和新的内容即可。于是适应新闻编辑、广告串编的专用型非线性编辑系统便应运而生。这种专用型的系统工作介面友好，操作简单，只含有少量的实时特技和实时字幕，非常适用于非专业技术人员的快速操作。

B 通用型非线性编辑系统

适合制作一切复杂的电视节目，包括节目版头包装、广告、MTV等等。由于包括PC、Mac在内的计算机平台性能的迅速提升，新型多芯片机[7]已具备与工作站类似的性能（价格仅为工作站的几分之一），大量板卡（包括3D图形加速卡、非线性卡、3D特技卡）性能的提高和许多软件开发商将重点从工作站转向NT和苹果平台，使得通用型非线性编辑系统无论是硬件还是软件的性能都迅速向工作站接近，价格却在用户能接受的范围内，而且还在不断地下滑，可以说发展前景大好。

3. 数字视频技术名词解释

（1）VHS/VHS-C

俗称 “大带”，使用12mm带宽的录影带。VHS-C为VHS的缩小带，片长只有30分及40分两种，但是EP慢速录影可达90分及120分，可以使用转换匣使VHS-C变成VHS标准大带，用一般VHS录放影机即可播放。因为是12mm带宽的录影带，也有人称之为V12。

（2）DV

DV为新一代的数位录影带的规格，体积更小、时间更长。使用6.35mm带宽的录影带，以数位讯号来录制影音，录影时间为60分钟，有LP模式可延长拍摄时间至带长的1.5倍，全名为Digital Video简称DV。

（3）Optical Zoom 和Digital Zoom（光学Zoom和数位Zoom）

光学倍数就是摄影机的真实倍数，因为它的倍数产生是靠着光学镜片移动来达成，因此光学Zoom是最漂亮的画质，目前摄影机最大的光学倍数约为20倍，但是一般机种都在10—18倍间。而数位Zoom是将所拍到的影片局部放大的结果，摄影机的数位Zoom的倍数愈大表示画质愈差。

（4）防震功能（Steady Shot）

"防震"是指在手持拍摄时可以增加影片的稳定性。目前防震可以分为两种系统，一为光学防震、另一为数位防震。

结 语

数字视频的优势使它不仅替代了原始广告信息发布的形式，而且直接迅速地影响到人们的行为方式和生活习惯。电视广告和网络广告将有一次面对面的碰撞。将声音与网站视觉表现相结合的广告，将更清楚地告知并引导消费者。因此，数字视频广告管理与发布正是适应了当前广告的发展趋势，将互联网的强大功能和电视广告的商业效应相结合，使数字视频技术在广告中的运用上升到一个新的高度。

注释：

① 源自美国加特纳调查公司的一项最新调查。
http://www.clickz.com/aff_mkt/aff_mkt/article.php/832131。
② 源自艾瑞市场咨询公司iResearch的统计显示。
http://www.ciadvertising.org/studies/student/00_summer/rashed/bbstrategy/internetadv.html。
③ 源于美国网络咨询公司eMarketer的最新调查。
http:// www.worldata.com/wdnet3/articles9_00/the_history_of_Internet_Advertising.htm。
④ 引自新浪网首席营销长张莅政的评说。
http://www.newcg.com/。
⑤ 中国社会科学院新闻与传播研究所网络与数字传媒研究室主任闵大洪在2001年3月28日于北京召开的"二十一中国网络媒体运营与发展高峰论坛"上的观点。
⑥ 制作上的专业术语。硬切，即镜头之间不经过任何处理，直接衔接。叠化，一种处理方式，使两个画面间产生一定的过渡。
⑦ 具有双CPU或更多的CPU的计算机。

现代社会不可缺少的加速器

——办公自动化系统

王 萌

前 言

在办公管理中，工作人员之间最基本的联系是沟通（Communication）、协调（Cooperation）和控制（Control），即所谓的3C概念。沟通是工作人员之间合作的基础，无论是日常的事务处理，还是一个决策过程，往往需要其他部门、其他人的帮助和信息支持，沟通就能够实现工作人员之间的交流，使彼此掌握的信息能够共享。协调则是为了保证各项工作的顺利开展和冲突解决，尤其是多个部门、多个工作人员参与和决策的工作，协调就尤为重要。控制则体现了领导与被领导之间的关系，是一个决策能够贯彻落实的保证。就一般而言，办公管理离不开文件的制作、修改、传递、签订、保存、销毁和存档。

办公室自动化是近年随着计算机科学发展而提出来的新概念。办公自动化就是用信息技术把办公过程电子化、数字化，就是要创造一个集成的办公环境，使所有的办公人员都在同一个桌面环境下工作。中国企业在管理手段与管理思想方面已经落后于发达国家，迫切需要通过推行OA来改善经营管理手段，提高管理水平，增强企业竞争力。办公自动化系统作为首博数字化工程的一项重要组成部分，以首都博物馆网络为平台，形成以电子文件流转为核心的、覆盖行政和业务等各部门的办公信息系统。

一、办公自动化系统

办公室自动化是近年随着计算机科学发展而提出来的新概念。办公室自动化英文原称Office Automation，缩写为OA。办公室自动化系统一般指实现办公室内事务性业务的自动化，而办公自动化则包括更广泛的意义，即包括网络化的大规模信息处理系统。①

办公自动化（OA: OFFICE AUTOMATION）就是采用Internet/Intranet技术，基于工作流的概念，使企业内部人员方便快捷地共享信息，高效地协同工作；改变过去复杂、低效的手工办公方式，实现迅速、全方位的信息采集、信息处理，为企业的管理和决策提供科学的依据。一个企业实现办公自动化的程度也是衡量其实现现代化管理的标准。

办公自动化没有统一的定义，凡是在传统的办公室中采用各种新技术、新机器、新设备从事办公业务，都属于办公自动化的领域。

通常办公室的业务，主要是进行大量文件的处理，起草文件、通知、各种业务文本，接受外来文件存档，查询本部门文件和外来文件，产生文件复件等等。 所以，采用计算机文字处理技术生产各种文档，存储各种文档，采用其他先进设备，如复印机、传真机等复制、传递文档，或者采用计算机网络技术传递文档，是办公室自动化的基本特征。

办公室是各行业工作的领导进行决策的场所。领导机关作出决策，发布指示，除了文档上的往来之外，更深层的工作，实际上是信息的收集、存储、检索、处理、分析，从而作出决策，并将决策作为信息传向下级机构或合作单位，或业务关联单位。

二、办公自动化功能

办公自动化（Office Automation，简称OA）是20世纪70年代中期发达国家迅速发展起来的一门综合性技术。[②]我国的OA经过从80年代末至今10多年的发展，已从最初提供面向单机的辅助办公产品，发展到今天可提供面向应用的大型协同工作产品。现在，办公自动化到底要解决什么问题呢？我们说，办公自动化就是用信息技术把办公过程电子化、数字化，就是要创造一个集成的办公环境，使所有的办公人员都在同一个桌面环境下一起工作。具体来说，主要实现下面七个方面的功能：

（一）建立内部的通信平台

建立组织内部的邮件系统，使组织内部的通信和信息交流快捷通畅。

（二）建立信息发布的平台

在内部建立一个有效的信息发布和交流的场所，例如电子公告、电子论坛、电子刊物，使内部的规章制度、新闻简报、技术交流、公告事项等能够在企业或机关内部员工之间得到广泛的传播，使员工能够了解单位的发展动态。

（三）实现工作流程的自动化

这牵涉到流转过程的实时监控、跟踪，解决多岗位、多部门之间的协同工作问题，实现高效率的协作。我们都知道，各个单位都存在着大量流程化的工作，例如公文的处理、收发文、各种审批、请示、汇报等，都是一些流程化的工作，通过实现工作流程的自动化，就可以规范各项工作，提高单位协同工作的效率。

（四）实现文档管理的自动化

可使各类文档（包括各种文件、知识、信息）能够按权限进行保存、共享和使用，并有一个方便的查找手段。每个单位都会有大量的文档，在手工办公的情况下这些文档都保存在每个人的文件柜里。因此，文档的保存、共享、使用和再利用是十分困难的。另外，在手工办公的情况下文档的检索存在非常大的难度。文档多了，需要什么东西不能及时找到，甚至找不到。办公自动化使各种文档实现电子化，通过电子文件柜的形式实现文档的保管，按权限进行使用和共享。实现办公自动化以后，比如说，某个单位来了一个新员工，只要管理员给他注册一个身份文件，给他一个口令，他自己上网就可以看到这个单位积累下来的东西，规章制度、各种技术文件等等，只要他的身份符合权限可以阅览的范围，他自然而然都能看到，这样就减少了很多培训环节。

（五）辅助办公

它牵涉的内容比较多，像会议管理、车辆管理、物品管理、图书管理等与我们日常事务性的办公工作相结合的各种辅助办公，实现了这些辅助办公的自动化。

（六）信息集成

我们每一个单位，都存在大量的业务系统，企业的信息源往往都在这个业务系统里，办公自动化系统应该跟这些业务系统实现很好的集成，使相关的人员能够有效地获得整体的信息，提高整体的反应速度和决策能力。

（七）实现分布式办公

这就是要支持多分支机构、跨地域的办公模式以及移动办公。现在来讲，地域分布越来越广，移动办公和跨地域办公成为很迫切的一种需求。

OA的这些功能也就规定了它的存在范畴。OA是使政府和企业的办公自动化并辅助工作人员办公。国内实现办公自动化应用软件在短短10多年时间内，已经经历了三个发展阶段，实现了两个革命性的飞跃。

三、推行的重要性

在中国推行OA尤有其重要性和必要性：

（一）OA对于面向21世纪的中国企业的经营和管理比以往任何时候更显重要

信息社会中，竞争取胜的法宝是信息，而OA所收集、处理、分析的对象正是“信息”。中国企业在管理手段与管理思想方面已经落后于发达国家企业，迫切需要通过推行OA来改善经营管理手段，提高管理水平，增强企业竞争力。

（二）推行OA，能给中国企业的经营者和管理者在行为方式和思维方式上带来革命性进步

在企业中做IT工作都深受一个共同的难题长期困扰：企业经营和管理方式太不规范、太不严谨，

缺乏全局观和系统观，人为因素太多，而且变化不定。这不仅为企业的经营和管理带来盲目性，而且为推进信息管理设置了障碍。推行OA，不仅是管理手段的改善，更重要的是带来管理思想的进步。

（三）企业办公日益从过去的文秘型向自我服务型转变

OA为用户提供的正是自我服务的支持，这正说明了OA已成为一种潮流、一种趋势、一种更好的企业办公方式。

（四）很多中国企业早在80年代初就着手建立企业的管理信息系统（MIS）

近20年过去了，我们没有看到中国企业管理水平质的飞跃，其中，除了技术能力局限的原因外，还有观念、认识方面的原因。过去做MIS，更多地注重了对规范的、结构化的数据的管理，而且走入了用先进的技术手段模拟手工操作的误区。模拟手工操作只有界面的友好程度、模拟的逼真程度的差别，不会有管理水平的提高。而OA所面向的对象是企业经营过程中所有可能产生的数据：结构化与非结构化的、多媒体的等；OA所直指的目标是物化科学的管理思想。所以今天所谈的OA较过去的MIS有更广泛、更深刻的意义。当然，过去的MIS也为我们今天的OA打下一个良好的基础，也就是说OA的确很重要，同时实现OA也并非遥不可及。

四、如何实现办公自动化系统

办公自动化是指利用先进的科学技术，尽可能充分地利用信息资源，提高生产、工作率和质量，辅助决策，求取更好的经济效益。一般来说，一个较完整的办公自动化系统，应当包括信息采集、信息加工、信息传输、信息保存四个环节。办公自动化一般可分为三个层次：事务型、管理型、决策型。事务型为基础层，包括文字处理、个人日程管理、行文管理、邮件处理、人事管理、资源管理，以及其他有关机关行政事务处理等；管理型为中间层，它包含事务型，管理型系统是支持各种办公事务处理活动的办公系统与支持管理控制活动的管理信息系统相结合的办公系统；决策型为最高层，它以事务型和管理型办公系统的大量数据为基础，同时又以其自有的决策模型为支持，决策层办公系统是上述系统的再结合，具有决策或辅助决策功能的最高级系统。

我国从20世纪80年代开始，尤其是进入90年代，办公自动化发展迅猛。随着计算机技术的发展，办公自动化系统从最初的汉字输入、字处理、排版编辑、查询检索等单机应用软件逐渐发展成为现代化的网络办公系统，通过联网将单项办公业务系统链成一个办公系统。再通过远程网络将多个系统链接成更大范围的办公自动化系统。建立企业内部网（Intranet）和企业外部网（Extranet）已经成为办公自动化发展的必然趋势。多媒体技术是办公自动化发展的又一趋势。办公自动化系统引入多媒体技术，使之处理语音、图形、图像功能加强，更能够满足办公要求，提高办公信息处理的应用范围和价值。近来，随着技术的不断进步和市场的进一步需求，电子商务（E-Business）已日益成为国内外企事业单位的热点，所谓电子商务，是指把企业最关键的商业系统，通过网络与员工、顾客、供应商及销售商直接相链，将传统的商务活动通过计算机网络加以实现。

五、在博物馆中的应用

首都博物馆新馆是一座大型综合性博物馆，它是一座全面反映北京的悠久历史、灿烂文化、革命传统，展示现代化建设的成就与国际大都市风貌的大型综合性博物馆。

作为一个公用文化设施，首博新馆既要具备普及性、大众性，又要体现出整体文化品位，体现出北京城深厚的文化底蕴和古都神韵。首博新馆这种功能定位的实现需要从管理理念、组织体系、技术保障等诸多方面加强建设，其中，信息化就是一种重要的技术手段。

首博数字化工程建设的根本目标就是要利用先进的计算机技术，深化基于现代技术、现代管理的工作体系，从而定量化地提高各部门、各专业工作的效率和深度，使各专业的工作成果更广乏及时地为社会公众所共享，极大地拓展博物馆的社会终身教育功能。

如右图所示，首都博物馆数字化工程涵盖计算机局域网网络、多功能会议厅、多媒体视听室播放、多媒体展示、教育广播、首博网站、数据库系统、文化遗产管理、办公自动化、多媒体采集与存储以及集成管理系统等十一大部分，其建设核心是将藏品信息为主的各种信息形成数字化资源，用数字技术延续历史和弘扬中华民族的优良传统和优秀文化。在信息空间中提供原始、真实的资料，引导受众自由地探索客观规律、自我感受历史与传统、主动挖掘文化遗产宝藏，使传统成为创新的基石。

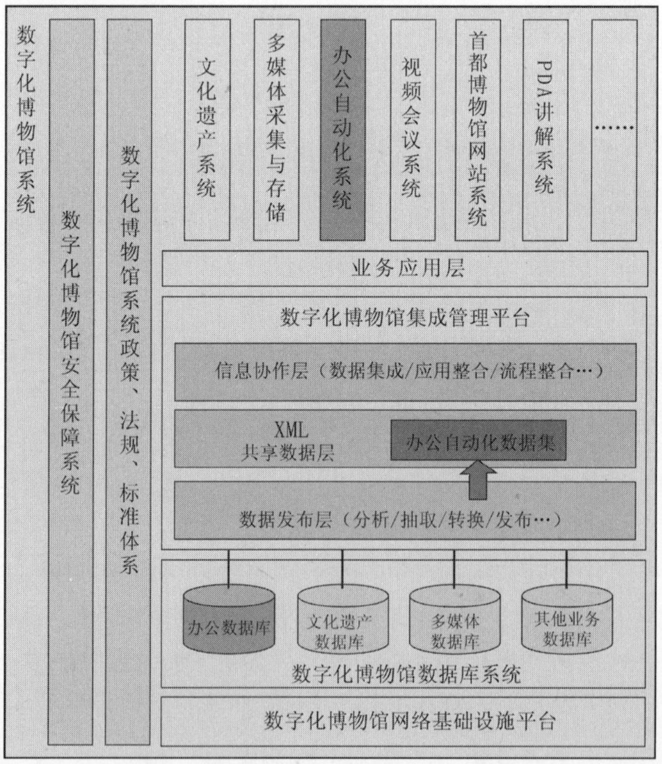

数字化博物馆系统的总体结构图

从博物馆保存、研究、陈列、休闲的基本功能出发，首博数字化工程将围绕着藏品信息数字化保存和展示、藏品信息数据库建设、藏品业务研究活动功能、观众现场服务与网络服务功能四个方面展开设计，并且以建筑、装饰、空调、照明等专业的通力合作配合为平台，力求显著地运行效果、正确的技术方向和明显的投资效益。

办公自动化系统作为首博数字化工程的一项重要组成部分，以首都博物馆网络为平台，形成以电子文件流转为核心的、覆盖行政和业务等各部门的办公信息系统。该系统的建成将为博物馆日常办公、事务处理和馆领导的辅助决策提供准确、有效、广泛、及时、可靠、安全的信息服务，实现办公现代化、信息资源化、传输网络化和决策科学化，建立一个全新概念的、开放的现代管理和办公环境。在功能上，系统应实现行政公务、文字处理、文档管理、电子邮件、电子票务、电视会议、视频点播、信息发布、信息查询等功能，同时应用互联网技术实现本单位与上级部门和下属机构、社会公众之间的信息交互，除此之外，系统还要能够体现博物馆文化遗产的流通信息的管理，即涵盖文化遗产从进馆、入库、修复到外借、提用等一系列过程，并要求能和已有系统或在建系统实现集成，这些系统包括PDA讲解系统、会议表决系统、智能化BMS以及售验票系统等。

六、技术先进性

（一）统一用户管理和授权机制

由于我馆办公自动化系统是一个跨部门、多模块的综合应用系统，所以在管理和授权体系上，应符合我馆的管理模式，实现多级授权。

具体特性包括：

引入树形结构的形式对组织机构、部门、用户组和用户进行管理，支持一人多岗和一岗多人。

支持归属和层次关系，充实用户信息的内容并进行统一管理，加入职务、E-mail和人员间的职务关系等信息。

应具有好的维护界面，用户能方便直观地进行维护，可以对组织机构体系进行动态增、删、改、排序、复制、移动等操作。

与授权管理体系紧密结合，可以实现对每个部门、用户组、用户或业务角色的权限分配管理，必要时可以与数字博物馆的其他应用系统或数字证书系统对接，实现相关系统的单点登录。

（二）工作流管理与控制

在我馆多部门的业务工作中需要解决存在的如下需求：

1. 整体与分散

博物馆的每个部门都是一个独立的办事点，相互之间有工作协同关系，但协同能力却需提高；整个工作流程的执行应该是一个紧密依赖耦合的、多节点的链式顺序过程，但现在大多数情况下，节点之间的合作却是松散的个人行为。

2. 变动与适应

工作流程不是一成不变的，办事人员也会随时间发生变化。但现在的情况是，工作流程变了，人员跟不上；或者是人员变了，但流程中无法很快补上熟练人员。

3. 状态分离与整体监控

由于办事状态分散在各个部门，无法对整个工作流程的执行情况进行整体监督和控制。

为了解决以上矛盾与需求，应引入工作流程管理与控制系统，使得各部门分散的工作有机地结合起来，形成完整的工作流程，从而可使得工作更灵活、便捷、透明，工作效率会更高。

（三）个性化、灵活性与操作方便性之间的平衡

应用支撑平台具备一定的灵活性和个性化，在平台配置、流程定义、模板定制、数据结构、系统界面等方面均需要灵活的构建功能，以便适应系统需求的不断变化，保证其上业务系统的可扩展性，最大限度地发挥支撑平台的作用。

但灵活性的加强往往是以牺牲操作方便性为代价的，所以，系统很好地考虑方便性和灵活性、个

性化之间的平衡。

（四）安全性

应用支撑平台应提供安全加密组件，以保证信息的安全性和完整性。系统中敏感的信息都应该通过加密存储、传输，采取128位加密算法，实现文件的分级加密，另外还应提供应用安全系统接口，连接符合身份证书的安全体系，最终解决数据访问安全、电子签名与防抵赖等问题。

（五）开放性和可扩展性

本次办公自动化系统的应用支撑平台建设不仅考虑到目前的实际需求，而且还从信息管理系统的长期发展、建设的总体角度出发，为以后系统扩展、新应用系统搭建等提供可行的扩展方案，满足不断发展的需要。

七、展望

在实现办公自动化的进程中将面临以下问题：

办公人员大都非计算机专业人员，他们的计算机知识尤其是计算机操作系统及硬件知识的缺乏，导致办公效率的降低，也造成系统管理员工作量的增大如系统维护及软件升级。成本计算机技术的发展可谓一日千里，软硬件的升级换代将更加的频繁，这就意味着系统后期成本居高不下。

当今政府、企事业单位对信息的价值有了更深的认识，因而对信息的存储和保密也就更加重视。而今，病毒的破坏、黑客的入侵等都将对系统信息以致命的打击。

Windows的终端办公自动化解决方案的特点是整个系统为客户机/服务器结构。客户/服务器体系软硬件的升级换代只是对服务器的升级，客户端不需任何软硬件的升级工作，这将降低整体成本。客户机/服务器体系具备良好的可维护性。系统采用集中式管理。由单位的IT部门集中管理所有的客户系统，可大大减轻IT人员的工作负担，便利系统安全性得到大大的提高，使得系统安全性得到大大的提高，使得企事业单位能容易实现远程办公，外地机构也可以用同一系统办公。

办公自动化系统这趟列车将带领我们在高速发展的信息化道路上走的更为迅速。

参考文献：

① 王波、桑军等：《办公自动化系统设计》，人民邮电出版社2003年版。
② 网页：http://media.ccidnet.com/media/ciw/855/e0901.htm。
③ 首都博物馆新馆数字化博物馆系统项目（第四包办公自动化）方案建议书，中科软件股份有限公司。2005（内部文件）。

直方图的均衡化在图像处理中的应用

李　陶

一、前 言

（一）图像处理及其技术分类

1. 图像处理

人类传递信息的主要媒介是语音和图像。据统计，在人类获取的信息中，视觉信息约占60%，听觉信息约占20%，其他如味觉信息、触觉信息等加起来约占20%，可见图像是人类获取信息的主要途径。在博物馆信息传播中，图像信息有着相当的重要性，图像处理技术在博物馆领域中的广泛研究和应用也将是必然的趋势。

图像处理就是对图像信息进行加工处理，以满足人的视觉心理和实际应用的要求。图像处理可以应用光学方法，也可以应用电子学方法。前者已经有很长的发展历史，从简单的光学滤波到现在的激光全息技术，光学处理理论已经日趋完善，而且处理速度快，信息容量，大分辨率高，又很经济。但是光学处理图像精度不够高，稳定性差，操作不便。从20世纪60年代起，随着电子技术和计算机技术的不断提高和普及，数字图像处理进入高速发展时期。所谓数字图像处理就是利用数字计算机或者其他高速大规模集成数字硬件，对从图像信息转换而得的电子信号进行某些数学运算或处理，以期提高图像的质量或达到某些人们所要求的预期效果。如对被噪声污染的图像去除噪声；对信息微弱的图像进行增强处理；对失真的图像进行几何校正；从遥感图片中辨别农作物、森林、湖泊和军事设施等等。应用计算机处理图像精度高，改变软件即可变换处理方法，灵活方便。全面地了解图像处理技术，对于博物馆图像信息处理也有很大程度上的帮助。

2. 图像处理技术的分类

图像处理技术基本可分为两大类：模拟图像处理和数字图像处理。

（1）模拟图像处理

模拟图像处理（Analog Image Processing）包括：光学处理（利用透镜）和电子处理，如：照相、遥感图像处理、电视信号处理等。模拟图像处理的特点是速度快，一般为实时处理，理论上讲可达到光的速度，并可同时并行处理。电视图像是模拟信号处理的典型例子，它处理的是活动图像，25帧/秒。模拟图像处理的缺点是净度较差，活动性差，很难有判断能力和非线性处理能力。

（2）数字图像处理

数字图像处理(Digital Image Processing) 一般都用计算机处理或实时的硬件处理，因此也称之为计算机图像处理（Computer Image Processing）。其优点是处理精度高，处理内容丰富，可进行负载的非线性处理，又灵活的变通能力。其缺点是处理速度较慢，特别是进行复杂的处理更是如此。一般情况下处理静止画面居多，如果实时处理一般精度的数字图像需要具有100Mips的处理能力；其次分辨率及精度尚有一定限制，如一般精度图像是512×512×8 bit，分辨率高的可达2048×2048×12 bit，如果精度及分辨率再高，所需处理时间将显著延长。

广义上讲，一般的数字图像很难为人所理解，因此，数字图像处理了离不开模拟技术，为实现人机对话和自然的人机接口，在特别需要人去参与观察和判断的情况下，模拟图像处理技术是必不可少的。

（二）数字图像处理的主要内容及主要应用

1. 数字图像处理的主要内容

数字图像处理概括地说主要包括如下几项内容：

（1）几何处理 （Geometrical Processing）

（2）算术处理 （Arithmetic Processing）

（3）图像增强 （Image Enhancement）

（4）图像复原 （Image Restoration ）

（5）图像重建 （Image Reconstruction）

（6）图像编码 （Image Encoding）

（7）图像识别 （Image Recognition）

（8）图像理解 （Image Understanding）

2. 数字图像处理处理的主要应用

数字图像处理的应用领域十分广泛，下面仅说出几个应用的领域。

（1）航天和航空技术方面的应用

（2）生物医学工程方面的应用

（3）通信工程方面的应用

（4）工业和工程方面的应用

（5）军事公安方面的应用

（6）文化艺术方面的应用

二、灰度图

（一）灰度图的概述

在一些单色图像如照片等中，经常要使用灰度，才能较准确地表达图像的真实视觉效果，这种图像常被称作灰度图。灰度图是相对彩色图而言的。彩色图像中的每一个像素都需要用3个或者4个样本组成的一组数据进行描述，其中每个样本用于描述该像素的一个基本颜色（RGB、CMYK）或者对立量（HIS）。由于彩色图像所占的存储空间相当大，所以使用灰度图比较方便。

当需要在不具备真彩色支持技术的图像显示卡上显示原始的真彩色图像时，一般都需要利用相应的灰度图像对其进行近似处理，因此，灰度图像是图像处理技术中涉及范围比较广泛的一种图像表示方法。

描述灰度图像有两种经典的处理方案：

由于人眼会将一个很细致的黑白图案的像素解释为灰色，因此可以利用黑色或者某一种单色的点描述连续的该色灰度，此技术称为半色调处理（halftoning）或者成为抖动处理（dithering）。由于半色调处理存在一定缺陷，它使图像编辑工作相当困难、并且会降低灰度图像的分辨率，并且经半色调处理的图像在显示灰度时层次太明显，因此，一般很少采用。

另一种方法是将灰度图像记录为真正的灰度级。对于灰度图像，利用位图格式描述时，所使用的像素一般都多于一位，这些位的内容即代表颜色号，通常用0代表黑色，最高位表示白色，中间值代表灰度级别。

为了进一步描述灰度图像，可以将灰度级和抖动进行组合，从而得到比实际效果更明显的效果。任何一幅真正的灰度级图像都具有一定的位深度。位图单色图像可以根据三个尺度进行描绘：列的像素值（宽）、行的像素值（高）及表示像素亮度的位数——图像的深，即灰度级分辨率。对于一个真实的灰度图像，经常需要6个位的深度。利用位图格式描述灰度图像时，像素位的内容代表颜色号，通常用0表示黑色，最高位表示白色，中间值代表灰度的级别。这种方法的使用比较普遍。

下面介绍灰度图像的阵列表示法。

设连续图像 按等间隔采样，排成M×N阵列（一般取方阵列N×N），如式（2.1）所示。

$$f(x,y)=\begin{bmatrix} f(0,0)f(0,1)\cdots f(0,N-1) \\ f(1,0)f(1,1)\cdots f(1,N-1) \\ f(N-1,0)f(N-1,1)\cdots f(N-1,N-1) \end{bmatrix} \tag{2.1}$$

图像阵列中每一个元素都是离散值，称为像素（pixel）。在数字图像处理中，一般取阵列N和灰度级G都是2的整数幂，即取$N=2^n$ 及$G=2^m$。对一般实验室电视图像，N取256或512，灰度级G取64级（m=6bit）至256级(m=8bit)，即可满足图像处理的需要。对特殊要求的图像，如卫星图片取2340×3240，灰度级m取8—12bit。

（二）灰度变换

本小节主要任务是将彩色图像转换为灰色图像，灰度像素是指该像素的红、绿、蓝三分量的值完全相等的像素。将彩色图像转换为灰度图像成为灰阶表出。

将彩色图像转化为灰阶图像常采用如下的经验公式：

$$gray = 0.30\times R + 0.59\times G + 0.11\times B$$

式中，gray为灰度值，R，G，B分别为红色、绿色和蓝色分量值。

常用的增强灰阶图像的点处理方法有：灰度比例变换、灰度线性变换、灰度线性截断、两段化灰度分层切片、三段线性变换、灰度取反、灰度对数变换以及灰度指数变换等。

灰度比例变换很直观，它把原像素的灰度乘以一个缩放因子，并最后截至[0，255]。灰度线性变换则是改变对比度的重要方法。当图像由于成像时曝光不足或曝光过度，会产生对比度不足的弊病，从而使图像中的细节分辨不清。将图像灰度进行线性扩展，常能显著的改善图像的外观。

灰度线性变换的计算公式：

$$g=\begin{cases}\dfrac{(d-c)(f-a)}{b-a}+c, f\in[a,b]\\ f,其\ 他\end{cases}$$

式中，是原像素的灰度，为变换后的灰度。很显然，该变换把属于[a,b]的灰度及变换至灰度区间[c,d], 而没有在[a,b]区间的原像素灰度将保持不变。这里，a, b, c, d, f, g均为[0，255]之间的整数值。可见，a被映射为c, b被映射为d。

灰度线性截断是线性变换的补充，其不同之处在于：如果原像素的灰度小于a，则该像素的灰度等于c；如果原像素的灰度大于b, 则该像素的灰度的等于d。

两段化灰度分层切片的算法更简单，它根据如下的公式来进行计算：

$$g=\begin{cases}\max Graylevle, f\in[a,b]\\ 0,其他\end{cases}$$

式中，maxGraylevel为两层灰度级的最大灰度。

三段线性变换将原图像的灰度分为三段，每段进行各自的线性变换，计算公式如下：

$$g=\begin{cases}f\dfrac{m\_a}{a}, f\in[0,a]\\ \dfrac{m\_b-m\_a}{b-a}(f-a)+m\_a, f\in[a,b)\\ \dfrac{m\_c-m\_b}{c-b}(f-b)+m\_b, f\in[b,c)\\ f,其他\end{cases}$$

式中，a, b, c分别被映射为m_a, m_b, m_c。同样的，上述运算均为整数运算。从三段线性变换出发，可以定义n段线性变换。

灰度取反就是用255减去像素的当前灰度值，将得到的新值赋给当前被处理的像素。

上述诸变换均为线性变换。下面介绍两种非线性变换，其一是对数变换，其二是指数变换。对数变换的公式为：

$$g=a+\frac{\ln(f+1)}{b\cdot\ln c}$$

这里的a, b, c 可以调整曲线的位置和形状。当希望对图像的低灰度区有较大的扩展而对高灰度区有较大的压缩时，可采用此种变换，它能使图像灰度的分布与人的视觉特性相匹配。

指数变换的一般形式为$g=b^{c(f-a)}-1$。这种变换能对图像的高灰度区给与较大的扩展。

对于对数变化和指数变换，a, b, c 的选取非常重要。

（三）BMP格式的灰度图

BMP格式的文件中并没有灰度图这个概念，但是我们可以很容易地用BMP文件来表示灰度图。方法使用256色的调色板，只不过这个调色板有点特殊，每一项的RGB值都是相同的，也就是说RGB从（0，0，0），（1，1，1）一直到（255，255，255）。（0，0，0）是全黑色，（255，255，255）是全白色，中间的是灰色。这样，灰色度图就可以用256的图来表示了。对于R = G = B的色彩，带入YIQ或YUV色彩系统转换公式中可以看到其颜色分量都是0，即没有色彩信息。

灰度图使用比较方便。首先RGB的值都一样。其次图像数据即调色板索引值，也就是实际的RGB的亮度值；另外因为是256的调色板，所以图像数据中一个字节代表一个像素。如果是彩色的256色图，图像处理后有可能会产生不属于这256种颜色的新颜色，所以图像处理一般采用灰度图。为将重点放在算法上，本文中如不作特殊说明，都是针对256级灰度图的。

三、灰度直方图

点运算（Point Operation）是一种既简单又重要的技术，它能让用户改变图像数据占据的灰度范围。一幅输入图像经过点运算后将产生一幅新的输出图像，由输入像素点的灰度值决定相应的输出像素点的灰度值。点运算与后面将要介绍的局部运算的区别在于：后者每个输出像素的灰度值由对应输入像素的一个邻域内几个像素的灰度值决定。因此，点运算不可能改变图像内的空间关系。

点运算可以按照预定的方式改变一幅图像的灰度直方图。除了灰度级的改变是根据某种特定的灰度变换函数进行之外，点运算可以看作是“从像素到像素”的复制操作。如果输入图像为A(x,y)，输出图像为B(x,y)，则点运算可表示为：

$$B(x,y)=f[\,A(x,y)\,]$$

其中函数$f(D)$被称为灰度变换 (Gray Scale Transformation, GST) 函数，它描述了输入灰度值和输出灰度值之间的转换关系。一旦灰度变换函数确定，该点运算就完全被确定先来了。

点运算有时又被称为对比度增强、对比度拉伸或灰度变换，它是图像数字化软件和图像显示软件的重要组成部分。

（一）灰度直方图的概念

灰度直方图是数字图像处理中一个最简单、最有用的工具，它描出了一幅图像的灰度级内容。任何一幅图像的直方图都包括了可观的信息，某些类型的图像还可以有其直方图完全描述。直方图的计算很简单，特别是当一幅图从一个地方被复制到另一个地方时，直方图的计算可以用非常低的代价来完成。

什么是灰度直方图呢？灰度直方图是灰度值的函数，描述的是图像中具有该灰度值的像素的个数，其横坐标表示像素的灰度级别，纵坐标是该灰度出现的频率（像素的个数）。设图像的灰度级范围为(Z_1, Z_K)表示(Z_1, Z_K)内所有灰度级出现的相对频率。显然，$p_{(z)}$是z的函数。往往称$p_{(z)}$的图形为图像f 的直方图。

灰度直方图也有另一种方式的定义：假设有一幅由函数D(x,y)所定义的连续图像，它平滑的从中心的高灰度级变化到边沿的低灰度级。我们可以选择某一灰度级D1，然后定义一条轮廓线，该轮廓线连接了图像上所有具有灰度级D1的点。所得到的轮廓线形成了包围灰度级大于等于D1的区域的封闭曲线。

将一幅连续图像具有灰度级$A(D)$的所有轮廓线所包围的面积成为该图像的阈值面积函数。直方图可定义为：

$$H(D)=\lim\frac{A(D)-A(D+\Delta D)}{\Delta D}=-\frac{d}{dD}A(D)$$

由上式可以得出结论：一幅连续图像的直方图是其面积函数的导数的负值。负号的出现是由于随着 D的增加$A(D)$在减小。如果将图像看成是一个二维的随机变量，则面积函数相当于其累积分布函数，而灰度直方图相当于其概率密度函数。

对于离散函数，我们固定 D 为1，则上式变为：

$$H(D) = A(D) - A(D+1)$$

（二）灰度直方图的性质

当一幅图像被压缩为直方图后，所有的空间信息都丢失了。直方图描述了每个灰度级只有的像素的个数，但不能为这些像素在图像中的位置提供任何线索。因此，任一特定的图像有唯一的直方图，但反之并不成立：极不相同的图像可以有着相同的直方图。例如，在图像中移动物体一般对直方图没有影响。尽管如此，直方图仍然有一些有用的性质。

1. 直方图是一幅图像中多个像素灰度值出现次数（或频率）的统计结果，它只能反映该图像中不同灰度值出现的次数（或频率），而未反映某一灰度值像素所在位置。也就是说，它只包含了该图像中某一灰度值的像素出现的概率，而丢失了其所在位置的信息。

2. 若将图像当作一个各态历经随机过程，那么P(Z)就是图像中的灰度级概率密度函数的估计值。要注意的是一幅图像对应一个直方图，但一个直方图并不一定只对应一幅图像。几幅图像只要灰度分布密度相同，那么它们的直方图也是相同的。也就是或图像与直方图之间是一种多对一的映射关系。举一个最简单的例子，假定有一个只有两个灰度级，且分布密度相同的直方图，如图3.1(a)。这样的直方图就可以对应所有只有灰度级z_1和z_2且概率相等的图像，如图3.1 (b)。

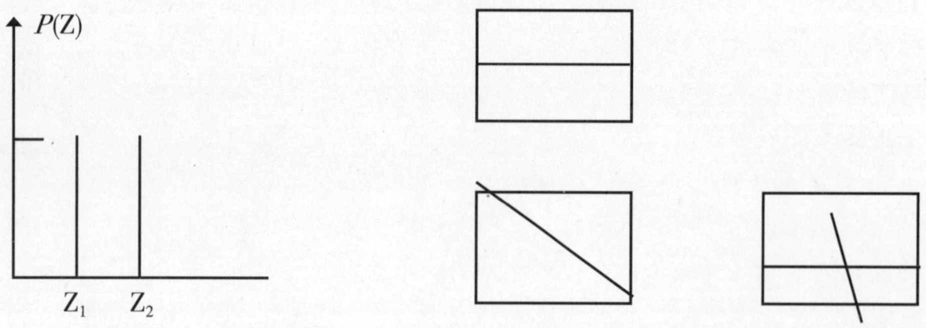

(a) (b)

图 3.1 不同内容的图像可能具有相同直方图实例

3. 由于直方图是对具有相同灰度值的像素统计技术的得到的，因此，一幅图像各子区的直方图之和就等于该图全图的直方图。

（三）灰度直方图的用途

直方图给出了一个简单可见的指示，用来判断一幅图像是否合理地利用了全部被允许的灰度范围。一般一幅数字图像应该利用全部或几乎全部的灰度级，否则等于增加了量化间隔。一旦被数字化图像的级数少于256，丢失信息（除非重新数字化）将不能恢复。

如果图像具有超出数字化其所能处理的范围的亮度，则这些灰度级将被简单地置为0或255，由此将在直方图的一段或两端产生尖峰。数字化对直方图进行检查是一个好的做法。对直方图的快速检查可以是数字化中产生的问题及早暴露出来，以免浪费大量时间。

四、直方图均衡化

（一）理论基础

1. 图像灰度映射

图像增强技术是通过对图像的加工，使得视觉效果更“好”的图像技术。对灰度图像来说，这种视觉效果的改善常借助改变各个像素的灰度来实现。具体说来，设原始图像在（x,y）处的灰度为f，而改变后的图像为g，则对图像增强的方法可表述为将在（x,y）处的灰度f 映射为g 。在很多情况下，f 和g 的取值范围是一样的，下面设均在[0,L–1] 中，L 为图像的灰度级数。对不同的灰度f 可以根据不同的规则将其映射为g ，这些规则有时可写成解析式子，有时只能用函数曲线（称为变换曲线）来表示。以下是三种常用的映射规则。

（1）图像求反

对图像求反是将原图灰度值翻转，简单说来就是使黑变白，使白变黑。原来具有接近L–1 的较大灰度的像素在变换后其灰度接近 0，而原来较暗的像素变换后成为较量的像素。普通黑白底片和照片的关系就是这样。

（2）增强对比度

增强图像对比度实际上是增强原图各部分之间的反差（灰度差别）。实际中，当f和g的取值范围一样时往往是通过增加原图里某两个灰度之间的动态范围来实现的。典型的增强对比度曲线往往有这样一个变换，使灰度在0到f1以及f2到 L–1 间的动态范围内的对比度增强，从而使这个范围内的对比度增强。

（3）压缩动态范围

该方法的目标与增强对比度相反。有时原图动态范围太大，超出某些显示设备的允许动态范围，这时如直接使用原图进行显示则一部分细节可能丢失。解决的办法是对原图进行灰度压缩。一种常用的压缩方法是借助对数形式的变换曲线，当大部分的f值映射到接近L–1的灰度范围，如果只取g的这部分灰度显示，就达到了压缩动态范围的目的。

2. 直方图均衡化

直方图均衡化是用修改直方图的方法来进行图像增强。图像增强是指按特定的需要突出一幅图像中的某些信息，同时，削弱或去除某些不需要的信息的处理方法。

直接修改图像像素点的灰度级是一种简单而有效的增强运算。它主要有两种形式：一种是灰度级校正，它是修改个别图像像素点的灰度级以补偿原来记录图像时的不均匀曝光；另一种形式为灰度级映射变换，其目的在于以统一的方法改变整个因伤的灰度或改变图像的一些区域的灰度，以便能增加对比度，从而能使图像细节更容易看清。

直方图均衡化的思想是把原始图像的直方图变换为均匀分布的形式，这样就增加了像素灰度值的动态范围，从而达到增强图像整体对比度效果。大多数自然图像由于其灰度分布集中在较窄的区间，引起图像细节不够清楚。采用直方图修正后可视图像的灰度间距拉大或是灰度均匀分布，从而增大了反差，使图像细节清楚，达到增强的目的。

按照图像的概率密度函数（PDF，归一化到单位面积的直方图）的定义：

$$p(x)=\frac{1}{A_0}H(x)$$

其中 H(x) 为直方图，A0 为图像面积。

设转换前图像的概率密度函数为 $p_r(r)$，转换后图像的概率密度函数为 $p_s(s)$，转换函数为$s=f(r)$。有概率论知识，我们可以得到：

$$p_s(x)=p_r(r)\cdot\frac{dr}{ds}$$

这样，如果想使转换后图像的概率密度函数为1（即直方图为平的），则必须满足：

$$p_r(r)=\frac{ds}{dr}$$

等式两边对 r 积分，可得：

$$s=f(r)=\int_0^r p_r(u)du=\frac{1}{A_0}\int_0^r H(u)du$$

该转换公式被称为图像的累积分布函数 (CDF)。

上面的公式是被归一化后推导出的，对于没有归一化的情况，只要乘以最大灰度值（D_{MAX}，对于灰度图就是255）即可。灰度均衡的转换公式为：

$$D_B=f(D_A)=\frac{D_{MAX}}{A_0}\int_0^{D_A} H(u)du$$

对于离散图像，转换公式为：

$$D_B=f(D_A)=\frac{D_{MAX}}{A_0}\sum_{i=0}^{D_A} H_i$$

式中Hi 为第i级灰度的像素个数。

（二）实　例

下面我们通过实例来看看均衡化前后图像的变化。图4-1a 和图4-1b是原始图像及其直方图，图4-1c和图4-1d是执行均衡化处理后的图像及其直方图。图4-2经均衡化处理后，变化十分明显。

图 4–1a

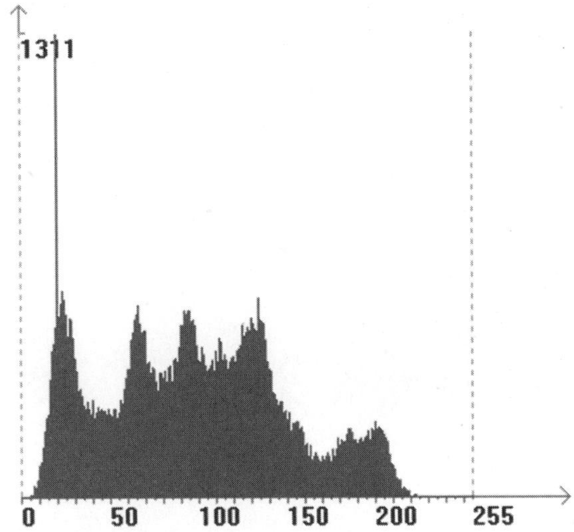

图 4–1b

图 4–1c

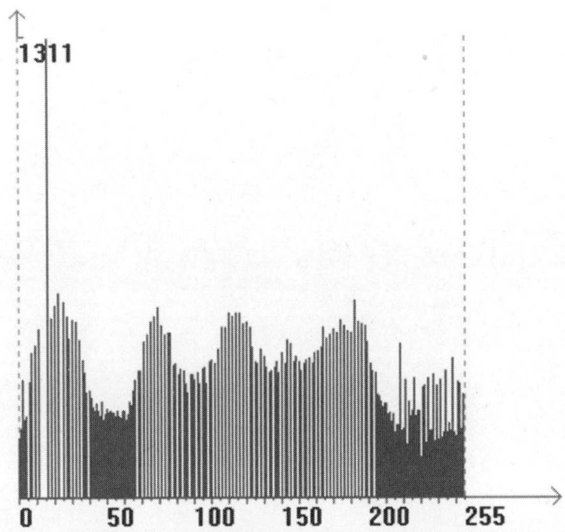

图 4–1d

图 4–2a

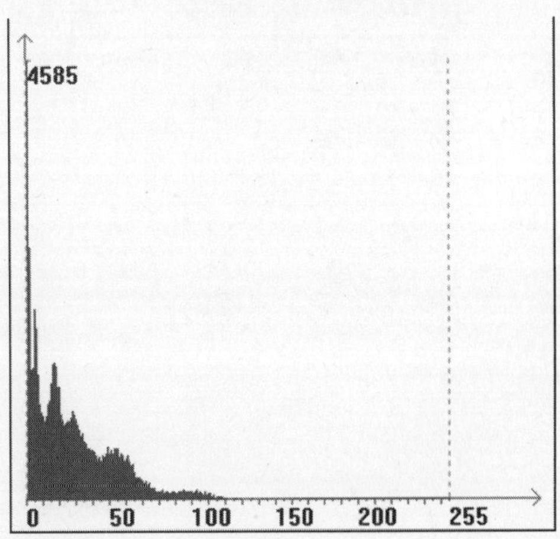

图 4–2b

图 4-2c

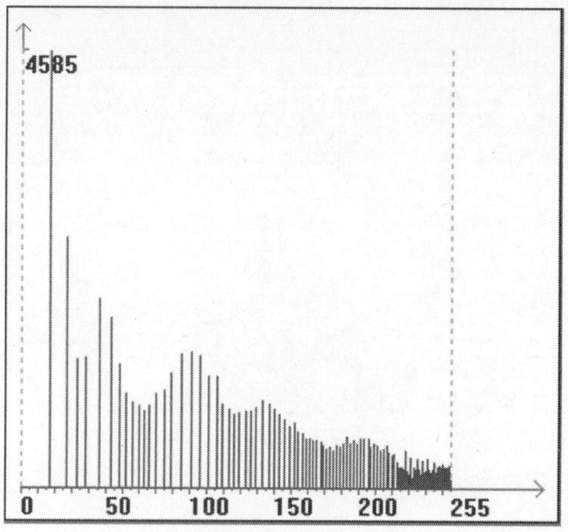

图 4-2d

以上举的都是人物图像的例子，下面看看景物图像也有一样的效果。

图 4-3a

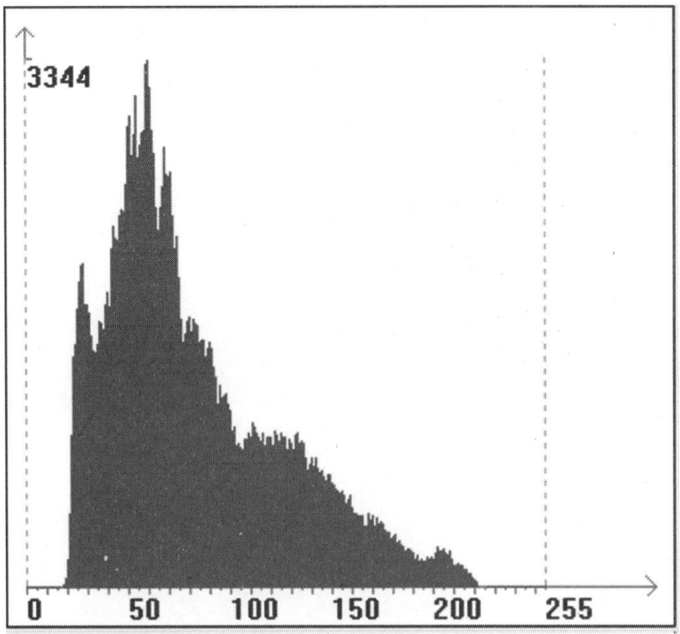

图 4-3b

图 4-3c

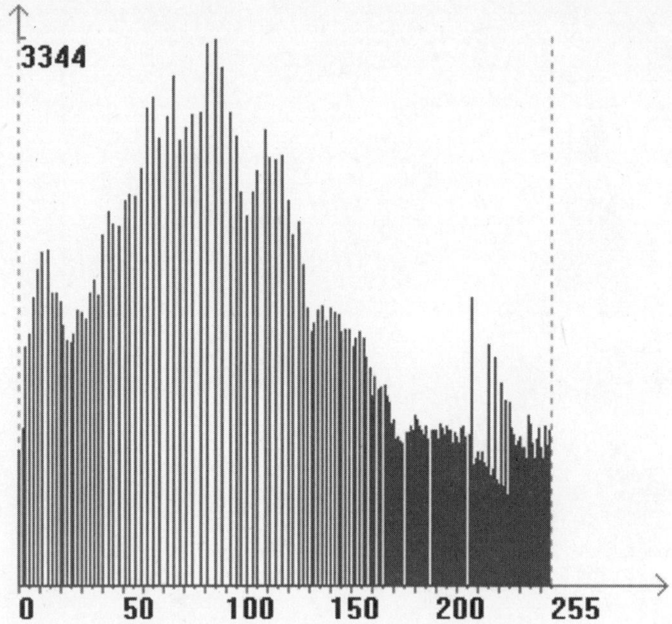

图 4–3d

图 4–4a

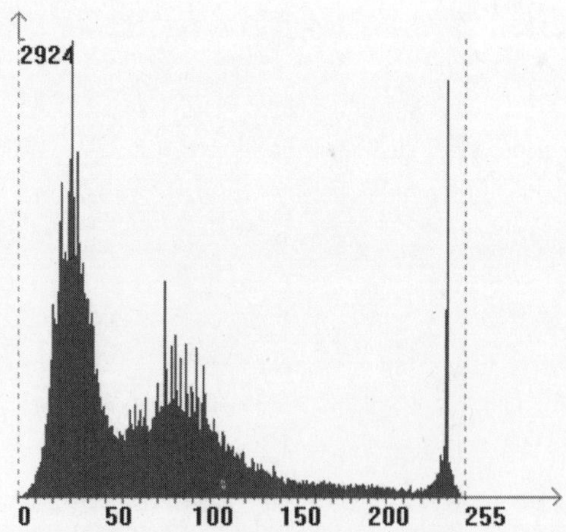

图 4–4b

图 4–4c

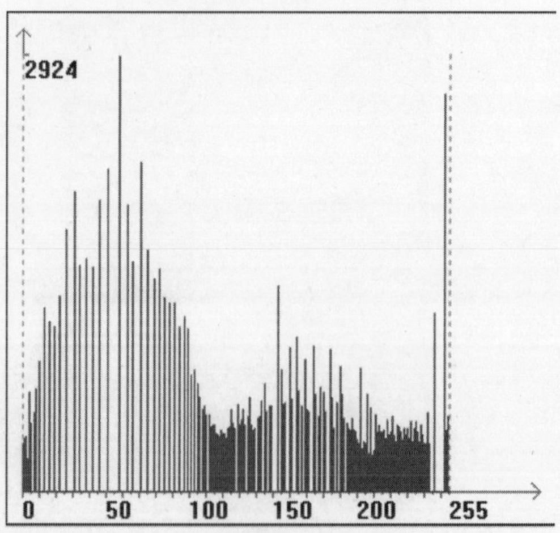

图 4–4d

从以上四个不同类型的例子很容易看出图像均衡化前后的不同：原始图像都偏暗一些而且动态范围小，反映在直方图上就是其直方图的灰度值范围比较窄且集中在低灰度值一边；而均衡化以后图像都明显变亮许多，现在每个直方图都占据了整个图像灰度值允许的范围。尤其是第二幅图像，灰度值基本上都集中在100灰度级以下范围里，所以整个图像昏暗不清。经过均衡后虽然亮度提高了，可是图像有些破坏了，这是因为均衡化不能根据每幅图像的不同进行不同程度的增强，处理的结果总是得到全局的均衡化。

从以上四个示例的直方图中可见，原始直方图的一些灰度有可能映射到了均衡直方图的同一个灰度，所以均衡直方图中实际使用的灰度级数有可能比原始直方图的少。在图4-4b和图4-4d的比较中很容易看出来。但由于不可能将同一个灰度值的各个像素变换到不同灰度级，所以不可能得到完全平坦的直方图，和理想的直方图还是有差距的，因此我们得到的数字图像直方图均衡化的结果一般只是近似均衡的直方图。这从实例中很明显地看到，没有一幅图得到的均衡化的直方图是完全平的，但是比起原始图像的直方图是平坦得多。

由于直方图均衡化增加了图像的灰度动态范围，所以也增加了图像的对比度，反映在图像上就是图像有较大的反差，许多细节也看得比较清晰了，这在图4-1、图4-4中都很明显，尤其是在图4-4中，原来桥洞下方的阴影部分是什么也看不见，但是经过均衡化后都可以看到石块分布了，细节明显好多了。

五、总结

从上述几个例子可以看出，直方图的均衡化是图像增强的一个有效的方法，由于灰度直方图是由需求规定而来，图像质量变换的好坏可由人主观调节。

通过分析图像直方图均衡化原理，相信对于图像信息资料处理也会更深刻的认识。直方图均衡化处理时以累积分布函数变换法为基础的直方图修正法，经变换后得到的新灰度的直方图虽然不很平坦，但毕竟比原来的图像均匀得多，而且其动态范围也大大地扩展了；其次这种方法对于对比度较弱的图像进行处理毕竟有效；需要注意的是，直方图是近似的概率密度函数，所以用离散灰度级作变换时很少能得到完全平坦的结果。另外，从例子上看出变换后灰度级减少了，这种现象叫作“简并”，由于简并现象的存在，处理后的灰度级总是要减少的，这是像素灰度有限的必然结果，因此数字图像的直方图均衡只是近似的。

参考文献：

① 晶辰工作室：《最流行图像格式时参考手册》，电子工业出版社1998年版。
② K.R.Castleman：《数字图像处理》，电子工业出版社1998年版。
③ 向世明：《Visual C++ 数字图像与图形处理》，电子工业出版社2002年版。
④ 何斌，马天予，王运坚，朱红莲：《Visual C++数字图像处理》，人民邮电出版社2001年版。
⑤ 章毓晋：《图像处理和分析基础》，高等教育出版社2002年版。
⑥ 阮秋琦：《数字图像处理学》，电子工业出版社2001年版。
⑦ 同志工作室：《Visual C++ 6.0 开发技巧与实力教程》，人民邮电出版社2000年版。

博物馆文物管理系统

叶　萌

博物馆一旦利用计算机管理文物信息，也就意味着藏品库在信息意义上的对外开放成为可能。换言之，通过信息的数字化手段能绕过一系列物质上的限制和管理上的不便，使文物信息全方位地直接面对社会公众。

数字化已悄悄步入人们的生活，人们已不再拘束于模式化死气沉沉的展览，而更愿意浏览博物馆文物管理系统，这就使博物馆文物管理系统要有一个大众化的检索功能。

博物馆在实施这一文物信息的数字化系统管理过程中，难免要付出巨大的人力和财力，自然应该追求尽可能大的效用。其中很重要的一点就是尽量扩大利用者范围，要求系统软件的功能不仅局限于内部专业人员需求，最好使博物馆文物管理系统能直接为广大普通公众服务，关键在于加入大众化的检索功能。

如果系统没有大众化的检索功能，那说明它只是文物信息管理软件，只是数字化的博物馆文物管理系统。

目前，我国至少有上百家博物馆的藏品数据库正在建设中，虽然其目的不见得在于通过Internet发布馆藏信息。但一些有条件的博物馆已经或正在准备实现局域网内分享博物馆文物管理系统。其结果是，不仅内部员工可以通过自己办公室里的电子计算机终端适时分享馆藏信息，从而大幅提高工作效率，而且外界普通观众也可以通过博物馆门厅等开放地带放置的电子计算机终端享受整个博物馆文物管理系统的信息服务，这也为部分文物信息的广域网发布奠定了基础。

与传统博物馆的文物管理系统相比，新一代的数字化博物馆文物管理系统有以下五个特点：

1. 信息存储的主要形式从纸张上的文字记录和视觉图像变成了磁性介质上的电磁信号。这种载体变化为压缩存储空间，方便用户检索和查询，改进组织方式，提高服务速度，扩大利用者范围，加快更新维护，降低维护费用等一系列进步提供了条件。

对于人类而言，通过实物等图像性媒介要比通过文字媒介认识世界更具本能的品质。人们通常都不否认博物馆文物所凝聚的知识量是巨大的、有价值的，尤其是真实可信的第一手资料，几乎每个常人都能或多或少地从博物馆藏品中找到自己感兴趣的、解惑答疑的、具有客观依据性的信息对象，因此，博物馆文物的潜在市场需求可谓广阔。

然而，由于传统博物馆的媒体大多为不便移动的实物藏品，又大多带有不可再生性和非复本性，并且需要占用较大的展示空间，因而多少年来人们一直采用陈列展览的方式向社会提供文物信息服务。

数字化博物馆，除了在质感（触觉）、嗅觉、味觉、机体运动觉、环境投入感（临场感）等短距离的或综合性的感觉信息方面有所不足以外，可将最主要的视、听觉等转化为电磁信号的信息，在一定程度上突破上述空间性和选择性的障碍，从而大大提高社会利用率。就空间性而言，通过国际互联网可以足不出户地坐在家里查询、观赏博物馆文物管理系统信息，或坐在博物馆门厅的电子计算机终端前就能从整个藏品库范围选看目标文物信息；就选择性而言，等待人们选择的将是几乎全方位开放的博物馆藏品库，而不再是有限的几个主题展览和更有限的几件感兴趣的展品。可见，这是方便人们凭借各自的兴趣主动访问的博物馆；若采用国际互联网的发布方式，则又是突破了空间和时间障碍的博物馆，既无开放时间限制，也无地域国界限制，随时随地都可查阅感兴趣的文物信息。因此，博物馆文物管理系统能使人们从海量的藏品库中迅速而准确地查找出目标文物加以观赏或研究。

2. 坦率地说，一位普通观众能对展厅里十分之一的展品感兴趣已经很难得，何况展品仅仅是库藏的几十分之一乃至上百分之一呢。出于维护藏品安全和内部工作秩序的考虑，传统博物馆的文物管理系统是不对普通观众开放的，即便有权利用博物馆文物管理系统的内部专业人员或外部专家学者，通常也得经过线性排列的藏品账簿或编目卡查询目标文物，由于信息的线性排列难免导致“盲目遍历”的查询方式，使得寻找目标文物的时间往往多余阅读文物信息的时间，既费时又费力，这显然是不够经济的。

众所周知，任何一件文物都是某一时代的产物，这就形成了文物的“时间坐标点”；任何一件文物都是由某一种或几种物质材料构成的，这就形成了文物的“质地坐标点”；任何一件人文类文物都有其一定的用途，这就形成了文物的“用途坐标点”；任何一件文物都有一定的形态通称，这就形成了文物的“通称坐标点”。另外，任何一件文物还有可能具备名称、纹饰或造型等工艺特征、来源、产地或作者、国别或族属、分类号、原号、总登记账号、相关人物、相关事件、入藏时间、收集时间、内容段落等多种客观特征，以及专题、类别划分、级别或模式、描述用语等主观特征。运用电子计算机技术实现的数字化博物馆文物管理系统，使得信息可以方便地按文物本身必备或可能具备的一系列特征要素及其逻辑关系组织成相互关联的网状结构，这就为方便用户、提高检索效率奠定了基础。换言之，人们可以神话般地“从大海里捞针”。

3. 多种文物信息可以通过多媒体技术有机地结合在一起。文物的文字描述信息当然可以存储和查询，同时还可将图形、声音以至动画信息统一有序化地存储和管理起来。数字化博物馆的文物管理系统向人们提供了文物有关详细具体的文字说明和形态图像相结合的信息展示界面，为人们的观赏性或研究性利用创造了极为有利的条件。

4. 大大拓宽了博物馆文物管理系统的展示面，缩短了文物信息传递与提供的周期，使藏品和展品之间的数量差异及信息利用者和信息提供者之间的距离都大大缩减，从而加快了人类的信息交流与反馈的速度。传统博物馆一般是以主题性和空间性的陈列展览方式对外发布文物信息的，虽然形式较独特，但传播渠道很有限。数字化博物馆的文物管理系统则有条件大大拓宽信息发布渠道，从过去的展品量扩大到整个藏品总量；也能大大缩短内部加工处理周期，使新藏品得以很快与世人见面，发挥新闻价值。

5. 博物馆更容易做到真正意义上的数字化。我们知道，几百字可以详细描述博物馆的一件文物，因而将博物馆库藏文物标本的文字信息数字化并不难。

博物馆中作为文物管理系统单元（相当于图书馆一本书）的一件实物藏品，完整描述其内涵抽象意义和客观表面形态信息所需的文字、影像篇幅十分有限，通常用电子计算机的几幅屏幕就足够了，所占磁盘存储空间不大，阅读时间也不长。因而，无论是馆方的信息媒体转换工作还是观众阅读一件文物信息的过程，其单位时间、精力、财力等方面的花费当然也就微乎其微，具备可承受性。

数字化博物馆文物管理系统的利用者所面对的不再是相对有限的某个主题的陈列展览及其展品，而是相对无限的整个藏品库房内的若干件文物。数字化博物馆文物管理系统的利用者往往是根据自己有限的具体需求，选择性的调阅其中若干件文物加以观赏或阅读，既满足需求，又比较经济，但在选择方式上较以往有很大变化。数字化博物馆的文物管理系统属于多媒体展示和信息查询系统，使用它一是快速获得信息，一般观众希望在30秒左右解决问题；二是相当于雇请一个耐心的、有丰富知识的销售员。

换言之，传统博物馆文物管理系统的藏品库是不对外开放的，因而其原来设定的文物检索查询方式一般都比较专业化，只顾及内部业务人员或同行专家学者检索查询的需要，并不考虑如何便于最终非专业的普通利用者检索查询的问题；而数字化博物馆的文物管理系统意味着藏品库的局部乃至全方位开放，利用者层面包含了大量非专业的普通人。所以说，数字化博物馆的文物管理系统首先要解决的是大众化检索方式设定，其所提供的途径力求达到凡识字者均可利用的程度。

实际上，数字化博物馆的文物管理系统包含着多种形式，主要有以下三方面：

① 通过馆内局域网形式运行的博物馆文物管理系统，链接馆内各个业务部门办公室，除了提高保管工作效率外，还服务于馆内其他部门的业务运行。

② 通过馆内局域网形式运行的博物馆文物管理系统，在开放地带设立触摸屏，接口更加大众化，服务于来馆参观的观众。

③ 通过国际互联网（Internet）形式运行的博物馆文物管理系统数据库，不受时间和空间限制地服务于广大“网民”，以网络浏览器方式点播和查询，或运用虚拟现实技术演播专题场景和相关动态背景资料。

整个数字化博物馆文物管理系统结构见如下的网络流程图：

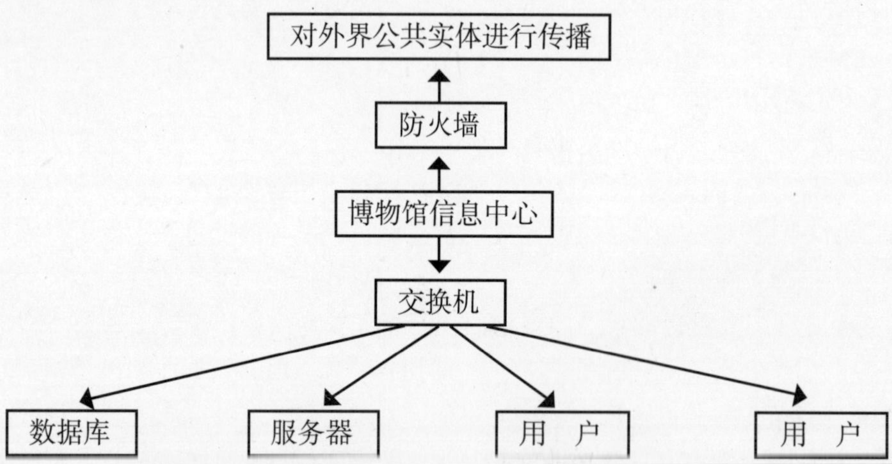

上面所讲的是单机版系统软件运行的利用情形，至于网络运行方式，又有局域网和广域网之分。

在任何一座文物较多而致使人们难以记忆其具体信息和收藏方位的博物馆或类似收藏机构，无论保管员、馆内业务人员或馆外利用者，以往在查找一件藏品时，大都要先找出该藏品的信息记录卡这是用编目卡形式检索——就像图书馆的编目卡检索室那样，要去翻动卡片，记录编号，然后再去调出所需书籍——此项工作在博物馆是家常便饭。图书馆可以用开架方式为检索者提供方便，而博物馆却因受文物安全问题的制约不能这样做，它绕不过卡片或账册等书面材料的手续途径。亦即，图书馆可以先接触实物后补作信息记录（先取书后登记），而文博机构的藏品库却要先检索，确定了目标藏品后才能接触实物。由于文物分类标准不一，各馆的卡片排列方式因馆而异，只有熟悉其特定的分类方式，才能较迅速地查找到相关卡片。显然，只有保管员因时常接触这项工作才较熟悉它，任何外人通常会感到一时摸不着头脑，检索查询工作往往要依靠保管员帮忙。

我们可以回想一下在图书馆借书的情景。查询并确定借阅某本书，可能要用去你一小时，但最后办理登记借出的手续却只花几分钟甚至几秒钟，而看书的时间则几乎与图书管理员毫不相干。借书过程中固然要由管理员来办手续，但所花的时间很少，类似于现代化图书馆采用的电子计算机扫描记录方式，为一册书办理借阅手续只需两三秒钟。

往日外部的专业利用者在藏品库想要看一件文物时，要有一位保管员几乎“全程陪同”地帮助检索查询。现在，我们只要从检索查询系统入手，用电子计算机来便利检索查询的工作，使这个最花时间的工作能不借助保管员而由利用者自己承担，使查询检索与保管员的本职工作不相矛盾，这也可以说是理顺两者关系的措施。如果能减免帮助检索查询的时间，那么，利用者在调出一件文物使用的过程中所要占用的保管员工作时间将大大减少。甚至利用者仅凭电子计算机显示的信息卡内容就能获得满意的信息服务，不一定非要作实物考察。这样的利用情形很常见，如此完全不依赖保管员就能获得较完善的文物信息的情形，只有通过数字化博物馆文物管理系统才能实现。

之所以说我们有条件在文博机构普遍实现文物管理及信息传播的数字化，是因为计算机科技在最近几年的发展十分迅猛，无论是在硬件还是软件方面，越来越有利于各类型博物馆采用计算机来实现对文物信息的管理和传播。

关于硬盘容量的要求，博物馆文物管理系统软件本身所占的磁盘空间并不大，数据库的文字部分又很有限，电子计算机留出空间并不困难。但若在文物量较大的情况下也想为每一件文物输入一张乃至一组图片，就得考虑硬盘规格问题了。

除上述电子计算机主机以外，博物馆文物信息管理系统工作还需要使用其他一些外围设备，如：采集图像材料的扫描仪或数码照相（摄影）机、用于海量收据移动的光盘刻录机或移动存储器以及打印机设备等等。

附录1：可服务于大众的数据库基本操作介绍

下面我们针对上述所讲的可以与大众相联系的数据库类型作以下介绍。

（一）博物馆文物管理系统的主页面

首先，我们会看到一个进入本系统的主页面，要求我们输入用户名和密码，如果是新用户的话，还会出现以下的一个页面。

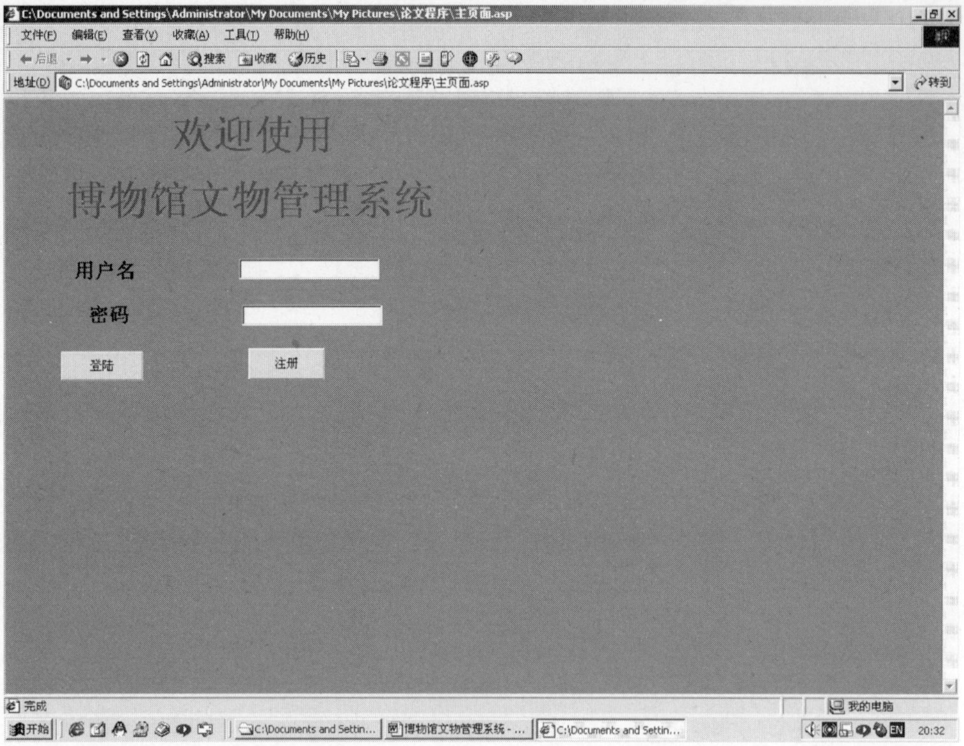

（二）博物馆文物管理系统的登陆页面

这时，如果你是新用户的话，点击注册就可以进行下一步的操作了。

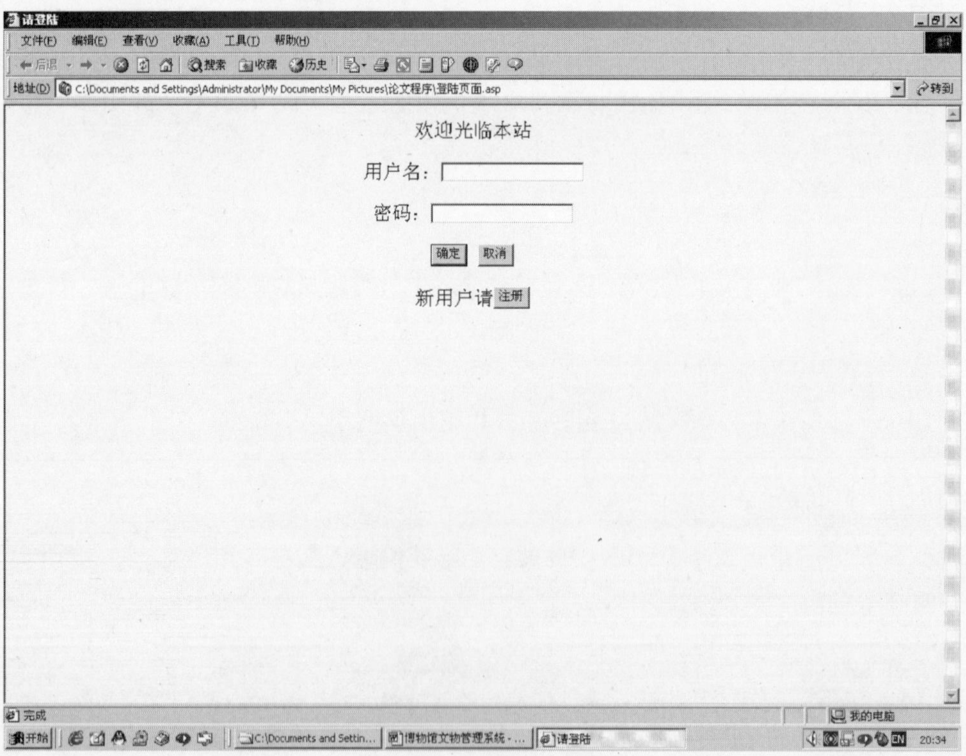

（三）博物馆文物管理系统的用户注册页面

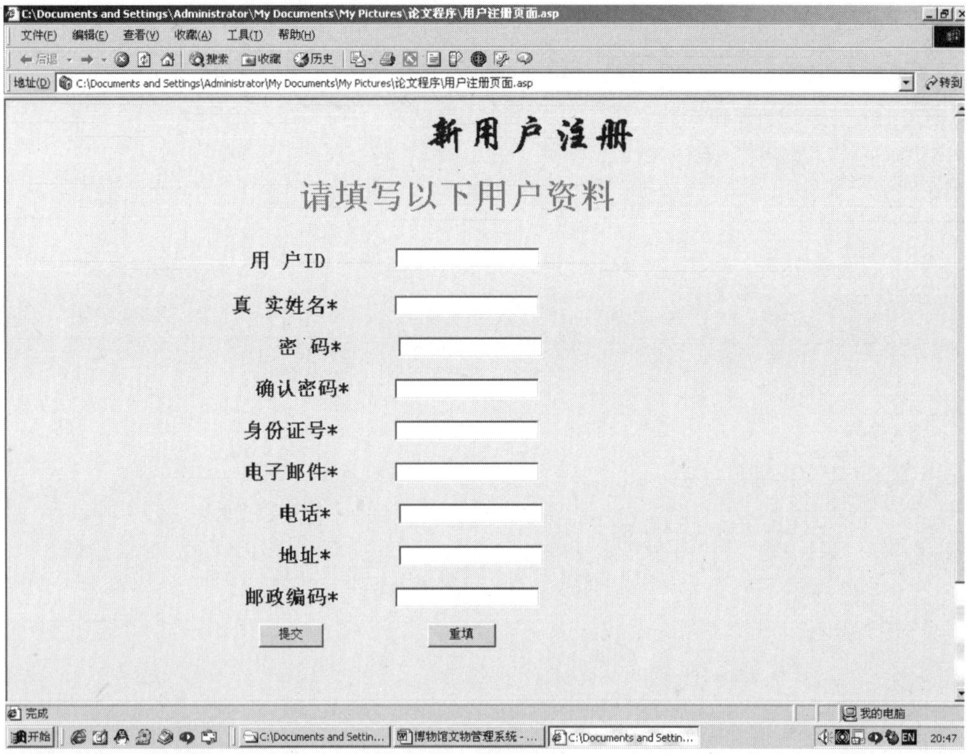

接下来，我们有多种方法进行文物的查询工作。

（四）文物信息的查询

1. 对未知文物的查询

这一查询所要实现的目的是在人们只知道文物名称的情况下所进行的查询工作。

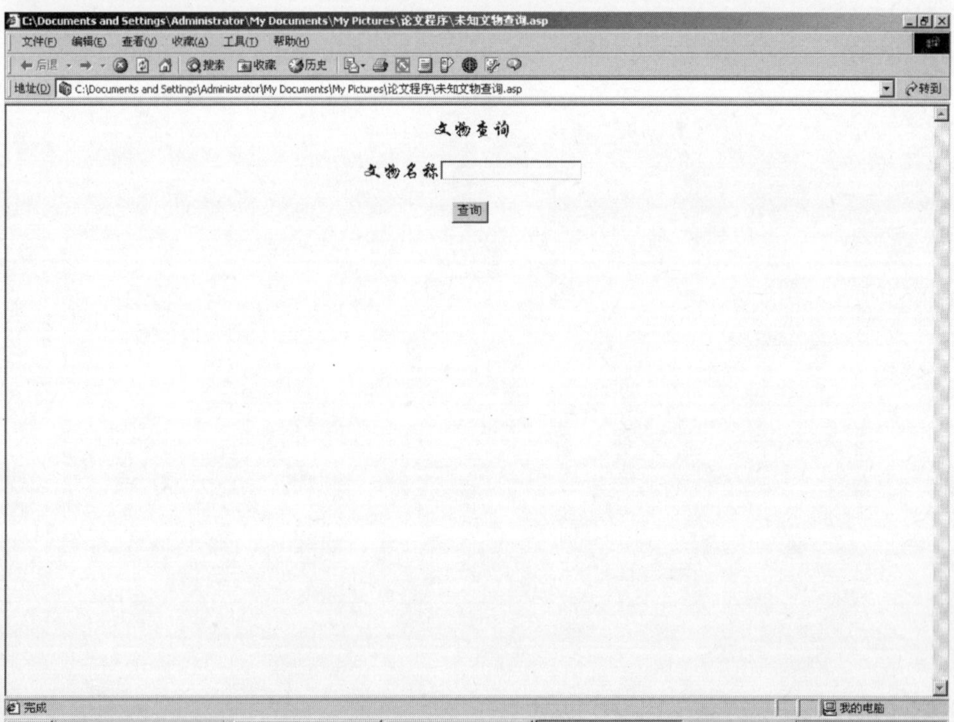

2. 按类别查询

这一查询所要实现的目的是在人们只知道关于文物的一部分信息的情况下进行的查询。其中包括：按藏品号、按藏品名、按年代、按价格、按入库数量、按购买日期、按简介、按出版社。

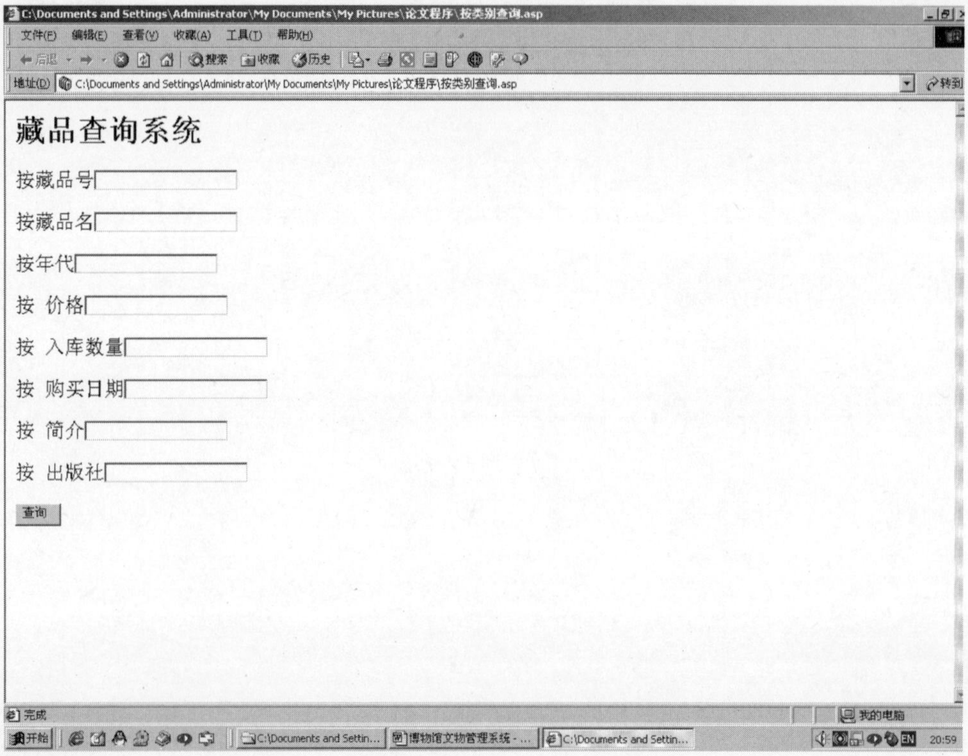

3. 对已知文物的查询

这一查询所要实现的目的是在人们了解一样文物的藏品号、藏品名、年代、价格、入库数量、入库时间的情况下所进行的查询。

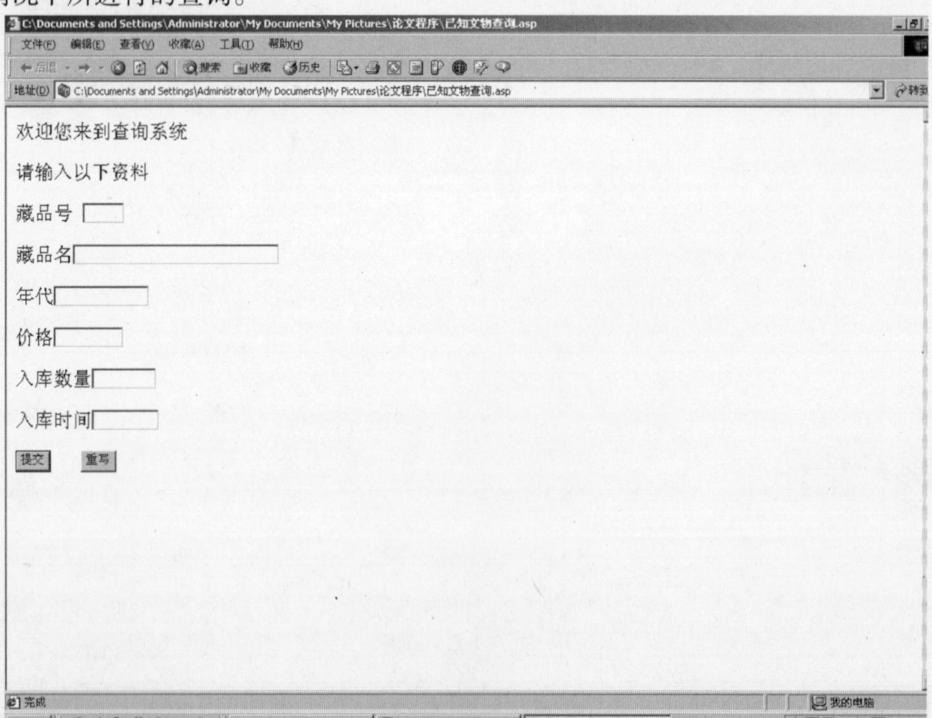

（五）文物查询结果页面

然后，我们会看到一个关于文物的查询结果的页面，包括：文物名、制作年代、出土日期、出土地点和现收藏于何处。

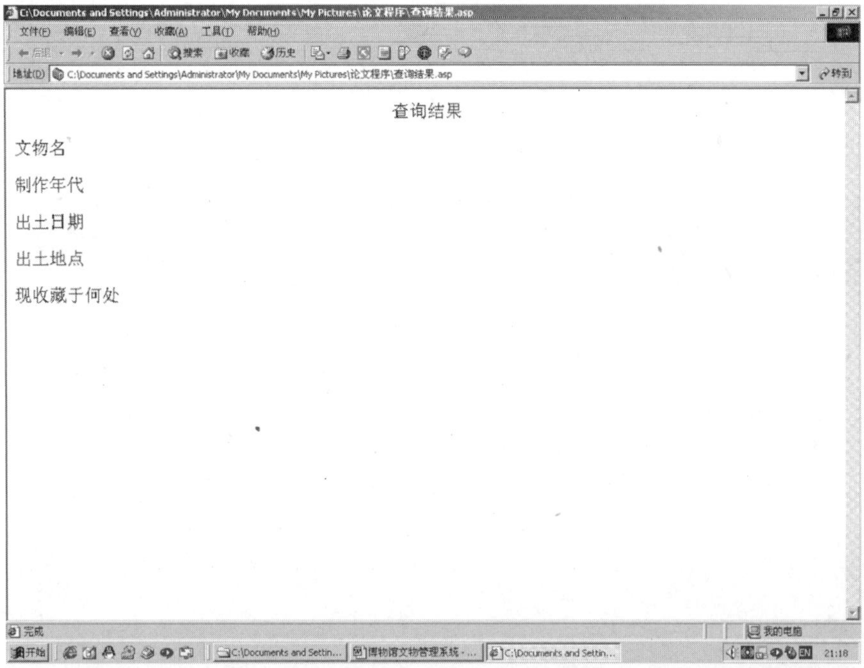

附录2：适用于博物馆内部的文物管理系统

（一）双击此系统的主页面,会出现如下的显示,我们看到我们已经进入了博物馆的文物管理系统，包括文物入库、文物出库、显示报表和退出。

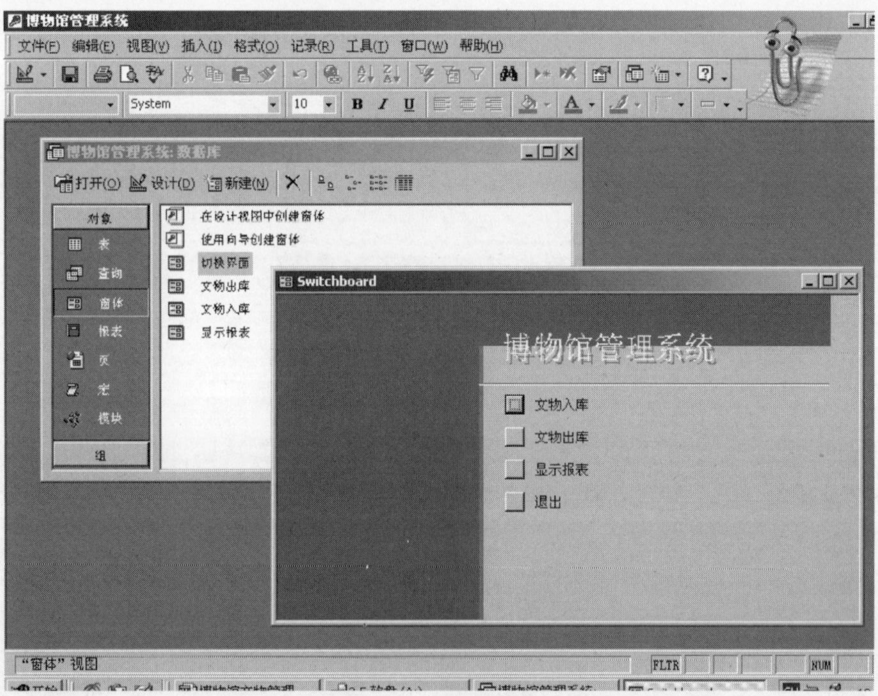

（二）我们点击上一个页面中的文物入库信息会看到如下的页面

我们从中输入文物号、入库时间、文物年代、文物名称和操作员之后，点添加记录就可以将我们刚才所输入的记录添加在了数据库里。

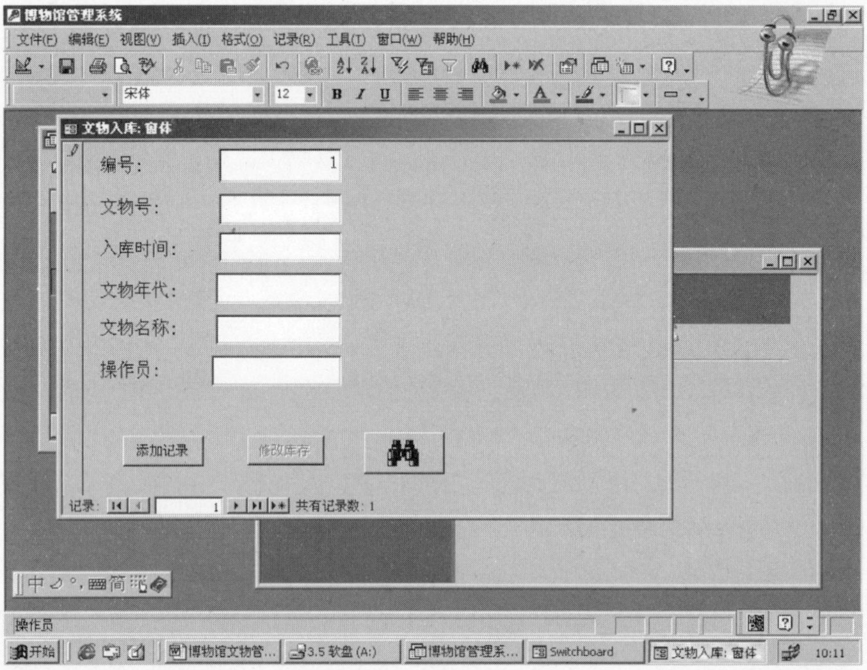

（三）我们点击文物出库会出现如下的页面，和文物入库的页面大致相同

我们从中输入相对应的信息，点添加记录就可以添加了。文物入库和文物出库的页面当中都有一个望远镜，点击它可进行刚才添加记录的查询。其中文物出库的页面在点击完添加记录后可以修改库存。

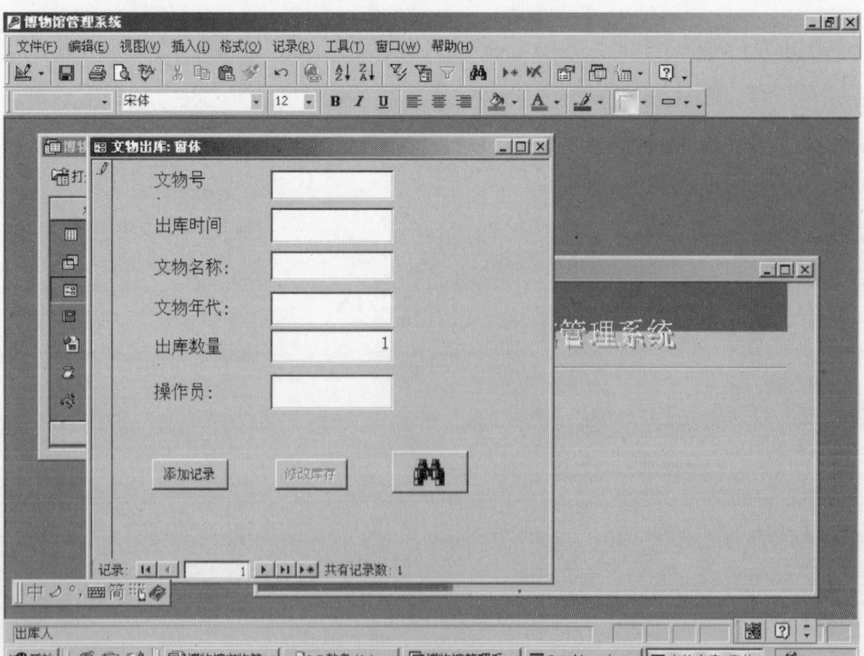

如果我们点击了小望远镜会出现如下的页面：
从中输入要查找的文物名称，点击查找下一个就可以进行对文物的查找工作。

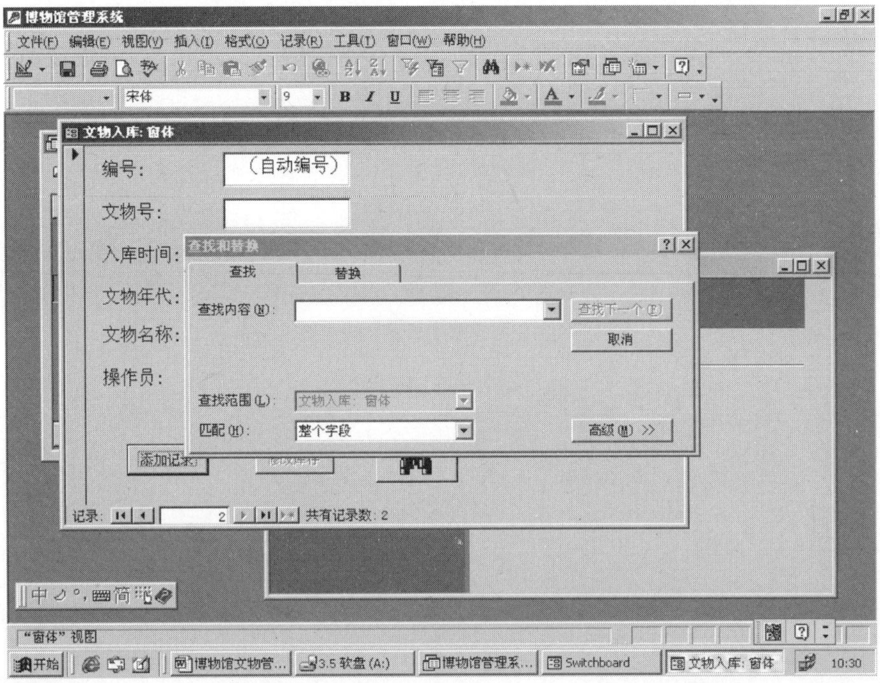

（四）我们点击主页面当中的显示报表可以弹出如下的对话框
我们可以对文物清单、库存过多、库存不足、操作日志进行不同的选择。

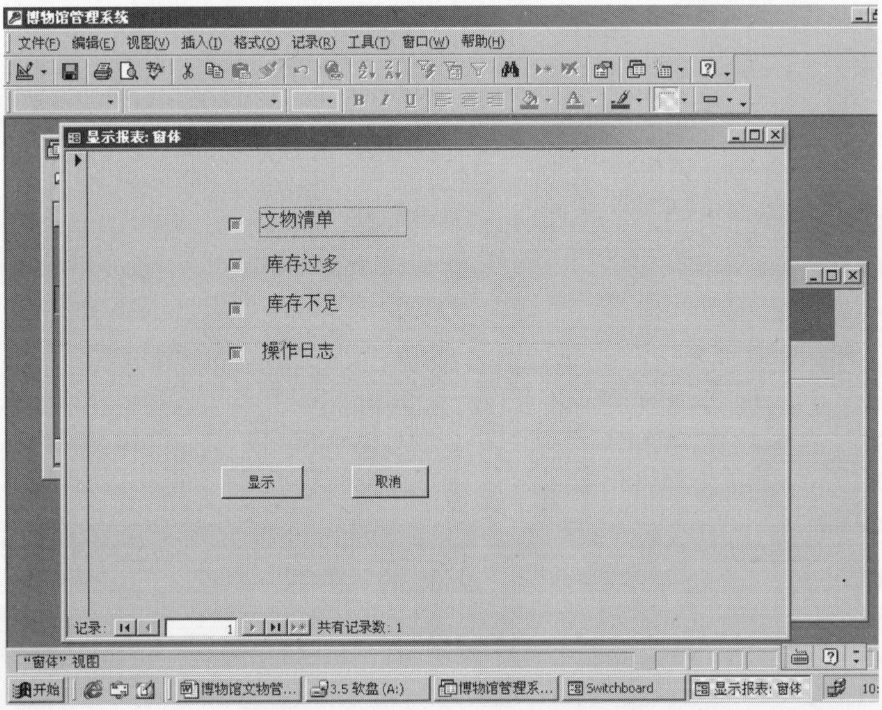

（五）点击显示后会弹出如下的页面以显示我们所要得到的信息

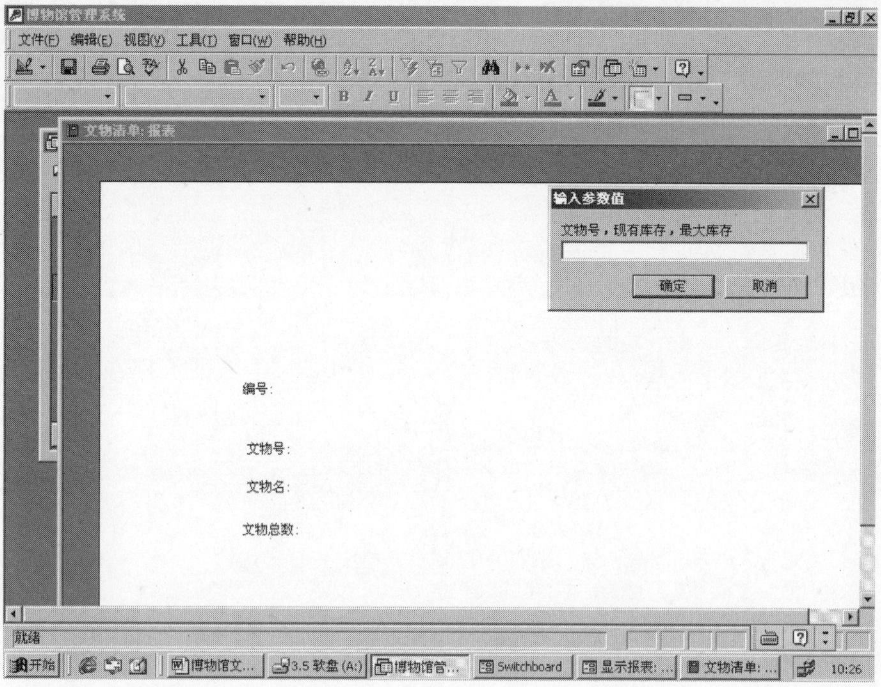

（六）在它的右上方我们会看到一个小的对话框，从中输入信息可以得到如下的提示

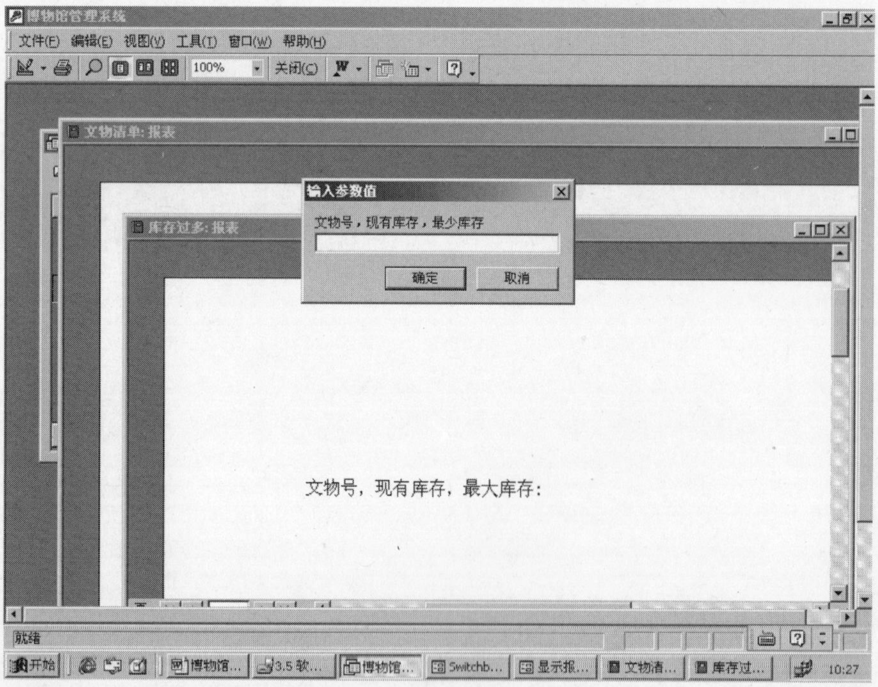

在所有我们所要执行的系统都运行完成后，想要退出该系统可以点击主页面当中的退出按钮即可。

参考文献：

① 陈宏京：《数字化博物馆的原理与方法》，复旦大学出版社2002年版。
② 朱 华：《软件工程》，机械工业出版社2003年版。
③ 沈祥玖：《数据库基础》，高等教育出版社2003年版。

青铜器的多媒体演示系统

苑　雯

一、系统分析

（一）相关的专业系统

随着计算机与多媒体技术的发展，人类已步入了信息时代，计算机的使用已普及，多媒体也已逐渐应用到各行各业，各种多媒体应用软件的开发工具也因此应运而生。在各种多媒体应用软件的开发工具中，Macromedia公司推出的多媒体制作软件Authorware是不可多得的开发工具之一。它可使不同需求的用户创作出一些高水平的多媒体作品。多媒体演示凭借能快捷、形像地传递信息的特点，迅速成为了人们进行交流的一种重要手段。我们的工作方式、学习方式、生活方式以及娱乐方式已经在悄悄地改变。比如说，在信息交流方面，由于多媒体技术的浸透，传统的报刊杂志、书籍信件、印刷品资料等等已经分化、演变出另一种图文声像综合媒体的新形式。报刊杂志不再局限与传统印刷方式，而是以光盘电子读物或网络多媒体版的形式出现；人们的书信往来也不再单纯依靠邮递，转而大量采用电子邮件；企业宣传、产品发布也以多种形式的计算机多媒体演示取代传统印刷品资料。在教学方面，传统的教学模式也朝着多媒体课件演示这一计算机辅助教学的方式发展。在文化生活、休闲娱乐方面，影响最大的还是网络广播、网络流媒体技术的异军突起，增加了人们在广播、电视、电影等信息接受形式上的选择。而在其他方面，诸如个人网页、网上炒股、网上学校、网络购物以及电子商务等网络新生事物的出现也大大推动了多媒体技术的应用与发展。总之，多媒体技术的应用已经浸透到社会的各个领域以及我们生活的方方面面。

（二）Authorware软件的应用价值

Authorware是一种功能非常强大的多媒体制作软件，这个软件中不仅有文字，还有图片 、数字化电影、声音等各种对象，可达到图文声并茂的效果。

作为传递信息的一种重要的方式——多媒体技术正随着计算机技术的飞速发展而进步，人们在日常生活中信息的交流是非常重要的而信息的传递需要载体，这就是“媒体”在多媒体中集中了多种媒体的载体形式：文本、图形、图像、声音等，而运用多媒体技术就可以建立多种信息间的逻辑联系。例如作为文化传播的载体，博物馆起源于对珍品的收藏，由于社会发展的需要，博物馆无论在职能方面还是活动方面，都更加贴近社会，与社会的关系更加密切。它向人们提供了观察世界各种奇异事物的机会。可在一般公众心目中博物馆被认为是枯燥无味，展览陈旧，内容单调的。随着数字化时代的到来，人们的生活方式、工作方式、娱乐方式和思维方式等都在不断地发生变化。数字化的博物馆也开始发展起来。我们可以利用多媒体的形式，千方百计拉近观众与展品之间的距离，使观众在现代的艺术氛围中获得历史性感受。

（三）文物的相关知识

文物的价值具有客观性，是文物本身所固有的，哪些属于文物，这要依据其价值而定。只有那些具有历史价值、艺术价值、科学价值和纪念价值的可定作文物。而同样是文物，其价值也是高低不同的。以青铜器为例：青铜器是人类历史上一项伟大的发明，它是金属冶铸史上最早的合金，青铜发明后立刻盛行起来，从此人类历史也就进入新的阶段——青铜时代。青铜器鼎盛期是夏、商、西周、春秋及战国早期，延续时间约1600年。这个时期的青铜器主要分为礼乐器、兵器及杂器。乐器也主要用在宗庙祭祀活动中。礼器是古代繁文缛节的礼仪中使用的，或陈于庙堂，或用于宴饮，还有一些是专门作殉葬的明器。青铜礼器带有一定的神圣性，所有青铜器中，礼器数量最多，制作也最精美。礼乐器可以代表中国青铜器制作工艺的最高水平。就世界范围来说，青铜器是所有文物中比较重要的一类，而在中国这一点尤其突出。青铜器以其量大、精品多、艺术与科学价值高而饮誉海内外，因此青铜器的鉴定也成为文物鉴定中最重要的一门学问。

中国古代青铜器不但有很高的艺术欣赏价值，而且有很高的科学研究价值。所谓艺术欣赏价值是指青铜器的造型艺术很高超，青铜器的艺术魅力表现在构思巧妙的形态、富丽精致的纹饰、风格多样的铭文书体。中国古代青铜器造型丰富、品相繁多。很少有面目完全一致的青铜器，因此件件面貌各异，拓宽了艺术欣赏的视野。尤其是其中精品迭出，看了使人叹为观止。对于这些即具有历史价值又具有艺术价值的文物，我们应树立精品意识，提高陈列水准利用科技手段拉近与观众的距离。可利用计算机多媒体技术把声音和图像录制进去，给观众带来新的艺术效果。

二、软件工程方法

软件一般是指：

1. 可以执行所期望的功能或行为的命令；
2. 可以解决问题、处理信息的数据结构；
3. 可以描述说明各种操作与使用方式的文件。

而软件工程是指建立及使用好的工程原则来获得经济的软件，该软件应是可靠的且可以在机器上有效执行的。软件即可以被看成是成品，也可以被看成为一个过程。当软件被视为成品时便是计算机程序、过程、规则、文件、数据与计算机系统操作的总和；被视为一种过程时，即为软件工程，而软件工程便是一种以有系统的方法来开发、操作、维护及报废计算机软件的过程。多媒体系统的开发既要遵循一般软件开发的规则，又有多媒体系统本身所具有的特点。软件从设计到完成都会以一种模型来描述它的开发，生命周期是指软件的整个开发、使用、维护和报废过程。常见的软件开发模型有DOD—STD—2167A、瀑布型、杰克逊法、快速原型法、螺旋法和并行法。

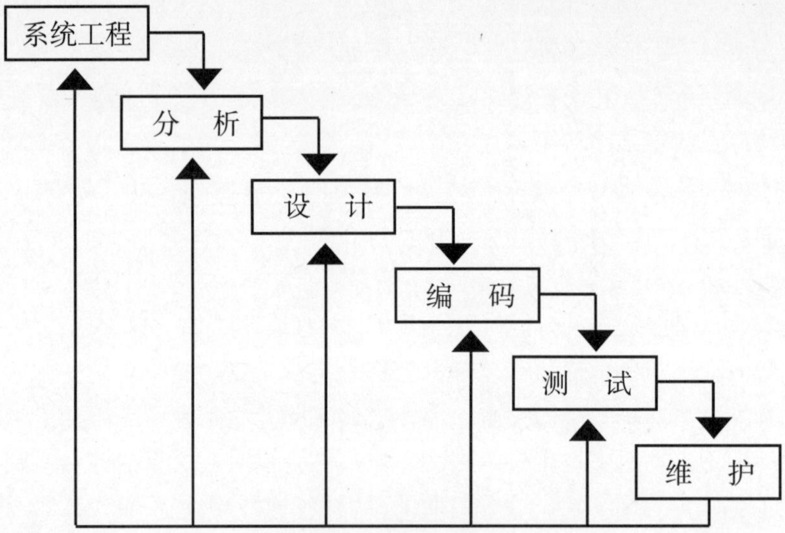

瀑布法开发流程

它主要源于对减少商业软件开发周期的工业需求。这是在经典的工程周期以后提出的一套系统的、顺序的软件开发流程。这个过程分为六个阶段，它们分别是系统工程、分析、设计、编码、测试及维护。从图可以看出，在软件维护过程中间产生的错误，可返回到前五步中的任何一步进行修改，然后按原来的顺序继续完成开发。

三、系统开发工具

（一）系统设计结构

我做的多媒体演示系统是用多媒体形式介绍了青铜器文物的出处、特点、文物价值、文物的历史等相关知识，利用多媒体开发工具使得文物的展示变得更加生动、形象、直观。多媒体还可以创造良好的学习环境，激发人们对学习历史知识的兴趣，增加人们的探索能力和求知欲。此图是简单的目录框架：

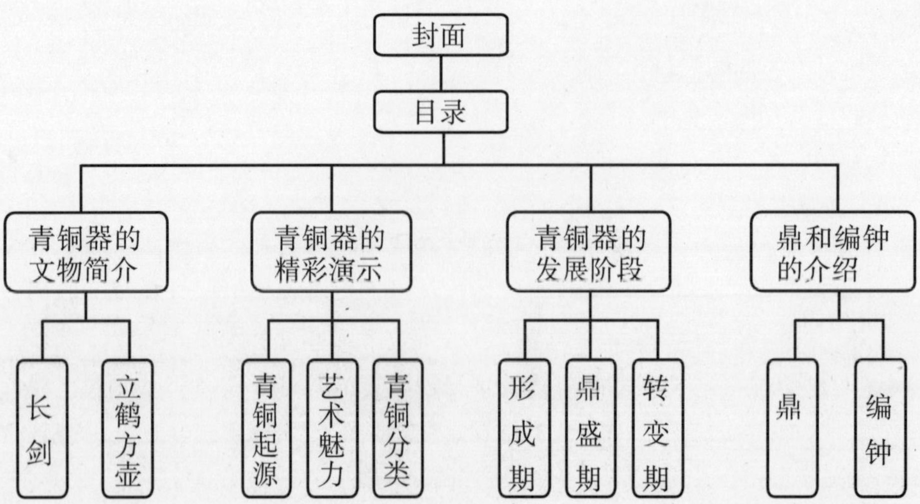

（二）系统相关知识

Authorware软件功能强大，开发者可使用文字、图片、图像、动画、声音等信息来创建多媒体程序。但处理这些素材信息，还需要一些软件的支持，如：图像处理软件Photoshop、三维动画制作软件、声音处理软件、数字视频制作软件等。我在这次制作多媒体演示系统过程中，多次运用了Photoshop软件的功能，对图像进行处理，例如：利用它对文字和背景进行处理，使演示的文物在淡淡的背景衬托下使整个画面达到更好的艺术效果。Photoshop支持20多种类型的图像文件，所以不但可以按原有格式打开图像文件，也可以依据不同的需求选择其他格式打开图像文件。还可以浏览、处理和创建大部分常用的图像文件。有的文物照片比较陈旧，有的比较暗淡，还有的会有一些缺陷，为了弥补这些照片中的不足更利于文物图片的展示，我便利用Photoshop图像处理软件来进行修改。总之，我们在学习Authorware软件时还要掌握很多的相关知识和技能，才能更利于系统的开发和利用。

四、多媒体制作脚本的编写

（一）文字脚本的编写

多媒体软件设计工作完成后，应在此基础上编写出相应的脚本，作为制作多媒体软件的直接依据。规范的脚本设计，对保证软件质量水平，提高软件开发效率，将具有积极的作用。因此，脚本设计是多媒体软件设计的重要环节，它的作用相当于电影，电视作品中的影视剧本，是程序设计人员开发的依据。从开发制作过程看，脚本创作通常分两步进行：第一步是文字脚本，第二步是制作脚本。

（二）编写文字脚本的目的

1. 体现软件设计的思想

多媒体软件的开发，首先要进行软件的设计，即进行内容的确定，使用对象特征的分析，媒体信息的选择，系统结构的设计，诊断评价的设计等工作。这些设计思路，集中体现在教学软件的文字脚本。所以说，多媒体软件的文字脚本是软件设计思想的体现。

2. 为制作脚本的编写打下基础

多媒体软件制作的最终依据是多媒体软件的制作脚本。但由于制作脚本的内容较复杂，要一次性编写出来难度较大，它往往是在文字脚本的基础上改写而成的，所以编写文字脚本，可以为制作脚本的编写打下基础

五、Authorware软件介绍

Authorware是Macromedia公司推出的一种使用方便、功能强大的多媒体制作工具软件，是先进、丰富的视频、音频与可视媒体集成制作的互动式解决方案。它作为一个取代编程制作多媒体的工具，Authorware提供了自动生成多媒体源程序代码的环境。设计者可以在这个环境中对多媒体素材——文字、图片、图像、声音、和动画等媒体对象进行处理和使用。Authorware操作简单，程序流程明了，

开发效率高，并且能够结合其他多种开发从而提高了多媒体软件的开发速度与质量，它易学易用，不需大量编程，使得不具有编程能力的用户也能创作出一些高水平的多媒体作品，对于非专业开发人员和专业开发人员都是一个很好的选择。利用Authorware可以制作各种多媒体产品，例如：多媒体演示系统、多媒体电子图书系统、多媒体交互式教学系统、多媒体模拟培训系统、多媒体咨询系统和多媒体数据库等。

（一）多媒体演示软件的主要功能

（1）表现图形、图像功能

（2）音乐播放功能

（3）配音解说功能

（4）动画演示功能

（5）特殊效果

（6）人机交互功能

（二）Authorware的主要特点

用Authorware制作多媒体应用程序只需在流程线中按一定的顺序组合图标，便可完成一部专业水准的多媒体作品，这个过程等同于其他程序设计语言的编程过程。但Authorware的编程不需要有源代码、程序行，图标、流程线就是Authorware的程序结构，其紧凑合理、逻辑性强，便于组织管理。组成Authorware多媒体应用程序的基本单元是图标，图标的内容直接面向最终用户。每个图标代表一个基本演示内容，如文本、动画、图片、声音、视频等。要载入外部媒体文件，只需在流程线上加入相应的图标，然后进行基本的设置即可。在Authorware的高级应用中，虽然也涉及命令与函数，但是，其图形化程序结构的编程方式可以满足大多数多媒体演示软件的制作需要。

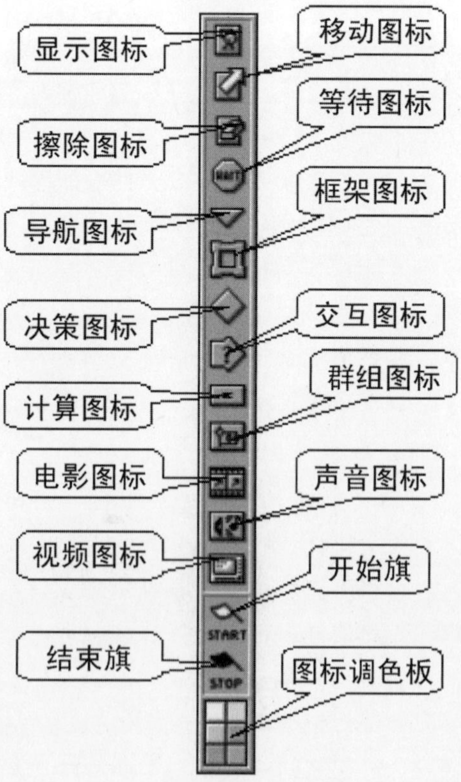

Authorware的主窗口是典型的Windows窗口，它的操作界面同许多Windows程序一样，因此它也拥有普通Windows窗口所具有的各个组成部分， 例如标题栏、菜单栏、最小化按钮、还原按钮以及最大化按钮等。Authorware的启动、文件的打开和保存、退出这些基本操作都和其他Windows程序类似。Authorware也有菜单栏并具有良好的用户界面。

（三）Authorware的用途

因特网技术的迅速发展以及因特网应用的不断普及，多媒体在因特网上的应用已经成为多媒体创作软件的一个重要发展方向。Authorware支持网页的调用，可以直接在Authorware程序中调用HTML格式的文件，这样他就能够获取更多的网上信息。它除了可以应用在网络、在线培训、教育领域和出版领域中，还可应用在商业领域中，它可以使用Authorware制作公司介绍、产品介绍的演示软件，使用户切身体会到产品的内容，如果在加上动画和视频素材则可以让用户更加真实地了解产品的特性。

从广义上来看，多媒体在实际应用中可以分成三大类，即多媒体电脑、多媒体软件和多媒体网络，其中多媒体软件就包括了多媒体演示软件。多媒体演示软件的创作过程就是通过多媒体制作软件把这些素材有机地组织起来，从而集成为一个软件产品，达到向用户传达相关信息的目的。多媒体制作软件是一种创作工具，是通过多媒体电脑来完成多媒体演示软件的制作，其作品可以通过多种形式演示和传播。

（四）多媒体软件的发展前景

在当今社会，随着信息技术的广泛应用和信息产业的迅猛发展，多媒体技术对人类社会产生的影响和作用越来越明显、越来越重要。其中多媒体软件的发展和应用极大地推动了诸多产业的相互渗透和飞速发展。目前，多媒体一词已不仅在计算机专业领域广为使用，而且在非专业报刊杂志以及大众媒体上随处可见，可谓家喻户晓、妇孺皆知。近年来，在名目繁多的计算机和企业产品展览会上，多媒体软件展品可以说是琳琅满目、丰富多彩，格外引人注目。

六、系统实现及开发

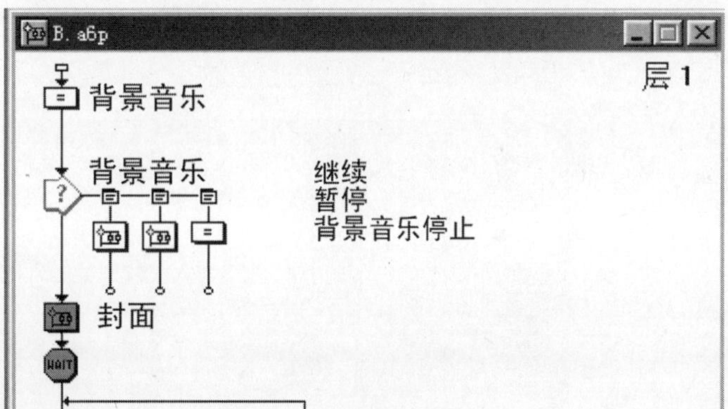

Authorware采用面向对象的设计思想，是一种基于图标（Icon）和流线（Line）的多媒体开发工具。它用流程线链接各图标构成程序，把众多的多媒体素材交给其他软件处理，本身则主要承担多媒体素材的集成和组织工具。

首先是青铜器文物演示的封面，先将声音图标拖到流程线上，并输入它的名称“音乐”，双击“声音”图标出现“属性：声音图标”对话框，单击“导入”按钮选择声音文件后单击“播放”按钮，Authorware将播放该文件，根据声音对象的不同作用，它与下一个对象之间的关系会有所不同。如果使用声音对象作为背景音乐，则应当重复播放；如果声音用作音效，即特定的操作对应特定的声音，则应当可以由程序控制声音的播放。我们在“计时”对话框中的执行方式的下拉菜单中选择“同时”这样在播放该声音的同时会继续执行下面的图标。在这里还可以控制声音对象的播放次数和速率，再单击“确定”按钮设置便完成了。接下来进行对第一部分的设置，先拖入一个“显示”图标，双击打开执行文件—导入，将事先用Photoshop修改好的青铜器背景图，单击“导入”按钮将该图像导入。当然导入图像的方法还有很多，例如以粘贴方式或拖拉方式导入等。背景图设置好后选择演示窗口旁出现的工具箱中的“文本”工具，鼠标指针变为“I”形状表示进入文本编辑状态，在演示窗口中单击鼠标左键窗口中出现一条文本缩进线和文本输入标志，在缩进线上还有控制点用于调整文本的边界和段落属性。

在流程线上添加一个“显示”图标并命名。双击该图标打开，导入一个酒器小图像，然后在这个图标下拖入一个“移动”图标，双击后出现移动图标属性的对话框，在“类型”下拉列表中它提供了5种运动方式，分别是固定终点、沿路径、沿平面及沿路径移动到目标点等运动方式。我选择了“指向固定路径的终点”，再导入一个“擦除”图标，在演示窗口上单击这个酒器小图像便会消失，表示它已经被加入到擦除列表中了，选择适当的擦除过渡效果就可以了。

我们还可将以上这四个图标设为一个群组，只要拖入一个“群组”图标将它们分别拖入到群组流程线中就可以了。因为我们创建多媒体时要不断扩展多媒体的功能，必须不断增加图标，这样流程线就会越来越长，屏幕上不可能显示所有的图标，此时可以使用“群组”图标，将实现某一功能的图标放到一个组内，形成类似于子程序的结构，从而得到比较清晰的程序结构。再拖入一个“等待”图标，它是用来暂停程序一定时间或暂停到用户响应为止。我们把它的属性可以设定为一个“继续”按钮，当鼠标单击按钮时就可跳转到下一屏内容。这样一个完整的封面效果就算做好了。当点击播放时青铜器的演示封面便会伴随着美妙的古典音乐慢慢地以水波纹方式呈现出来，那个酒器的小图像也会顺着事先设定好的轨道从左上方匀速滑到右下方后会消失，此时出现一个继续下一屏的按钮。单击后便会以细点均匀的过渡方式展示出青铜器的文物简介、青铜器的精彩演示、青铜文物的发展阶段及鼎和编钟详细介绍的目录（如下图）。

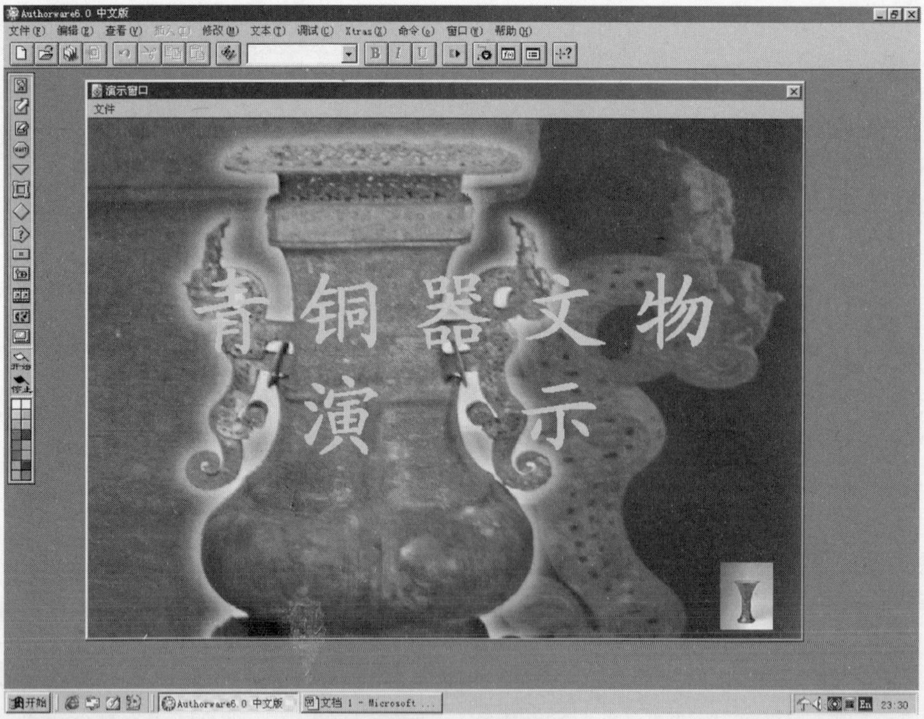

在程序主流程线上添加一个“交互”图标，它是用来设置交互作用分支结构，从而实现人机交互。交互性是多媒体的一个重要特征，因此“交互”图标是Authorware 所有图标中最重要，功能最强大的图标，它具有“显示”图标和“决策”图标的双重作用，即可以显示文本、图像、数字化电影等

对象，又可以实现程序的判断分支功能。在将“显示”图标拖动到流程线上“交互”图标右侧命名为青铜器简介，弹出“响应类型”对话框，这时选择“热区域”的交互类型确定后该图标将添加到交互结构中。热区交互是指把演示窗口中的某些区域定义为热区，对这些热区进行操作就可以进入交互结构。热区交互可以丝毫不破坏背景。接下来继续在右侧添加三个显示图标分别命名。将过渡属性设为“细点均匀展示”属性。双击“交互”图标在背景图上显示4个虚线框，这就是热区，在对应的热区内分别输入青铜器的文物简介、青铜器的精彩演示、青铜文物发展阶段、鼎和编钟的详细介绍4部分内容，并调整好大小，使文字正好在热区的位置，然后打开“响应”属性，设定鼠标指针后，鼠标移动到各个热区时会显示一个小手的提示。

单击“青铜器的文物简介”从这里开始首先简单地介绍一下战国后期长剑的长、高，立鹤方壶的形体及喂牛扣饰，单击“BACK”后退按钮又回到目录，观赏者可以继续下一屏内容的欣赏。为了美观我利用了“框架”图标，它与“导航”图标结合使用来实现程序的翻页功能。在“框架”图标的内部，Authorware提供了一套能够实现包括翻页、导航、查找等交互式功能的结构，用户可以通过修改这个结构从而对这些功能结构进行取舍。在右侧添加两个显示图标，再将两个文物分别导入到对应的图标背景中。我保留了4 个“导航”按钮，“返回”按钮可以将演示窗口中的显示内容将从当前页面跳转到上一次显示的页面。“退出框架”按钮可以退出当前“框架”图标，继续执行下面的程序流程。“上一页”和“下一页”按钮可以作为前后页面的切换。我还从网上下载了几种卡通的按钮样式替换它本身的那些呆板的按钮。这时观赏者就可以前后切换地欣赏每页画面，还可以退出到目录重新选择等。

我主要介绍的是青铜的一些构思巧妙的形态，富丽精致的纹饰和风格多样的铭文书体，应该用热区方式设置使观赏者点击可看到更加纤细的内容，但因时间关系，我只选择了这3个典型一些的青铜文物及铭文书体给大家展示（如下图）。

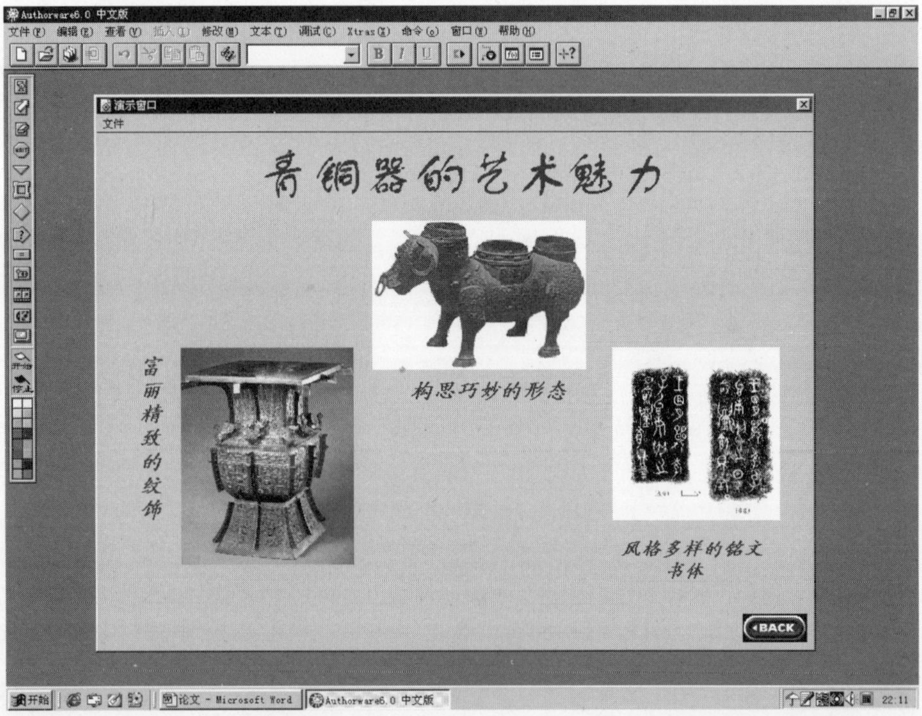

在展示食器这一个屏上也主要介绍的是它的形态，因文字占用面积比较大，我还利用了卷帘文本的功能，拖动文字旁的滚动条可阅读到详细的文物资料。我们接下来要展示的还有青铜的发展阶

段，还会介绍鼎和编钟，首先是一屏有关鼎和编钟的概括，分别单击它们的标题后是一个赋有阴影的“鼎”字作为大标题，印着淡黄色的背景，显得更加醒目，还有盘鼎是垂直百叶窗式的方式来展示，再单击“GO”（继续）按钮，返回进入最后一屏便可看到编钟这一画面以激动擦拭的方式，显得格外耀眼，在此屏还设有返回按钮可回到最开始的主目录便可重新欣赏自己所感兴趣的栏目等等。

参考文献：

① 马承源主编：《中国青铜器》，上海古籍出版社1988年版。
② 王宏钧主编：《中国博物馆学基础》，上海古籍出版社1990年版。
③ 袁海江：《Authorware 6.5实用教程》，北京电子工业出版社2003年版。
④《中国博物馆》，2000年第1期。
⑤《博物馆通讯》，2000年第2期。

2006年大事记

1月11日　全国旅游工作会议250余位代表参观我馆，党委书记韩永、副馆长王武钰陪同。

1月19日　希腊总理夫人在希腊驻华大使夫人及中国驻希腊大使夫人的陪同下来馆参观。副馆长姚安、顾问崔学谙陪同参观。参观结束后双方互赠了纪念品。

1月20日　为向国际社会推介新馆展示的古都北京的悠久历史和灿烂文化，外交部新闻司在礼仪大厅举办“外国记者新年招待会”，180余位外国驻京记者和驻华使馆新闻官出席了招待会。会上，外交部部长助理崔天凯、外交部新闻司司长孔泉分别致辞，馆长郭小凌介绍了新馆情况。招待会前，记者们饶有兴致地参观了部分展馆，并自己动手做中国年画，体验京味民俗。

2月8日　市委宣传部基层处处长张若妮及局组宣处副处长耿春卫来馆，商谈中共首博党委组建的有关事宜。

2月9日　意大利驻华大使孟凯蒂、大使馆第一秘书白安利等一行3人来馆参观，馆长郭小凌、副馆长姚安陪同参观，并就今后的展览合作等事宜与意方进行了会谈。

2月9日　我馆接受收藏爱好者林斯人先生捐赠的各种票证共373件，并向林先生颁发了《首都博物馆捐赠证书》。本批票证包括建国初期到20世纪90年代的各种粮票、布票、粮油供应卡等，为研究建国以来北京市民的生活变迁提供了实物资料。

2月14日　我馆接受马金忠先生捐赠的清代“崇祥功牌”一件，并向马先生颁发了《首都博物馆捐赠证书》。“功牌”是清朝时为奖励在军事训练中表现出色的八旗兵丁而设立、颁发的。该文物现正在我馆《古都北京·历史文化篇》展览中展出。

2月14日　西班牙驻华大使艾力赛、西班牙文化部国际合作司司长卡洛斯·阿尔韦迪·阿龙索、西班牙文化大臣卡门·卡尔沃·波亚托、西班牙大使馆文化参赞卡门·莫雷诺、西班牙大使馆新闻参赞拉索及西班牙埃菲社北京分社社长帕罗玛·卡瓦耶罗一行14人到我馆参观。馆长郭小凌陪同。

2月15日　捷克共和国外交部第一副部长捷罗斯拉夫·巴斯塔先生、大使维捷斯拉夫·格雷普尔先生等一行5人来我馆参观。馆长郭小凌全程陪同客人们参观了古都北京历史文化篇、陶瓷精品展、玉器三个展览。

2月16日　尉健行等领导来馆参观，市领导孙政才、黄承祥、市文物局局长梅宁华、馆长郭小凌等陪同参观。尉健行等领导首先听取了梅局长汇报首博建设及有关情况，之后，参观了首博的《古都北京·历史文化篇》、《古代瓷器艺术精品展》、《佛教造像艺术精品展》、《古代玉器艺术展》、《古代青铜艺术精品展》、《古代书法艺术精品展》、《古代绘画艺术精品展》，并观看了影片《辉煌的北京》。

2月16日　中国科学院院士、中国工程院院士、清华大学建筑学院教授吴良镛等一行20人参观我馆新馆建筑及展览，并为我馆题词，市文物局副局长于平、业委会主任秦德海、党委书记韩永等陪同。

2月16日　青铜专家杜乃松等4人来馆审查青铜展厅，党委书记韩永、顾问崔学谙接待。

2月19日　距2008年北京奥运会开幕倒计时900天之际，由我馆和《竞报》社合作举办的“首博·竞报人文奥运之旅”活动启动。

3月12日　我馆接受北京制呢厂捐赠的比利时搓呢机一台，并向该厂颁发《首都博物馆捐赠证书》。

3月18日　与大英博物馆合作举办的《世界文明珍宝——大英博物馆之250年藏品展》开幕仪式在我馆举行。文化部部长孙家正，北京市委常委、市委宣传部部长蔡赴朝，副部长王学勤，市文物局局长梅宁华，市文化局局长降巩民，国家博物馆馆长吕章申，故宫博物院常务副院长李季，中国人民革命军事博物馆馆长郭得河，中国社会科学院世界所所长于沛，首都博物馆馆长郭小凌，英国驻华大使威廉·厄尔曼，大英博物馆馆长尼尔·麦克雷戈等领导出席开幕式。此次展出的272件大英博物馆珍宝都是首次来华展出，展览至6月5日结束。

3月21日　召开了本年度的第5次馆长办公会，审核并通过了“首都博物馆值班管理办法”。

3月23日　市政协副主席满运来来馆参观，市文物局副局长于平、副馆长高凯军陪同。

3月23日　突尼斯文化部部长参观我馆，副馆长高凯军向客人介绍了我馆的基本情况，并陪同客人参观了展览。

3月26日　全国各省市宣传部长一行百余人参观我馆，市文物局局长梅宁华、副局长舒小峰及我馆党委书记韩永、副馆长姚安等陪同。

3月28日　国民党副主席江炳坤一行15人参观我馆，市文物局副局长舒小峰、馆长郭小凌向客人介绍了我馆的基本情况，并陪同客人参观了常设展览。

3月29日　法国前总统夫人一行参观我馆，副馆长安理向客人介绍了我馆的基本情况，并陪同客人参观了展览。

3月31日　我馆为新闻界安排专场参观《世界文明珍宝展》，共有41家媒体，702人。

3月31日　成都市委宣传部长、副市长一行参观我馆，党委书记韩永向客人介绍了我馆的基本情况，并陪同客人参观了展览。

4月4日　泰国公主一行30余人参观我馆，副馆长姚安向客人介绍了我馆的基本情况，并陪同客人参观了展览。

4月5日　全国人大常委会副委员长布赫一行参观我馆，党委书记韩永向客人介绍了我馆的基本情况，并陪同客人参观了展览。

4月14日　新加坡国务资政吴作栋一行参观我馆，馆长郭小凌向客人介绍了我馆的基本情况，并陪同客人参观了展览。

4月17日　美国华侨、美国华人收藏协会秘书长招思虹女士向我馆捐赠38件套近现代文物。馆长郭小凌向招思虹女士颁发了《首都博物馆捐赠证书》并赠送纪念品。此次捐赠的文物经专家鉴定，有2件为三级文物。

4月18日　组织2000年以后新入馆员工39人参加市文物局干部培训班。

4月20日　北京市地税局在德胜门城楼向我馆捐赠了《北京印花税票之二样本北京城门》征收样本1件，《北京印刷税票之二样本北京城门》珍藏册一函。副馆长王武钰向地税局颁发了《首都博物馆捐赠证书》。

4月20日　举行《首都博物馆征集近百年来文物研讨会》。与会者就近百年来北京近、现代文物的征集情况和展览中出现的问题进行了探讨，并对征集工作中的重点、难点以及展览的特色等问题进行了深入交流。

4月21日　崇文区区委书记及区长一行36人在市文物局孔局长和我馆党委书记兼常务副馆长韩永、副馆长姚安的陪同下参观了《古都北京·历史文化篇》，《馆藏京剧文物展》，并观看了多媒体影片《辉煌的北京》。

4月22日　北京大学历史系56级校友向我馆捐赠学术著作。

4月29日　北京大学艺术学院、北京大学书法研究所和我馆联合主办的《北京大学首届书法研究生班毕业作品展》在我馆展出。该展览共展出200件展品。展览至5月7日结束。

4月30日　暂得楼、香港中文大学、上海博物馆和我馆联合主办的《暂得楼清代官窑单色釉瓷器展》在我馆展出，本次共展出54件（套）瓷器，该展至6月底结束。

5月3日　市政府办公厅、市文化局在我馆召开了《市领导与文化创意产业人员》座谈会。市领导王岐山、蔡赴朝、孙安民、刘小晨，有关部门领导降巩民、孔繁峙、陈东、崔鹏及部分文化艺术界人士等20余人参加。

5月5日　北京市委副书记、政法委书记强卫，《北京日报》社社长梅宁华等，来我馆视察。

5月9日　我馆征集到一批建国以来各演出团体在北京演出的戏票和节目单。这批戏票和节目单对研究建国以来北京地区文艺演出及文化市场的发展状况具有一定的研究价值。

5月11日　贝尔格莱德市市长一行，在副馆长姚安的陪同下参观了我馆。

5月11日　由中央电视台节目主持人丽塔和我馆共同主办的《微笑的国度——突尼斯—丽塔摄影艺术展》在我馆举行，中外来宾100余人参加了开幕式。此次展览共展出摄影作品50幅。

5月12日　由全国政协主办的“京杭大运河保护与申遗活动启动仪式”在我馆举办，北京市委书记刘淇等10余位领导及京杭大运河保护与申遗活动考察团成员共计70余人参加了开幕式，北京市委书记刘淇和全国政协领导为活动纪念铜雕像揭幕。

5月15日　我馆举行了接受北京首汽股份有限公司捐赠的夏利出租车，北京富莱茵物业公司（原北京火柴厂）捐赠北京火柴厂档案资料的捐赠仪式。

5月18日　我馆举办了“5·18国际博物馆日”纪念活动暨新馆正式开馆仪式。出席仪式的有：国家文物局局长单霁翔、副局长张柏；市委常委、宣传部部长蔡赴朝；北京市政府副市长张茅；《北京日报》社社长梅宁华；市文物局局长孔繁峙等领导。同时，中央电视台十频道《探索·发现》栏目对整个开馆仪式及相关活动进行了约4个小时的现场直播。 在开馆仪式上，举行了首都博物馆网站的正式开通仪式。

5月18日　乾隆御制碑在新馆东北的显著位置开始安装。该碑2005年出土于北京市先农坛院内，全碑通高6.7米，重40多吨，汉白玉石材，由碑身、碑帽、碑座三个部分组成，保存非常完好。碑身通体是少见的乾隆正楷手书《皇都篇》、《帝都篇》，由满、汉两种文字写成。此碑与屹立于北京永定门外的乾隆御碑燕敦碑无论从内容、形制上都极为接近，堪称国家级文物。

5月18—19日　我馆举办了“2006北京国际博物馆论坛”。这次论坛是新馆开馆以来承办的第一个大型国际学术研讨会。

5月19日　我馆接受了热心市民捐赠的20世纪30年代绣花缎面保温壶套1件，以及全盛斋云头寿字缎面鞋1双。向捐赠人颁发了《首都博物馆捐赠证书》。

5月19日　原市政协主席王大明一行7人，在市文物局舒小峰副局长、安理副馆长的陪同下参观了我馆。

5月20日　北京收藏家协会参与主办的《万水千山——全国烟标、火花、邮品专题收藏博览会》在北京报国寺举办，这是为纪念中国工农红军长征胜利70周年而举办的综合性收藏展览。展览由《中国收藏》杂志社、《中国商报》、《收藏拍卖导报》和北京收藏家协会共同主办。

5月25日　“爱祖国、爱北京——2006看京城、逛京郊、游爱国主义教育基地暨‘网上看北京’活动”仪式在我馆启动。参加仪式的有：中共北京市委宣传部、北京市文物局、北京市爱国主义教育基地领导小组办公室、国资委宣传处等单位领导、我馆副馆长姚安参加，参加仪式的还有各区县宣传部领导、市委办领导、教育基地代表、市民代表和学生，共约300人参加活动。仪式上，市委宣传部副部长宋贵伦点击网站开通；市委宣传部宣传处处长韦小玉对活动进行了整体介绍。

5月27日　“部级领导干部历史文化讲座——大英博物馆250年珍藏展与世界历史200万年”的活动在我馆举行。此次讲座由中共北京市委宣传部特邀中央国家机关工委、文化部、中国社会科学院主办，首都博物馆、国家图书馆承办。馆长郭小凌担任主讲，讲座题目为《大英博物馆250年珍藏展与世界历史200万年》。市委常委、宣传部长蔡赴朝致辞，副市长张茅参加了讲座。

5月30日　我馆接受了热心市民刘志勇先生捐赠的个人作品——微型木雕《镇宅之宝》一套。并向刘先生颁发了《“我为奥运添财富”主题教育活动捐赠证书》。

5月30日　召开了本年度的第9次馆长办公会，会议审核通过“低值易耗品管理办法”、“馆长办公会会议制度”。

6月1日　由北京收藏家协会、北京火柴厂、北京电视台科教节目中心《传奇》栏目和我馆联合主办的“北京收藏界纪念北京火柴厂创建100周年大会”在我馆召开。

6月2日　《世界文明珍宝——大英博物馆之250年藏品展》自3月18日开展，历时2个多月，将于6月5日结束。由于观众热情很高，参观踊跃，我馆为方便观众参观，特别安排在6月2—4日（即周五、周六、周日）延长开放时间至21:30。在这3天中我馆接待观众近2万人。

6月2日　对团体观众实行收费讲解。讲解对象为预约且付费观众，讲解时间为2个小时，讲解范围为2个以上（含2个）的固定展厅。我馆现讲解分为团体观众收费讲解和免费整点讲解。

6月2日　中宣部一行200余人来我馆参观。我馆党委书记韩永向客人汇报了新馆建设的情况。

6月4日　中共中央政治局常委、全国政协主席贾庆林一行来我馆视察，并在市文物局孔繁峙局长、首都博物馆郭小凌馆长的陪同下参观了《世界文明珍宝——大英博物馆250年藏品展》，参观结束后贾庆林表示希望以后有更多的大人、小孩都能够走进博物馆，了解北京的悠久历史。

6月6—11日　为纪念“中国文化遗产日”，国家文物局、北京市文物局、北京市文化局在我馆多功能厅和方厅四层戏楼主办了文化遗产保护系列专题讲座及昆曲《牡丹亭》的演出活动，以及“保护文化遗产、弘扬古都优秀文化——纪念中国文化遗产日北京宣传纪念活动”。

6月10日　举行了第一个“中国文化遗产日”活动的文物捐赠仪式。参加仪式的有：北京市文物局局长孔繁峙、台湾著名收藏家徐政夫、北京市文物公司总经理温桂华，以及四川省收藏家顾维珍。馆长郭小凌、副馆长王武钰作为受赠方代表出席。此次我馆接受的捐赠文物为：汉代持盾陶俑、唐代彩绘仕女陶俑（徐政夫先生捐赠）、雍正青花釉里红云龙纹天球瓶、乾隆粉彩花果纹六方套瓶（北京市文物公司捐赠）和清代龙纹铜锅（顾维珍先生捐赠）。经过相关专家鉴定，上述两件陶俑为二级文物、两件瓷器为一级文物，龙纹铜锅为三级文物。

6月13日　由首都博物馆、《北京晚报》、北京市慈善协会共同主办的“《北京晚报》首届中国书画名家慈善作品展”正式开展，百余位书画家参加了开幕式。此次展出作品均为社会各界书画家义捐，共有作品近200件。作为一次公益性活动，展后作品将进行义拍，所得全部收入将捐献给慈善事业。

6月13日　“阿拉伯艺术节”新闻发布会在我馆多功能厅举办。参加此次发布会的嘉宾有：文化部部长助理丁伟、文化部外联局副局长李新、阿盟驻京代表处代办以及20多个阿拉伯国家驻华大使及使馆文化官员。中央电视台、北京电视台、凤凰卫视、新华社、《人民日报》、《香港文汇报》、半岛电视台等50多家媒体，到会采访。

6月16日　莫斯科市长卢日科夫一行18人来馆参观，馆长郭小凌对客人的来访表示了欢迎。参观结束后，北京市委书记刘淇在贵宾厅会见莫斯科市长。

6月19日　我馆成立治理商业贿赂专项工作领导小组，全馆所有中层干部和项目责任人对新馆建设以来自己的工作进行了自查回顾，并提交了自查报告。

6月20日　我馆积极参加市委宣传部组织的纪念中国共产党成立85周年征文活动，林新宇同志的征文获三等奖。

6月21日　我馆召开“系列出版物专家评议会”。与会的专家有：中国画研究院一级画家申少君、中国印刷技术协会理事长武文祥、文物出版社社长苏士澍、北京出版集团北京出版社副总编龙杰、北京出版社艺术总监左汉桥、北京市文物局博物馆处副处长高小龙、北京电子音像出版社副社长白明、北京雅昌文化发展有限公司副董事长吕石明、北京敬人人敬工作室设计师张鹏等。与会领导和专家一致认为：首都博物馆在开馆仅半年的时间内，出版图书近30种，以及数个版本的导览图、宣传彩页等，而且质量上乘，实属难得。专家建议，应逐步使图书系列形成高中低三个档次，以满足不同观众的需要。

6月23—30日　由文化部、外交部和阿拉伯国家联盟驻华代表处主办的《阿拉伯艺术节系列活动》在我馆举办。此次展出的《阿拉伯艺术展》以阿拉伯世界为主题，以时间和空间为轴线，分为“阿拉伯传统艺术展”、“阿拉伯当代造型艺术展”和“中国外交官眼中的阿拉伯世界摄影展”三大部分。

6月24—7月3日　举办《北京奥林匹克文化节·中国体育美术精品展览》系列活动，此次活动由北京奥组委文化活动部、国家体育总局宣传司主办。此次展出的150多件作品，主要选自第六届中国体育美术作品展。

6月26日　我馆接受热心市民捐赠的清代妆花锦龙袍残片1件。残片上绣五爪正龙及祥云图案，工艺精湛。此件文物不仅丰富了馆藏，而且也为我馆古代丝织品的研究工作提供了实物资料。向捐赠者颁发了《首都博物馆捐赠证书》。

6月27日　接受热心市民捐赠的北京地区博物馆门票、公园门票及风景游览区门票共计283件。向捐赠者颁发了《首都博物馆捐赠证书》。

6月27日　召开了本年度的第12次馆长办公会，会议审核通过《首都博物馆文化产业经营公司组建方案》。

6月28日　我馆派相关人员到西城区委老干部局离休干部赵程久先生家中，接受其捐赠的两张“魏太和造像”珍贵照片。我馆对他这种关注文物保护事业的行为表示感谢，并向其颁发了《首都博物馆捐赠证书》。

6月29日　北京市文物局在我馆多功能厅举办“七一”表彰大会暨党课报告会。党委书记韩永同志被评为北京市文物局优秀党务工作者，武俊玲同志被评为北京市文物局优秀党员。

6月　首都博物馆党委被北京市委宣传部评为“宣传系统先进基层党组织”，祁庆国同志被评为“宣传系统优秀党员”。

7月1日　党委书记韩永亲自带队，走访慰问了离退休老干部梅村、崔宗汉、原增信、解鸿源，将组织的关心落到实处。

7月3日　召开了本年度的第13次馆长办公会，会议研究同意北京文物国际旅行社有限公司法定代表人变更为何唯良，北京古董钱币有限公司法定代表人变更为张鹏。

7月5日　由北京奥组委和中国残疾人联合会联合主办的第四届“北京奥林匹克文化节·中国残疾人书画精品展”在我馆隆重开幕。此次展览共展出全国各级专业协会的残疾人美术家、书法家的书画作品200件，其中美术作品122件，书法作品78件。全国人大常委会副委员长何鲁丽，中国残联主席、北京奥组委执行主席邓朴方，北京奥组委执行副主席蒋效愚，中国残联副主席、党组书记王新宪、党委书记韩永等领导出席了开幕式。

7月5日　举办“凤凰，一个美丽的传说”——凤凰卫视10年成就展。此次展览是由凤凰卫视控股有限公司和我馆联合主办。本展览的主要目的在于向公众传播电视文化并展示凤凰卫视10周年非凡的历程。同时，扩大首都博物馆的知名度以及展览渠道。

7月10日　凤凰卫视《锵锵三人行》、《世纪大讲堂》在礼仪大厅进行了节目录制。《世纪大讲堂》特别邀请了副馆长姚安为观众讲述《北京城的前世今生》，让现场观众受益匪浅。

7月11日　北京市公安局警卫局向我馆捐赠了一柄汉代铁剑。剑长100厘米，剑身宽3.6厘米，外带剑鞘。据我馆专家鉴定，这柄铁剑具有较高的历史研究价值。

7月13日　《汇聚梦想——全国奥林匹克体育收藏品展》在我馆开幕，本次展览由第29届奥运会组委会授权，北京市文物局主办，我馆和北京收藏家协会共同承办，支持单位为北京奥组委。本次展览汇集了来自北京、上海、天津、江苏、河北、陕西、山东等9个省市收藏家协会推荐的60余位民间体育纪念品收藏家多年来收集的以奥林匹克运动为主题的各种民间藏品，题材广泛，内容丰富。通过本次展览，将使广大群众近距离的感受奥运文化的巨大魅力，使2008北京奥运更加深入人心。展览于7月23结束。

7月15日　由我馆与墨西哥国家人类历史学院合作举办的《美洲豹崇拜——墨西哥古文明》展在我馆开幕。墨西哥文化部部长萨里·贝尔穆德斯、文化部部长孙家正、外交部拉美司司长曾钢、墨西哥驻华大使李子文、墨西哥人类学历史学院院长鲁西亚诺·塞迪略·阿尔瓦雷斯、国家文物局副局长张柏、文化部外联局局长李冬文、墨西哥外交部文化司司长阿尔贝诺·费耶罗、北京市文物局副局长舒小峰等领导出席开幕式。本次展出的文物共计98组件，包括陶塑、石雕、壁画、玉雕等多种古代艺术品，此外墨西哥合作方还提供了20件精美的美洲豹服饰与面具等用于美洲豹祭祀典礼的现代制品。展览于10月14结束。

7月16日　北京海联华裔青少年主题日夏令营活动启动仪式在我馆召开。此项活动是中共北京市委统战部为落实全国海外统战工作会议精神，加强对港澳台青少年、海外华裔新生代根文化教育而开展的。市委统战部副部长楚国清主持开营式，副市长孙安民致辞。开营仪式结束后，副市长孙安民与全体营员合影留念。

7月17日　接受了北京奥组委信息中心向我馆移交的奥运文物共计67件套。由于日前信息中心已从北京奥组委的编制中撤销，因此，本批奥运文物是目前为止我馆从信息中心接收的最后一批奥运文物。

7月18日　瑞典国王卡尔十六世·塔夫和西尔维娅王后一行30人来我馆参观。郭小凌馆长对国王的来访表示欢迎并陪同参观。

7月19日　由中华人民共和国文化部、俄罗斯联邦文化电影署主办，俄罗斯国家博物展览中心、中国对外艺术展览中心和我馆等单位共同承办的《太阳城——社会主义现实主义的辉煌》在我馆开幕。本次展览是中俄文化年重点展览项目之一。中国外交部部长助理李辉、中国文联副主席、中国美术家协会副主席冯远、中国文联副主席、中国美术家协会主席靳尚谊、文化部外联局局长助理孙晓红、北京市文物局副局长于平、俄罗斯驻华使馆大使谢尔盖·拉佐夫阁下、俄罗斯驻华使馆参赞谢·哈尔拉莫夫先生、俄罗斯罗西佐国家博物展览中心第一副总经理亚历山大·西索因科先生、俄罗斯别尔姆美术馆馆长贝尔娅娃·娜德扎女士、俄罗斯国家历史博物馆副馆长叶戈罗夫·瓦蒂姆先生、俄罗斯伏尔加格勒美术馆馆长多迪娜·塔提娅纳女士等出席开幕式。本次展览划分为《领袖和人民》、《军队·战争》、《运动》、《童年》、《劳动》、《节日·和平生活》、《政治海报》、《苏中友谊》八个部分，多元、全面地把前苏联社会主义现实主义艺术展现给中国观众。展览于9月16结束。

7月20日　召开了本年度的第14次馆长办公会，同意对圣博隆商贸公司法人变更，并与孔庙和国子监管理处进行交接，签署法人变更协议。

7月25日　儿童福娃形象发布会在礼仪大厅举行。北京市委宣传部、北京市团委、市文化局、《北京青年报》及儿艺的相关领导出席了发布会。市属媒体15家到会并报道。

7月　为落实市委、市政府精神和文物局有关规定，我馆在保持原有周二优惠政策不变的前提下，于本周推出面向社会全体公众每周三限额免费参观政策。每周三我馆面向社会全体公众免费限额发放参观券200张，观众可以拨打预约电话进行预定。

8月1日　“八一”建军节当天，我馆免费接待了一批京郊边远山区武警战士，并为他们热情讲解。北京电视台对此次活动进行了相关报道。

8月8日　青少年儿童文化艺术交流大会暨第八届世纪之星全国艺术教育成果展颁奖大会开幕式在我馆召开，开幕式由鞠萍主持。副馆长姚安出席了本次开幕式。

8月10日　接待前来参加由北京奥组委和北京电视台举办的“相约北京——2006国际媒体看北京”采访活动的国外6家电视新闻媒体（分别为：美国有线新闻网、巴西环球电视台、意大利国家广播电台、日本东京放送、韩国首尔电视台、半岛电视台）。

8月13日　国际田联副主席弗朗西斯一行4人来我馆参观。文物局孔繁峙局长、舒晓峰副局长，姚安副馆长陪同参观。

8月14日　经北京市文物局局长办公会研究决定，原由北京市文物局图书资料中心主办和管理的《收藏家》杂志，从即日起正式移交首都博物馆主办和管理。《收藏家》法定代表的变更、人员与其他工作的交接按照有关规定办理。

8月17日　接受了北京芳草地小学远洋分校三年级2班学生王潇阳捐赠的一篇作文。本篇作文题为《参观首都博物馆》，文章记述了王潇阳同学参观我馆的经历和体会，描写生动，语言流畅。此前，在中央电视台拍摄的介绍我馆的专题片中，王潇阳还接受了记者的采访。经我馆领导研究，决定将这篇作文收为馆藏，并向捐赠者颁发了《首都博物馆捐赠证书》。

8月18日　第十一届国际田联世界青年田径锦标赛记者一行40人来我馆参观。王武钰副馆长对记者的到来表示欢迎并向记者介绍了我馆的基本情况。

8月26日　由北京女美术家联谊会和世界文化遗产基金会主办的《印象 · 北京——北京女美术家联谊会2006年双年展》在我馆开幕。北京奥组委执行副主席蒋效愚、中央统战部副部长田鹤年、全国妇联副主席刘雅芝、中国美术家协会常务副主席刘大为等嘉宾出席了开幕式并讲话，我馆副馆长姚安出席开幕式。展览共展出了181件北京女美术家的近年制作的绘画和雕塑作品，集中反映了她们对北京的感受，并以此迎接2008年奥运会的到来。展览于8月31日结束。

8月30日　召开了本年度的第19次馆长办公会，同意《收藏家》杂志社接收工作方案，组成接收工作小组：组长：副馆长高凯军，组员：徐俊锋、孙五一、靳非、吕晓晶。

8月31日　市文物局在我馆召开现场办公会，局长及各处室负责人到馆听取我馆正式开馆3个月工作汇报，孔繁峙局长对我馆的开馆3个月的工作给予了高度评价，同时也提出了殷切的希望。

9月1日　白云路小学在我馆礼仪大厅召开了主题为“弘扬民族精神，争做首都小主人”的开学典礼。

9月8日　“农民镜头下的社会主义新农村——长安”在京大型图片展在我馆开幕。展览是由中国图片社、广东省东莞市委宣传部、新华社广东分社新闻信息中心共同主办。中共东莞市长安镇委书记袁德和、东莞市委领导、新华社副社长马胜荣等分别致词，副馆长姚安出席了此次开幕式。

9月8日　在北京国际会议中心举行了我馆北京2008年奥运会特许商品——《中华姓氏全集之一》徽章套装的收藏仪式。此次入藏我馆的徽章套装是北京奥组委市场开发部向我馆捐赠的奥林匹克纪念品。同时，这也是我馆首次将北京2008年奥运会特许商品纳入馆藏纪念品行列。

9月12日　接受摄影家刘培恩捐赠的摄影作品《北京全景图》（数码照片电子版）。该作品为研究北京地区的历史文化变迁和城市建设发展提供了图片资料。

9月17日　携同北京电视台《这里是北京》节目组到京西门头沟区进行“北京地区工业遗址”课题调研。

9月19日　召开了本年度的第22次馆长办公会，审核通过“首都博物馆固定资产管理办法”，自10月1日起执行。

9月21日　由全国妇联、全国台联等单位共同举办的以“姐妹携手，共促发展”为主题的海峡两岸妇女交流活动在我馆进行，副馆长姚安热情接待了她们。会后，300多名来自台湾10多个县、市、区的各界知名人士、杰出妇女代表参观了我馆常设展览，此外还观看了数字电影“辉煌的北京”。

9月24日　“微笑在北京，真情互传动”活动开幕式在我馆举办，本次活动主要是为迎接2008年奥运会志愿者行动的一个组成部分，200余名志愿者到会，表示了以微笑传递真情，服务奥运的决心，团市委副书记方力和副馆长姚安分别在开幕式上讲话并向志愿者代表赠书。

9月25日　我馆完成了工会换届选举。第三届工会会员代表大会差额选举了9名工会委员，等额选举产生了各3名成员的女工委员会和经济审查委员会。

9月27日　奥组委媒体运行部在我馆礼仪大厅举办招待会，招待前来北京参加世界媒体大会的各国有关人士，北京市副市长、奥组委执行副主席刘敬民、奥组委执行副主席蒋效愚出席招待会并致辞。与会各国代表百余人参观了我馆《京城旧事——老北京民俗展》，参观后他们表示对博物馆非常感兴趣，并予以了很高评价，招待会上还进行了民间文艺演出。馆长郭小凌、副馆长姚安也参加了活动。

9月27日　接受了热心市民杨女士捐赠的近代铜锅（带盖）1件。此铜锅通高16厘米，口径22厘米，盖由红铜制成，锅体由黄铜制成，属于炊煮器的一种。这件铜锅一方面为研究北京地区近代的饮食风俗提供了实物资料，同时也说明有更多的市民在关注着首都博物馆的建设与发展。

9月28日　由中国航天科技集团公司主办，我馆与《中国航天报》社承办的《镜头里的航天科技》展在我馆开幕，本展览是为了纪念中国航天事业50年而举办的。展览以照片资料实物和模型为主，全面展示了中国航天事业的发展历程，还展出了近年来一大批航天科技重要成果。展览于10月8日结束。

9月28日　由中国人民对外友好协会主办的《由莫斯科到遥远的地方》图片展在我馆开幕。本次参展的图片均系两位俄罗斯著名摄影家梅尔霍夫和格莱维的力作。图片分为两部分，一部分展现作为世界文化遗产莫斯科克里姆林宫建筑风格，另一部分展现俄罗斯各地人文和自然景观，共120幅。展览于10月5日结束。

9月30日　为纪念中国工农红军长征胜利七十周年，《铁流向前——魏德运眼中的长征红军老战士》摄影展在我馆开幕，多位参加过长征的红军老战士亲临现场为开幕式剪彩。出席开幕式的领导和嘉宾还有：北京市委宣传部副部长宋贵伦、市文物局副局长舒小峰、馆长郭小凌等。此次展览参展展品30余件，展期为8天。

10月2日　由中国联合国教科文组织全国委员会主办，北师大附中承办的“世界遗产青年论坛”开幕活动在我馆举行。馆长郭小凌致辞，并在开幕式结束后作了以“首博新馆在保护历史文化遗产中的作用”为主题的报告，国内外300余名论坛与会代表代表出席了开幕活动，并听取了郭馆长的报告。

10月9日　召开了本年度的第24次馆长办公会，审核通过“首都博物馆馆务会会议制度”。

10月10日　由西藏文化保护与发展协会主办的《中华瑰宝·西藏文化展》在我馆开幕。开幕式由全国政协常委、中国藏语系高级佛学院院长图丹却吉尼玛主持。中央统战部常务副部长朱维群致辞，全国人大副委员长热地为展览剪彩。国家文物局局长单霁详、市文物局副局长舒小峰、馆长郭小凌及出席《中国西藏国际论坛》的中外代表200余人参加了开幕式。展览于10月28日结束。

10月11日　十一世班禅及中央统战部部长刘延东、政协副主席罗豪才、全国人大副委员长何鲁丽、热地等领导同志参观《中华瑰宝·西藏文化展》，并对展览给与了积极的评价。

10月11日　北京市文物局在我馆多功能厅举办“江泽民文选和学习熊永强报告会”。

10月12日　巴布亚新几内亚国总督马塔内一行20人来我馆参观，郭小凌馆长向总督介绍了我馆的整体概况并陪同客人参观了我馆的基本陈列展览。

10月13日　全国人大华侨会委员一行130人来我馆参观考察。市文物局副局长舒小锋，郭小凌馆长对委员的来访表示欢迎，并陪同参观了基本陈列展览。

10月20日　按照北京市文物局党组的要求，制定“首都博物馆开展民主评议政风行风工作方案”。

10月24日　国民党副主席江丙坤夫妇及家人一行5人来我馆参观访问，郭小凌馆长对客人的到来表示欢迎，并陪同客人参观了展览。

10月26日　法国总统希拉克夫人贝尔纳黛特等一行10余人来馆参观访问。郭小凌馆长对夫人的到来表示欢迎并全程陪同客人们参观。

10月28日　由中国书法家协会主办的《第三届中韩书法大展》在我馆开幕，此次展览作品共计206幅（中方106幅、韩方100幅），代表了两国目前书法艺术的最高水平。中国文联党组副书记冯远、中国书协党组书记赵长青等领导和140余名嘉宾出席了开幕式。

10月30日　“馆长信箱”开通。

10月31日　欧米茄公司向北京市政府赠送特别版奥运怀表的捐赠仪式在我馆举行。北京奥组委领导、市文物局局长孔繁峙、欧米茄公司全球总裁、欧米茄公司钟表师，以及馆长郭小凌、副馆长王武钰等出席了此次捐赠仪式。经北京市政府授权，捐赠品“1 932追针计时天文台怀表”由我馆代为收藏。

11月1日　召开了本年度的第25次馆长办公会，会议审核通过了“首都博物馆办公设备配置标准”。

11月4日　参加“中非合作论坛北京峰会”的埃及总统穆巴拉克的夫人苏珊·穆巴拉克一行14人来到我馆。馆长郭小凌陪同参观。

11月7日　召开了本年度的第26次馆长办公会，会议审核通过了“开放管理方案”。

11月8日　我馆党委认真组织职工参加了北京市区、县、乡、镇人大换届选举投票工作，投票率达98%，首博副馆长姚安以选区得票数第一顺利当选西城区人大代表，表明了社区居民对首博的认可和热爱。

11月10日　新街口房管所向我馆捐赠“京都市政公所实测北京水平”碑。此次“实测北京水平”碑顺利入藏我馆，不仅补充了我馆近代文物的缺环，丰富了馆藏，也为我馆“城市发展史”展览提供了不可多得的展品。副馆长高凯军向捐赠方颁发了《首都博物馆捐赠证书》。

11月13—16日　由北京博物馆学会主办，我馆协办的北京地区文博单位第二届藏品保管培训班在我馆举办。保管部主任武俊玲、研究员叶渡、馆员薛婕分别作了有关陶瓷类、书画类、铜杂类的专题讲座。培训班有近120参加。

11月21日　召开了本年度的第27次馆长办公会，审核通过首都博物馆出入口管理方案。

11月27日　召开了本年度的第28次馆长办公会，会议审核通过了“首都博物馆网站全面改版方案”、“中国妇女儿童博物馆筹备工作方案”。

11月28日　第五届中、日、韩学术研讨会在我馆召开。会议邀请了日本江户东京博物馆副馆长、韩国首尔历史博物馆馆长一同出席了研讨会。本届研讨会的主题是加强博物馆之间的国际交流与合作以及博物馆在保护非物质文化遗产中的资源和作用。国家文物局、北京市文物局、中国博物馆学会、北京博物馆学会、中国收藏家协会、北京收藏家协会等单位的领导，北京市地区博物馆界同仁，各大院校学生等190余人参与了研讨会。

12月1日　首都博物馆行政党支部与市委宣传部办公室支部结成共建对子，开展共建活动。

12月2日　以西城文化底蕴为主题的“《西城赋》——书法、美术、摄影作品展”在我馆开幕。此次展览汇集了以翰墨、丹青、摄影为主要表现形式的220余幅作品，精彩纷呈，倾注了百位艺术家的心力，作品不仅展现了西城的城市风貌、人文景观及日新月异的城市变化，还展现了西城的民俗风情和人民团结和谐的生活氛围。展览至12月6日结束。

12月5日　分别从北京德宝拍卖公司、北京海王村拍卖公司竞拍到《杨锐书札、诗稿》、《启蒙画报》等近现代文献资料共计8件套。这批文物的历史、研究价值较高，同时弥补了我馆近现代文物的不足，也为我馆的《北京通史展》提供了新的展品。

12月5日　召开了本年度的第29次馆长办公会，会议审核通过了“首都博物馆门卫管理暂行办法”。

12月5日　制定“首都博物馆实行办事公开工作方案。”

12月6日　召开“2006年首都博物馆展览专家座谈会，在展览的内容、形式等方面听取各位专家学者的意见和建议，作为我们今后展陈整改及其他新展览操作的指针，从而进一步提高我馆展陈的社会效益，更好地服务于构建和谐社会的崇高目标。

12月11日　由中共中央党史研究室第一研究部、中国人民抗日战争纪念馆和西安事变纪念馆联合主办，我馆协办的专题展览“历史的转折——纪念西安事变70周年展”在我馆开幕。

12月15日　召开了“首都博物馆新馆对外开放一周年座谈会”中层干部、职工代表等40余人参加。会议由副馆长王武钰主持。会上，各部门代表作对一年的工作进行了回顾，并从各个方面畅谈了新馆对外开放一年的体会与感受。

12月20日　北京市委书记刘淇陪同哈萨克斯坦总统纳扎尔巴耶夫一行20余人来我馆参观。外交部部长助理李辉、副市长陈刚、市外办主任杨柳荫、市文物局局长孔繁峙陪同参观。

12月20日　接受了热心市民陈国志女士捐赠的刮糨子刀、上鞋钳子两件文物。其中刮糨子刀是捐赠人在1940年结婚时的嫁妆，是旧时妇女做小脚鞋过程中给鞋刷糨子的工具，上鞋钳子则是纳鞋底、上鞋帮时用来拔针的工具。这两件文物为研究近代北京地区人民的日常生活提供了实物资料。丰富了我馆民俗文物的馆藏。

12月20日　市文物局副局长舒小峰、博物馆处副处长高小龙、组宣处王晨代表文物局来我馆检查验收2006年首都博物馆目标管理责任书的各项工作，会议由北京市文物局副局长舒小峰主持，我馆中层以上干部、在职党员、职工代表70人参加了会议。（照片）

12月26日　由中国国家文物局和印度考古局主办，中国文物交流中心、首都博物馆、河南博物院、重庆中国三峡博物馆、西汉南越王博物馆共同承办的《西天诸神——古代印度瑰宝展》在我馆开幕。印度文化旅游部部长安碧卡·索尼专程率团前来参加展览开幕活动，此外，中国国家文物局局长单霁翔、中国外交部副部长戴秉国、印度驻华大使尼鲁帕玛·拉奥、中国国家宗教局副局长齐晓飞、印度考古局局长巴布·拉吉夫出席了此次展览的开幕式并为展览剪彩。开幕式由馆长郭小凌主持。展出的文物按时代顺序表现了从公元前3世纪至公元18世纪，佛教、婆罗门教、印度教、耆那教等起源于印度的宗教雕塑艺术。通过种种端庄、优美、神奇、夸张……各具风格、充满象征意义的雕塑作品，观众犹如走入了古代印度艺术世界与精神世界的殿堂，感受古老而辉煌的异域文明的非凡成就，领略印度人民的勤劳与智慧。展期于2007年2月27日结束。

12月28日　召开党员大会，差额选举王武钰、刘玉敏、安理、郭小凌、高凯军、姚安、韩永7人为党委委员，选举刘玉敏、安理、陈建国3人为纪委委员。纪委第一次全体会议选举刘玉敏为纪委书记，党委第一次全体会议选举韩永为党委书记、刘玉敏为副书记。中共首都博物馆委员会正式组建。

12月29日　接受了北京团市委捐赠的“首都防治非典型肺炎工作”先进个人奖章10枚（0001—0010号）。这10枚奖章是2003年北京防治非典型肺炎联合工作小组办公室按照首都抗击“非典”整体工作部署制作的5 050枚先进个人奖章中的一部分，经市领导批准，捐赠给首都博物馆收存。这批奖章是见证首都人民抗击“非典”的实物资料，丰富了我馆近现代文物的馆藏。

1
2
3 4

图 1　外国记者新年招待会

图 2　《世界文明珍宝——大英博物馆之250年藏品展》开幕仪式

图 3　泰国公主参观我馆民俗厅

图 4　新加坡国务资政吴作栋参观我馆陶瓷厅

5 6
8 7
9

图 5、6　4月22日北京大学历史系56级校友向我馆捐赠学术著作

图 7　《暂得楼清代官窑单色釉瓷器展》开幕式

图 8、9　首都博物馆网站的正式开通仪式

图 10 《阿拉伯艺术展》开幕式

图 11 《凤凰，一个美丽的传说》

——凤凰卫视10年成就展开幕式

图 12 《美洲豹崇拜——墨西哥古文明》展开幕式

图 13 瑞典国王卡尔十六世和西尔维娅王后参观我馆

图 14 《太阳城——社会主义现实主义的辉煌》开幕式

图 15 “姐妹携手，共促发展”为主题的海峡两岸妇女交流活动

图 16 《从莫斯科到遥远的地方》展览开幕式

10	
11	
12	
13	15
14	16

图 17 《中华瑰宝·西藏文化展》开幕式
图 18 巴布亚新几内亚国总督来我馆参观
图 19 法国总统希拉克夫人贝尔纳黛特参观老北京民俗展
图 20 埃及总统穆巴拉克的夫人苏珊·穆巴拉克参观老北京民俗展
图 21 首都博物馆2006年总结大会
图 22 中、日、韩学术研讨会在我馆召开
图 23 《西天诸神——古代印度瑰宝展》开幕式

17	18
	19
	20
	21
23	22